2024年受験用 鹿児島県

高校入試問題集

私立編 Ⅱ+高専

2024

県内9校と国立高専の入試問題掲載

- 鳳凰高校
- 鹿児島城西高校
- 神村学園高等部
- れいめい高校
- 出水中央高校
- 龍桜高校
- 鹿児島第一高校
- 尚志館高校
- 鹿屋中央高校
- 鹿児島工業高等専門学校

解答用紙集

2024年受験用

鹿児島県高校入試問題集　私立編Ⅱ＋高専

解答用紙集　目次

令和五年度　鳳凰高等学校一般入学試験

国語解答用紙

受験番号

合計得点

1

問1　a　b　c

問2

問3

問4

問5

問6

問7

1 小計

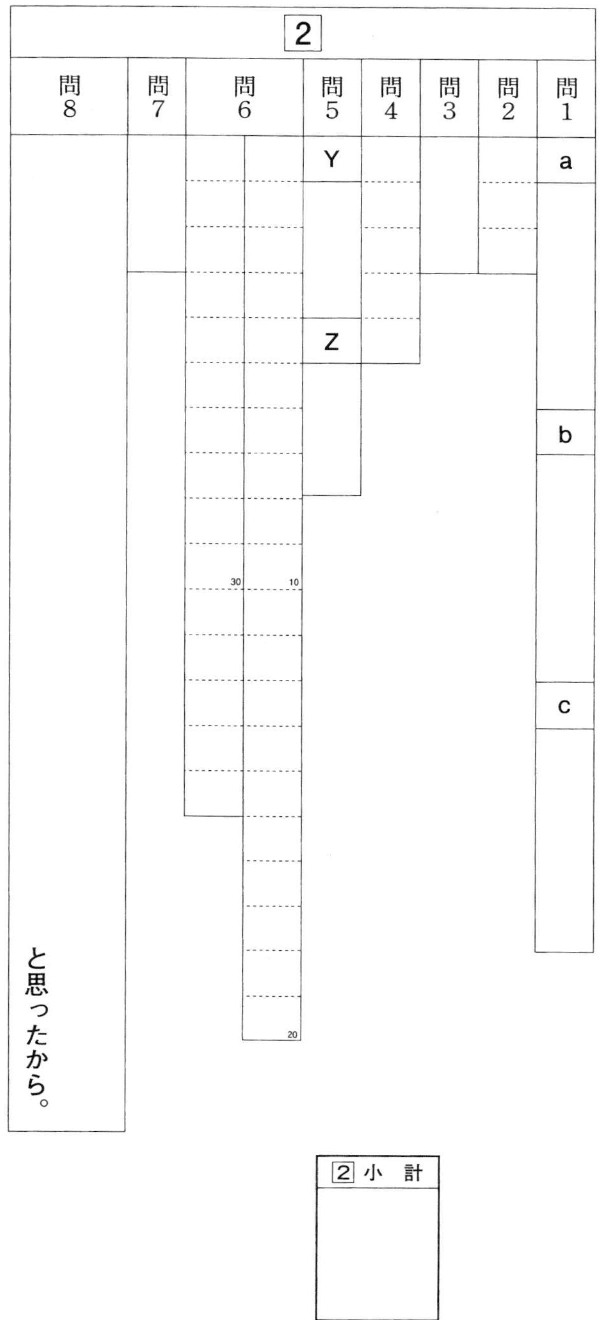

2

問1　a　b　c

問2

問3

問4

問5　Y　Z

問6

問7

問8　と思ったから。

2 小計

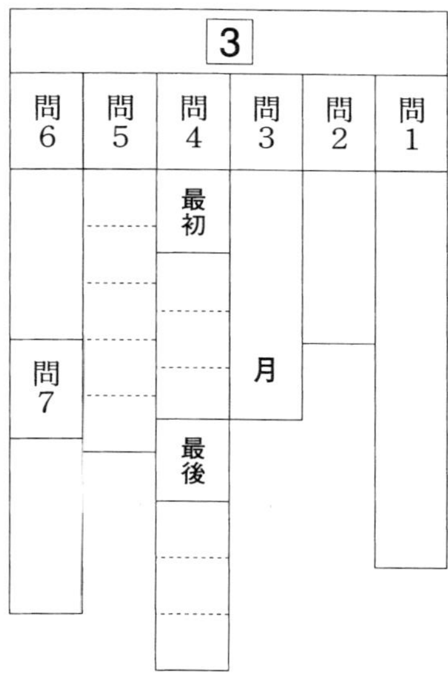

3

問1

問2

問3　月

問4　最初　最後

問5

問6

問7

3 小計

4

問1　①　②　③　④　⑤

問2　①　②　③　④　⑤

4 小計

令和５年度　鳳凰高等学校一般入学試験
数　学　解答用紙

1		
	(1)	
	(2)	
	(3)	
	(4)	
	(5)	

1 小計	

2		
	(1)	$x =$
	(2)	円
	(3)	
	(4)	度
	(5)	:

2 小計	

3				
	(1)			円
	(2)	①	ア	
			イ	
		②	ハンバーガー	個
			ポテト	個
	(3)	曜　日		曜日
		セット数		セット
		残　金		円

3 小計	

4		
	(1)	$a =$
	(2)	
	(3)	
	(4)	$a =$

4 小計	

5		
	(1)	点
	(2)	$a =$
		$b =$
	(3)	
	(4)	人

5 小計	

6			
	(1)	①	cm
		②	度
	(2)	①	cm^2
		②	cm

6 小計	

受験番号

合計得点

令和５年度　鳳凰高等学校一般入学試験

英語　解答用紙

1	1		2		3	

1 小計

2		

2 小計

3	1		2		3		4		5	

3 小計

4	1		2		3	
	4		5			

4 小計

5	1		2		3		4		5	
	①	②	③	④	⑤	⑥	⑦	⑧	⑨	⑩

5 小計

6	1		2		3		4		5	

6 小計

7								
問1	1		2		問2			
問3	In (　　　　) and (　　　　)							
問4		問5	1		2		3		4	

7 小計

8						
問1	1		2			
問2	1		2		3	
問3		問4	1		2		問5	
問6	1		2		3		4		5		6	

8 小計

受験番号

合計得点

令和５年度　鳳凰高等学校一般入学試験

社　会　解答用紙

1

問1	(A)	海	(B)	川	(C) 砂漠
問2	(1)		(2)	月　日　時	
問3	ア		イ		ウ
問4	(1)	■	▲		(2) 経済
問5					
問6					
問7	湖	問8		問9	
問10		問11	日本		エチオピア

1 小計

2

問1		問2			
問3		問4		問5	
問6	(1)	(2)			
	(3)	(4)	i	ii	→　→　→
問7		問8		問9	
問10		問11		問12	
問13					

2 小計

3

問1	戦争	問2					
問3							
問4	X	Y		問5			
問6	→　→	問7	1		2		3
問8		問9					
問10	X	Y					
問11							
問12	X	Y	制度	Z			

3 小計

受験番号	合計得点

令和５年度　鳳凰高等学校一般入学試験
理科　解答用紙

1			
1	問 1		
		理由	
	問 2	3番目	
		5番目	
	問 3		
	問 4	名称	
		はたらき	
	問 5	(1)	
		(2)	

1 小計	

2			
2	問 1	A	植物
		B	植物
		C	類
		D	類
	問 2	p	
		q	
	問 3	図	
	問 4	①	②
		③	④

2 小計	

3			
3	問 1		
	問 2		A
	問 3	①	
		②	
		③	
		④	
	問 4		Ω
	問 5		倍

3 小計	

4			
4	問 1		
	問 2		
	問 3	①	
		②	
	問 4		

4 小計	

5			
5	問 1	物質名	
		色	
	問 2		
	問 3		
	問 4		

5 小計	

6			
6	問 1		g
	問 2	二酸化炭素	g
		水	g
	問 3	①	
		②	
		③	
	問 4	x：y＝　：	
	問 5		

6 小計	

7		
7	問 1	
	問 2	
	問 3	
	問 4	
	問 5	
	問 6	
	問 7	

7 小計	

受験番号

合計得点

令和5年度　解答用紙（国語）

氏　　名	
受験番号	番
専願・併願の別	専願　・　併願　（○でかこむ）
出身校	中学校 義務教育学校

受験地（　　　　　　）

得点	

一
問一 A B C D E F
問二 Ⅰ
問三 Ⅱ Ⅲ
問四
問五
問六
問七
問八

二
問一 ① ⑤
問二
問三
問四
問五
問六 a b

三
問一 ① ② ③ ④ ⑤ ⑥
問二
問三
問四
問五

四

令和５年度　解 答 用 紙（数学）

氏　名	
受験番号	番
専願・併願の別	専願 ・ 併願 （○でかこむ）
出身校	中学校 義務教育学校

受験地（　　　　）

得点	

大問	小問		解答
1	1		
	2		
	3		
	4		
	5		
	6		
	7		
2	1		
	2		$x =$
	3		
	4		円
	5		
	6		時間
	7		個
	8		
3	1		
	2		（　，　）
	3		（　，　）
4	1		本
	2	(1)	cm
		(2)	cm^3
5	1		cm
	2		cm
	3		cm
	4		cm^2

令和5年度　解答用紙（英語）

氏名	
受験番号	番
専願・併願の別	専願　・　併願　（○でかこむ）
出身校	中学校 義務教育学校

受験地（　　　　　）

得点	

1		1		2		3		4		5	
2	1	(1)		(2)		(3)		(4)		(5)	
	2	ア		イ		ウ					
		エ		オ		カ		キ			
		ク		ケ		コ					
	3	(1)		(2)		(3)		(4)		(5)	
3	1										
	2	ア		イ		ウ					
	3										
	4			5							
4	1										
	2										
	3	ア		イ		ウ		エ			
	4										
	5										
	6	(1)		(2)		(3)		(4)		(5)	

令和五年度　神村学園高等部　入学者選抜学力検査　解答用紙

国語

※は、採点用のため記入しないでください。

1						
A群	①		②		③	
B群	①		②		③	
C群	①		②		③	

1※

2								
文章Ⅰ	1		2		3			
	4					日記	5	
文章Ⅱ	1		2		3		4	
	5						6	
文章Ⅲ	1		2		3			
文章Ⅳ	1		2		3			

2※

3

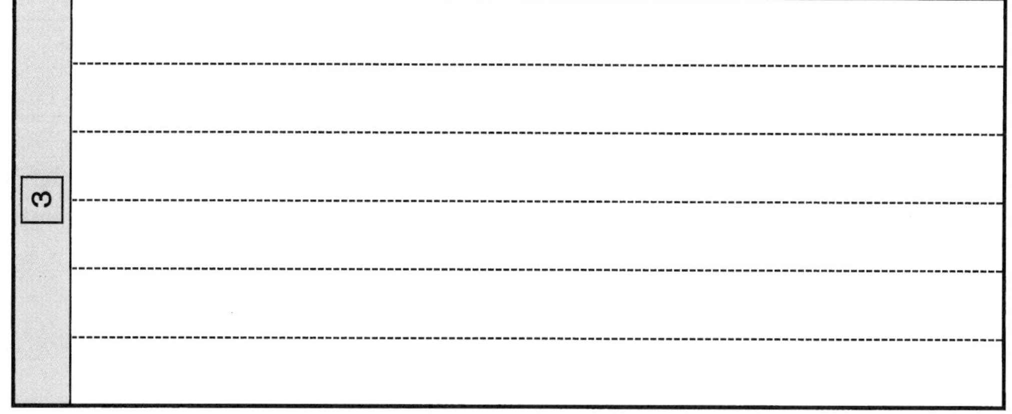

3※

出身中学校　　中学校

受検番号

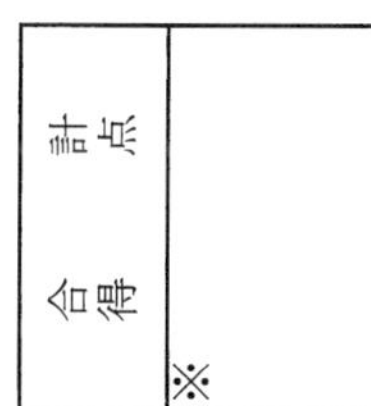

合計得点　※

令和５年度　神村学園高等部　入学者選抜学力検査　解答用紙

数　学

※は，採点用のため記入しないでください。

1						
1	(1)		(2)		(3)	
	(4)		(5)	$y=$	2	個
3		$x=$　　　, $y=$	4	$x=$	5	°

1※

2			
1		2	個
3	$x=$　　　, ∠A=　　°	4	

2※

3					
1	回	2	回	3	

3※

4					
1	A(　　,　　)	2		3	
4					

4※

5						
1	ア		イ		ウ	
2	<証明>		3			

5※

出身中学校	中学校

受検番号	

合計得点	※

令和５年度　神村学園高等部　入学者選抜学力検査　解答用紙

英　語

※は，採点用のため記入しないでください。

1	1		2		3		4	

1※

2				
①	o	②	c
③	z	④	h
⑤	a	⑥	s
⑦	b		

2※

3										
1										
2	(A)		(B)		(C)					
3										
4										
5										
6	(a)		(b)		(c)		(d)		(e)	
7	(a)		(b)		(c)					

3※

4	
1	
2	（　　語）

4※

5						
1						
2	(A)		(B)		(C)	
3						
4	㋐		㋑		㋒	
	㋓		㋔		㋕	
	㋖					
5						
6	(a)		(b)		(c)	
7						

5※

6	
(A)	（　　語）
(B)	（　　語）

6※

出身中学校	中学校

受検番号	

合計得点	※

令和５年度　神村学園高等部　入学者選抜学力検査　解答用紙

社　会

※は，採点用のため記入しないでください。

1	Ⅰ	1		2					
		3		4		5		6	
		7	(1)		(2)				
	Ⅱ	1		2		3			
		4		5					
		6		7					

1※

2	Ⅰ	1	①		②		③	
		2		3		4		
		5						
		6	→　→　→					
	Ⅱ	1	①		②		2	
		3		4				
		5	→　→　→				6	
	Ⅲ							

2※

3	Ⅰ	1	①		②		③	
		2		3		4		
		5	④		⑤			
			⑥					
	Ⅱ	1	(1)		(2)			
		2		3				
		4	(1)		(2)			
			(3)					
	Ⅲ							

3※

出身中学校	中学校

受検番号	

合計得点	※

令和５年度　神村学園高等部　入学者選抜学力検査　解答用紙

理　科

※は，採点用のため記入しないでください。

1

Ⅰ	1		
	2		
	3	X	
		Y	
	4		
	5		
	6		
Ⅱ	1	(1)	
		(2)	
		(3)	
	2	(1)	
		(2)	
	3	A	
		B	
		C	

1※

2

Ⅰ	1		%
	2		g
	3		g
	4	A	B
Ⅱ	1	(1)	
		(2)	
		(3)	
	2	(1)	
		(2)	
	3	(1)	V
		(2)	V
	4		

2※

3

Ⅰ	1		
	2		
Ⅱ	1		
	2		
	3		
Ⅲ	1		cm
	2		cm
	3	A	
		B	

3※

4

Ⅰ	1		
	2		
	3		
	4		
	5	ⓐ	
		ⓑ	
		ⓒ	
		ⓓ	
	6		
	7		
Ⅱ	1	(1)	
		(2)	地平線　南西
	2		
	3		

4※

出身中学校	中学校	受検番号		合計得点	※

令和5年度れいめい高等学校入学試験

国　語　解　答　用　紙

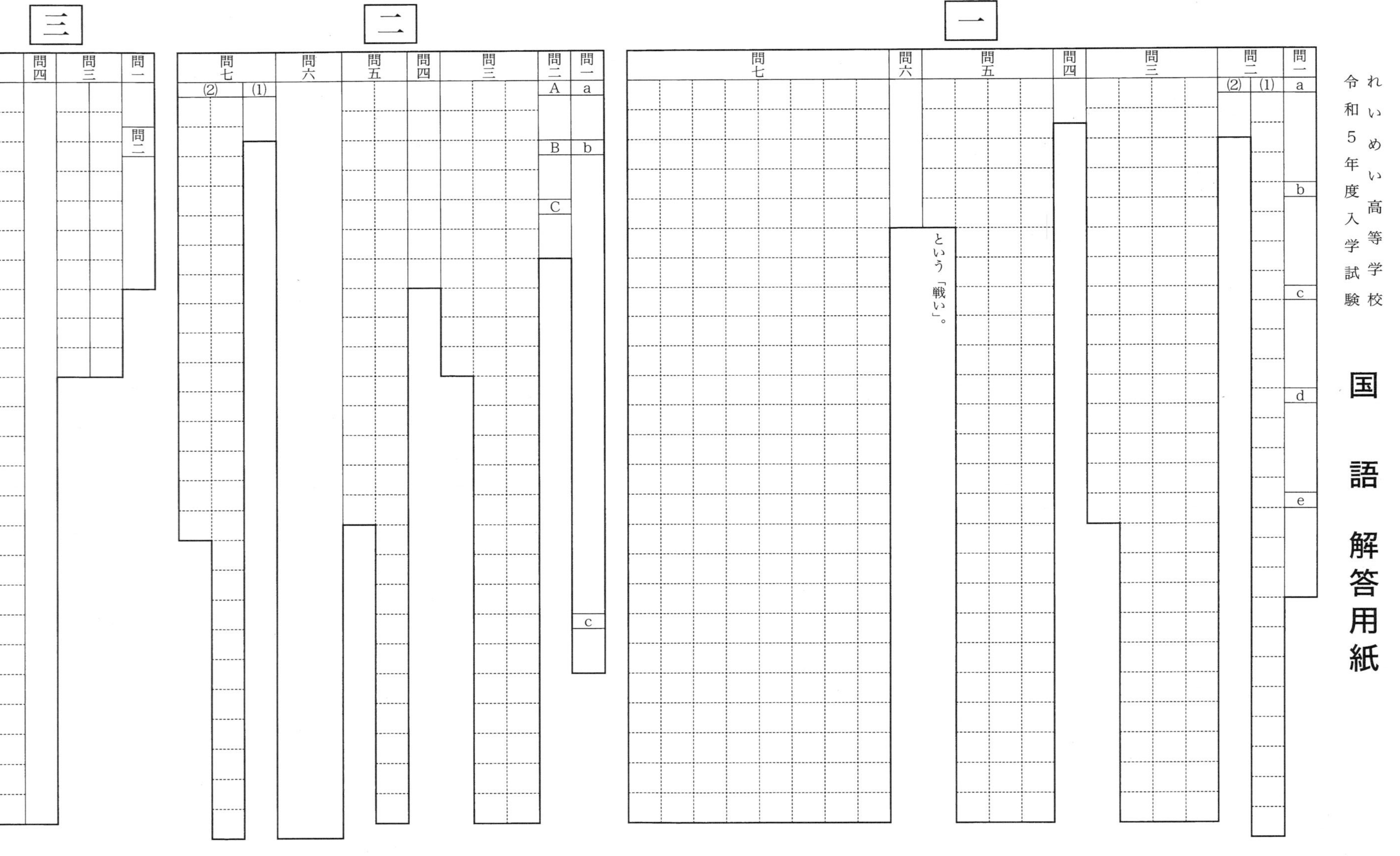

受験番号　　　番

一　※
二
三

合計　※　　点

※欄には記入しないでください

れいめい高等学校
令和5年度入学試験

数　学　　解答用紙

1

(1)	(2)	(3)	(4)	(5)

1	※

2

(1)	(2)	(3)	(4)	(5)
個	$x=$	$y=$	人	

2	※

3

(1)	(2)	(5)
cm^2	$\angle x=$	証明　△OPTと△OPHにおいて
(3)	(4)	
cm	cm^2	△OPT≡△OPH　　よって　PT=PH　証明終わり

3	※

4

(1)	(2)	(3)	(4)
$a=$	OB=	B(　　,　　)	

4	※

5

(1)	(2) ①
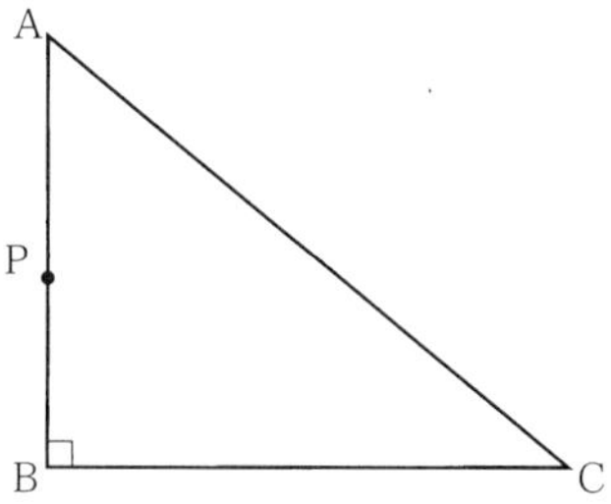 A, P, B, C	PD=
	(2) ②
	QE= QF=
	(2) ③
	AQ=

5	※

受験番号		合　計	※

※欄には記入しないでください。

れいめい高等学校
令和5年度入学試験

英　語　　解答用紙

リスニング	No.1		No.2		No.3		No.4		No.5		
	No.6		No.7		No.8		No.9		No.10		

1	1	(1)　　(2)	
	2		
	3		
	4	円	
2	1	(1)　　(2)	
	2	ア　　イ　　ウ　　エ	
3	1	(　　)?	
	2	(　　).	
	3	(　　).	
	4	(　　)?	
4	1	Is that lunch (　　) or (　　)?	
	2	(　　) Ms. Sasaki (　　) music?	
	3	(　　)(　　) go to the museum next Sunday?	
	4	John can play soccer (　　)(　　) Ann.	
	5	These bananas will (　　)(　　) by monkeys soon.	
5	1		
	2		
	3		
	4		
	5		
6	1		
	2		
	3	・ ・	
	4	・ ・	
	5		

受験番号		合　計	※

※欄には記入しないでください。

れいめい高等学校 令和5年度入学試験

社会 解答用紙

1

1	2			3	
	X	Y	Z	A	B
アジア	国	高原	海		

4		5	6	7
北京				

1	※

2

[Ⅰ]

1		2	3
	領空		

[Ⅱ]

1	2	
	X	Y
	日　時	日　時

[Ⅲ]

1	2	3	4

2	※

3

1		2	3		4	
(1)	(2)		(1)	(2)	(1)	(2)

5		6	7		8	
(1)	(2)		(1)	(2)	(1)	(2)

3	※

4

1				2	3
あ	い	う	え		
			条約		

4	5
⇒　⇒	

4	※

5

[Ⅰ]

1	2	3	4	5	6
			裁判所	憲法の	制

7
内閣は,

[Ⅱ]

1	2	3	4
			核兵器を, ＿＿＿＿, ＿＿＿＿, ＿＿＿＿

5	6	7	8	9
				な開発目標

5	※

受験番号		合　計	※

※欄には記入しないでください。

れいめい高等学校
令和5年度入学試験

理科　解答用紙

1

問1		問2	倍	問3		問4	

2

I	問1		問2		問3		問4
I	問5	ア		イ		ウ	
II	問1						
II	問3	cm/s					
II	問4						
II	問5	(1)		(2)			
II	問6						

問2

3

I	問1		問2		問3	W	X	Y	Z	
I	問4	(1)		(2)		(3)				
II	問1	(1)		(2)		問2				
II	問3	i		ii		問4				
II	問5									

4

I	問1		問2						
I	問3								
I	問4		問5	マグネシウム：酸素＝　：	問6	g			
II	問1		問2		問3		問4	B	D
II	問5	〈物質名〉	〈方法〉						

5

I	問1							
I	問2							
I	問3	(1)	ア		イ			
I	問3	(2)		(3)	C		D	
I	問4	(1)		(2)		(3)	→ → →	
II	問1	1		2				
II	問2	①		②		③		
II	問3						問4	

1	※
2	※
3	※
4	※
5	※

受験番号		合計	※

※欄には記入しないでください。

令和五年度　出水中央高等学校入学試験

国　語　（解答用紙）

受験番号	
得点	

一

- 問一　a　b　c　d　e
- 問二　A　B
- 問三　（　）自分
- 問四
- 問五
- 問六

二

- 問一　a　b　c　d　e
- 問二
- 問三　A　C
- 問四
- 問五　昔は（　）、実際は（　）。
- 問六

三

- 問一　a　b
- 問二
- 問三
- 問四
- 問五
- 問六　Ⅰ　Ⅱ

四

- 問一
  - ①　→　→　→　→
  - ②　→　→　→　→
  - ③　→　→　→　→
- 問二　①　②　③　④

令和５年度　出水中央高等学校入学試験

数　　　学　（解答用紙）

受験番号	
得点	

1

(1)		(2)	
(3)		(4)	

2

(1)	人	(2)	$x =$	(7)	. P A———B
(3)	$x =$	(4)			
(5)	cm^3	(6)			

3

(1)		枚	(2)	枚		
(3)	(ア)		(イ)		(ウ)	
	(エ)		(オ)			

4

(1)	A（　　，　　）		B（　　，　　）
(2)	cm^2	(3)	

5

(1)	：	(2)	倍	(3)	倍

令和５年度　出水中央高等学校入学試験

英　　語　（解答用紙）

受験番号				
得点				

1	(1)		(2)		(3)	

2	(1)	①	②	(2)	①	②
	(3)	①	②			

3	(1)	s	(2)	F	(3)	l

4	(1)	３番目	５番目	(2)	３番目	５番目	(3)	３番目	５番目

5	問１	[A]		[B]		[C]		[D]	
	問２	［　　］が［　　］に出水に帰ってきて，遊びに行く仲間に加わること。							
	問３								

6	問１	［　　］を忘れていたため，授業内の［　　］に参加できなかったこと。		
	問２		問３	

7	問１	→ →	問２		問３		問４	
	問５		問６					
	問７							

令和五年度　学校法人鹿児島学園龍桜高等学校

入学試験解答用紙　国語

受験番号	

一		二		三	

得点	

【一】

問一	ア		イ		ウ		エ		オ	
	カ		キ		ク		ケ		コ	

問二														

問三		問四	(1)		(2)			問五	

問六		問七	

問八							問九			

【二】

問一	(1)		(2)		(3)	

問二	(1)	(2)

問三				問四	③	⑤

問五	⑥	⑦	問六	

【三】

問一	①	②	③
	④	⑤	⑥

問二	①	②	③	④

問三	①	②	③	④	問四	①	②

令和５年度　学校法人鹿児島学園龍桜高等学校　入学試験解答用紙　数学

受験番号	
総　　点	

1	(1)		(2)		(3)		(4)		(5)	
	(6)		(7)		(8)		(9)		(10)	
2	(1)				(2)					
	(3)				(4)					
	(5)				(6)					
3	(1)		(2)		(3)		(4)			
4	(1)		(2)		(3)					
	(4)		(5)		(6)					
5	(1)		(2)		(3)		(4)	＞　＞　＞		
	(5)		(6)	g			6 (3)			
6	(1)	3秒後 cm²		6秒後 cm²	(2)					
7	(1)	合っているか		理由			正しい答え			
	(2)	①		② DH:HG:GE= 　:　 :						

y
30
25
20
15
10
5
O
2
4
6
8
x

令和5年度　学校法人鹿児島学園龍桜高等学校
入学試験解答用紙　　英語

受験番号	

1

1	2
	I'll (　　　　) and … .

3		4			
(A)	(B)	(1)	(2)	(3)	(4)

2

1	2	3	4	5	6	7

3

1	2	3	4	5	6	7

4

1	(　　　　).
2	(　　　　)?
3	(　　　　), please.
4	(　　　　).
5	(　　　　).
6	(　　　　).
7	(　　　　)!

5

1	
①	③

2	3

4					
①	②	③	④	⑤	⑥

6

1	(　　　　) her mother (　　　　) movies very much?
2	The concert (　　　　) (　　　　) started yet.
3	*1Q84* (　　　　) (　　　　) by Murakami Haruki.
4	(　　　　) you (　　　　) yesterday?
5	How (　　　　) (　　　　) does your father have?

7

1								
①	②	③	④	⑤	⑥	⑦	⑧	⑨

2
Ken : (　　　　).

総点		1		2		3		4		5		6		7	

鹿児島第一高校

令和五年度　一般入学試験　国語　解答用紙

一
問一 ア イ ウ エ オ
問二 Ⅰ Ⅱ
問三 A B C
問四
問五
問六
問七
問八 a b c

二
問一 ア イ され ウ エ オ
問二 A B C D
問三
問四
問五
問六
問七
問八 〜

三
問一
問二 A B C
問三 a b
問四
問五 Ⅰ Ⅱ
問六
問七
問八

受験番号

得点

令和５年度一般入学試験　　数学　解答用紙　　鹿児島第一高校

1

(1)	(2)	(3)
(4)	(5)	(6)
		$x=$
(7)	(8)	(9)

(10)

A B C

2

(1)	(2)
円	
(3)	(4)
	人

3

(1)	(2)
(3)	(4)
(　　,　　)	T : U : V =

4

(1)	(2)
AB=　　cm BC=　　cm	
(3)	(4)
OD=　　cm BD=　　cm	cm^2

5

(1)	(2)
MN=　　cm	A M N B D C
(3)	
cm^2	
(4)	
cm^3	

受験番号

得点

鹿児島第一高校

令和５年度　一般入学試験問題　　英語　解答用紙

※の部分は何も記入しないこと　　6は[　　]に選んだテーマの記号を書きなさい

1	(A)	1	2	(B)				※
2	1	2	3	4				※
3	1		2					※
	3							
4	1　The book　(　　　).							※
	2　He is looking (　　　) friend.							
	3　This book was (　　　).							
5	1							※
	2							
6 テーマ [　]								※
7	問１	(　　　)?						※
	問２	A	B					※
	問３							※
	問４	1						※
		2						※
8	問１	1	2	3	4	5		※
	問２							※
	問３							※
	問４	1	2	3	4			※
		5						

受験番号

※

鹿児島第一高校

令和５年度一般入学試験　**社会　解答用紙**

1								
問１		問２	記号		農作物		問３	
問４		問５		問６		問７		
問８		問９						
問10	①	㋐		㋑		②		
	③		④	Ⅰ		Ⅱ		
	⑤							

2						
問１	1		2		3	
	4		問２		問３	
問４		問５				
問６	①					
	②					
問７		問８		問９		

3								
問１	1		2		3			
問２		問３		問４		問５		

4											
問１	1		2		3						
	4		問２	Ⅰ		Ⅱ					
問３	①		②								
	③	A		B		C		D		問４	
問５		問６									

5							
問１	1		2		3		
	4						
問２	a		b		問３		問４

受験番号	

得点

鹿児島第一高校

令和５年度 一般入学試験　　理科　解答用紙

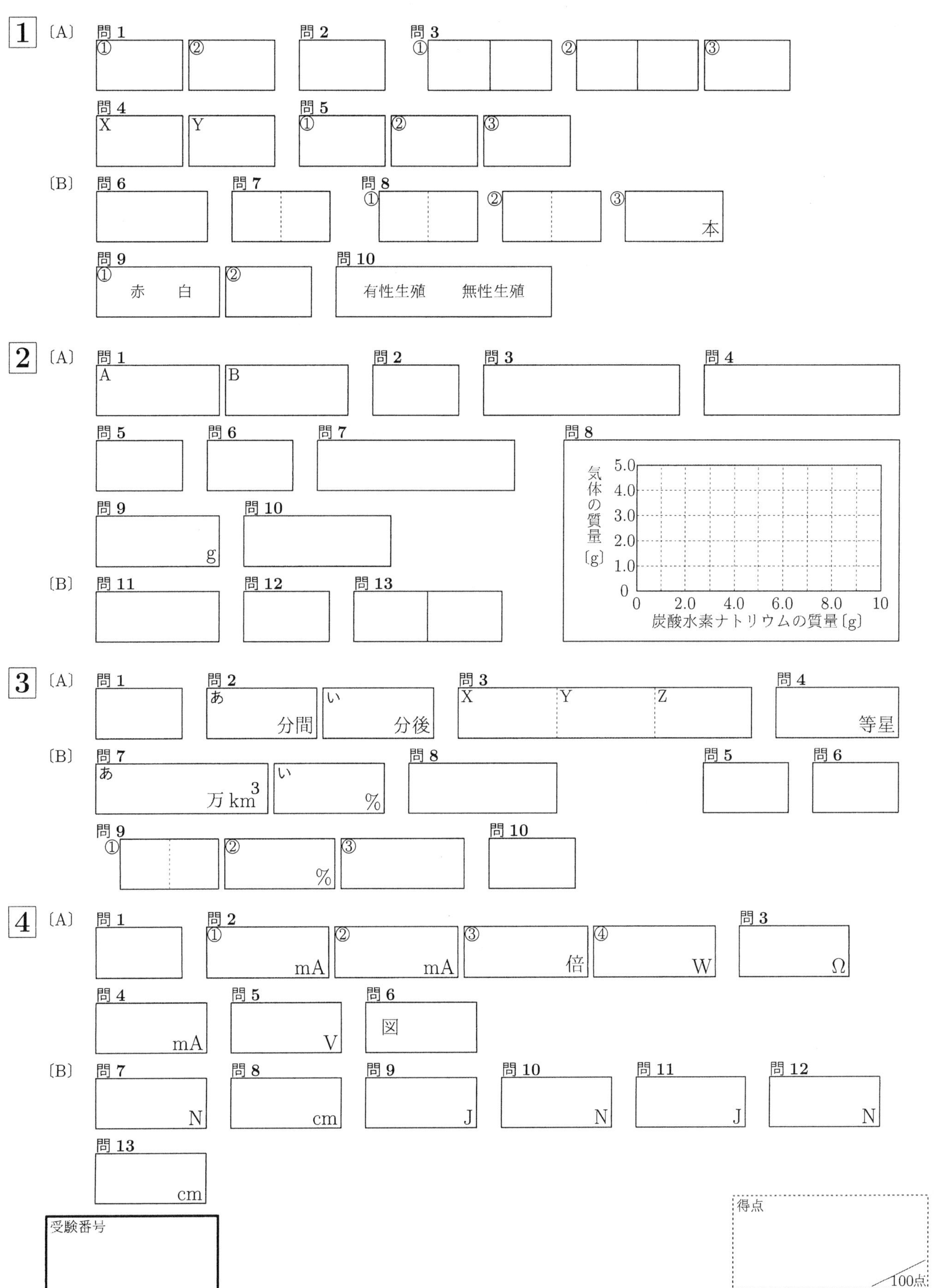

受験番号

得点　　/100点

尚志館高校

令和5年度　国語解答用紙（本試験）

受験番号　科　番

合計得点　点

一

問一　㋐　㋑　㋒　㋓　㋔　㋕　㋖
問二
問三　②　⑤
問四　画目
問五　挨拶が成立すること。
問六　(1)　(2)
問七
問八
問九
問十
問十一
問十二

点

二

問一　日常　事
問二
問三　○彼らが　すること。
問四
問五
問六
問七
問八
問九
問十

点

三

問一　①　⑤
問二　Ⅰ　Ⅱ
問三　③　⑥
問四
問五
問六
問七

点

尚志館高校

令和５年度　数　学　解　答　用　紙（本試験）

1

(1)		(2)		(3)	
(4)		(5)		(6)	

点

2

(1)		(2)		(3)	
(4)		(5)		(6)	
(7) 1)	第１四分位数…		第２四分位数…		第３四分位数…
2)		(8)			

点

3

(1)		(2)		(3)		(4)	

点

4

(1)	ア			
(2)	イ		ウ	
	エ		カ	
(3)				

(4)	

点

5

(1)	ア		イ	
(2)	ウ			
(3)	エ			
(5)	オ		カ	
	キ		ク	

(4)	

点

受験番号	科	番

得点	点

尚志館高校

令和５年度　英　語　解　答　用　紙（本試験）

1

問１			
問２			
問３			
問４	Paul and his father　.		
問５	→	→	→
問６			
問７	車を運転するときには常に（　）		

点

2

問１				
問２				
問３				
問４				
問５	・ ・			
問６				
問７	ア	イ	ウ	エ
問８				

点

3

(1)	(2)	(3)	(4)	(5)

点

4

(1)	(2)	(3)	(4)
(5)	(6)	(7)	(8)

点

5

(a)	(1)	(2)	(3)	(4)
(b)	(1)	(2)	(3)	(4)

点

6

(1)		(2)	
(3)		(4)	(5)

点

7

	２番目	４番目
(1)		
(2)		
(3)		
(4)		
(5)		

点

受験番号	科　　番

得点	点

尚志館高校

令和５年度　社　会　解　答　用　紙（本試験）

1

(1)	ア	イ	ウ
(2)			
(3)	①	②	
	③ ア	イ	ウ
(4)	ア	イ	ウ

点

2

(1)		(2)		
(3)	①	ア	イ	ウ
	②	ア	イ	ウ
	③	ア	イ	
		ウ		
		エ		

点

3

(1)		(2)	ア
イ		ウ	

点

4

(1)		(2)		
(3)	ア	イ	ウ	エ
	オ	カ		

点

5

(1)	A	B	C
(2)	日本		
	イギリス		
(3)		(4)	(5)
(6)	ア	イ	ウ
	エ	オ	

点

6

(1)		(2)		(3)		(4)	
(5)		(6)					
(7)							

点

7

(1)		(2)		(3)	
(4)					
(5)		(6)			

点

受験番号	科　番

得点	点

尚志館高校　令和５年度　理科解答用紙（本試験）

1

[Ⅰ]

1	a	b	c	2	ア	イ	ウ
3		4	菌類	細菌類			
5		6					

[Ⅱ]

1 (1)	ア	イ	ウ	エ	(2)		(3)	
(4)	a 弁ア	弁イ	b 弁ア	弁イ				
2 (1)		(2)	通り					
3	①	②	③	④				

点

2

[Ⅰ]

1		2		3		4	
5		6		7	cm³		

[Ⅱ]

1	固体	液体	気体	2	
3		4		色　から　色	
5		6		7	
8					

点

3

[Ⅰ]

1		2 (1)		(2)		3 (1)	
(2)						(3)	
4 (1)		(2)		(3)			

[Ⅱ]

1	垂直	水平	2	記号	理由
3	季節	気圧配置	4 (1)	A	B
(2)		(3)	A	B	5 (1) g/m³

(2) ℃

点

4

[Ⅰ]

1 (1)		(2)	小球① N	小球② N			
2(1)		(2)		3	cm	4	J
5	位置エネルギー	最大	最小	運動エネルギー	最大	最小	6

[Ⅱ]

1	P	Q	2		3	Ω	4	Ω
5	(グラフ)	6	倍					
		7						

電流［A］ 0, 0.05, 0.1, 0.15, 0.2, 0.25
電圧［V］ 0.0, 1.0, 2.0, 3.0, 4.0, 5.0, 6.0, 7.0

点

受験番号	科	番

得点	点

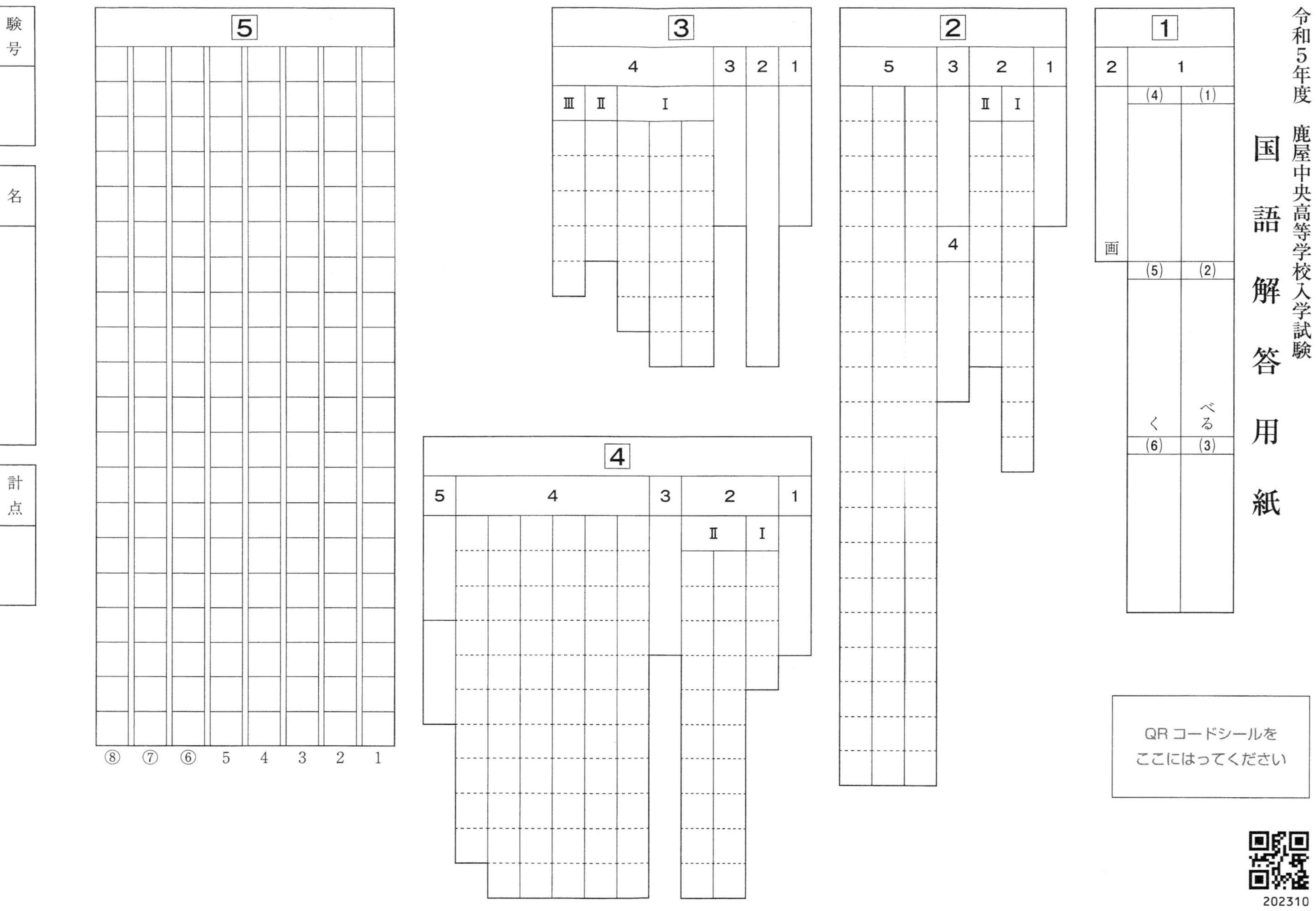
令和5年度　鹿屋中央高等学校入学試験
国語解答用紙
1
1 (1) (2) べる (3) (4) (5) く (6)
2 画
2
1 2 Ⅰ Ⅱ 3 4 5
3
1 2 3 4 Ⅰ Ⅱ Ⅲ
4
1 2 Ⅰ Ⅱ 3 4 5
5
1 2 3 4 5 ⑥ ⑦ ⑧
QR コードシールを
ここにはってください
202310
受験番号
氏名
合計得点

令和５年度　鹿屋中央高等学校入学試験
数　学　解　答　用　紙

QR コードのシールを
ここにはってください。

1	1	(1)		(2)		(3)		(4)	$n=$	(5)	$b=$
	2	$a=$　$b=$		3			4			5	$\angle x=$　°

2			
1	cm³		
2	A, B, C	3	自然数Aの値
4	(1) 【証明】 【証明終】		
	(2) cm²		

3					
1	人	2	点	3	
4					

4						
Ⅰ	1	個	2	個	3	番目
Ⅱ	1	cm²	2	$x=$		

5			
1	$a=$	2	$y=$
3		4	

受験番号		氏名		合計得点	

令和５年度　鹿屋中央高等学校入学試験
英　語　解　答　用　紙

QRコードのシールを
ここにはってください。

202330

【聞き取りテストの解答欄】

1

1 | 2 | 3
4 → → | 5
6 (1) | (2)
7

2

1 ① | ②
2 ① | ② | ③
3 ① | ② | ③
4 I think（Asahi・Fuji）is better for you because

25
35

3

I 1 | 2
II 1
II 2 ② | ③ | ④
III

4

1
2
3
4
40
5
15
6

受験番号 | 氏名 | 合計得点

令和５年度　鹿屋中央高等学校入学試験
社　会　解　答　用　紙

QRコードのシールを
ここにはってください。

202350

1	I	1		2	
		3			
		4			
		5			
		6			
	II	1	県		
		2			
		3		4	
		5		6	
	III	(記号)			
		(理由)			

2	I	1			
		2	(1)		
			(2)		
		3			
		4		5	
		6	→ → →		
	II	1	①		
			②		
		2	X		
			Y		
		3	→ → →		
		4			
		5			
	III				

3	I	1		
		2		
		3	X	
			Y	
		4		
		5		
		6		
	II	1	①	
			②	
			③	
		2		
		3		
		4		
		5		
	III			

受験番号		氏名		合計得点	

令和５年度　鹿屋中央高等学校入学試験

理　科　解　答　用　紙

QR コードのシールを
ここにはってください。

1		
1	1	
	2	
	3	m/s
	4	
	5	
	6	
	7	
	8	

2			
2	Ⅰ	1	＋ → Cu
		2	① ② ③
		3	
		4	
		5	
	Ⅱ	1	
		2	a b
		3	%
		4	

3			
3	Ⅰ	1	
		2	
		3	
		4	
		5	
	Ⅱ	1	特徴１ 特徴２
		2	類
		3	A B C
		4	
		5	① ② ③

4			
4	Ⅰ	1	km/s
		2	初期微動継続時間〔秒〕 0, 5, 10, 15 ／ 震源からの距離〔km〕 0, 20, 40, 60, 80
		3	地面がゆれても，
		4	
		5	① ②
	Ⅱ	1	
		2	時間後
		3	
		4	

5			
5	Ⅰ	1	電源装置（－ ＋）、電熱線、電圧計（－ ＋）、電流計（－ ＋）
		2	Ω
		3	
		4	倍
	Ⅱ	1	J
		2	① ②
		3	大きい方 実験 仕事率 W
		4	N
		5	２力が

受験番号		氏名		合計得点	

令和5年度入学者選抜学力検査本試験問題解答用紙　国語

氏名を記入しなさい。

氏名	

受験番号の数字を記入し，受験番号と一致したマーク部分を塗りつぶしなさい。

受験番号							
百万位	十万位		万位	千位	百位	十位	一位
		−					
上の受験番号に一致させて下のマーク部分を塗りつぶしなさい。							
⓪	⓪		⓪	⓪	⓪	⓪	⓪
①	①		①	①	①	①	①
②	②		②	②	②	②	②
③	③		③	③	③	③	③
④	④		④	④	④	④	④
⑤	⑤		⑤	⑤	⑤	⑤	⑤
⑥	⑥		⑥	⑥	⑥	⑥	⑥
⑦	⑦		⑦	⑦	⑦	⑦	⑦
⑧	⑧		⑧	⑧	⑧	⑧	⑧
⑨	⑨		⑨	⑨	⑨	⑨	⑨

注意事項

1　解答には，必ず**HBの黒鉛筆**を使用し，「マーク部分塗りつぶしの見本」のとおりに◯を塗りつぶすこと。

2　解答を訂正するときは，きれいに消して，消しくずを残さないこと。

3　指定された欄以外を塗りつぶしたり，文字を記入したりしないこと。

4　汚したり，折り曲げたりしないこと。

マーク部分塗りつぶしの見本					
良い例	悪い例				
●	レ点	棒	薄い	はみ出し	丸囲み

解答欄

1					
問1	①	㋐	㋑	㋒	㋓
	②	㋐	㋑	㋒	㋓
	③	㋐	㋑	㋒	㋓
	④	㋐	㋑	㋒	㋓
問2		ⓐ	ⓑ	ⓒ	ⓓ
問3		㋐	㋑	㋒	㋓
問4		㋐	㋑	㋒	㋓
問5		㋐	㋑	㋒	㋓
問6		㋐	㋑	㋒	㋓
問7		㋐	㋑	㋒	㋓

2					
問1	①	㋐	㋑	㋒	㋓
	②	㋐	㋑	㋒	㋓
	③	㋐	㋑	㋒	㋓
問2	(a)	㋐	㋑	㋒	㋓
	(b)	㋐	㋑	㋒	㋓
問3		㋐	㋑	㋒	㋓
問4	A	㋐	㋑	㋒	㋓
	B	㋐	㋑	㋒	㋓
	C	㋐	㋑	㋒	㋓
問5		㋐	㋑	㋒	㋓
問6		㋐	㋑	㋒	㋓
問7		㋐	㋑	㋒	㋓
問8		㋐	㋑	㋒	㋓

3					
問1	(a)	㋐	㋑	㋒	㋓
	(b)	㋐	㋑	㋒	㋓
問2		㋐	㋑	㋒	㋓
問3		㋐	㋑	㋒	㋓
問4		㋐	㋑	㋒	㋓
問5		㋐	㋑	㋒	㋓
問6		㋐	㋑	㋒	㋓
問7		㋐	㋑	㋒	㋓

令和５年度入学者選抜学力検査本試験問題解答用紙　数学

第１面

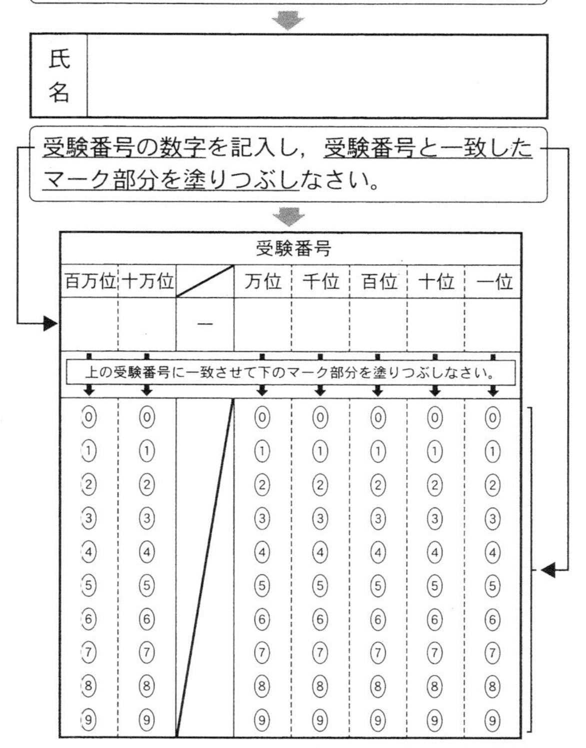
氏名を記入しなさい。

氏名	

受験番号の数字を記入し，受験番号と一致したマーク部分を塗りつぶしなさい。

受験番号							
百万位	十万位		万位	千位	百位	十位	一位
		－					

上の受験番号に一致させて下のマーク部分を塗りつぶしなさい。

百万位	十万位		万位	千位	百位	十位	一位
0	0		0	0	0	0	0
1	1		1	1	1	1	1
2	2		2	2	2	2	2
3	3		3	3	3	3	3
4	4		4	4	4	4	4
5	5		5	5	5	5	5
6	6		6	6	6	6	6
7	7		7	7	7	7	7
8	8		8	8	8	8	8
9	9		9	9	9	9	9

注意事項

1　解答には，必ず**ＨＢの黒鉛筆**を使用し，「マーク部分塗りつぶしの見本」を参考に◯を塗りつぶすこと。
2　解答を訂正するときは，きれいに消して，消しくずを残さないこと。
3　求めた値に該当する符号や数値の箇所のマーク部分を塗りつぶすこと。具体的な解答方法は，問題用紙の注意事項を確認すること。
4　指定された欄以外を塗りつぶしたり，文字を記入したりしないこと。
5　汚したり，折り曲げたりしないこと。

マーク部分塗りつぶしの見本					
良い例	悪い例				
●	レ点	棒	薄い	はみ出し	丸囲み

解　答　欄

1	（1）	ア	⊖	0	1	2	3	4	5	6	7	8	9
	（2）	イ	⊖	0	1	2	3	4	5	6	7	8	9
		ウ	⊖	0	1	2	3	4	5	6	7	8	9
	（3）	エ	⊖	0	1	2	3	4	5	6	7	8	9
		オ	⊖	0	1	2	3	4	5	6	7	8	9
		カ	⊖	0	1	2	3	4	5	6	7	8	9
	（4）	キ	⊖	0	1	2	3	4	5	6	7	8	9
		ク	⊖	0	1	2	3	4	5	6	7	8	9
	（5）	ケ	⊖	0	1	2	3	4	5	6	7	8	9
		コ	⊖	0	1	2	3	4	5	6	7	8	9
		サ	⊖	0	1	2	3	4	5	6	7	8	9
		シ	⊖	0	1	2	3	4	5	6	7	8	9
	（6）	ス	⊖	0	1	2	3	4	5	6	7	8	9
		セ	⊖	0	1	2	3	4	5	6	7	8	9
		ソ	⊖	0	1	2	3	4	5	6	7	8	9
		タ	⊖	0	1	2	3	4	5	6	7	8	9
	（7）	チ	⊖	0	1	2	3	4	5	6	7	8	9
		ツ	⊖	0	1	2	3	4	5	6	7	8	9
	（8）	テ	⊖	0	1	2	3	4	5	6	7	8	9
		ト	⊖	0	1	2	3	4	5	6	7	8	9
		ナ	⊖	0	1	2	3	4	5	6	7	8	9

解答欄は，第２面に続きます。

第２面

解 答 欄

2	(1)	ア	⊖	⓪	①	②	③	④	⑤	⑥	⑦	⑧	⑨
		イ	⊖	⓪	①	②	③	④	⑤	⑥	⑦	⑧	⑨
		ウ	⊖	⓪	①	②	③	④	⑤	⑥	⑦	⑧	⑨
		エ	⊖	⓪	①	②	③	④	⑤	⑥	⑦	⑧	⑨
	(2)	オ	⊖	⓪	①	②	③	④	⑤	⑥	⑦	⑧	⑨
		カ	⊖	⓪	①	②	③	④	⑤	⑥	⑦	⑧	⑨
		キ	⊖	⓪	①	②	③	④	⑤	⑥	⑦	⑧	⑨
	(3)	ク	⊖	⓪	①	②	③	④	⑤	⑥	⑦	⑧	⑨
		ケ	⊖	⓪	①	②	③	④	⑤	⑥	⑦	⑧	⑨
		コ	⊖	⓪	①	②	③	④	⑤	⑥	⑦	⑧	⑨
		サ	⊖	⓪	①	②	③	④	⑤	⑥	⑦	⑧	⑨
		シ	⊖	⓪	①	②	③	④	⑤	⑥	⑦	⑧	⑨

3	(1)	ア	⊖	⓪	①	②	③	④	⑤	⑥	⑦	⑧	⑨
		イ	⊖	⓪	①	②	③	④	⑤	⑥	⑦	⑧	⑨
	(2)	ウ	⊖	⓪	①	②	③	④	⑤	⑥	⑦	⑧	⑨
		エ	⊖	⓪	①	②	③	④	⑤	⑥	⑦	⑧	⑨
		オ	⊖	⓪	①	②	③	④	⑤	⑥	⑦	⑧	⑨
		カ	⊖	⓪	①	②	③	④	⑤	⑥	⑦	⑧	⑨
		キ	⊖	⓪	①	②	③	④	⑤	⑥	⑦	⑧	⑨
		ク	⊖	⓪	①	②	③	④	⑤	⑥	⑦	⑧	⑨

4	(1)	ア	⊖	⓪	①	②	③	④	⑤	⑥	⑦	⑧	⑨
		イ	⊖	⓪	①	②	③	④	⑤	⑥	⑦	⑧	⑨
	(2)	ウ	⊖	⓪	①	②	③	④	⑤	⑥	⑦	⑧	⑨
		エ	⊖	⓪	①	②	③	④	⑤	⑥	⑦	⑧	⑨
		オ	⊖	⓪	①	②	③	④	⑤	⑥	⑦	⑧	⑨
	(3)	カ	⊖	⓪	①	②	③	④	⑤	⑥	⑦	⑧	⑨
		キ	⊖	⓪	①	②	③	④	⑤	⑥	⑦	⑧	⑨
	(4)	ク	⊖	⓪	①	②	③	④	⑤	⑥	⑦	⑧	⑨
		ケ	⊖	⓪	①	②	③	④	⑤	⑥	⑦	⑧	⑨
		コ	⊖	⓪	①	②	③	④	⑤	⑥	⑦	⑧	⑨
		サ	⊖	⓪	①	②	③	④	⑤	⑥	⑦	⑧	⑨

令和5年度入学者選抜学力検査本試験問題解答用紙　英語

第1面

氏名を記入しなさい。

氏名	

受験番号の数字を記入し，受験番号と一致したマーク部分を塗りつぶしなさい。

受験番号

百万位	十万位		万位	千位	百位	十位	一位
		−					

上の受験番号に一致させて下のマーク部分を塗りつぶしなさい。

百万位	十万位		万位	千位	百位	十位	一位
0	0		0	0	0	0	0
1	1		1	1	1	1	1
2	2		2	2	2	2	2
3	3		3	3	3	3	3
4	4		4	4	4	4	4
5	5		5	5	5	5	5
6	6		6	6	6	6	6
7	7		7	7	7	7	7
8	8		8	8	8	8	8
9	9		9	9	9	9	9

注意事項

1　解答には，必ず**HBの黒鉛筆**を使用し，「マーク部分塗りつぶしの見本」を参考に◯を塗りつぶすこと。

2　解答を訂正するときは，きれいに消して，消しくずを残さないこと。

3　指定された欄以外を塗りつぶしたり，文字を記入したりしないこと。

4　汚したり，折り曲げたりしないこと。

マーク部分塗りつぶしの見本

良い例	悪い例				
●	レ点	棒	薄い	はみ出し	丸囲み

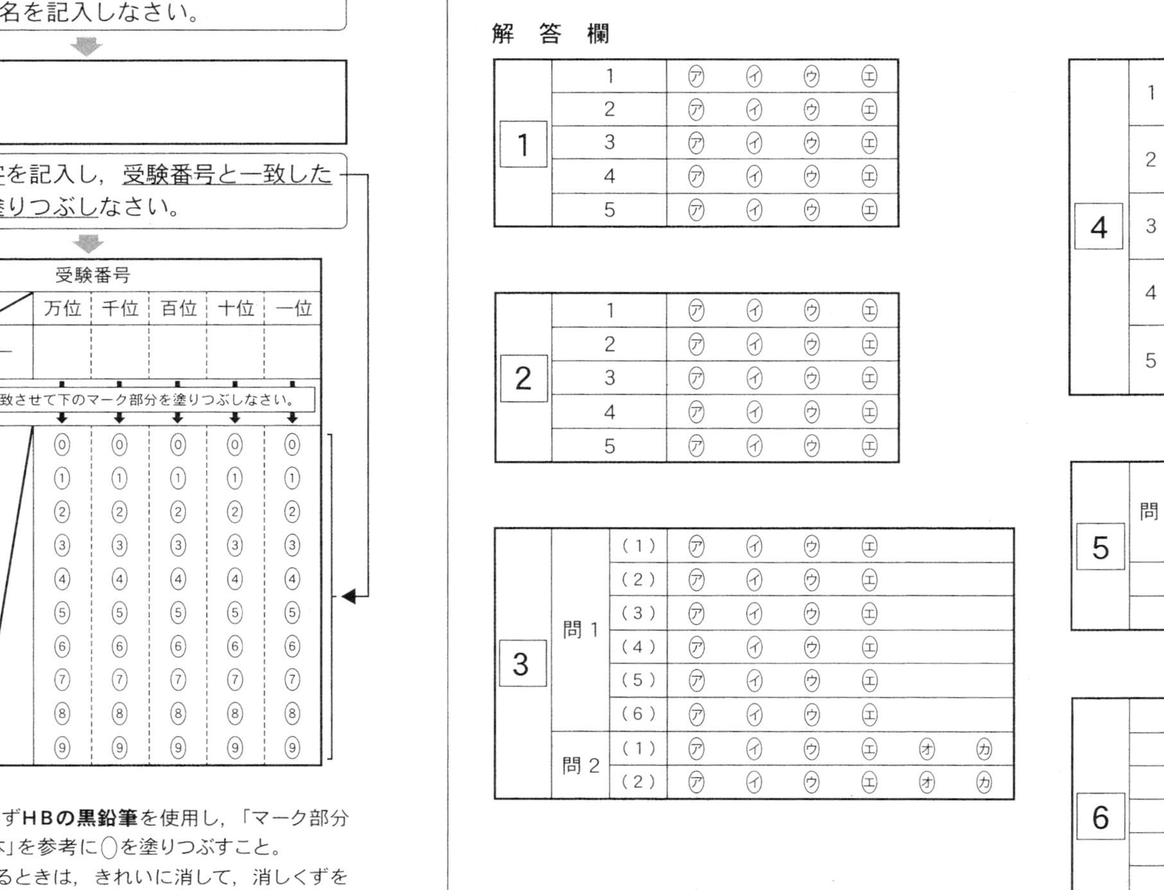

解答欄

1					
	1	㋐	㋑	㋒	㋓
	2	㋐	㋑	㋒	㋓
	3	㋐	㋑	㋒	㋓
	4	㋐	㋑	㋒	㋓
	5	㋐	㋑	㋒	㋓

2					
	1	㋐	㋑	㋒	㋓
	2	㋐	㋑	㋒	㋓
	3	㋐	㋑	㋒	㋓
	4	㋐	㋑	㋒	㋓
	5	㋐	㋑	㋒	㋓

3								
	問1	(1)	㋐	㋑	㋒	㋓		
		(2)	㋐	㋑	㋒	㋓		
		(3)	㋐	㋑	㋒	㋓		
		(4)	㋐	㋑	㋒	㋓		
		(5)	㋐	㋑	㋒	㋓		
		(6)	㋐	㋑	㋒	㋓		
	問2	(1)	㋐	㋑	㋒	㋓	㋔	㋕
		(2)	㋐	㋑	㋒	㋓	㋔	㋕

4								
	1	3番目	㋐	㋑	㋒	㋓	㋔	㋕
		5番目	㋐	㋑	㋒	㋓	㋔	㋕
	2	3番目	㋐	㋑	㋒	㋓	㋔	㋕
		5番目	㋐	㋑	㋒	㋓	㋔	㋕
	3	3番目	㋐	㋑	㋒	㋓	㋔	㋕
		5番目	㋐	㋑	㋒	㋓	㋔	㋕
	4	3番目	㋐	㋑	㋒	㋓	㋔	㋕
		5番目	㋐	㋑	㋒	㋓	㋔	㋕
	5	3番目	㋐	㋑	㋒	㋓	㋔	㋕
		5番目	㋐	㋑	㋒	㋓	㋔	㋕

5						
	問1	(1)	㋐	㋑	㋒	㋓
		(2)	㋐	㋑	㋒	㋓
		(3)	㋐	㋑	㋒	㋓
	問2		㋐	㋑	㋒	㋓
	問3		㋐	㋑	㋒	㋓

6				
	問1	㋐	㋑	㋒
	問2	㋐	㋑	㋒
	問3	㋐	㋑	㋒
	問4	㋐	㋑	㋒
	問5	㋐	㋑	㋒
	問6	㋐	㋑	㋒
	問7	㋐	㋑	㋒

第1面

令和5年度入学者選抜学力検査本試験問題解答用紙　理科

氏名を記入しなさい。

氏名	

受験番号の数字を記入し，受験番号と一致したマーク部分を塗りつぶしなさい。

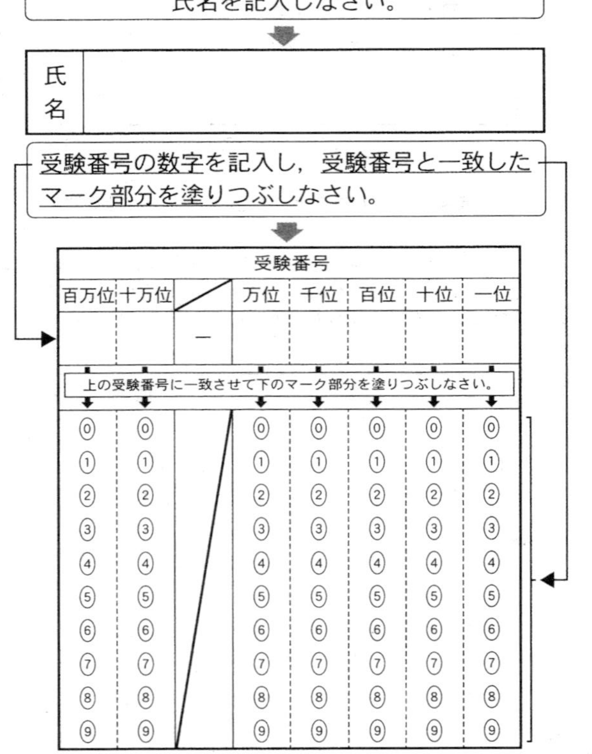

受験番号							
百万位	十万位		万位	千位	百位	十位	一位
		－					

上の受験番号に一致させて下のマーク部分を塗りつぶしなさい。

百万位	十万位		万位	千位	百位	十位	一位
⓪	⓪		⓪	⓪	⓪	⓪	⓪
①	①		①	①	①	①	①
②	②		②	②	②	②	②
③	③		③	③	③	③	③
④	④		④	④	④	④	④
⑤	⑤		⑤	⑤	⑤	⑤	⑤
⑥	⑥		⑥	⑥	⑥	⑥	⑥
⑦	⑦		⑦	⑦	⑦	⑦	⑦
⑧	⑧		⑧	⑧	⑧	⑧	⑧
⑨	⑨		⑨	⑨	⑨	⑨	⑨

注意事項

1　解答には，必ず**ＨＢの黒鉛筆**を使用し，「マーク部分塗りつぶしの見本」を参考に◯を塗りつぶすこと。

2　解答を訂正するときは，きれいに消して，消しくずを残さないこと。

3　数値を解答する場合の解答方法は，問題用紙の注意事項を確認すること。

4　指定された欄以外を塗りつぶしたり，文字を記入したりしないこと。

5　汚したり，折り曲げたりしないこと。

マーク部分塗りつぶしの見本					
良い例	悪い例				
●	レ点	棒	薄い	はみ出し	丸囲み

解　答　欄

1	問1	ア	⓪	①	②	③	④	⑤	⑥	⑦	⑧	⑨
		イ	⓪	①	②	③	④	⑤	⑥	⑦	⑧	⑨
	問2		㋐	㋑	㋒	㋓						
	問3		㋐	㋑	㋒	㋓						
			㋐	㋑	㋒	㋓						
	問4		㋐	㋑	㋒	㋓						
	問5		㋐	㋑	㋒	㋓						
	問6		㋐	㋑	㋒	㋓						
	問7		㋐	㋑	㋒	㋓						
	問8	①	㋐	㋑	㋒	㋓						
		②	㋔	㋕	㋖	㋗						

2	問1	㋐	㋑	㋒	㋓	㋔	㋕			
		㋐	㋑	㋒	㋓	㋔	㋕			
	問2	㋐	㋑	㋒	㋓	㋔	㋕			
	問3	㋐	㋑	㋒	㋓					
	問4	㋐	㋑	㋒	㋓	㋔	㋕	㋖	㋗	

3	問1	ア	⓪	①	②	③	④	⑤	⑥	⑦	⑧	⑨
		イ	⓪	①	②	③	④	⑤	⑥	⑦	⑧	⑨
		ウ	⓪	①	②	③	④	⑤	⑥	⑦	⑧	⑨
	問2		㋐	㋑	㋒	㋓	㋔	㋕	㋖	㋗	㋘	
	問3		㋐	㋑	㋒	㋓	㋔	㋕	㋖	㋗	㋘	
	問4		㋐	㋑	㋒	㋓	㋔	㋕	㋖	㋗	㋘	
	問5	ア	⓪	①	②	③	④	⑤	⑥	⑦	⑧	⑨
		イ	⓪	①	②	③	④	⑤	⑥	⑦	⑧	⑨
		ウ	⓪	①	②	③	④	⑤	⑥	⑦	⑧	⑨
	問6		㋐	㋑	㋒	㋓						

解答欄は，第2面に続きます。

第2面

解 答 欄

4										
問1	①	㋐	㋑	㋒	㋓	㋔	㋕	㋖
	②	㋐	㋑	㋒	㋓	㋔	㋕	㋖
問2	1	㋐	㋑	㋒	㋓			
	2 観測される時間帯	㋐	㋑	㋒				
	2 月の形	㋓	㋔	㋕				
問3		㋐	㋑	㋒	㋓			

5						
問1		㋐	㋑	㋒	㋓	㋔
問2		㋐	㋑	㋒	㋓	㋔
問3	1	㋐	㋑	㋒	㋓	㋔
	2	㋐	㋑	㋒	㋓	㋔
問4		㋐	㋑	㋒	㋓	㋔

6											
問1		㋐	㋑	㋒	㋓						
問2		㋐	㋑	㋒	㋓						
		㋐	㋑	㋒	㋓						
問3		㋐	㋑	㋒	㋓	㋔	㋕	㋖	㋗		
問4		㋐	㋑	㋒	㋓						
問5	ア	⓪	①	②	③	④	⑤	⑥	⑦	⑧	⑨
	イ	⓪	①	②	③	④	⑤	⑥	⑦	⑧	⑨
問6	数値	㋐	㋑	㋒	㋓	㋔	㋕	㋖			
	単位	㋗	㋘	㋙	㋚	㋛					

中学校　3年　組　番
氏名

高校入試問題集　私立編Ⅱ＋高専

はじめに

「本格的に受験勉強を始めたいけれど，何から手を付ければいいのかわからない」と思っていませんか？あなたは自分がこれから挑戦する「入試」をきちんとわかっていますか？自分の行きたい高校がどんな問題構成でどんな問題が出ているのか，それをしっかり知っておくことで，自分が何を勉強していくべきなのかもわかってくるはずです！さあ，高校入試問題集で私立の入試をマスターしましょう！

いろいろな疑問と本書の使い方

私立の「〇〇高校」ってどんな問題が出たの？

鹿児島県内の私立９校と国立高専の入試問題を収録！

私立高校の入試問題は，学校ごとに特徴があるんですよ！だからといって，自分が行きたい私立高校の入試だけ勉強するなんてもったいない！自分が受験を考えている高校はもちろん，その他の高校の入試問題にチャレンジしましょう。**様々な出題傾向にチャレンジして繰り返し練習することで，自分が受ける高校でどんな問題が出ても本番では落ち着いて試験に臨めます。**

高校の特色は？受験の日程は？授業料は？どんな制服？

このページでまるわかり！各学校の学校紹介ページ！

それぞれの学校紹介ページ。志望校の情報はいろいろ知りたいですよね。募集要項や，学校の特色，卒業後の進路など**気になる学校情報が満載**です。入試問題と合わせて，気になる高校の基本情報をチェックしましょう。

答え合わせも自分でできるの？

丁寧で見やすい解答解説で安心！

「あ～，解き終わった～！」で終わっていませんか？問題は解いた後が肝心。大切なのは復習です。**各学校，各教科の詳しく丁寧な解答解説はあなたの強い味方**。毎回の復習をサポートします。聞き取りテストの放送内容も解説の中に掲載していますよ。解答用紙は使いやすい別冊仕様で，答え合わせも簡単です。

過去問でしょ？過去問だから来年は出ないんでしょ？

実際の入試問題を解いてみることに意味があります！

単元別や分野別などの問題集だけでは入試に向けてバランスの良い勉強はできません。**実際の入試問題を解いてみて，自分はどこが苦手なのか，何を勉強する必要があるのかを確認することはとても大切なんです。**そこから入試の傾向に合わせた対策をとりましょう！

2024年受験用

鹿児島県高校入試問題集　私立編Ⅱ＋高専

目　次

※「れいめい高校」「鹿屋中央高校」の聞き取りテストは，英語のページにある二次元コードをスマートフォン等で読み取って再生することが可能です。

※「問題」や「正答例と解説」に関するお知らせは，こちらの二次元コードをご確認ください。

学校法人 希望が丘学園

鳳凰高等学校

HOOH HIGH SCHOOL

理事長 西 浩二
校長 中野 新二
所在地 〒897-1121 鹿児島県南さつま市加世田唐仁原1202番地
電話 (0993) 53-3633
FAX (0993) 52-7974
ホームページ http://www.hooh.ed.jp
E-mail hooh@hooh.ed.jp

交通 鹿児島交通バス野間池線「鳳凰高校前」
加世田線「加世田バスセンター」
鹿児島市内より車で50分

鳳凰高校

時代のニーズに合った4つの学科を設け，最先端の教育環境(全員にタブレット配付)を整えています。

学科の特色

1. メディカルシステム科
多くの資格を取得できる総合的な学科です。情報処理・簿記・ビジネス文書・秘書等のビジネス分野の検定に加え，介護職員初任者研修・医科医療事務管理士・歯科医療事務管理士(女子)・甲種歯科助手(女子)・危険物取扱者(男子)などの専門的な資格取得を目指します。(学園奨学金制度あり)

2. 総合福祉科
幼児から障がい者・高齢者までの総合的な「支援」「介護」を修得する学習を行い，介護福祉士国家試験受験資格・実務者研修・難病患者等ホームヘルパー資格を取得することができます。
さらに，福祉・保育・医療系の短大・大学への進学など将来の進路選択も幅広くできます。(学園奨学金，医療・福祉施設奨学金制度あり)

3. 看護学科
全国一の募集定員200名の5年一貫看護師養成課程（看護師への最短コース）です。入学から3年間を「基礎課程」，その後の2年間を「専門課程」とし，看護の基礎からより深い専門的な内容を5年間かけてじっくりと学び看護師国家資格取得を目指します。(本校独自の病院奨学金制度あり)

4. 普通科
文武両道を掲げ，充実した教育機器・教育設備を活用し，それぞれの個性・特技を尊重・重視した特色あるコース別教育課程を実現しています。(学園奨学金制度あり)

●文理コース　国公立大学進学を目指すコースです。指導経験豊富な講師陣によるマンツーマン教育で学力向上を図り，顕著な合格実績をあげております。

●特進コース（Ⅰ類・Ⅱ類）　Ⅰ類は大学進学から就職対策まで，幅広くサポートできるコースです。
Ⅱ類はスポーツを通じて進路決定を目指す体育錬成コースです。

募集要項

	推薦入試	一般入試
募集学科	メディカルシステム科……定員40名 男・女 総合福祉科……定員40名 男・女 看護学科……定員200名 男・女 普通科文理コース……定員30名 男・女 普通科特進コース（Ⅰ類・Ⅱ類）……定員60名 男・女	
入試日	令和6年1月15日(月)	令和6年1月23日(火)
試験内容	・全学科…作文(60分) ・面接……全学科個人面接	・普通科文理コース/国語(50分)・数学(50分)・英語(50分)・理科(50分)・社会(50分) ・その他の学科/国語(50分) 数学(50分) 英語(50分) ※但し普通科特進コースⅡ類は実技試験有り ・面接……全学科個人面接
合格発表	令和6年1月17日(水)	令和6年1月29日(月)

＊令和5年度
受験料 10,000円
入学金 100,000円
授業料 49,500円
寮費 58,000円（管理費・食費3食分）

制服は洗練されたイメージをコンセプトに爽やかで落ち着きあるデザインです。
＊女子の制服にスラックスも導入(選択自由)！

メディカルシステム科

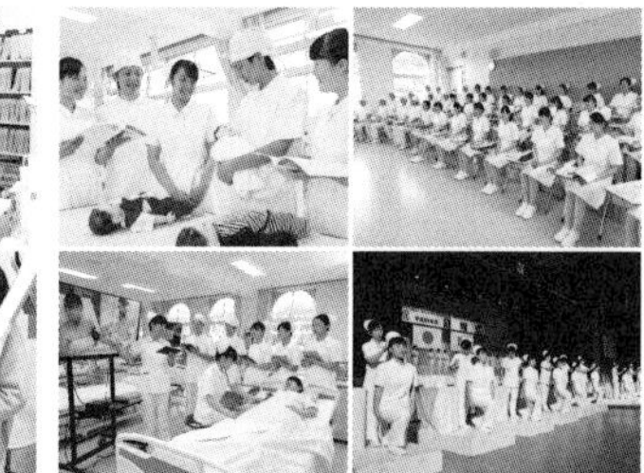

看護学科

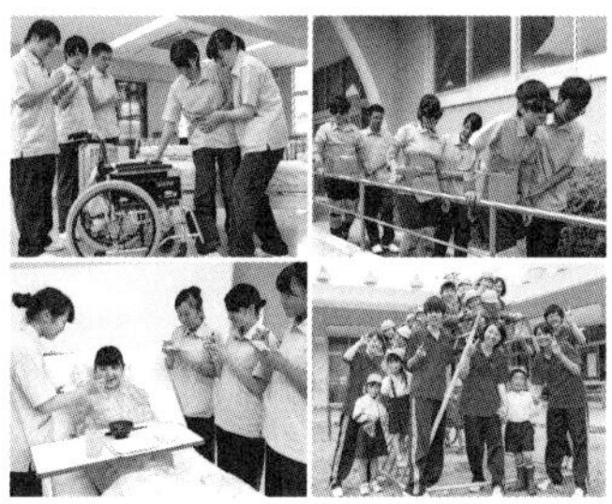

総合福祉科

普通科

・学校説明会　本校，鹿児島市，指宿市，薩摩川内市，鹿屋市，霧島市で実施（6月・10月・11月実施予定）
・体験入学・部活動体験　5月上旬（夏休みに実施）中学校へ詳細は連絡します。(オープンスクール10月・11月実施)
・学校見学　平日，土日曜，祝日でも受付けておりますので事前にご連絡の上お気軽にお越しください。

令和五年度　鳳凰高校入試問題　国　語

（解答…172P）

1　次の文章を読んで、後の問いに答えなさい。

　いま日本の学校になにが欠けているか、などと大きな口を叩けるほど私が日本じゅうの学校のあり方をよく知っているわけではないが、知っている範囲で言わせてもらうと、ただ一方的に知識をつめ込まれるだけで、自分の創造的な能力を発揮したり、自発的な模索や探求をする余地があまりに少ないということが言えるのではなかろうか。

　学校というものは昔から①そういうものだった、昔はそれでうまくいっていたのに、なぜそれでいけないのか、と言われるかもしれない。しかし昔は、つまり私などがまだ若者だった頃などは、②中学や高校に進学する者なんて一〇％か二〇％で、上級学校に進学することは誇らしいことであり、誇らしければやる気も出るし、やる気があればつめ込みの授業にだってaキョウミが持てただろう。それにその頃は、高学歴と低学歴とでは社会に出てからの収入がまるで違っていた。だから進学できた者にとっては学校はとてもありがたいものだった。

　いまだって、自分の学校に誇らしい気持を持ち、はりきって勉強している者はたくさんいるに違いない。しかし誰でも高校に行き、行く気さえあれば大学だって行ける時代になると、ただ高校や大学に行くというだけでは誇らしいと感じない者もふえてくる。べつに卒業してから高い収入が保証されるときまっているわけでもないのに、どうして勉強しなければならないのか、とイライラしてくる者もふえる。そうなると③学校で教わることがひどく退屈に感じられてがまんできないという者もどんどんふえてくるようになるのだ。

　それでもまだ、いい学校だと言われているところをいい成績で卒業すると、ある程度いい職につけるという傾向はあるから、成績を競う競争は続いているし、誰が誰よりすぐれているか、劣っているかを判断する試験の技術だけは滅茶苦茶に進歩してきた。bヘンサチの計り方などはその最たるものである。

　しかし本来、人間として誰がすぐれていて誰が劣っているか、なんてことは計りようがないことである。性格の良さ、人柄の良さ、なんて計りようがない。みんなそれぞれの良さを持っている、ぐらいにしか言いようがない。しかし学校というところは誰が一番で誰が二番、ということをc厳密に点をつけていえなければいけないものだとX思いこんでいる。そうしないと入学試験で、A君が合格でB君が不合格なのは、ほらこのとおり、数学の試験でB君が一点、A君より劣っているからだよ、と言ってB君に不合格を納得させることができないからである。あるいはそうY思いこんでいるからである。

　学校の施設より志望者が多ければ試験で応募者を選ぶというのも④止むを得ないことだけれども、そこからじつは学校で教えることの内容にも歪みが生じてくるのではないだろうか。⑤学生や生徒が学校で教わることのなかには、点数で容易に計れることと、点数なんてつけようがないことがある。点数でいちばん計りやすいのは数学である。なにしろ数についての学問で、正しい答と間違った答ははっきりしているのだから。逆に計り難いのは歴史である。ある歴史的な出来事が何年に起こったかを憶えさせることについてはだいたい正確に点がつけられる。しかしある戦争の原因について、どちらの国が正しくてどちらの国が悪かったか、なんてことは試験の問題にはちょっと出し難い。社会ではだいたい常識になっていることだって、政治的な立場が違えば判断も違ってくるし、それを公立の学校で正しい答ときめて教えたりしたら政治問題になってしまう場合もある。だから試験の問題に使えないだけでなく、教室でも軽々しくは教えられない。しかしじつは、それこそが歴史の勉強でいちばん面白いところであり、議論したら盛り上るところなんだけれども、学校では避けたがるところである。

（佐藤忠男『いま学校が面白い』による）

問１　波線部a〜cのカタカナは漢字に直し、漢字には読みを記せ。

問２　傍線部①の内容を本文中から六十字以内で抜き出せ。ただし、抜き出すのは最初の十七字でよい。

問３　傍線部②は、本文中で別な表現をされている。それを同一段落内から抜き出せ。

問４　傍線部③のように感じる理由を答えよ。

問５　二重傍線部X・Yの対象となっている内容は同じものかそうでないかを答えよ。

問６　傍線部④の意味を次から選び、記号で答えよ。

ア　仕方がない
イ　これ以上進めない
ウ　得られるものがない
エ　とどまることを知らない

問７　傍線部⑤のような状態のことを、筆者は一語で何と表現しているか。本文中より抜き出せ。

2 **次の文章を読んで、後の問いに答えなさい。**

靴、貸してくんない？

広げた新聞の向こうからぼそりと上がった声に、芳男は驚いて顔を向けた。

ついこの前、声変わりがはじまったと思ったら、いつの間にか男っぽい声に変わっている弘樹の成長が、息子ながら奇妙に感じる。

中学に入ってから急によそよそしくなり、二年生の今ではめったに口もきかず、目も合わせなくなった。①そういう時期なんだと割り切りたい思いと、それにしても父親なんてつまらないという寂しさで、息子との距離を測りかねていた。

「靴ってなんだ？　俺のか？」

「そうよ、パパの革靴」

答えたのは弘樹ではなく、横から割り込んだ美佐江だ。母親というのはどうしてこうも出しゃばるのがうまいのか、食卓椅子から身を乗り出し、自分の独壇場のように早口でまくし立てる。

「明日、学校で職場体験学習っていうのをやるのよ。それで弘樹はホテルに行くんだって。上は制服でいいんだけど、靴がね、指定されてるの。白か黒のスニーカーか、そうでなきゃ黒の革靴を履いていかなきゃダメなのよ」

「だったら、学校に履いていってる白いのがあるだろ」

新聞を畳みながら、芳男のほうもうっかり美佐江に顔を向けてしまう。

「あれは履いていけないわよ。ただの白じゃなくて、青いラインが入ってるんだもの」

「そんなラインくらい、どうってことないだろう」

父親の余裕を見せて言ったつもりが、美佐江はいきなり顔を強張らせて、芳男をにらみつけた。

「パパってなんにもわかってないのね。ラインだけじゃなくて、弘樹はかかとを踏んで履いてんのよ。だから変な形がついちゃってるの。注意したって聞かないんだから、ほんとならパパが厳しく言ってくれたらいいのに」

Xやぶへびだった。余計なことを言ったせいで、妻のaキゲンを損ねただけでなく、息子への威厳まで傷ついて形無しだ。

「そうか、だったら下駄箱に入ってる予備のほうを…」

「そっちは古いでしょ」

芳男の言葉を最後まで聞かず、美佐江は遮るように言った。

「明日はパパが予備のほうを履いていってちょうだい。弘樹には新しい革靴を貸してね」

b有無を言わせない迫力に肩をすくめてうなずくと、視線の隅に弘樹の顔が見える。父親と母親の力関係を見極めたのか複雑に揺れる目は、言葉にできない苛立ちを含んでいるようだった。（中略）

なんにもわかってない、そう美佐江に怒られたが、冷蔵庫にマグネットで止められた学校便りは毎週欠かさず目を通していた。週間予定表に「身体測定」とあれば、身長、体重はもちろん、視力や虫歯の本数も気になる。「スポーツテスト」がある週なら、五〇メートル走を何秒で走るのか、自分の中学時代の記録を思い出し、それを追い越せと願う。

畳まれた洗濯物の中に赤いチェック柄のトランクスを見つけたとき、おとなへの階段を駆け上る息子とじっくり話がしたいと思いながら、思春期ならではの父親への気詰まりを察してつい躊躇った。

わかってやろうとして、うまく伝えられない不甲斐なさ、日々の忙しさを言い訳にする情けなさを感じ、ただ冷蔵庫の前に立つ。学校便りの白いコピー紙を軽くこぶしで叩くと、コツンと音がしてマグネットが床に落ちる。②自分と弘樹を結びつける磁力まで失った気がして、芳男の口から長いため息がもれた。

「この際だから、言わせてもらうけど」

弘樹が自室へ引き上げると、美佐江はY（　　）をひそめて口を開いた。

「最近のあの子、おかしいのよ」

「おかしいって？」

「言葉遣いは悪くなったし、夜中までゴソゴソやってるし。靴のかかとだけじゃなく、服だって不良みたいなのを着たがるのよ。ちょっと叱ると、うぜえとかムカつくとかすごい顔で怒るし、この前なんかゴミ箱を蹴っ飛ばしたんだから」

「そうか。まぁ、困ったな」

「困った、じゃ済まないわ。朝はいつまでも起きなくて遅刻ギリギリだし、帰りは部活が終わってもまっすぐ帰らないでどこかに寄り道してくるのよ。学校便りだけは出すけど、ほかの手紙なんかちゃんと渡さないから、cリンジのPTA総会も知らなくて、私、行けなかったくらいですから」

美佐江はどんどんテンションを上げ、語尾をわざと丁寧にする手法でことの重大さを強調してみせる。

③「けど、俺にはさっきちゃんと言ったじゃないか。靴、貸してくれって」

弘樹の「良い点」を指摘したはずが、たちまち美佐江はしらけた顔になった。顎を突き出し、下からすくうような冷めた目で芳男を見つめる。

「あれは、私が言わせたのよ。そのくらい自分で頼みなさいって、ちゃあんと叱っておきました」

叱られた弘樹がどんな言葉を返したのか聞きたかったが、尋ねる前に美佐江はプイとZ（　　）を背ける。④自分の優位を見せつけるように薄い笑みを浮かべると、硬く背筋を伸ばして椅子から立ち上がった。

翌日の帰宅は、すっかり遅くなった。取引先とのトラブルで終電ギリギリまで駆け回り、家に着いても緊張は解けないまま、弘樹に貸した革靴のことは頭から抜け落ちていた。美佐江は先に寝ているようで、テーブルの上にラップをかけた食事が並べられている。温めて食べる気力もなく、そのまま風呂場へ向かうと、弘樹の部屋から細い明かりがもれていた。

ドアの前で、芳男は足を止めた。夜中までゴソゴソやっている、そう話した美佐江に父親らしさをアピールするのなら、堂々と息子の部屋へ入り、おい、何してるんだ、と声をかければいいのだろう。あるいは軽くノックして、早く寝ろよ、とドア越しに言ってみるのもいい。

かすかに部屋から聞こえる物音に耳を立て、開けるタイミングを計りながら、芳男はドアノブに手をかけ逡巡した。

ふと思いつき、人差し指でドアに「親」と書いてみる。木の上に立って見守る。そんな格好のいいものじゃないなと苦く笑って、むしろ木の下から支えてやりたいと疲れた体に力を込め、重い足を踏ん張ってみる。

跡も残さず消えた指文字から何かが伝わったのか、部屋の中から豪快なくしゃみがする。⑤忍び足でドアを離れたのと、明かりが消えたのは、息を合わせたように同じだった。

（石川結貴『小さな花が咲いた日』所収「靴」による）

問1　波線部a～cのカタカナは漢字に直し、漢字には読みを記せ。

問2　傍線部①とはどのような時期のことか。本文中から三字で抜き出せ。

問3　二重傍線部Xと同じ意味のことわざを次から選び、記号で答えよ。

ア　急がば回れ　　イ　寝た子を起こす

ウ　出る杭は打たれる　　エ　君子危うきに近寄らず

問4　傍線部②とあるが、この作品において二人を結びつけていたものは何であると考えられるか。本文中から五字以内で抜き出せ。

問5　二重傍線部Y・Zの（　　）に入る漢字一字を、次からそれぞれ選び、記号で答えよ。

ア　腹　イ　眉　ウ　足　エ　顔　オ　耳　カ　腕

問6　傍線部③とあるが、具体的にはどのような点か。「母親」「父親」という言葉を必ず用いて三十字程度で答えよ。

問7　傍線部④とあるが、ここでの「優位」とはどのようなことを指しているか。適当なものを次から選び、記号で答えよ。

ア　ことの重大さを夫に伝えられたこと。

イ　息子のおかしな行動に気づいたこと。

ウ　夫よりも力関係が上であること。

エ　自分が息子のことをよく知っていること。

問8　傍線部⑤のように父親は息子の部屋に入らなかったが、それはなぜか。文末が「…と思ったから。」となるように説明せよ。

3 次の古文を読んで、後の問いに答えなさい。

むかし、女はらから（姉　妹）ふたりありけり。ひとりはいやしき男の貧しき、ひとりは①あてなる男もたりけり。いやしき男もたる、②師走のつごもりに（末の頃に）上の衣（（夫の）上衣を）を洗ひて、手づから張り（干した）けり。志はいたしけれど、さる賤（いや）しき業（わざ）も慣（なら）はざりければ、上の衣（きぬ）の肩を張り破りてけり。せむ方もなくて（途方に暮れて）③ただ泣きに泣きけり。これを、かのあてなる男聞きて、④いと心苦しかりければ、いと清らかなる緑衫（ろうそう）の上の衣を見（み）出（い）でてやるとて、（きれいな緑色の上衣を見つけ出し、（その女に）贈る時に、（次の歌を詠んだ））

紫の色濃き時はめもはるに野なる草木ぞわかれざりける
（紫草が色濃く咲いている時は、目の届く限り遥かにその他の野の草木も区別なく大切に思えるのです）

（『伊勢物語』による）

問1　波線部を現代仮名遣いに改め、すべて平仮名で答えよ。

問2　傍線部①の文中での意味として最も適当なものを次から選び、記号で答えよ。

ア　信頼できる　　イ　身分が高い
ウ　慕われている　エ　尊敬できる

問3　傍線部②は何月のことか。解答欄に合わせて答えよ。

問4　傍線部③のようになった理由に該当する部分を本文中から十三字で抜き出し、最初と最後の三字を記せ。ただし、句読点は含まない。

問5　傍線部④の主語を本文中から五字で抜き出せ。

問6　次は、最後の歌の真意についての会話である。空欄Xに当てはまるものを後から選び、記号で答えよ。

生徒：先生。この歌にはどんな意味が込められているのですか？
先生：まず整理をすると、この歌は夫から妻に贈られた歌ではないよね？
生徒：はい。だから、恋愛感情が入っていない歌であると習いました。
先生：そうだね。では訳に注目してみよう。「紫」草をこの歌を詠んだ男の妻、その他の「草木」をこの歌を贈られた女性と仮定してみると、どうかな？
生徒：「紫」草が色濃く咲いている時は、その他の「草木」も区別なく大切に思える……そう考えると、この歌を詠んだ男は（　X　）ということを表現したかったのですね！
先生：その通り。よくできたね。

ア　妻のことを尊敬できる人は、豊かに生きることができる
イ　妻を愛しているからこそ、妻に縁がある人も皆大切である
ウ　妻は心も美しく、誰に対しても親切に対応することができる
エ　妻の上着を着ると、妻と見分けがつかないほどきれいになれる

問7　出典の『伊勢物語』と同じ平安時代に成立した作品を次から選び、記号で答えよ。

ア　徒然草　　イ　おくのほそ道
ウ　羅生門　　エ　竹取物語

4 次の問いに答えなさい。

問1　次の四字熟語の空欄に当てはまる言葉を選び、記号で答えよ。

①　異（　　）同音
ア　句　イ　口　ウ　久

②　絶（　　）絶命
ア　体　イ　帯　ウ　対

③　危機一（　　）
ア　発　イ　髪　ウ　初

④　温故知（　　）
ア　志　イ　心　ウ　新

⑤　五里（　　）中
ア　夢　イ　霧　ウ　無

問2　次の外来語の意味を後から選び、記号で答えよ。

①　プロセス
②　ユニーク
③　ニュアンス
④　コンセプト
⑤　セラピー

ア　概念
イ　治療
ウ　微妙な意味合い
エ　過程
オ　独特な

令和５年度　鳳凰高校入試問題　数　学

（解答…173Ｐ）

1 次の計算をしなさい。

（1） $8 - 4 \times 2$

（2） $\frac{5}{9} \div \frac{1}{3} \times 3$

（3） $\frac{4a - 5b}{3} - \frac{2a - 3b}{2}$

（4） $(-3a^2b)^2 \times (-2ab^2)$

（5） $(\sqrt{3} - 1)^2$

2 次の問いに答えなさい。

（1） 2次方程式 $x^2 + 11x - 12 = 0$ を解け。

（2） 定価 800円の商品を２割引で買うとき，1000円払うとおつりはいくらになるか求めよ。ただし，消費税は考えないものとする。

（3） コインを３回投げたとき，表が２回，裏が１回出る確率を求めよ。

（4） 正五角形の１つの外角の大きさを求めよ。

（5） 図のように，１辺の長さがそれぞれ２ cm と３ cm の立方体 A，B がある。A と B の立方体の表面積の比を最も簡単な整数比で表せ。

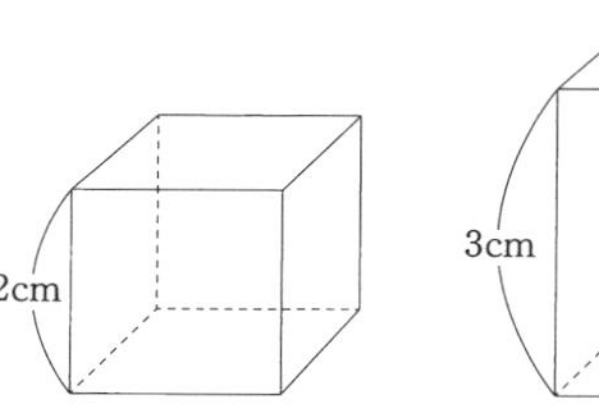

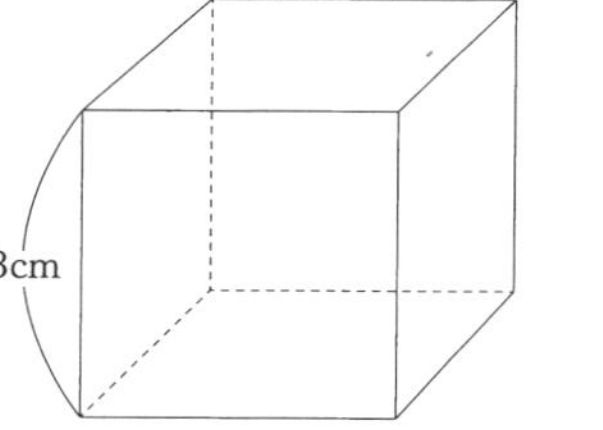

3 下の表は，あるハンバーガー屋のメニューである。このとき，次の問いに答えなさい。ただし，消費税は考えないものとする。

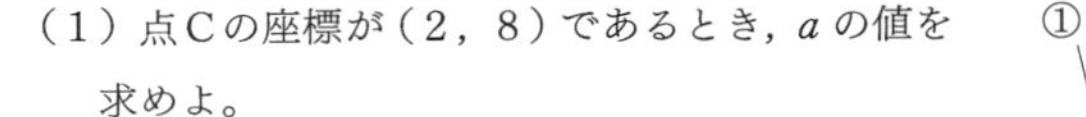

商品名	値段
ハンバーガー	350円
ポテト	250円
ドリンク各種	200円

（1）ハンバーガー３個とドリンク２本を購入するときの合計金額を求めよ。

（2）この店のある日の売り上げについて考える。ハンバーガーとポテトが合わせて 36個売れ，売り上げの合計金額が 11000円だった。このとき，次の①と②の問いに答えよ。

① ハンバーガーとポテトの売り上げ個数をそれぞれ x，y とするとき，次のア，イに当てはまる式を x と y を用いて表せ。

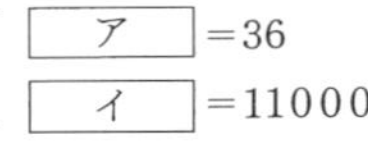

$$\begin{cases} \boxed{\text{ア}} = 36 \\ \boxed{\text{イ}} = 11000 \end{cases}$$

② ハンバーガーとポテトの売り上げ個数をそれぞれ求めよ。

（3）この店では，土曜日と日曜日に以下のようなキャンペーンを行っている。

土曜日：ハンバーガーとポテトとドリンクのセットが670円（単品購入の場合は通常価格）
購入金額100円ごとに２ポイントもらえ，50ポイントでハンバーガーとポテトの１セットと交換できる
日曜日：全品20%割引
購入金額100円ごとに１ポイントもらえ，50ポイントでハンバーガーとポテトの１セットと交換できる

所持金10000円で，ハンバーガーとポテトとドリンクのセットを可能な限り多く用意したい。どちらの曜日に購入したほうが多く用意できるか。また，そのときのセット数と残金も答えよ。

4 下の図において，①は関数 $y = ax^2$（a は正の定数），②は直線 $y = -1$ のグラフであり，２点 A, B の座標はそれぞれ A（0，1），B（0，−1）である。点Cは①のグラフ上の点で x 座標が正であり，点Cから②のグラフに下ろした垂線と②のグラフとの交点をHとする。このとき，次の問いに答えなさい。ただし，円周率は π とする。

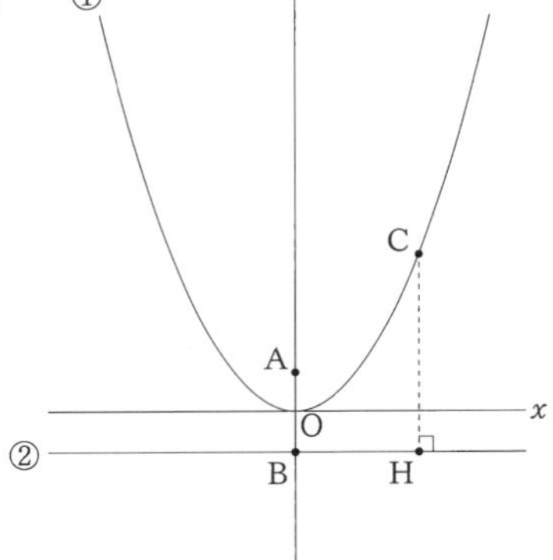

（1）点Cの座標が（2，8）であるとき，a の値を求めよ。

（2）線分AHの長さが４のとき，線分BHの長さを求めよ。

（3）直線AHと①のグラフとの交点のうち x 座標が負の点をDとする。HA＝ADが成り立つとき，点Dの y 座標を求めよ。

（4）（3）のとき，点Dから②のグラフに下ろした垂線と②のグラフとの交点をEとする。△DEHを y 軸の周りに一回転させてできる立体の体積が 5π であるとき，a の値を求めよ。

5 あるクラスの生徒40人に国語と数学の小テストを行った。下の表は，国語の小テストの点数をまとめたものである。全ての小テストの点数は整数値で与えられ，10点満点である。このとき，次の問いに答えなさい。

点数（点）	0	1	2	3	4	5	6	7	8	9	10	計
人数（人）	3	2	3	6	4	2	4	a	3	b	1	40

（1）国語の小テストの点数の中央値（メジアン）を求めよ。

（2）国語の小テストの点数の平均値が5.2点であった。このとき，a，b の値を求めよ。

（3）数学の小テストの点数をヒストグラムに表すと，右の図のようになった。このとき，平均値，中央値（メジアン），最頻値（モード）の大小関係を正しく表したものを，次のア～カから1つ選べ。

ア（平均値）＜（中央値）＜（最頻値）
イ（平均値）＜（最頻値）＜（中央値）
ウ（中央値）＜（平均値）＜（最頻値）
エ（中央値）＜（最頻値）＜（平均値）
オ（最頻値）＜（平均値）＜（中央値）
カ（最頻値）＜（中央値）＜（平均値）

（4）希望した20人に国語の再試験を行った。10点満点の再試験の結果，平均値が5.9点で，最低点が3点であった。このとき，7点を取った生徒は最大何人いるか。

6 右の図のように，1辺の長さが4 cmの立方体ABCD－EFGHがある。このとき，次の問いに答えなさい。

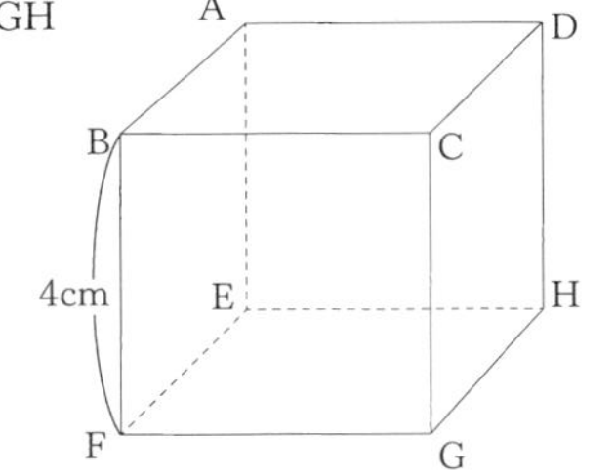

（1）3点A，F，Hを通る平面で立方体を切断する。このとき，次の①と②の問いに答えよ。

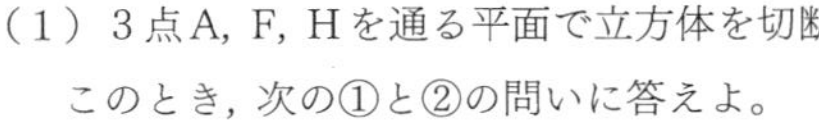

① 辺FHの長さを求めよ。

② ∠AFHの大きさを求めよ。

（2）右の図のように，点Aに関して点Eと対称な点をOとする。このとき，次の①と②の問いに答えよ。

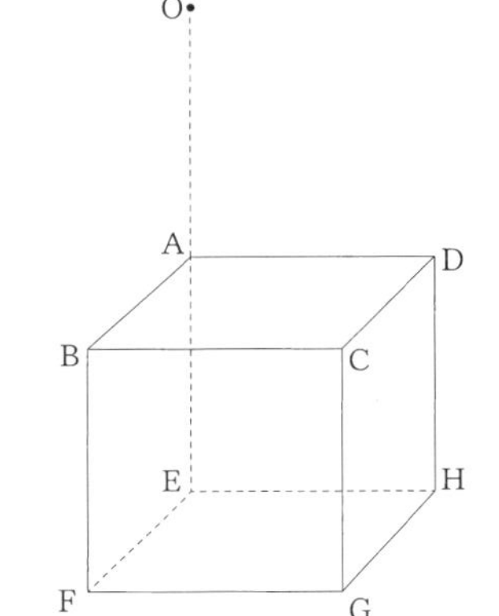

① 3点O，F，Hを通る平面で立方体を切断したときにできる切り口の図形の面積を求めよ。

② 辺FGの中点をP，辺GHの中点をQとし，△OPQとCEとの交点をSとする。このとき，CSの長さを求めよ。

令和５年度　鳳凰高校入試問題　英　語　　（解答…175Ｐ）

1　次の各組の中で，下線部の発音が他と異なる語をア～エから１つずつ選び，記号で答えなさい。

1　ア　cat<u>ch</u>　イ　<u>ch</u>ange　ウ　s<u>ch</u>ool　エ　<u>ch</u>ild

2　ア　f<u>oo</u>d　イ　f<u>oo</u>t　ウ　l<u>oo</u>k　エ　w<u>oo</u>d

3　ア　cook<u>ed</u>　イ　hop<u>ed</u>　ウ　want<u>ed</u>　エ　watch<u>ed</u>

2　次のア～オの中で，2の部分を最も強く発音する語を２つ選び，記号で答えなさい。

ア　com-pu-ter（1 2 3）　イ　dan-ger-ous（1 2 3）　ウ　eve-ry-thing（1 2 3）　エ　ex-pen-sive（1 2 3）　オ　un-der-stand（1 2 3）

3　（　　）にあてはまる語句をア～エから１つずつ選び，記号で答えなさい。

1　この学校はいつ建てられましたか。
When (　　) this school built?
ア　are　イ　did　ウ　was　エ　were

2　もっとゆっくり話してくれませんか。
(　　) you speak more slowly?
ア　Shall　イ　Must　ウ　Will　エ　May

3　この木はなんて高いのでしょう！
(　　) tall this tree is!
ア　When　イ　What　ウ　How　エ　Where

4　雨が降っていたので昨日は出かけませんでした。
I didn't go out yesterday (　　) it was raining.
ア　and　イ　because　ウ　but　エ　or

5　彼女は散歩をするために公園へ行きました。
She went to the park to (　　) a walk.
ア　taking　イ　took　ウ　take　エ　takes

4　次の各組の文がほぼ同じ意味になるように，（　　）にあてはまる語を書きなさい。

1　A week has seven days.
= (　　) are seven days in a week.

2　She was happy to hear the news.
= The news (　　) her happy.

3　Emi speaks English very well.
= Emi is very good at (　　) English.

4　Ken runs faster than any other student in this class.
= Ken is the (　　) runner in this class.

5　This tea is so hot that I cannot drink it.
= This tea is (　　) hot for me to drink.

5　次の1～5の日本語の内容と合うようにア～オの語句を並べかえて英文を完成させるとき，①～⑩にあてはまる語句をそれぞれ記号で答えなさい。ただし，文頭に来る語も小文字にしてある。

1　私は彼女が多くの雑誌を持っているのを知っています。
____ ① ____ ② ____ a lot of magazines.
ア　know　イ　has　ウ　I　エ　she　オ　that

2　これは私が昨日買った時計です。
This is ____ ③ ____ ④ ____ yesterday.
ア　bought　イ　watch　ウ　the　エ　I　オ　which

3　母は彼にもっと野菜を食べるようにと言いました。
His mother ____ ⑤ ____ ⑥ ____ vegetables.
ア　eat　イ　him　ウ　more　エ　to　オ　told

4　窓の近くで音楽を聴いている少女は私の友達です。
____ ⑦ ____ ⑧ ____ near the window is my friend.
ア　to　イ　listening　ウ　girl　エ　music　オ　the

5　うちの犬の気持ちがわかればいいのに。
I ____ ⑨ ____ ⑩ ____ feelings.
ア　my　イ　wish　ウ　I　エ　dog's　オ　knew

6 次はMaryとJohnの会話である。（　1　）～（　5　）にあてはまるものを下のア～カから１つずつ選び，記号で答えなさい。

Mary：Good morning, John.
John：Good morning, Mary. Oh, you're on *crutches! What happened?
Mary：I've broken my right leg.
John：That's too bad. （　1　）
Mary：I fell down when I was playing basketball on Saturday.
John：（　2　）
Mary：It will take about a month.
John：I see. By the way, we have only 5 minutes before the first class begins.
（　3　）
Mary：Music. The room is on the second floor. I'm a little worried about going up the stairs.
John：Don't worry. （　4　）
Mary：Thanks.
John：（　5　）

注：crutches　松葉づえ

ア　What is the first class?
イ　What time is it now?
ウ　How did you break your leg?
エ　It's my pleasure.
オ　I'll help you.
カ　How long will it take to recover?

7 次の英文は，高校２年生の生徒がホストファミリー宛てに書いた手紙である。これを読んで，あとの問いに答えなさい。

June 6

Dear Mr. and Mrs. Butler

Hello! My name is Hazuki Nodoka. Please call me Nodoka. Thank you very much for having me! My first name Nodoka means "peace", and my family name Hazuki means "August" in old Japanese.

First of all, let me introduce myself. I'm 16 years old. My birthday is August 16th, so I'll be 17 while I'm staying in San Francisco. We often hear about San Francisco, as it is the hometown of an English teacher at our school. I live in Kagoshima. We have a big volcano, Mt. Sakurajima. We often see it *erupting, so ①we are not so afraid of it. My high school is at the center of Kagoshima city. I go to school by bicycle. It takes about 30 minutes. Going up the *slope by bicycle every morning is very hard for me. But I think of it as good excercise.

Next, I'll tell you about my family. I have a father, a mother, and two older sisters. My father lives in Osaka for work. It's far from Kagoshima, one hour by plane. So, he comes back home only twice a year, in July and December. My mother is a nurse. One of my sisters is a college student. And the other sister is an elementary school teacher, and has a two-year-old daughter. She is very cute!

By the way, do you know **furin*? It's a kind of small bell that is *hung under the *eave in summer in Japan. It's made of metal or glass. When the wind blows, it rings. The sound makes us feel a little cooler in hot summer. I will bring it to you as a present. I'm sure you'll like it.

My English teacher told me about the *climate of San Francisco and the style of dressing there. If there is more I should know before coming, please (　　②　　).

I'm really looking forward to seeing you!

Sincerely yours
Hazuki Nodoka

注：erupt　噴火する　　slope　坂道　　furin　風鈴　　hung　つるす　　eave　軒　　climate　気候

問１　生徒の名前にはそれぞれどのような意味があるか。（　1　）（　2　）にあてはまる日本語を答えよ。

Nodoka には（　1　）という意味があり，Hazuki には（　2　）という意味がある

問２　下線部①の理由をア～エから１つ選び，記号で答えよ。
ア　鹿児島のニュースをよく耳にしているから
イ　桜島の噴火を見慣れているから
ウ　サンフランシスコのことをよく耳にしているから
エ　自転車で通学しているから

問３　次の問いの答えとして，（　　）にあてはまる語をそれぞれ本文中より抜き出せ。
When does Nodoka's father come back home?
— In (　　　　　　) and (　　　　　　).

問４　（　②　）にあてはまるものをア～エから１つ選び，記号で答えよ。
ア　buy me a present
イ　check my English
ウ　let me know
エ　make *furin*

問５　本文の内容に合っているものには○，そうでないものには×と答えよ。
1　Nodokaは，ホームステイでサンフランシスコに行く前に１７歳になる。
2　Nodokaが通う高校の英語の先生は，サンフランシスコ出身である。
3　Nodokaは３人姉妹の末っ子で，そのうち一人の姉には息子がいる。
4　Nodokaは，ホストファミリーが風鈴を気に入ってくれると思っている。

8 次の英文を読んで，あとの問いに答えなさい。

How much garbage do you produce in a day? I started thinking about this after I attended a talk by Bea Johnson last week. She is an *advocate of zero-waste living. Her family of four (herself, her husband and two sons) produce so little trash that ①<u>their one-year *household garbage fits into a single glass *jar</u>. They do this in a few ways. First, they don't buy packaged items, and put foodstuffs into their own glass jars and bags. ②<u>They also use the same product in many ways</u>. For example, Johnson uses *vinegar and *baking soda to clean. Also, there are only 15 items of clothing in her closet. "A zero-waste lifestyle doesn't take something away from you," she said. "③<u>It</u>'s about *focusing your time and resources on important things, and you'll find yourself not only having better health but also saving time and money."

Johnson, a French native living in California, explains all this and more in her book ④<u>Zero Waste Home</u>, a guide to reducing waste and making one's life simple. I read the book a few years ago and tried to follow her 5R's: Refuse, Reduce, Reuse, Recycle and *Rot. But my motivation didn't continue. After a few weeks, I went back to my old habits of buying packaged goods. It was too hard for me to stop buying potato chips and stationery. I also found it hard to say no to gifts from family and friends. The only thing I could do is to say no to plastic bags and to use my own spoon and fork when eating out. But the *amount of trash I produce is still much more than *ideal.

After Johnson's talk, I decided I would start the zero-waste lifestyle again. I'm not sure if I can be as successful as she has been in reducing waste, but I believe I can try to do more.

Johnson said it was important to start small, and to make sure that the changes were sustainable. She also strongly said that it is impossible to change your lifestyle in a day. I thought about what I could do at once. I could use my own glass jars and bags when I buy takeaway food. I could buy less at the supermarket and more at ⑤<u>the wet markets</u>, a place you can buy fresh food without packaging. Also, the wet markets offer fresher food at better prices, and friendly shop owners often give away stuff for free, like chilies or garlic with the vegetables you buy.

Will I succeed in cutting my waste as *dramatically as Bea Johnson did? It may be too early to tell, but I'm sure I will try.

注：advocate　提唱する人　household　家庭の　jar　びん　vinegar　酢
baking soda　重曹　focus　集中させる　Rot　腐らせる　amount　量
ideal　理想　dramatically　劇的に

問1　下線部①のような結果を達成するために，Johnsonさんが心がけていることは何か。（　1　）（　2　）にあてはまる日本語を答えよ。

・（　1　）された品物を買わない
・買った食品を自分の（　2　）やバッグに入れる

問2　下線部②について，具体的にどのような例が挙げられているか。（　1　）～（　3　）にあてはまる日本語を答えよ。

・（　1　）をするために，酢と重曹を使う
・（　2　）の中に，衣類が（　3　）着しかない

問3　下線部③が指すものをア～ウから1つ選び，記号で答えよ。

ア　household garbage
イ　better health
ウ　a zero-waste lifestyle

問4　下線部④はどのような本か。（　1　）（　2　）にあてはまる日本語を答えよ。

ごみを減らし，（　1　）を（　2　）にするためのガイドブック

問5　下線部⑤に関する文として正しいものをア～エから1つ選び，記号で答えよ。

ア　スーパーマーケットでは販売されていないものが販売されている。
イ　新鮮な野菜をスーパーマーケットのほぼ半分の価格で購入できる。
ウ　親しみやすい店員が多く，野菜を自由に試食することができる。
エ　おまけとして，唐辛子やにんにくを無料でもらえることがある。

問6　本文の内容に合っているものには○，そうでないものには×と答えよ。

1　筆者はJohnsonさんの家族と一緒に，ごみを出さない生活を提唱するトークショーに行った。
2　Johnsonさんには，夫と2人の息子がいる。
3　Johnsonさんはアメリカ人で，現在はカリフォルニアに住んでいる。
4　筆者にとって，家族や友人からの贈り物を断ることは難しかった。
5　Johnsonさんは，一日で生活の仕方を変えるのは不可能だと言った。
6　筆者もごみを減らすことに挑戦したが，なかなか上手くいかず，現在はあきらめている。

令和５年度　鳳凰高校入試問題　社　会　　（解答…177Ｐ）

1　次の【地図１】及び【地図２】を見て，あとの問いに答えなさい。

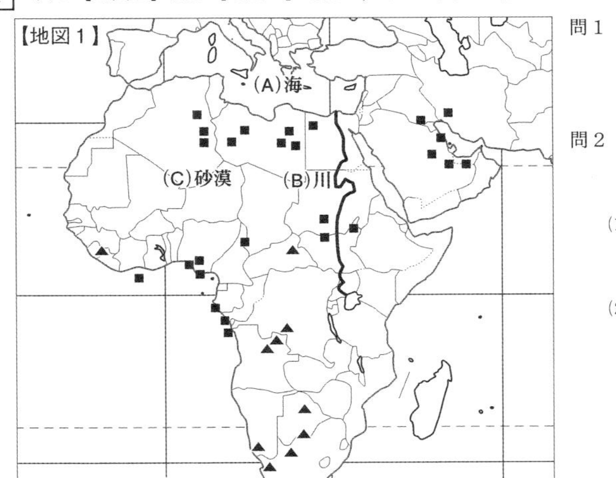

問１　【地図１】中の(A)～(C)に適する海洋名，河川名，砂漠名をそれぞれ答えよ。

問２　【地図１】中のＸの経線に関して，次の（1），（2）の問いに答えよ。

(1)　ロンドンを通るこの経線の名前を答えよ。

(2)　２月15日の午後２時にロンドンからニューヨークに国際電話をかけた。この時のニューヨークの日時を答えよ。ただし，ニューヨークの標準時子午線を西経75度とする。

問３　次のグラフは，なつめやし・カカオ豆・オリーブの生産量の割合を国別に示している。ア～ウのグラフに適する農産物をそれぞれ答えよ。

ア　スペイン 31%，イタリア 11%，モロッコ 10%，トルコ 8%，ギリシャ 6%，エジプト 5%，その他 29%

イ　エジプト 18%，サウジアラビア 17%，イラン 14%，アルジェリア 13%，イラク 7%，パキスタン 5%，その他 26%

ウ　コートジボワール 39%，ガーナ 15%，インドネシア 14%，ナイジェリア 6%，エクアドル 5%，カメルーン 5%，その他 16%

データブック・オブ・ザ・ワールド　2022年度版より作成

問４　アフリカの経済に関して，次の（1），（2）の問いに答えよ。

(1)　地図中の■・▲は，ある鉱産資源の主な産出地を示したものである。その鉱産資源を次のア～エからそれぞれ１つずつ選び，記号で答えよ。

ア　石炭　　イ　原油　　ウ　ダイヤモンド　　エ　ウラン

(2)　アフリカや南米の発展途上国では，特定の一次産品の生産・輸出に依存する経済構造の国が多い。このような経済を何というか，答えよ。

問５　アフリカに関する説明文として正しいものを，次のア～エから１つ選び，記号で答えよ。

ア　アフリカ北部の国では，スペイン語を公用語としている国が多い。
イ　ヨーロッパ系と先住民の混血の人々であるメスチソと呼ばれる人々が多く暮らしている国がある。
ウ　1960年はアフリカで多くの国が独立したため，「アフリカの年」と呼ばれる。
エ　赤道以北のアフリカでは，2000年代に入ってから民族紛争が起こっていない。

問６　アフリカでは緯線や経線を利用して直線的な国境線が引かれている場所が見られる。このような国境線が引かれている理由を簡潔に説明せよ。

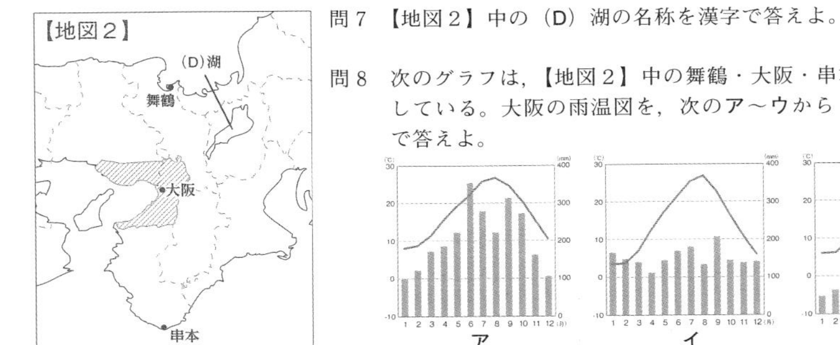

問７　【地図２】中の(D)湖の名称を漢字で答えよ。

問８　次のグラフは，【地図２】中の舞鶴・大阪・串本の雨温図を示している。大阪の雨温図を，次のア～ウから１つ選び，記号で答えよ。

気象庁資料より作成

ア　イ　ウ

問９　【地図２】中の▨の部分は，阪神工業地帯である。右のグラフは2018年における京浜工業地帯・中京工業地帯・阪神工業地帯の製造品出荷額の割合を示したものである。阪神工業地帯のグラフを，次のア～ウから１つ選び，記号で答えよ。

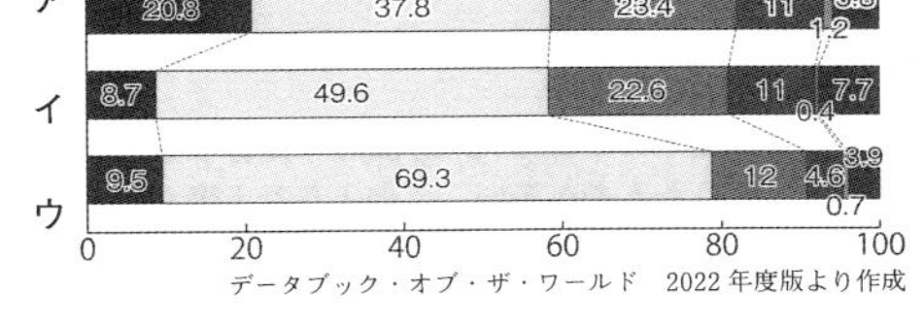

データブック・オブ・ザ・ワールド　2022年度版より作成

問10　次の資料は，【関西への外国人入国者数】と【宿泊者数の推移】を表している。資料から読み取れることとして誤っているものを，次のア～エから１つ選び，記号で答えよ。

【関西への外国人入国者数】（単位：人）

	2018年4月	2019年4月	2020年4月	2021年4月
韓国	202,694	158,532	161	445
中国	202,268	267,476	88	551
台湾	106,205	88,079	59	110
香港	50,163	52,398	1	21
タイ	32,365	41,619	0	74
アメリカ	19,396	23,079	25	88
その他	131,826	137,831	59	1,052
合計	744,917	769,014	393	2,341

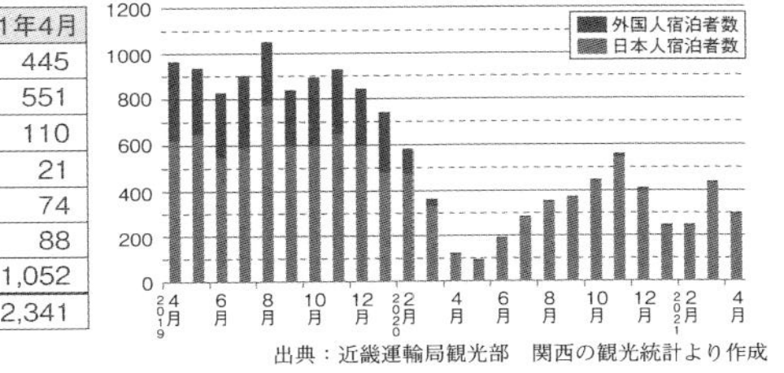

出典：近畿運輸局観光部　関西の観光統計より作成

ア　全ての期間において，アジアからの入国者が全体の過半数を占めている。
イ　2020年に入ると入国者数は激減したが，2021年４月には入国者数が最も多い時期の半数程度まで回復した。
ウ　宿泊者の総数が最も多い月と少ない月を比較すると，10倍以上の差がある。
エ　2019年４月と2021年４月を比較すると，日本人宿泊者数は半数程度になっている。

問11　次の資料は，日本・中国・エチオピア・アルゼンチンの人口ピラミッドである。このうち，日本とエチオピアのものを，次のア～エからそれぞれ１つずつ選び，記号で答えよ。

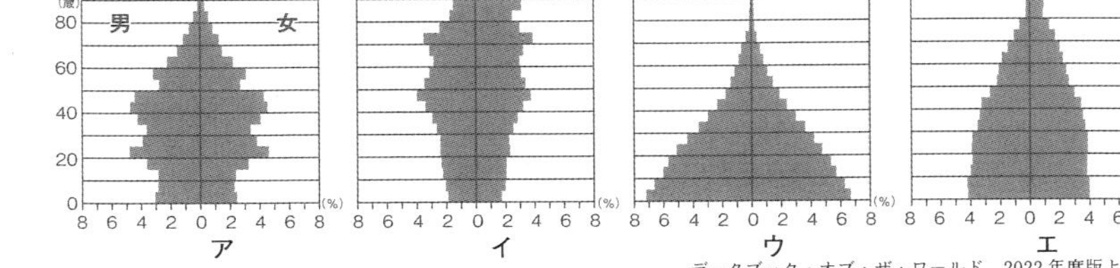

データブック・オブ・ザ・ワールド　2022年度版より作成

2 次の文や年表を見て，あとの問いに答えなさい。

今からおよそ1万年前の日本列島では，温暖化にともなって，a ドングリやシイの実などの木の実が豊かになった。やがて，それらを食べる中型動物が繁殖して安定的に食料が手に入るようになると，人々は複数人で集まって b 定住するようになった。本格的に稲作が始まると，次第によい土地や収穫物をめぐって争いが起こるようになり，集落を外敵からまもるために c 環濠集落がつくられるようになった。その後3世紀頃になると，（　X　）の女王・卑弥呼が中国の皇帝に使いを送り，皇帝から（　Y　）の称号と金印，さらに多数の銅鏡などを贈られたとされる。一方世界各地では，紀元前6000年以降，d 大河流域を中心に文明が発展した。多くの文明では，宗教や交易の中心である都市が生まれ，政治や商業の記録を残すための文字も発明された。

問1　文中の空欄（　X　）に適する国名を答えよ。

問2　文中の空欄（　Y　）に適する称号を答えよ 。

問3　文中の下線部 a を調理・保管するために使用されたこの時代の土器は，縄目のような文様のついたものが多い。このような土器を何というか，答えよ。

問4　文中の下線部 b に関して，この当時の人々が住んでいた右の写真のような住居を何というか，答えよ。

竪穴住居の写真

問5　文中の下線部 c に関して，大規模な環濠集落跡で知られる佐賀県の遺跡として正しいものを，次のア～エから1つ選び，記号で答えよ。
ア　吉野ヶ里遺跡　　イ　上野原遺跡　　ウ　登呂遺跡　　エ　三内丸山遺跡

問6　文中の下線部 d に関して，右の地図を参考に以下の問いに答えよ。

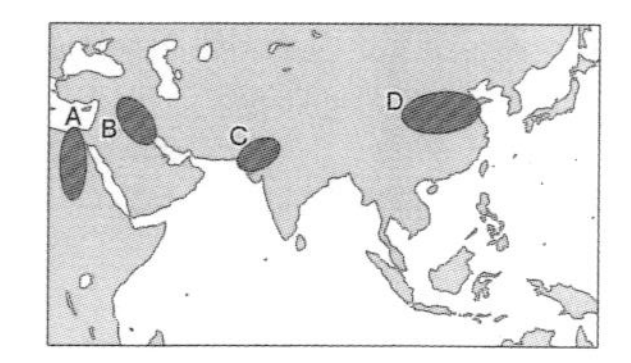

(1)　地図中の A の地域で発展した文明の説明として正しいものを，次のア～エから選び，記号で答えよ。
ア　月の満ち欠けに基づく太陰暦や，時を刻む単位となった六十進法などが使われるようになった。
イ　優れた青銅器や，漢字のもとになった文字が作られた。
ウ　川の氾濫（はんらん）の時期を知るために天文学が発達し，太陽暦が作られた。
エ　排水施設などをもつ都市を中心として発達し，紀元前1500年頃には中央アジアから侵入した民族に征服され，のちにカースト制度と呼ばれる社会秩序が形成された。

(2)　地図中の B の地域で発展していた文明を支えた河川の名称を2つ答えよ。

(3)　地図中の C の地域で発展した文明の名称を答えよ。

(4)　地図中の D の地域で発展した文明について次の i，ii の問いに答えよ。
i　この地域で紀元前6世紀ごろに孔子が説いた教えを答えよ。
ii　この地域におこった次のア～エの王朝を，時代の古い順に並べ替え，記号で答えよ。
ア　秦　　イ　殷　　ウ　周　　エ　漢

時期	できごと
610年頃	ムハンマドが（　①　）を開く。
720年	e『日本書紀』が完成する。
894年	（　②　）の建議で遣唐使が廃止される。
1167年	（　③　）が武士として初の太政大臣となる。
	↕
1519年	マゼランが世界周航に出発する。
1661年	フランスのルイ14世が新政を行い，f 絶対王政の最盛期をむかえる。
1972年	g 日中共同声明が調印される。

問7　年表中の空欄（　①　）に適する宗教名を答えよ。

問8　年表中の空欄（　②　）に適する人名として正しいものを，次のア～エから1つ選び，記号で答えよ。
ア　小野妹子　　イ　阿倍仲麻呂
ウ　菅原道真　　エ　清少納言

問9　年表中の空欄（　③　）に適する人名を答えよ。

問10　年表中の下線部 e に関して，これが完成したときの文化の名称を答えよ。

問11　年表中の矢印の時期に適する出来事として正しいものを，次のア～エから1つ選び，記号で答えよ。
ア　浄土信仰の教えを徹底することをめざした法然が，浄土宗を開いた。
イ　元大阪町奉行所の役人で陽明学者の大塩平八郎が弟子など300人ほどを率い，反乱を起こした。
ウ　キリスト教によって幕府への服従が乱されることを恐れ，禁教令が出された。
エ　藤原氏が勢いを強め，摂政や関白として天皇に代わって政治を行った。

問12　年表中の下線部 f に関して，この独裁体制を打破しようとフランス国民が立ち上がり，革命を起こした。このときに出された宣言として正しいものを，次のア～エから1つ選び，記号で答えよ。

ア	イ
アメリカ独立宣言より抜粋	ゲティスバーグ演説より抜粋
ウ	エ
権利の章典より抜粋	フランス人権宣言より抜粋

問13　年表中の下線部 g に関して，現職の内閣総理大臣として初めて訪中し，日中国交正常化を実現した人物として正しいものを，次のア～エから1つ選び，記号で答えよ。
ア　近衛文麿　　イ　東条英機　　ウ　田中角栄　　エ　小泉純一郎

3 次の年表を見て，あとの問いに答えなさい。

	政治の出来事	経済の出来事
戦後～1950年代	世界の平和を維持することを目的とする，a国際連合が成立した。また，日本ではb自衛隊が設置された。	1950年の（ ① ）戦争によって，特需景気となり，日本経済はc不況から脱却した。
1960～1970年代	（ ② ）がdアメリカの統治から解放され，日本に返還された。	日本はe高度経済成長をむかえ，f国内総生産が資本主義国第2位となった。
1980～1990年代	日本では，女性差別を解消するものとして，g男女雇用機会均等法が制定された。	プラザ合意をきっかけとして，急速にh円高が進行した。
2000年～現代	日本はi裁判員制度を導入した。	日本でj三位一体の改革が進められた。

問1 年表中の空欄（ ① ）に適する語句を答えよ。

問2 年表中の空欄（ ② ）に適する地名を答えよ。

問3 下線部aに関して，安全保障理事会における重要な決議の採決に際し，理事国の賛否が【資料1】のようになり，賛成国が多かったにもかかわらず否決された。この決議が否決された理由を簡潔に答えよ。

【資料1】

	国の数	内訳	
賛成	12か国	常任理事国	4か国
		非常任理事国	8か国
反対	3か国	常任理事国	1か国
		非常任理事国	2か国

問4 下線部bの組織に関して，次の文は日本政府の見解である。空欄（ X ），（ Y ）に適する語句を答えよ。

自衛のための必要最小限度の（ X ）であって，日本国憲法第9条で禁じている「（ Y ）」でない。

問5 下線部cの時に，日本銀行は，国債を買い，市中銀行の資金量を増やし，銀行が企業などに積極的に貸し出しを行えるようにして，経済の安定化を図ろうとする。このような金融政策を何というか，答えよ。

問6 次のア～ウは，下線部dと日本の安全保障の内容について説明した文である。これらの出来事を古い順に並べ替え，記号で答えよ。
ア 日本が集団的自衛権の行使を認めたことにより，日米の軍事的協力体制が一層強化された。
イ 日本と極東の安全を確保する目的で，米軍が日本において施設及び区域を使用することが許された。
ウ 日米安保共同宣言を発表し，アジア太平洋地域における防衛協力関係を強化することを示した。

問7 下線部eの時期にみられた社会の変化について述べた文として，正しいものには○，誤っているものには×で答えよ。
1 国民の貯蓄率は高くなり，企業設備投資が活発に行われた。
2 第一次産業の発展に伴い，都市部での労働力不足が起こり，農村部から都市部へ人口移動が進んだ。
3 急速に工業化を進めたことにより，水俣病やイタイイタイ病などの公害問題が起こった。

問8 下線部fに関して，1年間の国内の経済活動が下記のようにおこなわれた場合，国内総生産額はいくらになるか，正しいものを次のア～エから1つ選び，記号で答えよ。

農家 小麦が15億円で売れた。 ▶ 製粉所 小麦を15億円で購入し，小麦粉を生産し，20億円売り上げた。 ▶ パン屋 20億円で小麦粉を購入し，パンを生産し，45億円売り上げた。

ア 10億円　イ 45億円　ウ 65億円　エ 80億円

問9 下線部gに関して，1997年の改正に基づき，事業主に防止が義務づけられた性的ないやがらせを何というか，答えよ。

問10 下線部hに関して，為替相場の変動は日本経済に大きな影響を与える。円高による貿易の変化について説明した【資料2】中の（ X ）に適する**数字**を答えよ。また，（ Y ）に適する語句を**漢字2字**で答えよ。

【資料2】

日本で製造した1台500万円の自動車をアメリカに輸出した場合

<1ドル＝200円のとき>
日本 1台500万円 → アメリカ 1台（　）ドル

<1ドル＝100円のとき>
日本 1台500万円 → アメリカ 1台（　）ドル

例えば為替相場が1ドル200円から1ドル100円になった場合，アメリカでの日本の自動車の販売価格は，1台あたり（ X ）ドル高くなることになる。このように為替相場の変動が円高になるときは，日本の輸出は一般的に（ Y ）する傾向となる。

問11 下線部iに関する内容として正しいものを，次のア～エから1つ選び，記号で答えよ。

	対象となる裁判	有罪か無罪かの事実認定	量刑の判断
ア	重大な民事事件	裁判員と裁判官がともに決める	有
イ	重大な民事事件	裁判員のみで決める	無
ウ	重大な刑事事件	裁判員と裁判官がともに決める	有
エ	重大な刑事事件	裁判員のみで決める	無

問12 下線部jに関して，【資料3】はある日本の世帯の税負担の変化を表したモデルケースである。【資料3】について説明した次の文中の（ X ）に適する語句を簡潔に答えよ。また，（ Y ）と（ Z ）に適する語句をそれぞれ**漢字4字**で答えよ。

【資料3】

税源移譲前

給与収入	所得税	住民税	合計
300万	124,000円	64,500円	188,500円
500万	258,000円	163,000円	421,000円
700万	474,000円	307,000円	781,000円

税源移譲後

給与収入	所得税	住民税	合計
300万	62,000円	126,500円	188,500円
500万	160,500円	260,500円	421,000円
700万	376,500円	404,500円	781,000円

総務省ホームページをもとに作成

【資料3】から分かるとおり，我が国では給与所得が多い人ほど税の割合が（ X ）仕組みを採用している。このような仕組みを（ Y ）制度という。ある世帯で2007年以降に所得税が減り，住民税が増加している理由は，三位一体の改革により国から地方へ税源移譲が図られたためである。「地方でできることは地方に」という理念のもと，中央集権に対して，国から地方に権力を分ける（ Z ）が進められている。

令和５年度　鳳凰高校入試問題　理　科　（解答…178Ｐ）

1　オオカナダモの葉の細胞を観察するため，光学顕微鏡を使用することにした。次の各問いに答えなさい。

問１　光学顕微鏡のレンズで，先に取り付けるのは「対物レンズ」と「接眼レンズ」のどちらがよいか。また，その理由を簡潔に説明せよ。

問２　光学顕微鏡でオオカナダモの葉を観察する手順について，次のア～オを正しい順序に並べかえ，３番目と５番目に該当するものをそれぞれ記号で答えよ。

【観察手順】
- ア　しぼりを回して，観察したいものが最もはっきり見えるように調節し，視野の中心にくるようにする。
- イ　観察したいものがレンズの真下にくるようにプレパラートをステージにのせて，クリップでとめる。
- ウ　接眼レンズをのぞいて，プレパラートと対物レンズを遠ざけながら，ピントを合わせる。
- エ　接眼レンズをのぞきながら，反射鏡を調節して，全体が均一に明るく見えるようにする。
- オ　真横から見ながら，調節ねじを回し，プレパラートと対物レンズをできるだけ近づける。

問３　光学顕微鏡をのぞいたところ，オオカナダモの葉が**図１**のように観察された。オオカナダモの葉を視野の中央に移動させたい場合，プレパラートをどの方向へ動かせば良いか。**図１**中の**ア**～**エ**から１つ選び，記号で答えよ。

図１

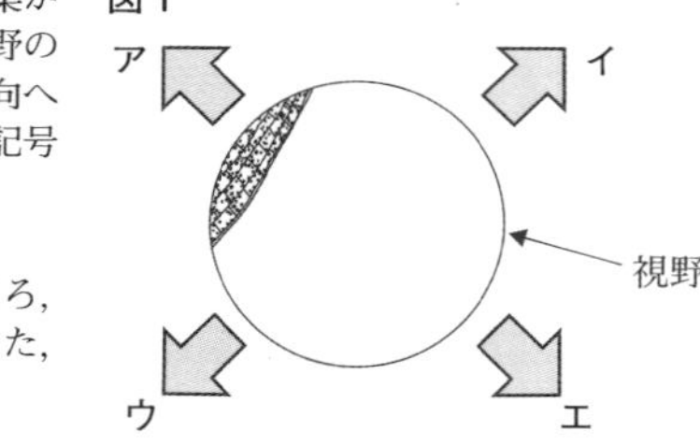

問４　光学顕微鏡でオオカナダモの葉を観察したところ，緑色の粒が観察された。この粒の名称を答えよ。また，この粒の主なはたらきは何か。

問５　オオカナダモの葉を視野の中央へ移動させた後，対物レンズ10倍，接眼レンズ10倍で観察した。この後，対物レンズのみを40倍に変更して観察を継続したところ，視野の中に大きさのほぼ等しい細胞が32個観察された。

（１）**図２**の**ア**・**イ**はそれぞれ対物レンズ10倍，40倍で観察し，ピントが合ったときの状態を表している。**ア**・**イ**のうち，対物レンズ10倍のときを表しているのはどちらか，記号で答えよ。

図２

ア　イ　対物レンズ　プレパラート

（２）対物レンズ10倍で観察しているとき，視野の中に見られる細胞の数は何個であったと考えられるか。最も近いと思われるものを次の**ア**～**カ**から１つ選び，記号で答えよ。

ア　2個　　イ　8個　　ウ　16個　　エ　64個　　オ　128個　　カ　512個

2　図はある高校の周辺で観察された植物を，からだのつくりにもとづいて分類したものである。次の各問いに答えなさい。

図

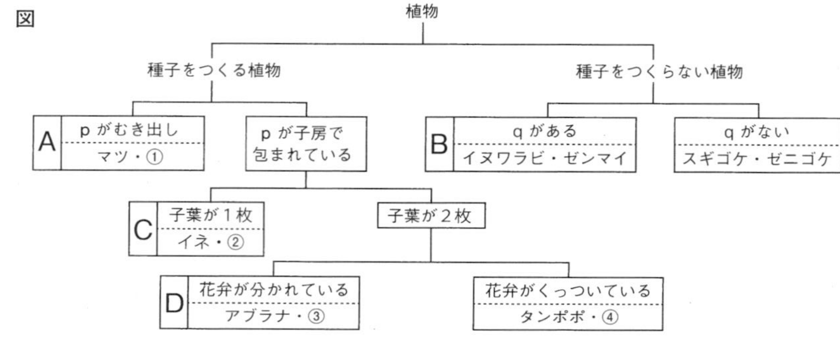

問１　Ａ～Ｄのグループの名称を答えよ。

問２　ｐ・ｑには，分類する際の手がかりになる語句がそれぞれ１つずつ入る。ｐ・ｑに入る語句を答えよ。

問３　Ｃのグループの特徴がわかるように，葉脈を解答欄の図の中に書け。

問４　図の①～④に入る植物を，次の**ア**～**オ**からそれぞれ１つずつ選び，記号で答えよ。

ア　アサガオ　　イ　エンドウ　　ウ　ユリ　　エ　ワカメ　　オ　イチョウ

3 図はあるドライヤーの取り扱い説明書の一部である。次の各問いに答えなさい。ただし，電源の電圧は100Vとし，ドライヤーは風量の「強」「弱」を切りかえられないものとする。

図

ヘアドライヤー
商品番号123-456-789
50-60Hz
100V電源で600Wの消費電力

問1　Hzは交流における1秒当たりの波の繰り返しの数を指している。この数を何というか。

問2　このドライヤーを電源に接続すると何Aの電流が流れるか。

問3　太郎さんはドライヤーのしくみに興味をもち，**レポート**を作成した。以下の**レポート**を読み，①〜④にあてはまる語句または数値を答えよ。ただし，数値は小数第1位を四捨五入して答えよ。

レポート

ドライヤーはファン（風を発生させる部品）と電熱線でできており，スイッチ一つでファンが回転したまま温風と冷風を切り替えることができるため，ファンと電熱線は（　①　）列につながれていると考えられます。また電熱線とファンの抵抗を調べると電熱線が25Ω，ファンが50Ωであったため，ドライヤー全体の抵抗の大きさは（　②　）Ωです。中学校で学習したオームの法則を用いると，電熱線を流れる電流は（　③　）A，ファンを流れる電流は（　④　）Aとわかります。

問4　太郎さんはドライヤーについて調べていくうちに，消費電力1200Wのドライヤーがあることを知った。ファンの抵抗を50Ωとすると，消費電力1200Wのドライヤーに使用される電熱線の抵抗は何Ωか。

問5　消費電力1200Wのドライヤーの電熱線で消費する電力は，消費電力600Wのドライヤーの電熱線で消費する電力の何倍か。

4 凸レンズによる像のでき方を調べるため，実験を行った。**実験の記録**を読み，次の各問いに答えなさい。

実験の記録

1　**図**のように光源，凸レンズ，スクリーンを用意し，装置を組み立てた。

図

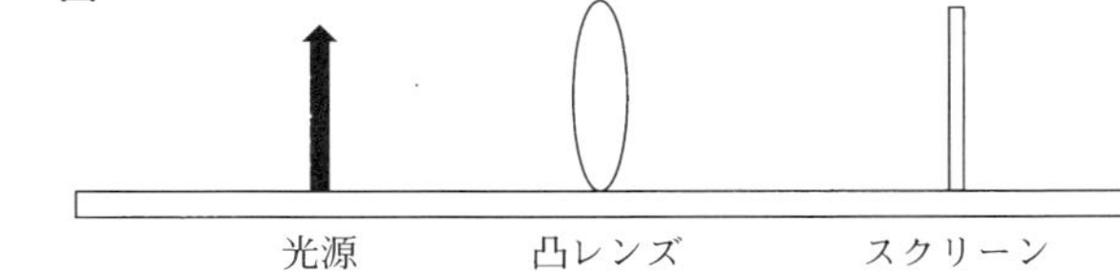

2　凸レンズより30cm左側の地点に光源を置き，スクリーン上にはっきり像ができるようスクリーンを動かし，凸レンズからの距離を測定した。また光源とスクリーン上の像の大きさを比較し，**表**に記録した。

3　凸レンズから光源までの距離を5cmずつ短くし，**2**と同様に凸レンズからスクリーンまでの距離と像の大きさを測定し，**表**に記録した。

表

凸レンズから光源までの距離［cm］	凸レンズからスクリーンまでの距離［cm］	光源に対するスクリーン上の像の大きさ
30	21	小さい
25	25	同じ大きさ
20	33	大きい
15	75	大きい
10	測定不能	像はできない
5	測定不能	像はできない

問1　スクリーン上にできる像の名称を答えよ。

問2　この実験から凸レンズの焦点距離を推測することができる。推測として最も適切なものを次の**ア**〜**ウ**から1つ選び，記号で答えよ。

ア　0cmから5cmの間　　**イ**　10cmから15cmの間　　**ウ**　20cmから25cmの間

問3　スクリーン上に像ができないときは虚像ができる。虚像ができる位置とその大きさについて述べた以下の文を読み，①・②にあてはまる語句を**ア**・**イ**から選び，記号で答えよ。

凸レンズより（① **ア**：左　**イ**：右）側に，光源より（② **ア**：大きい　**イ**：小さい）像ができる。

問4　上の実験よりも焦点距離を長くするためにはどうすればよいか。次の**ア**〜**エ**から1つ選び，記号で答えよ。

ア　凸レンズの材料は同じで，より厚い凸レンズを使用する。
イ　凸レンズの材料は同じで，より薄い凸レンズを使用する。
ウ　光源をより暗くする。
エ　光源をより明るくする。

5 鉄粉と硫黄の粉末を使い，**手順１～４**で実験を行った。次の各問いに答えなさい。

手順１　３つの試験管を準備し，鉄粉を入れたものを**A**，硫黄の粉末を入れたものを**B**，鉄粉と硫黄の粉末の混合物を入れたものを**C**とした。
手順２　試験管**C**だけをガスバーナーで加熱した。反応が起こるとすぐにガスバーナーの加熱をやめたが反応は止まらず，鉄粉と硫黄の粉末は過不足なく反応した。
手順３　試験管**A**，**B**，**C**に磁石を近づけると，磁石にくっついたものがあった。
手順４　試験管**A**，**B**，**C**に塩酸を加えると，気体が発生したものがあった。

問１　**手順２**で鉄粉と硫黄の粉末の混合物を加熱してできた物質は何か。物質名を答えよ。また，その物質は何色か。

問２　**手順２**でガスバーナーの加熱をやめても反応が止まらなかったのはなぜか。その理由を簡潔に説明せよ。

問３　**手順３**で磁石にくっついた試験管は**A**，**B**，**C**のどれか。すべて答えよ。

問４　**手順４**で気体が発生した試験管は**A**，**B**，**C**のどれか。すべて答えよ。

6 炭素原子と水素原子からなる化合物を完全燃焼させると，炭素原子と水素原子は酸素原子と結びついてそれぞれ二酸化炭素と水に変化する。メタンを完全燃焼させたときの化学反応式は，次のようになる。この化学反応式を参考にして，次の各問いに答えなさい。

$$CH_4 + 2O_2 \rightarrow CO_2 + 2H_2O$$

問１　メタン16 gは酸素64 gと過不足なく反応する。このとき，反応後に生成する二酸化炭素と水の質量の合計は何gか。

問２　メタン分子を構成する炭素原子の質量の割合は75％である。メタン16 gが完全燃焼したとき二酸化炭素は何g生成するか。また，このときに生成する水は何gか。

問３　炭素原子と水素原子からなる化合物CxHyを完全燃焼させたときの変化を次の化学反応式で表した。反応の前後で，各原子の数が等しくなるように①～③にあてはまる文字式を答えよ。

$$CxHy + (\ ①\ )O_2 \rightarrow (\ ②\ )CO_2 + (\ ③\ )H_2O$$

問４　問３で生成する二酸化炭素と水の分子の数の比が１：１になるとき，xとyの比を答えよ。

問５　炭素原子と水素原子からなる次の物質の中で，完全燃焼によって生成する二酸化炭素と水の分子の数の比が１：１になるものをすべて選び，化学式で答えよ。

C_2H_2　　C_2H_4　　C_2H_6　　C_3H_6　　C_3H_8

7 図は太陽のまわりを公転する地球と金星の位置関係を示している。次の各問いに答えなさい。

問１　金星のように地球よりも内側を公転している惑星を何というか。

問２　問１の惑星にあてはまるものを次の**ア**～**オ**から１つ選び，記号で答えよ。
ア　海王星
イ　火星
ウ　水星
エ　木星
オ　土星

図

問３　金星の欠け方が小さく最も円に近いかたちとして地球から見えるのは，金星が**A**～**G**のどの位置にあるときか。１つ選び，記号で答えよ。

問４　地球から金星が最も大きく見えるのは，金星が**A**～**G**のどの位置にあるときか。１つ選び，記号で答えよ。

問５　真夜中の地球から金星が見えないのは，金星が**A**～**G**のどの位置にあるときか。すべて選び，記号で答えよ。

問６　金星が**G**の位置にあるとき，地球から金星を天体望遠鏡で観察すると，どのようなかたちに見えると考えられるか。最も近いものを，次の**ア**～**エ**から１つ選び，記号で答えよ。ただし，**ア**～**エ**の像は肉眼で見る場合とは上下左右が逆になっているものとする。

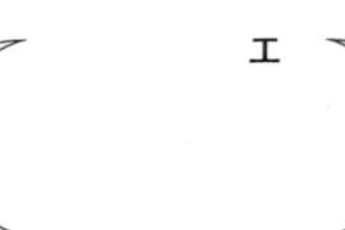

問７　金星が**G**の位置にあった日から，２ヶ月経過したとする。このときの金星の位置として最も近いものを**A**～**G**から１つ選び，記号で答えよ。ただし，金星の公転の周期は0.6年とする。

学校法人　日章学園

鹿児島城西高等学校

理事長　後藤洋一
校長　秋武達朗
所在地　〒899－2593
鹿児島県日置市伊集院町清藤1938
電話　(099) 273－1234
FAX　(099) 273－1651
ホームページ　https://kjh.ed.jp
交通　ＪＲ九州　伊集院駅下車徒歩20分
鹿児島市内よりスクールバスで35分

「育てよう！豊かな心と思いやり」
夢あふれ　希望の花咲く　鹿城西！

鹿児島城西高校

受験情報

学科	定員
ヘアーデザイン	30
トータルエステティック	20
進学体育	55
普通（アプリケーション、パティシエ、芸術文化、進学・公務員、共生、ドリーム）	115
社会福祉	20
ホテル観光	20
調理	80
ビジネス情報	20
ファッションデザイン	20

受験会場（本校・指宿・加世田・阿久根・出水・川内・隼人・鹿屋・西之表・中種子・宮之浦・名瀬・古仁屋・徳之島・沖永良部・喜界・甑島）
※会場は変更される場合があります。

受験科目	出願期間	入試日	合格発表	受験料	入学金	授業料	寮費
推薦 ドリームコース 作文 面接	2024年 1月5日(金) ～ 1月11日(木)	2024年 1月15日(月)	2024年 1月17日(水)	10,000円 (2024年度)	(2024年度) 推薦 50,000円 専願 60,000円 併願 100,000円	(2024年度) (月額) 47,100円 学園奨学生制度(有) 奨学金制度(有)	(2024年度) (月額) (男子寮) ・清藤寮 46,000円 ・強化部ビクトリー寮 53,000円 (部活動で変動あり) ・女子寮 46,000円 ・サンライズマンション 35,000円
共生コース 学力試験 適性検査 面接							
一般 国語 数学 英語 面接		2024年 1月23日(火)	2024年 1月29日(月)				

合格へのアドバイス　①中学校課程で基礎基本の学力を身に付けること。
②基本的生活習慣が確立しており，高校卒業後の自分の進路について，明確な目的意識を持っていること。

学校説明会（先生方対象）
2023年９月29日(金)
体験入学
（各学科）8月3日・4日・5日・22日・23日・24日・10月28日(予備日は29日)
（部活動）8月25日

進学・就職情報

進学	就職
筑波大学	株式会社帝国ホテル
鹿児島大学	株式会社ホテルニュー・オオタニ
鹿屋体育大学	株式会社はとバス
早稲田大学	株式会社ｉｍａｇｅ
青山学院大学	ワールドジャパン株式会社
明治大学	有限会社横浜ヘルシー
法政大学	株式会社ＰＯＬＡ
駒澤大学	南国交通株式会社
順天堂大学	劇団風
東洋大学	鹿児島県庁
日本大学	鹿児島県警察
専修大学	鹿児島市消防局
東海大学	宮崎県警察
日本体育大学	自衛隊一般曹候補生
大東文化大学	姶良市消防
近畿大学	日置市消防
玉川大学	ウッズ株式会社
福岡大学	城山観光株式会社
西南学院大学	鹿児島サンロイヤルホテル
九州産業大学	株式会社鹿児島銀行
久留米大学	社会福祉法人三愛会
福岡女学院大学	社会福祉法人正栄会
日本経済大学	薩摩郵便局
九州栄養福祉大学	株式会社プリンスホテル
杉野服飾大学	株式会社指宿白水館
鹿児島国際大学	株式会社まきの商店
志學館大学	有限会社パティスリーナチュールシロモト
鹿児島県立短期大学	ＪＡ薩摩日置
鹿児島純心女子短期大学	鹿児島信用金庫
鹿児島女子短期大学	有限会社薩摩蒸気屋

校風沿革

感動の多い高校生活を経験させる

昭和２年創立，豊かな人間性を培うとともに，勤労教育を柱に，専門的な知識・技能の修得を図ることで，時代に即応し常に進化し続ける学校として，21世紀を担い，各界をリードする良き社会人の育成を目指します。

伊集院清藤の丘にある本校は，10万平方メートルの広大な校地と「森とせせらぎ」に包まれた，すばらしい自然環境に恵まれています。全国で最初に設置された「ホテル観光科」，「社会福祉科」，「トータルエステティック科」など特色ある９学科６コースと福祉共生専攻科が設置されており，そのユニークな教育は，社会の注目を集めています。

一方，部活動は全国高校サッカー選手権大会準優勝のサッカー部をはじめ，2020甲子園高校野球交流試合出場の野球部，男女空手道部，男女バレー部，卓球部，駅伝部，ボクシング部など，県下はもちろん九州大会，全国大会でもすばらしい成績を収めています。また，フラダンス部やスイーツ部など本校ならではの部活動もあります。「やる気のある」中学生諸君をお待ちしています。

ヘアーデザイン科（男女）

将来，美容業界で働きたい人が学ぶ学科です。高校在籍中に美容師国家試験を受験し，他にもネイル検定，ＪＢＣＡ検定，色彩検定などの資格を取得できます。

トータルエステティック科（女子）

エステティシャンに必要な技能とメイク・ネイル等，美容の専門を学ばせ，美のスペシャリストとして県内外で活躍できる人材を育成します。

進学体育科（男女）

「スポーツ授業」「スポーツ分析講座」を通して，各競技を専門的に学びインターハイや国体，世界大会やオリンピックで活躍し優勝を目指す選手を育成します。また，半端ない人工芝サッカー場や素晴らしい環境が整っています。毎年有名大学への入学や各企業への就職，進路も充実しています。

普通科（男女）

進学・公務員，アプリケーション，芸術文化，パティシエの４コースは，将来の夢に応じ，個々の専門性を高める勉学に励んでいます。また，軽度の知的障がい者を対象にした共生コース，不登校生をサポートするドリームコースもあり，普通科はこれらの６つのコースで構成されています。

社会福祉科（男女）

将来，介護福祉士を目指す学科です。
利用者様が，安全で安心して介護を任せられる介護福祉士を育成します。

ホテル観光科（男女）

ホテルをテーマに接客業を学び，県内有名ホテルでの校外ホテル実習を就職活動に生かします。また，ホテルビジネス実務検定や温泉ソムリエの他，３級レストランサービス技能士国家資格においては，国内の高校で唯一受験することができるなど，接客に特化した資格取得にチャレンジできます。３年次には，校外ホテル実習を頑張った"自分へのご褒美"として行う「オリジナル研修旅行」，「保護者への感謝の集い＆模擬披露宴」の実施など"ここでしか学べない"が満載の学科です。

調理科（男女）

国家資格である調理師免許証を卒業と同時に国家試験免除で取得できる厚生労働大臣指定の学科です。
調理の基本から，和・洋・中華の他にパンやデザート作りも学習し，味の芸術家を目指して，即戦力として活躍できる調理師を育成します。

ビジネス情報科（男女）

ビジネスに関する基礎的・基本的な知識・技能を習得し，多くの資格取得に挑戦します。
職業人としてのマナーや振る舞いを身に付けさせ，複雑化するビジネス社会に対応できる有能な人材を育成します。

ファッションデザイン科（男女）

ファッション造形を中心にファッションデザイン，カラーコーディネート，メイク，ネイルなどファッションについて幅広く学習し，ファッション関係のスペシャリストを目指します。
秋には，ファッションショー形式で作品発表をします。

日章学園マスコットキャラクター「ニッチー」君

令和五年度　鹿児島城西高校入試問題　国語　（解答…180P）

一　次の文章を読んで、あとの問いに答えなさい。

問題とか解決というと大げさに聞こえますが、日常の行動は問題解決の連続です。どこかで何時かに待ち合わせの約束をすれば、交通キカン[A]は何を使うか、所要時間を見積もって何時に家を出なければならないかといった問題を解決しなければなりません。食堂へ行きたいと思えば経路を選択しなければなりません。（　Ⅰ　）、昼食に何を食べるかも財布[B]や体調と相談しながら決定しなければなりません。ミシンで作品を作製するとなれば、それに合わせた布や、各種の色の糸を用意しなければならないでしょうし、カットのためのカタガミ[C]を用意しなければならないかもしれません。

このような行動のすべてが問題解決です。次々と問題を解決しながら生活をしているわけですから、それがスムーズに行われるためには、解決の過程で使われる知識をいちいち点検するということにはなりにくいでしょう。①知識の点検をしていれば、スムーズな流れにはなりません。

問題解決に使える知識は、解決の道具として使えればいいのであって、トクダン[D]の問題を生じることがなければ、深く考えることなく、そういうものとして使うのが一般的なのです。

硬貨や紙幣はその金額が大事なのですから、他の硬貨や紙幣と区別でき額面[E]が確認できればいいのであって、②その細かいつくりやデザインまで気にすることは通常の生活の中ではまずありません。

ミシンを使うのにその縫うメカニズムはまず考慮されないでしょう。布をカットするのに構造や工夫を気にすることなくハサミを使うでしょう。右利き用の「通常のハサミ」を左手で使うとうまくカットできませんが、なぜそうなのか気にすることなく使っています。頭の中の地図が相当にいい加減でも、日常生活の中で取り立てて（　Ⅱ　）になるほど違っていなければいいのです。交差点は直角と意識されやすいですし、緩[F]やかなカーブは無視されるのが普通です。③目的地にたどり着ける程度のラフさで十分なのです。

われわれは日常生活で問題を次々とスムーズに解決したいわけで、その志向の中で（　Ⅲ　）は問題を起こさない限り、問い直されることなく使われます。「知ってるつもり」になりやすいのはこういう理由からなのです。

（西林　克彦『知ってるつもり「問題発見力」を高める「知識システム」の作り方』による）

問一　―――線部A～Fの漢字には読み仮名をつけ、カタカナは漢字に改めよ。

問二　（　Ⅰ　）に当てはまる最も適切な接続詞を次から選び、記号で答えよ。

ア　ところで　　イ　しかし　　ウ　そして　　エ　つまり

問三　（　Ⅱ　）・（　Ⅲ　）に当てはまる最も適切な語をそれぞれ本文中から抜き出して書け。

問四　―――線部①「知識の点検」とは具体的にどうすることか。本文中の言葉を使って説明せよ。

問五　―――線部②「その」とは何を指すか。本文中から抜き出して書け。

問六　―――線部③「目的地にたどり着ける程度のラフさで十分なのです。」と筆者が考える理由を本文中の言葉を使って説明せよ。

問七　「普通」の類義語を本文中から二つ抜き出して書け。

問八　本文における筆者の考えに一致しているものを二つ選び、記号で答えよ。

ア　頭の中に正確な地図を持っていなければ日常生活は送れない。

イ　私たちは問題解決の過程で使われる知識をいちいち点検せずに使っている。

ウ　道具を使うためには、正確な構造を知っていなければならない。

エ　私たちは、日常における様々な問題を解決しながら生活している。

二　次の古文を読んで、あとの問いに答えなさい。

わが身、父方（ちちかた）の祖母（おほば）の家を①伝へて、久しくかの所に②住む。その後、縁欠けて＊、身衰へ、しのぶかたがた、繁（しげ）かりしかど＊、終（つひ）に跡留（あとと）むる＊事を得ず。三十（みそぢ）歳余りにして、更に、わが心と、一つの庵（いほり）を結ぶ。③これを、ありし住居に並ぶるに、十分（じふぶん）が一（いち）なり。居家（ゐや）ばかりを構（かま）へて、④はかばかしく家を造るに及ばず。わづかに築地（ついぢ）を築けりといへども、門（かど）を建つるたづきなし＊。竹を柱として、車を宿せり。雪降り、風吹く毎（ごと）に、⑤危（あや）ふからずしもあらず。所、河原近ければ、⑥水の難（なん）も深く、白波（しらなみ）の恐れも騒がし。　～（後略）～

（『方丈記』「わが生涯」による）

＊　縁欠けて … 生活のつてを失う。

＊　しのぶかたがた、繁かりしかど … 思い出の多い住居であったが。

＊　跡留むる … そこに止まり住むこと。

＊　たづき … 手立て。手段。

問一　―――線部①「伝へ」・⑤「危ふ」を現代仮名遣いに直し、すべてひらがなで書け。

問二　―――線部②「住む」の主語を次から選び、記号で答えよ。

ア　わが身　　イ　父　　ウ　祖母

問三　―――線部③「これ」は何を指すか、本文中から一字で抜き出して書け。

問四　―――線部④「はかばかしく家を造るに及ばず。」とはどのような意味か、最も適切なものを次から一つ選び、記号で答えよ。

ア　派手な家を造ろうとしたが造れなかった。

イ　前の家と同じような家が造れた。

ウ　ちゃんとした家を造ろうとしたが造れなかった。

エ　すべてのものが整った家が造れた。

問五　―――線部⑥「水の難も深く」とあるがなぜか。その理由を説明せよ。

問六　『方丈記』がａ成立した時代と、ｂ作者を次から選び、記号で答えよ。

ａ【時代】

ア　平安時代　　イ　鎌倉時代　　ウ　江戸時代　　エ　明治時代

ｂ【作者】

ア　紫式部　　イ　兼好法師　　ウ　清少納言　　エ　鴨長明

三　次の文章を読んで、あとの問いに答えなさい。

①コミュニケーションは、キャッチボールです。ボールを投げて取る、取っては投げる、この繰り返しで相手のことが少しずつわかってきたり、相手と自分の関係性が出来上がっていきます。それには、ア相手がキャッチできるようにボールを投げなければなりません。つまり、相手の身になって、相手に伝わるように話イすことが必要になります。

けれど、SNSを中心にした現代のコミュニケーションは、キャッチボールではなく、自分がいかにすばらしいボールを②投げるかに終始している③ように思えます。もともと不特定の相手にウ発信するSNSでは、誰にボールを投げているかさえあいまいです。

自分が発信した言葉に、誰かが「いい④ね」を返してくれたら、自分というエ存在も認められたような気分になります。この気持ちは僕もわかります。自分の言葉をわかってくれる人、賛同してくれる人の存在は⑤とてもうれしい。そして、もっと⑥おもしろいこと、もっと過激なことを書いてやろうというふうにエスカレートしていきます。ある意味楽しい気分になりますが、その言葉を受け取る相手のことまで考えている人はあまり多くないでしょう。

（鎌田實『相手の身になる練習』による）

問一　～～～線部①～⑥の語句の品詞名をそれぞれ次から選び、記号で答えよ。

ア　動詞　　イ　形容詞　　ウ　形容動詞　　エ　名詞
オ　副詞　　カ　連体詞　　キ　接続詞　　ク　感動詞
ケ　助動詞　　コ　助詞

問二　―――線部ア「相手がキャッチできるようにボールを投げなければなりません。」を文節に分け、その数を答えよ。

問三　―――線部イ「話す」の活用形を漢字で答えよ。

問四　―――線部ウ「発信」の対義語として正しいものを次の語群から一つ選び、漢字に直して書け。

語群　ソウシン　　チャクシン　　ジュシン　　ヘンシン

問五　―――線部エ「存」の部首を答えよ。

四　次の文章は、SDGs（エス・ディー・ジーズ）（持続可能な開発目標）について述べたものである。文章を読んで、あとの条件に従って作文を書きなさい。

SDGsは、二〇一五年九月の国連サミットで採択されたもので、国連加盟国百九十三か国が二〇一六年から二〇三〇年までの十五年間で、持続可能でよりよい世界を目指す国際目標である。ゴール（目標）は十七あり、日本としても積極的に取り組んでいる。

（1）　十七ゴール（目標）のうち、次に掲げる三つの目標で自分が取り組むとしたら、どの目標を最優先するか。一つ選び、二段落に分けて書くこと。
（2）　第一段落には、選んだ理由を書くこと。
（3）　第二段落には、第一段落の内容を踏まえて課題解消のために自分ができる、あるいはしなくてはいけないと思うことを書くこと。
（4）　七行以上、九行以下で書くこと。

令和５年度　鹿児島城西高校入試問題　数　学

（解答…181Ｐ）

1　次の計算をしなさい。

1　$4-7$

2　$5-7\div\left(-\frac{7}{3}\right)$

3　$-3^2\times\frac{2}{27}+\frac{4}{3}$

4　$\frac{3a-b}{4}-\frac{2a-b}{2}$

5　$8\left(\frac{3}{4}a-\frac{1}{2}b\right)+(a-b)$

6　$\left(\sqrt{3}-1\right)^2$

7　$32a^2b\div(-8a^3b)\times a^2$

2　次の各問いに答えなさい。

1　$a=2$，$b=3$ のとき，$ab+a-2b-2$ の値を求めよ。

2　方程式 $x=2(x-1)$ を解け。

3　$(x-6)(x+1)+4x$ を因数分解せよ。

4　原価 300 円の商品に，2 割の利益を見込んで値段をつけるとき，その商品の値段を答えよ。

5　下のような 6 枚のカードがある。この中から，同時に 2 枚のカードを引くとき，その 2 枚のカードに書かれた数字の積が負の数になる確率を求めよ。

−3	−2	−1	0	1	2

6　次の資料は，生徒 8 人それぞれ 1 週間の平均睡眠時間を調べたものである。
このとき，平均睡眠時間の中央値を求めよ。

6	5	6	10	7	8	8	8	(時間)

7　白玉と赤玉の入った袋の中から 60 個を無作為に取り出したところ，白玉が 12 個取り出された。同じ袋の中に白玉と赤玉が合わせて 300 個入っているとき，白玉はおよそ何個出てくると考えられるか答えよ。

8　下のように，ある規則に従って並んでいる数がある。このとき，□ に当てはまる数を答えよ。

$\frac{1}{2}$，□，1，$\frac{3}{2}$，$\frac{5}{2}$，4，・・・

3　右の図のように，直線 ℓ が，関数 $y=\frac{1}{2}x^2$ …① のグラフと 2 点Ａ，Ｂで交わっている。
また，直線 ℓ と y 軸との交点をＣとする。
このとき，点Ａの x 座標を -2，点Ｃの座標を $(0,\ 4)$ として，次の各問いに答えなさい。
なお，点Ｂの x 座標は正とする。

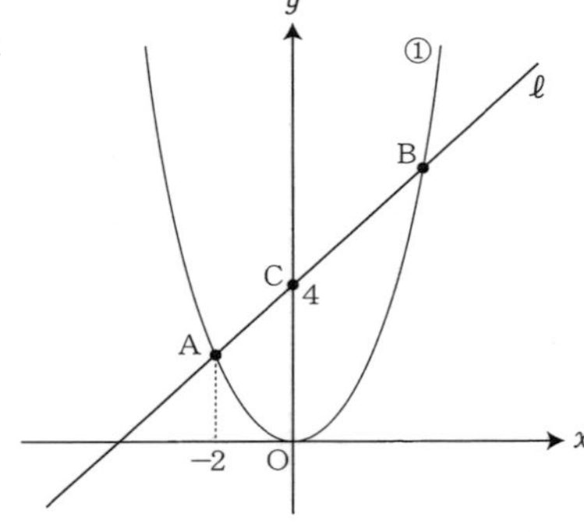

1　点Ａの y 座標の値を求めよ。

2　点Ｂの座標を求めよ。

3　関数①上の点Ｏから点Ｂの間に点Ｐをとる。このとき，△AOB の面積と△APB の面積が等しくなるような点Ｐの座標を求めよ。

4　右の立体は，1 辺の長さが 4cm の立方体である。
次の各問いに答えなさい。

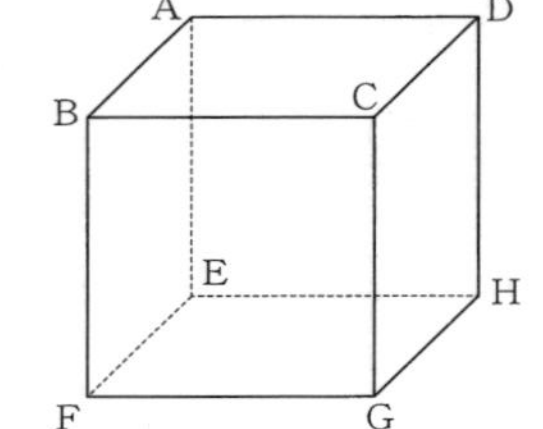

1　辺ＡＥとねじれの位置にある辺は何本あるか答えよ。

2　△ABG について，次の (1)，(2) の問いに答えよ。

(1)　辺 AG を底辺としたときの△ABG の高さを求めよ。

(2)　辺ＢＧを軸として，△ABG を 1 回転してできる立体の体積を求めよ。

5 1辺の長さが6㎝の正方形ABCDがある。
右の図のように，辺CDの中点をE，対角線ACと対角線BDの交点をF，対角線ACと線分BEとの交点をGとし，点Aから線分BEに引いた垂線と線分BEとの交点をHとするとき，次の各問いに答えなさい。

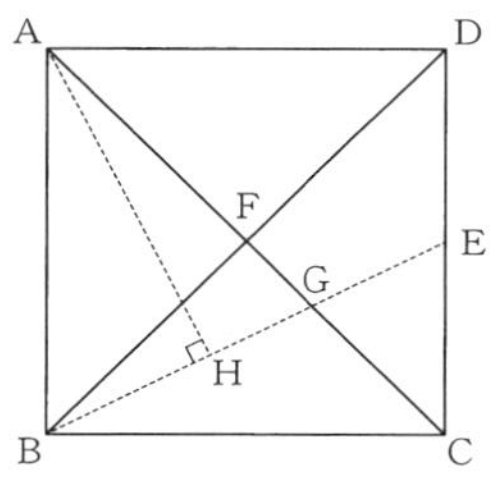

A D F E G H B C

1　ACの長さを求めよ。

2　BGの長さを求めよ。

3　GHの長さを求めよ。

4　△AGHの面積を求めよ。

令和５年度　鹿児島城西高校入試問題　英　語　　（解答…182Ｐ）

1 次の各語の下線部の発音が同じ語を（　　　）内のア～エの中から１つ選び記号で答えなさい。

1　swims　（ア　cats　イ　stops　ウ　news　エ　months　）
2　mountain　（ア　group　イ　though　ウ　country　エ　south　）
3　already　（ア　mean　イ　bread　ウ　teach　エ　great　）
4　throw　（ア　bath　イ　other　ウ　mother　エ　weather　）
5　washed　（ア　opened　イ　asked　ウ　needed　エ　tried　）

2 次の各問いに答えなさい。

1　次の英文の（　　　）内に入れるのに最も適切なものをア～エの中から1つ選び記号で答えよ。

(1)　Tom walked （　　　） the street.
ア　at　イ　for　ウ　along　エ　by

(2)　“Are you and Miki good friends?” － “Yes, （　　　） are.”
ア　they　イ　you　ウ　we　エ　these

(3)　I think baseball is （　　　） exciting of all the sports.
ア　many　イ　than　ウ　a　エ　the most

(4)　Many people looked （　　　） when they saw the famous professional soccer player.
ア　happy　イ　happiness　ウ　be happy　エ　happily

(5)　（　　　） of my friends lives in America.
ア　Both　イ　Some　ウ　Many　エ　One

2　次の各組の英文がほぼ同じ内容になるように（　　　）内に入る適語を答えよ。

(1)　(a)　Will she leave Kagoshima next week?
　　(b)　（　ア　）she（　イ　）（　ウ　）leave Kagoshima next week?

(2)　(a)　Bob was very sad when he watched the movie.
　　(b)　The movie （　エ　）（　オ　）very sad.

(3)　(a)　It is two hours now after I began to play the piano.
　　(b)　I（　カ　）（　キ　）the piano for two hours.

(4)　(a)　I couldn’t buy the DVD because the shop was closed.
　　(b)　The shop was closed,（　ク　）I wasn’t（　ケ　）to buy the DVD.

(5)　(a)　A boy is talking with Tom. He is his brother.
　　(b)　A boy（　コ　）with Tom is his brother.

3　次のそれぞれの日本語に合う英文として適切に並べかえられているものをア～ウの中から１つ選び記号で答えよ。

(1)　マイクはレストランである女性に話しかけられました。
Mike（① talked　② at　③ to　④ a woman　⑤ by　⑥ was）a restaurant.
ア　①③⑤④②⑥　イ　⑥①③④②⑤　ウ　⑥①③⑤④②

(2)　太郎は子供のころからずっと野球に興味を持っています。
Taro（① in　② has　③ baseball　④ since　⑤ interested　⑥ been）he was a child.
ア　②⑥⑤①③④　イ　②⑥⑤④③①　ウ　②⑥①③④⑤

(3)　妹が昨日作ったケーキはとてもおいしかったです。
（① made　② was　③ the cake　④ my sister　⑤ which　⑥ yesterday）very good.
ア　④①③⑥⑤②　イ　③⑤④①⑥②　ウ　④①⑤③⑥②

(4)　私はやさしいフランス語で書かれた料理の本を持っています。
I（① a cookbook　② have　③ easy　④ in　⑤ written　⑥ French）.
ア　②①④③⑤⑥　イ　②③⑥①⑤④　ウ　②①⑤④③⑥

(5)　誰が世界でいちばん上手なサッカー選手ですか。
（① the best　② soccer player　③ who　④ in　⑤ the world　⑥ is）?
ア　③⑥①②④⑤　イ　③⑥②①④⑤　ウ　③①②⑥⑤④

3 次の英文はHanakoとTaroの会話です。対話文を読みあとの問いに答えなさい。

Hanako：Teachers say *greetings are very important. But I don’t understand why they’re so important.

Taro：My parents say that, too. They have told me to *greet teachers, friends, and basically all the people you know since I was a child.

Hanako：［　①　］

Taro：My parents say because it’s every day communication and you can make good *relationships through（　ア　）

Hanako：Well, that makes me feel very *shy to do that. Also if the person did not greet me back, it is not nice.

Taro：I see. I can understand why you think that. But if you change the way you think, you would make better relationships with everybody. I think no one feels bad when they are told “Hello”, *unless they are not in a good mood. People don’t greet back because of their own problems, I guess. Greetings *are supposed to（　イ　）you happy, basically.

Hanako：You can do that because you *grew up with it. It is so difficult for me to do that.

Taro：Then I can show you how to do it. First of（　ウ　）, when you greet your teachers, stop if you are walking, then *lean your body about 45 degrees towards them and say, “Ohayo-gozaimasu”, or “Kon-nichiwa”. Then, you lean your body back and look at the teacher’s face or eyes. That’s it. And, when you want to greet your friends, just look at your friends and say, “Ohayo”. You usually greet them in the morning, right?

Hanako：OK. Just like this? And I say, “Ohayo-gozaimasu”.

Taro：There you go. It’s easy, isn’t it?

Hanako：Thanks. I need to practice, though.

Taro：（　②　）I’m sure you will *get used to it quickly.

注　* greeting　挨拶　* greet　あいさつする　* relationship　関係　* shy　引っ込みがち
* unless ～　～でないかぎり　* be supposed to　することになっている
* grow up with～　～と共に育つ　* lean　傾ける　* get used to ～に慣れる

1　本文の流れに合わせて，［　①　］にあてはまる適切な英文を答えよ。

2　（　ア　），（　イ　），（　ウ　）にあてはまる英語を下記より１つずつ選んで記号で答えよ。
㋺　anyway　㋩　all　㋥　make　㋭　honest　㋬　greetings

3　（　②　）にHanakoの発言に対して適切と思われる返答を英語３語以内で答えよ。

4　本文を読んで下記の質問に英語で答えよ。
Q. Did Hanako like greeting before?

5　本文の内容と一致するものを下記から１つ選び，記号で答えよ。
ア　Hanako is able to greet naturally.
イ　Taro thinks that it’s difficult for him to say “Good morning” to people.
ウ　Hanako and Taro both agree that greetings are important at last.

4 次の英文を読んで，あとの問いに答えなさい。

Do you know the difference between Japanese schools and American schools? Have you ever watched an American school scene on TV? There are some interesting points to *focus on.

School starts in April in Japan. In America schools start in September. American students don't have *opening ceremony or *entrance ceremony. In Japan teachers go to each classroom and teach subjects. American teachers stay in the classrooms and students move ①<u>there</u>. Students have very short *breaks, so they need to move quickly. American students have their own schedules because they can choose the subjects they want to study.

American students don't have to clean classrooms, *hallways, *shoes racks or toilets. *Instead of students some cleaning staffs clean up after school. Of course, Japanese students must clean their classrooms every day because it is part of their *routine. Most students try hard to clean up. That way you can learn how to clean and feel that the place which you study is very important. Recently ②<u>some foreigners think that cleaning time is a wonderful *habit for students and it has been a good model for the world</u>.

School lunches are served in Japan. They don't need to bring lunch. Japanese school lunch is very healthy and cheap. *On the other hand, American students have no school lunches. They take lunch; sandwiches, fruits, snacks and so on, or buy a meal at the cafeteria. You eat lunch in your classroom, don't you? However, ③ <u>are / have / anywhere / able / they / to / lunch</u> even on the bench or in the *schoolyard.

When we know the differences with other countries, we should *pay attention to the good points of each. *Comparing cultures is the first step in getting to know and understanding each other. ④<u>That</u> will *surely lead to peace.

注　* focus 注目すべき　* opening ceremony 始業式　* entrance ceremony 入学式
* break 休み時間　* hallway 廊下　* shoes rack 靴だな　* instead of ～の代わりに
* routine 日課　* habit 習慣　* on the other hand 一方　* schoolyard 校庭
* pay attention 注意を払う　* compare 比較する　* surely きっと

1　下線部①はどこを指しているか。日本語で答えよ。

2　下線部②で世界の良いモデルになったのはどう考える外国人がいるからか。日本語で答えよ。

3　次はアメリカの学校について書かれた文である。本文に合うように(　)に適語を入れよ。
(1)　アメリカの学校は(　ア　)に始まる。
(2)　アメリカの生徒は(　イ　)をする必要がない。
(3)　(　ウ　)がないので，持って行ったり，(　エ　)で買ったりする。

4　下線部③を並べかえて正しい文を完成せよ。

5　下線部④はどうすることが平和をもたらすと言っているか。日本語で答えよ。

6　本文の内容に合うものは○を，合わないものには×を解答欄に書け。
(1)　Japanese schools start in September.
(2)　American students must clean their classrooms, because it is part of their routine.
(3)　Some foreigners understand that cleaning time is a good habit for students.
(4)　Because American students have school lunch, they don't have to bring lunch.
(5)　We should realize the difference with other countries and pay attention to the each good points.

神村学園高等部

理　事　長　神　村　慎　二
学　校　長　吉　永　輝　彦
所　在　地　〒896-8686　鹿児島県いちき串木野市別府4460番地
電　　　話　(0996) ３２－３２３２
Ｆ　Ａ　Ｘ　(0996) ３２－２９９０
ホームページ　angel.kamimura.ac.jp
交　　　通　国道３号線岩崎バス神村学園前停留所より徒歩１分
JR「神村学園前」徒歩３分

神村学園高等部

受験情報　受験会場：本校他25会場で受験できます。（全学科：男女共学）

学科		定数	対象	入試科目 推薦入試	入試科目 一般入試			学費等 授業料	学費等 寮費
文理科	特別進学	40	男・女	作文（50分）面接	国・数・英・理・社・面接	入試日（2024年度）	推薦 1月15日 一般 1月23日	48,500円（授業料）（2023年度）	男子寮 64,500円（個室） 女子寮 52,500円（2023年度）
	文理								
普通科	英語国際	120	男・女			合格発表（2024年度）	推薦 1月18日 一般 1月29日		
	特別能力								
調理科	調理	40	男・女		国・数・英・面接	受験料（2023年度）	10,000円		
	パティシエ								
看護学科		120	男・女			入学金（2023年度）	100,000円		
保育科		40	男・女						
入学手続	2024年度　推薦入試：2024年1月26日まで　一般入試：公立高校合格発表翌日まで　ただし，全学科公立高校合格発表（第1次）翌日17時まで延期できます。								

学科の目標・特色

【文理科】（特別進学コース）　東京大学・京都大学・医学部・超難関国公立大学合格を第一の目標とするコースです。（鹿児島大学医学部医学科　現役合格　2020年度卒業生）

（文理コース）　鹿児島大学などの地方国公立大学・有名私立大学・短期大学の合格を目標とし，むりのない学習計画のもと，部活動との文武両道も可能なコースです。

※文理科のカリキュラムは全て同じです。より高いレベルのコース変更も可能です。
〔文理科 進学実績〕
東京大学・大阪大学・鹿児島大学（全学部 医学部医学科含む）・信州大学医学部医学科・九州大学・久留米大学医学部医学科　他

【普通科】（英語国際コース）　英語・英文系大学・短大への進学を目標として「話せる英語」に重点を置き，外国人教師，LL教室による授業など特色ある英語教育を目指します。特に海外短期･1年留学はすばらしい実績をあげています。

（特別能力コース）　体育系は，(男子) 硬式野球･サッカー，(女子) 硬式野球･サッカー，駅伝・ソフトボールをそれぞれ専門種目とし，音楽系では，吹奏楽を専門的に学び，これらの実績をもとに，体育系や音楽系の大学・短大への推薦入試，及び企業への就職などが有利になります。

【調理科】（調理コース）
①卒業と同時に「調理師免許」が取得できます。
②さまざまな種類の料理（日本料理・西洋料理・中華料理）の基礎から学ぶ他に製菓・製パンも学びます。
③調理実習に必要な用具はすべて学校備品です。（個人で準備する必要はありません）
④進学もしくは就職希望に応じた幅広い進路選択が可能です。

（パティシエコース）
①製菓衛生師の国家資格を在学中に取得可能です。（10年連続100%合格）
②さまざまな種類の製菓（洋 和菓子･製パン）を基礎から学びます。
③製菓実習に必要な用具はすべて学校備品です。
④進学もしくは就職希望に応じた幅広い進路選択が可能です。

【看護学科】（基礎課程3年 専門課程2年）　５年一貫の看護師養成の学科で５年間のカリキュラムの中でゆとりをもって教科内容・実習共に充実した看護師を養成します。国家試験対策も充実し毎年全国平均を上回る合格実績を誇っています。

【保育科】　即戦力になる保育士の育成に努めます。高校時に保育に関する知識，ピアノ・歌・絵・おり紙などの技術を習得することによって，短大から幼児教育を学ぶ人より大変有利です。

校風沿革

昭和31年４月１日「串木野経理専門学校」設立以来幾多の変遷を経て，昭和40年４月１日「串木野商業女子高等学校」発足，昭和42年４月１日「串木野女子高等学校」へ校名変更，さらに平成２年４月１日「神村学園高等部」に校名変更した。
「実学（実践活動から学ぶ）による人間性豊かな人柄教育を行う」を建学の精神とする。「やさしさにあふれ，躍動する学園」を基本理念に，生き生きとして活気にあふれる学園の中で，国際社会に貢献できる感性豊かでやさしさのあふれる人柄の育成を目標としている。

特色

1. **2019年４月の新入生よりタブレットを配布しＩＣＴ教育を実施しています。**
   ☑**授業の質の向上を図るデジタル教材**……動画教材の活用で効率的な学習を支援します。
   ☑**学園との連絡をよりスムーズに行うアプリを神村学園専用のiPadで提供します。**
2. **免許，資格，検定への充実した対策**……ワープロ・情報処理・英語検定等への上級合格をめざして，充実したきめ細かい対策を練り実績をあげている。
3. **スクールバス運行**……大型バス，マイクロバスを運行し，通学の便に供している。
4. **電車通学**……鹿児島中央駅より33分「神村学園前駅」開業により通学に便利。
5. **寄宿舎の完備**……自宅から通学できない生徒のために寄宿舎を完備している。
6. **附属幼稚園の併設**……保育科生実習の場として併設されており，将来幼児教育にたずさわる人としての適格な資質を養っている。
7. **専修学校の併設**……高度な福祉教育をめざして併設されている。（作業療法学科，理学療法学科，看護学科，こども学科，日本語学科）

文理科特進コース 授業風景

普通科英語国際コース カナダ短期留学

看護学科 校内実習風景

普通科特能コース
令和3年度全日本高校サッカー選手権大会優勝

令和五年度　神村学園高等部入試問題　国　語　（解答…184P）

1　次のカタカナを漢字に直しなさい。

【A群】

① 有名な画家の絵をモシャする。
② 雨天のため体育祭の日程がノびる。
③ 重複した資料を取りノゾく。

【B群】

① 友人とアクシュをして別れる。
② 春のセンバツ高校野球を観る。
③ 火災をミゼンに防ぐ工夫をする。

【C群】

① 目撃者として事情チョウシュに協力する。
② ジュウオウ無尽の活躍が期待される。
③ いかなるギセイを払っても、計画を成し遂げる。

2　次の文章を読んで、あとの問いに答えなさい。

【文章Ⅰ　三宅さんの発表】

「みなさんこんにちは。三宅と申します。私たち三人は、国語の授業で『①かげろふ日記』について調べました。『かげろふ日記』は今から約千年前に、わが国ではじめて書かれた女流の仮名文字の日記文学です。それより前に、仮名文字で書いた『［A］』がありますが、これは、男性である［B］が、わざわざ女性のようなふりをして書いたものです。『［A］』が書かれるころまでは、日記といえばすべて男性が漢文で書いていました。のちに仮名が創り出されて、女性は仮名によって、和歌や和文の手紙を書くようになりました。

『かげろふ日記』は、女性のためにつくられた仮名文字を使って、日常話す言葉で、女性が初めて書いた日記です。日記といっても、日常を書きつける生活日記ではなく、ある意図を持って、自分の生活体験の中から書くべきことと捨てることを［C］して構成し作られた、ひとつの小説とみるのが通説です。一人称のせりふ体を用いて書かれた、わが国の私小説の元祖というのが、この日記です。では次に、この日記の作者に②焦点を当てていきます。次の発表者、木村さんに［D］をつなぎます。」

【文章Ⅱ　木村さんの発表】

「私は、『かげろふ日記』の作者である、道綱母（みちつなのはは）について調べました。道綱母は、［A］に自作の和歌が取り上げられていますが、正式な名前は分かっていません。彼女が生きた時代は、よほど高貴な女性でないと名前は書き残されていないのです。宮仕えした女性たちは、父親の官職や夫の官職をつけて呼ばれていました。宮仕えしない女性は、誰それの妻とか誰それの母とか、誰それの女（むすめ）と呼ばれていました。彼女は九三七年頃生まれ、九九五年頃亡くなったと推定されています。紫式部よりは一世代上で、母の年代の人にあたります。三人姉妹の次女に生まれ、当時「中の姫」と呼ばれていました。歌はもちろんのこと、琴も上手で字も美しく、いずれにおいても優れた才能を現していたようです。もともと器用で、布を美しい色に染め上げ、針を持って、［B］、かわいらしい①袋物を縫い上げたりする才能もありました。この才たけた中の姫に恋文をよこす男は一人や二人ではありません。［C］、②気位の高い姫は、③崇拝者たちに見向きもせず、たくさんの蔵書に読みふけり、空想の世界に夢を遊ばせていました。そんな彼女が十八、九になった頃、求婚の手紙が舞い込みます。相手は、当時の④右大臣の息子、兼家（かねいえ）、二十六才の若者でした。続いては、清水さんの発表に移ります。」

【文章Ⅲ　清水さんの発表】

「私は、作者の夫となった藤原兼家について述べます。ただし、以下はあくまでも現代人である私の視点です。ご了承ください。兼家は、中の姫の父と同じ仕事をしていたことがきっかけで、姫の存在を知ります。彼は家柄が良く、豪放で明るく、誰にでも好かれる青年なのですが、好きな人ができると強引に行動するところが難点です。この時はいきなり、馬に乗った使者に中の姫あての恋文を持た①せて走ら②せ、ドンドン門を叩か③せたのです。しかも、兼家の手紙は役所のありあわ④せで間に合わ⑤せたような粗雑なもので、字も上手とは言い難く、ちびた筆で書きなぐったものだったのです。そんな日が四か月あまり続き、結果、兼家は婚姻を結び、中の姫のもとに通い始めました。彼女の⑥美しさと賢さの魅力にとらわれ、兼家はほとんど毎夜のように彼女のもとへ通ってきました。ところが、翌年の夏、道綱が生まれた頃から、兼家の浮気が早くも目につきはじめます。他の女性に贈る恋文を置き忘れ、それを見てしまったことから兼家の不実が発覚、相手は小路に住む、⑦あやしき女だということがわかります。総じて兼家は、自分の妻が子どもを産むと新しく浮気に走るという癖があったようです。こういうと、兼家がかなりの非人格者に見えてくるのですが、ここで、比較のため道綱母と兼家を別の角度で見た文章を引用します。」

【文章Ⅳ　作家による批評】

道綱母は文学少女であっただけに、感情は激しく繊細だったし、愛情もたっぷりしていたのに、それを十二分に花開かせることができない恨みが内心に鬱屈(うっくつ)していました。訪れを待ちかねている家の前を、平気で車の音を立てて素通りして他の女のもとへ通うという無神経な兼家のやり方に心が傷つくたび、彼女の恨みと欲求不満は内攻していきます。そのため、兼家がたまに訪れてきた時は、嬉しいという表現が素直にとれず、「だんまり」ですねたり、愛情を拒み通したりして意固地になり、雰囲気をこわしてしまうのです。心とは反対の態度で、兼家に気まずい思いをさせ、去らせてしまうと、淋しさと口惜しさに泣いてしまうという悪循環が続き、いっそう夫婦仲はこじれていってしまいます。おそらく、正妻の「時姫」のほうは、恨みもねたみも忘れたふりをして、帰ってさえくれば、夫を温かく迎え入れ、なごませる母性的なところがあったのでしょう。なまじ、美しさと才気がじゃまをして、道綱母の本当の女らしさをくもらせていたように思います。死にたいと思い、出家したいと願い、そのどちらも決行する勇気と決断がないままに、不本意な、兼家の飽かれた妻の立場にしか住めない自分を見つめて、彼女の人一倍強い自尊心は、ずたずたになっていたことでしょう。

悲しいことに彼女は、兼家からどんな裏切りを繰り返されても、兼家一人にしか心は動かない性質なのでした。自分が純粋で一本気な恋しかできないからこそ、兼家のだらしなさ、多情さが許せないのです。一夫多妻が当然とされる社会にあって、彼女は切ないほど、一夫一婦の愛を求め続けていたのでした。(中略)

兼家はたしかに浮気ばかりしますが、決して道綱母を自分から捨て去ろうとはしていません。たまには訪ねたり、ぬいものを頼んだり、歌の代作を頼んだりして縁をつないでいます。道綱の後見も事あるごとにはして、父親としての役目も果たしています。面白いのは、彼女が書いた文章からは、神経は太いが、男らしく活力に満ち、ユーモアがあって好色な、まことに活き活きした魅力的な男の像が浮かび上がってくることです。兼家の非を鳴らし、冷たさを取り上げ、無神経をなじればなじるほど、行間からほとばしってくるのは、そんな兼家をどうしても断ち切れない彼女の愛です。

才能のある彼女が兼家の強引な求婚に応じていず、宮仕えしていたら、もっとその才能をほしいままに発揮でき、あるいは紫式部や清少納言以上の人気を得ていたかもしれません。兼家の妻となったばかりに嘆き通しの暮らしを送らねばならなかったことが、返す返すも惜しまれます。けれども、この日記全体を読んでみて最後に残るものは兼家への尽きない愛とおびただしい未練ではないでしょうか。

(瀬戸内　寂聴『大切なひとへ』より)

【文章Ⅰに関する問い】

1　[A]および[B]にふさわしい組み合わせを、次のア〜ウのうちから一つ選び、記号で答えよ。

ア　A　菅笠日記　　B　本居宣長

イ　A　土佐日記　　B　紀貫之

ウ　A　十六夜日記　　B　阿仏尼

2　[C]に入る四字熟語は何か、ふさわしいものを次のア〜ウのうちから一つ選び、記号で答えよ。

ア　取捨選択　　イ　切磋琢磨　　ウ　二者択一

3　[D]に入る言葉は何か、ふさわしいものを次のア〜ウのうちから一つ選び、記号で答えよ。

ア　縁　　イ　気持ち　　ウ　たすき

4　——線部①『かげろふ日記』を現代仮名づかいに直し、ひらがなで書け。

5　——線部②に最も意味が近い外来語はどれか、次のア〜ウのうちから一つ選び、記号で答えよ。

ア　クローズアップ　　イ　リクローズ　　ウ　クローズオン

【文章Ⅱに関する問い】

1　[A]は、鎌倉時代に藤原定家が京都の山荘で選んだ歌で構成されており、現在「歌かるた」として親しまれているが、通称何というか、漢字四字で書け。

2　[B]および[C]にふさわしい語の組み合わせを、次のア〜ウのうちから一つ選び、記号で答えよ。

ア　B　まもなく　　C　そのため

イ　B　急いで　　C　しかし

ウ　B　たちまち　　C　けれども

3　——線部①を言い換えたことばとして**不適当なもの**を次のア〜ウのうちから一つ選び、記号で答えよ。

ア　ぬいもの　　イ　運針　　ウ　さいほう

4 ——線部②に最も意味が近いものを、次の**ア**〜**ウ**のうちから一つ選び、記号で答えよ。

ア 自分を貴いとみなし、品位を重んじる様子
イ プライドがあり、独特の空気感が漂う様子
ウ 他人の言うことに耳を貸さず、威張る様子

5 ——線部③を具体的に言い換えた言葉を、**【文章Ⅱ】**の中から十一字で抜き出せ。

6 ——線部④を慣用表現で何というか、次の**ア**〜**ウ**のうちから一つ選び、記号で答えよ。

ア 青二才　**イ** 御曹司（おんぞうし）　**ウ** 殿下

【文章Ⅲに関する問い】

1 ——線部①〜⑤のうち、使役の助動詞でないものはどれか、番号で答えよ。

2 ——線部⑥を言い換えた四字熟語はどれか。次の**ア**〜**ウ**のうちから一つ選び、記号で答えよ。

ア 自画自賛　**イ** 容姿端麗　**ウ** 才色兼備

3 ——線部⑦の古語「あやしき」の意味として、最も意味が近いものはどれか、次の**ア**〜**ウ**のうちから一つ選び、記号で答えよ。

ア 身分が低く、粗末な格好である
イ 経歴がわからず、神秘的である
ウ 自分の幼なじみの可能性がある

【文章Ⅳに関する問い】

1 文章Ⅳをふまえ、道綱母が詠んだ和歌を次の**ア**〜**ウ**のうちから一つ選び、記号で答えよ。

ア 何となく　人に待たるる　心地して　出でし花野の　夕月夜かな
イ 恋すてふ　わが名はまだき立ちにけり　人知れずこそ　思ひそめしか
ウ 嘆きつつ　ひとり寝る夜の　明くる間は　いかに久しき　ものとかは知る

2 文章Ⅳの内容を正しく表したものを次の**ア**〜**エ**のうちから一つ選び、記号で答えよ。

ア 道綱母は、元来愛情を表現することが苦手であった。加えて、兼家に心を傷つけられたことで良好な夫婦関係が築けず、さびしさが募っていた。自尊心の強い彼女は、不本意な貴族の妻という環境に悩み、死や出家を望む場面がたびたび見られた。

イ 道綱母は、いかに裏切りを受けても兼家一人を愛する性格であった。純粋で一本気な彼女は、どうしても兼家に対する想いが捨て難く、たとえ自らの作家や歌人としての才能を存分に発揮できなくても、一夫一婦の愛を求め続けた。

ウ 道綱母は、兼家の多情さが許せないが、自らの純粋な性格に加え、兼家が家族の生活の面倒をみるまめなところもあるため、彼の存在を断ち切ることができない。結婚後は気苦労を多々かけられてしまったが、兼家に対する愛情は依然尽きない。

エ 道綱母は、時姫とは異なり、才気が支障となり、彼女の本当の魅力を兼家の前で出すことができなかった。兼家が訪れた際、すねてみたり意固地になったりと、彼女が裏腹な態度を取るため、互いに意思疎通ができない状態に陥った。

3 文章Ⅰ〜Ⅳの構成について正しく表したものを次の**ア**〜**エ**のうちから一つ選び、記号で答えよ。

ア 三宅さん、木村さん、清水さんがそれぞれの個性を生かし、スムーズな発表になるよう構成されている。最後に作家の意見を参照し、生徒が一層深い視点を持つよう示唆している。

イ 三宅さんがリーダーとなり、木村さん清水さんを上手に指導している点がうかがわれる。三人の丁寧な下調べと、文章Ⅳに引用した文章が見る者を納得させる効果がある。

ウ まず、三人の生徒が文章Ⅰから手順を踏んで、調べたテーマの説明を行っている。次に、比較のため経験値の高い作家の文章を引用して、読者が広い視野を持つ工夫をしている。

エ 三宅さんの後を受け、木村さんが作者の人物像について述べる。続いて清水さんがキーパーソンの一人である作者の夫についてふれ、論拠として高名な作家の文章を引用している。

3 「日記」というテーマで、作文を書きなさい。

（注１）古典の日記に限定する必要はない。
（注２）日記のメリット・デメリットについてふれる。
（注３）「だ」「である」調を用いる。
（注４）書き出しは一文字分空け、一段落の文章にすること。

令和５年度　神村学園高等部入試問題　数　学

（解答…185Ｐ）

1　次の**１～５**の問いに答えなさい。

1　次の（1）～（5）の問いに答えよ。

（1）$(5+8)\times 4$ を計算せよ。

（2）$0.6+0.4\div\left(-\frac{4}{15}\right)$ を計算せよ。

（3）$\sqrt{18}\times\sqrt{12}-\frac{24}{\sqrt{6}}$ を計算せよ。

（4）$6ab^2\div(-2ab^2)^2\times(-10ab^3)$ を計算せよ。

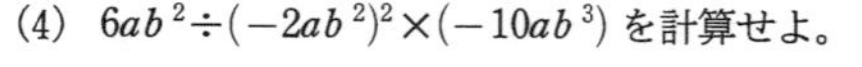

（5）y は x に比例し，$x=-6$ のとき $y=\frac{1}{2}$ である。$x=\frac{1}{3}$ のときの y の値を求めよ。

2　$5<\sqrt{12n}<9$ を満たす自然数 n は何個あるか。

3　連立方程式 $\begin{cases}-2x+5y=-13\\ y=4x+1\end{cases}$ を解け。

4　2次方程式 $2x^2-4x-3=0$ を解け。

5　下の図において，$\angle a+\angle b+\angle c+\angle d+\angle e$ の大きさを求めよ。

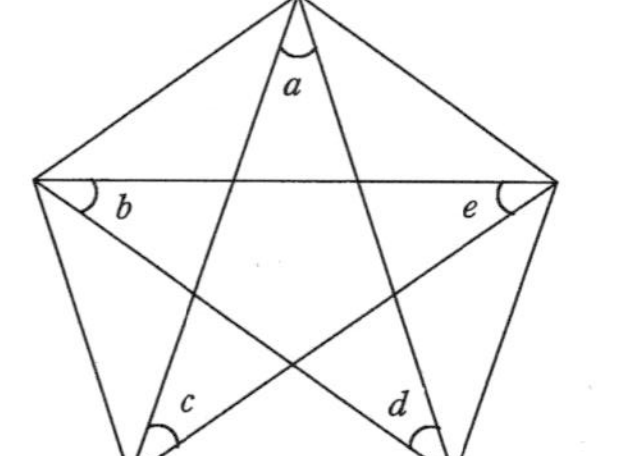

2 次の**1～4**の問いに答えなさい。

1 次の（ア）～（オ）のうち，正しいものをすべて選び，記号で答えよ。

（ア）絶対値が 3 以下である整数は 3 個である。

（イ） 2 つの数 a ，b が同符号のとき，ab は正の数となる。

（ウ） $\sqrt{(-5)^2}=-5$ である。

（エ） $\angle A=90^\circ$ のとき，△ABCは直角三角形である。

（オ）大小 2 つのサイコロを同時に投げるとき，少なくとも 1 つのサイコロの目が 3 以上である確率は $\frac{8}{9}$ である。

2 下の図のように，正方形を並べて， 1 番目， 2 番目， 3 番目， 4 番目，……と図形をつくっていく。このとき， n 番目の図形の正方形の個数を n を使った式で表せ。

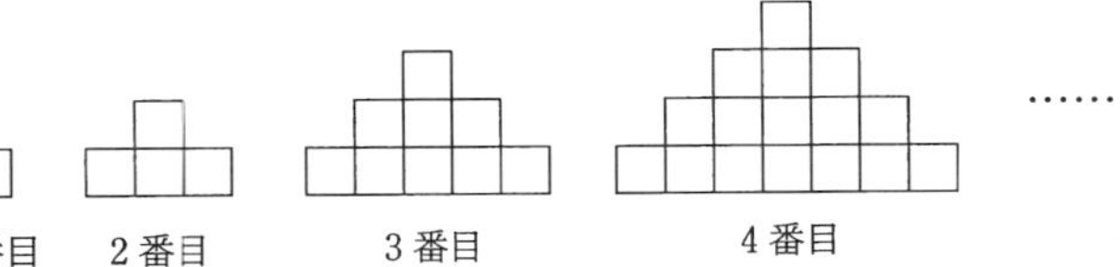

3 右の直角三角形ABCについて，$AC=2\sqrt{3}$，$BC=x$ である。$\frac{BC}{AC}=\sqrt{3}$ のとき，x の値と∠Aの大きさを求めよ。

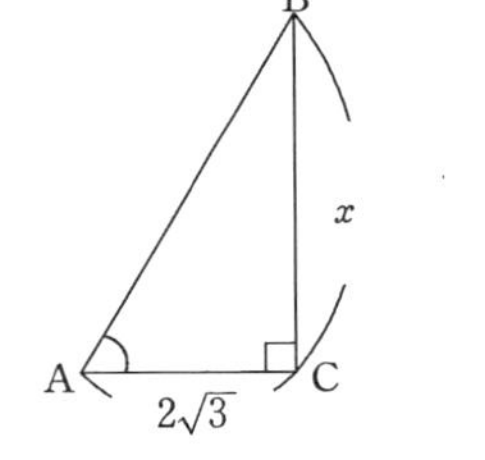

4 右の図のように，AB＝16cm， AD＝24cm の長方形ABCDがある。この長方形の周上を，点PはAからBまで毎秒 2cm，点QはBからCまで毎秒 3cm，点RはCからDまで毎秒 2cm の速さで同時に動き始めるものとする。点PがAを出発してから t 秒後の△PQRの面積を t を用いた式で表せ。

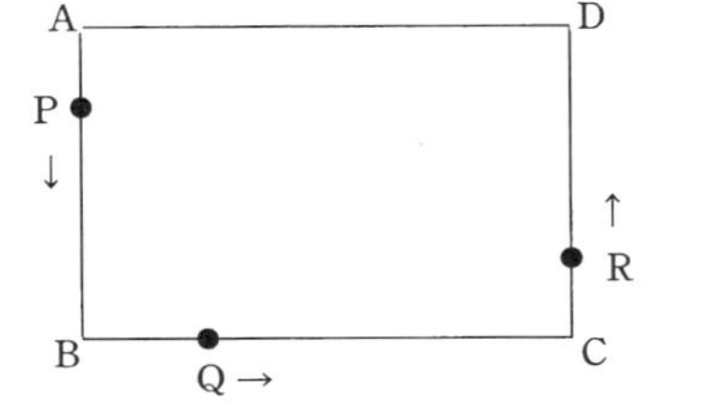

3 下のデータは過去 4 年（2018 年から 2021 年）の桜島の月間噴火回数を階級とし，階級に該当する月の数を度数とした度数分布表である。次の**1～3**の問いに答えなさい。

階級(回) 以上　未満	度数
0 ～ 30	31
30 ～ 60	9
60 ～ 90	4
90 ～ 120	2
120 ～ 150	2
計	48

「桜島の月別の噴火回数」（鹿児島地方気象台より）

1 60 以上 90 未満の階級の階級値を求めよ。

2 平均値を求めよ。ただし，小数第 1 位を四捨五入し，整数で答えよ。

3 度数分布表や代表値から読み取れることを次の（ア）～（キ）からすべて選び，記号で答えよ。

（ア）中央値は， 30 以上 60 未満の階級の度数から求められる。

（イ） 60～90 回噴火している月より 120～150 回噴火している月が多い。

（ウ）中央値より平均値の方が大きい。

（エ）桜島は月に 30 回未満の噴火が多い。

（オ）噴火が最も多かったのは 2020 年であり，最も少なかったのは 2019 年である。

（カ）範囲を半分にしたら，四分位範囲の値と等しくなる。

（キ） 0 以上 30 未満の階級をのぞいたデータの第 3 四分位数は， 60 以上 90 未満である。

4　右の図のように，関数 $y=2x^2$ のグラフと，x 軸に平行な直線 $y=2$ のグラフが2点A，Bで交わっている。また，y 軸上の点C(0，3)と，関数 $y=2x^2$ のグラフ上で，y 座標が8となる点Dを通る直線CDをひく。次の1～4の問いに答えなさい。

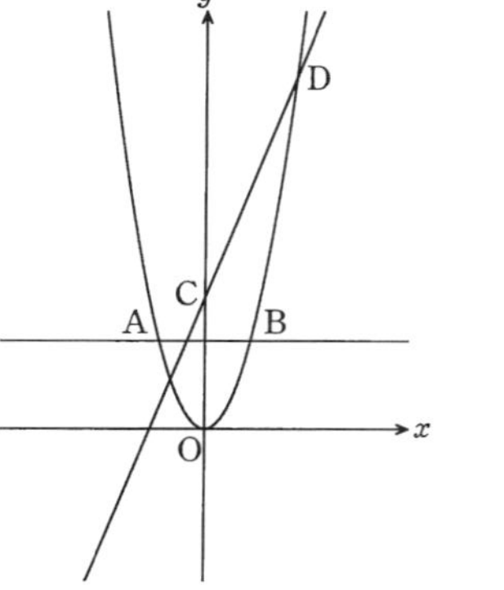

1　点Aの座標を求めよ。

2　直線CDの式を求めよ。

3　直線CDと直線 $y=2$ との交点をEとするとき，△BDEの面積を求めよ。

4　3のとき，△BDEを直線 $y=2$ のまわりに1回転させてできる立体の体積を求めよ。ただし，円周率は π とし，計算過程も書くこと。

5　太郎さんと花子さんは宿題で出された問題①と問題②について考えています。次の1～3の問いに答えなさい。

問題①
下の図において，4点A，B，C，Dは同一の円上にあり，点Pは直線ACと直線BDの交点です。
このとき，PA×PC=PB×PDとなることを証明しなさい。

太郎：このままだと考えづらいからどこかに補助線を引いて図形を作りたいね。
花子：点Aと点B，点Cと点Dをそれぞれ結ぶと2つの三角形ができるよ！
太郎：そうすると∠BAPと∠CDPの大きさは弧BCに対する［ア］だから等しくなるね。
花子：∠APBと∠DPCの大きさは［イ］だから等しくなるわ。
太郎：そうすると，△ABP［ウ］△DCPが成り立つから，
PA：PD=PB：PCとなって，PA×PC=PB×PDとなるね！

1　［ア］，［イ］に適する語句，［ウ］に適する記号をそれぞれ答えよ。

問題②
下の図において，4点A，B，C，Dは同一の円上にあり，点Pは直線ACと直線BDの交点です。
このとき，PA×PB=PD×PCとなることを証明しなさい。

太郎：問題の形式はさっきの問題①と同じだね。
花子：そしたら，似たような解き方ができるかもしれないね。

2　問題②において，PA×PB=PD×PCとなることを証明せよ。
3　問題②において，線分BDが円の直径で，AB＝5cm，PD＝4cm，DC＝2cmのとき，BCの長さを求めよ。

令和５年度　神村学園高等部入試問題　英　語　　（解答…186Ｐ）

（解答…186Ｐ）

1 次の会話文１～３の空所(　　)に入る最も適切な文を，あとのア～エの中からそれぞれ１つずつ選び，記号で答えなさい。また，会話文４の空所(①)～(③)にあとのア～ウの英文を入れるとき，最も適する順序になっているものを，Ⅰ～Ⅳの中から１つ選び，記号で答えなさい。

1 A: Good morning, Keiko.
B: Hi, Cindy. I like your hat. (　　).
A: Thanks.

ア I know you will get it soon　　イ You should get a new one
ウ It looks nice on you　　エ That sounds interesting

2 A: Bob is so good at playing table tennis.
B: Is he better than you?
A: Yeah. When we play together, (　　).

ア we are late　　イ he wasn't there
ウ I can see him　　エ he always wins

3 (at home)
A: Let's go to the shopping mall tomorrow.
B: OK. What do you need to buy?
A: (　　).

ア I want to look for a T-shirt　　イ I want to go by train
ウ Let's leave at nine　　エ There is a bag on the desk

4 (at the shop)
A: Do you need any help?
B: Yes. (①)
A: (②)
B: (③)

ア Thanks a lot.
イ The fitting room is over there.
ウ I want to try this on.

Ⅰ ア→イ→ウ　　Ⅱ ア→ウ→イ
Ⅲ ウ→ア→イ　　Ⅳ ウ→イ→ア

2 次の英文は，動物園のホームページの施設案内を見ているユキと，韓国からの留学生，リーさんの対話である。二人の対話が表の内容と合うように，英文中の空所(①)～(⑦)に適する英語をそれぞれ１語ずつ入れて，英文を完成させなさい。ただし，**与えられた最初の文字に続けて書くこと。**

Opening Hours
● From 9:00 to 17:00
Last entry at 16:30
Some animals go to sleep around 16:00

Closed
● From December 30th to January 2nd

*Entrance fees

	Single	Group(＞20 people)	One-year passport
General (high school and above)	¥500	¥400	¥1000
Students (elementary/middle)	¥100	¥80	¥200

＊Pre-school children and elderly people over 70 are free.

Yuki: What time does it (①o　　　) in the morning?
Lee: 9:00 a.m. Can you come at 8:50?
Yuki: Yes, I can. How much does it (②c　　　) to enter the (③z　　　)?
Lee: We are middle school students, so we each have to pay one (④h　　　) yen.
Yuki: Okay. My mother will give me the money.
Lee: What (⑤a　　　) do you want to see the most?
Yuki: I like koalas very much. I'm looking forward to (⑥s　　　) them.
Lee: We should see all of them (⑦b　　　) 4:00 p.m. because some of them go to sleep early.
Yuki: Yes, so we need to be careful with time.
Lee: I'm very excited. It's going to be a lot of fun.

(注)
entrance fee(s)：入園料金

3 次の英文を読んで，あとの問いに答えなさい。

I heard ①the news that a new library opened in Kagoshima in April. It is called Tenmonkan library. It is *located in the center of Kagoshima City. So, ②going { the library / in / *convenient / shops / is / are / because / there / many / to } the same building. The library was made to "open the *mind" of the people who (A) it.

By the way, have you ever read "e-books"? E-books mean *electronic books. We can *download books from a web site to our smartphones or tablet PCs. ③The good points are that they are easy to carry and we can read books anytime and anywhere. For these reasons, more people choose e-books. These people say that they don't need to go to bookstores or libraries to buy or borrow books. They can download easily at home. If we have no time to go to a library, e-books are very *convenient for us. *In fact, people who don't like reading have *come to like reading because of e-books. It is a good *trend to increase the number of people who read books.

Do you think more people will stop (B) paper books in the future? I cannot say "yes" because paper books also have good points. First, we can read paper books (C) smartphones or tablets, so we need not worry about *running short of battery. Second, ④if we buy a paper book, we can lend it to our family or friends and *share ideas about the book with them. Books are very nice birthday presents for children. Third, we will have less eye problems by reading books for a long time. *Finally, it is said that we can *memorize something by using paper books better than by e-books.

Both e-books and paper books have good points. So, we must know the differences and think which type is better for us. I think if you read a weekly magazine, you should choose e-books. If you are planning to keep the book forever, you should buy it at a bookstore. Some books are old and *rare. We can see such books in libraries. Also, some people love to hold an *actual book and feel the pages and smell. So, paper books will be with us for a long time.

I often read e-books now because my favorite comic book is *published every week and I don't have time to go to a shop to buy it. However, I will go to the new library to "open up my mind."

(注)
be located：位置している　convenient：便利な　mind：考え　electronic：電子の
download ～：～をダウンロードする　in fact：実際　come to～：～するようになる　trend：傾向
running short of battery：充電が切れること　share：共有する　Finally：最後に
memorize：記憶する　rare：貴重な　actual：実際の　be published：出版される

1　下線部①の指す内容を**日本語で答えよ。**
2　英文中の空所(A)～(C)に入れるのに最も適切なものを，次の**ア**～**ウ**の中からそれぞれ1つずつ選び，記号で答えよ。
(A)　**ア**　visits　**イ**　visiting　**ウ**　visit
(B)　**ア**　read　**イ**　reading　**ウ**　to read
(C)　**ア**　without　**イ**　with　**ウ**　for
3　下線部②を「同じビルの中にたくさんの店があるので，その図書館に行くのは便利だ。」という意味になるように{　　}内の語を並べかえよ。
4　下線部③の意味を，次の**ア**～**エ**の中から1つ選び，記号で答えよ。
ア　e-book の良いところは，持ち運びやすくて，いつでもどこでも読めるところ。
イ　e-book の良いところは，読むことが簡単で，いつでもどこでも読めるところ。
ウ　スマートフォンの良いところは，持ち運びやすくて，いつでもどこでも持っていけるところ。
エ　スマートフォンの良いところは，読むことが簡単で，いつでもどこでも持っていけるところ。
5　下線部④を日本語に直せ。
6　本文の内容からすると，次の(a)～(e)の場合 e-book と paper book のどちらを選ぶべきか。e-book なら E を paper book なら P を記入しなさい。
(a)　時間がなく，すぐ本を手に入れたいとき。
(b)　友人や家族と考えを共有したいとき。
(c)　より記憶に残しておきたい場合。
(d)　週刊誌を毎週読む場合。
(e)　子どもの誕生日プレゼントにするとき。
7　次の(a)～(c)の英文のうち，本文の内容に合うものには○を，合わないものには×をそれぞれ記入せよ。
(a)　In April, a new library was made in the center of Kagoshima City.
(b)　The writer thinks that more people will not read paper books in the future.
(c)　There are no differences between e-books and paper books.

4 次の英文を読んで，あとの問いに答えなさい。

We hear that more cities started *charging for waste disposal because we throw away more and more garbage. It is a big problem for our own city. In Kagoshima City, there are 150,000 tons of garbage from our houses in a year. People in Kagoshima City will have to reduce *total amount of garbage for a better future. *To begin with, Kagoshima City started the plan that *citizens should reduce 100g garbage a day. That is about same as one rice ball. It's not difficult if we *put our mind to it. If we don't want to pay for the plastic bags for garbage, we should try to reduce it by ourselves. Let's start with *separating recyclable garbage from non-recyclable garbage.

(注)
charging for waste disposal：ごみ処理の有料化　total amount of ～：～の総量
to begin with：まず　citizen(s)：市民　put our mind to it：気に留めておく
separating recyclable garbage from non-recyclable garbage：資源ごみと非資源ごみとの分別

1　本文の内容に合っているものを次の**ア**～**エ**の中から1つ選び，記号で答えよ。
ア　Kagoshima City will start charging for waste disposal.
イ　Kagoshima City started charging for waste disposal.
ウ　Kagoshima City started the plan to reduce the amount of garbage.
エ　Kagoshima City started the plan to throw away more garbage.
2　本文中の下線部について，以下の質問に対するあなたの考えを **10 語以上 20 語以内**の英語で答えよ。**ただし，ピリオド(.)，カンマ(,)，引用符(" ")は語数に含まない。**
Do you agree with this opinion and why?

5 次の会話文はマナと友達のアレックスとの対話です。二人の会話文を読んで，あとの問いに答えなさい。

Alex: Have you ever heard of ①<u>SDGs</u>?
Mana: Yes. These days, I often hear it on TV. I know that it is an important thing for us but I don't know the meaning of it. Do you know what it means?
Alex: Of course! It means *Sustainable Development Goals. For a better future, each one of us can do something to *achieve them. There are 17 goals. Many companies are doing things differently for SDGs.
Mana: I don't understand well. Can you explain a little more?
Alex: (A) Goal 12 is **Responsible Consumption and Production.* We can stop using plastic *straws. Have you ever seen people using paper straws at coffee shops?
Mana: Yes, when I went to my favorite coffee shop last week, I received a paper straw *instead of a plastic straw. I felt strange because it was *too soft. I wasn't sure if it would *last until I finished ②<u>drink</u>. *Besides, I saw a person who asked for a plastic straw.
Alex: Really? It can help reduce CO_2. Now, many companies *work on that. So, don't you think we should help them to save the earth?
Mana: (B) I will use paper straws and more people should do the same for the earth. Are there any other things we can do for SDGs?
Alex: Let me see… First, you can reduce waste. For example, you can bring your own *reusable bag when you go shopping. Then, you don't need to buy plastic bags.
Mana: That's true. ③<u>I don't think it is difficult for us to carry a bag with us</u>.
Alex: There are many kinds of cute reusable bags these days.
Mana: I think we all have to learn more about SDGs and tell a lot of people the importance of it.
Alex: Shall we research on the Internet about SDGs?
Mana: (C)

(注)
Sustainable Development Goals：持続可能な開発目標　achieve：達成する
Responsible Consumption and Production：つくる責任 つかう責任
straw(s)：ストロー　instead of～：～の代わりに　too～：～すぎる　last：長持ちする
besides：さらに　work on～：～に取り組む　reusable bag：エコバッグ

1 下線部①を具体的に示す１文を**本文中から抜き出して英語で答えよ。**
2 対話文中の空所(A)～(C)に入る応答文として，最も適切なものを，次の**ア～ウ**の中から１つずつ選び，記号で答えよ。
ア Yes, let's.　**イ** Yes, I do.　**ウ** For example,
3 下線部②を適切な形に直せ。
4 本文の内容の一部を以下のようにまとめた。空所(㋐)～(㋖)に入る適切な日本語または数字を答えよ。

> アレックスがマナに SDGs について尋ねたところ，マナは（ ㋐ ）で聞いたことがあると答えたが，実際にはどのようなものかは知らなかった。アレックスは，よりよい（ ㋑ ）へ向けて，（ ㋒ ）項目の目標を達成するためのものだと説明し，また，その例として，お店などで（ ㋓ ）ストローではなく，（ ㋔ ）ストローが使われるようになったことをあげた。二人は，SDGs についてさらに（ ㋕ ）ために（ ㋖ ）を使って調べようとしている。

5 下線部③を日本語に直せ。
6 次の(a)～(c)の英文のうち，本文の内容に合うものには○を，合わないものには×をそれぞれ記入せよ。
(a) Mana knew about SDGs when Alex asked her about it.
(b) Mana saw a person who asked for a plastic straw at her favorite coffee shop.
(c) Mana will not use paper straws in the future because she doesn't like to use them.
7 対話文の表題として最も適切なものを，次の**ア～エ**の中から１つ選び，記号で答えよ。
ア How to Know the Earth
イ When to Need the Shopping Bag
ウ What We can Do for SDGs
エ How to Get SDGs

6 次の文は博物館に来ているフミヤと館員(Staff)との会話です。二人の会話文中の空所(A)，(B)にそれぞれ入る文を **5 語以内**の英語で答えなさい。**ただし，ピリオド(.)，クエスチョンマーク(?)，カンマ(,)，引用符(“ ”)は語数に含まない。**

Staff: Hello, welcome to ABC museum.
Fumiya: Hello. I came here for the first time.
Staff: Our most popular sections are *dinosaurs and *insects. (A), dinosaurs or insects?
Fumiya: I like insects better than dinosaurs.
Staff: Here's a pamphlet about insects.
Fumiya: Thank you.
Staff: Can you find the area by yourself?
Fumiya: Hmm… I'm not sure.
Staff: Look at this map. We are here. Go straight and (B) corner.
Fumiya: I got it. Thanks a lot.

(注) dinosaur(s)：恐竜　insect(s)：昆虫

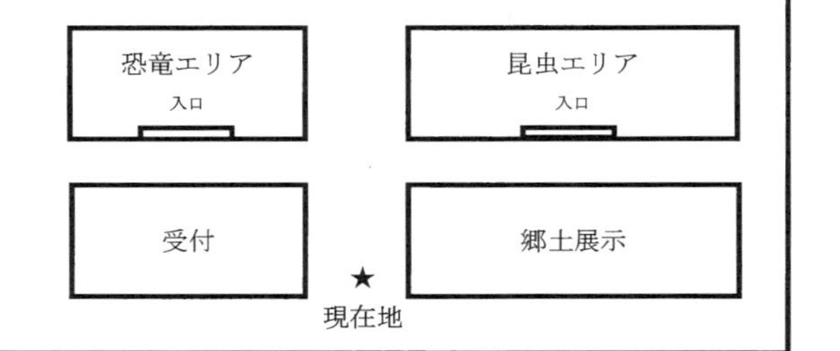

神村学園高等部

令和５年度　神村学園高等部入試問題　社　会　（解答…188Ｐ）

1　次のⅠ・Ⅱの問いに答えなさい。

Ⅰ　次の略地図を見て，１～７の問いに答えよ。

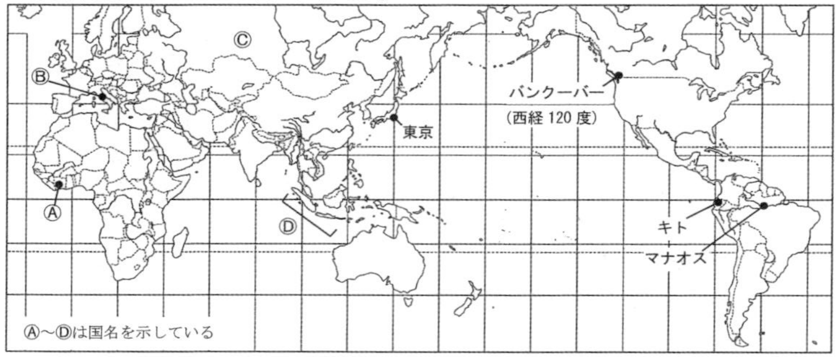

1　東京が１月 31 日午前 11 時のとき，**バンクーバー**は何月何日の何時であるか。**午前・午後**を明確にして答えよ。

2　右の**グラフ１**は，**キト**と**マナオス**の月別平均気温と月別降水量を示したものである。この２都市は，同緯度に位置しているにもかかわらず，気温に大きな差がみられる。この２都市における気温差の要因を，標高という語句を用いて答えよ。

グラフ１

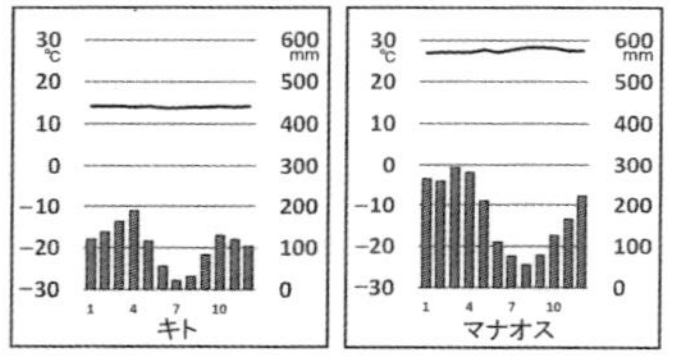

3　右の**グラフ２**は，Ⓐが１位を占めている，ある農作物Ｘの国別の生産割合について示したものである。Ｘにあてはまるものを次の**ア～エ**のうちから一つ選び，記号で答えよ。

ア　米　　**イ**　カカオ豆　　**ウ**　さとうきび　　**エ**　茶

グラフ２　Ｘの国別の生産割合

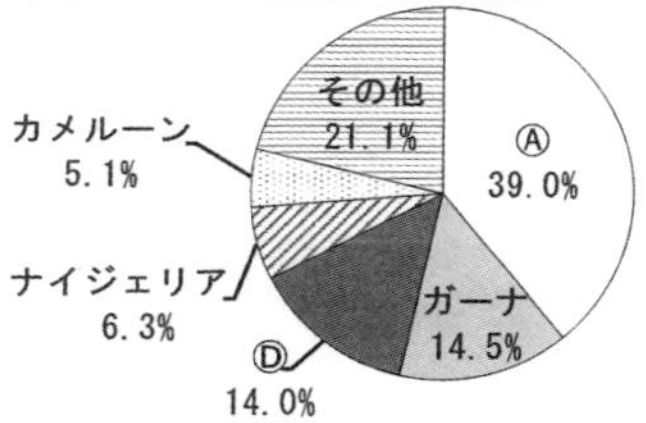

（「世界国勢図会 2020/21」）

4　Ⓑの国境沿いには，モンブラン山(4,810m)をはじめ，4,000m級の山々が連なっている山脈がある。この山脈を何というか，答えよ。

5　Ⓒでは，マツやモミなどの針葉樹林が見られる。このような針葉樹林を何というか，**カタカナ**で答えよ。

6　Ⓓの首都には，東南アジア 10 ヶ国で組織されている，政治・経済・社会などに関する協力組織の本部がある。この組織の略称を，次の**ア～エ**のうちから一つ選び，記号で答えよ。

ア　ASEAN　　**イ**　BRICS　　**ウ**　NIES　　**エ**　OPEC

7　右の**表**は，Ⓐ～Ⓓの人口(2020 年)，国民総所得(2019 年)を示している。また，**表**の**ア～エ**は，Ⓐ～Ⓓのいずれかである。次の⑴，⑵の問いに答えよ。

⑴　一人当たりの国民総所得が最も多い国を，**表**の**ア～エ**のうちから一つ選び，記号で答えよ。

⑵　Ⓒにあてはまるものを，**表**の**ア～エ**のうちから一つ選び，記号で答えよ。

表

	人口（万人）	国民総所得（ドル）
ア	2,638	2,290
イ	14,593	11,260
ウ	27,352	4,050
エ	6,046	34,530

（「世界国勢図会 2020/21」）

Ⅱ　次の略地図を見て，１～７の問いに答えよ。

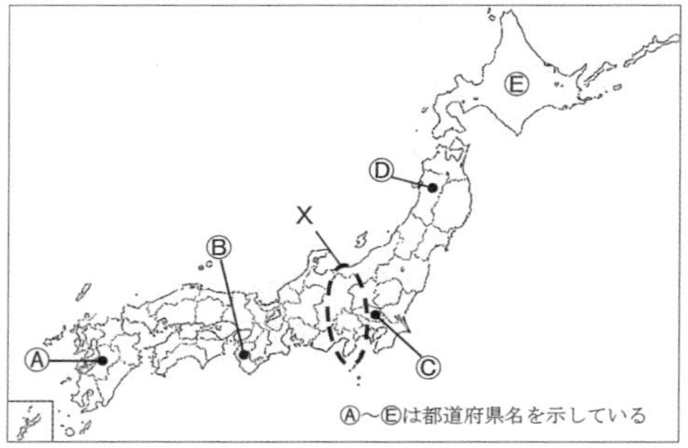

1　日本の国土は，Ｘを境に地形・地質のうえで東北日本と西南日本に分けられる。この境目となる大地溝帯を何というか，**カタカナ**で答えよ。

2　右の**図**は，領域などを模式的に示したものである。領海と排他的経済水域で，定められている Y と Z にあてはまる組み合わせを，次の**ア～エ**のうちから一つ選び，記号で答えよ。

図

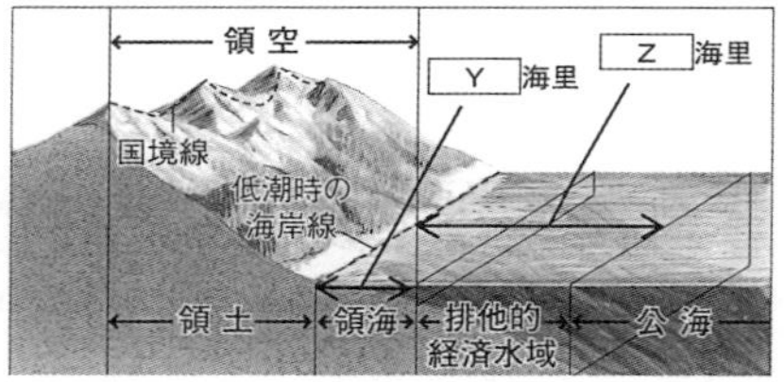

ア（Y　24　　Z　200）　**イ**（Y　12　　Z　200）
ウ（Y　12　　Z　100）　**エ**（Y　24　　Z　100）

3　1967 年にⒶに集積回路(IC)工場が進出すると，九州では電子部品工業が盛んになった。九州は何とよばれるようになったか。

4　右の**グラフ**は，Ⓑ～Ⓔの農作物生産量における，米，野菜，果実，花きの割合を示したものである。Ⓑにあたるものを**グラフ**中の**ア～エ**のうちから一つ選び，記号で答えよ。

グラフ

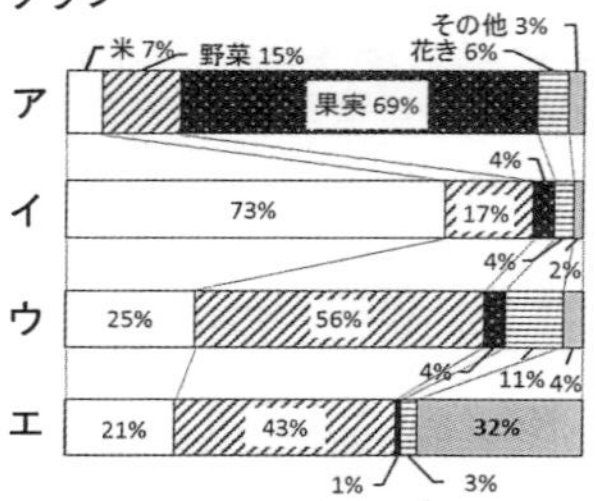

（日本国勢図会 2019）

5　右の**写真**は，Ⓒで建設された地下にある防災施設である。この施設が作られた目的を簡潔に答えよ。

写真

6　Ⓓなど東北地方では，伝統工芸品づくりが副業として発達した。この発達した理由を気候の面から説明せよ。

7　下の**表**は，Ⓑ～Ⓔの人口(2019 年)，産業別就業者割合(2017 年)，農業産出額(2018 年)，海面漁業産出額(2018 年)工業出荷額(2018 年)を示したものである。Ⓔにあたるものを，**表**中の**ア～エ**のうちから一つ選び，記号で答えよ。

表

	人口（千人）	産業別人口割合(%) 第一次	第二次	第三次	農業（億円）	漁業（億円）	工業（億円）
ア	966	7.8	25.5	66.6	1,843	30	13,496
イ	5,250	6.1	17.4	76.5	12,593	2,750	64,136
ウ	925	8.4	21.0	70.6	1,158	127	27,549
エ	7,350	1.7	23.6	74.7	1,758	—	143,440

（データでみる県勢 2021 年版）

[2] 次のⅠ～Ⅲの問いに答えなさい。

Ⅰ 次のカード[A]～[D]は，ある中学生が，歴史上の法令について，調べてまとめたものである。1～6の問いに答えよ。

[A] 班田収授法 律令国家の基本となる土地制度である。戸籍に基づいて，[①]歳以上の人々に性別や身分に応じてⓐ口分田が与えられた。	[B] 永仁の徳政令 ⓑ御家人が失った土地をただで取り戻させるために発布された。しかし，あまり効果はなく，かえって社会が混乱した。
[C] 十七条の憲法 摂政である[②]により制定され，朝廷の役人としての心構えを示した。儒教・ⓒ仏教の影響を強く受けた内容となっている。	[D] 武家諸法度 大名を統制する目的で制定され，将軍がかわるごとに必要に応じて発布された。3代将軍の[③]が，ⓓ参勤交代などを追加した。

1 [①]～[③]にあてはまる**数字**や**人物**をそれぞれ答えよ。

2 ⓐに関して，口分田に課せられた租について述べた次の文の[X]・[Y]にあてはまる数字・語句の組み合わせとして最も適当なものはどれか。下の**ア**～**エ**のうちから一つ選び，記号で答えよ。

> 収穫した稲の[X]%程度をおさめることとされ，主に災害時などの備えとして[Y]に貯蔵された。

ア（X 3 Y 国ごと） **イ**（X 3 Y 中央）
ウ（X 5 Y 国ごと） **エ**（X 5 Y 中央）

3 ⓑに関して，なぜ御家人はこのとき土地を失うこととなったのか。この背景として関係の深い事柄を，次の**ア**～**エ**のうちから一つ選び，記号で答えよ。
ア 源氏と平氏がそれぞれ天皇方と上皇方に分かれ，保元の乱がおこった。
イ 元の要求を幕府が拒んだため，元軍が九州北部におし寄せた。
ウ 将軍のあとつぎ問題をめぐって応仁の乱がおこり，全国に広がった。
エ キリスト教徒の天草四郎を中心に，百姓らにより島原・天草一揆がおこった。

4 ⓒに関して，歴史上，仏教の影響を受けた様々な文化があり，右の**資料1**で示した建築物もまたその例である。この建築物を何というか。

資料1
> ○ 室町幕府第8代将軍によって造営された。
> ○ 禅宗の寺の建築様式が使われている。

5 ⓓに関して，**資料2**は武家諸法度の一部要約した内容を，**グラフ**は参勤交代の費用について1747年時点の加賀藩の歳出を示したものである。参勤交代により大名はどのような影響があったか，**資料2**と**グラフ**を参考にして説明せよ。

資料2
> 大名が国もとと江戸とを参勤交代するよう定めるものである。毎年4月中に江戸へ参勤すること。

グラフ
国もとの費用 5万4,333両
江戸での費用 10万両
京都・大阪での費用 1万7,185両

6 [A]～[D]を年代の古い順に並べよ。

Ⅱ 次の略年表を見て，1～6の問いに答えよ。

年	主なできごと
1853	ペリーが[①]に来航する。
	↕ A
1868	ⓐ王政復古の大号令が発せられる。
1894	ⓑ日清戦争がおこる。
1914	第一次世界大戦がおこる。
	↕ B
1945	日本が[②]宣言を受け入れ，第二次世界大戦が終結する。
1973	ⓒ第四次中東戦争がおこる。

1 [①]・[②]にあてはまる**地名**をそれぞれ答えよ。

2 **A**の時期の日本のできごとについて述べた文として，**適当でないもの**はどれか。次の**ア**～**エ**のうちから一つ選び，記号で答えよ。
ア 外国から安価な綿織物や綿糸が輸入され，国内の生産地は大きな打撃を受けた。
イ イギリス艦隊が鹿児島湾に来航し，薩摩藩と交戦する薩英戦争がおこった。
ウ 平塚らいてうらによって青鞜社が結成され，雑誌『青鞜』が発行された。
エ 日米和親条約が結ばれ，下田と函館の2港を開くこととなった。

3 ⓐでは天皇中心の新しい政府の樹立が宣言された。新政府は様々な改革を行っていくが，このうち**資料1**が示す改革は何とよばれるか。

資料1
> …今からのち一般の人民は必ず村に子どもを学校へやらない家がなく，家に学校へゆかない人がないようにしたい。

4 ⓑによって結ばれた下関条約について述べた次の文の[X]・[Y]にあてはまる語句の組み合わせとして最も適当なものはどれか。下の**ア**～**エ**のうちから一つ選び，記号で答えよ。

> 清は日本に，[X]の独立，遼東半島・[Y]・澎湖諸島の譲渡，賠償金2億両の支払いなどを認めた。

ア（X インド Y 台湾） **イ**（X インド Y 香港）
ウ（X 朝鮮 Y 台湾） **エ**（X 朝鮮 Y 香港）

5 次の**ア**～**エ**の説明は，**B**の時期の日本のできごとである。年代の古い順に並べかえよ。
ア ロシア革命が波及することをおそれ，シベリア出兵を行った。
イ 満州国の承認取り消しを不服とし，国際連盟から脱退した。
ウ 中国に対し，二十一カ条の要求を提出した。
エ 大政翼賛会が組織され，ほとんどの政党は解散した。

6 ⓒに関して，この戦争により原油の価格が急激に上がり，日本経済も大打撃を受けた。このできごとを何というか。

Ⅲ 右の**資料2**は，1889年から1945年まで行われた選挙法改正と，それに伴う有権者数の推移を示したものである。このうち，1925年から1945年において変化した理由について説明せよ。なお，その際，有権者となる資格に着目して答えること。

資料2
全人口
有権者の占める割合
8000万人
6000
4000
2000
0
1.1
2.2
5.5
19.8
48.7%
選挙法成立年 1889 1900 1919 1925 1945

3 次のⅠ～Ⅲの問いに答えなさい。

Ⅰ 次の表を見て，1～5の問いに答えよ。

精神活動の自由	生命・身体の自由	経済活動の自由
① の自由	② の自由	居住・移転・ ③ の自由
信教の自由	ⓑ法廷の手続きによらなければ，逮捕されたりしない自由	ⓒ財産権の不可侵
集会・結社・ⓐ表現の自由，通信の秘密		
学問の自由		

1 表中の ① ～ ③ にあてはまる語句を，次のア～エのうちから一つずつ選び，記号で答えよ。

ア 幸福追求　イ 思想・良心　ウ 職業選択　エ 奴隷的拘束及び苦役から

2 ⓐに関して，日本国憲法では，国家による右の**資料**のような行為を禁じている。これを何というか，**漢字2字**で答えよ。

資料

> 出版，放送などの内容を発表の前に審査し，適当でないと判断したときは，その発表を禁止すること。

3 ⓑに関して，日本国憲法では，取り調べや法廷での不利益な供述を強要されない権利を保障している。この権利を何というか。

4 ⓒに該当する事例を，次の**ア～エ**のうちから一つ選び，記号で答えよ。

ア 新聞に自分の意見を投稿する　イ 好きな本を読む

ウ 自分の家をもつ　エ アーティストのライブを視聴する

5 近年，誰もが暮らしやすい社会をつくるために，次の文のような考え方が重視されている。文中の（ ④ ）～（ ⑥ ）にあてはまる語句を，あとの**語群**の中からそれぞれ一つずつ選び，答えよ。

> 年齢や，障がいのあるかないかに関わらず，みな同じように社会の一員として自立した生活が送れるようにすること（（ ④ ））が大切である。例えば，駅では電車の乗り降りができるようスロープを作って段差をなくすなど，交通機関や公共施設を（ ⑤ ）にすることなどである。また，初めから誰もが使用しやすい設計にすることを（ ⑥ ）という。

〔 **語群** ： ユニバーサルデザイン　バリアフリー　ノーマライゼーション 〕

Ⅱ 次の1～4の問いに答えよ。

1 次の文は，日本国憲法において勤労の権利と労働基本権について保障した条文である。これに関して，⑴・⑵の問いに答えよ。

> 第27条 すべて国民は勤労の権利を有し，義務を負ふ。
> 第28条 勤労者のⓐ団結する権利及び団体交渉その他のⓑ団体行動に関する権利は，これを保障する。

⑴ ⓐに関して，この権利を保障するために労働組合法が制定されている。労働組合法の内容としてあてはまるものを，次の**ア～エ**のうちから一つ選び，記号で答えよ。

ア 使用者は，労働者が女性であることを理由として，賃金について，男性と差別的取扱をしてはならない。

イ 使用者は，労働者に休憩時間を除き1週間について40時間を超え，労働させてはならない。

ウ 使用者は，1週間の各日については，労働者に，休憩時間を除き1日について8時間を超えて，労働させてはならない。

エ 使用者は，労働者が労働組合員であることを理由に，その労働者を解雇したり不利益な取扱をしてはならない。

⑵ ⓑに関して，労働者による争議行為を何というか，**カタカナ5字**で答えよ。

2 右の**資料**は，1919年にドイツで制定されたワイマール憲法の条文の内容を一部抜粋したものである。**資料**中の（　）にあてはまる語句を次の**ア～エ**のうちから一つ選び，記号で答えよ。

資料

> 第151条⑴ 経済生活の秩序は，すべての人に，人たるに値する（　）を保障することを目指す正義の諸原則に適合するものでなければならない。

ア 恩恵　イ 自由

ウ 生存　エ 平等

3 職場や学校で強い立場にある人から，嫌がらせにあうことを何というか。

4 消費者を守る制度について述べた次の⑴～⑶の内容にあてはまるものを，**語群**の中からそれぞれ一つずつ選べ。

⑴ 欠陥商品によって消費者が被害を受けたことを証明すれば，企業の過失を証明しなくても，企業に賠償を求めることができる。

⑵ 期間など一定の条件を満たせば，すでに結んだ契約であっても解除することができる。

⑶ 消費者の権利および企業・行政の責任の範囲を明確化して示している。

〔 **語群** ： クーリング・オフ制度　消費者基本法　製造物責任法 〕

Ⅲ 2022年は，ガソリン価格の高騰などエネルギー問題が話題となった。右の**資料1**は，この問題を受けて，中学生が再生可能エネルギーの利点と課題をまとめたものである。再生可能エネルギーの課題について，形式に合わせて10字以上，15字以内で答えよ。その際，**資料2**の新聞の見出しを参考にすること。

資料1

利点	・資源枯渇のおそれがなく，国内で確保できる。 ・温室効果ガスを排出しない。
課題	電力供給が（　　　　　　）。

資料2

> ・世界の災害被害，年21兆円　気候変動で増加傾向
> ・台風14号　鹿児島県内2万310戸で停電続く

令和５年度　神村学園高等部入試問題　理　科　　（解答…190Ｐ）

1　次のⅠ・Ⅱについて，以下の各問いに答えなさい。

Ⅰ　次の**資料**は，植物について調べたノートの一部である。

資料

【調査１】　シダ植物とコケ植物

学校内でイヌワラビとスギゴケを観察してスケッチした。右の**図１**と**図２**はそのスケッチである。次にそれぞれの特徴について調べた。

○イヌワラビには，①根・茎・葉の区別があるが，スギゴケにはその区別がない。

○スギゴケには，**図２**のｅがある雌株と，ｅがない雄株の２種類の株がある。

○**図２**のｆは［Ｘ］といい，そのはたらきは［Ｙ］ことである。

図１　**図２**

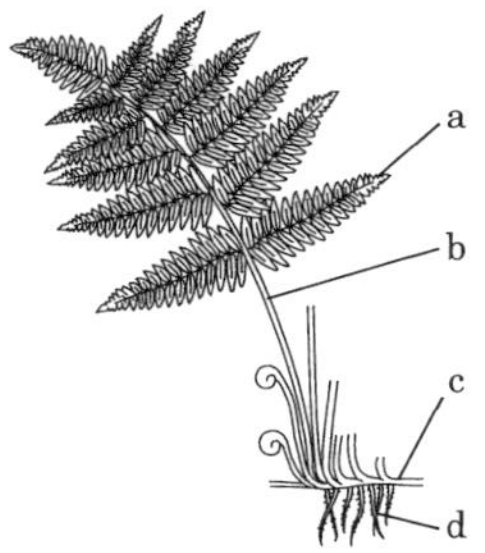

【調査２】　種子植物のなかま

身近な植物であるツユクサ，チューリップ，タンポポ，アサガオ，アブラナ，エンドウについて調べ，なかま分けを行った。

○ツユクサとチューリップは②葉脈が平行脈で，根がひげ根という特徴をもつ。

○タンポポ，アサガオ，アブラナ，エンドウは葉脈と根の特徴は共通だが，③花弁のつくりは，タンポポ・アサガオと，アブラナ・エンドウとでは，違いがある。

【調査３】　植物の分類

マツ，イチョウについても特徴を調べ，**調査１・２**の植物も含めて，**図３**のようにＡ～Ｆのグループに分けた。

図３

A	B	C	D	E	F
イヌワラビ	スギゴケ	ツユクサ チューリップ	タンポポ アサガオ	アブラナ エンドウ	マツ イチョウ

1　下線部①について，イヌワラビの葉を示している部分を，**図１**のａ～ｄのうちから**すべて**選び，記号で答えよ。

2　**図２**のｅの名称を答えよ。

3　**資料**中の空欄［Ｘ］に入る適切な語と，［Ｙ］に入る適切な内容を，それぞれ答えよ。

4　下線部②の特徴をもつなかまの名称を答えよ。

5　下線部③について，違いがわかるように，それぞれの花弁のつくりの特徴を答えよ。

6　下の図の観点１～５は，**図３**のＡ～Ｆの６つのグループに分けたときの基準となることがらを示している。観点３にあてはまる最も適当なことがらを，観点１の記述にならって答えよ。

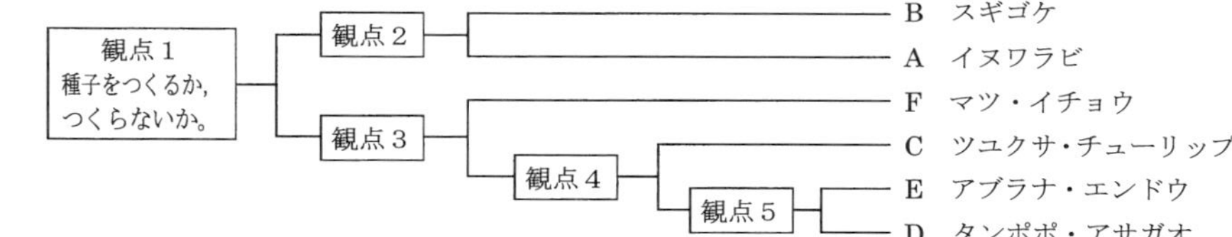

Ⅱ　ヒトの胎児は，胎盤を通して母体から酸素や栄養分を受け取るとともに，母体に二酸化炭素を渡す。そのため，ヒトの胎児の血液循環における経路や血液の成分は，出生後と大きく異なる。胎児にのみみられる血液循環の経路として，肺動脈を流れる血液を大動脈に送る動脈管がある。また，心臓では，右心房と左心房とを仕切る壁にある卵円孔（らんえんこう）を介して，右心房から左心房へと血液が移動する。**図４**は，ヒトの胎児の血液循環の一部を模式的に示したもので，矢印は血液の流れる向きを表している。

図４

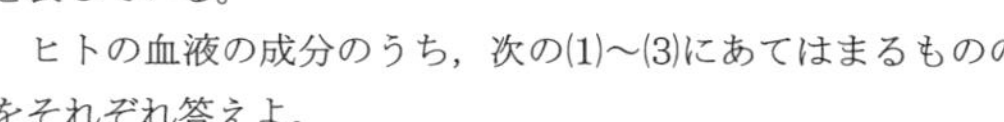

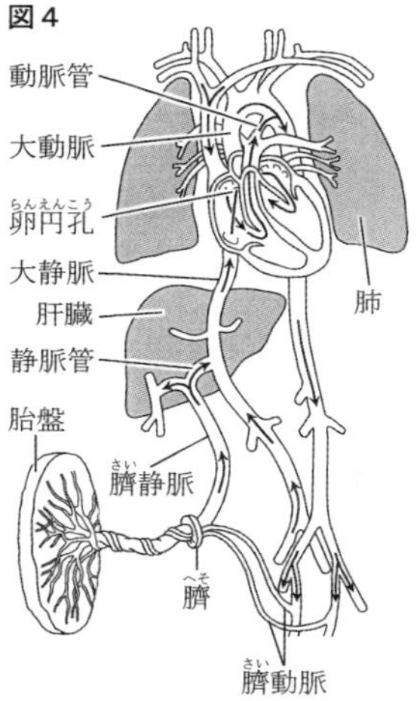

1　ヒトの血液の成分のうち，次の(1)～(3)にあてはまるものの名称をそれぞれ答えよ。

(1)　ヘモグロビンによって酸素を運ぶ。

(2)　体内に侵入した細菌などを分解する。

(3)　栄養分や不要な物質を運ぶ。一部は組織液になる。

2　ヒトの胎児は，臍（さい）動脈と臍（さい）静脈を介して胎盤とつながっているため，臍動脈を通る血液よりも臍静脈を通る血液の方が多くの酸素を含んでいる。これについて，次の(1)・(2)の各問いに答えよ。

(1)　酸素を多く含む血液を何というか。

(2)　ヒトの成人において，酸素を多く含む血液が流れる静脈の例を一つあげよ。

3　出生に伴って変化する血液循環の経路について述べた次の文章中の空欄［Ａ］～［Ｃ］にあてはまる適当な語をそれぞれ答えよ。

右心房と左心房を仕切る壁にある卵円孔と，肺動脈と大動脈をつなぐ動脈管は，出生後に閉じる。卵円孔が閉じる結果，右心房から［Ａ］へ流入する血液の量は増加し，動脈管が閉じる結果，心臓から出て［Ｂ］循環に入る血液の量は減少し，心臓から出て［Ｃ］循環に入る血液の量は増加する。

2　次のⅠ・Ⅱについて，以下の各問いに答えなさい。

Ⅰ　右の**図１**は，100g の水にとけるホウ酸の質量と，水の温度との関係を表したグラフである。

図１

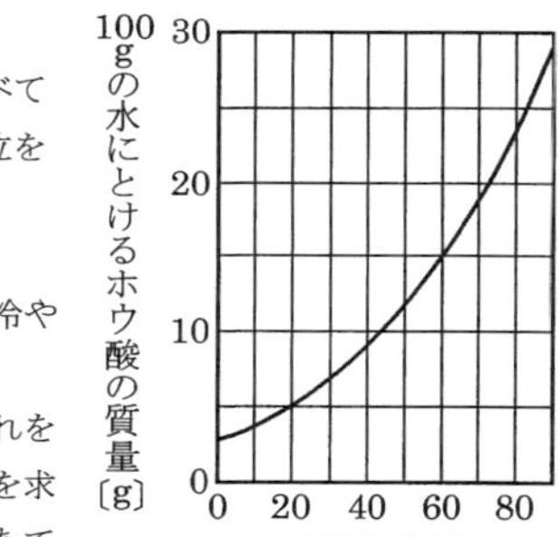

1　60℃の水 100g にホウ酸 10g をとかしたところ，ホウ酸はすべてとけた。この水溶液の質量パーセント濃度は何%か。小数第２位を四捨五入して，小数第１位まで求めよ。

2　60℃の水 100g には，ホウ酸が最大何 g とけるか。

3　60℃の水 100g に，ホウ酸 10g をとかした水溶液を 20℃まで冷やしたとき，ホウ酸の結晶は何 g でてくるか。

4　濃度のわからない 60℃のホウ酸の水溶液が 500g あった。これを水溶液Ｘとする。次の文章は，水溶液Ｘの質量パーセント濃度を求める過程を説明したものである。文章中の空欄［Ａ］・［Ｂ］にあてはまる数値をそれぞれ答えよ。

水溶液Ｘを 60℃から 20℃まで冷やしたところ，38g の結晶が出た。結晶を取り出した後の水溶液の質量は 462g である。この 462g の水溶液は 20℃での飽和水溶液であるので，その中のホウ酸の質量は［Ａ］g となる。このことから，水溶液Ｘの質量パーセント濃度は［Ｂ］%となる。

Ⅱ　4種類の金属A～Dを用いて，次の**実験1～2**を行った。ただし，金属A～Dは，鉄，銅，亜鉛，マグネシウムのいずれかである。

【実験1】 金属A～Dを入れた試験管に，それぞれうすい塩酸を加えると，金属A, B, Cでは気体が発生したが，金属Dでは気体は発生しなかった。また，気体の発生のしかたは，金属Aが最も盛んで，次いでB，Cの順であった。

【実験2】 **図2**のように，うすい塩酸を入れたビーカーに金属AとDを入れ，電圧計の針が右にふれるように金属と電圧計を導線でつないで電圧を測定した。電圧計をつなぐ金属の組み合わせを金属CとD，金属AとC，金属BとDにかえて，同様に電圧を測定した。**表1**は，その結果をまとめたものである。

図2

表1

金属の組み合わせ	電圧計の値
金属AとD	1.55V
金属CとD	0.15V
金属AとC	1.40V
金属BとD	0.70V

図3

1　**図3**は，金属Aをうすい塩酸に入れたとき，気体が発生するようすをモデルで表したものである。Aの原子は◎を放出してイオンになってとけ出す。塩酸中の○が◎を受け取って気体●●が発生する。これについて，次の(1)～(3)の各問いに答えよ。

(1)　Aのイオンは陽イオンか，陰イオンか。

(2)　◎は何か。名称を答えよ。

(3)　気体●●は何か。化学式で答えよ。

2　**実験2**で，**図2**のように金属Aと金属Dを組み合わせて電圧計につないだ。これについて，次の(1)・(2)の各問いに答えよ。

(1)　このとき，電子は導線をどの向きに移動しているか。**図2**のX, Yから選び，記号で答えよ。

(2)　＋極になっているのは，金属AとDのどちらか。記号で答えよ。

3　**表1**の値を用いることにより，**図2**の金属の組み合わせをかえたときの電圧を計算で求めることができる。これについて，次の(1)・(2)の各問いに答えよ。

(1)　金属AとBの組み合わせで生じる電圧は何Vになると考えられるか。ただし，うすい塩酸の濃度は**実験2**と同じであるものとする。

図4

(2)　**図4**のようにつないだとき，電圧計の値は何Vになると考えられるか。ただし，うすい塩酸の濃度は**実験2**と同じであるものとする。

4　金属A～Dの元素記号の組み合わせとして最も適当なものを，次の**ア～エ**のうちから一つ選び，**ア～エ**の記号で答えよ。

ア　A：Mg　B：Zn　C：Fe　D：Cu　　**イ**　A：Mg　B：Fe　C：Zn　D：Cu

ウ　A：Cu　B：Zn　C：Fe　D：Mg　　**エ**　A：Cu　B：Fe　C：Zn　D：Mg

3　次のⅠ～Ⅲについて，以下の各問いに答えなさい。

Ⅰ　**図1**は，2つの凸レンズを使って，微生物などの小さな物体を観察する顕微鏡のしくみを表したものである。なお，**図1**中のF_1は接眼レンズの焦点，F_2は対物レンズの焦点である。また，**図1**には，対物レンズによってできる像を作図して示してある。

図1

1　対物レンズによってできる像を物体として，接眼レンズによってできる像を，解答用紙に作図して矢印で示せ。なお，解答用紙の図には，作図のために目盛りに数字をつけてある。

2　接眼レンズによってできる像は，顕微鏡のステージ上にある実物の物体と比べて，上下左右の向きはどのようになっているか。最も適当なものを，次の**ア～エ**のうちから一つ選び，記号で答えよ。

ア　物体の向きと同じ向きである。　　**イ**　物体の向きと上下のみが逆になっている。

ウ　物体の向きと左右のみが逆になっている。　　**エ**　物体の向きと上下左右が逆になっている。

Ⅱ　蛍光板を入れた真空放電管（クルックス管）の電極A，Bを誘導コイルにつないで数万Vの電圧を加えると，明るい線が観察された。**図2**は，さらに電極C，Dを別の電源につないで数百Vの電圧を加えたとき，明るい線が上に曲がったときのようすを表している。

図2

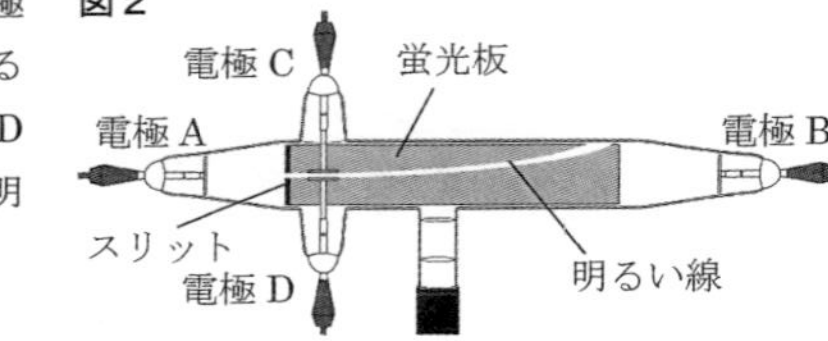

1　真空放電管内に見えた明るい線を何というか。

2　**図2**のとき，電極A～Dはそれぞれ＋極，－極のどちらにつながれていたか。つながれていた極の組み合わせとして最も適当なものを，次の**ア～ク**のうちから一つ選び，記号で答えよ。

	ア	イ	ウ	エ	オ	カ	キ	ク
電極A	＋極	－極	＋極	－極	＋極	－極	＋極	－極
電極B	＋極	－極	－極	＋極	－極	＋極	＋極	－極
電極C	＋極	－極	＋極	－極	－極	＋極	－極	＋極
電極D	＋極	－極	－極	＋極	＋極	－極	－極	＋極

3　電極C，Dを電源からはずすと，明るい線は直進するようになった。ここに，**図3**のようにS極が真空放電管の手前側になるようにU字型磁石を近づけると，明るい線はどうなるか。最も適当なものを，次の**ア～エ**のうちから一つ選び，記号で答えよ。

図3

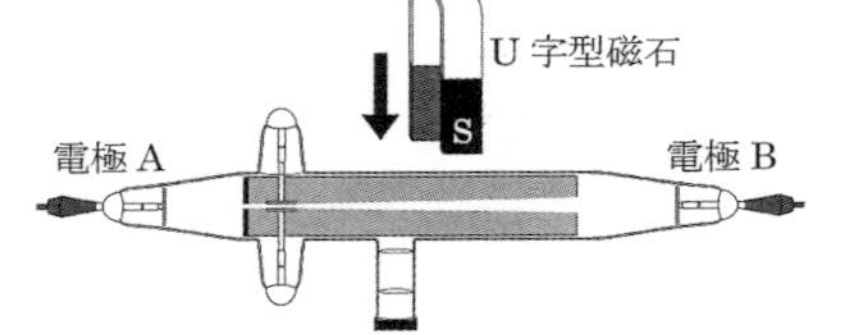

ア　上に曲がる。　**イ**　下に曲がる。

ウ　変わらない。　**エ**　明るい線は消える。

III　**図4**のグラフは，質量の異なる小球をいろいろな高さから転がして水平面上の木片に当て，その移動距離を調べた結果である。

1　質量50gの小球を10cmの高さから転がすと，木片の移動距離は何cmになるか。

2　質量25gの小球を木片に当て，木片の移動距離を15cmにするには，何cmの高さから転がせばよいか。

3　次の文章中の空欄［A］・［B］にあてはまる語句をそれぞれ答えよ。

　この実験の小球のように，他の物体に対して［A］ができる状態にあるとき，この物体は［B］をもっているという。

図4

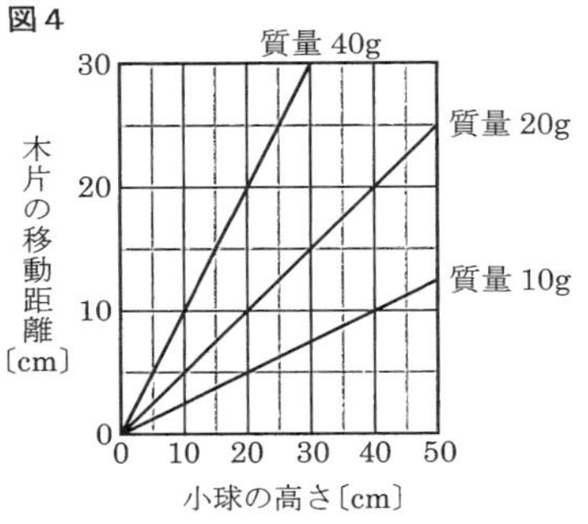

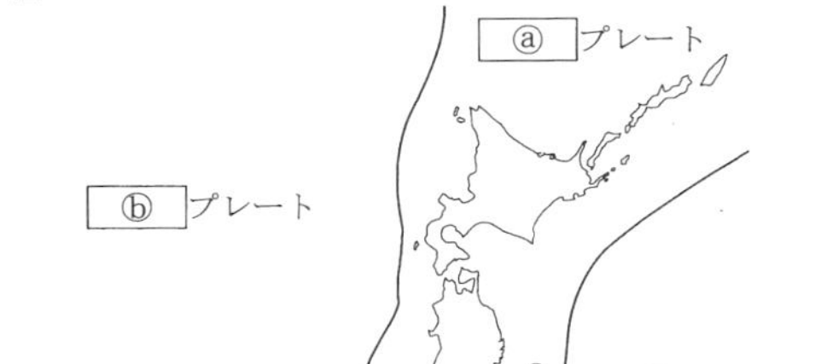

4　次のI・IIについて，以下の各問いに答えなさい。

I　地震について学習したひろゆきくんとたかしくんが先生と話をしている。

先生：日本ではいくつかのタイプの地震が発生していますね。［X］年の東北地方太平洋沖地震（東日本大震災）は，海溝型地震とよばれる地震で，一方のプレートが他方のプレートの下に沈み込む日本海溝付近で発生しました。**図1**は，日本列島付近のプレートとプレート境界，おもな地震の震央を示した図で，地点Oが東北地方太平洋沖地震の震央です。

ひろゆき：1995年の兵庫県南部地震（阪神淡路大震災）も同じしくみで発生したのですか？

先生；いいえ，兵庫県南部地震は，内陸型地震とよばれるタイプの地震で，大陸地殻の浅いところで起こっています。2016年に発生した熊本地震もこのタイプの地震ですね。

たかし：その他にも，震源の深さが100kmを超える深発（しんぱつ）地震もありますよね。

先生：①<u>2015年には，気象庁観測史上，最も震源が深い地震が発生した</u>のですが，その震源の深さは約700kmにまで達していて，47都道府県すべてで②<u>震度</u>1以上が観測されたんですよ。

ひろゆき：日本ではどこで地震が発生してもおかしくないので，そのための準備や心構えをしておく必要がありますね。

図1

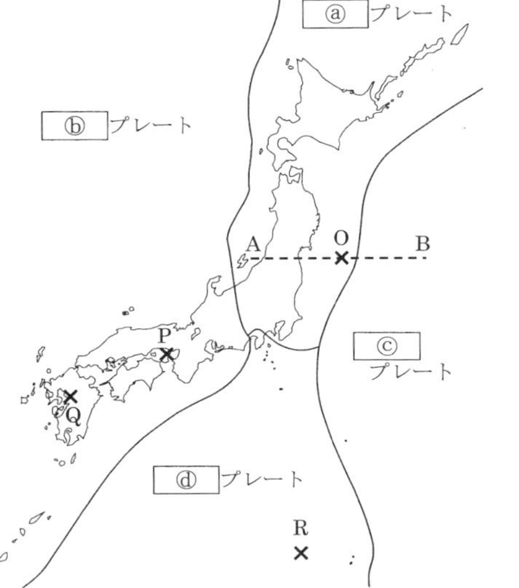

1　上の会話文中の空欄［X］にあてはまる数値として最も適当なものを，次の**ア**～**ウ**のうちから一つ選び，記号で答えよ。

ア　2008　　**イ**　2011　　**ウ**　2014

2　**図1**中の地点Oは，会話文中の東北地方太平洋沖地震の震央である。地点Oを通るA－B間の地下の構造と，プレートの動きを表した模式図として最も適当なものを，次の**ア**～**エ**のうちから一つ選び，記号で答えよ。

ア　A　B　　**イ**　A　B　　**ウ**　A　B　　**エ**　A　B

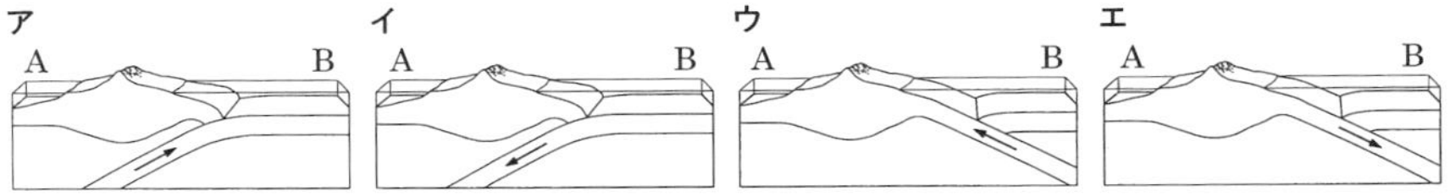

3　下線部①に関連して，2015年に発生した深発地震について，会話文および**図1**を参考にして，その震央の位置として最も適当なものを，**図1**中の地点P～Rのうちから一つ選び，記号で答えよ。

4　下線部②に関連して，日本では，震度は何段階に分けられているか。

5　**図1**中の［ⓐ］～［ⓓ］にあてはまる語句を，次の**ア**～**エ**のうちからそれぞれ一つずつ選び，記号で答えよ。

ア　ユーラシア　　**イ**　太平洋　　**ウ**　北アメリカ　　**エ**　フィリピン海

6　地震とそれによる災害について述べた文として最も適当なものを，次の**ア**～**エ**のうちから一つ選び，記号で答えよ。

ア　最近数十万年に繰り返し地震を発生させ，将来も活動する可能性のある断層を活断層という。

イ　津波は海水が大きく揺れて生じるので，震源が大陸プレート内にある場合は，津波が発生することはない。

ウ　ハザードマップには，今後の地震発生の推定日時が示されているので，それにしたがって防災のスケジュールを立てるとよい。

エ　地盤がやわらかい場所では，かたい場所にくらべて，地震の揺れが吸収されて震度が小さくなる傾向がある。

7　地震発生時に，震源に近い場所に設置してある地震計でP波を感知し，震度やS波の到着時刻を予測してすばやく知らせるしくみがある。このような速報を何というか。

II　**図2**は，地球を北極点の真上から見たときの，地球と月の位置関係を模式的に示したものである。

図2

A　B　C　D　E　F　G　H
月
北極点
地球
太陽光

1　ある日，日没直後に南西の地平線付近の空に月が観察できた。これについて，次の(1)・(2)の各問いに答えよ。

(1)　この日の月の位置として最も適当なものを，**図2**のA～Hのうちから一つ選び，記号で答えよ。

(2)　この日に見えた月の形を，解答用紙の図にかけ。

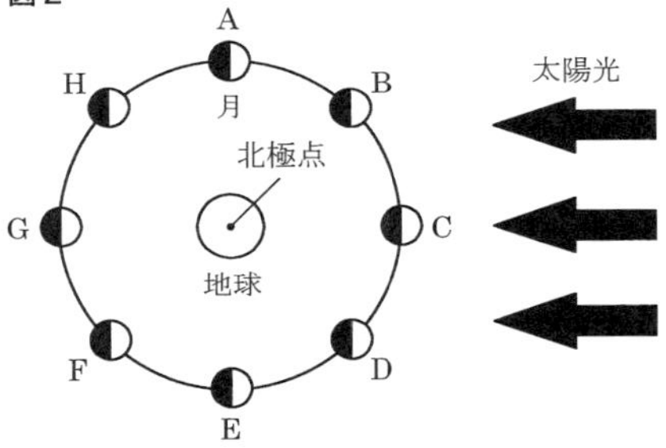

2　月食が起こる可能性があるのは，月が**図2**のA～Hのどの位置にあるときか。

3　次の文章中の空欄［X］にあてはまる惑星の名称を答えよ。

　2022年11月8日，月全体が徐々に地球の影に覆われる皆既月食が全国各地で観測された。特に東京から西の地域では，月が地球の影に完全に覆われる皆既食中に，月の後ろに［X］が入る惑星食も見られた。皆既食と惑星食が同時に見られるのは日本では442年ぶりで，極めて珍しい天体ショーとなった。

学校法人 川島学園
れいめい高等学校

理事長 川島英和
学校長 徳留秀樹
所在地 〒895-0041 薩摩川内市隈之城町 2205 番地
電話 (0996) 23－3178
FAX (0996) 27－0920
ホームページ http://www.reimei.ed.jp
交通 鉄道：ＪＲ鹿児島本線隈之城駅下車，徒歩２分
車：南九州道薩摩川内都 I.C より３分
旧国道３号線隈之城交差点より２分
スクールバス：阿久根方面，宮之城方面，薩摩・祁答院方面からの便を運行

人間力を磨く・知力を伸ばす・新しい力を養う・夢を見つける
あなたの夢をサポート

本校の特色

文理科 大学進学さらにその先へ

【今春の主な合格実績】
東京工業大学，九州大学，山口大学，佐賀大学，長崎大学，長崎県立大学，熊本大学，鹿児島大学，防衛医科大学校，慶應義塾大学，明治大学，東京理科大学，同志社大学，立命館大学，京都精華大学，近畿大学，酪農学園大学　など

普通科キャリアアップコース ５歩先を行く特別な高校生

【今春の主な合格実績】
広島工業大学，京都芸術大学，鹿児島国際大学　など
【今春の主な就職内定・公務員合格実績】
・就職
東日本旅客鉄道株式会社，鹿児島サンロイヤルホテル，S CUBE HOTEL by SHIROYAMA（株式会社　薩摩川内）　など
・公務員
鹿児島県職員（一般事務），薩摩川内市職員（一般事務，消防職），さつま町職員（消防職）　など

普通科みらい探究コース 探究しよう！キミのみらいはここにある！

【今春の主な合格実績】
鹿児島県立短期大学，順天堂大学，福岡大学，福岡工業大学，崇城大学，武庫川女子大学，鹿児島国際大学，志學館大学，鹿児島純心大学，第一工科大学，日本経済大学，宮崎産業経営大学，麻生公務員専門学校，KCS 鹿児島情報専門学校，今村ライセンスアカデミー，鹿児島県美容専門学校　など
【今春の主な就職内定・公務員合格実績】
株式会社鹿児島銀行，SHIROYAMA HOTEL kagoshima（城山観光株式会社），コカ・コーラボトラーズジャパンベンディング株式会社，山崎製パン株式会社，有限会社薩摩蒸気屋，JFE スチール株式会社西日本製鉄所，京セラ株式会社　など

工学科 ものづくり・ひとづくり

【今春の主な合格実績】
久留米大学，崇城大学，宮崎福祉医療カレッジ，鹿児島工学院専門学校，宮之城高等技術専門校　など
【今春の主な就職内定・公務員合格実績】
九州旅客鉄道株式会社，ダイハツ九州株式会社，コカ・コーラボトラーズジャパンベンディング株式会社，京セラ株式会社，コーアツ工業株式会社，株式会社川北電工，株式会社サカイ引越センター鹿児島支社，株式会社日立金属ネオマテリアル鹿児島工場　など

令和６年度 募集要項（令和５年４月現在）

学科・募集定員	文理科　60 名 普通科（キャリアアップコース・みらい探究コース）100 名 工学科　40 名　各科男女募集
出願手続き	●出願期間 令和６年１月４日(木)～１月９日(火)必着 ●出願書類 入学願書・調査書 （鹿児島県私立高等学校統一調査書） 志望理由書 （キャリアアップコース志望者のみ） 出身中学校長を経由して提出してください。 ●受験料　10,000 円 ※志望理由書の記入について 普通科キャリアアップコースの志願者には，出願時に「志望理由書」を提出していただきます。「キャリアアップコースを志望した理由や自分が取り組みたいと思う事柄」について記入してください。(500 字以内・鉛筆書き可)
試験日	令和６年１月 22 日（月）
試験会場	本校・阿久根・宮之城
試験教科	文理科・普通科キャリアアップコース 国語・社会・数学・理科・英語 普通科みらい探究コース・工学科 国語・数学・英語
合格発表	令和６年１月 29 日（月） 出身中学校長を通じて発表いたします。
入学金	100,000 円
月納金	3,300 円～ 50,300 円 ※保護者所得，学園奨学生の有無により異なります。
寮費	60,000 円

公式 SNS

本校HP 二次元コード

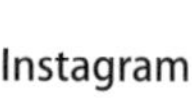

れいめい高校

令和五年度　れいめい高校入試問題　国　語　（解答…192P）

一　次の文章は、筆者が太宰治の小説「散華（さんげ）」について論じたものである。これを読んで、あとの問いに答えなさい。

「私」※は怒っているのである。あるいは、深く悲しんでいるのである。

だが、この先がある。この小説の、真の中心は、その先にある。①奪われたことばは、「散華」だけではない、「玉砕」も奪われたことばなのだ。

「もうひとり、やはり私の年少の友人、三田循司（じゅんじ）君は、ことしの五月、ずば抜けて美しく玉砕した。三田君の場合は、散華という言葉もなお色あせて感ぜられる。北方の一孤島に於（お）いて見事に玉砕し、護国の神となられた」

ここで終われば、「私」も、国が使う「玉砕」と同じことばを使っていることになる。それでも、あえて、「私」は、「玉砕」ということばを使う。「三井君」※は、確かに、戦場に行かなかった。だから、「三井君」の死を、「散華」ということはできない。だから、使わなくてもいいだろう。けれども、「三田君」の場合はちがう。「三田君」は、ほんとうに、ひとりの兵士として、北の孤島で戦死したのである。だから、「玉砕」したのである。では、なぜ、そのことを、「私」は、わざわざ、一篇の小説にしたのだろうか。国が使う「玉砕」などということばを、「私」は嫌悪していたのではなかったろうか。

「三田君」が、「私」のところにやって来たのは「昭和十五年のaバンシュウ」の頃だった。「戸石君」という学生と連れ立ってやって来たのだ。ふたりとも「東京帝大の国文科の学生」であり、他の、文学が好きな学生たちと同じように、彼らにとっての「文学」のシンボルであった「私」のところにやって来た。そして、「私」は、そういう学生たちの来訪を拒まなかった。彼らのことが好きだったのである。

「三田君」は「地味」であった。「酒を飲んでもおとなしかった」。そして、他の学生たちと同じように、「私」のところに作品を持ってきては、見せた。それは、「私には、それほどの傑作とも思えなかった」。そのような学生たちはたくさんいたのである。たくさんの「三井君」や「三田君」がいた。そして、「私」のところにやって来た。「私」に憧れて。いやちがう。「文学」に憧れて、だ。ほんとうは「私」ではなくてもかまわないのだ。そのことを「私」は知っている。「私」に読んでもらいたいのではない。「文学」に読んでもらいたいのだ。「私」に好かれたいのではない。「文学」に好かれたいのだ。なぜ、それが、「私」にはわかるのか。かつて、「私」も、そんな、「文学」が好きな青年のひとりだったからだ。

他のすべての「文学」愛好者たちと同じように、「三田君」は、「私」から遠ざかってゆく。子どもが、親から離れるように。やがて、「三田君」は、大学を卒業して後、兵士として戦場へ旅立つ。bシュッセイするのである。

そして、「私」のところに、その「三田君」から、四通の便りが届く。

一通目。

「太宰さん、お元気ですか。

何も考え浮びません。

無心に流れて、

そうして、

軍人第一年生。

当分、

『詩』は、

頭の中に、

うごきませんようです。

東京の空は？」

なるほど、と「私」は思う。なるほど。そして、しばらくして、

二通目。

「拝啓。

ながい間ごぶさた致しました。

御からだいかがですか。

全くといっていいほど、

何も持っていません。

泣きたくなるようでもあるし、
しかし、
信じて頑張っています」

それからまたしばらくして、
三通目。
「太宰さん、御元気ですか。
私は元気です。
もっともっと、
頑張らなければなりません。
御身体（おからだ）、大切に、
御奮闘祈ります。
あとは、ブランク」

どれも、どうということはない手紙である。兵士が、大切に思う人、尊敬する人、「文学」の代表である「私」に、送ってきた手紙。ありがたいが、ふつう。では、なぜ、「私」は、こんな手紙の文章を、延々と、書き写していたのか。その先に、「四通目」があるからだ。この「四通目」の手紙は、「散華」の中で、三度、書き写される。だから、ぼくたちは、三度読むことになる。
なぜなのか。この「四通目」の手紙の中に、大切なことはすべて書かれているからだ。太宰治は、この「四通目」の手紙を、読者に、ぼくたちみんなに読んでもらいたくて、この小説を書いたのだ。そのためにだけ、この小説は書かれたのだ。

「それは、北海派遣××部隊から発せられたお便りであって、受け取った時には、私はその××部隊こそ、アッツ島守備の尊い部隊だという事などは知る由も無いし、また、たといアッツ島とは知っていても、その後の玉砕を予感できるわけは無いのであるから、私はその××部隊の名に接しても、格別おどろきはしなかった。私は、三田君の[c]ハガキの文章に感動したのだ」

四通目。
「御元気ですか。
遠い空から御伺いします。
無事、任地に着きました。
大いなる文学のために、
死んで下さい。
自分も死にます、
この戦争のために」

それから、「私」は、この小説の中で、この「四通目」について、あれやこれやを書く。けれども、それらのことばは、どれも、それほど必要には思えない。この「四通目」の手紙の中には、すべてが完全な形で書かれているからである。だから、「私」は、この「四通目」を、三度も繰り返し、登場させたのだ。

なぜ、「私」は、いや、太宰治は、「散華」という小説を書いたのだろうか。
いうまでもなく、「四通目」のことばに撃ち抜かれたからである。見事だ、と思ったからだ。「三田君」は、小説ではなく、[A]の方に向かっていたのだ。だとするなら、これは、一篇の素晴らしい[A]でもあったろう。[d]カンケツな、七行のことばの連なりの中で、なにかが完全にいい表されていたのである。

「玉砕」は、戦場で死ぬこと。「敵」と戦い、殺されること。
「私」のところに来ていた若者たちは、次々と、国家が作り出す「戦場」に送られ、「玉砕」していった。そんな若者から、一通の手紙が届く。

「大いなる文学のために、
死んで下さい。

自分も死にます、
この戦争のために」

その若者は、「この戦争のために」は、死にたくなかったのだと思う。もし死ぬとしたら、もっと別の戦場で死にたかったのだと思う。たとえば、「文学」という「戦場」である。その「戦場」では、どんな戦いが待っているのだろう。そして、その「戦場」での「敵」とは、なにのことをいうのだろうか。その「敵」は、現実の「戦場」での「敵」とちがうのだろうか。ちがうのだとしたら、どこがちがうのだろう。同じ部分があるのだとしたら、どこが同じなのだろう。

そのことを確かめるために、「散華」は書かれた。

「十二月八日」[※]と「散華」、この二つの小さな小説は、厳しい「戦時下」で書かれた。「戦時下」では、書けないことが多い。書くことは難しい。書くことは不可能だ。みんなが、多くの作家が、そう思っていたとき、太宰治は、そうではないと考えた。いや、そうではないと考えようとした。

不可能だからこそ書くのだ。「書くな」と周りが命じるからこそ書くのだ。そこで通じる作品を書くのだ。そのために、ゼンチゼンノウ[e]をかたむけるのだ。加害の国の作家として、「戦時下」の作家として、書くことはなにより危険であると知りながら、だからこそ、書かねばならないのだ。

ぼくは、太宰治の全作品を読み返しながら、もしかしたら、平和の時代であったら、彼の作品は、あれほどまでに素晴らしいものにはならなかったのかもしれないと思った。

太宰治は「戦場」の作家だった。「戦場」でこそ生き生きと輝く作家だった。世界が、焼き尽くされようとしているときでも、いや、そんなときだからこそ、そこに、②「文学」の「戦場」を作り出すことができる作家だったのである。

（『ぼくらの戦争なんだぜ』高橋源一郎）

※「私」…太宰治のこと。　※「三井君」…太宰治の元に小説を持ちこんでいたが病気で亡くなった。
※「十二月八日」…太宰治の小説作品。

問一　傍線部a～eのカタカナを漢字で書きなさい。

問二　傍線部①「奪われたことばは、『散華』だけではない、『玉砕』も奪われたことばなのだ」とは、「散華」「玉砕」は国によって本来の意味が奪われ、別の意味を押しつけられたということです。これについて次の(1)・(2)の問いに答えなさい。

(1)　国が使う「散華」「玉砕」とはどのような意味か、二十字以上二十五字以内で書きなさい。

(2)　なぜ国は「散華」「玉砕」のようなことばを使うのか、本文から推測して最も適切なものを次から一つ選び、記号で答えなさい。

ア　美しいことばを使うことで、ただ単に戦争で死ぬことをごまかすため
イ　別の意味でことばを使うことで、戦争で死んでしまったという事実を隠すため
ウ　間違ったことばを使うことで、関係者の悲しさをまぎらわすため
エ　「文学」的なことばを使うことで、戦争で死ぬことを美しく飾り立てるため

問三　小説「散華」において、四通目が繰り返し記述されている理由は何ですか。七十字以上九十字以内で説明しなさい。

問四　空欄Aに入る言葉を漢字一字で書きなさい。

問五　傍線部②「『文学』の『戦場』」とありますが、太宰は「文学」の「戦場」でどのような「戦い」を繰り広げたのですか。文中の「四通目」を参考に、文末が「～という『戦い』」となるように六十字以上八十字以内で説明しなさい。

問六　太宰治の作品を次から全て選び、記号で答えなさい。

ア　蜘蛛の糸　　イ　走れメロス　　ウ　春と修羅　　エ　人間失格　　オ　吾輩は猫である

問七　人類が文明を築いて以来、戦争は絶えず繰り返されてきました。トマス・ホッブズは著書『リヴァイアサン』において、人間の自然は常に戦争を行っている状態だと述べています。そして、現在でもヨーロッパで戦争が行われていることはニュースなどで報じられています。そこで、「戦争」というテーマについて、百五十字以上二百字以内で体験や、見聞をふまえて、あなたの考えを書きなさい。

二　次の文章を読んで、あとの問いに答えなさい。

「ぼく」は、友人であり恋敵であった「ぼく」とは対照的なスポーツマンの「真木信彦」が、癌を患って入院していることや見舞いに行った様子を、元妻の「石野圭子」から聞かされた。以下はそれに続く場面である。

「眠っている時に顔だけ見て来たら？　私が言うのも何だけど、見ておいた方がいいと思う。ミイラみたいな旧敵を見るのは辛いでしょうけど。でも、見ないときっと後悔する」

圭子は、涙ぐんでいるようであった。それで、彼女の目から見ても、①真木信彦の命はもうそれほど長くはないんだとわかった。何しろ、肉弾を誇ったラガーマンが、紙を縫ったようになっているというのだから。

「絶交だなんて、アナクロ※なことを言いやがって」

ぼくは、はるか昔のことを思い出しながら、胸を抉られたような痛さと、甘ずっぱいa感傷で書生っぽく言い、そうだ、そうしよう、顔だけは見てやろうと小さな決意のように呟いたが、結局、②見舞いには行けなかった。何やかやと仕事が忙しかったこともあるが、ぼくには、あの真木信彦がぼくより早く死ぬということが、どうにも本気に出来なかったのである。

真木信彦が死んだのは、それから一ヵ月後であった。それも石野圭子が知らせてくれた。見舞いの時は、帰りに彼女が立ち寄っていろいろ話してくれたのであるが、b訃報は電話で伝えて来た。

まだ朝の早い時間で、こんな時刻に彼の死を知っているということは、前夜から付き添っていたに違いないと思い、

「きみが看取ってやったのか」

と訊ねると、圭子は鼻を詰まらせた声で、

③「そうよ。私の名前を呼んだわよ。意識がない筈なのに、ケイコと言ったのよ」

と言った。それから、ちょっとくぐもった声で笑い、嘘、そんなわけはないの、鼻から口からチューブだらけみたいになってたから、言えるわけないの、でも、目でね、目で私を確認して安心したような顔をしたのよ、泣いちゃった、エンエン泣いてたら、ちょっと、あなた、落ち着くまで廊下に出てて下さいって婦長に出されちゃって、そう、薄暗い廊下で深呼吸なんかして気持ちを鎮めていたら、本当に別れるタイミングを失してしまって、何だかザワつくから病室へ入って行ったら、もう死んでたの、といくらか異常興奮しているのか、しゃべりまくった。

「他には？」

「家族、といっても、あの人、独り者だから、父、母、兄弟って人たち、みんな私のことを不思議そうに見ていたけど、友人だと言い張ってた」

「友人だろう」

「私、まいっちゃって」

石野圭子は、（　A　）声を出した。しばらく間があった。カチャカチャという音がしたから、煙草に火をつけたようで、

「お葬式には一緒に行ってあげようね」

と、（　B　）声を出した。それから、また、私、まいっちゃってと、彼女の方がこのまま死を選ぶのではないかと思える、暗い話し方をした。

「どこから電話をしてるんだ？」

「病院。彼は、死んじゃったでしょう。するとね、④すぐ物になっちゃうのね、アッという間にシーツみたいなものにくるまれて、軽そうに運ばれちゃったのよ」

「わかった。一緒に行ってやろう。まさかと思っていたから、ミイラみたいになった奴の姿を見なかったし、もっとも、その方が俺にとっては、鉄人ラガーマンのままで有難いがね」

ぼくは本心半分、言い訳半分のことを言った。そして、葬式寂しいだろうかと訊くと、圭子は、さあと曖昧に答え、しかし、すぐに（　C　）声を出して、寂しくたっていいじゃないの、あなたと私がいれば、と怒った。それから、激しいc嗚咽になった。

（『青春時代』阿久悠）

※アナクロ…その時代の傾向に合わないこと。

問一　傍線部a～cの言葉について、a、cは最も適切な意味を次からそれぞれ選び記号で答え、bはここでの意味を具体的に答えなさい。

a感傷　ア　心をいためること　イ　昔を懐かしむこと　ウ　愛おしく思うこと　エ　なげき悲しむこと

c嗚咽　ア　泣き叫ぶこと　イ　声をおさえて泣くこと　ウ　わめきたてること　エ　相手をせめること

れいめい高校

問二　（　A　）～（　C　）に当てはまる言葉を次からそれぞれ選び、記号で答えなさい。

A　ア　ふわふわした　イ　うわずった　ウ　沈んだ　エ　澄んだ

B　ア　責めるような　イ　哀願するような　ウ　落胆するような　エ　脅すような

C　ア　あつい　イ　きつい　ウ　やわらかい　エ　さみしい

問三　傍線部①について、なぜそうだとわかったのか、本文内容をわかりやすく言い換えて六十字以内で説明しなさい。

問四　傍線部②について、「ぼく」は、見舞いに行けなかったのは、「真木信彦」がどんな男だったからだと考えているか、それを表した言葉を文章中から七字で抜き出して答えなさい。

問五　傍線部③について、「圭子」はどのような様子を見てこう考えたのか主語や目的語を明らかにして四十字以内で答えなさい。

問六　傍線部④について、どういうことか、本文の内容をふまえて、具体的に説明しなさい。

問七　次の一文は作品中にある問題文とは別の部分から引用したものです。この文を参考に、二重傍線部についての問い(1)・(2)に答えなさい。

〔ぼくは、こんな場で考えることではないと思いながら、石野圭子が本当に愛していたのはこのぼくではなく、やはり真木信彦ではなかったかと、息苦しくなった。〕

(1)　二重傍線部の発言をした「ぼく」の心情を表している言葉として最も適切なものを次から一つ選び、記号で答えなさい。

ア　悲哀　イ　不安　ウ　驚嘆　エ　嫉妬

(2)　その言葉を用いて「ぼく」の心情を四十字以内で説明しなさい。

三

次の文章を読んで、あとの問いに答えなさい。

月の明るい夜に話をしながら夜を明かそうと、年齢がさまざまな尼たち七、八人が集まっている。そこで、この世で最も捨てがたいものは何かについて、それぞれの考えを話すことになった。

花・紅葉をもてあそび※、月・雪に戯る※るにつけても、この世は捨てがたきものなり。情けなき※をもあるをも嫌はず、①心なき※をも数ならぬをも分かぬは、②かやうの道ばかりにこそ侍らめ。

それにとりて、夕月夜ほのかなるより有明の心細き、③折も嫌はず所も分かぬものは、月の光ばかりこそ侍らめ。夏も、まして秋冬など、月明かき夜は、④そぞろなる心も澄み、情けなき※姿も忘られて知らぬ昔・今・行く先も、まだ見ぬ高麗・唐土も、残る所なく遥かに思ひやらるることは、ただこの月に向ひてのみこそあれ。

（『無名草子』）

※もてあそび…風情を味わい。
※戯るる…情趣を賞美する。
※情けなき…「風情がない」の意。後出は「みっともない」の意。
※心…風流を理解する心。

問一　傍線部①の「心なき」と「数ならぬ」の後には同じ語が省略されています。入る語として適当なものを次から一つ選び、記号で答えなさい。

ア　月　イ　人　ウ　もの　エ　風物

問二　傍線部②を現代かなづかいに直しなさい。

問三　傍線部③について、「折」を具体的に記した部分を二つ探し、それぞれ十字以内で抜き出しなさい。

問四　傍線部④を現代語訳しなさい。

問五　「月の光」はどのような影響を与えるものだと述べていますか。「～もの。」に続くように四十字以内で書きなさい。

れいめい高校

令和５年度　れいめい高校入試問題　数　学

（解答…193Ｐ）

1 次の計算をしなさい。

(1) $-1+2-3+4-5+6-7+8-9+10$

(2) $11-9\times5$

(3) $2023+17^2\times(-7)$

(4) $6x+3-\dfrac{4x-10}{2}$

(5) $\left(\sqrt{6}-\dfrac{3}{\sqrt{3}}\right)^2$

2 次の各問いに答えなさい。

(1) $2<\sqrt{x}<3$ となる自然数 x の個数を求めなさい。

(2) ２次方程式 $x(x-1)=3(x+4)$ を解きなさい。

(3) y は x に反比例し，$x=3$ のとき $y=-6$ です。$x=-1$ のときの y の値を求めなさい。

(4) ある中学校の生徒120人の身長を調べ，170cm以上180cm未満の階級の相対度数を調べたところ0.2であった。170cm以上180cm未満の生徒の人数を求めなさい。

(5) 大小２個のさいころを同時に投げるとき，小さいさいころの目が大きいさいころの目の約数になる確率を求めなさい。ただし，さいころの１から６までのどの目が出ることも同様に確からしいものとする。

3 次の各問いに答えなさい。ただし，円周率はπとする。

(1) 下の図の円錐について，表面積を求めなさい。

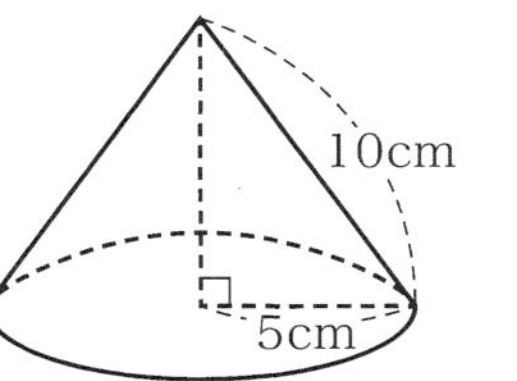

(2) 下の図で$l \parallel m$のとき，$\angle x$の大きさを求めなさい。

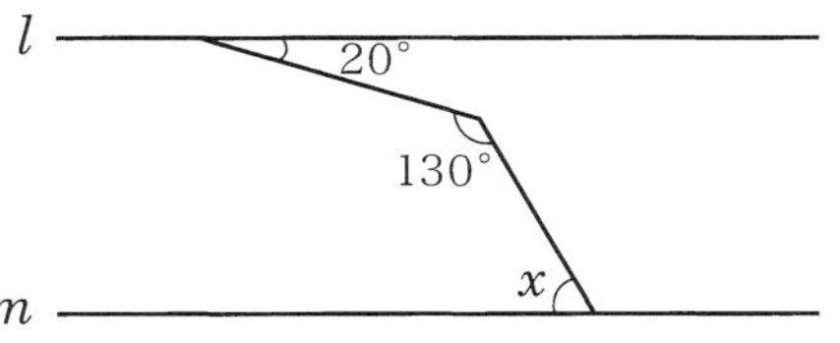

(3) 下の図のxの値を求めなさい。

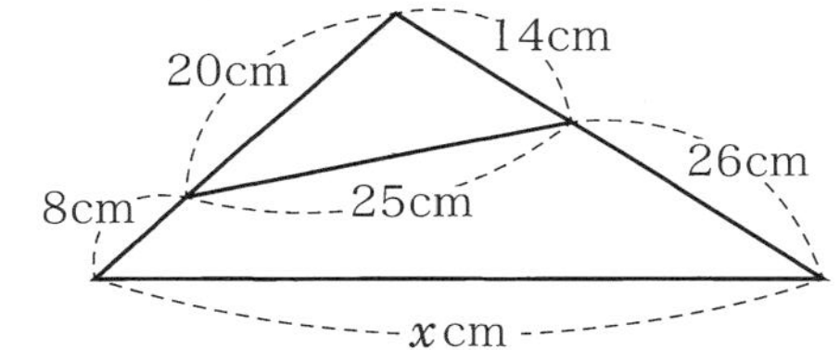

(4) 1辺の長さが4cmの正四面体ABCDがある。辺ABの中点をMとするとき，3点M，C，Dを結んでできる△MCDの面積を求めなさい。

(5) 下の図のように，円Oの外部の点Pから円Oへ接線を引き，その接点をT，Hとする。このとき，PT＝PHであることを証明したい。解答欄の空白に途中過程を記入して証明を完成させなさい。

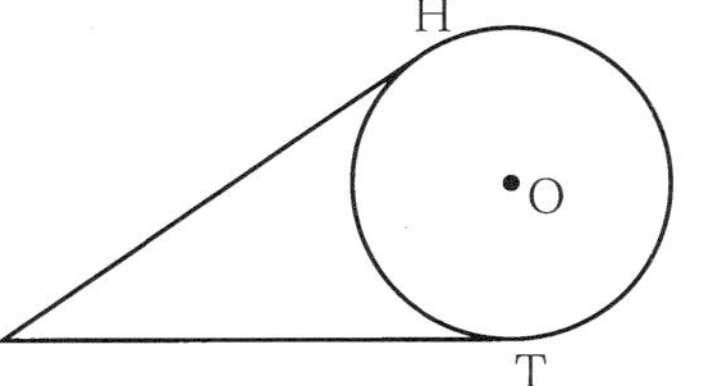

4 下の図のように，関数 $y=ax^2$（aは正の定数）…①のグラフがある。
点A(2，6)は①のグラフ上の点で，△OABは正三角形である。また，点Bからx軸へ垂線BHを引く。点Bのx座標が正であるとき，次の各問いに答えなさい。

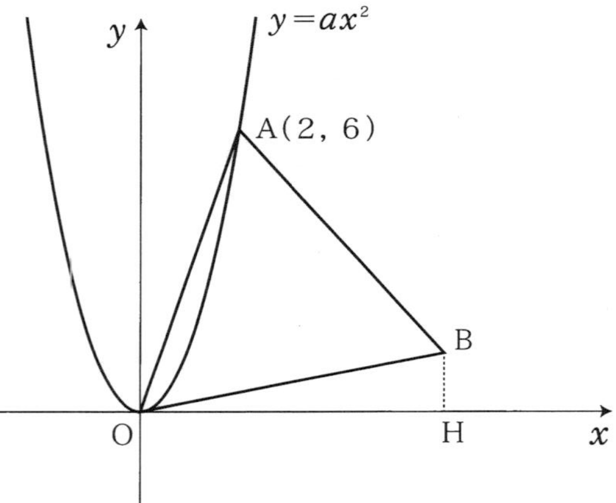

(1) 定数aの値を求めなさい。

(2) OBの長さを求めなさい。

(3) 点Bの座標を求めなさい。

(4) 点Aを通り，四角形OHBAの面積を２等分する直線と，x軸との交点のx座標を求めなさい。

5 下の図のように，∠ABC＝90°の直角三角形ABCがある。点Pを通る線分を折り目として，頂点Aが辺BC上にくるように折り曲げた。折り目と辺ACとの交点をQとするとき，次の各問いに答えなさい。

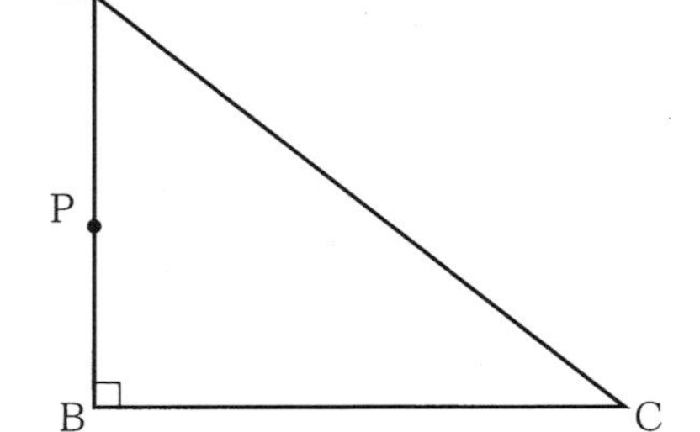

(1) 点Qを定規とコンパスを用いて作図しなさい。ただし，作図に用いた線も残すこととする。

(2) 線分PQを折り目として，頂点Aが移った点をDとする。
AB＝3，BC＝4，BD＝1であるとき，次の各問いに答えなさい。

①PDの長さを求めなさい。

② 点Qから辺AB，BCに垂線を下ろし，辺AB，BCとの交点をE，Fとする。
AQ＝xとおくとき，QE，QFをそれぞれxの式で表しなさい。

③ AQの長さを求めなさい。

令和５年度　れいめい高校入試問題　英　語

（解答…195Ｐ）

リスニングテスト

音声をよく聞き，指示に従って，答えを解答用紙に記入しなさい。

No.1　ア　One dollar.
　イ　Two dollars.
　ウ　Three dollars.
　エ　Four dollars.

No.2　ア　On Monday.
　イ　On Tuesday.
　ウ　On Wednesday.
　エ　On Thursday.

No.3　ア　The girl's father's brother.
　イ　The boy's father's brother.
　ウ　The boy's father's sister.
　エ　The boy's mother's father.

No.4　ア　At a bookstore.
　イ　At a library.
　ウ　At a convenience store.
　エ　At a supermarket.

No.5　ア　Four friends are.
　イ　Five friends are.
　ウ　Six friends are.
　エ　Seven friends are.

No.6　ア　She went to the beach.
　イ　She stayed home and watched a movie.
　ウ　She stayed home and watched TV.
　エ　She went to her friend's house.

No.7　ア　90 minutes.
　イ　One hour.
　ウ　Two hours.
　エ　Three hours.

No.8　ア　In a train.
　イ　In a car.
　ウ　In a taxi.
　エ　On a plane.

No.9　ア　He will call his friends.
　イ　He will go to school.
　ウ　He will play with friends.
　エ　He will go to bed.

No.10　ア　She is going to see her father soon.
　イ　She is going to see her mother soon.
　ウ　She is going to China soon.
　エ　She is going back to China soon.

1　家族旅行で日本に来たイギリス人のジョン（John）と滞在しているホテルの受付の人（receptionist）との会話を読んで，後の問いに答えなさい。

John : Excuse me. I would like to take my wife and five－year－old son to the aquarium.（　1　）

Receptionist : The aquarium? Well, it's a little far from here, so you should take a bus. Here is a map around our hotel. Here is our hotel. To get to the bus stop, go straight two blocks from this hotel and turn left. Then, walk two blocks. You'll see the bus stop on your right.

John : OK. How much is it to *get into the aquarium?

Receptionist : Well, ①wait a minute. I don't know so I have to check it on the computer. An *adult costs 1,500 yen, and a child costs 500 yen.

John : Thank you very much.

Receptionist : You're welcome.（　2　）

*get into（～の中に）入る　*adult 大人

1　（　1　）と（　2　）に入る適切な文を次のア～エの中から選び，その記号を書きなさい。

　ア　How can we get there?　　イ　We are your guests.
　ウ　May I help you?　　エ　Have a good day!

2　ジョンが乗るバス停はどこにありますか。地図上のア～エから選び，その記号を書きなさい。

3　下線部①のように言った理由を日本語で書きなさい。

4　ジョンは，自分と家族の分で入場料をいくら払うことになりますか。その金額を書きなさい。

2 みどり博物館のチラシを読んで，後の問いに答えなさい。

Midori Museum

Midori Museum will open in Reimei city this April. You will *be able to see the plants and animals that live in our city. Animals are all robots. They will move and make sounds! The plants are real! If you love nature, come to our museum.

－Museum Hours－		－*Entry Fee－	
Monday	： 1:00p.m.－5:00p.m.	Adult	:¥2,000
Tuesday to Saturday	: 10:00a.m.－5:00p.m.	Student (Age 7－18)	:¥1,000
Sunday	: 10:00a.m.－7:00p.m.	Child (Age 6 and under)	: free

- You cannot eat food in the museum.
- Museum entry fee will be half price during April to *celebrate our opening.

For more information, please visit our website:
www.midorimuseum.com

*be able to ～できる　*Entry Fee 入館料　*celebrate 祝う

1　このチラシの内容に合うように，次の文の（　　）に入る単語1語または数字を書きなさい。

(1) Midori Museum will be open for 4 hours on (　　).

(2) I am 13 years old. I will go there with my mother in April. So, we will pay (　　) yen for the entry fee.

2　このチラシに関する説明として正しいものには○，間違っているものには×を書きなさい。

ア　Midori museum is a good place to learn about Japanese culture.

イ　We can have lunch in the museum.

ウ　My 3-year-old sister doesn't have to pay to enter.

エ　We must visit their website to go to the museum.

3 次の日本文の意味になるように，(　　)の語(句)を並べかえなさい。ただし，文頭にくる語も小文字にしてあります。

1 藺牟田池の周りに多くの木はありますか。
(many trees / there / Imuta Pond / around / are)?

2 ジョンはサクラにいくつかの漫画をあげた。
(gave / some / John / Sakura / comic books).

3 私は手紙を出すために郵便局に行った。
(to / the post office / a letter / went / send / I / to).

4 開聞岳に登ったとき，どう感じましたか。
(how / you / Kaimondake / when / climbed / did / feel / you)?

4 次の各組の文がほぼ同じ意味になるように，(　　)に入る語を書きなさい。

1 Is that your lunch or Ken's lunch?
Is that lunch (　　) or (　　)?

2 Is Ms. Sasaki a music teacher?
(　　) Ms. Sasaki (　　) music?

3 Let's go to the museum next Sunday.
(　　)(　　) go to the museum next Sunday?

4 Ann can't play soccer as well as John.
John can play soccer (　　)(　　) Ann.

5 Monkeys will eat these bananas soon.
These bananas will (　　)(　　) by monkeys soon.

5 次の英文を読んで，後の問いに答えなさい。

Emi was a junior high school student. Every day, after school, she went to a dance studio to practice hip-hop dancing. One day, the dance *instructor of the studio asked Emi to be the leader of her team. Emi (①) be the leader because she was not the best dancer of the team. The instructor said, "The leader doesn't have to be the best dancer, Emi. All the members like you and know that you practice hardest. We have a contest in summer and I want your team to win." Emi agreed to be the leader.

Emi's team decided to do a new dance for the contest. The team chose a new song and made a new dance. Then they had to choose the person who would dance in the center of the team.

There were two girls who were better at dancing than Emi. They were Kana and Chiharu. ②Kana was a better dancer than Chiharu because she could do things that Chiharu couldn't do. But when Chiharu danced, everyone watched her because she had a lot of energy. There were eleven dancers in Emi's team and they decided to *vote to choose between Kana and Chiharu. Kana and Chiharu didn't vote. Five members voted for Chiharu and four voted for Kana. Emi told the team that the center dancer will be Chiharu and everyone *clapped their hands. Emi looked at Kana. She was not smiling.

The next day, they started to practice for the contest. Kana didn't come. Emi called Kana and asked (③). Kana said that she was not feeling well. Kana didn't come to the practice the next day. Kana didn't come to practice on the third day, so after the practice, Emi went to Kana's house.

When Emi arrived, Kana's mother took her to Kana's room. She knocked on the door and Kana opened. Emi said, "Everyone is worried about you, Kana. How are you?" Kana answered, "I'm fine. But I can't understand why they didn't choose me. I don't want to dance if I'm not dancing in the center."

Emi asked Kana to look at two videos on the Internet. "I want you to watch them with me and I want to ask what you think." Kana had a computer in her room. They both watched. The first video showed a *professional hip-hop dancer dancing alone. She was very good. The second video showed the same dancer dancing in the center with other dancers. There was one dancer who was as good as the center dancer and the dance looked much better than when the dancer was dancing alone. "What do you think, Kana?" asked Emi. Kana answered, "I think that the dance looks better when there are other dancers. And when there are two good dancers on the team, it looks wonderful." Emi said to Kana, "We need you to win the contest, Kana. We can't win without you."

The next day, when Emi arrived at the dance studio, Kana was dancing with Chiharu. Chiharu was showing Kana the new dance. They looked happy. The instructor said to Emi, "Kana is so *cheerful. I am so happy that she is back. What did you do?" Emi smiled, "I told Kana that we need her." The instructor *took Emi's hand and said, "I am so happy that I asked you to be the leader."

*instructor インストラクター　*vote 多数決をとる　*clapped their hands 拍手をした
*professional プロの　*cheerful 明るい　*took Emi's hand エミの手をとった

1　（　①　）に入る語を次のア～エの中から選び，その記号を書きなさい。
　ア　wanted　　イ　wanted to　　ウ　didn't want to　　エ　didn't want

2　下線部②の理由を本文の内容に合うように日本語で書きなさい。

3　（　③　）に入る最も適当なものを次のア～エの中から選び，その記号を書きなさい。
　ア　why she didn't like Chiharu
　イ　why she liked hip hop dancing
　ウ　why she wanted to dance
　エ　why she was not at the practice

4　EmiがKanaに見せた２つの動画を見た後のKanaの感想を日本語で書きなさい。

5　本文の内容に合っているものを次のア～オの中から２つ選び，その記号を書きなさい。
　ア　The instructor asked Emi to be the leader because she was the best dancer.
　イ　Chiharu was a better dancer than Emi but not as good as Kana.
　ウ　When Kana didn't come to practice on the first day, Emi visited her.
　エ　Chiharu showed Kana how to dance because she was a better dancer.
　オ　The instructor was happy that Emi helped Kana come back to practice.

6

ALTのマイク先生（Mike）が日本の中学生，海斗（Kaito）にアメリカの中学校の生活について話をしています。次の会話を読んで，後の問いに答えなさい。

Mike : This is the *time schedule for junior high school in America.
Kaito : ①Why does it have a student's name on it?
Mike : Because each student has a different time schedule.
Kaito : Really? Please tell me more.
Mike : In Japan, students usually *stay in their classroom and teachers come to the classroom to teach different subjects, don't they?
Kaito : Yes. How about in America?
Mike : Each teacher has his or her own classroom. For example, English teacher has an English classroom and math teacher has a（　②　）classroom. They can also *decorate their rooms.
For example, a history teacher can put pictures of *historical people and events on the wall of his classroom.
Kaito : So students go to classrooms *according to their own schedule.
Mike : That's right. Do you see any ③other differences in the time schedule?
Kaito : There are only five minutes between classes. We have ten minutes in Japan. Lunch time is shorter, too.
Mike : That's right. Students in America have to move to another classroom in five minutes. But they can go home earlier than students in Japan. They can also eat snacks at school. They have *vending machines that sell snacks at school.
Kaito : Really? Snacks at school? That's nice! I want to go to a school in America in the future. What do you think about junior high schools in Japan?
Mike : I think it's great. Students clean their own classrooms. They don't do that in America. I really like the school lunch, too. Students buy their lunch at school *cafeteria in America.
Kaito : That's interesting.

*time schedule 時間割　*stay 残る　*decorate 飾る　*historical 歴史上の
*according to… …にしたがって　*vending machines 自動販売機　*cafeteria 食堂

1　下線部①の質問に対する答えを日本語で書きなさい。

2　（　②　）に入る語を，本文の中から１語で抜き出して書きなさい。

3　下線部③の内容を日本語で２つ書きなさい。

4　マイク先生が日本の中学校で良いと思っていることを日本語で２つ書きなさい。

5　次の質問 "What subject do you like?" に対して，あなたの応答とその理由を10語程度の英語で書きなさい。（例：I like ～ because …）

令和５年度　れいめい高校入試問題　社　会　　（解答…197Ｐ）

1　次の〔地図〕を見て，１～７の問いに答えなさい。答えを選ぶ問いについては一つ選び，記号で答えなさい。

〔地図〕

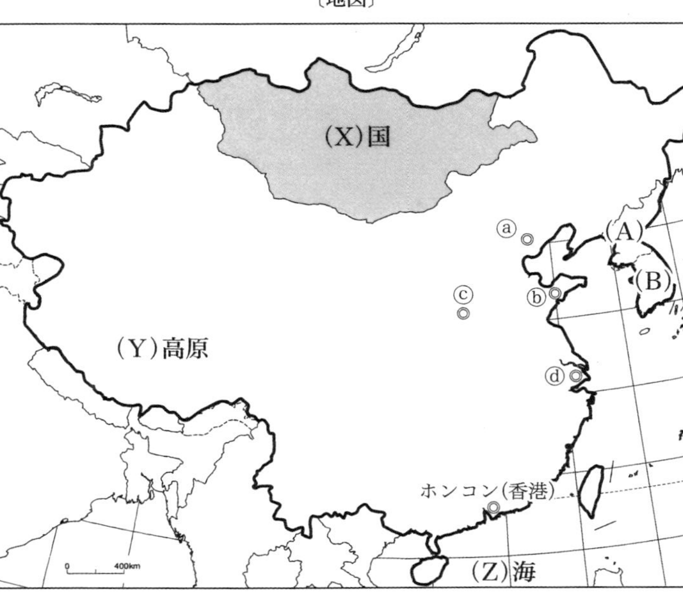

1　この地図の太線内にある地域（日本も含む）を，何アジアといいますか。

2　地図中のＸの国名とＹ・Ｚの地名を，それぞれ答えなさい。

3　地図中のＡ・Ｂは，韓国と北朝鮮のいずれかの国ですが，Ａ・Ｂのそれぞれの正式な国名を，漢字で答えなさい。

4　中国の首都である北京は，地図内のⓐ～ⓓのどこですか。また，北京と，ほぼ同じくらいの緯度にない都市は，どれですか。

ア　アンカラ（トルコ）　　イ　ニューヨーク（アメリカ）
ウ　ブエノスアイレス（アルゼンチン）　　エ　マドリード（スペイン）

5　地図中のホンコン（香港）は，1997年にある国から中国に返還され，特別行政区となりました。19世紀にその国が，ホンコンを支配するきっかけになった戦争と，その国名の正しい組み合わせは，どれですか。

ア　（アロー戦争，フランス）　　イ　（アヘン戦争，イギリス）
ウ　（日清戦争，日本）　　エ　（第１次世界大戦，ドイツ）

6　次の資料を見て，近い将来，中国の人口より多くなる可能性があるＣの国は，どこですか。

主な国の変遷・将来人口（10万人）

国名＼年	2000年	2015年	2050年
中国	12906	14068	14024
C	10566	13102	16392
アメリカ	2817	3209	3794
日本	1275	1280	1058

【2022　データブック　オブ・ザ・ワールドによる】

7　次の表は，フランス・カナダ・アメリカ・中国のいずれかの発電量の内訳を示していますが，中国のものは，どれですか。

〔表〕

	総発電量	水力	火力	原子力	再生可能エネルギー
ア	6454億kWh	58.8%	18.1%	15.7%	7.4%
イ	5708億kWh	10.8%	9.0%	69.9%	10.3%
ウ	4兆3918億kWh	7.1%	62.5%	19.2%	11.1%
エ	7兆5041億kWh	17.4%	67.9%	4.6%	10.0%

※内訳の合計が100%にならないところがある。

【国際エネルギー機関資料】
【2022　データブック　オブ・ザ・ワールドによる】

2 次の［Ⅰ］〜［Ⅲ］の問いに答えなさい。答えを選ぶ問いについては一つ選び，記号で答えなさい。

［Ⅰ］ 1〜3の問いに答えなさい。

1 国家に関して，領土・領海・領空の範囲を，何といいますか。また，右の図で領空はどれですか。ア〜エの記号で答えなさい。

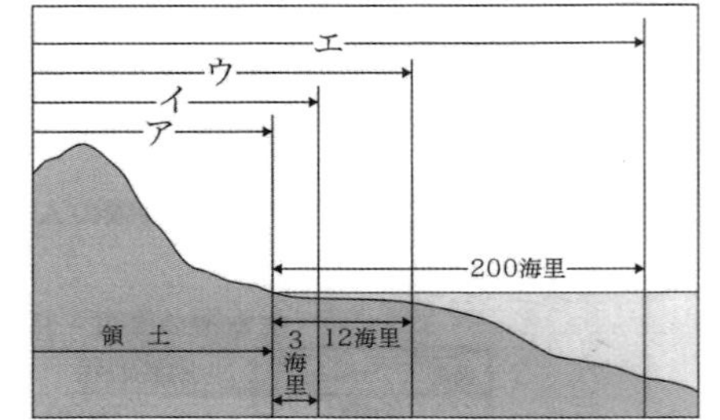

2 次のA・Bは，排他的経済水域と領土の面積のいずれかです。この資料について，まとめた下の文中の□に当てはまる適切な表現を，「割合」という語句を用いて答えなさい。

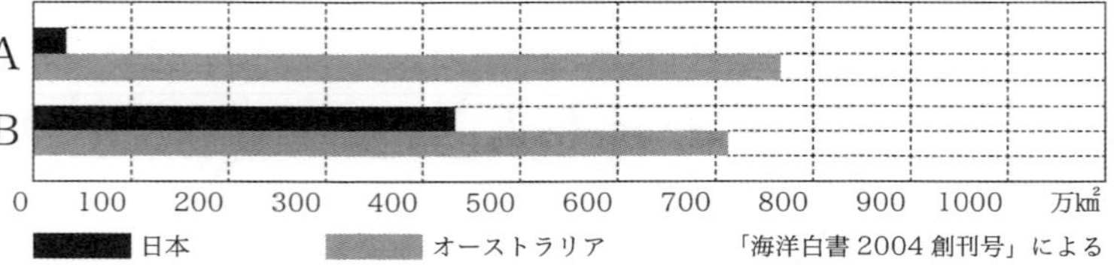

日本は，オーストラリアよりも，領土の面積に対する排他的経済水域の面積の□ということがいえます。

3 日本の領土の最西端の島と，その島に最も近くに位置する地域の正しい組み合わせは，どれですか。

ア（与那国島・台湾）　イ（沖ノ鳥島・フィリピン）
ウ（与那国島・フィリピン）　エ（沖ノ鳥島・台湾）

［Ⅱ］ 1〜2の問いに答えなさい。

1 次の資料を見て，日本の河川と外国の河川を比べ，日本の河川の特徴を【傾斜】・【距離】という語句を使って説明しなさい。

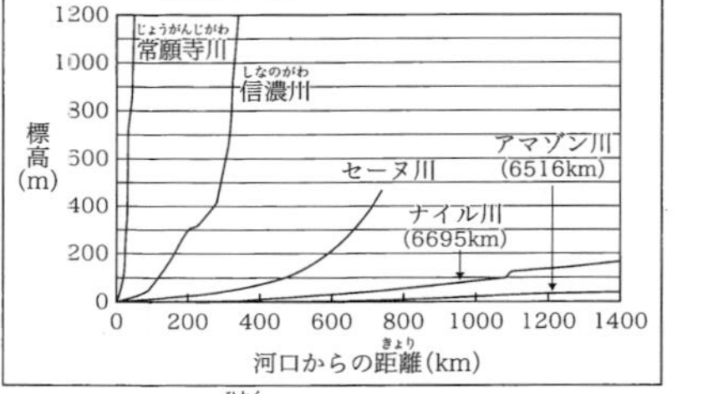

日本と世界の川の比較（「日本の川〈日本の自然3〉」ほか）

2 次の世界地図を見て，東京が23日13時のとき，表中の都市カイロと，ホノルルの現地時刻（X）・（Y）は何日の何時となりますか。それぞれ，答えなさい。
（ただし，サマータイムは考慮しないものとする。）

都市	標準時子午線	現地時刻
東京	東経135度	23日13時
カイロ	東経30度	（X）
サンパウロ	西経45度	23日1時
ホノルル	西経150度	（Y）

［Ⅲ］ 次の地図に関する文を読んで，1〜4の問いに答えなさい。

> 地形図は，土地の高低や土地の使われ方，道路や建物，市町村の堺など，さまざまな地表面の情報を，規則に従って表現した地図です。地形図は，国の機関である①国土地理院から発行されています。実際の距離を縮小した割合のことを（X）といい，5万分の1や，2万5千分の1などの（X）があります。（X）が異なると，地形図上で同じ②1cmの長さでも実際の距離は異なります。地形図では，土地の使われ方や建物などについては，③地図記号で示されています。

1 文中の（X）に当てはまる語句を，漢字で答えなさい。

2 下線部①に関して，関係のある組織は，どこですか。

ア 経済産業省　イ 国土交通省　ウ 農林水産省　エ 環境省

3 下線部②に関して，5万分の1の地形図で，この長さは，実際の距離で何mですか。また，2万5千分の1の地形図で，1辺が4cmの正方形は，実際の面積では何km²ですか。長さと面積の正しい組み合わせを，選びなさい。

	1cmの長さ【5万分の1】	4cm四方の面積【2万5千分の1】
ア	250m	1km²
イ	250m	4km²
ウ	500m	1km²
エ	500m	4km²

4 下線部③に関して，地図記号とその名称の正しくない組み合わせは，どれですか。

	地図記号	名称
ア		図書館
イ		裁判所
ウ		病院
エ		老人ホーム

3

次の表を見て，１～８の問いに答えなさい。答えを選ぶ問いについては一つ選び，記号で答えなさい。

〔表〕

① 倭王武が中国の南朝に遣いを送る。
② 白村江の戦が起こる。
③ 藤原道長が（　あ　）となる。
　　A↕
④ 蒙古の襲来を２回受ける。
　　B↕
⑤ （　い　）人が鉄砲を伝える。
　　C↕
⑥ 鎖国が完成する。
　　D↕
⑦ 日米修好通商条約が結ばれる。
注：A～Dは，それぞれの上下の間の時期を示している。

1　①について，
(1)　①の以前について，下の文は，どの時代の説明ですか。

木の実が豊富で，鹿・イノシシ・鳥などの獣や魚や貝が豊富にとれたため，農耕や牧畜はあまり発達しなかった。ただ，縄目の文様がつけられた土器を使っていた。

ア　先土器　　イ　縄文　　ウ　弥生　　エ　古墳

(2)　①の事実が記された中国の書物は，どれですか。
ア　魏志　　イ　漢書　　ウ　隋書　　エ　宋書

2　②の戦い以後，我が国がとった行動で事実でないものは，どれですか。
ア　蘇我蝦夷・入鹿親子を滅ぼし，新しい支配体制を築いた。
イ　天智天皇の死後，跡継ぎをめぐる争いが起きた。
ウ　唐や新羅の侵攻に備えた。
エ　全国の戸籍をつくった。

3　③について，
(1)　（　あ　）は，天皇が幼少のときにかわりに政治を行う役職ですが，何といいますか。

(2)　下の文は，下線部の人物が詠んだ一節です。この文が書かれている書物は，どれですか。
“この世をばわが世とぞ思う望月の欠けたることも無しと思えば”
ア　風土記　　イ　御堂関白記　　ウ　小右記　　エ　土佐日記

4　④について，
(1)　２回目の襲来を，何の役といいますか。

(2)　蒙古軍が征服して従えていた当時の朝鮮半島の王朝名は，何といいますか。

5　⑤について，
(1)　（　い　）に入る国名を，答えなさい。

(2)　下線部が最初に使用された本格的な戦いは，どれですか。
ア　桶狭間の戦い　　イ　長篠の戦い　　ウ　山崎の戦い　　エ　賤ケ岳の戦い

6　⑥について，次のア～エを，古い年代順に並べたときに３番目に来るのは，どれですか。
ア　島原・天草一揆が起こる。　　イ　全国にキリスト教禁止令が出る。
ウ　ポルトガル船の来航を禁止する。　　エ　スペイン船の来航を禁止する。

7　⑦について，
(1)　この条約を，朝廷の許可を得ずに締結した大老は，だれですか。

(2)　次の表は，わが国の幕末の貿易の輸入と輸出品目の一覧です。①～④に当てはまる語句の正しい組み合わせは，どれですか。

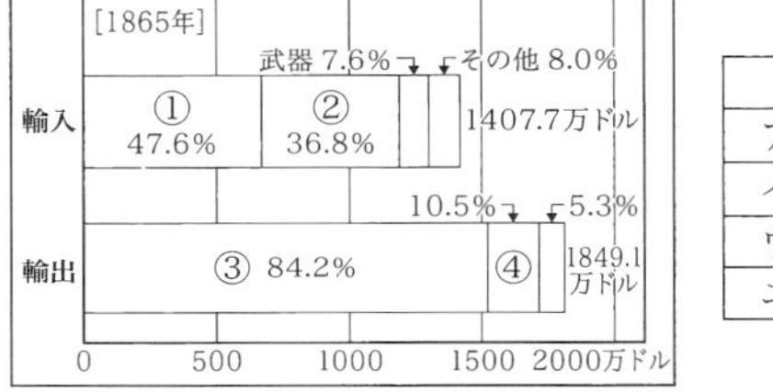

幕末の貿易（梅村又次ほか編「日本経済史３ 開港と維新」）

	①	②	③	④
ア	綿織物	毛織物	茶	生糸
イ	綿織物	毛織物	生糸	茶
ウ	毛織物	綿織物	茶	生糸
エ	毛織物	綿織物	生糸	茶

8　次の絵は，ルネサンスの代表的な作品です。

(1)　この絵の作者は，だれですか。
ア　ミケランジェロ　　イ　ラファエロ
ウ　ダンテ　　エ　レオナルド＝ダ＝ヴィンチ

(2)　ルネサンスがヨーロッパで花開いていた頃は，表中のA～Dのどの時期になりますか。

れいめい高校

4 次のⅠ～Ⅳの文章を読んで，1～5の問いに答えなさい。答えを選ぶ問いについては一つ選び，記号で答えなさい。

Ⅰ 政府は交通の整備を進め，新橋・横浜間に①鉄道を開通させました。また，（ あ ）県の富岡製糸場などの官営模範工場をつくり，外国の優れた技術を各地に広めました。

Ⅱ 第一次世界大戦後，労働運動や②農民運動，女性運動などの社会運動が活発になり，社会主義の思想も広まりました。1920年には，労働者が権利を主張して集会やデモを行う（ い ）が開催されました。

Ⅲ 日本は，すべての国力を投入する総力戦として③太平洋戦争を戦いました。労働力が不足したため，中学生・女学生や未婚の女性も，（ う ）動員の対象になり，軍需工場などで働かされました。

Ⅳ サンフランシスコで52か国による④講和会議が開かれ，サンフランシスコ平和条約の締結により，日本は独立を回復しました。また，同時にアメリカと（ え ）条約を結びました。

1 文中の（ あ ）～（ え ）に当てはまる語句を，それぞれ答えなさい。

2 下線部①について，昭和の時代に東海道新幹線が開通しましたが，その年に行われた出来事は，どれですか。
ア テレビ放送開始　イ 日本万国博覧会
ウ 札幌オリンピック　エ 東京オリンピック

3 下線部②について，次のア～エは，この当時の出来事を述べたものです。正しくないものは，どれですか。
ア 差別からの解放を目指すため，京都で全国水平社が結成された。
イ 女性の解放を唱えてきた平塚らいちょうは，青鞜社を結成した。
ウ 加藤高明内閣は，納税額による制限を廃止して，満20歳以上の男女に選挙権を与える普通選挙法を成立させた。
エ 共産主義を取り締まる治安維持法が制定された。

4 下線部③について，次のア～ウの出来事を，古い年代順に並べなさい。
ア 日本がミッドウェー海戦に敗戦する。　イ 日ソ中立条約が結ばれる。
ウ 日本がハワイの真珠湾を攻撃する。

5 下線部④について，日本側の全権大使となった首相は，だれですか。漢字で答えなさい。

5 次の［Ⅰ］～［Ⅱ］を読んで，問いに答えなさい。答えを選ぶ問いについては一つ選び，記号で答えなさい。

［Ⅰ］

下図を見てみると，現在の日本の国の政治は，立法権をもつ国会，行政権をもつ内閣，司法権をもつ裁判所の三つの機関を中心に行われています。このように，国の権力を三つに分け，それぞれの機関に担当させる（ X ）を採用しています。

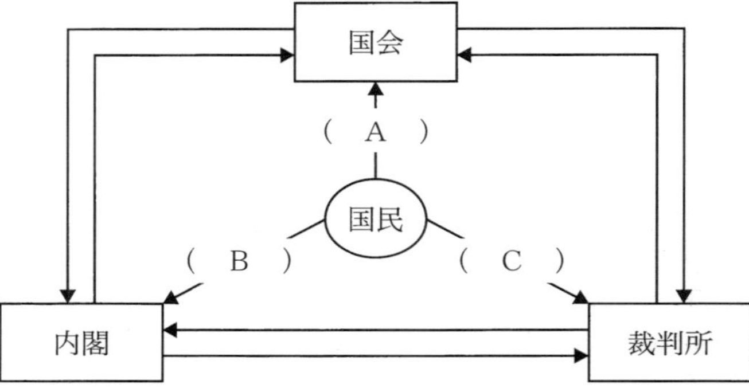

1 文中の（ X ）に当てはまる語句を，漢字4文字で答えなさい。

2 国民の政治へのかかわり方として，図中の（ A ）～（ C ）に当てはまる語句の正しい組み合わせは，どれですか。

	A	B	C
ア	世論	選挙	国民審査
イ	選挙	国民審査	世論
ウ	世論	国民審査	選挙
エ	選挙	世論	国民審査

3 国会の役割について，正しくないものは，どれですか。
ア 内閣総理大臣の任命　イ 法律・予算の議決
ウ 憲法改正の発議　エ 国政調査権

4 裁判官の罷免に関して，国会が設置することのできる裁判所を，何といいますか。

5 裁判所は，法律などが合憲か違憲かの違憲審査権をもっていますが，最高裁判所は最終的な判断を下す権限をもっていることから，「憲法の○○」と呼ばれています。○○に当てはまる語句を，答えなさい。

6 日本の政治制度に対して，アメリカ合衆国の議会の議員と政治を行う首長を，別々に選ぶ選挙制度を，何といいますか。

7 衆議院で，内閣不信任案が可決されると，内閣は，どうしなければならないかを，説明しなさい。

［Ⅱ］

かつて中世ヨーロッパでは，専制的な絶対王政に対する，市民・農民の反抗として①市民革命が起こり，人間や国家のあり方を考える人権思想が発達し，②民主政治が広がっている。

日本では，③日本国憲法が制定されており，三大基本原理として，国民主権，基本的人権の尊重，④平和主義が唱えられている。基本的人権として，⑤平等権，⑥自由権，⑦社会権，参政権などが記載されている。また，権利だけでなく，国民の果たす⑧義務についても記載されている。

また，現在，貧困，紛争，気候変動，感染症など，人類はこれまでなかった数多くの課題に直面している。そんな危機感から，2015年に国連サミットで採択された⑨SDGsにも，日本は積極的に取り組んでいる。

1 下線部①について，最初に起こった革命は，どれですか。

ア ピューリタン革命　　イ 名誉革命
ウ アメリカ独立革命　　エ フランス革命

2 下線部②について，1863年にゲティスバーグの演説で，「人民の人民による人民のための政治」という言葉を残したアメリカの大統領は，だれですか。

3 下線部③について，日本国憲法が公布された年月日は，どれですか。

ア 1946年5月3日　　イ 1946年11月3日
ウ 1947年5月3日　　エ 1947年11月3日

4 下線部④について，日本における非核三原則の基本方針について，「核兵器を」につづく語句を，答えなさい。

“核兵器を，＿＿＿＿＿＿，＿＿＿＿＿＿，＿＿＿＿＿＿”

5 下線部⑤について，「年齢や障害の有無に関係なく，平等に生活できる社会を作っていく」という考え方を，何といいますか。カタカナで答えなさい。

6 下線部⑥について，日本国憲法が保障している自由権として，正しくないものは，どれですか。

ア 自分で宗教を選び，信仰することができる権利
イ 正当な理由がない場合，不当な逮捕がされない権利
ウ 職業を選択することができる権利
エ 労働者が，労働組合を作ることができる権利

7 下線部⑦について，世界で初めて社会権について規定した，1919年にドイツで制定された憲法を答えなさい。

8 下線部⑧について，国民の三大義務について，正しくないものは，どれですか。

ア 納税の義務　　イ 経済活動の義務
ウ 勤労の義務　　エ 普通教育を受けさせる義務

9 下線部⑨について，SDGsの目標は，「○○○○な開発目標」と掲げていますが，○○○○に当てはまる語句を，漢字で答えなさい。

令和５年度　れいめい高校入試問題　理　科

（解答…199Ｐ）

1　次の各問いについて答えなさい。

問１　コイルの中で磁界が変化すると，誘導電流が流れる。誘導電流を大きくする方法として，**誤っているもの**を次のア～エから１つ選び，記号で答えなさい。

ア　磁力の強い磁石にする。
イ　コイルの巻き数を増やす。
ウ　磁石をすばやく動かす。
エ　磁石を長いものにする。

問２　光の強さと光合成の関係について調べるため，植物の葉に同じ温度のもとで一定時間光を当て，吸収される二酸化炭素の量を測定した。結果は，強い光を当てたとき14mg，弱い光を当てたとき２mgの二酸化炭素がそれぞれ吸収された。光を当てず暗黒条件にした場合は４mgの二酸化炭素が放出された。この条件で，強い光のときの光合成の大きさは弱い光のときの何倍ですか。

問３　エタノールや砂糖のように，水にとけても，その水溶液に電流が流れない物質を何といいますか。

問４　空気中の水蒸気が水滴に変わり始めるときの温度を何といいますか。

2　次のⅠ，Ⅱについて，後の各問いに答えなさい。

Ⅰ　凸レンズがつくる像を観察するため，図１のような凸レンズを固定した装置を使って，光源からの光で物体を照らし，スクリーン上に像が映るようにした。なお，物体の縦の長さと凸レンズの直径は同じ長さとし，光源と物体，スクリーンは自由に光学台上を動かせるものとする。

図１

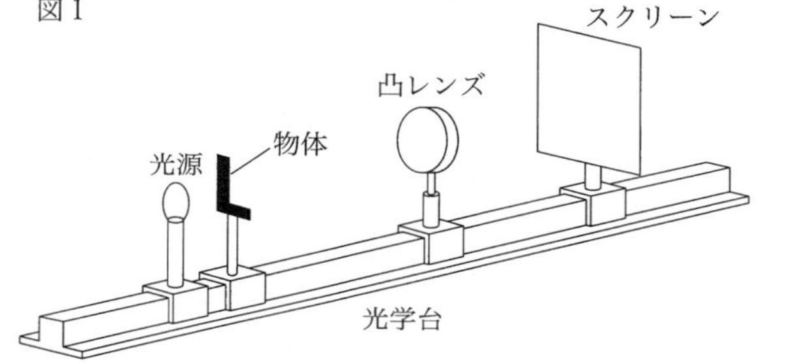

問１　凸レンズの真正面から平行な光を当てると，光は屈折して１点に集まる。この点を凸レンズの何といいますか。

問２　図１において，物体と光源を凸レンズに近づけると，スクリーン上に像が映らなくなった。そこで，スクリーン側から凸レンズを見たところ物体が大きく見えた。この像を何といいますか。

問３　物体と光源，スクリーンの位置を調整し，スクリーン上に物体の像が映るようにした。このとき，スクリーン上に映る像を光源側から見たものとして正しいものはどれか。次のア～エから１つ選び，記号で答えなさい。ただし，光源側から見た物体は図２のように見えている。

図２

問4　図1の物体と光源，スクリーンの位置を変えて，物体の大きさとスクリーン上に映る像の大きさが同じになるように位置を調整した。この状態から物体と光源を凸レンズから遠ざけたところ，スクリーン上に像がはっきりと映らなくなった。そこで，スクリーンの位置を調整したところ像が映るようになった。このとき，スクリーンの位置の調整と映った像の大きさについて正しいものはどれか。次のア～エから1つ選び，記号で答えなさい。

ア　スクリーンを凸レンズから遠ざけると，像が映るようになり像の大きさは物体に比べて大きくなった。

イ　スクリーンを凸レンズに近づけると，像が映るようになり像の大きさは物体に比べて小さくなった。

ウ　スクリーンを凸レンズから遠ざけると，像が映るようになり像の大きさは物体に比べて小さくなった。

エ　スクリーンを凸レンズに近づけると，像が映るようになり像の大きさは物体に比べて大きくなった。

問5　次の文は，ルーペを使って観察をする授業中のれい君とめいさんの会話である。会話文中の［ア］～［ウ］に入る適当な語句を答えなさい。

れい：ルーペのレンズは凸レンズが使われているんだね。
めい：本当だ。凸レンズはこんなところに使われているんだ。ルーペ以外には使われていないのかな。
れい：［ア］にも凸レンズが使われているよ。
めい：え！そんなところにも凸レンズが使われているんだ。
れい：それじゃあ，植物の種子を観察してみよう。
めい：しまった，ルーペの使い方を忘れちゃった…。
れい：手に持って動かせるものを観察するときは，ルーペを目の近くに持って［イ］を近づけたり遠ざけたりして，はっきりと見える位置を探すんだよ。
めい：そうだった。ルーペを使うとすみずみまで観察できて楽しいね。ほかのものも観察してみよう。
れい：でも，目をいためるから，ルーペで［ウ］を見ないようにしようね。

Ⅱ　斜面を下る物体の速さを調べるため，図3のような装置を用いて実験をおこなった。なお，図3のAは台車が動き始める地点とし，Bは斜面と水平面が接続する地点である。ただし，斜面と水平面はなめらかに接続されており，摩擦や空気抵抗は考えないものとする。

【実験】

〈手順1〉1秒間に60回の点を打つ記録タイマーを斜面上部に固定し，斜面の長さより短く切った記録テープを記録タイマーに通して，先端を台車にはりつけた。

〈手順2〉記録タイマーのスイッチを入れると同時に台車を固定していた手をはなし，台車が斜面を下る様子を記録した。さらに記録テープの6打点ごとにP，Q，Rの記号をつけ，各区間の長さをはかった。なお，図4は台車が坂を下る様子を記録したものである。

図3

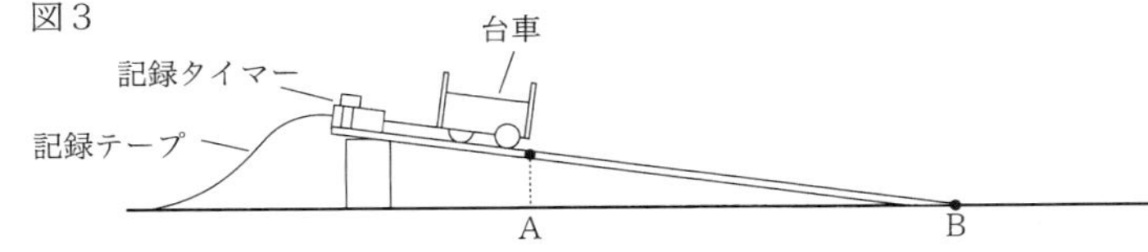

図4

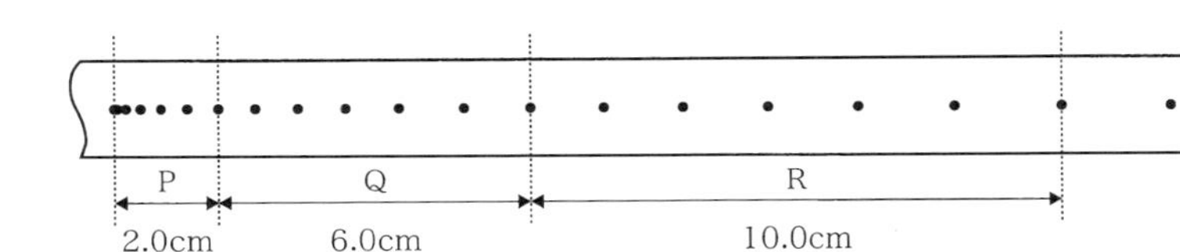

問1　自由落下させるときに比べてこの台車の速さの変化の割合は大きくなるか，小さくなるか答えなさい。

問2　図4の記録テープをもとにグラフを作図しなさい。

問3　区間Qにおける台車の平均の速さは何cm/sですか。

問4　台車は斜面を下った後，速さを落とすことなく一定の速さで水平面を移動した。運動している物体が力を受けていなくても運動を続ける法則を何といいますか。

問5　位置エネルギーと運動エネルギーの和を力学的エネルギーと呼び，力学的エネルギーは保存される。これをもとに次の(1)・(2)に当てはまるグラフを次のア～クからそれぞれ1つずつ選び，記号で答えなさい。

(1)　台車の位置エネルギー（縦軸），台車の位置（横軸）のグラフ
(2)　台車の運動エネルギー（縦軸），台車の位置（横軸）のグラフ

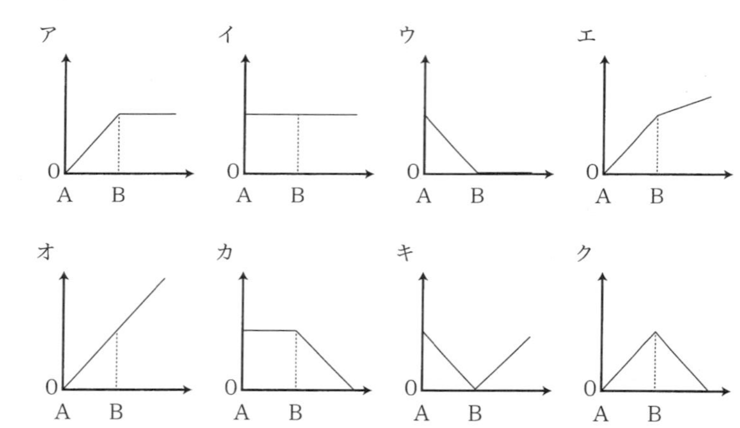

問6　図5のように，水平面に新たに斜面を設置した。台車をA地点から静かに手をはなしたときの台車の運動について「高さ」という語句を用いて25字以内で答えなさい。ただし，設置した坂と水平面はなめらかに接続されているものとする。

図5
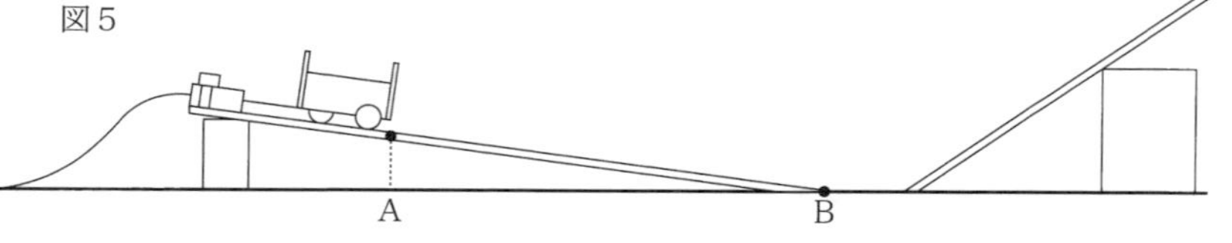

3　次のⅠ，Ⅱについて，後の各問いに答えなさい。

Ⅰ　図1は，ヒトの心臓から送り出された血液が体内を循環して心臓にもどってくるまでの経路を模式的に表したものであり，図中のW～Zは心臓が各血管とつながっている部分である。図2は，正面から見た心臓の内部の構造を示したものである。

図1
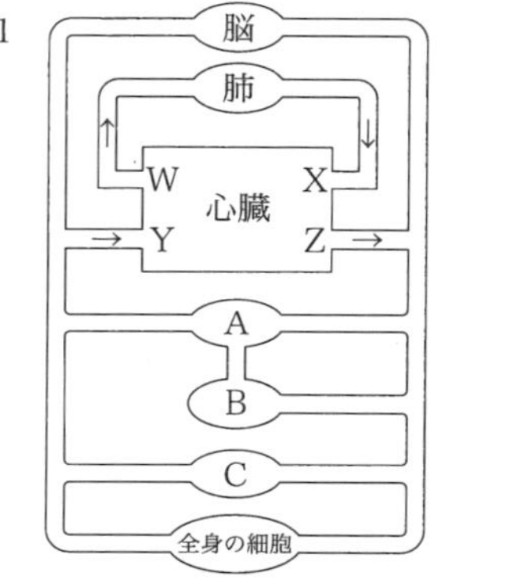

→は血液の流れを示している

図2
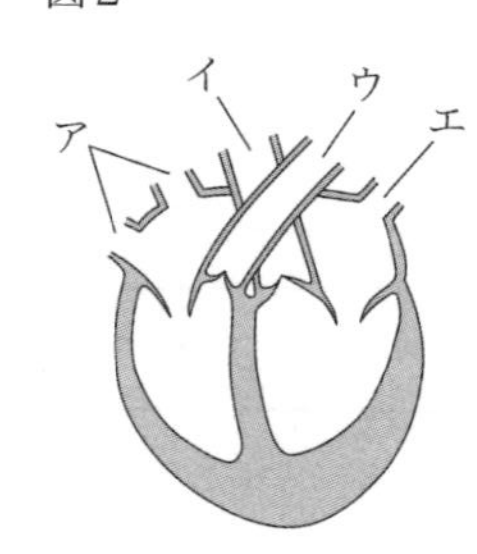

問1　図1のA～Cで示された器官はそれぞれ何か。次のア～カから正しい組み合わせのものを1つ選び，記号で答えなさい。

	器官A	器官B	器官C
ア	腎臓	肝臓	小腸
イ	腎臓	小腸	肝臓
ウ	肝臓	腎臓	小腸
エ	肝臓	小腸	腎臓
オ	小腸	腎臓	肝臓
カ	小腸	肝臓	腎臓

問2　肝臓のはたらきについて，**誤っているもの**を次のア～オから1つ選び，記号で答えなさい。

ア　グリコーゲンを貯蔵している。
イ　解毒作用をもっている。
ウ　胆汁を生成している。
エ　赤血球をつくっている。
オ　アンモニアを尿素に変えている。

問3　図1のW～Zは，図2のア～エのどの部分に該当するか。それぞれについてア～エの記号で答えなさい。

問４　次の文は，ヒトの体内で酸素が血液によって運ばれるしくみについて，れい君とめいさんが話した会話の一部である。これに関して，後の(1)～(3)に答えなさい。

れい：肺に取り込まれた酸素は，どのようにして全身に運ばれるのかな？

めい：心臓のつくりと血液の循環について学習したことを思い出してみましょう。心臓は全身からもどってきた血液を肺に送り，肺からもどってきた血液を全身に送っていたわよね。

れい：そうだったね。ヒトの心臓は心房と心室がそれぞれ２つに分かれていて，①それぞれに逆流を防ぐ弁があることで，それが効率よくおこなわれているんだったね。

めい：では，カエルのように，心室が１つしかなかったら，血液の流れはどうなるのかな？

れい：カエルの心臓には心室が１つしかないわけだから，［　②　］ことになるね。これだと，肺から心臓にもどってきた血液の一部が再び肺に送られてしまうね。酸素を肺から全身へ送り届けることに関しては，ヒトより効率が悪そうだね。

めい：それと，酸素が肺から全身の細胞へ届けられるしくみには，赤血球が関係していたわよね。

れい：ある資料で調べたところ，赤血球の中にはヘモグロビンという物質が含まれていて，それが酸素とくっついたり離れたりすることで，酸素をうまく運んでいるそうだよ。

めい：それについては，私も調べたことがあるわ。ヘモグロビンが酸素とくっついたり離れたりするのは，その場所の酸素の濃度と二酸化炭素の濃度に影響されると書いてあったわ。そのことを示すいい資料（下の資料）を見つけたわ。

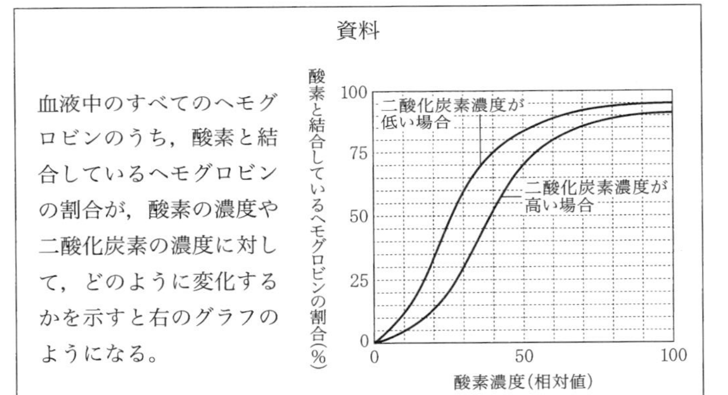

れい：この資料，はじめて見たけど。③これから何がわかるかな？

(1)　下線部①について，逆流を防ぐそれぞれの弁は心臓のどの部分にあるか。次のア～エから適当なものを１つ選び，記号で答えなさい。ただし，入口とは血液が入ってくる部分であり，出口とは血液が出ていく部分のことである。

ア　心房の入口と心室の入口
イ　心房の入口と心室の出口
ウ　心房の出口と心室の入口
エ　心房の出口と心室の出口

(2)　［　②　］に入る適当な会話文を20字以内で答えなさい。ただし，次の３つの語「動脈血」「静脈血」「心室」をすべて用いて答えなさい。

(3)　下線部③について，めいさんが見つけた資料からヘモグロビンの性質に関して，どのようなことがわかるか。次のア～クから適当なものを２つ選び，記号で答えなさい。

ア　酸素濃度が高く，二酸化炭素濃度の高いところで酸素と結合しやすい。
イ　酸素濃度が高く，二酸化炭素濃度の低いところで酸素と結合しやすい。
ウ　酸素濃度が低く，二酸化炭素濃度の高いところで酸素と結合しやすい。
エ　酸素濃度が低く，二酸化炭素濃度の低いところで酸素と結合しやすい。
オ　酸素濃度が高く，二酸化炭素濃度の高いところで酸素と離れやすい。
カ　酸素濃度が高く，二酸化炭素濃度の低いところで酸素と離れやすい。
キ　酸素濃度が低く，二酸化炭素濃度の高いところで酸素と離れやすい。
ク　酸素濃度が低く，二酸化炭素濃度の低いところで酸素と離れやすい。

4 次のⅠ，Ⅱについて，後の各問いに答えなさい。

Ⅰ　れい君は夏休みに家族でバーベキューをした際，炭が火をつける前に比べると小さくなっていることに関心をもち，化学変化と物質の質量の関係を調べるため，次の実験をおこなった。

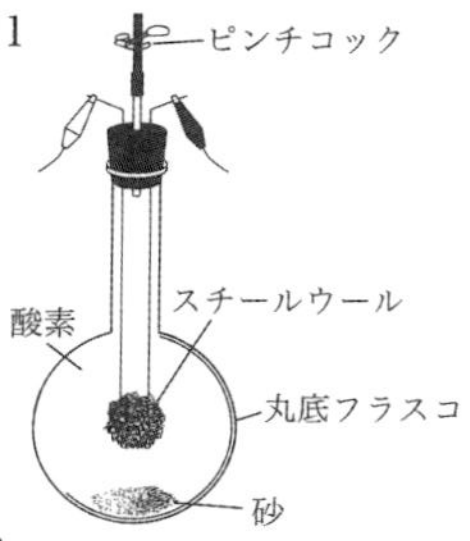

【実験１】
　図１のように，酸素で満たした丸底フラスコの中にスチールウールを入れピンチコックを閉じ，電流を流してスチールウールを燃焼させ，反応前と反応後の質量を比較した。

図１

【実験２】
　図２のように，けずり状のマグネシウム1.92gを，ステンレス皿にうすく広げ，金あみでふたをして加熱した。ステンレス皿を十分に冷ましてから，物質の質量をはかる操作を繰り返して，その変化を調べた。表１はその結果である。

図２

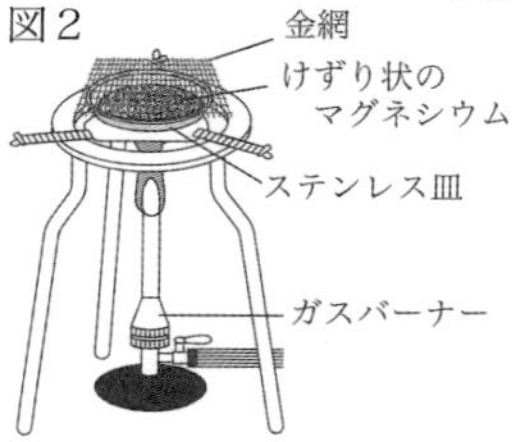

表１

加熱した回数	１回目	２回目	３回目	４回目	５回目
物質の質量（g）	2.56	2.88	3.12	3.20	3.20

問１　図３は実験１の反応前，反応後，反応後のピンチコックを外したあとを表したものである。反応前の質量をA，反応後の質量をB，反応後のピンチコックを外したあとの質量をCとすると，A，B，Cの大小関係はどのようになりますか。次のア～ケから１つ選び，記号で答えなさい。ただし，Cにはピンチコックの質量が含まれているものとする。

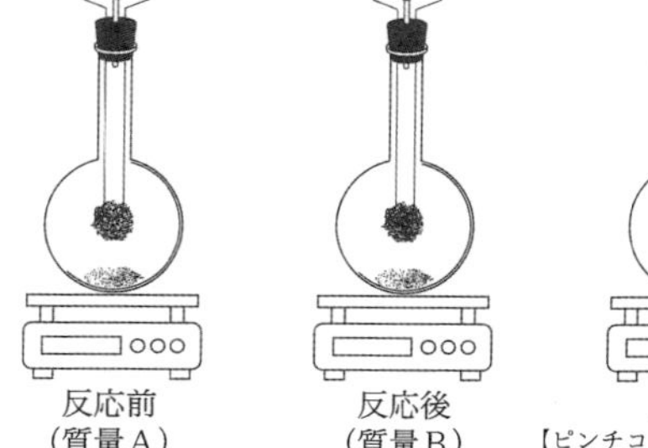

図３

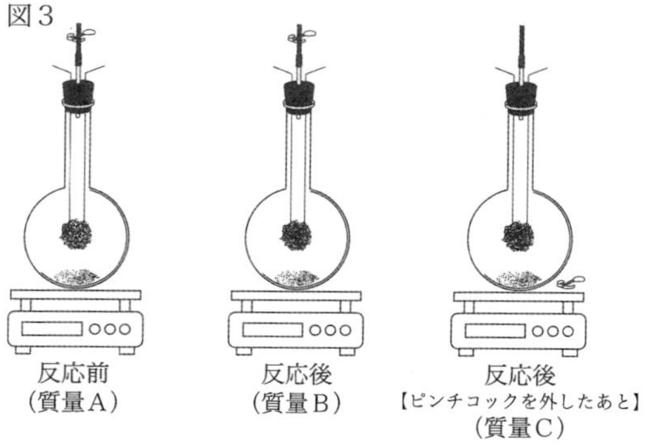

ア　A＞B＞C　　イ　A＝B＞C　　ウ　A＞B＝C　　エ　A＝B＝C
オ　A＝B＜C　　カ　A＜B＝C　　キ　A＜B＜C　　ク　A＜B＞C
ケ　A＞B＜C

Ⅱ　有性生殖をおこなう生物では，親からつくられた生殖細胞が合体して受精卵が生じ，①受精卵の分裂で増えた体細胞からさまざまな組織や器官ができることで子のからだがつくられる。つまり，この過程で子は親から遺伝子を受け継ぎ，受け継いだ遺伝子に基づいて特定の形質を発現する。遺伝子が受け継がれるしくみについて，(　②　) は③エンドウを用いた交雑実験により遺伝の規則性を発見したが，その考え方は次のようなものであった。

「ある形質の遺伝について，子は両親から生殖細胞を通して遺伝子を受け継ぐので，その形質に関する遺伝子を２つ持つことになる。そして，その子から孫ができるとき，子が持っている④２つの遺伝子のうち１つが１個の生殖細胞に分配され，孫に受け継がれる。」

　このような考え方が認められるようになった後，顕微鏡による細胞分裂の研究が進み染色体の動きが観察できるようになると，⑤遺伝子の動きと染色体の動きが一致することがわかってきた。

問１　下線部①について，次の(1)・(2)の問いに答えなさい。

(1)　受精卵から子のからだがつくられていく過程を何といいますか。

(2)　受精卵の分裂で増えた体細胞が特定の形やはたらきを持つようになることを何といいますか。

問２　文中の（　②　）について，その人物名を答えなさい。

問３　下線部③について，遺伝の規則性を発見する上で役立ったと考えられるエンドウの特徴について書かれた次の文中の下線ⅰ・ⅱの〔　　〕の中から適当な語句を選びなさい。

> エンドウは，栽培しやすく世代がⅰ〔長い・短い〕。また，見分けやすい対立形質を持ち，交雑が可能で，生じる子の数がⅱ〔多い・少ない〕。

問４　下線部④について，このような現象に関わる遺伝の法則を何といいますか。

問５　下線部⑤について，これはどのようなことを意味しているか。15字以内で答えなさい。

問２　スチールウールの質量と反応後に生成した固体の質量はどちらが大きいですか。「スチールウール」または「反応後の固体」で答えなさい。

問３　問２の理由を簡潔に答えなさい。

問４　実験２で，マグネシウムから酸化マグネシウムになる化学変化を化学反応式で書きなさい。

問５　表１の結果から，マグネシウムが完全に酸化マグネシウムになったときの，マグネシウムの質量と化合する酸素の質量の比を，最も簡単な整数比で答えなさい。

問６　マグネシウムと酸化マグネシウムの混合物4.0gを加熱し，すべてを完全に酸化マグネシウムにしたところ，その質量は5.2gとなった。最初の混合物4.0gに含まれている酸化マグネシウムの質量はいくらになりますか。

Ⅱ　学校の授業で次の課題が出された。

〈課題１〉

物質の性質の違いを利用して，４種類の物質Ａ，Ｂ，Ｃ，Ｄを特定しよう。ただし，４種類の物質Ａ，Ｂ，Ｃ，Ｄは食塩，砂糖，デンプン，石灰石のいずれかである。

〈課題２〉

課題１の結果をもとに，物質の性質の違いを利用して，次の混合物Ｅ，Ｆ，Ｇ，Ｈ，Ｉを特定しよう。ただし，混合物Ｅ，Ｆ，Ｇ，Ｈ，Ｉは「食塩と砂糖」，「食塩とデンプン」，「食塩と石灰石」，「砂糖とデンプン」，「砂糖と石灰石」，「デンプンと石灰石」のいずれかである。

めいさんはこの課題に取り組むべく次の実験をおこなった。

【実験１】　物質Ａ，Ｂ，Ｃ，Ｄをそれぞれ別の燃焼さじに少量とり，弱火で加熱した。

【実験２】　同じ量の水の入った試験管を４本用意し，物質Ａ，Ｂ，Ｃ，Ｄをそれぞれ別の試験管に少量加えて，よく振って混ぜた。

【実験３】　試験管を４本用意し，物質Ａ，Ｂ，Ｃ，Ｄをそれぞれ別の試験管に少量入れ，うすい塩酸を加えた。

【実験４】　ペトリ皿を４つ用意し，物質Ａ，Ｂ，Ｃ，Ｄをそれぞれ別のペトリ皿に少量加え，ヨウ素液を加えた。

【実験５】　混合物Ｅ，Ｆ，Ｇ，Ｈ，Ｉについて，【実験１】～【実験４】と同様の実験をおこなった。

表２は【実験１】～【実験４】の結果を，表３は【実験５】の結果をまとめたものである。ただし，表３については【実験５】の【実験１】～【実験４】に該当する実験をそれぞれ【実験１’】～【実験４’】で表している。

表２

	物質Ａ	物質Ｂ	物質Ｃ	物質Ｄ
実験１	変化なし	黒くこげた	黒くこげた	変化なし
実験２	ほとんどとけなかった	とけた	ほとんどとけなかった	とけた
実験３	気体が発生した	変化なし	変化なし	変化なし
実験４	変化なし	変化なし	青紫色に変化した	変化なし

表３

	混合物Ｅ	混合物Ｆ	混合物Ｇ	混合物Ｈ	混合物Ｉ
実験１’	黒くこげた	黒くこげた	黒くこげた	黒くこげた	黒くこげた
実験２’	とけた	一部がとけた	一部がとけた	一部がとけた	ほとんどとけなかった
実験３’	変化なし	気体が発生した	変化なし	変化なし	気体が発生した
実験４’	変化なし	変化なし	青紫色に変化した	青紫色に変化した	青紫色に変化した

問２　問１で黒くこげたことから，何の原子が含まれていることがわかりますか。元素記号で答えなさい。

問３　実験３で発生した気体は何ですか。化学式で答えなさい。

問４　物質Ｂ，Ｄはそれぞれ何ですか。物質名で答えなさい。

問５　混合物Ｇ，Ｈには共通の物質が含まれている。共通の物質は何ですか。物質名で答えなさい。また，残りの物質はこの実験では特定することはできない。どのような方法で特定することができますか。70字程度で答えなさい。

5　次のⅠ，Ⅱについて，後の各問いに答えなさい。

Ⅰ　次の文は，観光で鹿児島を訪れたれい君とめいさんの会話である。

れい：鹿児島に着いたね。山と海に囲まれた自然豊かなところだね。
めい：なんだかほこりっぽいね。道路にもたくさん砂が積もっているよ。これ何だろう。
れい：これは ${}_{a}$<u>火山灰</u>だよ。あそこに見える桜島の噴火で時々火山灰が降るみたい。
めい：なるほど。今も噴煙があがっているね。${}_{b}$<u>火山の形はマグマのねばりけ</u>によって決まるんだったよね。
れい：そうだよ。桜島では過去の噴火のなごりがいろんなところに残っていて，${}_{c}$<u>マグマが固まってできた岩石</u>も見られるよ。他にも薩摩川内市にある甑島では化石が見つかるんだって。
めい：本当？すごい。私でも見つけられるかな？
れい：いろんな化石が見つかるみたいだよ。見つかる化石によってその ${}_{d}$<u>地層</u>の年代や環境がわかるからすごいよね。甑島では恐竜の化石も見つかっているんだって！
めい：よーし，明日は化石発掘だ！

問１　下線部ａについて，次の手順①～⑤は火山灰の粒を観察するためにおこなう操作の手順を示したものである。空欄に入る適当な操作を答えなさい。
手順①　火山灰を蒸発皿に入れる。
手順②　（　　　　　　　　　　　　）。にごった水を捨てる。
手順③　②の操作を水がにごらなくなるまで繰り返す。
手順④　残った粒をペトリ皿に移し，乾燥させる。
手順⑤　双眼実体顕微鏡で観察する。

問２　下線部ｂについて，マグマのねばりけと噴火の様子の関係を簡潔に答えなさい。

問３　次の文章は下線部ｃについて説明したものである。
マグマが冷えて固まって岩石になったものを火成岩という。火成岩のうち，マグマが地表付近で短時間で冷えて固まったものは（　ア　）と呼ばれる。また，地下深いところでゆっくり固まったものは（　イ　）と呼ばれる。この２種類の火成岩を顕微鏡で観察したところ，図１の像Ａ，Ｂが観察された。

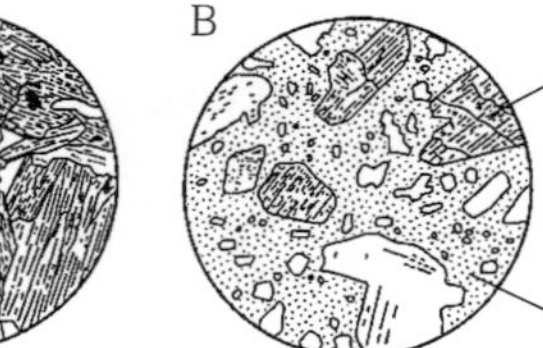
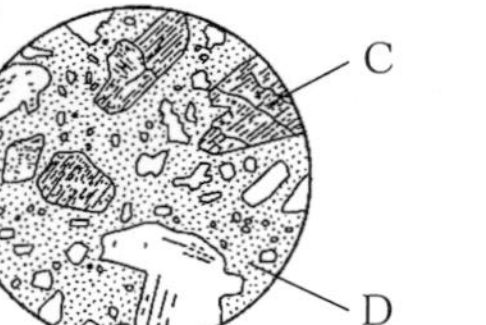

図１

(1)　（　ア　），（　イ　）に入る適当な語句を答えなさい。

(2)　図１の像Ｂは，文章中の（　ア　），（　イ　）のどちらですか。（　ア　）または（　イ　）を用いて答えなさい。

(3)　図１の像Ｂでは，Ｃ，Ｄの２種類の構造がみられる。Ｃ，Ｄの構造の名称をそれぞれ答えなさい。

問４　下線部ｄについて，図２はある地点の地層をスケッチしたものである。

図２

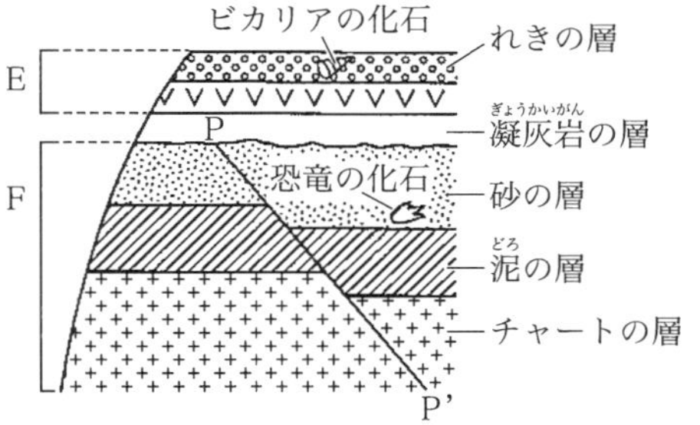

(1)　図２の砂の層ができた年代として適当なものを，次のア～ウから１つ選び，記号で答えなさい。
　ア　古生代　　　イ　中生代　　　ウ　新生代

(2)　図２のＦの部分の層ができる過程で，海岸からの距離はどのように変化していったと考えられるか。次のア～エから１つ選び，記号で答えなさい。
　ア　もともと海底だったが，海岸に近づいていった。
　イ　もともと海底で，さらに海岸から遠ざかっていった。
　ウ　もともと陸地だったが，海岸に近づいていった。
　エ　もともと陸地で，さらに海岸から遠ざかっていった。

(3)　図２の地層ができるまでに起こったできごととして，次のア～エを古いものから新しいものへなるように，記号で答えなさい。
　ア　火山の噴火が起こった。
　イ　断層Ｐ-Ｐ'ができた。
　ウ　Ｆの部分の層ができた。
　エ　Ｅの部分の層ができた。

Ⅱ　2009年７月にトカラ列島付近では46年ぶりに日本で皆既日食が観測された。また，2012年５月には金環日食も観測された。

皆既日食が起こると，辺りは暗くなるため昼間でも星が見える。太陽を観察すると，表面にある100万℃以上の高温のガスの層である（　１　）や，太陽表面からガスが吹きあがる（　２　）が観察できる。

問１　文章中の（　１　），（　２　）に入る適当な語句を答えなさい。

問２　太陽の半径は月の半径の約400倍だが，地球からの見かけの大きさはほぼ同じである。その理由を述べた次の文章の（　①　）～（　③　）に入る適当な語句や数字を答えなさい。

地球から（　①　）までの距離は，地球から（　②　）までの距離の約（　③　）倍であるため。

問３　日食とはどのような現象か。太陽，地球，月の位置関係がわかるように説明しなさい。

問４　日食が起こる時の月を何といいますか。次のア～エから１つ選び，記号で答えなさい。
　ア　新月　　　イ　上弦の月　　　ウ　下弦の月　　　エ　満月

出水中央高等学校

理事長　倉田　彰
学校長　宮原義文
所在地　〒899-0213　鹿児島県出水市西出水町448番地
電話　(0996)　62－0500(代表)
　　　(0996)　62－6677(広報部，FAX兼用)
ホームページ　https://izumi.ac.jp
交通　肥薩おれんじ鉄道西出水駅より徒歩5分
　　　九州新幹線出水駅より車で5分
　　　南国交通バス西出水バス停より徒歩12分

教育方針

人を愛し，社会に貢献することを目標とする本校では，「和の精神」を基本として豊かな未来にはばたく若人の育成を目指します。

また，「和の精神」を具現化するために「協調」「規律」「勤労」を校訓として，国家および社会の発展に寄与する人材の育成に努めます。

本校の特色

進学（大学・短大・専門学校）と資格取得（看護師，介護福祉士）と就職を兼ね備えた学校です。目的に向かって充実した高校生活が過ごせます。各科（課程）の特色は次のとおりです。

- 看護学科 …… 5年一貫教育の看護師養成課程（病院・施設奨学金制度があります）
- 医療福祉科 …… 介護福祉士養成課程（病院・施設奨学金制度があります）
- 普通科（特進課程）…… 難関大学及び国公立大学への進学を目標とする特別進学課程
- 普通科（教養課程）…… きめ細かな個別指導で幅広い大学への進学を目標とする課程
- 普通科（普通課程）…… 大学・短大・専門学校への進学と優良企業への就職を目標とする課程

●看護学科（5年一貫教育）

医師と共に多くの人の命と心に寄り添う看護師を育てています。

令和5年3月　**看護師国家試験合格率 97.9%**（全国平均 90.8%）

●医療福祉科

介護現場の上級資格である介護福祉士は介護業界で唯一の国家資格です。

令和5年3月　**介護福祉士国家試験合格率 100%**（全国平均 84.3%）

●特進課程大学合格実績（平成元年3月以降の合格大学の一部）

国公立準大学

北海道大	2	大阪大	23
東北大	5	神戸大	14
筑波大	10	広島大	39
東京大	7	九州大	126
お茶の水女子大	4	熊本大	171
東京工大	5	九州工大	32
横浜国立大	18	鹿児島大	282
一橋大	5	防衛大学校	38
名古屋大	4	防衛医科大学校	3
京都大	10	航空保安大学校	9

その他81大学　506名
国公立準大学総計 1,313名

私立大学

早稲田大	59	東京理科大	70
慶應義塾大	34	同志社大	48
青山学院大	25	立命館大	134
津田塾大	7	関西学院大	16
中央大	39	関西大	27
上智大	17	西南学院大	108
明治大	30	福岡大	387

その他 1,465名
私立大学総計 2,466名

大学・準大学総計 3,779名

医学部医学科合格者数

京都大	1	三重大	1
九州大	1	奈良県立医科大	2
熊本大	8	産業医科大	3
鹿児島大	11	久留米大	8
長崎大	3	福岡大	5
大分医科大	3	聖マリアンナ医科大	1
宮崎医科大	1	東京女子医大	1
琉球大	1	近畿大	2
福井医科大	1	他3大学	4
合計		57名	

歯学部合格者数

九州大	1
長崎大	2
徳島大	1
九州歯科大	3
他4大学	10
合計	17名

薬学部合格者数

京都大	1
岡山大	1
熊本大	8
長崎大	5
徳島大	2
名古屋市立大	3
静岡県立大	4
県立岐阜薬科大	3
福岡大	33
他23大学	148
合計	208名

※その他医療技術系の国公私立大にも多くの合格がでています。

平成29年～令和5年の大学合格実績（過去7年分：卒業生合計328名）

東京工業大学1名，横浜国立大学1名，京都大学1名，大阪大学5名，広島大学1名，九州大学13名，九州工業大学2名，長崎大学5名，佐賀大学3名，熊本大学27名，大分大学1名，宮崎大学9名，鹿児島大学45名，早稲田大学4名，慶應大学1名，上智大学2名，明治大学2名，立教大学2名，法政大学3名，東京理科大学2名，同志社大学9名，立命館大学22名，関西大学1名，関西学院大学1名，西南学院大学26名，福岡大学68名，各大学薬学部18名　など　　国公立・私立大学合計626名

国公立大学 現役合格率 68.6%

募集要項（令和6年度）

	普通科（男・女）			医療福祉科（男女）	看護学科（男女）	備考
募集定員	特進課程	教養課程	普通課程			試験地 本校・鹿児島・宮之城 阿久根・長島・伊佐・川内 霧島・種子島・屋久島 奄美大島・徳之島 沖永良部島・水俣・人吉 八代・天草・熊本・沖縄 福岡・長崎　ほか
	50名	30名	35名	40名	80名	
願書受付	令和6年1月5日(金)～ 1月11日(木)(土日祝日を除く)					
出願書類	・入学願書(Web出願により作成されたもの) ・調査書または推薦調査書 （鹿児島県私立中学高等学校協会統一書式）					検定料 10,000円
選考日	**推薦入試 1月15日(月)　一般入試 1月22日(月)**					

選考方法	学科		一般入試	推薦入試
	普通科	特進課程	国語・数学・英語 理科・社会・面接	1　書類選考 2　面接
		教養課程	国語・数学・英語	
		普通課程		
	医療福祉科		国語・数学・英語 面接	
	看護学科			

合格発表	推薦入試　1月17日（水） 一般入試　1月29日（月）		中学校・本人宛
入学手続	推薦・一般共　締切は2月9日(金)16時30分，但し，普通科普通・教養課程の併願合格者のみ，公立高校合否発表翌日（16時30分）まで延期できる。		
入学金	110,000円	月納金（令和4年度実績）	12,800円～56,300円 科・課程，保護者所得，学園奨学生の有無により異なる。
寮費（令和5年度）	女子寮：第一（4人室）53,000円，第二（4人室）53,000円，第三（2人室）56,000円（個室）59,000円 男子寮：スポーツ男子寮（2人室）56,000円，特進男子寮（個室）59,000円		

※体験入学　7月29日(土)，7月30日(日)，8月26日(土)，10月15日(日)ほか
学校見学もできますので，お気軽にお問い合わせください。

令和五年度　出水中央高校入試問題　国　語

（解答…200P）

一　次の文章を読んで、後の問いに答えなさい。

物事を誰かに伝える場合は、独りよがりにならないようにすることです。そのためには、「もう一人の自分」を持って、それを育てていくとよいでしょう。

たとえば、思いついたアイデアや企画を書き出してみたとしましょう。

その際、書いたあなたが「なかなかいい出来じゃないか」と思ってしまったら、「もう一人の自分」がいるとはいえません。書いたあなたも、見直しているあなたも、どっぷりとそのままのあなたです。

「もう一人のあなた」がいたら、〝その人〟はどう見るでしょうか。

「そういえば、これ、三年ぐらい前にも流行ったな」

ということに気がつくかもしれません。あるいは、

「でも、これ、ほんとにおもしろいのかな」

と一歩引いて見るかも知れない。あるいは、

「論理展開が一貫していないな」

「文章がわかりにくい」

「誤字脱字がたくさんあるじゃないか」

といったことに気がつくかもしれません。

これが、①私が言う「自分の中にもう一人の自分」を持つという意味です。

もう一人の自分は、常に自分に〝ツッコミ〟を入れます。

「おいおい、これ、ほんとにおもしろいのか!?」

「なんだよ、これ、なんの新味もないじゃないか」

「なんだか、読みにくい企画書だな。これじゃ、上司は中身がよくても読む気がしないな」……

おいおい、改善の[a]ヨチはまだまだあるぜ、というわけです。

こうして「もう一人の自分」を持つことで、〝一人ツッコミ〟（あるいは〝一人（注）ブレーンストーミング〟とも私は呼んでいます）ができるようになります。

一人ツッコミ（あるいは、一人ブレーンストーミング）は、書く行為だけではなく、話すときにも[A]有効です。

たとえば、会議で発表しているとき、「反応がどうもいまひとつだな」と思う。

そうしたことに気がつくだけでも、「もう一人の自分」がいるといえそうですが、まだまだ不十分。十分な域に達するには、もう一歩進める必要があります。

「この状況は、言っていることがあまり伝わっていないんじゃないか。まずい、まずい。よし、じゃあ、別の方面から説明してみよう」

ここまで思えて、さらには実行に移せてこそ、もう一人の自分がしっかりとツッコミを入れているといえるのです。

〈　中　略　〉

皆さんはメールを送るとき、書いた後、見直しをしてから送っているでしょうか？

親しい友人に送る場合は、思うままに書き連ね、そのまま送信しても構わないかも知れません。

でも、取引先や[b]顧客に送る場合は、それは[B]危険です。

社内での企画書や上司に提出する報告書の場合も、少なくとも一回は見直すべきでしょう。

②見直すことの効果については、多くの人が認識していることと思います。それは、書いているときには気がつかなかった多くのことに気がつくからです。

「誤字や脱字に気がつく」

「表現の不適切さ、[c]幼稚さ、難解さに気がつく」

「論理展開が未熟なことに気がつく」

などなど、実に多くのことに、見直すことで気づきます。

今では、「書く」行為は多くの場合、「打つ」行為に変わりました。仕事でメールを送るのはパソコンですから、書いた文章を見直すのは、多くの場合、パソコンの画面上になります。しかし、これでは、見直す作業としては不十分。パソコンで書いた文章を画面上で見直しても、まだ十分には「もう一人の自分」が育っていないのです。

画面で二回、三回見直した後でも、プリントアウトをして、印字した紙を読んでみると、単純な誤字を見つけてしまうこともしばしばです。おそらくは画面上で読み返しているのはまだ「書いた自分」であって、プリントアウトした用紙を読むことで初めて「読み手」すなわち「第三者」の視点に立てるからでしょう。

あなたも試しに、これまでに送ったメールをプリントアウトして読み返してみてください。気がつくことが多いと思います。

「こんな誤字を書いていたんだ」

とか、

「この文章、意味がわからない。本当に私が書いたの!?」

とかいったことに、今さらながら気づかされて、思わず[d]セキメンしてしまうかも知れません。

見直す行為は、できるだけプリントアウトをして行なう。

特に、重要な報告書や提案書などは、③万全を期するために、そうすることをお[e]スス めします。

（池上彰『伝える力』）

（注）ブレーンストーミング・・・・・複数人で独創的なアイデアを生み出したり問題解決を図ったりすること。

問一　二重傍線部a～eについて、カタカナは漢字に直し、漢字は読みを記しなさい。

問二　二重傍線部A・Bの対義語を記しなさい。

問三　傍線部①の「もう一人の自分」とは、言い換えるとどのような自分か。「～自分」となるように、本文中から十字程度で抜き出しなさい。

問四　傍線部②とは、どのようなことか。本文中から三十字以内で抜き出しなさい。

問五　傍線部③の意味とほぼ同じ意味をもつ慣用句を次から選び、記号で答えなさい。

ア　念を押す　　イ　念を入れる　　ウ　念を唱える

問六　「伝える力」を上達させるための手段として筆者が考えていることを次から二つ選び、記号で答えなさい。

ア　文章はプリントアウトをして読み返すこと
イ　会議で発表している時、間違えないように気をつけること
ウ　書いた文章を画面で何度も見直すこと
エ　「もう一人の自分」を持ち、それを育てること
オ　独りよがりにならないよう他者と関わること

出水中央高校

二　次の文章を読んで、後の問いに答えなさい。

ライスカレーがつかえて死にそうになったことがある。[a]キカンにごはん粒が飛びこんだのだろう、息が出来なくて、子供心に、「あ、いま、死ぬ」と思った。

大人からみれば、大した事件ではなかったらしく、母は畳に突っ伏した私の背中を叩きながら、話のつづきで少し笑い声を立てた。私は少しの間だが、

「うちの母は継母(ままはは)なのよ」

と友達に話し、①そうではないかと疑った時期がある。子供というものは、おかしなことを考えるものだ。

カレーライスとライスカレーの区別は何だろう。

カレーとライスが別の容器で出てくるのがカレーライス。ごはんの上にかけてあるのがライスカレーだという説があるが、私は違う。

金を払って、おもてで食べるのがカレーライス。自分の家で食べるのが、ライスカレーである。[b]ゲンミツにいえば、子供の日に食べた、母の作ったうどん粉のいっぱい入ったのが、ライスカレーなのだ。

すき焼や豚カツもあったのに、どうしてあんなにカレーをご馳走と思い込んでいたのだろう。

あの匂いに、子供心を眩惑(げんわく)するなにかがあったのかも知れない。

〔　A　〕、私の場合カレーの匂いには必ず、父の怒声(どせい)と、おびえながら食べたうす暗い茶の間の記憶がダブって、一家団欒(だんらん)の楽しさなど、かけらも思い出さないのに、それがかえって〔　B　〕をそそるのだから、思い出というものは始末に悪いところがある。

友人達と[c]ザツダンをしていて、何が一番おいしかったか、という話になったことがあった。その時、(注)辣腕(らつわん)で聞えたテレビのプロデューサー氏が、

「おふくろの作ったカレーだな」

と呟(つぶや)いた。「コマ切れの入った、うどん粉で固めたようなのでしょ？」といったら、

「うん……」

と答えたその目が潤んでいた。

私だけではないのだな、と思った。〔　C　〕、あの時のライスカレーは、本当においしかったのだろうか。

若い時分に、外国の船乗りのはなしを読んだことがある。航海がまだ星の位置や[d]羅針盤に頼っていた時代のことなのだが、その船乗りは、少年の頃の思い出をよく仲間に話して聞かせた。

故郷の町の八百屋と魚屋の間に、[e]一軒の小さな店があった。俺はそこで、外国の地図や布やガラス細工をさわって一日遊んだものさ……。

長い航海を終えて船乗りは久しぶりに故郷へ帰り、その店を訪れた。ところが八百屋と魚屋の間に店はなく、ただ子供が一人腰をおろせるだけの小さい隙間があいていた、というのである。

②私のライスカレーも、この隙間みたいなものであろう。すいとんやスケソウダラは、モンペや回覧板や防空頭巾(ずきん)の中で食べてこそ涙のこぼれる味がするのだ。思い出はあまりムキになって確かめないほうがいい。何十年もかかって、懐しさと期待で大きくふくらませた風船を、自分の手でパチンと割ってしまうのは勿体(もったい)ないのではないか。〔　D　〕

（向田邦子『父の詫び状』）

（注）辣腕・・・・・物事をてきぱきと巧みに片づける能力のあること。

問一　二重傍線部a～eについて、カタカナは漢字に直し、漢字は読みを記しなさい。

問二　傍線部①のように考えたのはなぜか。説明として最も適切なものを次から選び、記号で答えなさい。

ア　継母であれば、もっと心配するはずだという思いがあったから。

イ　自分は死ぬかと思うほど苦しかったのに、母親は大したことではないように笑っていたから。

ウ　日頃から母親に面倒を見てもらえず、あきれていたから。

エ　死にそうな子供を目の前にして全く心配するそぶりがなかった母親の、冷淡な態度に腹が立ったから。

問三　空欄A・Cにあてはまる接続詞を次から一つずつ選び、記号で答えなさい。

ア　そして　　イ　ところで　　ウ　例えば　　エ　しかも

問四　空欄Bに入る言葉を、本文中から三字で抜き出して答えなさい。

問五　傍線部②とはどういうことか。「昔は～、実際は～。」の形で説明しなさい。

問六　空欄Dに入る文として最も適切なものを次から選び、記号で答えなさい。

ア　つまり私は、子供の頃に食べたうどん粉カレーを、機会があれば是非もう一度食べてみたいのである。

イ　そこで私は、母に子供の頃食べたうどん粉カレーを作ってよ、と折に触れてせがむのである。

ウ　ただ私は、子供の頃に食べたうどん粉カレーを、夢に見るほど食したいのである。

エ　だから私は、母に子供の頃食べたうどん粉カレーを作ってよ、などと決していわないことにしている。

（問題は次のページに続きます）

三　次の文章を読んで、後の問いに答えなさい。

今は昔、①貫之が②土左の守になりて、下りてありける程に、任果ての年、七八ばかりの子の、aえもいはずをかしげなるを、限りなく愛しうしけるが、とかく煩ひて失せにければ、泣き惑ひて、③病づくばかり思ひこがるる程に、月ごろになりぬれば、「かくてのみあるべきことかは。上りなむ」と思ふに、「児の、ここにてなにとありしはや」など思ひ出でられて、bいみじう悲しかりければ、柱に書きつけける、

（こうしてばかりもいられまい、都に上ろう。）

（ここでこのようにしていたなぁ）

※　都へと思ふにつけて悲しきは帰らぬ人のあればなりけり

と書きつけたりける歌［　A　］、今までありける。

（『宇治拾遺物語』）

問一　二重傍線部a・bを現代仮名遣い（ひらがな）に改めなさい。

問二　空欄Aに当てはまる係助詞を、次から選び記号で答えなさい。
　ア　なる　　イ　なり　　ウ　なむ　　エ　か

問三　傍線部①「貫之」とは「紀貫之」のことであるが、その人物名の読みをひらがなで記しなさい。

問四　傍線部②「土左」とは「土佐」のことである。この旧国名は、現在の何県か。次から適当なものを選び、記号で答えなさい。
　ア　大分県　　イ　岡山県　　ウ　山口県　　エ　高知県

問五　傍線部③とあるが、なぜこのようになったのか。説明として最も適切なものを次から選び、記号で答えなさい
　ア　この上なくかわいがっていた我が子が、病気にかかり亡くなってしまったから。
　イ　愛情を込めて育てていた我が子の、大切なものを誤ってなくしてしまったから。
　ウ　我が子と離れ離れの生活をしていたが、任期を終えて一緒に暮らせるようになったから。
　エ　大切に育てていた我が子に裏切られ、ショックのあまり一人では生きていけないから。

問六　※の和歌について、
（Ⅰ）「帰らぬ人」とは誰のことか。文中から七字で抜き出しなさい。
（Ⅱ）この歌には、作者のどのような思いが込められているか。適当なものを次から選び、記号で答えなさい。
　ア　都から離れて暮らすのは悲しいことだが、帰りを待っている家族がいるので自分の役目を果たしていこう。
　イ　都を離れて異郷の地で生活しているが、やりがいのある仕事をいただいたので全力を尽くして頑張りたい。
　ウ　帰りをいくら待っても戻ってこない最愛の子どもに対して、再会できたら笑顔で迎え入れてあげよう。
　エ　都へ帰るのはうれしいはずなのに、悲しい気持ちでいっぱいなのは、一緒に帰れない亡き子があるからだ。

四　次の各問いに答えなさい。

問一　次の①〜③について、各文（記号）を並べ換え、意味の通る文章にしなさい。

①
　ア　その中の教養課程では、「文武両道」を目標に、多くの生徒たちが部活動と学業に励んでいる。
　イ　それでも、同じ志をもつ仲間と共に助け合いながら、充実した高校生活を送っている。
　ウ　さらに、普通科は普通課程・教養課程・特進課程に分かれており、進路目標に応じて選択することができる。
　エ　しかし、ときどき学業と部活動の両立に悩む生徒もいる。
　オ　出水中央高校には、普通科・看護学科・医療福祉科の三つの学科がある。

②
　ア　これを体現している人と言えば、あきら君の憧れの人で国内のみならずメジャーリーグでも大活躍した元プロ野球選手のイチロー選手です。
　イ　その「凡事徹底」とは、「〝当たり前〟の事を当たり前にやるのではなく、人が真似できないほど〝徹底的〟にやるということ」です。
　ウ　野球部のあきら君は、出水中央高校の普通科普通課程の生徒です。
　エ　だから、あきら君は普通課程の生徒として、また、憧れのイチロー選手に近づくため、「凡事徹底」に努めながら学校生活を送っています。
　オ　彼が在籍する普通課程では、「凡事徹底」をスローガンに掲げています。

③
　ア　すると、鹿児島県出水市にある出水中央高校には、それぞれ専門分野について学べる医療福祉科や看護学科があることがわかった。
　イ　そこで、国家試験の受験資格を得るために学ぶことのできる高校を探してみた。
　ウ　日本は超高齢社会であり、今後、介護・医療の現場で活躍する人々が多く求められている。
　エ　そして、その「介護福祉士」や「看護師」になるためには、国家試験に合格しなければならない。
　オ　例えば、「介護福祉士」や「看護師」は、その求められている職業の一つである。

問二　次の①〜④の傍線部の漢字について、使い方が全て正しいものには〇、一つでも間違っているものには×を記しなさい。
①〔a　時計が止まる　　b　旅館に泊まる　　c　目に留まる〕
②〔a　勉学に努める　　b　会社に勤める　　c　法を守る務めがある〕
③〔a　堅く辞退する　　b　合格は固い　　c　石質が硬い〕
④〔a　危険を侵す　　b　国境を冒す　　c　罪を犯す〕

出水中央高校

令和５年度　出水中央高校入試問題　数　学

（解答…202Ｐ）

1　次の計算をしなさい。

(1)　$23-(-5)$

(2)　$-6^2 \div (-3)^3$

(3)　$\dfrac{5x-y}{4}-x+3y$

(4)　$(\sqrt{5}-1)^2+\dfrac{10}{\sqrt{5}}$

2　次の問いに答えなさい。

(1)　全校生徒 550 人のうち，4 割が 3 年生であり，3 年生の 85 %がスマートフォンを持っている。3 年生でスマートフォンを持っているのは何人か求めなさい。

(2)　方程式 $(x-3)(x-8)-6=0$ を解きなさい。

(3)　y は x に反比例し，$x=2$ のとき，$y=8$ である。$y=-4$ のとき，x の値を求めなさい。

(4)　次の 5 つのデータの平均値を求めなさい。

$\frac{18}{5}$	2.65	$-\frac{3}{4}$	4.8	-0.3

(5)　すべての辺の長さが 4cm であるような三角柱の体積を求めなさい。

(6)　50 から 100 までの整数が 1 つずつ書かれたカードがある。この中からカードを 1 枚引くとき，引いたカードに書かれた数が 4 の倍数でない確率を求めなさい。

(7)　点 P を通り，線分 AB の中点で接する円の中心 O を，定規とコンパスを用いて作図しなさい。ただし，作図に用いた線は残しておくこと。

・P

A――――B

3 次の図は，正方形の黒い板と白い板をある規則にしたがって並べたものである。次の問いに答えなさい。

1回目　2回目　3回目

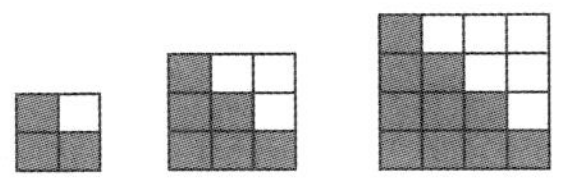

(1) 4回目のとき，黒い板は何枚になるか求めなさい。

(2) 8回目のとき，黒い板と白い板の枚数の差は何枚になるか求めなさい。

(3) (2)の結果をもとに，n 回目の黒い板と白い板の枚数について，下のように考えた。(ア)～(オ)にあてはまる数や式を答えなさい。

> n 回目の黒い板と白い板の総数は (ア) 枚であり，黒い板と白い板の枚数の差は (イ) 枚である。したがって，(ア) − (イ) の計算結果の半分の枚数が n 回目の白い板の枚数となり，n 回目の黒い板の枚数は (ウ) 枚となる。
> このことから，19回目のとき，黒い板の枚数は (エ) 枚であることが分かる。さらに，白い板が105枚となるとき，(オ) 回目であることが分かる。

4 次の図のような直線 $y=\frac{1}{2}x$ …①，$y=-2x$ …②，$y=\frac{1}{3}x+2$ …③ がある。①と③の交点をA，②と③の交点をB，原点をOとするとき，次の問いに答えなさい。

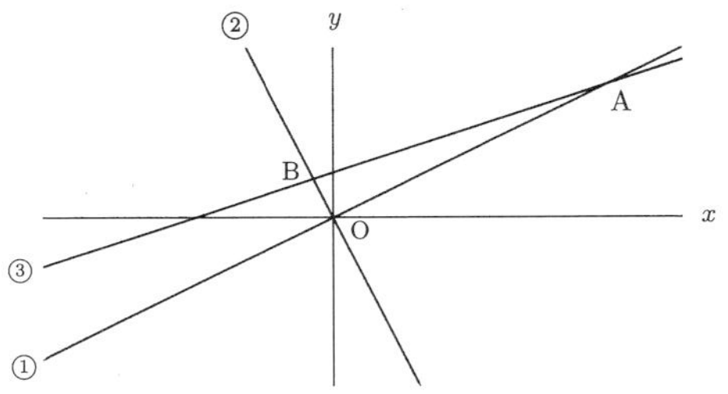

(1) 交点A，Bの座標をそれぞれ求めなさい。

(2) △OABの面積を求めなさい。ただし，座標の1目盛りを1cmとする。

(3) △OAB≡△OCDとなるように，点C，Dをそれぞれ①，②上にとる。このとき，点C，Dを通る直線の式を求めなさい。ただし，点C，Dはそれぞれ点A，Bと異なる点である。

5 次の図のような平行四辺形 ABCD がある。辺 BA の延長線上に点 E をとり，辺 AD と線分 EC との交点を F とする。AF : FD = 1 : 2 であるとき，次の問いに答えなさい。

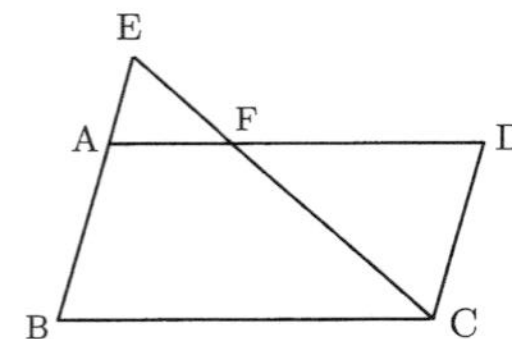

(1) AF : BC を最も簡単な整数の比で答えなさい。

(2) 平行四辺形 ABCD の面積は △EAF の面積の何倍になるか求めなさい。

(3) 点 E，D を通る直線と辺 BC の延長線上の交点を G とする。△EBG の面積は平行四辺形 ABCD の面積の何倍になるか求めなさい。

令和５年度　出水中央高校入試問題　英　語　（解答…203Ｐ）

1　各文の（　）に入る最も適切なものをア～エの中から一つずつ選び，記号で答えなさい。

(1) You know (　) brother is a professional baseball player.
ア he　イ his　ウ him　エ himself

(2) Mika is the tallest (　) my class.
ア in　イ for　ウ of　エ among

(3) If it (　) sunny tomorrow, we will go there by bike.
ア was　イ is　ウ will be　エ are

2　各文の意味に合うように，（　）に適切な英単語を入れなさい。

(1) はじめまして。　(①)(②) meet you.
(2) 君はなんて足が速いんだ！　(①)(②) you run!
(3) あなたにそのニュースを知ってほしい。　I want (①)(②) know the news.

3　各文の（　）に入る，与えられた頭文字で始まる英単語を答えなさい。

(1) A (s　) is a person who is studying at school.
(2) (F　) is one of the four seasons of the year. We can enjoy seeing colored leaves in this season.
(3) If you (l　) a place or person, you go away from that place or person.

4　日本語の意味に合うようにア～カを並べかえる時に，３番目と５番目にくるものをそれぞれ記号で答えなさい。

(1) 彼はまもなく日本語が話せるようになるでしょう。

He ____ ____ 3番目 ____ 5番目 ____ soon.
(ア Japanese　イ able　ウ be　エ will　オ speak　カ to)

(2) この駐輪場には何台の自転車があるの？

How ____ ____ 3番目 ____ 5番目 ____ bicycle parking space?
(ア there　イ many　ウ in　エ bicycles　オ are　カ this)

(3) 私は駅前で彼女を待つつもりです。

I'm going to ____ ____ 3番目 ____ 5番目 ____ the station.
(ア for　イ front　ウ in　エ of　オ my girlfriend　カ wait)

5　次の英文は，マイク（Mike）とケンジ（Kenji）が電話で話をしている場面の会話です。これを読んで，あとの問いに答えなさい。ただし，左肩に ＊ が付いている語句には下に（注）があります。

Mike : Hello.
Kenji : Hi, Mike. It's me!
Mike : Sorry? [　A　]
Kenji : Oh! This is Kenji. It's been a while!
Mike : Oh, Kenji! How's everything these days?
Kenji : [　B　] I'm *satisfied with all of my new life here in Tokyo.
Mike : I'm glad to hear that. I hear you are now studying at university, right?
Kenji : Yes, but you know, at the middle of July, the *first semester of university is over. Now, my summer vacation has already started. I have a two-month vacation. I'm thinking of staying in Izumi for a while.
Mike : I see. [　C　]
Kenji : This Friday. I am going to fly back this Friday afternoon.
Mike : So... Shall we meet the next day? On that day, I am planning to go to Wakimoto beach with Tom, Sara, and Haruka. We will enjoy swimming, surfing, fishing, and so on. Won't you join us?
Kenji : [　D　] Yes, I will. I haven't seen all of them for about three months. They're all my good friends.
Mike : O.K. I'll tell them you'll come back and join us this weekend. I'm sure they'll be happy to hear ①that.
Kenji : Thanks a lot. I'm looking forward to seeing you all.

（注）satisfied with ～：～に満足している　first semester：１年間を２学期制で行う際の前期

問１　本文中の［ A ］～［ D ］に入る適切な英文をア～カの中から一つずつ選び，記号で答えなさい。

ア Pretty Good.　イ Too bad.　ウ Sounds great!　エ Will you come back to Izumi?
オ When are you going to leave for Izumi?　カ Who's calling, please?

問２　下線部①の具体的な内容を説明した以下の文の［　］に入る適切な日本語を答えなさい。

［　　］が［　　］に出水に帰ってきて，遊びに行く仲間に加わること。

問３　本文の内容と一致するものをア～オの中から二つ選び，記号で答えなさい。

ア When Mike got a phone call, he knew it was from Kenji.
イ Kenji is enjoying his new life in Tokyo.
ウ Kenji is going to come back to Izumi by plane.
エ Mike and Kenji will go to the beach with their friends this Friday.
オ Kenji called Mike because he wanted to go swimming and surfing.

6 次の英文は，中学生 Kate のある一日の記録です。これを読んで，あとの問いに答えなさい。ただし，左肩に * が付いている語句には下に（注）があります。

Today was a terrible day!

This morning, I got up at 6:30. I came down to the dining room and said to my mother, "Good morning, Mom." I *grabbed some bread and drank a glass of milk. I read the web news on my tablet while I was having breakfast. My morning at home was going on *as usual.

In my first class at school, my tablet *suddenly stopped *working. I thought my tablet was broken. But soon I remembered that I didn't *charge it last night. Because it wasn't working, I couldn't join in almost all the activities in the class. ①This was the beginning of my worst day.

My third class was P.E. We played basketball. We had a small tournament. All the teams played so hard to win the games. However, in the game, I hit Maya so hard. She got injured. I said to her, "I'm sorry," and she said, "No problem. It's OK." But I felt so bad because I got too excited in the game. I *should have been more careful.

In the afternoon, I had a social studies class. I had to give a presentation about the Meiji period in front of the other students. Just before my turn came, I couldn't find the *materials for it. I prepared them yesterday and I thought I put them in my bag and brought them to school this morning. However, they weren't in my bag. "They must be on my desk at home," I thought. I felt *disappointed. I *had worked so hard with them so that I could make a good presentation.

Another bad thing happened to me on my way home. I was caught in the rain. I didn't have an umbrella with me. This morning, the *weather forecast didn't say it would rain today, so I didn't take my umbrella to school. When it began to rain heavily, I had no way to protect myself from the rain. ②I got soaked.

The last thing was about my presentation materials again. After I came back home, I found those materials, not on my desk, but in my bag — the bag which I took to school! They were in the space of my bag that I usually don't use. This means that when today's social studies class started, I had them close to me *the whole time.

（注）grab：さっとつかんで食べる　as usual：普段通りに　suddenly：突然に
work：作動する　charge：充電する
should have been ～：もっと～であるべきだったのに
materials：資料　disappointed　がっかりした　had worked：がんばっていた
weather forecast：天気予報　the whole time：ずっと

問１　下線部①の具体的な内容を説明した以下の文の［　　］に入る適切な日本語を答えなさい。

［　　　　　］を忘れていたため，授業内の［　　　　　］に参加できなかったこと。

問２　下線部②の意味を表すものをア～エの中から一つ選び，記号で答えなさい。

ア　私は雨宿りをした。
イ　私はバスに乗って帰った。
ウ　私はひどい日焼けをした。
エ　私はずぶぬれになった。

問３　本文の内容と一致するものをア～オの中から二つ選び，記号で答えなさい。

ア　When Kate was preparing for school, a bad thing happened to her.
イ　Kate read today's newspaper after she had breakfast.
ウ　Kate thought her tablet was broken but noticed that it was not true.
エ　The presentation materials weren't left at home.
オ　Kate couldn't find her presentation materials even at home.

7 次の英文を読んで，あとの問いに答えなさい。ただし，左肩に * が付いている語句には下に（注）があります。

Naoto was a junior high school student who lived in Izumi, Kagoshima Prefecture. One day in *mid-June, during the cleaning time at school, he was *sweeping outside the school building with his classmate, Akiko. And then, he saw many *swallows flying in the sky. "I have never seen so many of ①them before," Naoto said to Akiko. "I haven't either. I hear that they come before it gets hot," replied Akiko. "So, their visit tells us that [　　A　　]," Naoto said.

A few days later, at the cleaning time, Akiko said to Naoto, "Look, there is something up there!" "Where?" Naoto asked. "Up there! I think it's a *nest," she cried. Naoto finally found a nest under the roof, near the windows of the 3rd floor and said, "Wow! They are making a nest up there!" Naoto and Akiko were so excited (　B　) they decided to tell Mr. Yamada, their homeroom teacher, about the nest. He was happy to hear the story.

But soon, Naoto and Akiko had a problem about the nest. One day, they were shocked to see that the ground under the nest was filled with many *droppings. This was because many baby swallows were born and they dropped droppings every day. So, they asked Mr. Yamada for some advice. He said, "There is nothing we can do about it. You both have to work hard during the cleaning time every day." Naoto and Akiko felt disappointed to hear that. "There is a good reason for that. For example, if you walk under the nest and *inhale *dried droppings, you may get sick," he added. After getting the advice, Naoto and Akiko worked hard cleaning and sweeping the ground under the nest.

One day in July, Naoto and Akiko found a baby swallow *lying on the ground. Naoto held the bird in his hands and said, "It doesn't move at all. It's dead! It dropped from the nest, I think." "Poor little thing! We hope all the little birds will be able to grow and fly away, but ②actually some of them will and some of them won't. Let's *bury it in the garden," said Akiko. They buried the dead bird in the corner of the garden and *prayed for it for a while.

In August, the baby swallows were getting bigger and starting to leave their nest one by one. And finally there was only one left in the nest. Naoto and Akiko were waiting for the last swallow to leave every day.

One day in mid-August, the time came at last when they were sitting on the bench and talking with each other outside the school building. "Look, Naoto! The last one is going to fly soon," Akiko shouted. The last swallow opened its wings widely and then flew into the sky. Naoto said to Akiko, "It was very hard for us to clean the droppings every day, but I think we learned an important lesson from this experience. They tried hard *raising their children and the children tried hard being able to fly. We must not give up things so easily. Don't you think so?" "I agree. I hope they will come back to our school again next year," said Akiko. And then they stood up and *waved their hands to the bird. The bird made a big circle and flew away deep into the sky.

（注）mid-June：６月中旬　　sweep：掃除する　　swallow：ツバメ　　nest：巣
droppings：糞（ふん）　　inhale：吸い込む　　dried：乾いた　　lying：横たわっている
bury：埋める　　pray：祈る　　raise：育てる　　wave：（手を）振る

問１　以下のア～ウの絵は，本文中のある場面を表しています。出来事が起きた順番に並べかえ，記号で答えなさい。

問２　下線部①の指す英単語を，本文中から抜き出して答えなさい。

問３　本文中の［　A　］に入る最も適切なものをア～エの中から一つ選び，記号で答えなさい。

ア　it will be hot in fall this year
イ　it will be cold this winter
ウ　summer will come soon
エ　summer is over

問４　本文中の（　B　）に入る適切な英単語を答えなさい。

問５　下線部②の意味を表すものをア～エの中から一つ選び，記号で答えなさい。

ア　成長して飛び立つことのできる鳥もいれば，そうでないものもいる。
イ　成長するのにエサを必要とする鳥もいれば，そうでないものもいる。
ウ　成長して地元に残る鳥もいれば，そうでないものもいる。
エ　成長してエサを取ることができる鳥もいれば，そうでないものもいる。

問６　本文の内容と一致するものをア～オの中から二つ選び，記号で答えなさい。

ア　Naoto and Akiko found a nest made by swallows during the lunch time.
イ　Their homeroom teacher was not happy to hear about the nest because he didn't like birds.
ウ　Naoto and Akiko didn't feel happy when their homeroom teacher told them to clean the ground every day.
エ　The bird Naoto and Akiko found lying on the ground was already dead when they found it.
オ　The last bird at the nest couldn't fly into the sky, so Naoto and Akiko decided to keep it.

問７　次の英文は，後日交わされた Naoto と Akiko の対話です。[　　　　] に入る適切な英文を，本文中から抜き出して答えなさい。ただし，文頭の文字は小文字にすること。

Akiko：　Do you remember the nest and the birds, Naoto?
Naoto：　Yes. That experience was a good memory and changed my life.
Akiko：　Changed your life? How?
Naoto：　Well, I thought I was going to stop playing soccer in my club before. It was very hard for me to practice. But after the experience, I decided to keep on playing. Those birds worked hard in everything. They taught me that [　　　　] even if there are many *hardships.
Akiko：　I see. I think they gave you *motivation to keep on going.

（注）hardship：困難　　motivation：やる気

学校法人 鹿児島学園
龍桜高等学校

理事長　正村　幸太郎
学校長　迫田　良治
所在地　〒899-5241 鹿児島県姶良市加治木町木田5348番地
電話　0995（63）3001
ＦＡＸ　0995（63）3002
ホームページ　http://www.gh-kagoshima.ac.jp/ryu/
メール　kouhou@gh-kagoshima.ac.jp
交通　日豊本線加治木駅より徒歩15分
スクールバス　県下各地より10コース運行

「なりたい自分」をカタチに

学科	定員	入試科目	出願期間	入試日	合格発表	受験料	入学金	授業料
看護学科	80名	国・数・英 面接	2024年 1月4日(木) ～ 1月9日(火)	2024年 1月22日(月)	2024年 1月29日(月)	10,000円	100,000円	50,500円
医療福祉科	35名							49,500円
イングトクリエイト科	40名							46,500円
就学支援金・各種奨学金制度に加え、看護学科と医療福祉科は、病院・施設委託金制度も受けられます。								

※男子寮（51,000円／月）・女子寮（50,000円／月）

看護学科

５年一貫教育！看護師最短コース！高い合格率！

５年間で看護師を育成します。看護師国家試験も毎年高い合格率を誇っており、看護師の資格を最も早く取得できるため、高等学校進学時に将来の目標がはっきりと定まっている人には、最適のコースです。病院や施設での実習では、複数の教員が付き添ってきめ細かい指導を行います。卒業後は、保健師・助産師・大学編入などを目指すことも可能です。

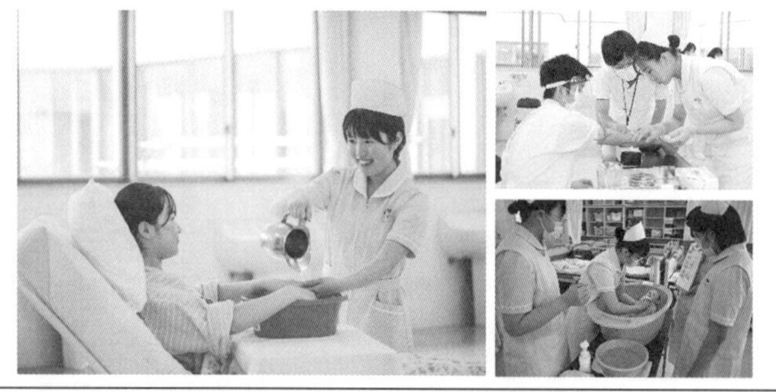

医療福祉科

資格を持ち 新たな夢実現のために進学・就職！

本学科では、少人数体制によるきめ細やかな学習指導や補習を行い、介護福祉士国家資格取得＋「α」を目指します。「α」とは大学進学や各種専門学校への進学による更なる資格取得になります。また、高校３年間で70日間の介護実習に参加しコミュニケーション力や協調性を身につけることで、福祉をはじめ様々な職場への就職等自分の可能性を大きく拡げることができます。在校生は、日頃の授業や実習先で多職種との出会いを通して、新たな夢を抱きながら、日々学習に励んでいます。

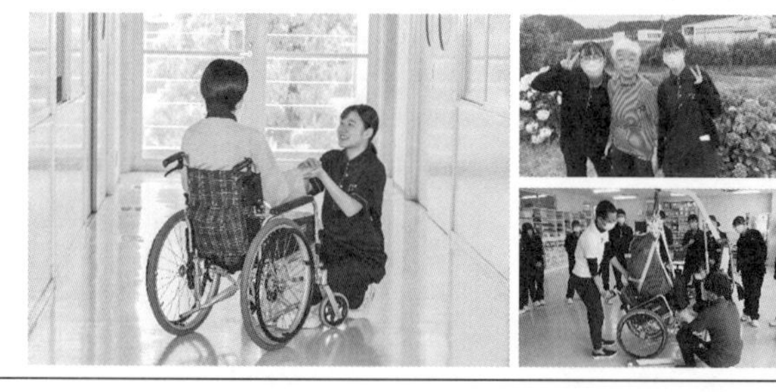

イングトクリエイト科

企業の即戦力として就職！さらなる可能性を求めて進学！

本学科では、変化著しい現代社会から求められる人材の育成を目指します。生活における各分野の基礎を幅広く学ぶことで、自身の生き方を見つめ、『ライフスタイル（人生観・価値観）』の可能性を拡げます。基礎を習得したうえで、データ分析などの情報を活用し、創造力や発想力に磨きをかける実践的な学習をします。また、企業と連携した学習やインターンシップも行います。将来を見据え、様々な資格取得にチャレンジし、企業から求められる力を伸ばします。

OPEN CAMPUS 日程

第１回：　７月２９日（土）
第２回：　８月　５日（土）
第３回：１０月２１日（土）

全日程保護者説明会同時開催！

本校ホームページ

インスタグラム

RYUO.HS

学校の詳しい情報は、ホームページ・インスタグラムをチェック！

※令和６年度入学生から制服が変わります！

龍桜高校

令和五年度　龍桜高校入試問題　国語

（解答…205P）

【一】次の文章を読んで、後の設問に答えよ。

　二年ぶりにバンコックに訪れた。会議や講演のための出張で、市街を歩く時間はほとんどなかった。

　前の旅で①知らぬまについた癖なのか、このたびもわたしの眼はタイのひとびとの手もとに釘づけになった。飛行機のなかで、宿泊先で、あるいはちょっとした店で送られるあの合掌に、である。ア帰り際、出国管理のときにはじめてこちらから合掌すると、それまで②眉間に皺をよせていた検査官が、無表情のまま、でもきちんと合掌を返してくれた。

　行くところ行くところであのように合掌されると、こちらも身を正さなくてはいけなくなる。そして、その奥ゆかしい空気が伝わってきて、こちらまでいつもとは違う※鷹揚で繊細なふるまい、そして言葉づかいになる。

　数年前、はじめてベトナムを訪れたときに感じたのもそのことだった。屋台が並び、数知れないオートバイがイ疾走する街の※喧騒のなか、③まるでエアポケットのように静かな一隅がある。働いている人たちの手もとだ。わたしにかかってきた電話の受話器をそっと両手で持ってきて、終わればそれを両手で戻す。しばらくして、コーヒーをたたえたカップがそっと両手で差し出される……。その物静かな手つきに④眼が吸い寄せられた。

　人への、はたまた物への敬意と言おうか、それともおのれの小ささの感覚と言ったらよいのか、じぶん以外の何ものかを迎え、ウ容れる、そういうエ密やかな空白をそこに感じる。物にふれるときのこの丁寧さは、⑤自堕落にくつろぐ、つまりじぶんの気に入ったもので回りを満たすという態度とはたぶん正反対のものである。

　ふと「たしなみ」ということばを思い出した。ときに好みを、ときにオ慎みを、あるいは心がけを意味することばである。好みと慎みとをともに意味するこの言葉は、なにがしかの感覚のざわめきに身をカ委ね、キ浸るうち、やがて身をほどかれる、そんな小さな幸福を意味するとともに、見苦しくないよう、取り乱さないようつねに心がけている、そういう節度をも意味する。

　⑥合掌、これをわたしたち日本人は、食事のときにはするのだが、人に向かってはすぐにできない。わたしたちの場合、それにあたるのはおじぎなのだろう。いずれにせよ、とっさに合掌したりおじぎしたりできるようになるには、時間がかかる。「栄養」はすぐに身につくが「教養」はなかなか身につかないのと同様、節度というか⑦控えめなたたずまいも、長いくりかえしのなかではじめて身に宿るようになるものなのだろう。

　こうしたク作法やたたずまいは、舞の型からくるものなのだろうか、それとも深い信仰に根をもつものなのだろうか。舞もまた元はといえば神に捧げられるものだったことを思い起こせば、やはり、どこか宗教的な起源をもつものかもしれない。

　節度、つまりおのれの抑制。それは、なにかじぶんを超えたもの、じぶんとは異なるものへの尊敬や敬愛を下敷きとしている。そう「※敬虔」な心持ちである。

　「敬虔」は、おのれの小ささを知っているという意味では、自己への密着から離れるところに生まれる。じぶんから離れて、じぶんを人びとのあいだに、あるいは物たちのあいだに置いて見るところではじめて、この自己を軸にしない態度が生まれる。※世阿弥の言葉を借りれば、「離見の見」、自己から距離をとった「はるかな視線」（「離見の見」のレヴィ＝ストロースによる訳）のなかで、である。

　「敬虔」は、じぶんがじぶんの主人になるあの「自己決定の自由」、あるいは気に入ったものに囲まれていたいというあの「安楽の自由」からうんとケ隔たった心持ちである。自己を見失わないため、自己を保持するためにこそ、ひとはこうした心持ちが要る。こういう心持ちがまだ濃厚に漂っているタイの街に身を置くあいだ、ふだんのわたしにはありえないことだが、一瞬、宗教なるものにふれた心地がした。

　そういえば、宗教的な儀礼は香で空間を満たす。そう、感覚を通じて人の心のざわめきを静める。タイでわたしに「たしなみ」という言葉を思い出させたのは、ひょっとしたら合掌の背後にタイ料理の香しさがコ漂っていたからかもしれない。

（鷲田清一「新編普通をだれも教えてくれない」より）

※鷹揚：こせこせしないで、ゆったりしているようす。
※喧騒：騒々しく、うるさいこと。
※敬虔：うやまいつつしむようす。
※世阿弥：室町時代の猿楽師。能を大成し、多くの書を残す。世阿弥の能は現代に受け継がれている。

問一　文中の波線部ア～コの語句をすべてひらがなで書け。

ア　帰り際　　イ　疾走　　ウ　容れる　　エ　密やか
オ　慎み　　カ　委ね　　キ　浸る　　ク　作法
ケ　隔たった　　コ　漂って

問二　傍線部①「知らぬまについた癖」を具体的に述べた本文中の部分を二十五字で抜き出せ。

問三　傍線部②「眉間に皺をよせていた検査官」について、なぜ検査官は「眉間に皺をよせていた」のか。次の中から適切なものを一つ選び、記号で答えよ。

ア　筆者に好意的な感情を持っているから

イ　筆者に何となく不満を持っているから

ウ　筆者に警戒感を持っているから

エ　筆者のこととは無関係に考え事をしているから

問四　傍線部③「まるでエアポケットのように」について、次の問いに答えよ。

(1)　このような表現方法を次の中から一つ選び、記号で答えよ。

ア　直喩法　　イ　隠喩法　　ウ　擬人法　　エ　倒置法

(2)　「エアポケット」と同じ意味として言い換えている語句を本文中から二字で抜き出せ。

問五　傍線部④「眼が吸い寄せられた」を、五字以内の別な言葉に言い換えよ。

問六　傍線部⑤「自堕落にくつろぐ」とはどのようにすることか、次の中から適切なものを一つ選び、記号で答えよ。

ア　だらしなくのびのびとする　　イ　好きなことを我慢している

ウ　自由に規律正しく過ごす　　エ　自分の考えに集中する

問七　傍線部⑥「合掌、これをわたしたち日本人は、食事のときにはする」とあるが、日常の食事のときに言う言葉を一〇字以内で答えよ。

問八　傍線部⑦「控えめなたたずまい」を言い換えている六字の語句を本文中から抜き出せ。

問九　筆者がタイで見た「合掌」から結び付いた考えや行為ではないものを、次の中から三つ選び、記号で答えよ。

ア　自己を軸にする態度

イ　自己から距離をとった「はるかな視線」

ウ　自分の気に入ったもので回りを満たすこと

エ　節度という控えめなたたずまい

オ　人またはものへの敬意

カ　「自己決定の自由」あるいは「安楽の自由」

キ　自分とは異なるものへの尊敬

【二】　次の古文を読んで、後の設問に答えよ。

①ここに土佐の国の住人、安芸郷を知行しける安芸大領実康が子に、安芸太郎実光とて、卅人が力もッたる大力の剛の者あり。われにちッともおとらぬ※郎等一人、おととの次郎も普通にはすぐれたる②したたか者なり。安芸の太郎、※能登殿を見奉ッて申しけるは、「いかに猛うましますとも、我等三人とりついたらんに、③たとひたけ十丈の鬼なりとも、④などかしたがへざるべき」とて、主従三人小舟に乗ッて、能登殿の舟におしならべ、「ゑい」といひて乗りうつり、甲の※錣をかたぶけ、太刀をぬいて一面にうッてかかる。能登殿ちッともさわぎ給はず、まッさきにすすんだる安芸太郎が郎等を、裾を⑤あはせて、海へどうどけいれ給ふ。つづいて寄る安芸太郎を、⑥弓手の脇にとッてはさみ、弟の次郎をば⑦馬手の脇にかいはさみ、一しめしめて、「いざうれ、さらばおのれら死途の山のともせよ」とて、※生年廿六にて海へつッとぞいり給ふ。

（「平家物語」より　）

※郎等：家来。

※能登殿：能登守平教経。

※錣：兜の一部で、首筋を守るもの。

※生年：年齢。

問一　上の文章は「平家物語」の引用である。以下の問いに答えよ。

(1)　この作品が成立した時代として適切なものを次の中から一つ選び、記号で答えよ。

ア　奈良　　イ　平安　　ウ　鎌倉　　エ　江戸

(2)　この作品のジャンルを次の中から一つ選び、記号で答えよ。

ア　軍記物語　　イ　作り物語　　ウ　随筆　　エ　説話

(3)　この作品の冒頭部分を次の中から一つ選び、記号で答えよ。

ア　春はあけぼの。やうやう白くなりゆく山ぎは……。

イ　ゆく河の流れは絶えずして、しかももとの水に……。

ウ　月日は百代の過客にして、行きかふ年もまた旅人……。

エ　祇園精舎の鐘の声、諸行無常の響きあり……。

問二　傍線部①「ここに土佐の国の住人、安芸郷を知行しける安芸大領実康が子に、安芸太郎実光とて、卅人が力もッたる大力の剛の者あり。」の部分を現代語に訳したとき、次の空欄に当てはまる適当な語をそれぞれ答えよ。

〈現代語訳〉

ここに高知県出身で、安芸郷を（　(1)　）ていた安芸大領実康の子に、安芸太郎実光という三十人分の力を持った（　(2)　）がいた。

問三　傍線部②「したたか者」とほぼ同じ意味の内容を指す語を本文から三字で抜き出せ。

問四　傍線部③「たとひ」・傍線部⑤「あはせて」を現代仮名遣いに直せ。

問五　傍線部⑥「弓手」・傍線部⑦「馬手」の意味を次の中からそれぞれ選び、記号で答えよ。

ア　右手　　イ　左手　　ウ　引き手　　エ　走り手

問六　傍線部④「などかしたがへざるべき」の現代語訳として、もっとも適切なものを次の中から一つ選び、記号で答えよ。

ア　どのようにしたら服従しないでいられるだろうか。

イ　どのようにしても服従させることはできないだろう。

ウ　どうして服従させられないことがあるだろうか。いや、服従させられるだろう。

エ　どうして服従させられるのだろうか。いや、服従させることはないだろう。

【二】次の言葉の問いに答えよ。

問一　次の文の傍線部のカタカナを漢字に直せ。

①　冷蔵庫がコショウする。

②　ヨキン通帳を解約する。

③　遊園地のカンラン車に乗る。

④　美術品をテンジする。

⑤　相手にセイイを示す。

⑥　リンジに職員会議を開く。

問二　次の文から主語を抜き出せ。

①　今夜の月はとてもきれいだ。

②　机の上に本がある。

③　今朝からの激しい雨に風も加わった。

④　夜空には星がきらきら輝く。

問三　次の文の傍線部の敬語の種類を後の語群の中から選び、記号で答えよ。

①　その絵を拝見することはできますか。

②　十二月に入り、だんだん寒くなってきます。

③　加治木まんじゅうを召し上がったことはありますか。

④　先生がお書きになった本が置いてある。

ア　尊敬語　　イ　謙譲語　　ウ　丁寧語

問四　次の文の傍線部の動詞について、それぞれその活用の種類を後の語群の中から選び、記号で答えよ。

①　帰りが遅いので父が心配し、迎えに来てくれた。

②　一度失敗したくらいでは諦めない。

ア　五段活用　　イ　上一段活用　　ウ　下一段活用

エ　サ行変格活用　　オ　カ行変格活用

令和５年度　龍桜高校入試問題　数　学

（解答…206Ｐ）

1 次の計算をしなさい。

(1) $-2+3\times5$

(2) $4.2-3.05$

(3) 2.04×1.7

(4) $\frac{1}{4}-\frac{5}{6}$

(5) $\frac{3}{5}\div\left(-\frac{3}{7}\right)^2\times\frac{15}{14}$

(6) $-2^2\times5^2\times(-0.2)^3$

(7) $3(a-b)+2(3a+4b)$

(8) $\frac{2x-3y}{3}-\frac{x+y-1}{2}$

(9) $(4ab^3)^2\times2a^3b^2\div\frac{b}{4a}$

(10) $8x^2+5x+3+7x-6x^2+5$

2 次の(1)〜(3)は展開し、(4)〜(6)は因数分解しなさい。

(1) $(a+b)(a+2b)$

(2) $\left(x+\frac{1}{2}\right)^2$

(3) $-2(x-5)(x+5)$

(4) $6ab^3-4ab^2$

(5) $x^2-16x-36$

(6) $27x^2-3$

3 次の計算をしなさい。

(1) 144の平方根の値

(2) $4\sqrt{3}+\sqrt{32}-3\sqrt{3}-\sqrt{50}$

(3) $\sqrt{\frac{7}{100}}\div\sqrt{0.07}\times\sqrt{10}$

(4) $3\sqrt{6}-6\sqrt{3}\div\sqrt{18}+2\sqrt{6}$

4 次の方程式・連立方程式を解きなさい。

(1) $-6x+27=-15$

(2) $\frac{x}{3}=\frac{x-1}{4}$

(3) $\begin{cases} 0.2x+0.1y=0.4 \\ \frac{1}{5}x-\frac{1}{10}y=\frac{2}{5} \end{cases}$

(4) $x(x-18)=-81$

(5) $3x^2+9x-84=0$

(6) $x^2+6x-4=0$

5 次の問いに答えなさい。

(1) 1つの外角が40°である図形は正何角形か答えよ。

(2) コインを3回投げて2回だけ表が出る確率を求めよ。

(3) 次のデータの第1四分位数を求めよ。

14 , 18 , 23 , 11 , 20 , 25 , 30 , 26 , 20

(4) 次の値を大きい順に並べよ。

$\sqrt{3}$, 2 , $\frac{2}{3}$, $\frac{3}{5}$

(5) ある数を3倍してから15を引いた数は、もとの数の半分と等しい。ある数を求めよ。

(6) 5%の食塩水200gに食塩を加えたら24%になった。加えた食塩は何gか求めよ。

6 右図のような1辺が8cmの正方形がある。今、PとQが同時にAを出発して、Pは毎秒1cmの速さでBまで進み、Qは毎秒2cmの速さでDを通ってCまで進む。点P、Qが動く時間を x 秒、△APQの面積を $y\,\mathrm{cm}^2$ として次の(1)~(3)の問いに答えなさい。

(1)　3秒後と6秒後の△APQの面積を求めよ。

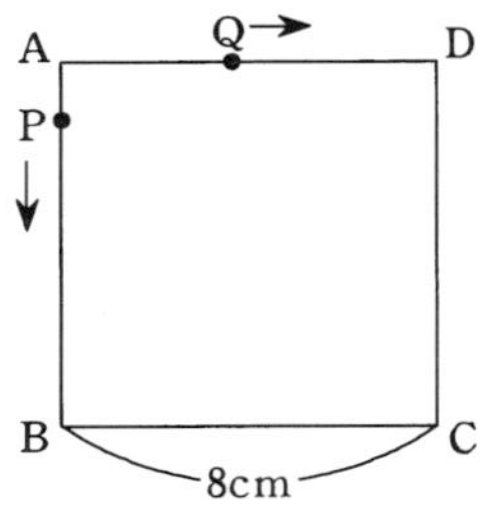

(2)　$0 \leqq x \leqq 4$ のとき、x と y の関係を式で表せ。

(3)　x と y の関係を表すグラフをかけ。ただし、$0 \leqq x \leqq 8$ とする。

7 次の問いに答えなさい。

(1)　右の図において、BCの長さを求めるとき、桜子さんは次のように求めた。

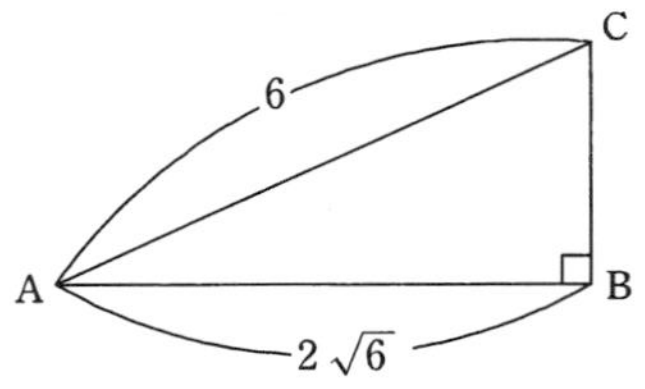

【桜子さんの解答】

BC：AC：AB＝1：2：$\sqrt{3}$ より、

BC：AB＝1：$\sqrt{3}$ のため、

BC：$2\sqrt{6}$ ＝1：$\sqrt{3}$

$\sqrt{3}$ BC＝$2\sqrt{6}$

BC＝$2\sqrt{2}$ である。

桜子さんの解答が合っている場合は○、間違っている場合は×と答えよ。もし、合っている場合は、理由および正しい答えの欄には×を書け。また、間違っている場合は、どの点が間違っているのか説明し、正しい答えを記入せよ。

(2)　AB＝6、AD＝12である平行四辺形ABCDがある。AからBCに下ろした垂線とBCとの交点をEとしたとき、∠BAE＝30°であった。

また、ACとEDとの交点をGとし、さらにAGとGD上にそれぞれF、Hをとったとき、AD∥FH、AD：FH＝2：1であった。次の問いに答えなさい。

①BEの長さを求めよ。

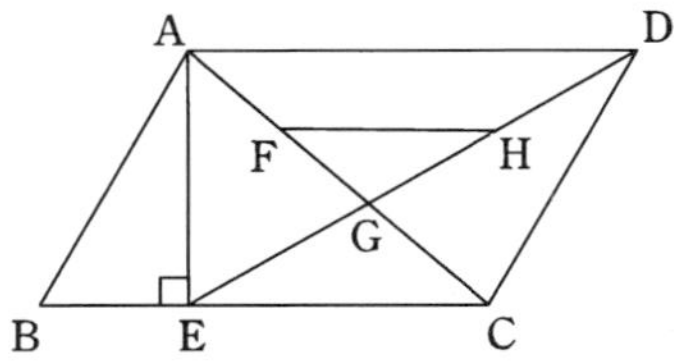

②DH：HG：GEをもっとも簡単な整数比で求めよ。

令和５年度　龍桜高校入試問題　英　語　　（解答…207Ｐ）

1 次の Rie と Zac の会話を読んで，下の問いに答えなさい。

Rie: Zac, what are you going to do next Saturday?

Zac: ①I have not decided yet, (　　) I often play basketball with my friends or watch TV on Saturday. What are you going to do, Rie?

Rie: I'll go to the library. I'll ②(read / the books / return / have / I) and borrow some other books. You can borrow five books for two weeks from the library. I borrow two or three books every week.

Zac: That's good. I like reading books, too. But I also like watching TV. When I turn on the TV, I often watch it for a long time.

Rie: (A). Watching TV is fun. When we watch TV for a long time, we sometimes don't have time to read books. So, my family has 'No TV time.'

Zac: 'No TV time'? (B)

Rie: My mother said to me, "We should not watch TV for two hours after dinner. Let's read books during those two hours." That is 'No TV time.' I didn't like 'No TV time' before. Now I think it is good to have 'No TV time' because it is interesting to read books and talk about them with my family.

Zac: I see. That's a good idea.

Rie: There are many interesting books in the library. It is a lot of fun to read books. Let's go to the library together.

Zac: OK.

注　decide 決める　return 返す　borrow 借りる　turn on　…をつける

1. 下線部①が「まだ決めていないけれど」という意味になるように，(　　)に入る適切な語を次から選び，記号で答えよ。
   ア and　　イ or　　ウ but　　エ if
2. 下線部②が「読んだ本を返却する」という意味になるように，(　　)内の語句を並びかえて英文を完成させなさい。
3. (A)(B)に入る文章をそれぞれ下から選び，記号で答えなさい。
   ア You're welcome　　イ Me, too　　ウ What is that?　　エ See you
4. 本文の内容として正しいものにはＴを，誤っているものにはＦを書きなさい。
   (1) Rie は，毎週図書館で５冊本を借りている。
   (2) Zac は，テレビを見るのが好きなので，読書は好きではない。
   (3) Rie は，夕食後に家族と２時間テレビを見る。
   (4) Rie は，家族と本について話すことを楽しんでいる。

2 (　　)に入る適語を下から選び，記号で答えなさい。

1. My father always walks (　　) the river in the morning.
   ア among　　イ along　　ウ with　　エ at
2. My grandmother made (　　) some sandwiches.
   ア I　　イ my　　ウ me　　エ mine
3. His sister is (　　) tall as his father.
   ア as　　イ than　　ウ more　　エ most
4. I know the man (　　) for a bus.
   ア wait　　イ waited　　ウ waiting　　エ to wait
5. Keiko (　　) be free tomorrow because she finished her homework.
   ア will　　イ going　　ウ is　　エ to
6. A lot of boys (　　) playing soccer in the park now.
   ア be　　イ am　　ウ is　　エ are
7. Is that boy Takashi (　　) Satoru?
   ア and　　イ because　　ウ or　　エ by

3 英文が説明しているものとして正しい単語を選択肢から選び，記号で答えなさい。

1. the day after today
   ア month　　イ yesterday　　ウ tomorrow　　エ week
2. the coldest season of the year, between fall and spring
   ア snow　　イ winter　　ウ ice　　エ cold
3. a room where food is stored and cooked
   ア kitchen　　イ classroom　　ウ bathroom　　エ park
4. a place where sick or hurt people go to find care or help
   ア convenience store　　イ hospital　　ウ museum　　エ restaurant
5. a round fruit with a reddish yellow peel. It is sweet and juicy on the inside.
   ア banana　　イ orange　　ウ green pepper　　エ onion
6. a white liquid produced by cows or female goats and collected for people to drink
   ア coffee　　イ tea　　ウ milk　　エ water
7. a vehicle that flies through the air and has one or more engines
   ア train　　イ bicycle　　ウ taxi　　エ airplane

4 日本文の意味になるように(　　)内の語を並べかえなさい。文頭の文字は大文字で書くこと。

1. 私はスマートフォンの使い方を学びました。　(I / to / how / use / a smartphone / learned).
2. あなたは何語を話しますか。　(language / do /speak / you / what) ?
3. 私にあなたの新しい靴を見せてください。　(me / show / shoes / new / your), please.
4. 絵を描くことは簡単ではありません。　(draw / to / pictures / not / easy / is / it).
5. 私は彼らが幸せになると確信しています。　(am / that / will / sure / they / I / happy / be).
6. 私の家の近くに病院が２つあります。　(are / two / hospitals / near / my house / there).
7. なんて長い川なのでしょう。　(river / a / what / long) !

5 世界最高峰のエベレストの登頂と，七大陸最高峰の踏破に女性として初成功した田部井淳子さん(Ms Tabei)に関する英文を読んで，下の問いに答えなさい。

In 1975 Ms Tabei stood on the top of the world.

<u>①She has always climbed mountains.</u> When she was ten, she climbed Mt Chausudake with her classmates and teachers. Then she realized* that she loved climbing.

Over the years she climbed many mountains with her friends and family. In 1971 she joined a group (②) was planning a big climb. Every night she prepared for the climb by jogging*.

And this was just the start.

Early in 1975 Ms Tabei and her group went to Nepal*. While they were climbing, they had a lot of problems. They were out of breath* from the lack* of oxygen*. The sunshine* burnt* the inside of their mouths. The temperature* was minus* 30℃ at night. Above the height* of 7,000 meters, they could climb only 300 meters a day.

At times* she wanted to give up. But she kept* climbing and at last* she stood on the top of Mt Everest*, the highest mountain in the world.

Ms Tabei climbed Mt Everest. She also climbed the highest mountain on each continent*. She is the first woman to do both.

Why does she love climbing?

The best answer is in her own words:

“You can reach the top of any mountain if you walk step by step*. <u>③You don’t have to walk fast.</u> You only have to keep walking. There’s* no shortcut*, no giving up.”

注　realize 悟る　jog ジョギングする　Nepal ネパール　breath 息　out of breath 息を切らして　lack 欠乏　oxygen 酸素　sunshine 日光　burnt<burn「日焼けさせる」の過去形　temperature 気温　minus 氷点下の　height 標高　at times ときどき　kept<keep「ずっと～し続ける」の過去形　at last 遂に　Everest エベレスト　continent 大陸　step 一歩　step by step 一歩一歩　there’s [there is]の縮約形　shortcut 近道

講談社　「英会話・ぜったい　音読　標準編」より

1. 下線部①，③をそれぞれ日本語に直しなさい。
2. (　②　)には関係代名詞が入る。次より適切なものを選び，記号で答えなさい。
   ア　who　　イ　which　　ウ　whose
3. エベレストの登頂に挑戦したときの内容として正しいものを次の中から選び，記号で答えよ。
   ア　気温が 30 度近くあり，暑かった。
   イ　近道を利用することができた。
   ウ　ときどきあきらめようと思ったが，ずっと登り続けた。
4. 次は本文の要約文である。(　　)に入る適切な語を語群より選び，要約文を完成させなさい。
   田部井淳子さんは(　①　)歳の時に茶臼岳に登ったことがきっかけとなり，登山に興味を持った。以来，毎晩(　②　)をして体力をつけ，多くの山に登った。1975 年に仲間と一緒に(　③　)へ行き，エベレスト登頂に挑戦した。日光による(　④　)の日焼けや(　⑤　)の冷え込みなど，様々な問題に直面しながらも，遂に登頂に成功。その後，女性として初めて七大陸の登頂にも成功した。「あきらめずに着実に(　⑥　)こと」が彼女をこれらの成功に導いた。

歩く　/　20　/　10　/　朝　/　夜　/　ストレッチ　/　ジョギング　/ ネパール　/　インドネシア　/　口内　/　肌　/　休む

6 次の文を<　　>内の指示に従って書き換えなさい。

1. Her mother loves movies very much.　<疑問文に>
   (　　) her mother (　　) movies very much?
2. The concert has already started.　<否定文に>
   The concert (　　) (　　) started yet.
3. Murakami Haruki wrote *1Q84*.　<「*1Q84* は書かれました」という文章に>
   1Q84 (　　) (　　) by Murakami Haruki.
4. Are you free today?　<過去形に>
   (　　) you (　　) yesterday?
5. Your father has more than 1000 CDs.　<「何枚 CD を持っていますか？」という文章に>
   How (　　) (　　) does your father have?

7 次のイラストは Yumi の一日を時系列順に並べたものです。 下の問いに答えなさい。

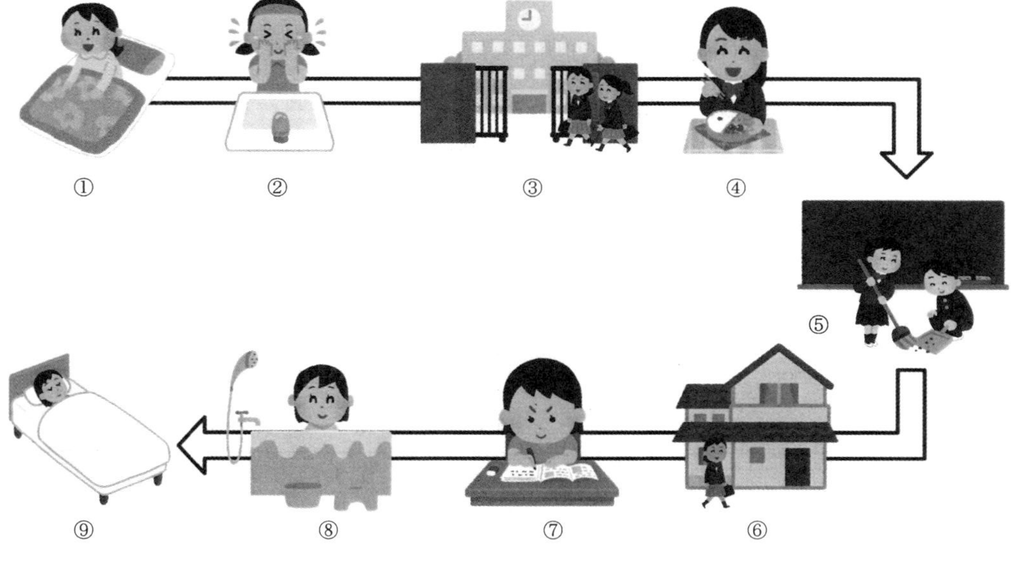

1. ①～⑨の見出しとして適切なフレーズを，語群から選び，記号で答えなさい。

ア	go to bed	イ	get to school	ウ	eat lunch	エ	put on my uniform
オ	clean our classroom	カ	wash my face	キ	get home	ク	take a bath
ケ	surf the Internet	コ	do my homework	サ	get up	シ	play the guitar

2. ⑤のイラストでは, Yumi と Ken が会話をしています。
Ken の返答を想像し英語で書きなさい。ただし, 3 語以上の文章を書くこと。

Yumi: When is your birthday?
Ken: (　　　　　　　　　　).

鹿児島第一高等学校

理事長　都築　美紀枝
学校長　吉武　毅人
所在地　〒899－4345　鹿児島県霧島市国分府中214番地
電話　(0995) 46－4608　0120－56－4608
FAX　(0995) 46－7832
ホームページ　http://h-kd.tsuzuki-edu.ac.jp/
交通　日豊本線国分駅より徒歩10分

モットーは
Discover yourself

本校の特色

昭和61年４月「個性の伸展による人生練磨」を建学の精神とし，難関大学の突破を目指す進学校として開校した。

目標達成のために少人数制をとり，生徒は進学校でありながら個性の芽を失うことなく，のびのびと学園生活を楽しみ，放課後は部活動に汗を流している。また，生徒は「Discover yourself」の合言葉の下，己を律する態度を養いながら目標に向かって着実に駒を進めている。

生徒募集要項（2024年度予定）

願書受付期間	〈推薦〉１月４日(木)～１月12日(金)「消印有効」 〈一般〉１月４日(木)～１月16日(火)「消印有効」
試験日	〈推薦〉１月15日(月)　〈一般〉１月22日(月)
合格発表	〈推薦〉１月17日(水)　〈一般〉２月１日(木)
入学手続締切日	〈推薦〉２月２日(金)　〈一般〉３月16日(土)
試験科目	〈推薦〉作文・面接 〈一般〉国語・数学・英語・理科・社会
募集人員	〈推薦〉約40名　〈一般〉155名（推薦合格者・内進生進学者を含む）
検定料	10,000円

過去５ヶ年合格実績（抜粋）

国公立大学		私立大学	
東京工業大学　1名	九州大学　4名	早稲田大学　4名	関西学院大学　6名
名古屋工業大学　1名	九州工業大学　5名	明治大学　10名	同志社大学　14名
奈良女子大学　1名	佐賀大学　1名	青山学院大学　3名	立命館大学　18名
京都教育大学　1名	長崎大学　2名	立教大学　3名	近畿大学　17名
京都工芸繊維大学　1名	熊本大学　10名	中央大学　2名	西南学院大学　9名
新潟大学　1名	宮崎大学　7名	法政大学　3名	福岡大学　34名
神戸大学　2名	鹿児島大学　50名	学習院大学　1名	第一薬科大学　4名
大阪大学　3名	和歌山県立医科大学　1名	東洋大学　2名	第一工科大学　9名
岡山大学　1名	九州歯科大学　1名	駒澤大学　2名	鹿児島国際大学　22名
広島大学　2名	北九州市立大学　7名	成蹊大学　4名	産業医科大学　1名
山口大学　4名	熊本県立大学　2名	関西大学　3名	川崎医科大学　1名

学費等（令和５年度分）

入学金	学費	寮費
100,000円	毎月49,860円（支援金含まず）	毎月59,000円（入寮費３万円）

生徒が主体となって文化祭・体育祭などの行事を創りあげています。

東京への研修旅行
普段経験できない体験がいっぱいです。

生徒自らが企画・運営する文化祭。
いろんな催しがあります。

授業での成果を発揮する武道大会

全国大会連続出場!!

SDGsクラブでは様々な活動をしています。

いつでも外国人英語教師と学べます。

iPadを活用した授業。

令和五年度　鹿児島第一高校入試問題　国語　（解答…208P）

□一　次の文章を読んで、後の問いに答えなさい。

　便利さによって節約された時間を、人はどのように使っているのだろうか。おそらく、することのない時間のア空疎【　A　】自分自身の中身の空疎に耐えられず、人はさらにビジネスへと走っているのではなかろうか。そして、忙しい忙しいと自分に言い訳しつつ、さらなる便利さを求めているのではなかろうか。【　B　】、人は、いったい何のために何をしていることになるのか。①これは見事な本末転倒である。

　夢のインターネット社会がイトウライしたところで、自分が死ななくなるわけではないし、性悪な人間は性悪なままだし、人間が人間であることの本質は、何ひとつ変わりはしないのである。人々は、このことを忘れている。忘れて、本質的なウコトガラを考える仕方を、いよいよ忘れることになっている。

　「死」とは何か。「悪」とは何か。そもそも自分が存在して生きているとはどういうことなのか。こういった②本質的な問いに対する答えは、全地球上どこのネットをどんなふうに探したところで、絶対に見つからない。なぜなら、それら本質的な問いに対する答えは、あれこれ外に求めて知り得る「情報」ではなく、自ら考えて得るしかない「知識」だからだ。いくら世の中、お手軽、便利をきわめたところで、これら重大な問いに対する③お手軽、便利な解答など、あるわけがない。【　C　】、人生とは何かを知ることなく、何ゆえの便利な人生なのか。

　全地球上に存在する何百何千の情報群に対して、真実の知識すなわち「真理」は、全宇宙広しといえど、たったひとつである。それは自分の心の中にある。人間がほんとうに知らなければならないことは、たったひとつ、しかも、ここにあるというのに、人々は、ネット上の④ガラクタのような情報群に、いったい何を求めているのだろう。

　だからこそ、Ⅰものぐさ短気な私のような人間にとって、たったひとつの真理さえ知っていればⅡ事足りるというこの便利さは、コタエられないという理屈である。じっさい、「考える」という人間精神の機能は、便利であることこのうえなく、その早さ、確かさたるや、最新型情報機器の比ではないのだ。まして、いつでもどこでもどんなことでも、そのエ携行性と万能性、設備投資はゼロ、どうして今さら、わずらわしい機械のオソウサを経由して、どこぞの情報群の中に真理を探しにゆく必要があるだろう。必要がないから、便利でもない。インターネットの恩恵は、私にはいかなる恩恵でもない。だからといって、「乗り遅れる」心配もない。最初からずっとここにいる者に、どうして乗り遅れる道理があるだろう。

（池田晶子『魂を考える』）

問一　傍線部ア「空疎」、イ「トウライ」、ウ「コトガラ」、エ「携行」、オ「ソウサ」のカタカナは漢字を、漢字はその読みをひらがなで記せ。

問二　二重傍線部Ⅰ「ものぐさ」、Ⅱ「事足りる」の意味として、最も適切なものを次からそれぞれ選び、記号で記せ。

Ⅰ
- ア　何にでも興味を持つ人
- イ　何も文句を言わない人
- ウ　何事にも一生懸命な人
- エ　何事も面倒くさがる人

Ⅱ
- ア　安心である
- イ　十分である
- ウ　我慢できる
- エ　尊敬できる

問三　空欄【　A　】～【　C　】に入る最も適切なものを次からそれぞれ選び、記号で記せ。

ア　すると　　イ　しかも　　ウ　すなわち　　エ　しかし

問四　傍線部①「これは見事な本末転倒である」の説明として、最も適切なものを次から選び、記号で記せ。

- ア　便利さによって時間は節約できたが、結局は空いた時間を消費してしまって、後悔していること。
- イ　忙しさに生き甲斐を感じていた人が、便利さにより空いた時間をどうしようとあせっていること。
- ウ　時間を節約するはずの便利さが、さらに忙しさを生み出したので再び便利さを追求していること。
- エ　便利さが自由な時間を作ってくれたのに、することのない人が自由を放棄してしまっていること。

問五　傍線部②「本質的な問い」とあるが、それは何か。文中から六字で抜き出して記せ。

問六　傍線部③「お手軽、便利な解答」を言い換えた部分を、同じ段落から二十字以内で抜き出して記せ。

問七　傍線部④「ガラクタのような情報群」とあるが、筆者はなぜそのように言うのか。「真理」という語句を用いて十五字以内で説明せよ。

問八　次の文は、インターネットについて述べたものである。空欄［ a ］～［ c ］に入る適切な語句を文中から、それぞれ漢字二字で抜き出して記せ。

○　インターネットで［ a ］を探し求めるのは一見便利そうではあるが、人間の心の中にある［ b ］を追求するには、人間精神の［ c ］を活用する方が便利で有効である。

二　次の文章を読んで、後の問いに答えなさい。

あれは正確にいってなんという場所だったのか。一九六八年の冬の日に、私たちはローマのコウガイ(ア)の森にかこまれたレストランで、ノーベル賞の授賞式をおえてイタリアに寄られた川端夫妻と夕食のテーブルをかこんでいた。当時、私の住んでいたミラノの出版社から依頼されて『山の音』をイタリア語に翻訳させていただけないかとお願いに行ったのを、大使館の方が夕食にさそってくださったのだった。十二月だったと記憶しているのに、①あたりいちめんが深い緑におおわれていたような気がするのはどういうことなのか。

食事がすんでも、まわりの自然がうつくしすぎてすぐに立つ気もせず、スウェーデンの気候のこと、あるいはイタリアでどのように日本文学が読まれているかなど話しているうちに、話題が一年まえに死んだ私の夫のことにおよんだ。【　A　】急なことだったものですから、と私はいった。あのことも聞いておいてほしかった。このこともいっておきたかったと、そんなふうにばかりいまも思って。すると川端さんは、あの大きな目で一瞬、私をにらむように見つめたかと思うと、ふいと視線をそらせ、【　B　】周囲の森にむかっていいきかせるように、こういわれた。それが小説なんだ。②そこから小説がはじまるんです。

そのあとほぼ一年かけて『山の音』を翻訳するあいだも、数年後に帰国して、こんどは日本語への翻訳の仕事をするようになってからも、私はあのときの川端さんの言葉が気になって、おりにふれて考えた。「そこから小説がはじまるんです」。なんていう小説の虫みたいなことをいう人だろう、こちらの気持も知らないで、と③そのときはびっくりしたが、【　C　】すこしずつ自分でものを書くようになって、あの言葉のなかには川端文学の秘密がカクされ(イ)ていたことに気づいた。ふたつの世界をつなげる『雪国』のトンネルが、現実からの離反（あるいは「死」）の象徴であると同時に小説の始まる時点であることに、あのとき、私は思い致らなかった。

この小さな本にあつめられた九篇の作品の読者は、そのひとつひとつを読むうちに、ちょうど初夏の垣根に淡い色の花を咲かせるテッセンが、いかにもやさしそうにみえながら、針金に似たつよい茎にしっかり支えられているように、どれもが予期しない X 詩学に支えられていることに気づいておどろくかもしれない。

『葬式の名人』（一九二三年）は、幼いときからつぎつぎと肉親に死に別れた作者の、自伝的なテーマをもとに書きおこされた作品だ。その点では、よりよく知られた『十六歳の日記』に似かよっているのだが、こちらは写実性のなかに、虚構への執心がよりなまなましくあらわれていて、そのことが作品の完成度とは別個に、文学的なおもしろさをつくっている。「生前私に縁遠い人の葬式であればあるだけ、私は自分の記憶と連れ立って墓場に行き、記憶に対(むか)って合掌しながら焼香するような気持になる」という主人公の述懐(ウ)は、そのまま、虚構＝死者の世界を、現実＝生者の世界に先行させる川端文学の出発点ということができる。

（中　略）

数年まえ、ローマで会ったイタリアの若い作家とはなしていて、こううちあけられたことがある。カワバタの作品を読まなかったら、ぼくは小説をかかなかっただろう。彼の作品を読んで、書くことの冒険にぼくはのめりこんだ。彼はケンイ(エ)のあるエイナウディ出版社から作品が刊行されたばかりの新進作家だった。

暑い夏の午後で、しずまりかえったローマの街路に④彼の言葉は跳ねかえるようにひびいた。若い作家の興奮した口調(オ)に、私はたしかに感動していた。文学が【　D　】ひとつの国、ひとつの国の言葉にとどまれなくなった時代なのだ。

（須賀敦子『本に読まれて』）

語注　この小さな本…「ちくま日本文学全集」『川端康成』　テッセン…針金に似たつるを持つ落葉植物。

問一　傍線部ア「コウガイ」、イ「カクされ」、ウ「述懐」、エ「ケンイ」、オ「口調」のカタカナは漢字を、漢字はその読みをひらがなで記せ。

問二　空欄【　A　】～【　D　】に入る最も適切なものを次からそれぞれ選び、記号で記せ。

ア　やがて　　イ　もはや　　ウ　まるで　　エ　あまり

問三　空欄 X に入る最も適切なものを次から選び、記号で記せ。

ア　強靭な　　イ　柔軟な　　ウ　脆弱な　　エ　繊細な

問四　二重傍線部「小説の虫」とあるが、この場合の「虫」と同じ意味で使われているものを次から選び、記号で記せ。

ア　虫のいいことを言う。　イ　虫の知らせがあったそうだ。　ウ　今は虫の居所が悪いようだ。　エ　仕事の虫とは彼のことだ。

問五　傍線部①「あたりいちめんが深い緑に～ような気がする」とあるが、その理由として**適切でないもの**を次から一つ選び、記号で記せ。

ア　翻訳を依頼された『山の音』という作品の名前から単純に連想される深い緑色を、記憶に残してしまっていたから。

イ　川端さんの発言は周囲の森に向かって言いきかせるように感じたので、幻のような深い緑の色が見えた気がしたから。

ウ　遅い時間帯に会食を設定していたため、レストランの周囲はすでに暗くなっていて森の様子はよく見えなかったから。

エ　川端さんの発言を機会あるごとに思い返しながら、森に囲まれた場所のイメージを徐々にすりかえてしまったから。

問六　傍線部②「そこから小説がはじまるんです」とあるが、どういうことか。それを簡潔に説明した次の文の空欄を、文中の語句を用いて十五字以内で埋め、文を完成させよ。

○（　　十五字以内　　）が、小説の始まる時点であるということ。

問七　傍線部③「そのときはびっくりした」とあるが、「そのとき」「私」が話した内容を簡潔に記せ。

問八　傍線部④「彼の言葉」を文中より抜き出し、初めと終わりの五字ずつで記せ。

三　次の文章を読んで、後の問いに答えなさい。

当時の和歌の名人として、民部卿定家（藤原定家）と宮内卿家隆（藤原家隆）の優劣がつけがたかった。

ある時、後京極摂政、宮内卿を召して、「この世に歌詠みに多く聞ゆるなかに、いづれか勝れ（たり）。心に思はむやう、ありのままにのたまへ」と御尋ねありけるに、「いづれも分きがたく」と申して、思ふやうありけるを、「いかに、いかに」と、あながちに問はせ給ひければ、ふところより畳紙を落して、やがて罷り出でけるを、御覧ぜられければ、

明けばまた秋のなかばも過ぎぬべし

・かたぶく月の惜しきのみかは

と書きたりけり。

これは民部卿の歌なり。かねて、かかる御尋ねあるべしとは、いかでか知らむ。もとよりおもしろくて、書きて持たれたりけるなめり。

・これら用意深きたぐひなり。

（『十訓抄』）

語注　後京極摂政…藤原良経。鎌倉初期の公卿。　いづれも分きがたく…どの方にも優劣のつけようがございません。
畳紙…懐に入れておいた紙。

問一　波線部「心に思はむやう」を現代仮名遣いで記せ。ただし、漢字はそのままでよい。

問二　点線部A「召して」、B「落して」、C「御覧ぜられければ」の主語として最も適切なものを次からそれぞれ選び、記号で記せ。ただし、同じものを使用してもよい。

ア　民部卿定家　　イ　宮内卿家隆　　ウ　後京極摂政

問三　二重傍線部a「のたまへ」、b「申し」は敬語である。その種類として、最も適切なものを次からそれぞれ選び、記号で記せ。

ア　尊敬　　イ　謙譲　　ウ　丁寧

問四　文中の「か」は係助詞であるので、文末（たり）を正しい形に直したい。最も適切なものを次から選び、記号で記せ。

ア　たら（未然形）　　イ　たり（終止形）　　ウ　たる（連体形）　　エ　たれ（已然形）

問五　傍線部Ⅰ「あながちに」、Ⅱ「いかでか知らむ」の口語訳として最も適切なものを次からそれぞれ選び、記号で記せ。

Ⅰ
ア　なげやりに
イ　ひたすらに
ウ　いたずらに
エ　あちこちに

Ⅱ
ア　なんとかして知りたい
イ　知っていたに違いない
ウ　どうして知るだろうか
エ　なんと知っていたのか

問六　傍線部①「秋のなかば」は中秋の名月を指すが、陰暦では何月何日か。最も適切なものを次から選び、記号で記せ。

ア　七月十五日　　イ　八月十五日　　ウ　九月十五日　　エ　十月十五日

問七　傍線部②「かたぶく月の惜しきのみかは」は「傾く月ばかりが惜しいのではない」という意味であるが、他に何が惜しいと言っているか。十字程度で記せ。

問八　傍線部③「これら用意深きたぐひなり」とあるが、宮内卿家隆のどのような行為が「用意深きたぐひ」なのか。三十字以内で記せ。

令和５年度　鹿児島第一高校入試問題　数　学　（解答…210Ｐ）

1　次の(1)～(9)の□の中にあてはまる最も適当な数または式を求めなさい。

また，(10)は解答欄に作図しなさい。

(1)　$7-(-2)^3\times 3$ ＝□

(2)　$\dfrac{2x-4y}{3}-\dfrac{x-y}{2}$ ＝□

(3)　$3b\times 12a^2b\div(-3b)^2$ ＝□

(4)　$3x^2-12x+9$ を因数分解すると□となる。

(5)　$\sqrt{75}-\sqrt{48}+2\sqrt{3}$ ＝□

(6)　2次方程式 $x^2+3x-7=0$ を解くと x ＝□となる。

(7)　下のデータは，ある生徒7人の数学の小テストの結果である。第１四分位数は□である。

4，5，8，9，7，6，9

(8)　1枚の硬貨を3回投げるとき，少なくとも1回は裏が出る確率は□である。

(9)　下の図において，4点A，B，C，Dは円周上の点であり，直線ACと直線BD の交点をE，直線ADと直線BCの交点をFとするとき，$\angle x$ ＝□°である。

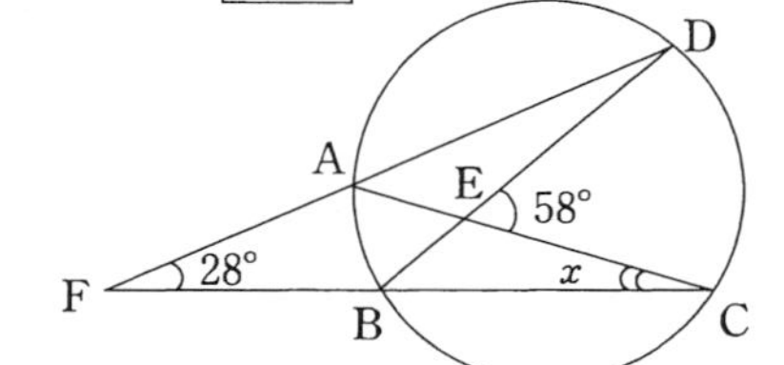

(10)　下の図のような，$\angle$C＝90°の直角三角形ABCがある。△BCD∽△CAD となる辺AB上の点Dを作図しなさい。

ただし，作図には定規とコンパスを使い，作図に用いた線も残しておくこと。

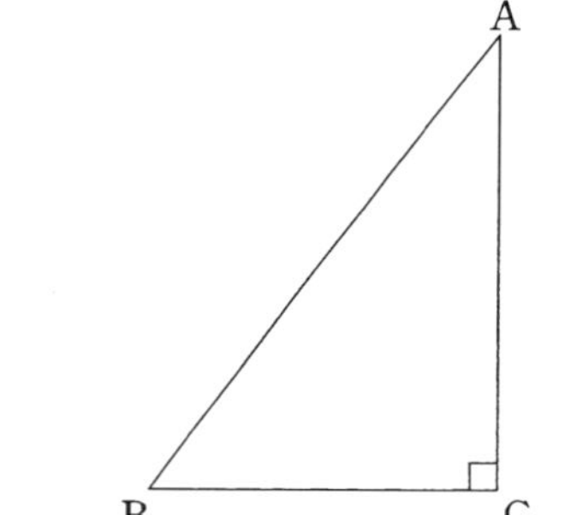

2 一人当たりの入館料が，大人1000円，高校生800円，小中学生500円の博物館がある。ある日の入館者数は，大人，高校生，小中学生合わせて500人で，それらの入館料の合計は，437500円であった。また，同じ日の大人の入館者数は，小中学生の入館者数の4倍であった。その日の高校生の入館者数を x 人，小中学生の入館者数を y 人とするとき，次の各問いに答えなさい。

(1) 大人の入館料の合計を y を用いた式で表しなさい。

(2) 入館者数について，x と y を用いた等しい数量の関係を表す式をつくりなさい。

(3) 入館料について，x と y を用いた等しい数量の関係を表す式をつくりなさい。

(4) 大人の入館者数を求めなさい。

3 右の図のように，放物線 $y=x^2$ 上に2点A，Bがあり，点Cは y 軸上の点である。点Aの y 座標と点Bの x 座標および y 座標が等しく，AB=OC が成り立つとき，次の各問いに答えなさい。

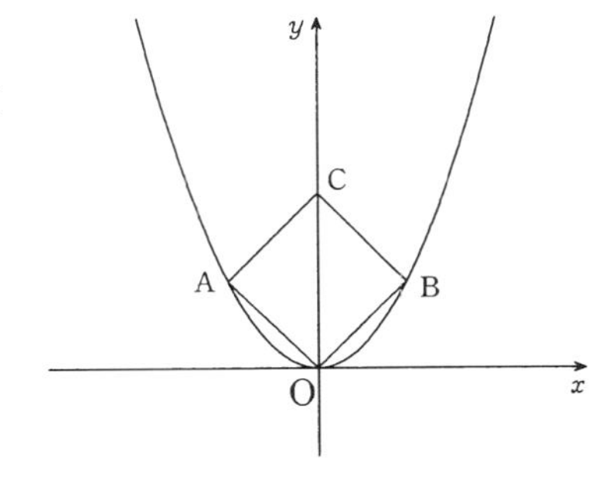

(1) 四角形AOBCはどのような四角形であるか答えなさい。

(2) 直線OBの式を求めなさい。

(3) 直線ACと放物線の交点のうち，Aでない方を点Dとするとき，点Dの座標を求めなさい。

(4) (3)のとき，四角形AOBCを直線BCを軸として1回転させてできる立体の体積を T，△BCDを直線BCを軸として1回転させてできる立体の体積を U，△BCDを直線CDを軸として1回転させてできる立体の体積を V とするとき，$T:U:V$ を求めなさい。

4　右の図のように，∠ABC=90°，∠ADC=90°，∠DAC=15°，∠BAC=30°，AC=6cmの四角形ABCDがある。
このとき，次の各問いに答えなさい。

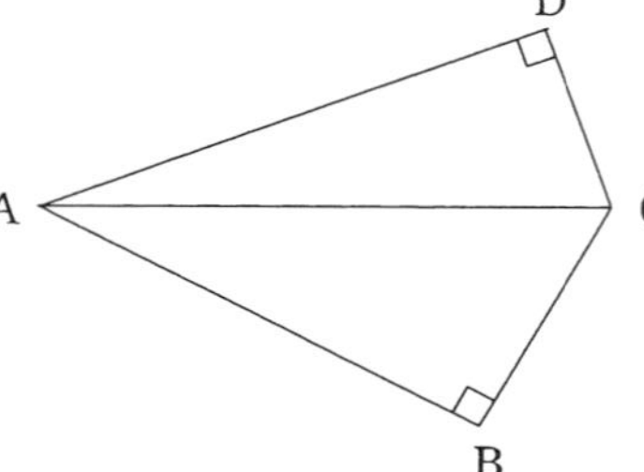

(1)　AB，BCの長さを求めなさい。

(2)　4点A，B，C，Dはある円周上にある。
円の中心の位置を答えなさい。

(3)　(2)の円の中心をOとする。ODとBDの長さを求めなさい。

(4)　四角形ABCDの面積を求めなさい。

5　下の図1のような，1辺の長さが12cmの正四面体ABCDにおいて，辺AB，ADの中点をそれぞれ点M，Nとする。辺AC上に，MP+PNが最短となるような点Pをとるとき，次の各問いに答えなさい。

(1)　図1において，線分MNの長さを求めなさい。

(2)　線分MP，PNおよび点Pを図2の展開図の一部（解答欄）に図示しなさい。

(3)　図1において，△PMNの面積を求めなさい。

(4)　正四面体を，3点M，N，Cを通る平面で切断するとき，点Bを含む側の立体の体積を求めなさい。

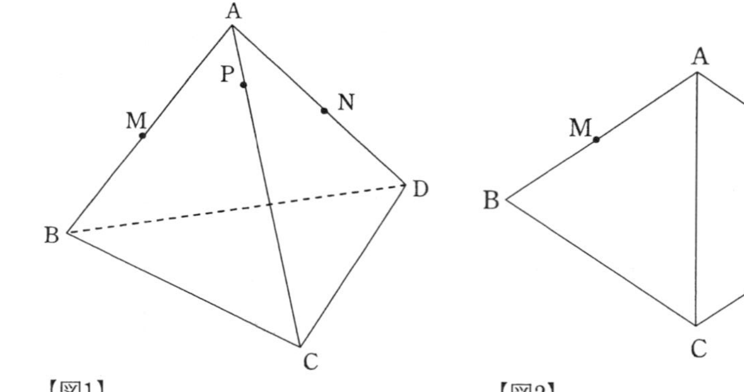

【図1】　【図2】

令和５年度　鹿児島第一高校入試問題　英　語　　（解答…211 P）

1　(A) (B)の問いに答えなさい。

(A) 次の語の中で下線部の発音が異なっているものを１つ選び，記号で答えなさい。

1　ア　**th**an　　イ　**th**ank　　ウ　**th**ink　　エ　every**th**ing

2　ア　ch**i**ld　　イ　st**i**ll　　ウ　s**i**lent　　エ　l**i**fe

(B) 次の語の中で下線部を最も強く発音する語を３つ選び，記号で答えなさい。解答の順番は問いません。

ア　**Ja**panese　　イ　cul**ture**　　ウ　dif**fer**ent　　エ　**o**range

オ　engin**eer**　　カ　in**ter**esting　　キ　**in**ternational　　ク　**un**derstand

ケ　**ca**lendar　　コ　**for**get

2　次の各文の（　　　　）に入る最も適当なものを選択肢からそれぞれ１つ選び，答えなさい。

1　I studied (　　　　) two o'clock.　—Oh, you must be sleepy.

2　I don't like curry and rice.　—Really?　In fact, I don't like it, (　　　　).

3　You have (　　　　) time.　Let's take a taxi.

4　He has two brothers.　(　　　　) of them are high school students.

選択肢

[　both　　by　　either　　few　　little　　too　　until　]

3　次の各組の英文がほぼ同じ内容になるように，（　　）に入る語を書きなさい。

1　I'm very busy today.

=I have a lot of things (　　) (　　) today.

2　Taro can dance very well.

=Taro is very good (　　) (　　).

3　We felt happy when we heard the news.

=The news (　　) (　　) happy.

4　次の日本語に合う英文になるように(　　　　)内の語（句）を正しく並べかえなさい。

1　私のお父さんが買ってくれた本はとても面白い。

The book (bought / interesting / me / my father / is / very).

2　彼はアメリカへ友達と行くことを楽しみにしています。

He is looking (America / forward / going / his / to / to / with) friend.

3　この本は難しすぎて私には読めませんでした。

This book was (difficult / for / read / me / to / too).

5　次の日本語を英語にしなさい。

1　私の兄は英語の勉強をするためにテレビを見ることをやめました。

2　私がその雑誌を貸してあげましょうか。

6　次のテーマ[A][B]の中から１つ選び，それについて５文以上７文以下の英語で書きなさい。

[A]　A famous musician in Japan　　　　[B]　My hobby

7 友人４人でミュージカルを見に来ています。英文を読んで下の問いに答えなさい。*のついた単語は下に注があることを意味します。

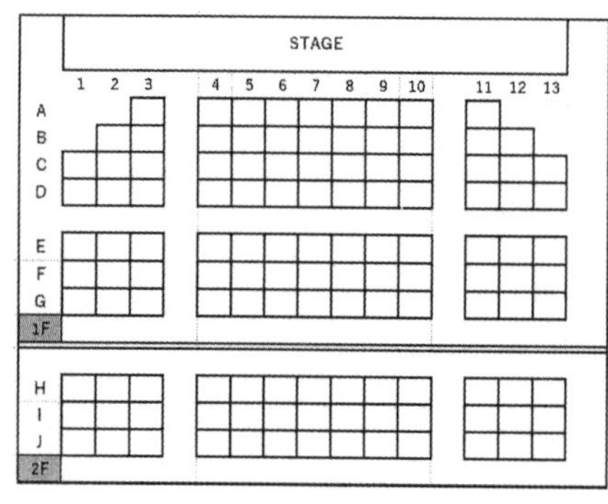

≪tickets≫

○ 9:00 a.m.～ ・A~D: ¥4,000 ・E~G: ¥3,500 ・H~J: ¥2,500

○16:00 p.m.～ ・A~D: ¥5,000 ・E~G: ¥4,500 ・H~J: ¥3,500

※You can buy tickets at the musical theater.

≪Goods≫

・A program: ¥1,000 ・A sticker: ¥200

※You can buy any good at the musical theater only!!

Kate: Come on *guys! Hurry up! It's three forty-five. The musical will start soon. I've wanted to see it for a long time. Let's not be late!

Akiko: Don't worry. We still have fifteen minutes. By the way, (A)

Kim: Kate and Akiko are G9 and G10. Dian and me are H2 and H3. Let's ask the *usher over there…Excuse me, we've got seats G9 and G10, H2 and H3. ①(to / us / to / you / will / seats / how / get / tell / our)?

Usher: Sure. Go straight and enter at Door 1 for G9 and G10, and go *upstairs at Door 2 for H2 and H3. Please hurry. ②The musical is starting soon.

Akiko: Thank you, we will. (B)

Usher: It's a three-hour musical and there's an intermission* during the musical for 20 minutes.

Dian: I see. Thank you for your help.

-------------------------Kate and Akiko go to their seats.-------------------------

Dian: Kim, I want to buy a program.

Kim: You can buy one later, can't you?

Dian: No, I want to know who the actors are. Kim, could you give me my ticket? I'll join you soon.

Kim: All right, don't be late! Dian, could you buy four stickers for me? I'll give you the money later.

Dian: OK! I'll be back soon.

注） *guy みんな *usher 案内人 *upstairs ２階に *intermission 休憩

問１ 下線部①を意味が通じるように並べ替えなさい。ただし，文頭にくる語も小文字にしてあります。

問２ 会話の流れに合うように，(A)(B)に入れるのに最も適当なものを次の（ア）～（ウ）から選び，記号で答えなさい。

（ア）How long does the musical *run? （イ）Where are our seats? （ウ）When will the musical start?

*run 続く

問３ 下線部②を日本語にしなさい。

問４ 次の英語の質問に英語で答えなさい。ただし，４単語で答えること。また、数字は算用数字で記入すること。

1 What time does the musical start?

2 How much did Dian and Kim pay at the musical theater in total?

8 英文を読んで下の問いに答えなさい。*のついた単語は下に注があることを意味します。

Many ①blind people, that means, people who can't see, read by touching *raised dots. Did you know that this system was created by a 15-year-old boy in France? His name was Louis Braille. In many countries around the world, (1). Here is his story.

Louis Braille was born in a small village in France in 1809. (2). Back in the 1800s, blind children usually could not go to school. But Braille was able to go to school with the help of his family. When he was 10 years old, he was accepted at a school for the blind in Paris. At this school, he learned about a system of reading using raised dots.

②This system was *originally developed by a man named Charles Barbier. It used 12 raised dots for the sounds of the French language. (3). So, in 1821, he asked Braille's school to use his system. At that time, blind students read by touching raised letters of the alphabet. The school decided not to use Barbier's system, but it gave Braille an idea. He thought, "This system is better than reading with raised letters, but it still takes too much time. Maybe I can make it easier."

When Braille was 15 years old, he created a system that used only six dots. After graduating, Braille became a teacher at that same school. In 1829, he named his six-dot system "the Braille system" and wrote a book explaining the way it worked. *Sadly, (4).

However, Braille continued to teach students his system and finally in 1837, he was able to *publish his book in his own system. But the school still continued using raised letters, *even though the students liked the Braille system. Braille worked at the school until his death in 1852. Two years later, (5). From there it slowly spread throughout France, then Europe, and then to the rest of the world.

Louis Braille did not live to see the *major impact he had on blind people all over the world. But his creation at just 15 years old gave blind people the power to read and write. A sign on his childhood home in France says, "He opened the doors of knowledge to all people who cannot see." He was a true hero.

出典：NHK Enjoy Simple English

注) *raised dot(s) 点字の点 *originally はじめは *Sadly 悲しいことに *publish 出版する
*even though ～にも関わらず *major impact 大きな影響

問１ 本文中の(1)～(5)に入る最も適当な文を下からそれぞれ１つ選び，記号で答えなさい。ただし，文頭にくる語も小文字で表記してあります。

ア after an accident when he was three years old, he became blind
イ Barbier wanted to help blind people read and write.
ウ it was not published using the Braille system.
エ the school finally decided to use the Braille system
オ this system using raised dots is simply called "Braille"

問２ 下線部①はどのような人ですか。日本語で書きなさい。

問３ Charles Barbier によって作られた下線部②はどのようなものですか。日本語で書きなさい。

問４ Louis Braille について以下のようにまとめた。(　　) に適当な日本語や数字を入れなさい。

西暦	年齢	出来事
１８０９年	０歳	(１) の小さな村で生まれた。
１８１９年	１０歳	(２) の学校に入学した。
１８２１年	１２歳	Barbier が開発した点字システムが紹介されたが，採用されなかった。 Braille の学校では (３) の点字を使って読み書きを学んでいた。
１８２４年	１５歳	Braille は (４) の点字の点でできた独自の点字のシステムを作った。
１８３７年	２８歳	彼が開発した点字についての本を出版した。
１８５２年	４３歳	(５)。

令和５年度　鹿児島第一高校入試問題　社　会

（解答…213Ｐ）

1　鹿児島市に住む中学３年生のトモユキ君は、２０２１年に「奄美大島、徳之島、沖縄島北部および西表島」が世界自然遺産に登録されたことに興味を持ち、世界遺産について調べることにした。世界遺産に関する次の**表１**と**図１**を見て、あとの問いに答えなさい。

表１　世界遺産登録数上位国（２０１７年７月現在）

順位	国名	件数	順位	国名	件数
1	イタリア	58	7		35
2	中国	56	8	イギリス	34
3	ドイツ	51	9	ロシア	30
4	スペイン	49	10	イラン	26
4	フランス	49	11	日本	25
6	インド	40	12	アメリカ合衆国	24

※国境にまたがる場合、それぞれの国の数に加えてある。
（とうほう　地理資料２０２２より作成）

図１　日本の世界遺産

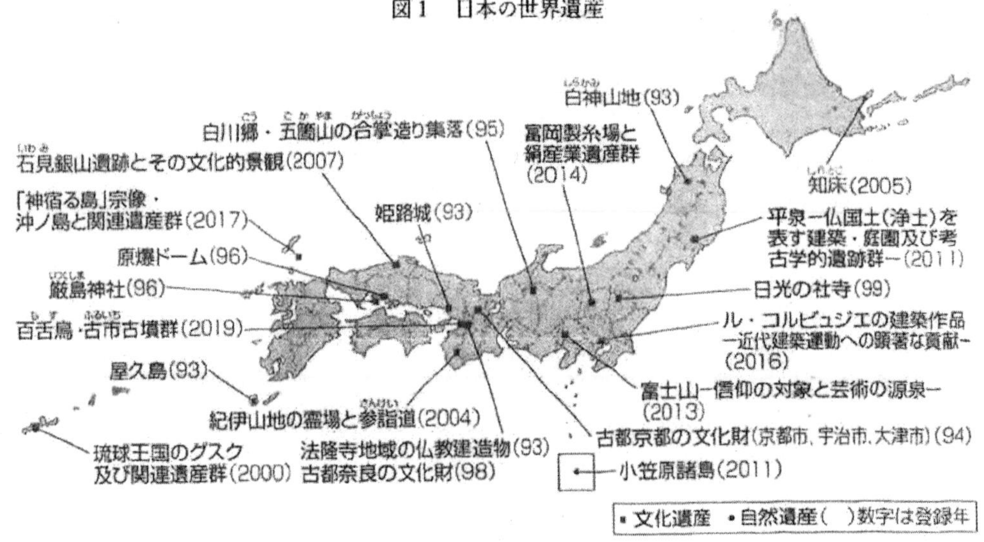

※上図以外に文化遺産３件、自然遺産が１件あり、２０２１年７月現在で文化遺産２０件、自然遺産５件が登録されている。
（とうほう　地理資料２０２２より引用）

問１　世界遺産は１９７２年「世界の文化遺産および自然遺産の保護に関する条約（世界遺産条約）」に基づいて、国際連合のある機関の総会で採択されたのが最初である。その機関は何か、次の**ア**～**オ**のうちから一つ選び、記号で答えなさい。

ア　ＩＭＦ　　**イ**　ＷＨＯ　　**ウ**　ＵＮＥＳＣＯ　　**エ**　ＵＮＩＣＥＦ　　**オ**　ＵＮＣＴＡＤ

問２　**表１**中の１位イタリアや４位スペイン、フランスの地中海沿岸で主に栽培されている農作物を次の**図２**の**ア**～**オ**のうちから一つ選び、記号で答えなさい。また、その農作物名を答えなさい。

図　２

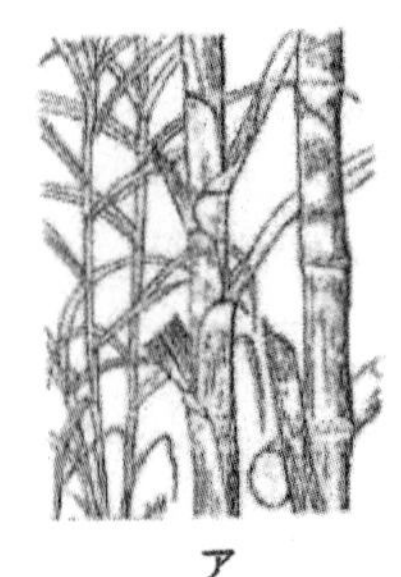
ア

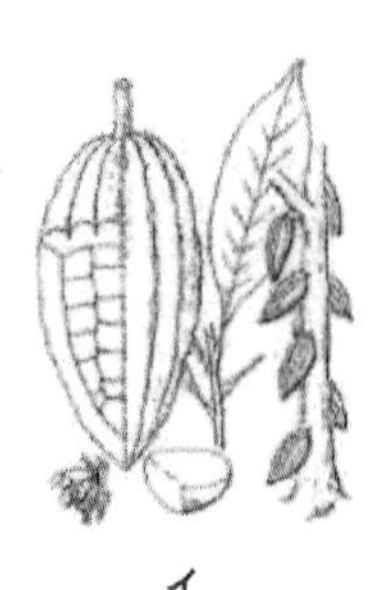
イ

ウ

エ

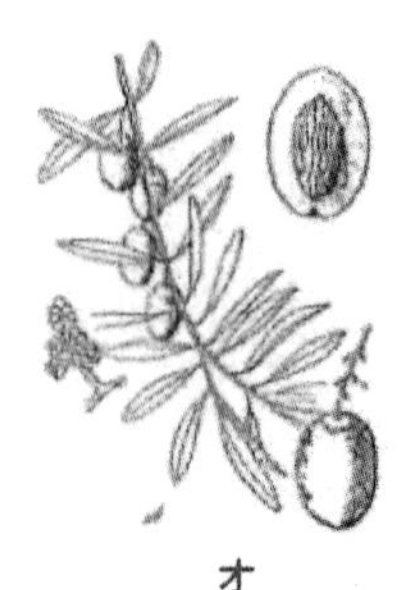
オ

（２０２２　Vol.３４　データブックオブ・ザ・ワールドより作成）

問３　次の**図３**の雨温図はパリ・ローマ・シンガポール・カイロ・モスクワ（２０２１年）のものである。**表１**中の１位イタリアの首都ローマの雨温図を**図３**中の**ア～オ**のうちから一つ選び、記号で答えなさい。

図３

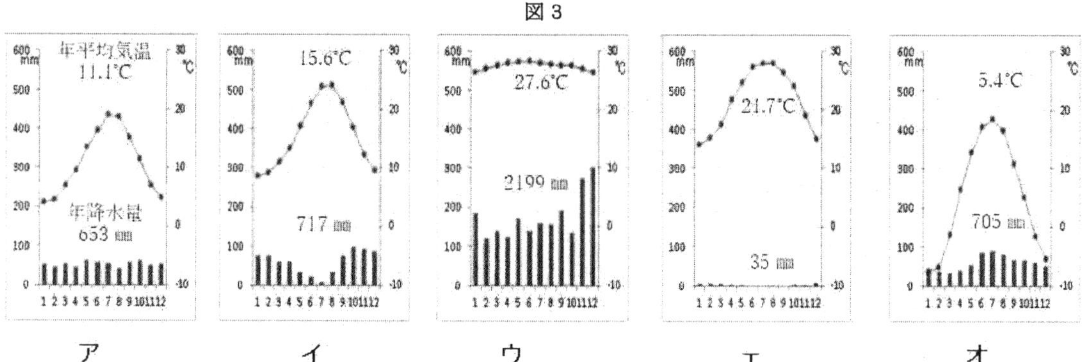

問４　**表１**中の１位イタリアの北部や４位フランスの東部、８位のイギリスやスイスでは乳牛を飼育し生乳やバター・チーズなどの乳製品の生産がさかんである。このような農業を何というか**漢字**で答えなさい。

問５　**表１**中のヨーロッパの国々とロシアの中からラテン系言語が使用されている国の組み合わせとして正しいものを、次の**ア～オ**のうちから一つ選び、記号で答えなさい。

ア　ドイツ・イギリス　**イ**　ロシア・フランス　**ウ**　スペイン・フランス・イタリア
エ　イタリア・ドイツ・フランス　**オ**　ロシア・イギリス・スペイン

問６　**表１**中の６位のインドの人々の約８割はヒンドゥー教徒である。ヒンドゥー教に関する次の文**ア～エ**のうちから**誤っているもの**を一つ選び、記号で答えなさい。

ア　世界的に信仰する人の多いキリスト教・イスラム教そしてヒンドゥー教は、世界三大宗教と呼ばれている。
イ　ガンジス川などの川で身を清める沐浴が行われている。
ウ　ヒンドゥー教では牛は神の使いとされ、一般的に牛肉は食べない。
エ　元来殺生を嫌う宗教なのでベジタリアンの人も多い。

問７　**表１**中の６位のインドでは近年、南部のバンガロール周辺で、アメリカやヨーロッパの企業が進出し「インドのシリコンバレー」と呼ばれている。このバンガロールで発達している主要工業（産業）は何か、次の**ア～オ**のうちから一つ選び、記号で答えなさい。

ア　綿織物工業　**イ**　アルミニウム工業　**ウ**　映画産業　**エ**　情報通信技術産業　**オ**　鉄鋼業

問８　次の五つの文章は、**表１**中の７位の国について説明したものである。この国はどこか、国名を答えなさい。

・人口は約１億３０００万人で、世界第１０位である。
・原油生産で知られるが、銀の産出は世界１位で産地のチワワは、小型犬のチワワの原産地である。
・スペイン語を母国語とするアメリカ合衆国に居住する人々の出身国である。
・マヤ文明やアステカ文明が栄えた国である。
・日本が輸入するアボカドの９０％以上を占める国である。

問９　**問８**中の下線部に該当する語句を答えなさい。

問10　**図１**の日本の世界遺産を見て次の各問いに答えなさい。

①　１９９５年登録の㋐「白川郷・五箇山の合掌造り集落」と２０１４年登録の㋑「富岡製糸場と絹産業遺産群」のある都道府県名をそれぞれ一つずつ**漢字**で答えなさい。

②　日本は１９９３年に法隆寺地域の仏教建造物、姫路城が文化遺産、屋久島と白神山地が自然遺産に初めて登録されました。そのうち、白神山地の世界遺産登録理由には、「人の影響をほとんど受けていない原生的な［　　　］天然林が世界最大級規模で分布」と記されている。この［　　　］に当てはまる最も適当な樹木名を次の**ア～オ**のうちから一つ選び、記号で答えなさい。

ア　スギ　**イ**　カシ　**ウ**　ヒノキ　**エ**　ブナ　**オ**　クス

③　２０１１年に登録された「平泉ー仏国土（浄土）をあらわす建築、庭園及び考古学的遺跡群ー」の所在地である岩手県の太平洋岸に主に夏に吹く冷涼湿潤な北東風を何というか答えなさい。

④　１９９６年に登録された原爆ドームや厳島神社のある広島県や姫路城のある兵庫県の瀬戸内海沿岸は、１年中少雨で晴天の日が多いが、その理由を示した次の文中の［　Ⅰ　］・［　Ⅱ　］に当てはまる最も適当な語句をそれぞれ答えなさい。

瀬戸内海沿岸は、北の中国山地と南の［　Ⅰ　］山地がそれぞれ冬の北西から吹く［　Ⅱ　］と夏の南東から吹く［　Ⅱ　］をさえぎり、年間を通して降水量が少なく温暖である。

⑤　２０１１年に登録された自然遺産の小笠原諸島は東京都小笠原村に属している。同じ東京都小笠原村に属する日本の領土の最南端の島を何というか、次の**ア～オ**のうちから一つ選び、記号で答えなさい。

ア　沖ノ鳥島　**イ**　南鳥島　**ウ**　与那国島　**エ**　竹島　**オ**　国後島

2　ロシアと日本の歴史について学習しているＡさんは、その内容を６枚のメモにまとめました。**メモⅠ～Ⅵ**に関するあとの問いに答えなさい。

メモⅠ

●１７９２年　ロシアの使節［　１　］が根室に来航し、漂流民大黒屋光太夫を送り届け、通商を求める。
●１８０４年　ロシアの使節レザノフが長崎に来航し、通商を求めるが、(a)拒絶される。
●ロシアを警戒した幕府は(b)蝦夷地や樺太の調査を行う。

メモⅡ

●１８５５年　日露和親条約が締結され、両国の国交が開かれる。

メモⅢ

●１８７５年　樺太・千島交換条約が締結され、日露の国境線が変更される。
●政府は蝦夷地を［　２　］と改め、統治を強化し、(c)開拓事業を行う。

メモⅣ

●１８９５年　(d)三国干渉が行われる。
●ロシアは義和団事件平定後も満州に軍をとどめたため、日本との対立が深まる。
●［　３　］年　(e)日露戦争が勃発する。

メモⅤ

●１９１４年　第一次世界大戦が勃発する。
●ロシア革命により史上初の(f)社会主義国家が成立する。
●１９２５年　(g)日ソ基本条約によりソ連を承認する。

メモⅥ

●日本は、(h)日ソ中立条約を結び北方の安全を確保し、ベトナム北部に進駐する。
●１９４５年　日本が［　４　］を受諾し太平洋戦争が終結する。

問１　**メモ中**の［　１　］～［　４　］に当てはまる最も適当な人物名・語句・数字を答えなさい。
問２　下線部(a)の理由として最も適当なものを、次の**ア～エ**のうちから一つ選び、記号で答なさい。

ア　ロシアから輸入する魅力的な品物がなかったから。
イ　鎖国が外交方針であったから。
ウ　ロシアとは交戦関係にあったから。
エ　ロシアは国として認められていなかったから。

問３　下線部(b)に関して、幕府の命令で間宮林蔵が調査した地域を下の地図中の**Ａ～Ｄ**のうちから一つ選び、記号で答えなさい。

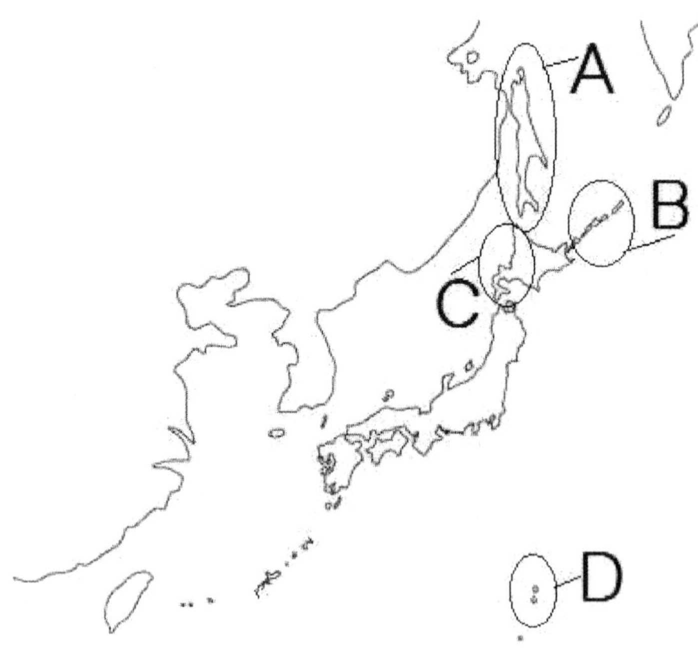

問４　下線部(c)に関して、開拓の中心となった日本各地から移住してきた農業兼業の兵士を何というか、答えなさい。
問５　下線部(d)に関して述べた文として正しいものを、次の**ア～エ**のうちから一つ選び、記号で答えなさい。

ア　ロシア・フランス・イギリスが要求してきた。
イ　日本国民の間にイギリスへの対抗心が高まった。
ウ　日本が獲得した遼東半島を清に返還するよう要求した。
エ　返還された領土はフランスが租借した。

問６　下線部(e)に関する次の各問いに答えなさい。

①　日露戦争の講和条約の締結地を答えなさい。
②　日露戦争の講和条約の内容への不満から国民は激しく政府を攻撃し、日比谷公園での集会が暴徒化し、焼き打ち事件にまで発展しました。その原因を下の資料を参考にして簡潔に説明しなさい。

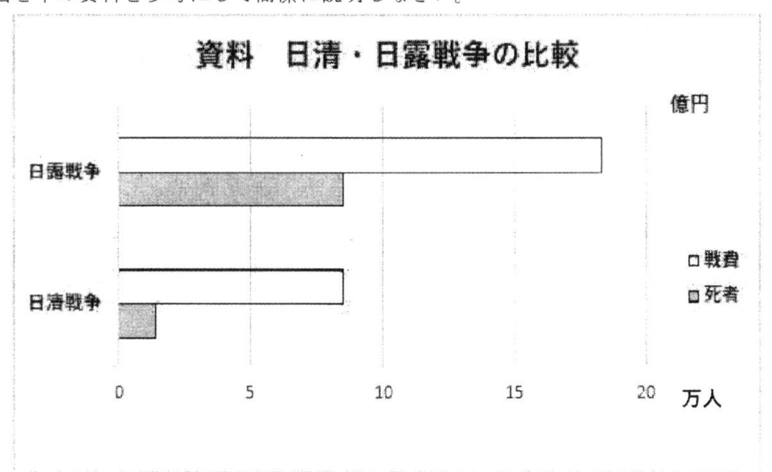

（新人物往来社『日本史総攬』により作成）

問７　下線部(f)に関して、日本やアメリカなどの資本主義国は、その対応としてシベリアへ出兵した。その理由として最も適当なものを、次の**ア**～**エ**のうちから一つ選び、記号で答えなさい。

ア　革命の影響がおよぶことをおそれたため。　**イ**　米騒動がおこり国民の目を国外にそらすため。
ウ　シベリアの資源を確保するため。　**エ**　日本のシベリア抑留者を救出するため。

問８　下線部(g)に関して、この条約締結の理由の一つとして、このころ発生した自然災害による経済的な打撃の克服を図るための関係の強化が考えられる。１９２３年９月１日に発生した自然災害とは何か、答えなさい。
問９　下線部(h)に関して、ソ連は１９４５年８月８日にこの条約を破棄して日本に参戦し、満州や朝鮮に侵攻してきました。これは１９４５年に２月にクリミア半島で開催された英・米・ソ三カ国の首脳会談の秘密協定に基づくものです。この会談が行われた地名を答えなさい。

３　次の**A**～**F**の文章を読み、あとの問いに答えなさい。

A　儒学者の新井白石の意見が政治に取り入れられ、金銀が海外に流出することを防ぐため貿易額を制限した。

B　［　１　］の摂政となった聖徳太子は蘇我氏の協力を得ながら(a)大王を中心とする政治制度を整えていった。

C　新しい仏教が広まりをみせ、法然の弟子の［　２　］は浄土真宗を開き、農村に広めた。

D　鳥羽上皇の没後、朝廷内で政治の実権をめぐる対立が激しくなり、(b)二つの内乱が起こった。この内乱が武士によって決着が付けられたことから平清盛が力を強めていった。

E　戸籍に登録された６歳以上の人々に土地が与えられた。土地を得た人々には義務として(c)様々な税や兵役が課された。

F　第８代将軍徳川［　３　］は米の値段の安定に努め、科学技術などの書物の輸入も認め、財政を一時的に立ち直らせた。

問１　文中の［　１　］～［　３　］に当てはまる最も適当な人物名を答えなさい。
問２　下線部(a)に関して、家柄にとらわれず、才能や功績のある人物を役人に取り立て、冠の色などで地位を区別する制度を何というか、答えなさい。
問３　下線部(b)に関して、その後の平氏政権を確立させた平清盛により源義朝が倒された内乱を何というか、次の**ア**～**エ**のうちから一つ選び、記号で答えなさい。

ア　承久の乱　**イ**　平治の乱　**ウ**　保元の乱　**エ**　応仁の乱

問４　下線部(c)に関して、その一つで布や特産物で納めるものを何というか、**漢字１字**で答えなさい。
問５　上の**A**～**F**の文章を古いものから順に並び変え、**３番目**に該当するものを、**A**～**F**のうちから一つ選び、記号で答えなさい。

４　経済に関する次の**A**～**C**の文章を読み、あとの問いに答えなさい。

A　経済全体の状態を、景気という。好況の状態では〈　Ⅰ　〉。一方、不況の状態では、〈　Ⅱ　〉。社会全体の需要と供給の動きに応じて、好況と不況を交互に繰り返すことを［　１　］という。
　好況期には、(a)物価が上がり続ける［　２　］が起こりやすく、不況期には物価が下がり続ける［　３　］が起こりやすくなる。物価の変動をおさえて、景気を安定させるために、日本銀行は(b)金融政策を行う。

B　日本の通貨と外国の通貨を交換する比率を［　４　］といい、各国の経済の状況によって変動する。１ドル＝１００円が１ドル＝９０円になることを(c)円高といい、１ドル＝１００円が１ドル＝１４５円になることを円安という。円高は輸出が中心の日本企業には不利に働き、輸入が中心の日本企業には有利に働く。

C　お金が不足して借りたいと思っている側と、お金に余裕があって貸したいと思っている側で、お金を融通することを金融といい、経済の中でお金の流れを円滑にし、家計や企業の消費や生産を助ける働きをしている。
　金融には直接金融と(d)間接金融の二つの方法があり、近年では直接金融でお金を集める傾向が強まっている。

問１　文中の［　１　］〜［　４　］に当てはまる最も適当な語句を答えなさい。
問２　文中の〈　Ⅰ　〉・〈　Ⅱ　〉に当てはまる最も適当な文を、次の**ア**〜**エ**のうちからそれぞれ選び、記号で答えなさい。

ア　商品が多く売れて企業の生産が増え、家計の収入は減少する。
イ　商品はあまり売れずに企業の生産が減り、家計の収入も減少する。
ウ　商品はあまり売れずに企業の生産が減り、家計の収入は増加する。
エ　商品が多く売れて企業の生産が増え、家計の収入も増加する。

問３　下線部(a)に関して、下の価格決定のメカニズムを示した図を見て、次の各問いに答えなさい。

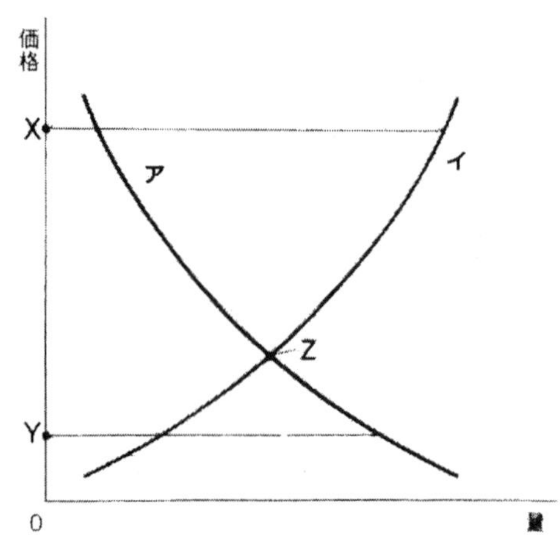

①　供給量を示すものを、図中の**ア**・**イ**の記号で答えなさい。
②　点**Z**の価格を何というか、答えなさい。
③　価格**X**・**Y**に関する説明文の［　A　］〜［　D　］に当てはまる語句を、次の**ア**〜**エ**のうちからそれぞれ選び、記号で答えなさい。

Xでは、［　A　］量が［　B　］量よりも多いため、価格は［　C　］。**Y**では［　B　］量が［　A　］量よりも多いため、価格は［　D　］。

ア　需要　　**イ**　供給　　**ウ**　上がる　　**エ**　下がる

問４　下線部(b)に関して、国債などの債券を日本銀行が売買することで一般銀行の資金量を調整する政策を何というか、答えなさい。
問５　下線部(c)に関して、円高の状態などが原因となって、日本企業が外国に工場をつくり、日本国内の工場が減少し、国内産業が衰えることを何というか、次の**ア**〜**エ**のうちから一つ選び、記号で答えなさい。

ア　産業の二重構造化　　**イ**　産業の空洞化　　**ウ**　産業の高度化　　**エ**　産業の非対称化

問６　下線部(d)に関して、間接金融にあたるものを次の**ア**〜**エ**のうちから一つ選び、記号で答えなさい。

ア　株式　　**イ**　預金　　**ウ**　債券　　**エ**　組合拠出金　　**オ**　クラウドファンディング

［５］　日本の地方自治に関する次の文章**A**〜**C**を読み、あとの問いに答えなさい。

A　憲法９２条において地方自治は、住民が自分たちの住んでいる地域の実情にあった政治を、(a)住民のために住民の手で行うとされ、地域は国から自立した(b)地方公共団体が作られ住民自身によって運営されるべきと定められている。そのため地方自治は、「民主主義の［　１　］」と呼ばれている。

B　地方自治では、住民の意思を強く生かすために、(c)選挙で首長や地方議員を選ぶだけでなく、住民による(d)直接請求権が認められている。

C　地方公共団体の収入には、地方公共団体が独自に集める自主財源と、国などから支払われる依存財源とがある。自主財源には地方公共団体の税金である［　２　］などがある。しかし、その割合は１年間の歳入の４割にとどまっている。
　依存財源には地方公共団体間の格差を抑えるために国から配分される［　３　］や、特定の仕事の費用を国が一部負担する［　４　］、地方公共団体の借金である地方債などがある。

問１　文中の［　１　］〜［　４　］に当てはまる最も適当な語句を答えなさい。
問２　下線部(a)・(b)に関して、この原則を**漢字４字**でそれぞれ答えなさい。
問３　下線部(c)に関して、被選挙権が３０歳以上に定められているものを、次の**ア**〜**エ**のうちから一つ選び、記号で答えなさい。

ア　市（区）町村長　　**イ**　都道府県知事　　**ウ**　都道府県議員　　**エ**　市（区）町村議員

問４　下線部(d)に関して述べた文として正しいものを、次の**ア**〜**エ**のうちから一つ選び、記号で答えなさい。

ア　条例の制定・改廃には有権者の１／５０以上の署名を集め、選挙管理委員会に請求する。
イ　議会の解散には有権者の１／３以上の署名を集め、住民投票を行い、過半数の同意が必要である。
ウ　首長の解職には有権者の１／３以上の署名を集め、住民投票を行い、２／３以上の同意が必要である。
エ　議会の議員の解職には有権者の１／３以上の署名を集め、選挙管理委員会に請求する。

令和５年度　鹿児島第一高校入試問題　理　科　　　（解答…214Ｐ）

1 次の各問いに答えよ。

〔A〕 右図はヒトを正面から見たときの心臓や血管を模式的に表したものである。A～D は，それぞれ心房や心室を表しており，各部分は弁で仕切られている。また，a～d は心臓に出入りする血管を表している。

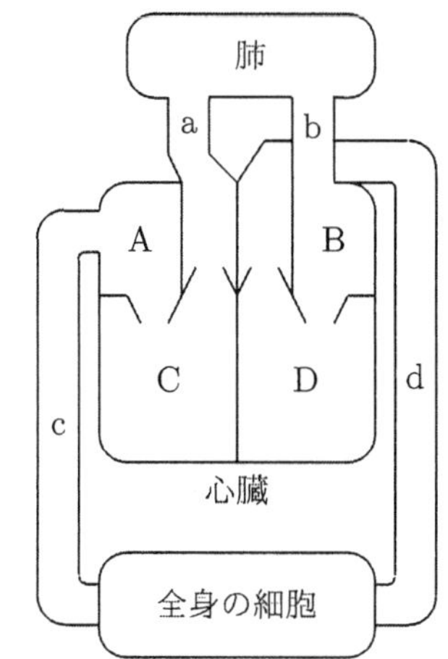

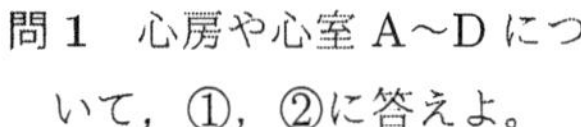

問１ 心房や心室 A～D について，①，②に答えよ。

① 左心房はどこか。A～D から１つ選べ。

② 最も厚い心筋に囲まれた部分はどこか。A～D から１つ選べ。

問２ 弁の役割としてもっとも適当なものを，次のア～エから１つ選べ。

ア 血液を強く押し出す。

イ 血液の逆流を防ぐ。

ウ 血液中の不純物をろ過する。

エ 血液が循環する速さを調節する。

問３ a～d の血管について，①～③に答えよ。

① 血圧の高い血液が流れている血管を２つ選べ。

② 動脈血が流れている血管を２つ選べ。

③ ところどころに弁が見られる血管を１つ選べ。

問４ 血液の循環について述べた次の文中の（ X ），（ Y ）に適する語句をそれぞれ漢字で答えよ。

> 血液が循環する経路を，心臓を起点と考えると，次のように２つの経路に分けられる。C → a → b → B の経路と D → d → c → A の経路である。一般に，前者を（ X ）循環，後者を（ Y ）循環と呼んで，区別している。

問５ 次の図は魚類の心臓や血管を模式的に表したものである。心臓は心房と心室が１つずつの構造をしており，E，F はそれぞれどちらかの部分である。①～③に答えよ。

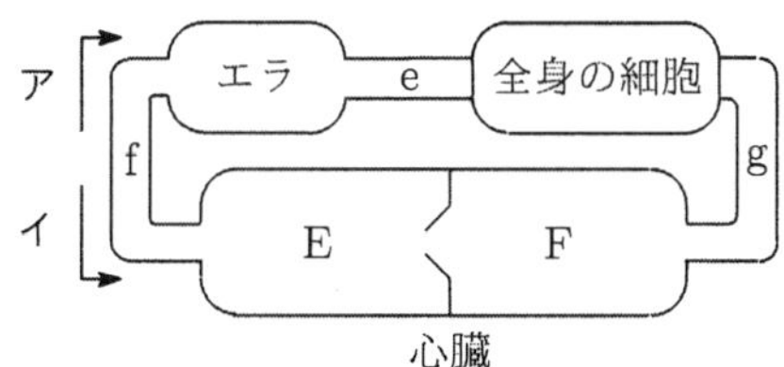

① 心室は E，F のどちらか。

② 血液が循環する向きは，図中ア，イのどちらか。

③ 図中 e～g のうち，酸素をもっとも多く含む血液が流れている血管はどれか。

〔B〕 次の文章を読んで，あとの各問いに答えよ。

染色体には $_A$遺伝子が含まれ，親の生殖によって遺伝子は染色体とともに子に受け継がれる。図は，有性生殖で遺伝子が親から子へ受け継がれるしくみを模式的に表したものである。

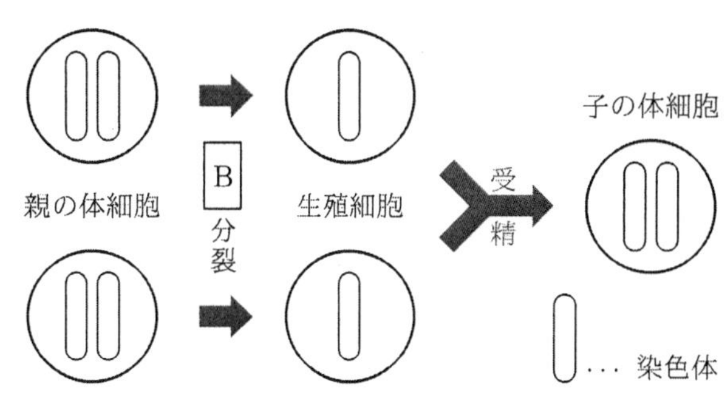

体細胞から生殖細胞がつくられる［ B ］分裂では，対をなす染色体が，分裂してできる $_C$生殖細胞へ１本ずつ分かれていく。したがって，１つの生殖細胞がもつ染色体の本数は親の体細胞がもつ染色体数の半分になる。このようなしくみにより，子は親と同じ本数の染色体をもち，遺伝子は両者から受け継がれることになる。

問６ 下線部 A「遺伝子」の本体を何と呼ぶか。アルファベット３文字で表される略語を答えよ。

問７ ［ B ］に適する用語を，漢字２字で答えよ。

問８ 下線部 C「生殖細胞」について，①～③に答えよ。

① 動物のオスがつくる生殖細胞を何というか。漢字２字で答えよ。

② 被子植物の卵細胞は子房内部の「ある組織」内に見られる。「ある組織」の名称を漢字２字で答えよ。

③ 体細胞に染色体を 16 本もつ生物がつくる生殖細胞に含まれる染色体は何本か。

問９ 赤い花をつける純系のマツバボタンと白い花をつける純系のマツバボタンを交雑させる。できた種子を育てたところ，子の代の株はすべてが赤い花をつけた。①，②に答えよ。

① 花の色について，赤と白のどちらが顕性の形質か。解答欄の正しい方を○で囲め。

② 赤い花をつけた子の代の株を自家受粉させた場合，孫の代に赤い花をつける株が現れる確率はおよそ何 % になるか。次のア～オから１つ選べ。

ア 25%　イ 33%　ウ 50%　エ 67%　オ 75%

問 10 花や野菜などの農作物は，有性生殖でも無性生殖でも個体をふやすことができ，それぞれを目的に応じて使い分けている。「品種改良」で利用される方法は有性生殖，無性生殖のどちらか。解答欄の正しい方を○で囲め。

2 次の各問いに答えよ。

〔A〕 以下の**実験1**，**2**について，あとの各問いに答えよ。

実験1 図のように，炭酸水素ナトリウムを試験管の中に入れ，加熱すると気体Aが発生し，試験管の口の部分には液体Bの付着がみられた。そこで集めた気体Aを石灰水に通したところ白くにごり，液体Bに※青色の紙片をつけると変色した。気体Aが発生しなくなるまで十分に加熱した後の試験管内には白い粉末Cが残った。

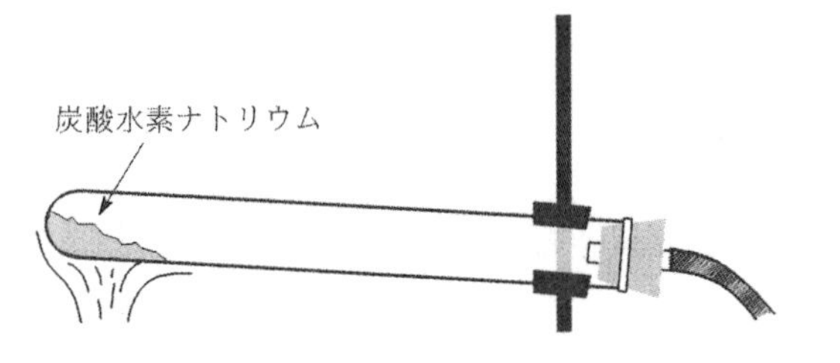

問1 下は，試験管内の化学変化を表す未完成の化学反応式である。気体A，液体Bに該当する部分を正しく埋めて，化学反応式を完成させよ。

$$2NaHCO_3 \longrightarrow Na_2CO_3 + (\text{気体A}) + (\text{液体B})$$

問2 気体Aを集める方法としてもっとも適当ではない方法を，次のア～ウから選べ。

ア 水上置換法　イ 上方置換法　ウ 下方置換法

問3 下線部※「青色の紙片」とあるが，この紙片はある物質（薬品）の水溶液をろ紙にしみこませて乾燥させたものである。その物質名を答えよ。

問4 粉末Cは何という物質か。物質名を答えよ。

問5 炭酸水素ナトリウムの水溶液Xと粉末Cの水溶液Yに，それぞれフェノールフタレイン溶液を加えたときの色の変化について正しく述べているものを，次のア～オから1つ選べ。

ア Xは赤くなるが，Yは変化しない。
イ Yは赤くなるが，Xは変化しない。
ウ どちらも赤くなるが，Xの方が濃い赤色になる。
エ どちらも赤くなるが，Yの方が濃い赤色になる。
オ どちらも変化しない。

問6 **実験1**のように，加熱すると分解が起こる反応を，次のア～エから1つ選べ。

ア 酸化銀を加熱する。
イ 鉄粉と硫黄との混合粉末を加熱する。
ウ マグネシウムの粉末を加熱する。
エ 銅線を加熱する。

実験2 うすい塩酸に炭酸水素ナトリウムを加えると気体が発生する。そこで，うすい塩酸30 gを5つ分用意し，それぞれに2.0 g，4.0 g，…，10 gと加える炭酸水素ナトリウムの質量を変えて完全に反応させた。下の表は，反応後に残った液体の質量を測定した結果である。

炭酸水素ナトリウム〔g〕	0	2.0	4.0	6.0	8.0	10
反応後の液体の質量〔g〕	30	31	32	33	35	37

問7 発生する気体は何か。気体名を答えよ。

問8 炭酸水素ナトリウムの質量を横軸に，発生した気体の質量を縦軸にして，実験結果をグラフに表せ。ただし，上の表から得た6個のデータを黒丸の小さな点で記し，それらを直線で結ぶことによりグラフを完成させること。

問9 このうすい塩酸30 gに炭酸水素ナトリウムを5.0 g加えると気体は何g発生するか。

問10 炭酸水素ナトリウムを6.0 g加えて反応させたあとの液体を，1滴とりだして蒸発させたところ，白く角ばった結晶が残った。この結晶からなる物質の化学式を答えよ。

〔B〕 水酸化バリウム水溶液50 cm^3 をビーカーにとり，うすい硫酸を10 cm^3 加える。硫酸バリウムが沈殿として生じるので，その沈殿の質量を調べる。続けて，水酸化バリウム50 cm^3 に加えるうすい硫酸の体積を20 cm^3，30 cm^3，…と増やしていき，同様に沈殿の質量を調べていく。加えた硫酸の体積と沈殿した硫酸バリウムの質量との関係をグラフに表すと，右のような結果を得た。

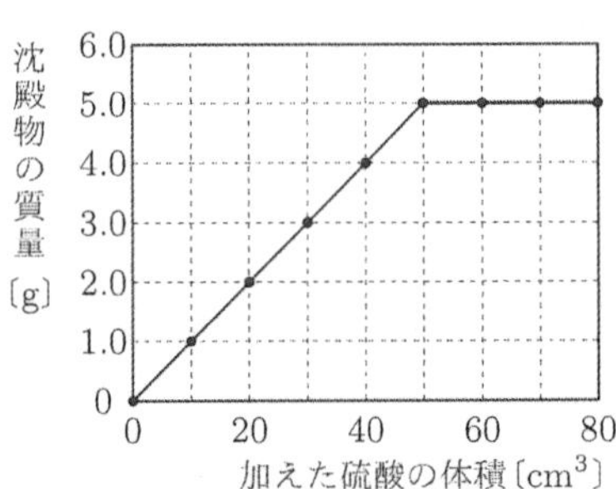

問11 硫酸バリウムを化学式で記せ。

問12 うすい硫酸を40 cm^3 加えたとき，水溶液中のイオンの中で，最も数が多いイオンを，次のア～エから1つ選べ。

ア H^+　イ OH^-　ウ SO_4^{2-}　エ Ba^{2+}

問13 うすい硫酸60 cm^3 を加えて反応させた後，ろ過して得られるろ液について述べた文として正しいものを，次のア～オから2つ選べ。

ア pHは7より大きい。
イ 水溶液に電極を入れて電圧を加えると電流が流れる。
ウ うすい塩酸を加えると中和反応が起こる。
エ 水酸化バリウムを加えてもこれ以上沈殿は生じない。
オ 水溶液にマグネシウムを加えると気体が発生する。

3 次の各問いに答えよ。

〔A〕 昨年（2022 年）の 11 月 8 日の日没後に見られた天文現象について，A さんと B さんが会話している。

A「昨日の皆既月食見たかい？ 東の空高くにうっすら赤く染まった（ ① ）がきれいだったな。」
B「442 年ぶりに惑星食も同時に起こったらしいね。」
A「肉眼でギリギリ見えるかどうかっていう明るさの天王星だから，双眼鏡や望遠鏡が必要だったんだ。」
B「観測できたの？」
A「残念ながら肉眼では分からなかったよ。でも，天文台からの望遠鏡のライブ中継で見ることができたよ。」
B「天王星の食（しょく）って（ ② ）だよね。私も見たかったな。」
A「記録映像はネット上で公開されているよ。いつでも自由に見ることができるから，確認してみてね。」

問 1 （ ① ）に適する月の名称を，次のア～エから 1 つ選べ。

ア 新月　イ 満月　ウ 上弦の月　エ 下弦の月

問 2 次は，月を望遠鏡で観測するときの望遠鏡の動かし方について述べたものである。（ あ ），（ い ）に適する数値をそれぞれ整数で答えよ。

> 月を望遠鏡で観測する場合，月の日周運動に合わせて望遠鏡を動かし続けなければならない。月の公転周期をちょうど 24 時間とすると，月は（ あ ）分間で，角度 1 度分だけ移動する。この角度は，月の大きさでちょうど 2 個分に相当する角度に等しい。
> 右の図に示すように，望遠鏡の視野の半径が月の直径に等しくなる倍率で，視野の中心と月の中心とを一致させて，望遠鏡を固定する。固定した状態のままで観察を続けると，ちょうど（ い ）分後に月全体が望遠鏡の視野から出て行ってしまう。

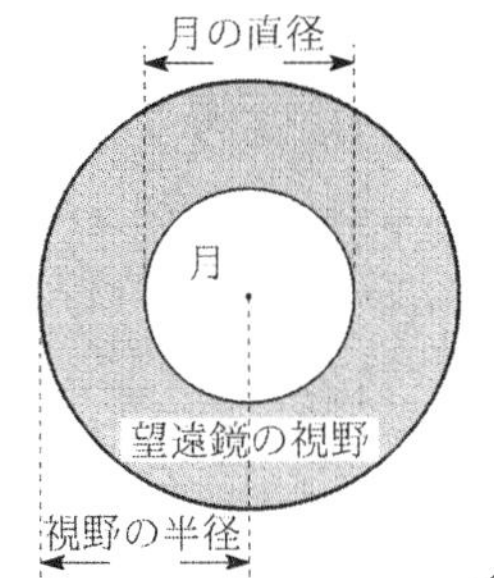

問 3 皆既月食についての説明文中の【 X 】～【 Z 】に，地球，月，太陽のいずれかを，それぞれ正しく当てはめよ。

> 【 X 】全体が，【 Y 】の光による【 Z 】の影に完全におおわれる現象である。このとき，地球から見る月は真っ黒ではなく，地球の大気の影響によりうっすらと赤黒く見える。

問 4 天王星は何等星か。会話を参考に，整数で答えよ。

問 5 （ ② ）に入る，その現象を説明する表現としてもっとも適当なものを，次のア～ウから 1 つ選べ。

ア 天王星が太陽に隠される現象
イ 天王星が月の前面を通過する現象
ウ 天王星が月に隠される現象

問 6 このとき各天体はほぼ一直線上に並んでいる。その並び順として正しいものを，次のア～エから 1 つ選べ。

ア 天王星，地球，月，太陽　イ 地球，月，太陽，天王星
ウ 月，地球，太陽，天王星　エ 天王星，月，地球，太陽

〔B〕 次の文章を読んで，あとの各問いに答えよ。

地球上に存在する水の量は，およそ 14 億 km^3 であるといわれている。そのうちの約 97.5% が海水等であり，淡水は約 2.5% である。この淡水の大部分は南・北極地域などの氷や氷河として存在しており，<u>地下水や河川，湖沼の水</u>などとして存在する淡水の量は，地球上の水の約 0.8% である。さらに，この約 0.8% の水のほとんどが地下水として存在し，河川や湖沼などの水として存在する淡水の量は，地球上に存在する水の量のわずか約（ ※ ）%，約 14 万 km^3 にすぎない。

〔令和 3 年度版『日本の水資源の現況』国土交通省〕

問 7 次の文中の（ あ ），（ い ）にそれぞれ適する数値を，上の文章中の数値をそのまま利用して四捨五入せずに計算せよ。

> 地球上に存在する淡水の量は約（ あ ）万 km^3 で，この淡水のうち約（ い ）% が河川や湖沼の水として存在する。

問 8 （ ※ ）に適する数値を次の中から選んで解答欄に記せ。

0.0001	0.001	0.01	0.1	1

問 9 下線部「地下水や河川，湖沼の水」の源は，雲による降水である。雲のでき方について述べた次の文章を読んで，あとの①～③に答えよ。

> 水蒸気を多くふくんだ空気のかたまりが上昇すると，上空は気圧が低いために膨張する。膨張にともなって気温が下がり，やがて気温が（ X ）に達すると，空気のかたまりの中に水滴や氷の結晶が生じ，その集団が雲となる。

① （ X ）に適する語句を漢字 2 字で答えよ。
② 水滴や氷の結晶が生じたときの空気のかたまりの湿度は何 % か。
③ 一般に寒冷前線面付近に生じ，激しい降水をともなうことの多い雲の名称を答えよ。

問 10 一般に，地下水は地層中の「ある層」のすぐ上の層に多く存在する。「ある層」としてもっとも適当なものを，次のア～エから 1 つ選べ。

ア 砂岩層　イ 泥岩層　ウ 凝灰岩層　エ れき岩層

4 次の各問いに答えよ。

〔A〕 抵抗Xを用いて図1のような回路をつくり，電源電圧を0Vから8Vまで変化させながら，電源から流れる電流の値を測定した。グラフは得られた結果を示したものである。

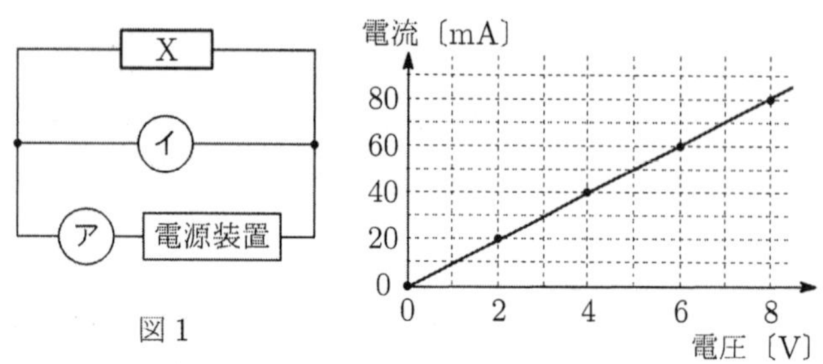

図1

問1 図1の回路で，電流計はア，イのどちらか。

問2 次の文中の（①）～（④）に適する数値をそれぞれ答えよ。

> 抵抗Xの両端に1.5Vの電圧を加えると（①）mAの電流が流れ，3.0Vの電圧では（②）mAの電流が流れる。このように，電圧を2倍にすると，抵抗に流れる電流は（③）倍になる。また，抵抗Xに5.0Vの電圧を加えたとき，抵抗Xで消費される電力は（④）Wである。

問3 抵抗Xの抵抗値は何Ωか。

次に，図1で用いた抵抗Xと同じ抵抗値をもつ抵抗を2個ずつ使って，図2，図3の回路をつくった。図2，図3では，電流計と電圧計は省略した。なお，図2では抵抗を区別するため，A，Bの記号を付けてある。

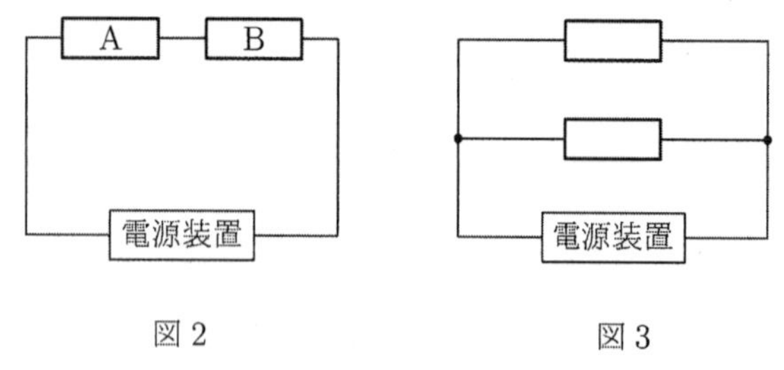

図2　　図3

図2の回路の抵抗Aに流れる電流が30mAになるように，電源電圧の値を調整した。

問4 抵抗Bに流れる電流は何mAか。

問5 電源の電圧は何Vか。

問6 図1，図2，図3の回路の電源電圧をすべて同じ電圧にして回路に電流を流したとき，全体の消費電力がもっとも大きい回路はどれか。その回路図の番号（1～3）を答えよ。

〔B〕 滑車を用いて，荷物を持ち上げる。ひもの重さは考えず，摩擦の影響も考えないものとして，次の各問いに答えよ。

図4のように，重さ25Nの荷物を動滑車で引き上げて静止させる。このとき，ひもを引く力の大きさは15Nだった。

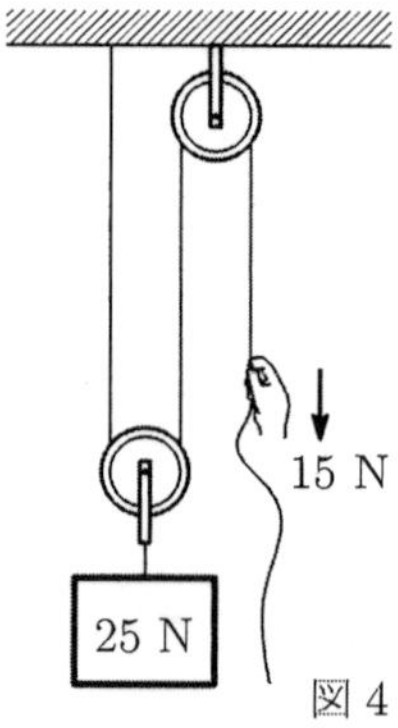

問7 動滑車の重さは何Nか。

このまま，ひもを下方へ30cmだけゆっくりと引き下げる。

問8 荷物は何cm上昇するか。

問9 ひもを引く力がした仕事は，何Jか。

15 N

25 N

図4

次に，定滑車を図4よりも右の方へずらした位置で固定し，図5に示すようにひもを下方に引いて，上とは別の荷物をゆっくり引き上げる。動滑車をつるすひもが互いになす角度がちょうど120°になるところで，荷物を静止させる。ただし，この荷物と動滑車を合わせた重さは35Nである。

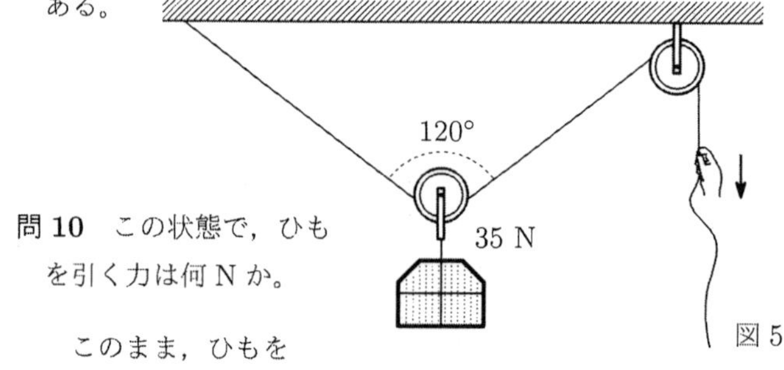

図5

問10 この状態で，ひもを引く力は何Nか。

このまま，ひもを下方へゆっくりと引き下げて，動滑車と荷物を20cmだけまっすぐに上方へ上昇させた。

問11 ひもを引く力がした仕事は何Jか。

定滑車と4連動滑車を組合せた図6の装置で，右端のひもを引くことにより100Nの荷物を引き上げる。ひもを引く力を徐々に大きくしていくと，ちょうど15Nに達したところで床から離れた。

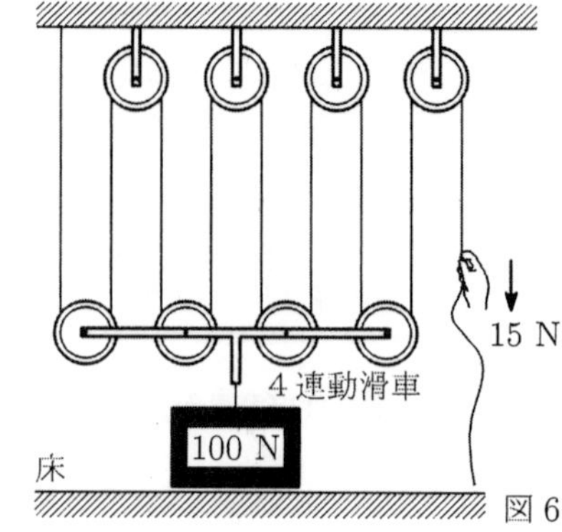

図6

問12 4連動滑車の重さは何Nか。

問13 荷物を40cmだけ持ち上げるためには，ひもを何cm引くとよいか。

学校法人 川島学園
尚志館高等学校

理事長 川島英和
学校長 井手元 隆一
所在地 〒899-7104 鹿児島県志布志市志布志町安楽6200-1
電話 TEL：099(472)1318 FAX：099(472)1319
ホームページ http://www.shoshikan.ed.jp
Eメールアドレス info@shoshikan.ed.jp
交通 日南線志布志駅より「尚志館高校前バス停」まで約10分
スクールバス 12台15路線で通学範囲のほとんどを網羅。

入試情報	会場	本校及び鹿屋商工会議所		合格発表	入学金	月額校納金
学科	定員	入試科目	願書受付	2024年1月29日(月)	・一般受験生 100,000円 ・専願受験生 60,000円 ・学業，学科，部活動奨学生 50,000円	45,500円 ・医療福祉・看護学科は46,500円 ・保護者の所得に応じて9,900～33,000円が国から就学支援金として給付される場合があります。
特進科	30	国語，数学 英語，社会 理科	2024年 1月5日(金) ～11日(木)	受験料		
普通科	40			10,000円		
看護科	40			入学手続		
医療福祉科	30	国語，数学 英語，面接	入試日	1月29日(月)から，各県公立高校合格発表の翌日まで。		
商業科	30					
建設工業科	30 (男子のみ)		2024年 1月23日(火)			

本校の特色

○昨年度の主な進路先

特進科

《国公立大学・短大》大阪大(経済・人間関係学部)、静岡大(情報)、茨城大(工学)、富山県立大(工学)、高知大(人間社会科学)、熊本大(理2)、宮崎大(工)、鹿児島大(医2・歯・工2・理2・法・水産)、宮崎県立看護大、福岡教育大、他

《私立大学・準大学・その他》酪農学園大(獣)、慶應義塾大(薬・商)、法政大(生命科学)、駒沢大(法)、順天堂大(保健医療)、東京理科大(薬)、日本大(工)、明治大(政治経済)、立命館大(薬)、同志社大(法)、近畿大(工)、関西学院大(生命環境)、西南学院大(経済)、福岡大(薬3・経済・理・工3)、崇城大(工2)、防衛大学校、水産大学校、他

普通科

【進学合格】宮崎大(地域資源創成学部)、宮崎公立大(人文)、鹿児島大(農)、鹿児島県立短大(文)、北海道情報大(通信教育)、東京農業大(地域環境)、帝京(福岡医療技術)、桃山学院教育大(人間教育)、福山大(工)、九州産業大(地域共創)、久留米大(経済3・文学2)、福大(経済2)、九州看護福祉(看護・鍼灸スポーツ)、日本文理大(保健医療)、鹿児島国際大(経済2・文1・社会福祉1)、近畿測量専門学校、鹿屋市看護専門学校、福岡ウェディング&ブライダル専門学校、KSC鹿児島情報専門学校、他

【公務員合格】志布志市役所、東京消防庁、垂水市消防、鹿屋市役所、日南市役所、自衛隊一般曹候補生、他

商業科

【進学合格】千葉商科大(商)、大阪商業大(経済)、九州国際大(現代ビジネス)、南九州大(人間発達)、鹿児島国際大(経済2)、第一工科大学(工)、福岡こども短期大学、鹿児島女子短期大学、九州観光専門学校、都城リハビリテーション学院、鹿児島情報専門学校、鹿児島情報ビジネス公務員専門学校、福岡こども専門学校、麻生情報ビジネス専門学校、辻調理師専門学校、鹿児島第一幼児短期大学、他

【就職】(株)宮崎銀行、鹿児島相互信用金庫、航空自衛官候補生、株式会社ナンチク、(株)メガテック、(株)エイワ、社会福祉法人陵幸会、鹿児島綜合警備保障株式会社、他

建設工業科

【進学合格】久留米工業大(交通機械工学)、日本文理大学(情報メディア)、第一工科大(環境・建築デザイン)、鹿児島国際大(経済)、都城コアカレッジ、今村学園ライセンスアカデミー調理師コース、鹿児島工学院(建築デザイン・電気技術工学)、第一リハビリ専門学校、鹿児島情報ビジネス公務員専門学校

【就職内定・公務員合格】株式会社九電工、株式会社ジェーエフフーズ、株式会社川北電工、株式会社坂元建設、佐藤工務店、株式会社フクケン、株式会社小波潜水、松田工業、株式会社聡建、自衛隊一般曹候補生(海上4)、自衛隊自衛官候補生(海上)、他

医療福祉科 国家試験合格率100%(全国平均84.3%)令和4年度

【進学合格】小倉南看護専門学校(看護)、福岡カレッジオブビジネス(事務・経理)、宮崎保健福祉専門学校(作業療法2)、鹿児島第一医療リハビリ専門学校(作業療法3)

【就職内定】特別養護老人ホーム城東こすもす苑、老人保健施設ひまわり、老人保健施設サンセリテのがた、特別養護老人ホーム小松の里、特別養護老人ホーム末吉まごころ苑、特別養護老人ホームやっちく、他

看護学科基礎課程 【看護学科専門課程40名進級】

看護学科専門課程 国家試験合格率100%(全国平均90.8%)令和4年度

【就職内定】大阪府済生会泉尾病院(2)、イムス横浜東戸塚総合リハビリテーション病院(3)、建貢会総合東京病院、社団医聖会(2)、京都社会事業財団西陣病院(4)、都城市郡医師会病院、池田病院(2)、徳田脳神経外科(2)、びろうの樹脳神経外科、大隅鹿屋病院(3)、鹿児島県立病院局、今村総合病院、いまきいれ総合病院(4)、曽於郡医師会立病院、おぐら病院(2)、自衛隊一般曹候補生(海上)、他

お知らせ

◎体験入学 2023年7月15日(土)
2023年8月19日(土) 開催予定

希望する学科の授業や，興味のある部活動を体験してみませんか。詳細は，6月初旬に各中学校へ連絡します。

◎地区別学校説明会 2023年5月下旬～6月下旬，
10月上旬～11月上旬
詳細は本校HPにて

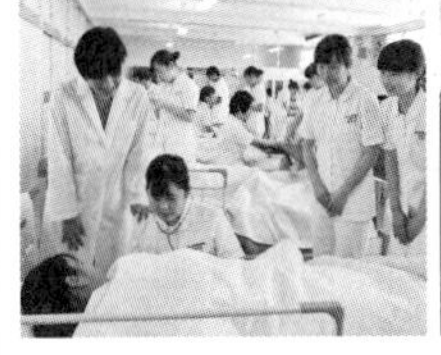

令和五年度　尚志館高校入試問題　国語　（解答…216P）

一　次の文章を読んで、あとの問いに答えなさい。

　ほかの習い事についても同様であるが、茶道に入門するときは、まず挨拶の仕方を徹底的に教わる。

　きちんと㋐畳の上に座って、きちんと扇子を目の前において、きちんと手をついて、きちんと相手の目を見たうえで、きちんと頭を下げると同時に、きちんと適切な言葉を述べる。その後に頭を上げるなどの動作もきちんとしなくてはならない。【　Ⅰ　】

　すべての身体の動かし方や言葉遣いに、「きちんと」という①副詞がついている。

　正確に定められ㋑踏襲してきたルールがあり、それに従って乱れることなく正確に、言葉を発したり身体の部分を動かしていく。その「きちんと」の内容は、かなり詳細にわたっているので、何度も教わりながら身につけていかなくてはならない。

　挨拶ひとつがきちんとできるようになるにも、②□朝□夕では無理だ。したがって、逆にいうと、お辞儀の仕方を見れば、それだけでその人の修業の年月や気持ちの入れ方がわかる。また、挨拶は自分勝手にするものではなく相手と交わすものであるから、人に対する心遣いが行き届いていなかったら、③きちんとした結果にはならない。

　相手の心と自分の心とを合わせる努力を㋒怠ったら、自分は挨拶をしたと思っても、相手としては挨拶が成立していないと思う。きちんと挨拶をしようとする双方の気持ちと調子が合わなくてはならない。「アウンの呼吸」である。

　よく笑い話や漫画などで見る場面がある。頭を下げてお辞儀をしたのはいいが、頭を上げてみると、相手はまだ頭を下げたままでいる。そこで㋓アワてて、また頭を下げると、こんどは頭を上げた相手がそれを見て、また頭を下げる。その繰り返しが行われる。【　Ⅱ　】

　このような図を見ると皆が笑うが、ここに④基本的なルールと教訓が描かれているのを見落としてはならない。

　すなわち、頭を下げるときだけではなく、上げるときでも同時でなくてはならないという点である。相手に敬意を表わし相手の気持ちを十分に推し量りながらすれば、不思議に息が合うものだ。

　「啐啄同時（そったくどうじ）」という言葉がある。

　啐は卵の殻の中で雛がつつく音のことで、啄は母鶏が殻を外からつつく音のことで、これが同時であると殻が割れて雛が誕生するというのだ。禅では、両者の息が合うことの重要性を示す話になっている。【　Ⅲ　】

　仲のいい夫婦の場合、夫が食べたいと思ったときに、妻がその料理をつくって出すということはよく起こることだ。お互いに相手のことを常に考えながら行動しているので、⑤以□伝□という結果になっているのである。相手が何を考えているかをお互いに自然に㋔サッチしているのである。それは第三者が横で見ていたら、⑥美しい情景と思うはずだ。

　茶道においては、挨拶に限らずすべての場合に、自分自身の動きやかたちを美しくするだけではなく、ほかの人の気持ちに対する配慮を怠らないことが要求される。自分だけが美しくするといった自分勝手な振る舞いは許されない。ほかの人も含めて、全体で調和のとれた美しい動きやかたちが生み出されるように努力する。【　Ⅳ　】

　自分の息をきちんと整えるだけではなく、ほかの人と息を合わせることも忘れてはならない。［X］、そのような芸当は「一日にして成らず」で、長い年月にわたる稽古の積み重ねという修業を要する。最初は、自分の⑦立ち居振る舞いを作法に従って律する。歩き方や座り方をいかに美しくするかに始まり、道具の㋕アツカい方をスムーズに行うことに腐心する。【　Ⅴ　】

　作法として定められている動きには、無駄なところはない。象徴的な動作はあるものの、装飾的な要素は一切なく、すべて実質的な動きになっている。それを見ている人も、その動きに引き込まれていくので、心の中までもきれいになるように感じる。（注）点前をする亭主と客になっている人との息が合ってくるのである。

　そこで当然のことながら、その座にいる人たち全員の間に一体感が生まれる。定められた形式に従って動いたり、それを見たりしているうちに、心と心が㋖フれ合い交流が行われる結果になる。美と平和の世界の中で、全員が楽しい一時を一緒に過ごしているのである。

　茶道は美しいものをつくり上げ、それを皆で楽しもうとする真摯な試みの一つだ。そこで狙っているのは「整然美」であるといってもいい。

　ぴたりと美事に決まる美しさで、その中にいる人たちの心は、きちんと整った秩序の中にある宇宙を感じている。それは何の不安もなく、居心地のよい世界である。

（山崎武也『持たない贅沢』）

（注）点前（てまえ）…茶の湯のときの作法・儀式

問一　傍線部㋐～㋖のカタカナは漢字に改め、漢字は読みをひらがなで書きなさい。

問二　傍線部①とあるが、次の文の傍線部が副詞のものを一つ選び、記号で答えなさい。

ア　妹に合わせてゆっくり歩く。　イ　昨日、大きな荷物が届いた。
ウ　今夜は星がきれいな夜だ。　エ　あらゆる所から人々が集まった。

問三　傍線部②・⑤の空欄□にはそれぞれ同じ一字が入る。次の中から選んでそれぞれ記号で答えなさい。

ア　一　イ　二　ウ　三　エ　思　オ　心　カ　想

問四　「心遣い」の「遣」の太字は何画目か。漢数字で答えなさい。

「遣」

問五　傍線部③とはどういうことか。解答欄に合うように説明しなさい。

（　　　　　　　　　　）挨拶が成立すること。

問六　傍線部④とあるが、⑴基本的なルール、⑵教訓とは何か。それぞれ説明しなさい。

問七　傍線部⑥とはどのような情景か。四十五字以内で説明しなさい。

問八　［X］に入る語として最も適当なものを、次のア～オの中から選び、記号で答えなさい。

ア　しかし　イ　そして　ウ　ところで　エ　たとえば　オ　もちろん

問九　傍線部⑦の意味として最も適当なものを次の中から選び、記号で答えなさい。

ア　立ちながら舞を披露すること。
イ　立っている姿が美しいこと。
ウ　日常生活における動作のこと。
エ　来客に対する作法のこと。

問十　次の一文を入れるのに適当な箇所を【　Ⅰ　】～【　Ⅴ　】の中から選び、記号で答えなさい。

> 人と人とが接するときに相手とのタイミングを上手に図らなかったら、何ら実りのある結果にはならない。

問十一　本文の内容に合うものを、次の中から一つ選び、記号で答えなさい。

ア　相手の気持ちを考えながら行ったことで、息がぴたりと合い、一体感が生まれる光景は美しいものである。
イ　笑い話や漫画で見る挨拶の場面は、実は大切な要素が含まれるから日頃からよく見ておくべきだ。
ウ　きちんと挨拶をするためには、ほかの習い事よりも茶道に入門して、長い年月をかけて作法を身につけるのが良い。
エ　相手が何を考えているかをお互いに察知できる夫婦の姿は美しく、それを仲の良い夫婦と呼ぶのである。

問十二　自分とほかの人と息が合った、または合わなかった過去の経験を挙げなさい。また、その経験に対して、今のあなたが気づいたり、考えたりしたことを書きなさい。ただし次の条件に従うこと。

①作文の形式に従って二百字以内で書くこと。
②本文から書くこと（題名不要）
③二段落構成で書くこと。

二　次の文章の主人公は視能訓練士[注1]として働いており、門村さん[注2]と三井さん[注3]は共に主人公の勤務する医院に受診に訪れる緑内障患者[注4]である。次の場面は主人公と、受診を終えた門村さんが、三井さんの務める喫茶店を訪れ、三人でレコードを聞いている場面である。これを読んであとの問いに答えなさい。なお、設問の都合上、本文には表記を変えたり省略したりした部分がある。

二人は目を閉じていた。なにもかもを忘れるように彼らは音に浸り続けていた。彼らが抱えている①視野の喪失は、この音の中では、彼らを苛むことはできない。

音楽が終わり、スピーカーから演奏の終わりを告げる雑音が流れ始めると、三井さんは針をあげてからレコードをジャケットの中に戻した。僕は、門村さんの瞳を見つめた。目を開けたとき、彼が自分の視界に失望していることに気付いてしまった。なにかがふっと彼の中から消えていくような気がした。

「弾いてみたらどうですか？」

と、言うと彼は、顔をあげてこちらを見た。

「いえ。私には遠い世界です」

そう言って、また視線を逸らした。

「②僕は楽しさで仕事をしていません」

彼はなにを言われたのか、分からないというような表情で、こちらを見た。やがて、以前[注5]自分が質問したときの答えだと思い出したようだった。分かっている、というような寂しい目をした。

「でも、自分にとって一番価値があると思えることをやっています。それが僕自身を生かす一番の方法だと信じています。自分を信じて検査をしています」

と、伝えた。

「僕は、よく失敗します。いまだに機材にぶつかるし、手順を間違えるし、先輩にも先生にも叱られることもあるし、手際が悪くて患者さんに文句を言われることなんて日常［A］事です。でも、僕は向き合い続けます。馬鹿みたいにただ毎日、向き合い続けることでしか変わらないことがあると思うから……」

彼は僕を見つめていた。目が合うと、ふっと表情を緩めて、

「なんだか気分が落ち着いてきました。今なら弾けるような気がします」

と、言った。三井さんは、どうぞ、と彼を促した。彼はゆっくりとピアノの前に歩いていき、椅子に座った。［B］蓋を開けて、鍵盤を撫でた。指を構えて、鍵盤を押し込もうとする。彼は力を込めた。けれども、鍵盤に触れようとした瞬間、身体が硬直していた。彼は驚いて、鍵盤を見つめたまま動けなかった。それから、両手をじっと見た。失われたものを確かめるように、虚空を握っていた。

「弾けませんか？」

と三井さんは訊ねた。門村さんはなにも答えなかった。ⓐため息とよく似た呼吸だけが店内に響いているだけだった。

「なぜ、楽器を演奏するのか。なぜ、もうすでに分かっているはずの自分の心をなにかに変えたいと思うのか」

三井さんは、独り言のように話し始めた。そして、カウンターの上に置いた黒いケースを開き、トランペットを取り出した。左手で軽々と持ちあげた③トランペットを切り離された身体の一部のように眺めていた。

「なぜ、自分は生きているのか。なんのために、ここにいるのか」

右手でマウスピースを取り出したⓑ三井さんの視線は少しずつ細くなり、光を帯びていた。

「考えても分からないのなら、弾いてみたらどうですか？」

門村さんは、ハッとしたような表情で三井さんを見た。彼はカウンターから出てきて微笑み、トランペットを構えた。

「あなたを見ていると、私の方が鳴らしてみたくなりました。気が向いたら、あなたもどうぞ」

そして、突然、店内にトランペットの音が響いた。くぐもった深い音が店内に響いた。バラードだった。構えられたトランペットは、彼の姿勢の中にぴたりとはまっていた。ぼやけていた像が、焦点を結ぶように、三井さんの本当の姿がそこにあらわれた。

その音色に驚いた。それはさっきまで、レコードで聞いていたトランペットの音色と同じものだったからだ。ⓒ彼の頬が魂と同じくらい膨らんでいた。

門村さんもその音に気付き、目を見開いた。その後、震える手を止めて、ゆっくりと目を閉じた。全身で、鍵盤に力を載せて、三井さんが奏でるバラードのテーマをなぞった。

美しい旋律が相互に重なり、補い合い、音楽が生まれた。ゆっくりとしたテンポで三井さんの深みのある音が、音楽をリードしていく。門村さんの伴奏に支えられて、控えめなソロが終わり、ピアノの番になった。

音楽に疎い僕にも、門村さんの中で、押さえつけられていたなにかが解き放たれていくのが分かった。彼の抱えていた苦しみや悲しみが音色を通し響き渡り、それは右手と左手の連動によって昇華されていった。バラードに④花を添える右手の語るような旋律の口数は少ない。けれども語るべきことは確かに語る。そんな音だった。

ピアノのことはまるで分からない。けれども、それは、間違いなく門村さんそのものなのだと思えた。⑤その演奏は、彼自身を携えていた。それはきっと、彼の中に最初から存在していた世界だったのだろう。病院に来る度に、不満そうに検査を受けていたあの門村さんと同じ人物が演奏しているとは到底思えなかった。迷いなくピアノに向かっている彼こそが、きっと本当の彼なのだろう。

演奏を続けるうちに、僕はどんどん彼の演奏に集中していった。彼の瞳の色が変わっていく。全身全霊でなにかに打ち込んでいる人の眩しいほどの輝きがそこにあった。

音の粒の多い華麗な演奏ではない。右手だけで訥々と語る切実なピアノの調べが、僕を震わせていた。それはⓓ薄暗い雨の日に聞く、雨音のような心を濡らす音だった。

同じテーマに戻ってきた後、二人の演奏は終わり、⑥門村さんは最後の一音を自分の心の内側に押し込むように鍵盤を鳴らした。僕はたった一人で、大きな拍手をしていた。

門村さんは立ちあがって、三井さんを見た。

「あなただったんですね、あのレコードの演奏」

と、彼は言った。三井さんは楽器を構えたまま微笑んでいた。

「サイドメンとして、ほんの少しだけ参加した名もない演奏者ですよ。誰も私のことなんて知らない。でも音楽を愛していたのは本当です」

トランペットを携えた三井さんの瞳には熱がこもっていた。

「音楽をやめる苦しみは、私にも分かります。私もいま、二十数年ぶりに演奏して、自分の一部が戻ってきたような気がしました。妻とこの店を二人で切り盛りしていたときのことをあざやかに思い出しました。あなたはどうですか」

門村さんは視線をあげて、

「私も自分が夢中になって生きていたときのことを思い出しました。音楽と関わって辛い思い出も多かったはずなのに、もう思い浮かびませんでした。さっきよりも静かな気持ちです」

と言った。門村さんの瞳は、怯えてはいなかった。

「それが答えなんですよ」

そう言った後、三井さんはトランペットをケースに戻した。

「マスターはもう吹かないんですか？」

「私は、緑内障がひどくなるかもしれないので。眼圧があがるような気がしてしまうのです。それにね、吹いてみて分かりました。いまは、演奏することよりもコーヒーを淹れることを愛しています。妻と二人で始めたこのお店を続けていくことが私のすべてです。私は、音楽をやめて良かった。でもね……」

と三井さんは言って目を細めた。

「あなたは、音楽をやめない方がいい。あなたは私とは違う」

と、門村さんに言った。

「ありがとうございます」

と、門村さんは三井さんに近づいていって握手を求めた。三井さんもそれに応じた。三井さんは、門村さんの向こう側を見て、また目を細めた。

「今日は、久しぶりに虹[注6]が見えます」

と、言った。彼は振り返り、

「私にも見えます。なんだか今日は暖かい色に見えますね。不思議です。少し前まで、あんなに怖くて冷たいものに見えていたのに」

⑦彼らは二人にしか見えない虹を眺めていた。僕は門村さんが見つめている景色の意味が、虹と同じように少しずつ温かく変わっていけばいいなと思っていた。

（砥上裕將『夜の虹』）

(注)1　視能訓練士……医師の指示のもと検査や視機能に関する訓練を担当する専門技師。

2　門村さん……現在は営業職に就いているが、プロのミュージシャンとしての道を諦めた過去をもつ。

3　三井さん……喫茶店のマスター。緑内障がきっかけでミュージシャンを辞めた過去をもつ。

4　緑内障……視神経に異常が起こり、視野が狭くなったり部分的に見えなくなったりする病気。

5　以前自分が質問したとき……以前検査の際に主人公が門村さんから「この仕事って楽しい？」と質問されていた。

6　虹……緑内障の患者に時々見られる、光の周りに虹の輪が見える症状。

問一　［A］に漢字二字の適語を入れなさい。

問二　［B］に当てはまる語句として最も適当なものを次から選び、記号で答えなさい。

ア　不意に　　イ　手荒に　　ウ　抜かりなく　　エ　おもむろに

問三　傍線部①とあるが、「視野の喪失」が「彼らを苛む」とはどういうことか。解答欄に合うように、本文中から八字で抜き出して答えなさい。

○彼らが【　　　　　　　　】すること。

問四　傍線部②とあるが、主人公は門村さんにどのようなことを伝えたいのか、最も適当なものを次から選び記号で答えなさい。

ア　辛い思い出である音楽と向き合うことで、完全に未練を断ち切ることができるということ。

イ　音楽以外の仕事でも誠実に取り組むことで、新しく生き甲斐にすることができるということ。

ウ　大事なものである音楽と向き合い続けることで、現状が良い方向に変わり得るということ。

エ　予期せぬ試練を乗り越え続けることで、いずれ音楽とも向き合えるようになるということ。

問五　傍線部③とあるが、このときの三井さんの心情を説明したものとして最も適当なものを次から選び記号で答えなさい。

ア　かつて懸命に打ち込んだ楽器を久しぶりに演奏することに懐かしさを感じている。

イ　かつて夢中になっていた音楽と再び向き合うことに対し乗り気になれないでいる。

ウ　かつて練習した曲を久しぶりに演奏することになったが自信が持てないでいる。

エ　かつてあきらめた音楽の道へ再挑戦する機会を得たことに喜びを隠せないでいる。

問六　傍線部④について、本文中における意味として最も適切なものを、次から選び記号で答えなさい。

ア　かろやかにさせる　　イ　美しさを加える

ウ　落ち着きを持たせる　　エ　ゆるやかにさせる

問七　傍線部⑤とあるが、これはどういうことか、三十字以内で説明しなさい。

問八　傍線部⑥とあるが、「自分の心の内側に押し込むように」という表現には門村さんのどのような心情が表れていると言えるか、説明しなさい。

問九　傍線部⑦とあるが、門村さんの「虹」の見え方の変化は、どのような心情を表しているか。説明しなさい。

問十　この文章中の二重線部ⓐ～ⓓに対するそれぞれの説明のうち、適当なものを選び、記号で答えなさい。

ア　二重線部ⓐには、ピアノを弾くことができない門村さんに対する三井さんの深い失望が表れている。

イ　二重線部ⓑには、一度捨てた音楽と向き合おうと葛藤する三井さんの悲壮な決意が表れている。

ウ　二重線部ⓒには、音楽を心から愛している彼が本来の生き生きした様子で演奏していることを暗示している。

エ　二重線部ⓓとあるが、これは途切れることなく激しい旋律を奏でる門村さんの演奏を例えた表現である。

［三］　次の古文を読んで、あとの問いに答えなさい。

能をつかんとする人（芸能を身につけようとする人が）、「よくせざらんほどは（うまくできないうちは）、①なまじひに人に知られじ。②うちうちよく習ひ得てさし出でたらんこそ（人前に出るというのが）、いと心にくからめ」と、常に言ふめれど、かくいふ人、一芸も習ひ得ることなし。いまだ堅固（けんご）かたほなるより（芸が未熟なうちから）、上手（じやうず）の中に交りて、毀り（そし）笑はるるにも恥ぢず、③つれなく過ぎて嗜む（たしな）人、天性（生まれつき）、その④骨なけれども、道に⑤なづまず、⑥みだりにせずして、年を送れば、堪能（注1 かんのう）の嗜まざるよりは、終（つひ）に上手の位に至り、徳たけ、人に許されて、⑦双（ならび）なき名を得ることなり。

天下の物の［X］といへども、始めは、不堪（注2 ふかん）の聞え（評判）もあり、無下の瑕瑾（かきん）（不名誉）もありき。されども、その人、道のおきて正しく、これを重くして放埒（はうらつ）せざれば、世のはかせにて、万人の師となる事、諸道かはるべからず。

（兼好法師『徒然草』）

（注）1　堪能…その道に深く通じている人。上手な人。

2　不堪…堪能でない人。下手な人。

問一　傍線部①・⑤をそれぞれ現代仮名遣いに改めなさい。

問二　傍線部②に関する次の説明の空欄Ⅰ・Ⅱに入る語を答えなさい。（ただし、Ⅰは選択肢の中から選び、記号で答えること。Ⅱは傍線部の中から抜き出すこと。）

○この一文は、係［Ⅰ］の「［Ⅱ］」があるため文末が已然形となり、文意を強めている。

〈選択肢〉

ア　動詞　　イ　助動詞　　ウ　副詞　　エ　助詞

問三　傍線部③・⑥の本文中における解釈として最も適当なものを、それぞれ次の中から選び記号で答えなさい。

③　「つれなく過ぎて嗜む（たしな）人」

ア　平然とした素振りで稽古に励む人

イ　どうしようもなく趣味に没頭する人

ウ　気にしすぎて芸に集中できない人

エ　他人に頼らず黙々と稽古に臨める人

⑥　「みだりにせずして」

ア　頑張ることはせずに　　イ　勝手気ままにせずに

ウ　諦めることはせずに　　エ　無理なことはせずに

問四　傍線部④と同じ意味で用いられている熟語を次の中から選び、記号で答えなさい。

ア　骨折　　イ　反骨　　ウ　気骨　　エ　骨子

問五　傍線部⑦を「名」の意味に注意して現代語訳しなさい。

問六　［X］に入る語を本文中から二字で抜き出しなさい。

問七　本文の内容の説明として適当でないものを一つ選び、記号で答えなさい。

ア　芸が上手くできるようになるまで他人にその姿を知られないようにし、ひそかに励んでから人前に出ようと考えている人は、芸を身につけることはできない。

イ　芸が未熟なうちから恥じることなく、上手な人々に鍛えられた人が年を重ねると、才能がありながら努力しないでいる人を上回り、その力が世間からも認められる。

ウ　天下に認められる人物は、幼い頃から抜きんでた才能があり、人々から注目され続けてきたため、周囲の人々に対して幾度となく恥をかかせてきた。

エ　その道の規則を守り、これを重んじて気ままな振る舞いをしなければ、どの道においても世の中の権威として多くの人々の師となることになるだろう。

令和５年度　尚志館高校入試問題　数　学　（解答…217Ｐ）

1 次の(1)~(6)の計算をしなさい。

(1) $17^2 \times 7 - 124 \times 5$

(2) $\frac{1}{3} + \frac{5}{6} - \frac{1}{2}$

(3) $\frac{2a-b}{4} - \frac{a+b}{2}$

(4) $(2a)^2 \div (-3a^2b^4) \times 9b^5$

(5) $6\sqrt{2} - \sqrt{32} - \frac{8}{\sqrt{2}}$

(6) $(x+4)^2 - (x-2)(x+10)$

2 次の(1)~(8)の各問いに答えなさい。

(1) $5 < \sqrt{x} < 6$となるような自然数xの個数を求めなさい。

(2) $x=2023$，$y=2022$のとき，x^2-y^2の値を求めなさい。

(3) 9で割っても15で割っても4余る自然数のうち100以下の自然数の個数を求めなさい。

(4) 比例式 $5:13=x:91$を解きなさい。

(5) 次の図で∠ＡＢＣの大きさを求めなさい。

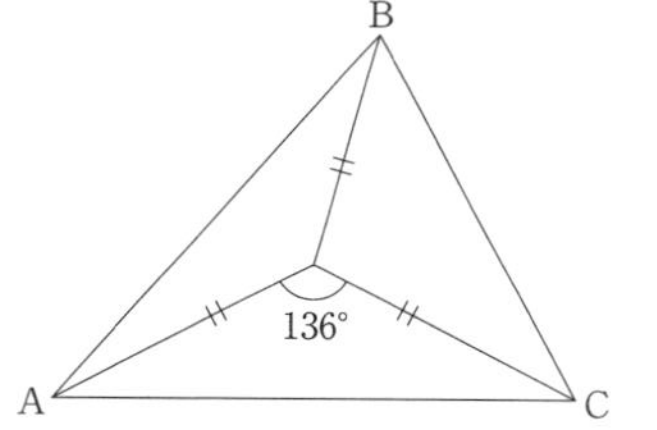

(6) あるクラスで生徒の身長を測ったところ，全生徒40人についての平均が156cm，男子生徒の平均が160cm，女子生徒の平均が150cmであった。このクラスの男子生徒の数は何人か求めなさい。

(7) 次のデータは2022サッカーワールドカップに出場した欧州13チームの出場回数である。このデータについて次の問いに答えなさい。

2, 6, 6, 8, 9, 11, 12, 13, 14, 16, 16, 16, 20

1）四分位数を求めなさい。

2）四分位範囲を求めなさい。

(8) Ａ，Ｂ，Ｃ３人でじゃんけんをするとき，３人があいこになる確率を求めなさい。

3 $a>0$とする。関数$y=ax^2$のグラフ上に，$AB=2\sqrt{3}$となるように，点Ａ，Ｂをとり，またＡＢを１辺とする正六角形ＡＢＣＤＥＦを考える。

点Ｃ，Ｆも$y=ax^2$のグラフ上にあるとき，次の各問いに答えよ。

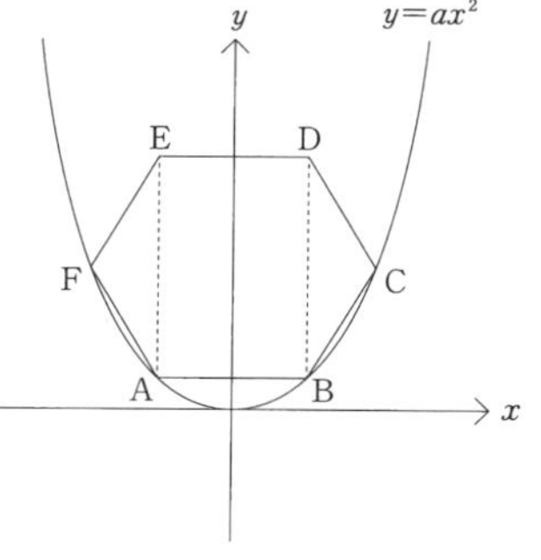

(1) aの値を求めなさい。

(2) 点Ｃの座標を答えなさい。

(3) 正六角形ＡＢＣＤＥＦの面積を求めなさい。

(4) 点Ｃを通り，正六角形ＡＢＣＤＥＦの面積を３等分する直線のうち，傾きが正である直線をℓとする。ℓの方程式を求めなさい。

4 点Oを中心とする円に弦ＰＱをとり，円の外にＰＱ⊥ＯＡとなるように点Ａをとります。直線ＡＰと円の交点をＢ，線分ＯＡと線分ＢＱの交点をＲとします。△ＯＡＱと△ＯＱＲが相似であることを示しなさい。

この問題を考えている志郎君と尚子さんの会話を読んで，(1)～(4)の各問いに答えなさい。

志郎「簡単じゃない？だって，∠ＡＯＱ＝∠ＱＯＲはわかっているから，残っている2組のうち，1組が等しいことを示せばいいはず。」
尚子「確かにそうだけど…どうやって？」
志郎「う～む…？」
尚子「じゃあ，∠ＯＡＱ＝∠ＯＱＲがいえないか，考えてみましょうよ。」
志郎「ＰＱは円の弦でＰＱ⊥ＯＡだからＯＡは線分ＰＱの［ア］だから，ＡＱ＝［イ］がいえるので∠ＯＡＱ＝∠［ウ］となるのか。」
尚子「ということは∠ＯＱＲ＝∠［ウ］を示せばいいということね。」
志郎「だったら，∠ＯＱＲ＝∠ＯＱＢのことだし，∠［ウ］＝∠［エ］のことだから，4点Ｏ，Ｑ，Ａ，Ｂが同一円周上にあることが言えれば…」
尚子「そうなれば，［オ］から示せるわ。それに，4点Ｏ，Ｑ，Ａ，Ｂが同一円周上にあれば∠ＡＯＱ＝∠［カ］のはずよね。」
志郎「うん！わかったよ!!」

(1) ［ア］に入る最も適当な語を下から選びなさい。

平行線	2等分線	平行2等分線	垂線	垂直2等分線

(2) ［イ］～［エ］，［カ］に入る最も適当なものを選びなさい。

AB	AR	AP	AQ	BQ	OA	OAP	OAQ	OAB	OQR
ORB	APQ	AQP	ARP	ARQ	AOQ	ABQ			

(3) ［オ］に入る語を下から選びなさい。

ピタゴラスの定理	円周角の定理	中点連結の定理
ピタゴラスの定理の逆	円周角の定理の逆	中点連結の定理の逆

(4) 証明を完成させなさい。

5 ＡＢ＝ＡＣ＝ＡＤ＝15，ＢＣ＝10，ＣＤ＝$6\sqrt{2}$，ＤＢ＝14である三角すいＡＢＣＤの体積を求めなさい。

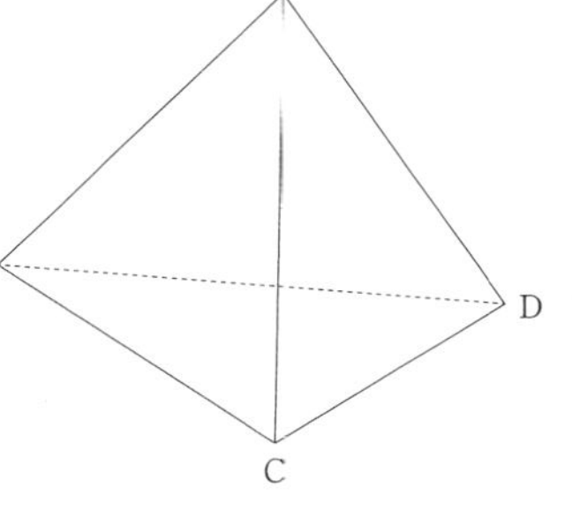

この問題を考えている志郎君と尚子さんの会話を読んで(1)～(5)の各問いに答えなさい。

志郎「じゃあ，底面積から考えよう。」
尚子「△ＢＣＤの面積を考えてみましょう。ＣからＢＤに垂線ＣＥを下ろしてみると」

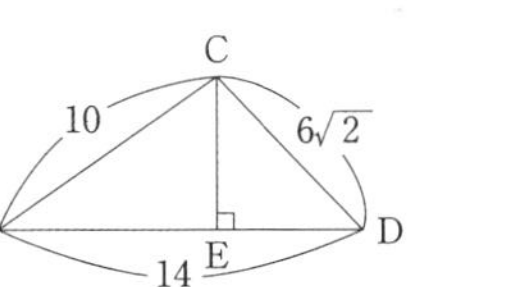

志郎「△ＣＥＤは直角二等辺三角形に見えるね。」
尚子「もし，そうだったら，ＣＥ＝ＤＥ＝［ア］となり，ＢＥ＝［イ］だから△ＢＥＣで［ウ］が成り立つから，間違いないわ。」
志郎「ということは底面となる△ＢＣＤの面積は［エ］だ。あとは高さか。Ａから△ＢＣＤを含む平面に垂線ＡＨを下ろすと。」
尚子「△ＡＢＨ，△ＡＣＨ，△ＡＤＨは合同だわ。」
志郎「なるほど。そうなると点Ｈは3点Ｂ，Ｃ，Ｄを通る円の中心ということか。」
尚子「じゃあ，∠ＢＨＣ＝［オ］°となって，ＢＨ＝［カ］ということはＡＨ＝［キ］。」
志郎「つまり，三角すいＡＢＣＤの体積は［ク］ということがわかったね。」

(1) ［ア］，［イ］に正しい数値を入れなさい。
(2) ［ウ］に入る正しい語を下から選びなさい。

ピタゴラスの定理	円周角の定理	中点連結の定理

(3) ［エ］に正しい数値を入れなさい。
(4) △ＡＢＨ，△ＡＣＨ，△ＡＤＨが合同であることを説明しなさい。
(5) ［オ］～［ク］に正しい数値を入れなさい。

令和５年度　尚志館高校入試問題　英　語　（解答…219Ｐ）

1　以下の英文を読み、あとの問いに答えなさい。

Paul Johnson is 20 years old, and he drives a small car. Paul loves to drive his car. (1) Sometimes he wears his seat belt. Sometimes he (　　　).

One day Paul is driving his car. He is not wearing his seat belt. Suddenly another car turns in front of him, Paul hits the other car. Paul's car rolls over once, twice, three times, four times. The fourth time his car rolls over, the top comes off. Paul goes up into the air. He goes up high.

There are some wires above the street. One wire catches Paul's foot. He grabs another wire with his hand. Now Paul is hanging high above the street. He is holding onto the wires. (2) Paul is lucky: These wires are not for electricity; they are for telephones.

Paul has a cell phone in his pocket. He calls 911. Then he calls his father. "I had an accident," he tells his father. "I'm hanging from some wires high above the street." "(3) Hold on, Paul." His father says. "Hold on." Then, (4) Paul and his father (a few / have / for / on / been / minutes / the phone / talking).

Thirty minutes later, rescue workers take him to the hospital. A doctor at the hospital tells Paul, "You are fine – no cuts, no broken bones. You can go home."

A few weeks later, Paul buys a new car. He loves to drive his car. He always wears his seat belt.

（注）roll over：横転する　wire：ワイヤー、…線　grab：～をつかむ
onto：～にしっかりと　cell phone：携帯電話　911：救助隊を呼ぶ時の電話
accident：事故　cuts：切り傷　bone：骨

問１．下線部（１）が「彼はシートベルトをしたり、しなかったりする。」という意味になるように（　　）内に適切な１語を補いなさい。
問２．下線部（２）の理由について本文から読み取り、日本語で答えなさい。
問３．下線部（３）の "Hold on." からは、２つの意味が読み取れる。その意味を次のア～エの中から２つ選び、記号で答えなさい。
　ア「電話を切るな。」　イ「つかまっていなさい。」
　ウ「立ち止まりなさい。」　エ「助けを呼びなさい。」
問４．下線部(４)が「ポールと父親は数分間電話で話し続けている。」という内容になるように、（　）内の語（句）を並べかえなさい。
問５．次のア～エの出来事を起こった順番に並べなさい。
　ア　Paul goes to the hospital.
　イ　Paul's father gets a call from his son.
　ウ　Paul drives his car without wearing a seat belt.
　エ　Paul's car crashes into another car.
問６．次のア～オの中から、本文の内容と合っているものを２つ選び、記号で答えなさい。
　ア　ポールはシートベルトをしていなかったために車とぶつかった。
　イ　ポールの車は計４回転した。
　ウ　ポールは自分で助けを呼ぶことができた。
　エ　ポールは切り傷や骨折は無かったが、火傷をした。
　オ　ポールは事故にあってから数週間後にやっと帰宅することができた。
問７．ポールが今回の出来事を通して得た教訓は何か。以下の文章の空欄を補いなさい。
　車を運転するときには常に（　　　　　　　　　　　　）

2　以下の英文を読み、あとの問いに答えなさい。

Today, computers are everywhere. They are in our cars, in our houses, and in our hands. They help us talk to each other, and (1) (places / they / us / get / how to / tell / new / to), and they can play music and movies for us. (2) (　　　), not too long ago, computers were very different.

The first computer was made about eighty years ago. It was called ENIAC.

ENIAC was very different from the computers we know today. First, it was as big as a very big room. Second, (3) it was very slow. It took ENIAC all day to do something that your smartphone can now do in one second. Also, ENIAC was made by people's hands, so it broke every day and it needs to be repaired. ENIAC was a very stressful computer for people who use it.

As computers became smaller and smaller, they also became faster and faster. By the 1980s, computers were small, fast, and cheap enough. In the 1990s, Microsoft made a big-hit computer called WINDOWS.

WINDOWS was sold to the world in 1995. (4) It was easy for people to use it in their daily lives. For example, they were able to communicate with people around the world with email and enjoy listening to music or watching movies on these small computers. Also, WINDOWS is much smaller than ENIAC, so people could use them as a lap-top or an electronic organizer style. For these reasons, people started to buy them. And today, people in the world use them not only in their daily lives, but their everyday work.

When the Internet was made, it changed everyone's way of thinking about computers. When computers could talk to each other, people found a lot of ways to use (5) them. Because of that, life has changed for most people around the world. Now we talk, listen, learn, work, shop, watch movies, and play on computers.

（注）ENIAC：エニアック（旧式のコンピュータの一種）　repair：～を修理する
stressful：ストレスの多い　electronic organizer：電子手帳

問１．下線部（１）が、「それら（コンピュータ）は私たちに新しい場所への行き方を教えてくれる」という意味になるように並べかえなさい。
問２．下線部（２）に入る適切な英語をア～エから１つ選び、記号で答えなさい。
　ア　Because　イ　However　ウ　Also　エ　And
問３．下線部（３）の内容を本文に即して日本語で具体的に説明しなさい。
問４．以下の質問に、本文に即して英語で答えなさい。
　"What were the computers by the 1980s like?"
問５．下線部（４）が指す例を本文に即して２つ挙げて日本語で説明しなさい。
問６．下線部（５）が指すものを本文中の英語１語を抜き出して答えなさい。
問７．本文の内容に合っていれば○、合っていなければ×を答えなさい。
　ア　The ENIAC was made in the 1940s as a first computer.
　イ　The ENIAC was too big for people to use in the small room.
　ウ　People were able to use ENIAC to communicate with other people.
　エ　People started to buy WINDOWS because they could use it on the smartphone.
問８．以下の質問について、あなた自身のことを理由も含めて15語以上30語以内の英語で説明しなさい。
　"How do you communicate with other people?"

3 次の会話文の(　　)に入れるのに、最も適するものをア～エから1つ選び、記号で答えなさい。

(1) A：Shall we clean your room today?
B：(　　) Let's start with my closet.
ア You'll get better.　イ Did you know that?
ウ Is she going?　エ That's a good idea.

(2) A：I heard Lisa is going to the U.S. for a year, Ken. (　　)
B：She'd like to study English and work in New York.
ア What will she do in the future?　イ What are you planning to do there?
ウ How much will it cost?　エ How is she going there?

(3) A：Do you want to go out for dinner tomorrow?
B：Tomorrow? (　　) I have a lot of things I should do.
A：That's too bad.
B：Maybe we can go out for dinner some other time.
ア I hope so.　イ I can go.
ウ I'm afraid I can't.　エ That sounds good.

(4) A：Randy, the cheese cakes you baked for the office were delicious.
B：Oh, thank you, Mike. I like to bring something.
A：(　　) I'd like to do it for my son.
B：No problem.
ア Can you help me to bake some?　イ I like the cheese ones the best.
ウ Can you bake some more?　エ Why don't you give some to your mother?

(5) A：Hi, Nick. I can't wait for lunch at Catherine's Café again.
B：Catherine's Café? (　　)
A：No, don't you remember? We changed plans.
B：Oh, that's right! I forgot.
ア Isn't that on the other street?　イ Have you tried their food?
ウ Aren't we going to the George's restaurant?　エ Has it got popular yet?

4 各文の(　　)内に入れるのに、最も適するものをア～エから1つずつ選び、記号で答えなさい。

(1) A：John, (　　) kind to your friends.
B：Yes, I will.
ア be　イ is　ウ are　エ was

(2) A：Mom, Kana and Yui will come to dinner tonight.
B：Oh, that (　　) we'll need two more chairs at the table.
ア tells　イ points　ウ means　エ says

(3) Akane is from Kagoshima, but now she lives in Tokyo. She would like to move back to her hometown (　　).
ア someday　イ together　ウ silently　エ almost

(4) My mother (　　) go shopping tomorrow.
ア wasn't　イ aren't　ウ didn't　エ won't

(5) Tom is (　　) in Japanese culture.
ア interest　イ interested　ウ interesting　エ to interest

(6) He ate (　　) cake.
ア two pieces of　イ two　ウ two piece of　エ two pieces

(7) (　　) do you like better, summer or winter?
ア What　イ Where　ウ Which　エ Who

(8) When Kate entered her friend's house, she (　　) off her shoes.
ア made　イ took　ウ helped　エ gave

5 次の (a), (b) の会話文を読み、(　　)内に入れるのに、最も適するものを下のア～エから選び、記号で答えなさい。

(a) Alex：Hey! No classes next week! (1)
Emi：I'm going to visit my grandmother.
Alex：Where does she live?
Emi：She lives in New York.
Alex：Wow! That's far. (2)
Emi：I'm going to go by plane. I just bought my ticket.
Alex：(3)
Emi：I'm going to stay for six days, maybe a little longer.
Alex：(4)
Emi：Nothing special.
ア How are you going to get there?　イ How long are you going to stay?
ウ What are you going to do?　エ And what are you going to do there?

(b) Albert：(1)
Kathy：That's great! Have you ever tried to stop eating junk food before?
Albert：(2) But every time I've stopped eating it, I've begun eating it again after a few days.
Kathy：Well, (3)
Albert：(4)
Kathy：After all, I can't keep on eating junk food for the rest of my life.
＊junk food：ジャンクフード（高カロリー・低栄養価の食べ物の総称）
the rest of my life：残りの人生
ア I hope you're successful this time.　イ I hope so, too.
ウ I've decided to stop eating junk food.　エ Yes, many times.

6 各組の文がほぼ同じ意味になるように、(　　) に適する語を入れなさい。

(1) I was happy when I heard the news.
I was happy (　　) (　　) the news.

(2) It rains a lot in June in Japan.
We have a (　　) of (　　) in June in Japan.

(3) I will buy her some flowers.
I will buy some flowers (　　) (　　).

(4) Don't leave the door closed.
Keep the door (　　).

(5) I enjoyed myself at the party yesterday.
I had a good (　　) at the party yesterday.

7 次の(1)～(5)について、日本語の意味に合うように (　　) 内の語（句）を並べかえた時、2番目と4番目にくるものをそれぞれ記号で答えなさい。なお、(　　) 内では文頭に来る語も小文字にしてある。

(1) 冷蔵庫には食べるものが何もありません。
(ア to　イ have　ウ in　エ nothing　オ we　カ eat) the refrigerator.

(2) カレンは来週試験がある。落第すると卒業できないかもしれないので、彼女は試験を受けることを大変心配している。
Karen has her exams next week. She (ア taking　イ is　ウ very　エ about　オ them　カ worried) because she may not be able to graduate if she fails.

(3) ダニエルのコンピュータが動かなくなったとき、彼はそれに保存していたすべてのデータを失った。
When Daniel's computer stopped working, he (ア that　イ of　ウ all　エ lost　オ the data　カ was　キ saved) on it.

(4) ボブは小説を読んでいる少年の隣に座っています。
Bob is (ア next　イ sitting　ウ reading　エ the boy　オ a novel　カ to).

(5) この建物はあの建物の半分の高さだ。
(ア as tall　イ this building　ウ that　エ is　オ half　カ as　キ one).

令和５年度　尚志館高校入試問題　社　会

（解答…221Ｐ）

1　次の地図に関する問いに答えなさい。

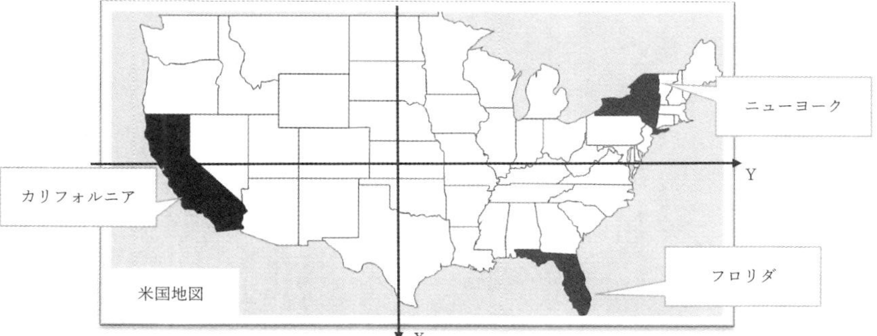

(1)　図中Xの線は、アメリカ合衆国（以下、米国）の年間降水量500mm程度を意味するものである。この線より、西側で降水量が少ない理由について、次の（　　　）内より適語をそれぞれ選びなさい。

> X線より西側で降水量が少ない理由は、（ア　偏西風　・　季節風）が吹くものの（イ　ロッキー山脈　・　アパラチア山脈）が遮（さえぎ）るために水分を含んだ風が、内陸に届かないためである。
> ちなみに、同線の東側で降水量が多い理由は（ウ　太平洋　・　大西洋　・　メキシコ湾）より吹く風によって降水に恵まれる為である。

(2)　次の資料は、米国のカリフォルニア州、フロリダ州、ニューヨーク州について示したものである。フロリダ州の資料として適当なものをア～ウから選び、記号で答えなさい。

記号	ア	イ	ウ
人口密度	126人/㎢	93人/㎢	143人/㎢
年降水量	1510mm	418mm	1010mm
農業産出額	63億ドル	376億ドル	19億ドル
州内総生産	11,239億ドル	31,643億ドル	17,249億ドル

参考資料　データブックより
人口密度　2020年
農業産出額　2019年
州内総生産　2020年　を参考

(3)　区中Yの線は、簡易的に北緯37度の位置を示したものである。これに関して、次の問いに答えなさい。

①　この線以南の地域は、先端技術産業の進出がみられる地域である。特に何と呼ばれているか、答えなさい。

②　この地域一帯は、地価が安いことが背景にあり、企業進出が進む。地価が安い理由を説明するための資料として適当でないものは、次のどれか１つ選び、記号で答えなさい。

記号	資　料
あ	米国国内の農業区分
い	米国国内の気候区分
う	米国国内の民族・人種分布
え	米国国内の人口分布
お	米国の各州の州内総生産

③　次の文は、カリフォルニアにみられる先端技術産業のある地区についての説明である。（　　　）に適語を答えなさい。

> この地域は、特に（　ア　）と呼ばれる。この名前は先端技術産業には欠かせない主原料であるケイ素【Silicon】と地形に由来している。この地域の発展を影で支えているのが遠く離れたインドである。その理由は、（　イ　）に植民地支配されたことで英語話者の人口が多いこと、時差が約半日であること、人口14億人という労働力を背景に（　ウ　）が安いことなどがあげられる。

(4)　次の文は、日本経済新聞2022年10月18日の記事を参考に作成したものである。次の（　　　）に適語を答えなさい。ただし、以下の条件に従って解答すること。

ア：自然災害に関する語句
イ・ウ：適当な漢字２字

> **オレンジ果汁　六年ぶりに高値**
> オレンジジュースの先物価格が上昇している。
> 以下抜粋
> 高値の理由
> ①　九月下旬の（　ア　）被害による生産減少
> ②　柑橘グリーニング病の流行による生産減少
> ③　新型コロナウイルス流行を機に（　イ　）志向の高まり
> ④　需要と（　ウ　）のバランスを意識して買い注文が増えたため

2　次の地図は、ユーラシア大陸のものである。これに関する問いに答えなさい。

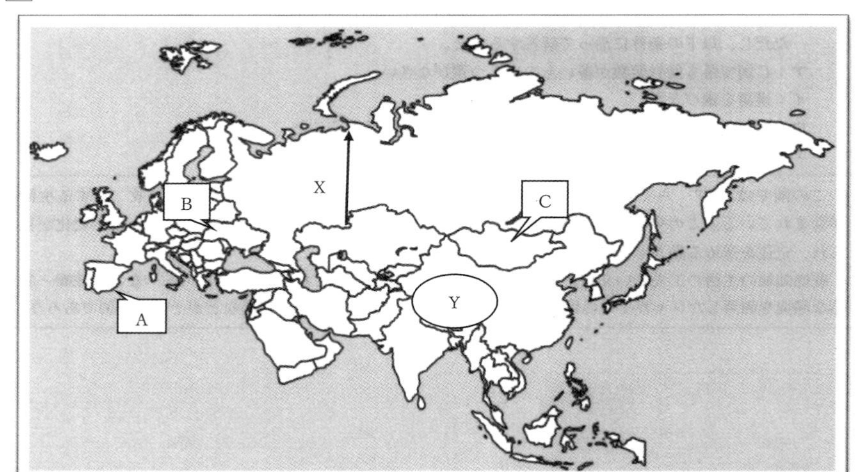

(1)　図中Xの線は、ロシアをヨーロッパロシアとシベリアに分けるものである。この地にある山脈名を答えなさい。

(2)　図中Y域の気候区分の割合として最も多いものは、次のどれか、答えなさい。

語群
【温暖湿潤気候　　ツンドラ気候　　氷雪気候　　サバナ気候　　砂漠気候】

尚志館高校

(3) 図中A～Cの国について、問いに答えなさい。

① 次の文は、A国についての説明である。次の（　　）に適語を答えなさい。ただし、以下の条件に従って解答すること。

ア：適語をカタカナで答える。
イ：適当な国名を１つ選ぶ。
ウ：漢字２字で答える。

この国では、暑い夏の昼食後に２～３時間休憩をとる（　ア　）という習慣がある。2006年に公務員に関してはこの習慣が廃止され、民間でも廃止の動きがある。その理由は、なんだろうか。
EU圏内でも比較的賃金の安い同国には、東ヨーロッパの（イ　ルーマニア　　スイス　　スウェーデン　）からの外国人労働者も多く、EU内の航空機メーカーにとって（　ウ　）分業の一端を担う同国の重要性が増すなど、グローバル化の影響であると考えられる。

② B国は、2022年に戦争状態にある国である。この状況について、下の文中（　　）に適語を答えなさい。ただし、以下の条件に従って解答すること。

ア：適語を選択すること。
イ：漢字２字で答えること。
ウ：資源名を答えること。

ロシアの内政干渉によりB国は戦争状態にある。B国は、豊かな国土から（ア　小麦　　稲　　サトウキビ　）の収穫量も多く、また、ロシアも燃料資源の埋蔵量の多い資源大国である。両国の衝突は、世界経済に大きな影響を与えている。日本も北海道の北方に位置する（　イ　）より原油や（　ウ　）を輸入しているため、対岸の火事とは軽視できない。

③ C国は、乾燥した気候に即した生活を営んでいる。これに関して、次の（　　）に適語を答えなさい。

ただし、以下の条件に沿って解答すること。

ア：C国で最も飼育頭数が多いものを１つ選びなさい。
イ：適語を選びなさい。
ウ：スペインなどの地中海地域の家屋の特色を１文で答えること。
エ：適語をカタカナで答えなさい。

この国では、（ア　らくだ　　羊　　馬　　牛　）といった家畜を（イ　遊牧　　放牧　）する生活が営まれている。この生活では、移動式簡易住居が使用されている。このような生活にも近年変化が見られ、定住を進める動きもある。
乾燥地域の生活の工夫といえば、スペインの夏場の乾燥に対応した（　ウ　）、ペルーなどの乾燥・寒冷な環境を利用したジャガイモの保存食（　エ　）、アメリカの円形状の農場などがその代表例であろう。

3 次の各資料に関する問いに答えなさい。

(1) 資料Aは、北海道の洞爺湖を示したものである。この洞爺湖は、熊本県の阿蘇カルデラと同様の経緯により形成された湖である。2000年３月に噴火した有珠山は、カルデラの一部として現在も火山活動が盛んである。
カルデラの一部を形成する有珠山のような山を何というか、漢字３字で答えなさい。

資料A

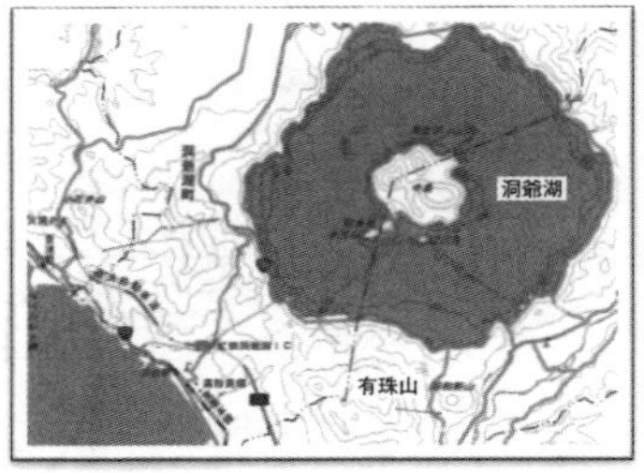

洞爺湖
有珠山

(2) 資料B・Cの共通点として、「防風林」の存在と「家屋の分散」がある。
これに関して、次の（　　）に適語を答えなさい。ただし、以下の条件に従って解答すること。

ア：適語を選びなさい。
イ・ウ：適当な語句を答えなさい。

資料B：北海道士幌町
資料C：富山県の砺波平野

資料B

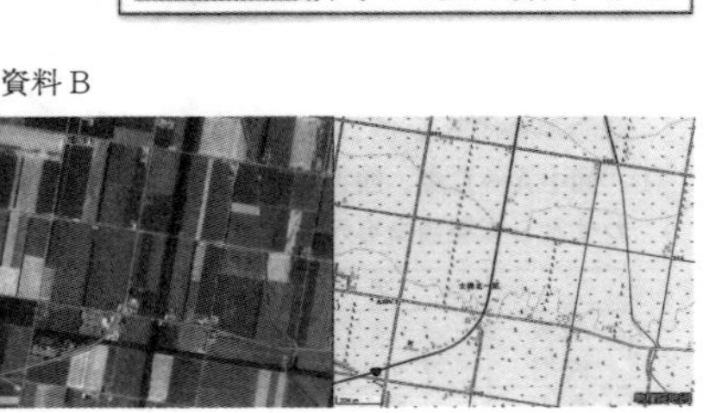

資料C

北海道士幌町では、道路に沿って防風林がみられる。富山県の砺波平野では、家屋の周囲に防風林がみられる。これは、（ア　夏　・　冬　）の時期に吹く強風から（　イ　）を守る目的がある。
家屋を分散させるのは、秋季に発生しやすい（　ウ　）による被害を最小限に抑えるためである。
富山県は全国２位の同災害の被害の少なさを誇る県であることからも、そのメリットは一役買っているといえる。

4 次の図について問いに答えなさい。

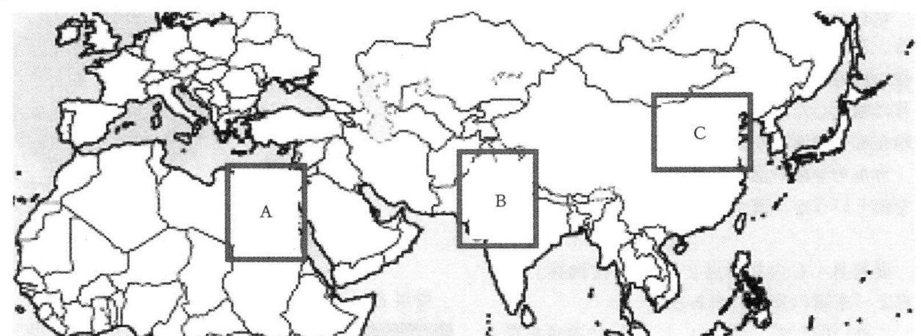

(1) 図中A～Cは、四大文明の起きた地域を示している。各地域に流れる河川と当時栄えた都市の組み合わせとして適当なものはどれか、１つ選び、記号で答えなさい。

	ア	イ	ウ	エ	オ
地域	A	B	B	C	C
河川	ナイル川	ガンジス川	インダス川	揚子江	黄河
都市	ギザ	ウル	バビロン	北京	上海

(2) A～Cの文明に関する次の文中について、下線部が適当でないものはどれか、ア～ケの中から２つ選び、記号で答えなさい。

Aの文明では、(ア) ピラミッド、中東では (イ) ジッグラト、Bでは (ウ) モヘンジョ・ダロといった巨大な遺跡が見られる。「文字」に目を向けるとAの (エ) くさび形文字、Cの (オ) 甲骨文字など、当時の人々の生活の様子を現代に語り継ぐものが確認できる。
各地で栄えたこれらの文化は、シルクロードや海の道などを通じて、世界各地に波及していった。紀元前4世紀に起きた (カ) ヘレニズムの文化は日本にまで波及し、(キ) 法隆寺の柱や仏像にその影響を確認することができる。グローバル化の中で、各地その風土に合った独自の文化が生まれてきたことも忘れてはならない。その代表的なものが (ク) 執権政治期に栄えた国風文化である。朝鮮半島でも中国で使用されていた漢字文化から朝鮮独自の文字 (ケ) ハングルが生まれた。現代では、日本から生まれた絵文字がニューヨークの近代美術館に収蔵されたことも記憶に新しい。グローバル化の中で文化の均一化・画一化が進む中、オリジナリティ＝個性を見失ってはならない。

(3) A～Cを含む世界各地に関連する事象について (　　　) に適語を答えなさい。ただし、ウ～カは漢字で解答すること。

① Aの地域を16世紀ごろ統治したイスラーム信仰国家は (ア) 帝国である。
② 西アジアで誕生したイスラームは、(イ) 商人によって東南アジアにまで波及。東南アジアは、仏教・イスラーム・キリスト教と信仰にも多様性が見られる。
③ 17世紀、オランダは東インド会社を設立し、B・Cの地域にも交易は及んだ。当時の鹿児島県を統治する (ウ) 藩は、琉球王国を征服した。その後、(ウ) 藩は琉球の政治の中心地 (エ) に役人を派遣し、琉球・中国・東南アジアを交易圏とする中継貿易の利益を手に入れた。
④ BとCの両域と貿易を行ったイギリスを中心とする三角貿易では、取引に主として「銀」が使用された。日本でも銀山や金山などの鉱山開発が見られたが、庶民が使用する貨幣は、江戸期に造られた (オ) 通宝のような銅貨であった。
⑤ Cから日本に伝わった儒学の一つ (カ) 学は、江戸期の５代将軍綱吉の政策に多大な影響を与えた。

5 次の文を読み、問いに答えなさい。
タカシとサオリは、歴史の授業を通じて気づいたことと時事を以下のようにまとめた。

授業で学んだこと（基礎）
・(ア) 第一次世界大戦（以下、WW1）は、三国協商と三国同盟の２つのグループを軸に起きた。
・日本は、(イ) 日英同盟をきっかけに参戦した。
・(ウ) WW1終戦後、パリ講和会議が開かれた。その結果、ドイツの植民地はイギリス・フランス・日本の委任統治とされた。

最近のニュース（発展）
・2022年、ウクライナとロシアの紛争のきっかけは、ウクライナの (エ) NATO加盟を示したこと。
・COP（国連気候変動枠組条約締約国会議）では、途上国に対する気候変動対応資金の供給を強化することが示された。
・カタールでサッカーW杯が開催。11月23日には (オ) 日本・ドイツ戦。

探究
・過去の大きな戦争は、民族や宗教、資源をめぐって起きた。
⇒ウクライナ・ロシア紛争のように、大戦の影響が現代にも影響を及ぼしている。
・環境問題においても、途上国と先進国の経済成長という利害関係が課題の１つでもある。
⇒国家の利害関係に焦点を当てず、国民の生活から課題解決にあたる姿勢を大事にしたい。
・スポーツを通じて、世界が一つにまとまる、切磋琢磨することは世界平和に向かう一歩。

(1) 下線部 (ア) について、(　　　) に適語を答えなさい。

1914年、(A) の皇位継承者夫妻が、(B) 半島に位置する現在の (C) の首都サラエボでスラブ系のセルビア人に殺害されたことがきっかけとなっておきた。

(2) 下線部 (イ) について、日英同盟の締結理由を日本・イギリスそれぞれの立場から「利権」という言葉を使って説明しなさい。

(3) 下線部 (ウ) の時期の出来事として適当でないものをA～Dの中から２つ選び、記号で答えなさい。

	A	B	C	D
出来事	日本における義務教育期間が３・４年から６年に延長された	第一次護憲運動により、桂太郎内閣の退陣	日本でラジオ放送が開始	全国水平社の結成

(4) 下線部 (エ) の正式名称を漢字で答えなさい。

(5) 下線部 (オ) について、次の資料１・２の示す出来事は、表中「い～に」のどの時期に起きた出来事か、適当なものを選び、記号で答えなさい。

資料１

平沼騏一郎首相の発言
「欧州の天地は複雑怪奇」

資料２

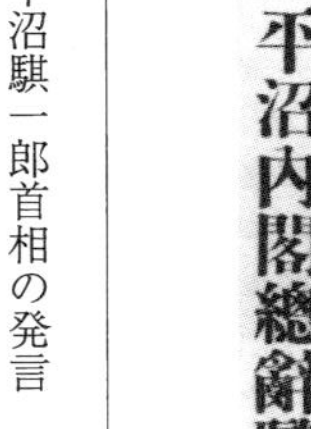
東京朝日新聞
平沼内閣総辭職

1932年　五・一五事件
い
1936年　二・二六事件
ろ
1941年　大西洋憲章
は
1945年　東京大空襲
に
1948年　朝鮮半島の南北それぞれに国家誕生

尚志館高校

(6) タカシとサオリの会話について（　　　）に適語を答えなさい。ただし,（オ）は漢字で答えなさい。

タカシ：これまでの授業の中で多くの学びがあったね。
サオリ：国同士の利害関係が大きな戦争に発展したけど、その一方で国民の声はというと（　ア　）戦争後に日本では日比谷焼き討ち事件、WW１中のロシアでは、「（　イ　）」を求める労働者のストライキや兵士の反乱という「平和」を切望する声や戦争協力の見返りを求める声があったことを見逃してはならないね。
タカシ：そうだね。いつも国民の声に耳を傾ける、そんな政治を期待したいね。
サオリ：WW１は、（　ウ　）の参政権獲得にも影響しているわ。
タカシ：でも、これを「戦争のおかげ」ととらえちゃいけないね。こうやって戦ってきた人たちがいたということ、私たちの生活の中の「当たり前」は長い歴史の中で獲得してきた大切なことなんだよね。
サオリ：地域によって違いがあるってことも大事ね。ニュージーランドは1893年に参政権を獲得しているけど、日本では平塚らいてうの（　エ　）は1911年に結成されて活動してるわ。インドのガンディーは、差別撤廃や「（　オ　）」を掲げた独立・抵抗運動を実施してる。
タカシ：こうやって見ていくと、先進国の中にも差異はあるし、先進国・途上国間にも共通点があるね。
サオリ：私たちが学びを通じて、たくさん話し合い、自己主張すること、意見をぶつけ合い、スポーツなどを通して互いを知ること、理解することが新たな課題解決の糸口になるわね。
タカシ：大事なことは「キョウギ」（協議・競技）を粘り強く重ねること、だね。

6 次の表は2022年の主な政治日程を示したものである。問いに答えなさい。

1月17日	①通常国会召集
2月4日	北京冬季五輪開幕
	Ａ
4月1日	②成人年齢18歳に引き下げ
5月15日	沖縄本土復帰50年
	Ｂ
6月26日	G7サミット
7月10日	③参議院選挙
8月9日	④第77回長崎原爆の日
	Ｃ
9月29日	日中共同声明から50年
10月4日	⑤岸田内閣発足から１年
	Ｄ

(1) 下線部①について、2022年の通常国会は予定通りの会期で終えたが、会期終了の時期は表中のＡ～Ｄのどこに当てはまるか記号で答えなさい。
(2) 下線部①について、国会の権限として正しいものをア～クからすべて選び、記号で答えなさい。
　ア　国政調査権　　イ　条約の承認　　ウ　衆議院の解散　　エ　法律の違憲審査権
　オ　最高裁判所長官の指名　　カ　政令の制定　　キ　天皇の国事行為に対する助言と承認
　ク　憲法改正
(3) 下線部②について、成人してもできない事は次のうちどれか、ア～エから１つ選び、記号で答えなさい。
　ア　クレジットカードを作る　　イ　携帯電話の契約　　ウ　ローンを組む　　エ　飲酒をする

(4) 下線部③について、衆議院の解散中に内閣の求めにより参議院で招集される会を何というか、答えなさい。
(5) 下線部③について、予算の決議などで、衆議院と参議院の議決が異なった場合に双方の意見の調整を図るための話合いを何というか、答えなさい。
(6) 下線部④について、日本の掲げている非核三原則を答えなさい。
(7) 下線部⑤について、政治の中核を担う内閣は、議会の多数派の支持を基盤に構成され、議会に対し責任を負いますがこの体制のことを何というか、答えなさい。

7 次の表に関する問いに答えなさい。

受賞年	名　前	出身国	授賞理由
2014	[A]	パキスタン	[B]
2010	劉 暁波（リウ シアオボー）	中国	中国における基本的人権のための長く非暴力的な闘争
2009	[C]	アメリカ	国際的な外交と民族間の協力の強化のための驚異的な努力

(1) 右写真の人物は表中 [A] にあてはまる人物である、この人物の名前を答えなさい。

東京書籍
新編　新しい公民より

(2) 表中 [B] に当てはまるものを次のア～エから１つ選び、記号で答えなさい。
　ア　核兵器を世界からなくすことを訴えた。
　イ　女性が教育を受ける事の必要性を説いた
　ウ　環境保護の観点から日本の「もったいない」を世界に広めた。
　エ　地球温暖化を防ぐために二酸化炭素の排出を減らすことを訴えた。
(3) 下線部について、日本国憲法に規定されている自由権は「精神の自由」と「身体の自由」とあと１つは何か、答えなさい。
(4) 下線部について、日本国憲法に規定されている受益権（請求権）を３つ答えなさい。
(5) 新しい人権として、私生活に関する情報を公開されない権利を何というか、答えなさい。
(6) 表中Ｃは、広島を訪問したことでも有名な2009年ノーベル平和賞を受賞したアメリカの元大統領である。だれか、答えなさい。

令和５年度　尚志館高校入試問題　理　科　　　（解答…222Ｐ）

1　次の［Ⅰ］、［Ⅱ］の問いに答えなさい。

［Ⅰ］光合成について、図１を参考に以下の各問いに答えなさい。

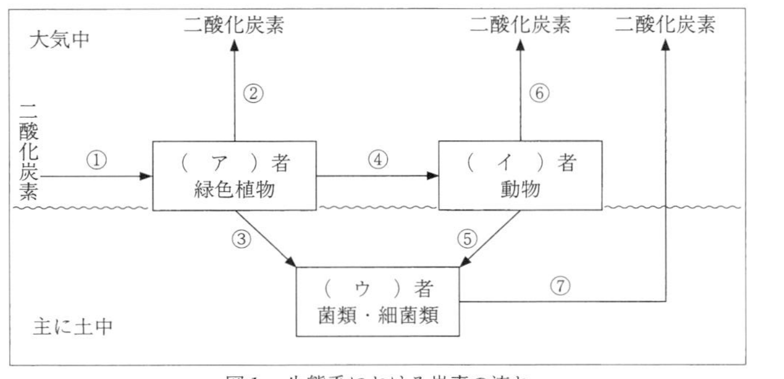

図１　生態系における炭素の流れ

1　光合成の定義を記した下記の（　a　）～（　c　）に当てはまる語句を答えなさい。
「光合成とは、（　a　）エネルギーを吸収し、二酸化炭素と（　b　）から（　c　）を合成する反応である。」

2　図１中の（　ア　）～（　ウ　）に当てはまる語句を答えなさい。

3　人工光合成の効率を上げる研究が盛んに行われている。この研究が貢献できる社会を何というか答えなさい。

4　以下のａ～ｅの生物を菌類と細菌類に分け、すべて記号で答えなさい。
ａ　酵母菌　　ｂ　大腸菌　　ｃ　乳酸菌　　ｄ　シイタケ　　ｅ　アオカビ

5　図１中の矢印①～⑦から、呼吸の反応をすべて選び、番号で答えなさい。

6　細胞による呼吸について述べた以下のａ～ｅの文から正しいものを２つ選び、記号で答えなさい。
ａ　植物が呼吸を行うのは夜のみである。　　ｂ　呼吸によって、細胞はエネルギーを吸収している。
ｃ　呼吸にはタンパク質や脂質も用いられる。　ｄ　呼吸によって、酸素が放出される。
ｅ　呼吸によって、二酸化炭素が放出される。

［Ⅱ］以下の問いに答えなさい

1　臓器について、以下の問いに答えよ。また、図２は心臓を模式的に表しており、図３は１回の拍動における図２の④の圧力及び血液量を示している。

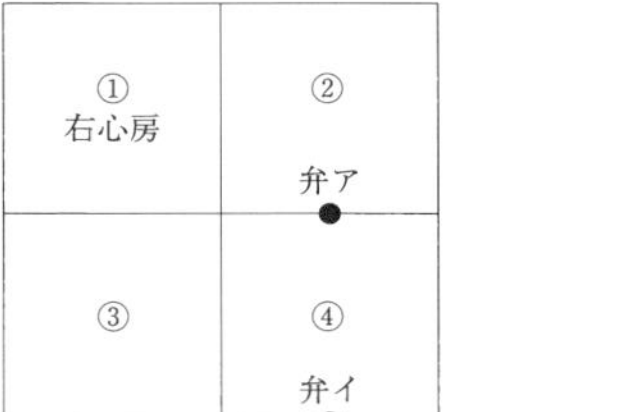

図２

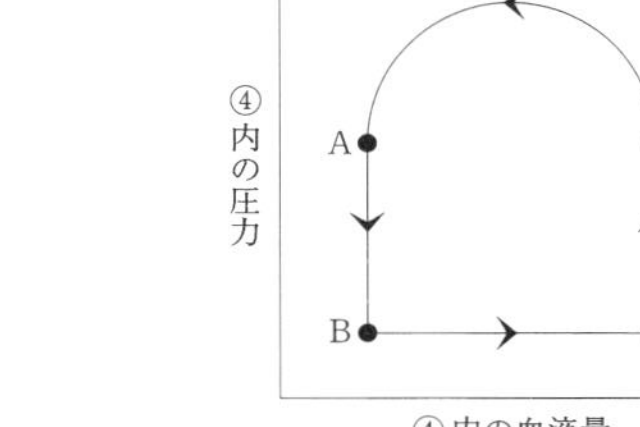
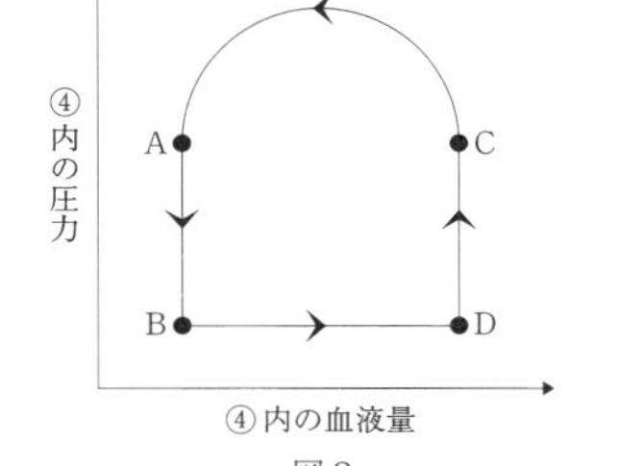

図３

(1)　以下のはたらきを行う臓器の名称をそれぞれ答えなさい。ただし、同じ語句を記入してもよい。
ア　血液中の塩分や水分の量を一定に保つ。　　イ　アンモニアから尿素を生成する。
ウ　胆汁を生成する。　　　　　　　　　　　　エ　柔毛によって養分を効率よく吸収する。

(2)　図２中①～④から、静脈血が流れている場所をすべて選び、番号で答えなさい。

(3)　最も筋肉が発達しているのは図２の①～④のどこか、１つ選び番号で答えなさい。

(4)　図３のＡ～Ｄのうち、以下のａ、ｂで変化する場合、弁ア・イはそれぞれ「開く」か「閉じる」かを答えなさい。
ａ　Ｂ→Ｄの間　　　ｂ　Ｄ→Ｃの間

2　有性生殖について、以下の各問いに答えなさい。

(1)　運動性のない植物の精細胞は、どのようにして卵細胞と受精するのか説明しなさい。

(2)　下に示す染色体が４本の両親から生じる子の、染色体の組み合わせは何通りあるか答えなさい。

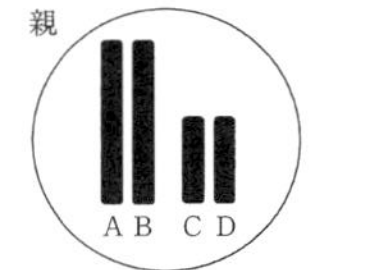

3　以下に示すノーベル賞の受賞者①～④の業績を、下のア～エからそれぞれ選び、記号で答えなさい。
①　下村　脩　　②　スバンテ・ペーボ　　③　本庶　佑　　④　山中　伸弥

ア　オワンクラゲから緑色に光るGFPタンパク質の発見
イ　iPS細胞（人工多能性幹細胞）の作製確立
ウ　免疫チェックポイント阻害因子の発見とがん治療への応用
エ　ネアンデルタール人のDNA配列を解読

2　次の［Ⅰ］、［Ⅱ］の問いに答えなさい。

［Ⅰ］塩酸と水酸化ナトリウム水溶液と、硫酸と水酸化バリウム水溶液の性質や反応を調べるために、次の実験を行った。各問いに答えなさい。

<実験１>

①　うすい塩酸を用意し、ビーカーＡ～Ｅに同量ずつ入れた。さらに、それぞれのビーカーに緑色のＢＴＢ溶液を数滴ずつ加えた。

②　ある濃度の水酸化ナトリウム水溶液を用意し、①のビーカーＡ～Ｅにそれぞれ加えた。各ビーカーに加えた水酸化ナトリウム水溶液の体積は次の表１に示す。加えた水酸化ナトリウム水溶液の体積と、溶液中のイオンの総数の関係は図１のようになった。

表１

ビーカー	A	B	C	D	E
加えた水酸化ナトリウム水溶液の体積(mL)	0	3	6	9	12

溶液中のイオンの総数
0　3　6　9　12
加えた水酸化ナトリウム水溶液の体積(mL)

図１

<実験２>

ある濃度の水酸化バリウム水溶液（Ｆ液）があり、その20cm^{3}をビーカーにはかりとり、純水を加えて100cm^3（Ｇ液）とした後、数滴のフェノールフタレインを加えた。この水溶液に２本の白金線を入れ、図２のような装置を組み立ててビーカーにうすい硫酸を少しずつ滴下しながら変化を観察した。

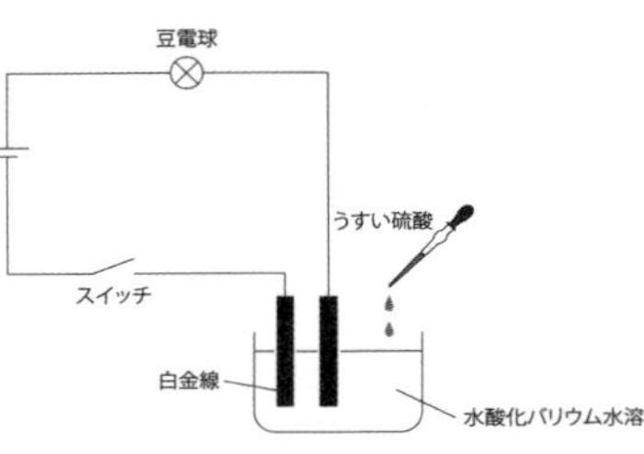

図２

1　実験１の①のあとで、ビーカーＡの中の溶液は何色になったか答えなさい。

2　実験１の②のあとで、Ａ～Ｅの中の溶液のうち、アルカリ性を示すのはどれか。Ａ～Ｅの中からすべて選び、記号で答えなさい。

3　実験１の②のあとで、ビーカーＢの溶液のpHをpHメーターで測定した。このときのpHとして、最も適当なものを、次のア～ウの中から１つ選び、記号で答えなさい。

ア　７より小さい　　イ　７より大きい　　ウ　７

4　塩酸と水酸化ナトリウム水溶液の中和を化学反応式で答えなさい。

5　図１中のＡ～Ｃの溶液中では、溶液中のイオンの総数が変化していない。その理由を「水」と「水酸化物イオン」の語句を用いて答えなさい。

6　実験２で図２のスイッチを入れ、うすい硫酸を滴下し続けると、豆電球の明るさはどのように変化するか。次のア～エの中から１つ選び、記号で答えなさい。

ア　常に明るい　　イ　しだいに暗くなり、再び明るくなる

ウ　明るさが増し、しだいに暗くなる　　エ　暗くなる

7　Ｇ液100cm^{3}を完全に中和するまでに用いた硫酸の体積を40cm^{3}とすると、Ｆ液15cm^{3}を完全に中和するのに必要な硫酸は何cm^{3}か答えなさい。

［Ⅱ］図３のように炭酸水素ナトリウムを加熱する実験を行った。実験後、加熱した試験管内には白い固体と液体ができ、気体も発生した。また、集めた気体の試験管に石灰石を入れると白くにごった。次の各問いに答えなさい。

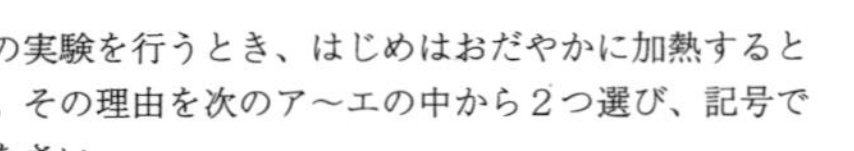

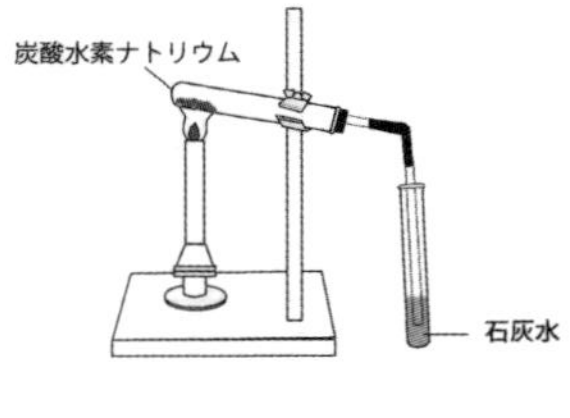

図３

1　炭酸水素ナトリウムを加熱後にできる固体、液体、気体の名称を答えなさい。

2　この実験を行うとき、はじめはおだやかに加熱するとよい。その理由を次のア～エの中から２つ選び、記号で答えなさい。

ア　急に加熱すると試験管が破損する。

イ　目的とする気体が発生しない。

ウ　熱が均一に伝わる。

エ　発生する液体が蒸発する。

3　加熱後の白い固体と炭酸水素ナトリウムをそれぞれ水に溶かし、フェノールフタレイン溶液を加えた。よりあざやかな赤色に変化したのはどちらか。物質名で答えなさい。

4　試験管にたまった液体を調べるために用いるものは何か。また、それは何色から何色に変わるか答えなさい。

5　この実験の化学反応式を答えなさい。

6　炭酸水素ナトリウムは身近なところでは、どのようなことに使用されているか。次のア～オから２つ選び、記号で答えなさい。

ア　乾燥剤　　イ　発砲入浴剤　　ウ　防虫剤　　エ　膨張剤　　オ　解熱剤

7　炭酸水素ナトリウムの質量を変えて加熱したところ、次の表２のようになった。

加熱後生じた白い固体の一部を取り出し、炭酸水素ナトリウムと混ぜた2.50ｇの混合物がある。この混合物を試験管に入れ、加熱し、試験管内に残った固体の質量を測定したら1.75ｇだった。実験で用いた2.50ｇの混合物中の、炭酸水素ナトリウムと白い固体の質量比を答えなさい。

表２

加熱前(ｇ)	0.40	0.90	1.40	2.40	3.40
加熱後(ｇ)	0.25	0.57	0.88	1.51	2.15

8　実験前の試験管に入れた炭酸水素ナトリウムの質量は16.8ｇであった。実験後に、試験管内に残った固体の物質の質量を測定したところ、10.6ｇであった。また、集めた気体の質量を測定したところ、4.2ｇであった。実験後に残った固体と測定された気体の質量の合計は14.8ｇであり、実験前に用意した炭酸水素ナトリウムの質量と等しくない。この理由について、あなたの考えを答えなさい。

3　次の［Ⅰ］、［Ⅱ］の問いに答えなさい。

［Ⅰ］地層と化石のでき方について述べた次の文章を読み、各問いに答えなさい。

地表に出ていた岩石は(a)温度変化などの膨張や収縮、風や雨などの影響により、表面がもろくなる。また、雨や河川など、(b)流水のはたらきにより、様々な地形をつくる。また、その流された土砂などが積み重なり、(c)地層を形成する。できた地層は、地盤が盛り上がったり、沈み込んだりする。さらに、(d)地層に大きな力が加わり、複雑な模様を作ることがある。

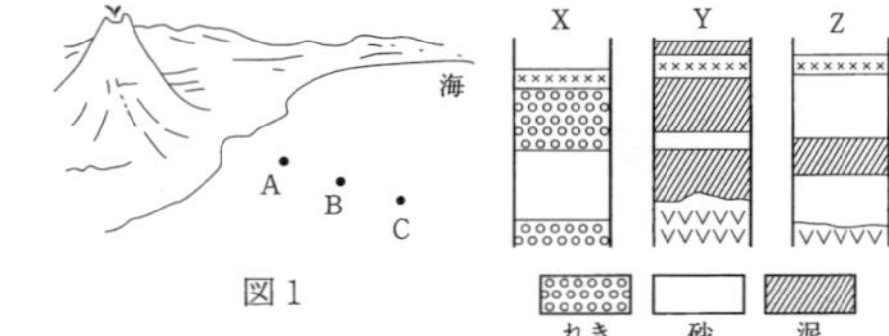

図１　図２

1　下線部(a)の現象のことを何というか答えなさい。

2　下線部(b)について、図２のＸ～Ｚの柱状図は、図１のＡ～Ｃのいずれかの場所でとられたものである。

(1)　地点Ａ～ＣとＸ～Ｚの柱状図の組み合わせで正しいのはどれか。次のア～カから１つ選び、記号で答えなさい。

	A	B	C
ア	X	Y	Z
イ	X	Z	Y
ウ	Y	X	Z

	A	B	C
エ	Y	Z	X
オ	Z	X	Y
カ	Z	Y	X

(2)　××××で示された地層は何でできていると推測できるか答えなさい。

3　下線部(c)について、図３はある地域の地層を示したものである。

(1)　図３の地層Ａ～Ｄの中で２番目に堆積したと考えられる地層はどれか。１つ選び記号で答えなさい。

(2)　地層Ｂにはサンゴの化石が含まれていた。この当時の環境を15字以内で答えなさい。

(3)　地層Ｃはうすい塩酸をかけると二酸化炭素が発生した。この地層は何でできているか答えなさい。

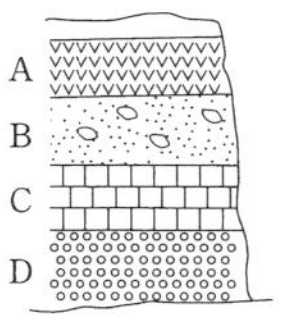

A
B
C
D
図３

4　図４・５は下線部(d)について、示したものである。

(1)　図４のように、大きく波打つような地層の曲がりを何というか答えなさい。

(2)　図５は岩石が破壊され生じた地層のずれである。このずれを何というか答えなさい。

(3)　(1)・(2)が起こる原因となる力を10字以内で答えなさい。

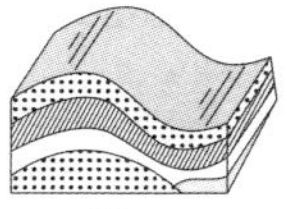

図４ 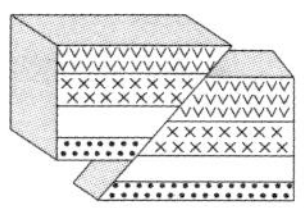　図５

［Ⅱ］図６は、日本付近の気圧の様子を示したものである。これについて、以下の問いに答えなさい。

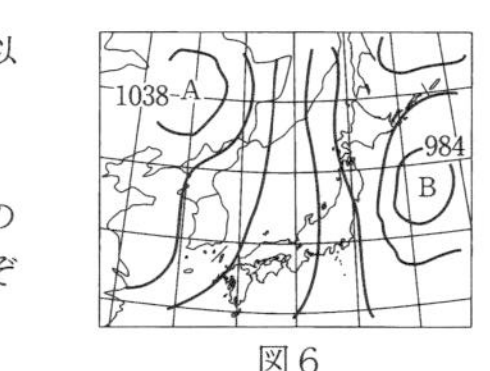

図６

1　図６中のＢ付近の垂直方向と水平方向の大気の流れとして正しいものを垂直方向はア～ウ、水平方向はエ～キの中から最も適切なものをそれぞれ１つずつ選び記号で答えなさい。

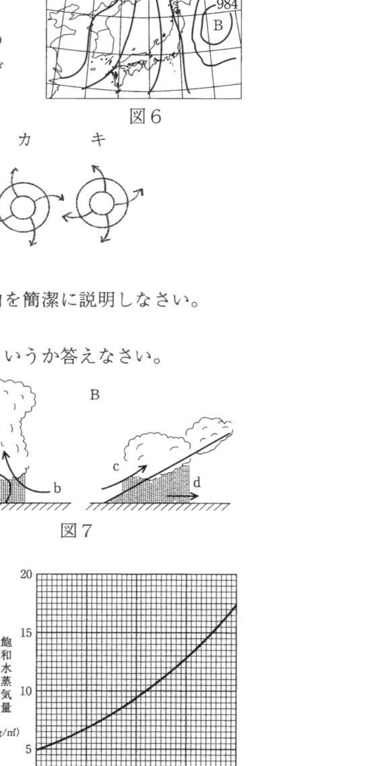

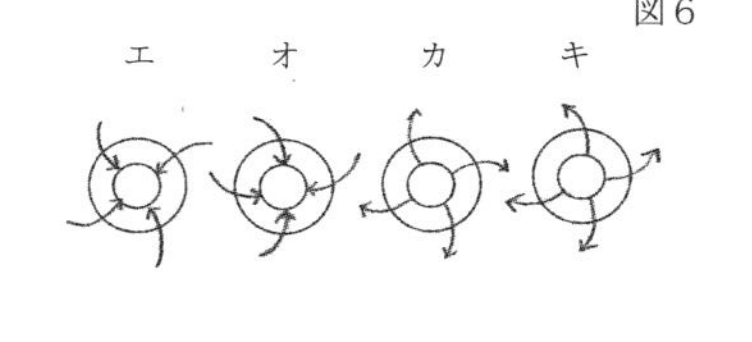

2　一般的に天気が悪いのは、Ａ付近とＢ付近のどちらか。また、その理由を簡潔に説明しなさい。

3　図６の季節は春夏秋冬のうちどれか。また、このような気圧配置を何というか答えなさい。

4　降雨は、異なる種類の空気の境目でも起こる。その境目を前線という。図７のＡ、Ｂは前線を横から見た図である。

(1)　Ａ、Ｂの前線名をそれぞれ答えなさい。

(2)　ａ～ｄで温かい空気を示したものはどれか。正しいものをすべて選び、記号で答えなさい。

(3)　Ａ、Ｂの前線の上空にできる雲の名称をそれぞれ答えなさい。

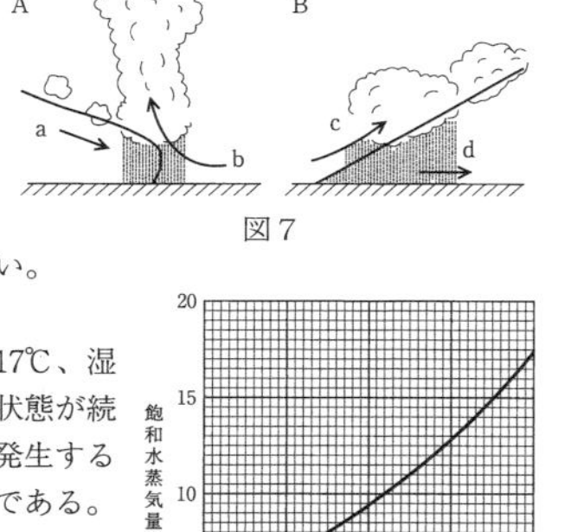

図７

5　天気と湿度は影響しあっている。ある地域の日没時の気温が17℃、湿度が60%であった。その日、風はなく晴れており、このままの状態が続けば、翌朝の最低気温は２℃程度になり、また明け方には霧が発生すると予想された。図８は飽和水蒸気圧と温度の関係を示したものである。

(1)　日没時の空気に含まれる水蒸気量は何 g/m^{3}か。小数第１位まで答えなさい。

(2)　夜中頃から雲がでたため、気温はそれ程低くならず、霧の発生は見られなかった。その朝の最低気温は少なくとも何℃以上であったものと推定されるか。整数で答えなさい。

飽和水蒸気量 (g/㎥)　0　5　10　15　20
温度［℃］　0　5　10　15　20
図８

4　次の［Ⅰ］、［Ⅱ］の問いに答えなさい。

［Ⅰ］仕事とエネルギーについての実験について、次の問いに答えなさい。なお、摩擦による力は生じないものとする。

【実験１】
水平な部分と斜めの部分とがあるレールを図１のようにスタンドで固定し，水平な部分に木片を置いた。質量20gの小球①と質量30gの小球②を、それぞれの高さから静かにはなして木片に当て、木片が移動した距離を調べ、まとめたのが下のグラフである。

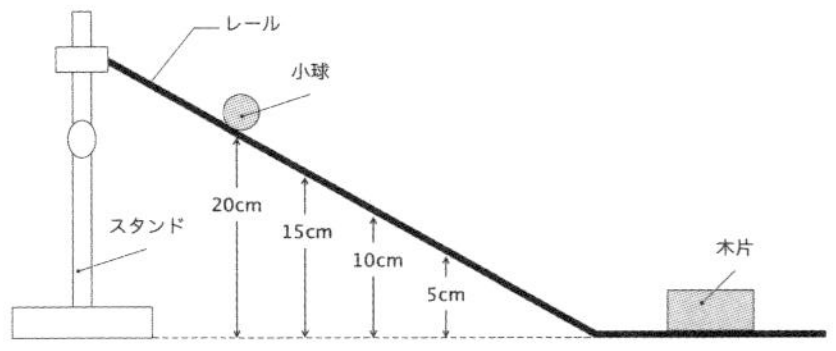

レール　小球　スタンド　20cm　15cm　10cm　5cm　木片
図１

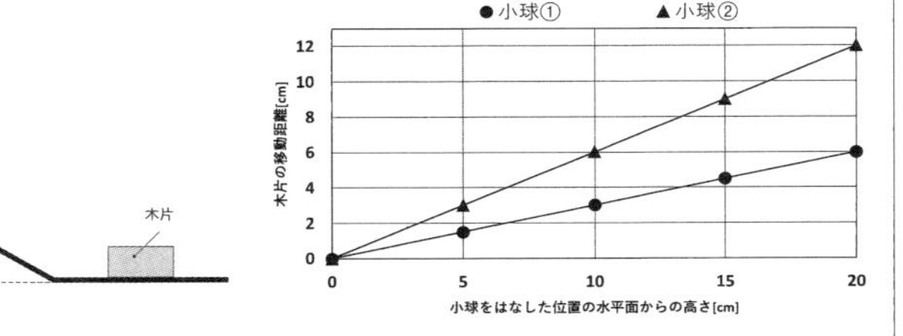

1　物質そのものの量をあらわすものが「質量」であるのに対し、その物体を地球が引きつける力の大きさに「重力」または「重さ」がある。重力や力の大きさを示す単位にＮを用いる。

(1)　重力や力の単位である「Ｎ」の読み方を答えなさい。

(2)　質量が100gの物体にはたらく重力の大きさが1Nのとき、小球①、小球②にはたらく重力はそれぞれ何Ｎか答えなさい。

2　小球①と小球②がともに20cmの高さにある場面を考える。

(1)　小球①と小球②がもつ位置エネルギーを比べたとき、正しいものを以下のア～ウのうち１つ選び、記号で答えなさい。

ア　小球①の方が大きい　　イ　どちらも変わらない　　ウ　小球②の方が大きい

(2)　小球①と小球②を20cmの高さからレール上を転がし、水平な部分に到達した時の小球の速さを比べたとき、正しいものを以下のア～ウのうち１つ選び、記号で答えなさい。

ア　小球①の方が速い　　イ　どちらも変わらない　　ウ　小球②の方が速い

3　20cmの高さにある小球①と、同じ大きさの位置エネルギーをもつ小球②の高さは何cmか答えなさい。

4　小球①を水平面から20cmの高さまで引き上げるときの仕事の大きさは何Ｊか。ただし、質量100gの物体にはたらく重力の大きさを１Ｎとする。

【実験２】次に、右の図２のように、木片を取り除き15cmの高さ（Ａ点）から小球①を転がした。

5　Ａ～Ｅのそれぞれの位置に小球①がきたときに小球①がもつ位置エネルギー、運動エネルギーについて、最も大きくなる位置、最も小さくなる位置をそれぞれ全て選び、記号で答えなさい。

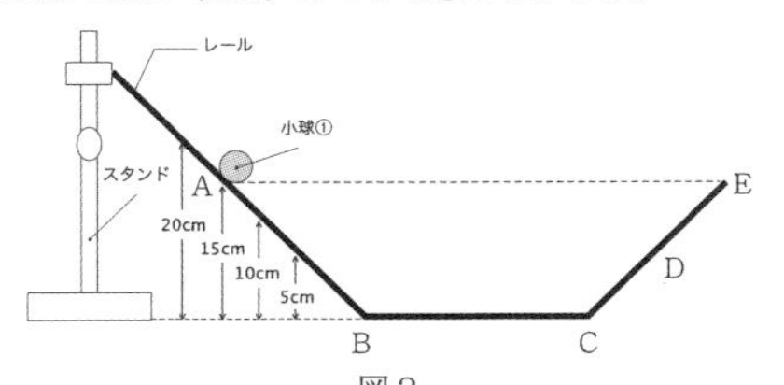

図２

尚志館高校

6　小球①が点Cを通過した後、点Cからの距離と小球①の速さの関係を正しく表すグラフはどれか。ア〜オから1つ選び記号で答えなさい。

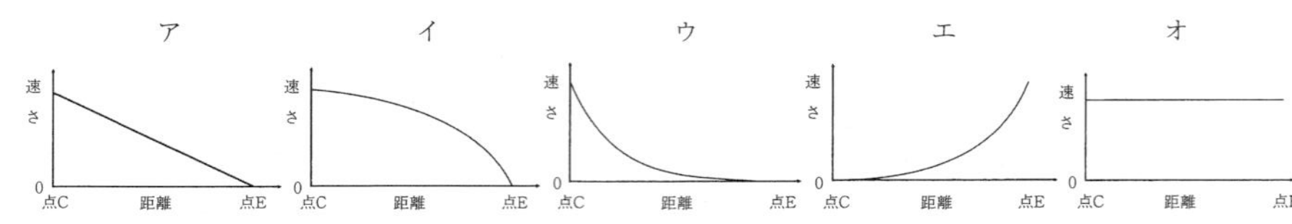

［Ⅱ］次の実験について、下の問いに答えなさい。

《実験》

図3のように、電熱線Aと電熱線Bを直列につないだ回路をつくり、スイッチを入れて、電源の電圧を変えたときの電流計と2個の電圧計の目盛りを同時に読みとり、次の①、②の関係を調べた。図5は、その結果をグラフに表したものである。

①　PQ間にかかる電圧と流れる電流との関係

②　PR間にかかる電圧と流れる電流との関係

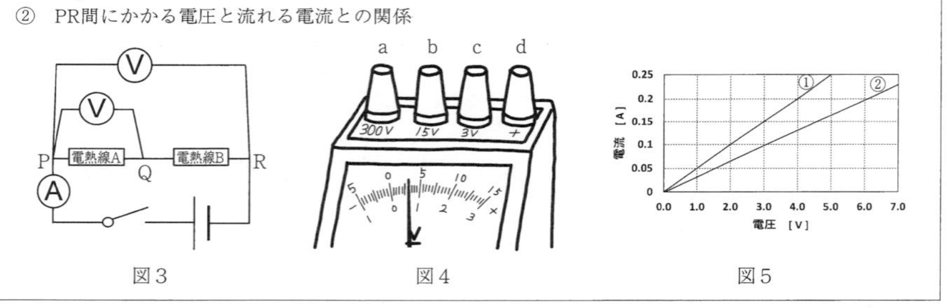

図3　図4　図5

1　図3のPQ間の電圧が3.0Vであるときの、PQ間の電圧計の針のふれは、図4のようであった。P、Qは、それぞれ電圧計の端子a〜dのどれにつないでいるか、1つずつ選び記号で答えなさい。

2　図5のように、「電圧の大きさは、電流が大きくなるほど大きくなり、抵抗が大きくなるほど大きくなる」ことが分かっている。この法則を何というか答えなさい。

3　電熱線Aの抵抗は何Ωになるか答えなさい。

4　電熱線Bの抵抗は何Ωになるか答えなさい。

5　図5をもとにして、QR間にかかる電圧と流れる電流との関係を表すグラフを解答用紙に書きなさい。

6　図3の回路で、電熱線Aをとりはずして半分の長さに切り、その1本を電熱線Aのかわりにつないだ。この新しい回路のPR間に3.0Vの電圧をかけた場合の電流の強さは、もとの図3の回路でPR間に3.0Vの電圧をかけた場合の電流の強さの何倍か答えなさい。

7　抵抗に関する以下のア〜エの文のうち、正しいものを1つ選び、記号で答えなさい。

ア　抵抗が等しい2本の電熱線を直列につなぐと、全体の抵抗はもとの1本の抵抗の$\frac{1}{2}$倍になる。

イ　抵抗が等しい2本の電熱線を並列につなぐと、全体の抵抗はもとの1本の抵抗の2倍になる。

ウ　抵抗が異なる2本の電熱線を直列につなぐと、抵抗の大きいほうに大きい電圧がかかる。

エ　抵抗が異なる2本の電熱線を並列につなぐと、抵抗の大きいほうに強い電流が流れる。

学校法人　前田学園

鹿屋中央高等学校

理　事　長　前　田　　均

学　校　長　前　田　　均

所　在　地　〒893-0014　鹿屋市寿８丁目12番26号

電　　　話　(0994) ４３－３３１０
（お気軽にお問い合わせ下さい）

Ｆ　Ａ　Ｘ　(0994) ４３－３３０９

Ｅ－ｍａｉｌ　chkkouhou@kanoya-chuo.ed.jp

Ｗｅｂｓｉｔｅ　http://www.kanoya-chuo.ed.jp

本校の各コースの特色

人間科学科

○文理コース（男・女）

医学部・歯学部・薬学部への合格を目指す！

経験豊かで情熱溢れる教師陣による徹底した学習指導と，親身な個別指導で志望大学への合格を目指します。課外補習，長期休暇中の補習などを実施して，なお一層の学力伸長を図り，目標達成をサポートします。

○進学コース（男・女）

文武両道で国公立大学進学！

“受験に打ち勝つ基礎学力をつけること”こそが目標です。補習や丁寧な個別指導が充実しており，授業・補習終了後も意欲ある生徒は残って指導を受けることができます。継続は力なり。コツコツと地道に学力をつけていけば，３年後，目標とする学校にきっと合格できるはずです。勉強と部活動を頑張りたい人にピッタリのコースです。一緒に夢をかなえませんか。

○体育コース（男・女）

各競技日本一を目指す！

部活動を通して人間性を高め，進学や就職の道を切り拓く！　数多くのスポーツを理解し，幅広い教養と豊かな人間性を育成することを目標に，学習はもとより心の教育（協生）を日頃の学校生活の重点項目として実践します。スポーツ選手として大切な心・技・体の３つを鍛え，文武両道に優れた人材を育みます。

○教養コース（男・女）

資格取得で豊かな個性と感性を！

商業科目の学習を通して，さまざまな資格取得を目指します。習熟度別による授業や補習で，苦手分野を克服し，一人ひとりの個性と感性を伸ばしながら，合格を目指します。

○調理コース（男）

食を学び　食を楽しむ！

調理の基本から日本料理・西洋料理・中国料理の専門的レベルまで学び，生徒の希望，特性に合った進路の実現を目指します。

○食物コース（女）

食を通して人間力 UP ！

日本料理・西洋料理・中国料理・お菓子の基礎基本を学び，社会に通用する食のスペシャリストを目指します。食は人間が生きていく上で必要不可欠！楽しく食べるなら安全で安心できるものをおいしく食べたいものです。調理実習等を通し，さまざまな知識と技術を学びましょう。

生徒募集要項（2024年度）

【募集定員】　255名

学　科	コース	定員	男女別	備　　考
人間科学科	文 理	25	男・女	２年次より，文系と理系に分かれる。
	進 学	30	男・女	２年次より，文系と理系に分かれる。
	体 育	40	男・女	部活動生
	教 養	80	男・女	
	調 理	40	男	
	食 物	40	女	

【出願期間】　2024年１月４日(木)～６日（土）

【出願書類】　本校所定の入学願書と調査書

【選 考 日】　2024年１月22日(月)

【選考方法】　（令和５年度現行）

コース	文理・進学	体育・教養・調理・食物
試験教科	５教科（国・数・英・社・理）	３教科（国・数・英）・面接

【合格発表】　2024年１月29日(月)

【毎月の校納金】　（令和５年度）

コース	授業料	教材・実習費	計
文　理 進　学	42,300円	2,700円	45,000円
体　育 教　養	42,300円	2,000円	44,300円
調　理 食　物	42,300円	4,000円	46,300円

※学業奨学生・部活動奨学生の制度があります。
奨学生には，毎月奨学金が給付されます。

学 校 で の 生 活

文理コース

進学コース

教養コース

体育コース

コース紹介

調理コース

食物コース

令和五年度　鹿屋中央高校入試問題　国　語

（解答…224P）

1　次の１・２の問いに答えなさい。

1　次の――線部のカタカナは漢字に直し、漢字は仮名に直して書け。

(1)　電車でコキョウへ帰る。　(2)　机を一つナラべる。

(3)　自動車を船でユソウする。　(4)　文章の内容が曖昧だ。

(5)　自分の力不足を嘆く。　(6)　業務を遂行する。

2　次の行書で書かれた漢字を楷書で書いたときの総画数を、漢数字で答えよ。

2　次の文章を読んで、あとの１～５の問いに答えなさい。

　インスピレーションが湧きやすい相手がいる。誰とでも湧くわけではない。自分はこの相手と話しているときにアイディアが湧きやすい、と思える相手を見つけ、関係を深くしていくと、人生が豊かになる。新しい意味が生まれる瞬間を味わうのは、人生の醍醐味だからだ。受け手の対話力が、触発力となる。

　テニスの上手な人やキャッチボールの上手な人を相手にすると、気持ちよくできる。自分が上手くなったような気がしてくる。すると、どんどんプレーがよくなり、自分でも思いがけないよいパフォーマンスが生まれる。これは対話でも同じだ。対話力がある人と話すと、アイディアが生まれやすい。そうした人を会話のパートナーにして、クリエイティブな対話の感覚を積み上げていくことが、コミュニケーション力向上の王道である。

　①コミュニケーションが深まっているときは、相手とだけではなく、自分自身と対話している感覚がある。すぐに言語化できる事柄だけを話しているのでは、浅い会話になってしまうものだが、自分の中に埋もれている暗黙の知を掘り起こしながら対話することで、深い対話ができるのだ。自分の中に眠っているものを掘り起こすのは、精神的に労力を必要とする作業だ。

　文章を書くという作業は、自分自身と対話する作業である。自分でも忘れていることを思い出し、思考を掘り下げる。長い文章を書いたことのある人ならば、それが苦しく充実した作業だということを知っている。日記をつけるという行為も、自分自身と向き合う時間をつくることになる。言葉になりにくい感情をあえて言葉にすることによって、気持ちに整理がついていく。言葉にすることによって、感情に形が与えられるのだ。

　②対話を深めるための工夫として、自分自身と対話する関係を対話中にもつくるということがある。意識の全体量を十とすると、相手とのその場の会話に十使ってしまうのでは、浅い会話になる。そこで、半分の五を自分自身への問いかけに使ってみる。慣れないうちは、相手への意識と自分への意識の二つを両立させることが難しいかもしれない。そのために会話が途切れ途切れになることもあるだろう。［ a ］、そうした練習期間を経ることによって、自分自身と対話する構造を対話に組み込むことができるようになるはずだ。

　私はさまざまな領域の人と対話する機会がある。そんななかで、相手が言葉を探しているときが、よくある。私の投げかけた問いに対して、真剣に答えようとして、自分の感触にぴったりとした言葉を探している時間だ。逆に、そうした時間をまったく持たず、現在流れている会話の流れをひたすらつないでいるだけの会話もある。自分自身の経験全体に常に向き合い、相手から来る言葉の刺激をその経験全体に一度及ぼし、そこから出てくる感触を言葉にしてみる。この精神の作業は、慣れてくれば比較的短い時間でできるようになる。だが、語彙（ボキャブラリー）があまりに少ないと、微妙な感覚を言葉にしにくい。［ b ］、言葉をむやみにこねくり回してしまう場合は、自分の感触への問いかけが足りないケースである。

　伝え合うのは意味である。その意味は、心の感触とともにある。ちょうどいい言葉が見つかったときに、「そうそう、ちょうどその言葉がぴったりだ」という感触を得る。③先に感触があるのだ。何となく捉えたその感触を手探りで言葉にしていく。言葉にしにくい「心の感触」をあきらめずに辛抱強く持ち続ける精神的な強さが、深い対話をもたらす。

　相手と話している文脈は維持しながらも、自分自身の経験知の深みに降りていく。この二つの作業を同時に行う能力が、対話力である。④さらに、より高いレベルの対話力とは、相手の経験世界にまで思いを馳せることだ。相手が自分自身の経験を振り返り、微妙な心の感触を言葉にする作業を促し、それにつき添う。自分自身に向き合う習慣のない人もいるが、こちらからの質問によっては、そうした人も自分自身の経験に深く入っていく。海中に潜ってアワビや真珠をとってくる海女さんのように、自分の経験世界に潜っていく。そうした作業を助ける対話力というものがあるのだ。対話に参加している者が皆、自分自身の経験世界に錘を降ろし、一方で文脈の流れをつないでいる。それがコミュニケーションの優れた形なのである。

（齋藤孝『コミュニケーション力』による）

1　本文中の［ a ］・［ b ］にあてはまる語の組み合わせとして、最も適当なものを次から選び、記号で答えよ。

ア（a　しかし　b　また）　イ（a　つまり　b　ならば）

ウ（a　ただし　b　だが）　エ（a　よって　b　もっとも）

2　次の文は、――線部①について説明したものである。［ Ⅰ ］には最も適当な十字の言葉を、［ Ⅱ ］には最も適当な七字の言葉を本文中から抜き出して書け。（句読点も一字と数える。）

　すぐに言葉にできる事柄だけを相手に話すのではなく、自分の思考の中に［ Ⅰ ］を探りながら対話をするという、精神的に［ Ⅱ ］作業を行って、自分と向き合っているということ。

3　――線部②とはどのようにすることか。最も適当なものを次から選び、記号で答えよ。

ア　対話を進める中で、自分が相手の話に耳を傾けるだけではなく、自分の話を相手に聞いてもらえるように努力すること。

イ　対話する自分の意識を相手に向けることよりも、自分自身の経験に深く入り込んで感情を言語化するよう努力すること。

ウ　対話を進める中で、日記をつけるときのように、自分自身の話をしっかりと記憶しながら話せるように努力すること。

エ　対話する自分の意識を、会話の流れをつなぐことにだけではなく、自分自身への問いかけに向けようと努力すること。

4 ――線部③とはどのようなことか。最も適当なものを次から選び、記号で答えよ。

ア　ちょうどその言葉がぴったりだ、という感触が先にあり、そのあとに、言葉にしにくい心の感触が生じてくるということ。
イ　伝え合うのは意味である、という感触がまずあり、その感触を手探りで言葉にしていくうちに、適切な言葉が生じるということ。
ウ　言葉にしがたい心の感触が先にあり、なんとか言葉にしようとする中で、ぴったりの言葉が見つかる場合があるということ。
エ　何となく捉えた感触よりも、ちょうどいい言葉が見つかったという感触のほうを強く感じることのほうが多いということ。

5 次の文は、═══線部のように筆者が考える理由について、――線部④の内容をふまえて説明したものである。□に入る適当な言葉を、「アイディア」という言葉を使って六十字以内で書け。

対話力がある人は、□から。

3

次の文章を読んで、あとの1～4の問いに答えなさい。

応長(注)の比、伊勢国(注)より、女の鬼になりたるを率て(つれて都へ上った)のぼりたりといふ事ありて、その比廿日ばかり、日ごとに、京・白川(注)の人、鬼見(鬼見物)にとて出で惑ふ。「昨日は西園寺(注)に①参りたりし」、「今日は院(注)へ参るべし」、「ただ今は、そこそこに」など言ひ合へり。まさしく見たりと言ふ人もなく、そらごと(うそのうわさ)と言ふ人もなし。上下ただ、鬼の事のみ言ひやまず。

その比、東山(注)より安居院(注)辺へ②罷り侍りしに(出かけましたが)、四条(注)(四条通りより北の方の人)よりかみさまの人、皆、北をさして走る。「一条室町(注)に鬼あり」と③ののしりあへり。今出川(注)の辺より見やれば、院の御桟敷(注)のあたり、更に通り得べうもあらず(全く通ることができないほど)立ちこみたり。はやく跡なき事にはあらざめり(やはり根も葉もないことではないようだ)とて、人を遣りて見するに、おほかた(少しも)逢へる者なし。暮るるまでかくたち騒ぎて、はては闘諍(けんか)おこりて、あさましきことどもありけり。

その比、おしなべて(世間一般に)、二三日人のわづらふ事侍りしをぞ、「④かの鬼のそらごとは、このしるし(前兆)を示すなりけり」と言ふ人も侍りし。

（兼好法師『徒然草』による）

（注）応長＝花園天皇の時代の年号（一三一一～一三一二年）。
伊勢国＝現在の三重県。　白川＝京都の東にある地域。
西園寺・東山・安居院・四条・一条室町・今出川＝いずれも、京都にある建物や地名。
院＝上皇の御所。　御桟敷＝上皇が祭を見物するための建物。

1 ――線部①「参りたりし」、②「罷り侍りし」の主語はそれぞれ誰か。その組み合わせとして正しいものを次から選び、記号で答えよ。

ア　①鬼　②人々　　イ　①人々　②鬼
ウ　①鬼　②筆者　　エ　①筆者　②上皇

2 ――線部③「ののしりあへり」を現代仮名遣いに直して書け。

3 ――線部④とあるが、鬼の流言は何の前兆だったというのか。最も適当なものを次から選び、記号で答えよ。

ア　二、三日人がうそを信じたこと。
イ　二、三日人が病気にかかったこと。
ウ　二、三日で人の病気が治ったこと。
エ　二、三日で鬼が去ってしまうこと。

4 次は、本文をもとにして話し合っている先生と生徒の会話である。[Ⅰ]～[Ⅲ]に適当な言葉を補って会話を完成させよ。ただし、[Ⅰ]には二十字以内でふさわしい内容を考えて現代語で答え、[Ⅱ]には四字、[Ⅲ]には五字で本文中から最も適当な言葉を抜き出して書くこと。

先生　鬼について、いろいろなうわさが流れたにもかかわらず、鬼を[Ⅰ]いなかったのですね。そして、身分が高い人も低い人も皆、鬼のうわさを言うばかりでした。
生徒A　[Ⅱ]に鬼が出たというこうわさが立ったときは、[Ⅲ]の周辺は、人が通れないほど混雑していたのですね。
生徒B　それだけ、人々が興奮していたということがわかりますね。

4

次の文章を読んで、あとの1～5の問いに答えなさい。

> 琴葉は中学二年生。父は町工場「佐々川精密工業」の三代目社長。十七歳の天馬はこの工場に住み込みで働いている。琴葉が友達と遊んで帰宅した七時すぎ、工場の明かりがついていた。

「天馬……、まだいたの？」

顔を見て、ほっとする。

天馬が機械をひとつひとつのぞきこみ(ア)ながら、点検しているところだった。中に入りかけたあたしは、もわっとした空気にあわてて身をひいた。機械で熱くなっ(イ)た空気が行き場をなくして、工場の中がサウナのようになっている。

「また、雑用をおしつけられたんだ……」

あたしは、同情するようにいった。

朝は始業前に行って機械の電源を入れ(ウ)、夕方には機械の点検と掃除をする。日中だって、材料を用意したりはこんだ(エ)り、ときには買いものなんかの雑用までたのまれて……それなのに、天馬は文句ひとついわない。

「ちがうよ。だれかにいわれたわけじゃない。オレはまだ、追い回しだから」

追い回し……古くさい言い方だ。

その昔、見習いは先輩のいうことをきいて、あっちこっち走りまわっていたらしい。だから、追い回しという。

直接教わったりせず、技術は見て盗めというのも、そのころの慣習だ。今の時代、そんなことをいったらだれもついてこないだろうと思うのに、天馬は進んでそれを受けいれているように見える。

「こうやって点検していると、機械の構造や細部がよくわかるんだ。作

鹿屋中央高校

業をしているときは、そんな余裕もないからさ」

①はじめは、優等生ぶっているだけだと思っていた。でもだんだんと、それが本心であるとわかってきて……。

手先が器用な天馬は、モノ作りそのものがあっているようで、金属を見つめる目は生き生きとしている。

天馬は電源を確認し、重い扉に鍵をかけると表に出てきた。

そして、おもむろに後ろポケットから丸めたノートをとりだすと、縁石にすわって何かを書きはじめる。わずかな明かりが照らすノートをのぞきこんだら、何やらびっしりと書いてあった。

図、グラフ、数字、記号……。あたしにはさっぱりわからないけれど、どうやら仕事に関することらしいとだけは、かろうじてわかった。

「仕事が終わっても勉強？　熱心すぎやしない？」

たまには、息をぬけばいいのに。お父さんの悪口でも、グチでもいってくれれば……と思うけど、あたしじゃ相手にならないのかもしれない。

「毎日、新しい発見があるんだ。だから書きとめておかないと、もったいない」

そんなふうにいわれると、②返す言葉もなかった。

ふと、天馬の指先に目が行った。機械油で黒くよごれている。

「天馬、手をよく洗ったほうがいいよ。そのうち、お父さんみたいに落ちなくなっちゃうよ」

お父さんの指は、お風呂（ふろ）から上がっても黒いままだ。軍手をしているにもかかわらず、染（し）みこんだ機械油が、爪のあいだやしわの一本一本に入りこんでいる。お父さんは気にしていないようだけど、あたしはすごく気になる。そのせいで、小学校に上がるくらいから、手をつながなくなっていた。

天馬はノートを閉じると、はじめて気づいたというように、指先をじっと見つめた。

「そっか。社長の指の油、とれないのか……」

なぜかうれしそうなその顔を、不思議に思う。

「ひとつの技術を身につけるにも、十年以上かかるっていわれてるんだ。オレも、早く社長みたいになりたいよ。そしたら、自分の工場をもって……」

胸がざわついた。

目標にむかって、つきすすむ天馬。

なんの夢もないあたし。

③天馬はどんどん先に行ってしまう。ぜったいに追いつけない。あたしたちの距離は、永遠にちぢまらない……そのことが、なぜかさびしい。

「それより琴葉、オレに用？　どうして家に入らないんだ？」

いわれて、はっと思いだした。お母さんに、帰りがおそいとしかられそうだったから、天馬といっしょに入れば安全だろうともくろんだのだ。

思いだしたら、④余計に情けない気持ちになった。

（工藤純子『てのひらに未来』による）

1　――線部**ア**～**エ**の動詞の中から、活用の種類が他と異なるものを一つ選び、記号で答えよ。

2　――線部①とあるが、次の文は、琴葉から見た天馬の様子について説明したものである。［Ⅰ］には、本文中から最も適当な四字の言葉を抜き出して書き、［Ⅱ］には、二十字以内で、「先輩」という言葉を使って、文を完成させよ。

> 天馬は、工場での現在の自分の立場を、［Ⅰ］という古風な言い方で呼ぶうえに、技術は［Ⅱ］、という昔の慣習を、進んで受けいれているように見える。

3　――線部②とあるが、それはなぜか。最も適当なものを次から選び、記号で答えよ。

ア　天馬もたまには休んだり文句を言ったりすればいいと琴葉が思えば思うほど、天馬本人は意地になって仕事をするから。

イ　天馬は仕事や勉強に打ち込みすぎだと琴葉が思うのをよそに、天馬本人は仕事と勉強に無我夢中で取り組んでいるから。

ウ　仕事のあとに勉強を続ける天馬を熱心すぎると琴葉は感じたが、天馬本人の指の汚れから天馬は本気なのだと気がついたから。

エ　息抜きもせずグチも言わない天馬を琴葉が心配する一方で、仕事熱心な天馬本人は、琴葉の言葉にうわのそらだったから。

4　――線部③とは、具体的には天馬がどうしているということか。琴葉と天馬の違いもわかるようにして、六十五字以内で書け。

5　――線部④とあるが、これは琴葉のどのような気持ちを表しているか。適当なものを次から二つ選び、記号で答えよ。

ア　自分が天馬に追いつけないことへのさびしさを感じたことで、母にしかられることを急に恐ろしく感じ始める気持ち。

イ　自分からは遠い存在である天馬へのライバル心を感じる一方で、一人で家に帰れない自分をふがいなく感じる気持ち。

ウ　自分と天馬の距離を感じる満たされない思いに加え、人に頼ろうとする自分の弱さに気づいてみじめに思う気持ち。

エ　自分が天馬に追いつけないことへの情けなさで胸がいっぱいで、本来のもくろみを忘れていたことを残念に思う気持ち。

オ　仕事に打ち込んでいる前向きな天馬の姿や言葉にふれたことで、自分の現状を改めて自覚して自信をなくす気持ち。

5

令和四年七月、政府は全国を対象に、七年ぶりとなる節電要請を行いました。家庭での電気使用量と、節電への取り組みについてのあとの**資料1**及び**資料2**を参考にしながら、次の(1)～(5)の**条件**に従って、あなたの考えを書きなさい。

条件

(1) 二段落で構成すること。

(2) 第一段落には、**資料1**または**資料2**からあなたが読み取ったことを書くこと。

(3) 第二段落には、第一段落をふまえて、あなたが家庭での節電に対してどのように取り組みたいと考えるかを具体的に書くこと。

(4) 六行以上八行以下で書くこと。

(5) 原稿用紙の正しい使い方に従って、文字、仮名遣いも正確に書くこと。

資料1

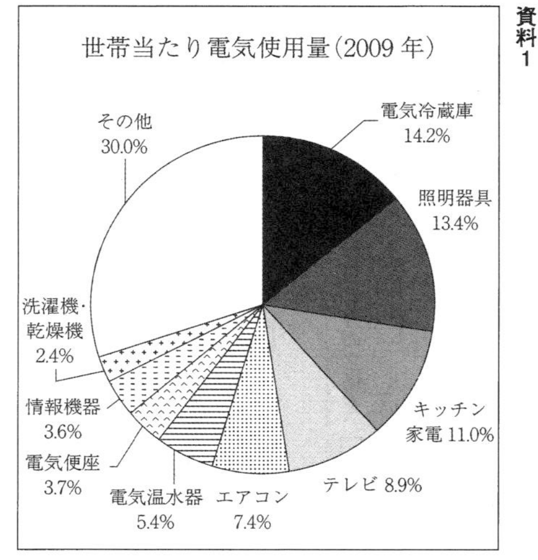

資料2

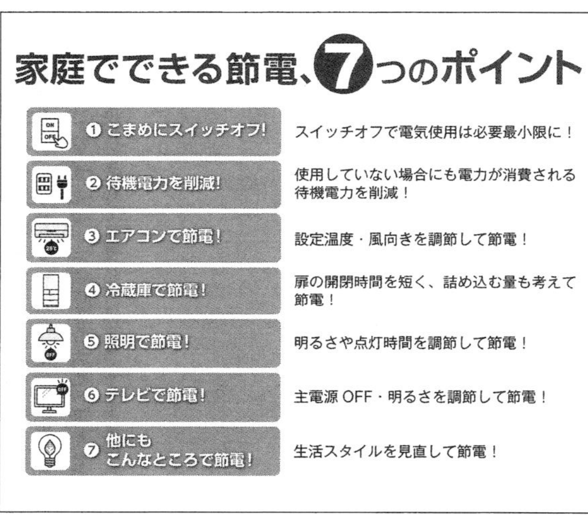

資料1　資源エネルギー庁　平成22年度「家庭におけるエネルギー消費実態について」より作成。
資料2　環境省「みんなで節電アクション！」特設サイトより作成。

令和５年度　鹿屋中央高校入試問題　数　学

（解答…225Ｐ）

1　次の　1 ～ 5　の問いに答えなさい。

1　次の(1)～(5)の問いに答えよ。

(1)　$-7-3\times4$ を計算せよ。

(2)　$\dfrac{1}{6}-\dfrac{2}{3}\div\dfrac{8}{9}$ を計算せよ。

(3)　$\dfrac{2x-y}{3}-\dfrac{x-4y}{6}$ を計算せよ。

(4)　$\sqrt{50-2n}$ が自然数となるような自然数 n をすべて求めよ。

(5)　自然数 a を 4 で割ると，商が b で余りが 3 になった。b を a の式で表せ。

2　関数 $y=-\dfrac{1}{2}x+3$ において，x の変域が $a\leqq x\leqq 8$ のとき，y の変域は $b\leqq y\leqq 4$ であるという。このとき，a，b の値をそれぞれ求めよ。

3　$x^2-10x-24$ を因数分解せよ。

4　男子３人と女子２人の合計５人の中からくじ引きで２人の当番を選ぶとき，２人とも男子が選ばれる確率を求めよ。ただし，だれが選ばれることも同様に確からしいとする。

5　右の図において，$\angle x$ の大きさを求めよ。

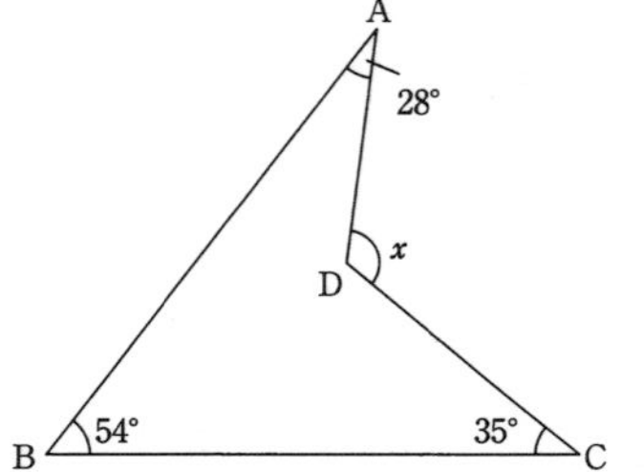

2 次の **1** ～ **4** の問いに答えなさい。

1 右の図は，ある立体の投影図で，平面図は円，立面図は半円と長方形をあわせた図形である。この立体の体積を求めよ。ただし，円周率は π とする。

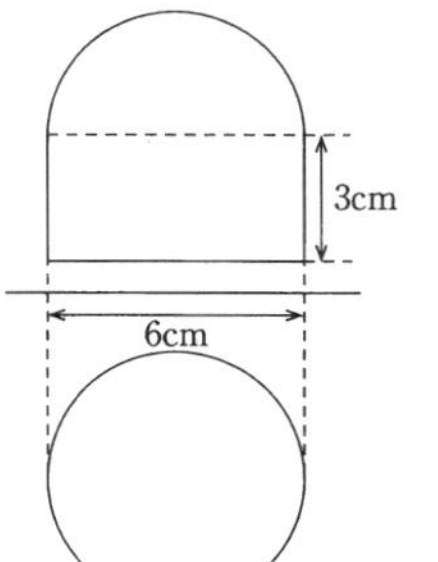

2 下の図において，∠ABC の二等分線上に中心があり，2 点 A，B を通る円を作図せよ。

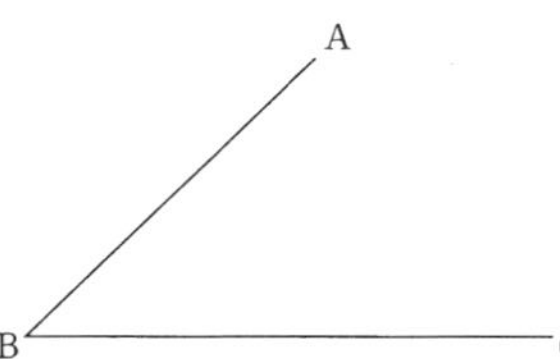

3 十の位の数と一の位の数の和が 11 である 2 桁の自然数 A がある。自然数 A の十の位の数と一の位の数を入れかえてできる自然数 B は，自然数 A より 27 大きい。このとき，自然数 A を求めよ。ただし，自然数 A の十の位の数を x，一の位の数を y として，求めるための方程式と計算過程も書くこと。

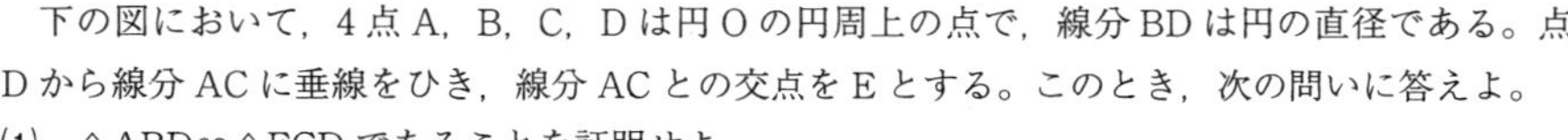

4 下の図において，4 点 A，B，C，D は円 O の円周上の点で，線分 BD は円の直径である。点 D から線分 AC に垂線をひき，線分 AC との交点を E とする。このとき，次の問いに答えよ。

(1) △ABD∽△ECD であることを証明せよ。

(2) AB＝6cm，AD＝8cm，BD＝10cm，CD＝3cm のとき，△ECD の面積を求めよ。

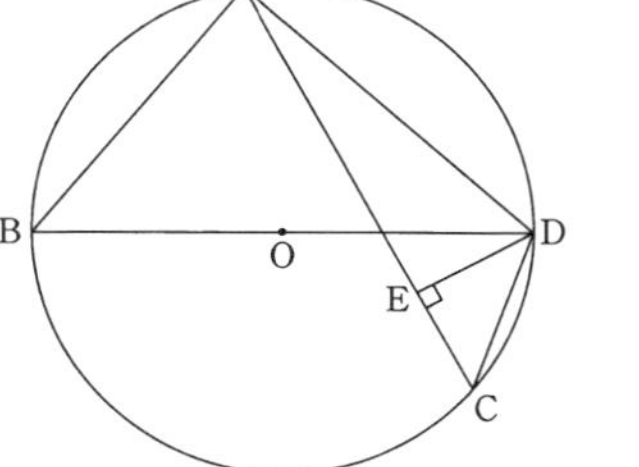

3 下の図は，ある中学校の 3 年生の生徒たちが受けた 100 点満点の計算テストの結果をヒストグラムに表したものである。次の **1** ～ **4** の問いに答えなさい。

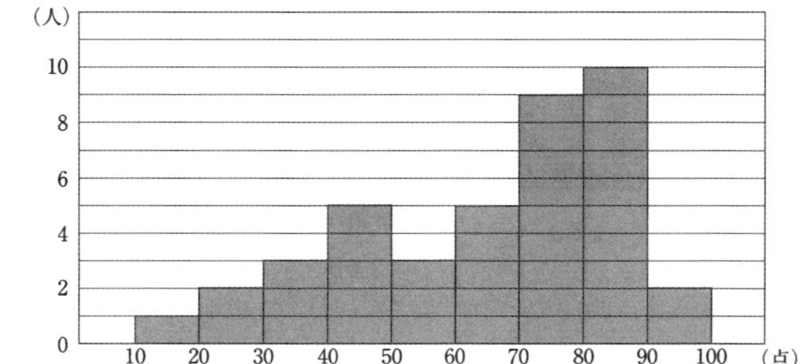

1 計算テストを受けた生徒の人数を求めよ。

2 最頻値を求めよ。

3 第 1 四分位数が含まれる階級の累積相対度数を，小数第二位まで求めよ。必要であれば小数第三位を四捨五入しなさい。

4 計算テストの結果を箱ひげ図に表したものとして正しい図を次の**ア**～**エ**から 1 つ選び，記号で答えよ。

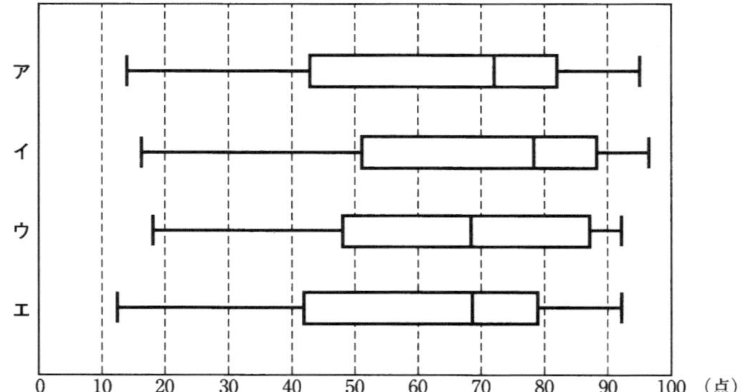

4 次のⅠ，Ⅱの問いに答えなさい。

Ⅰ　白と黒の正方形を，下の図のようにある規則にしたがって並べて図形を作り，順に，1番目，2番目，3番目，4番目，……，n 番目とする。ただし，n は自然数である。

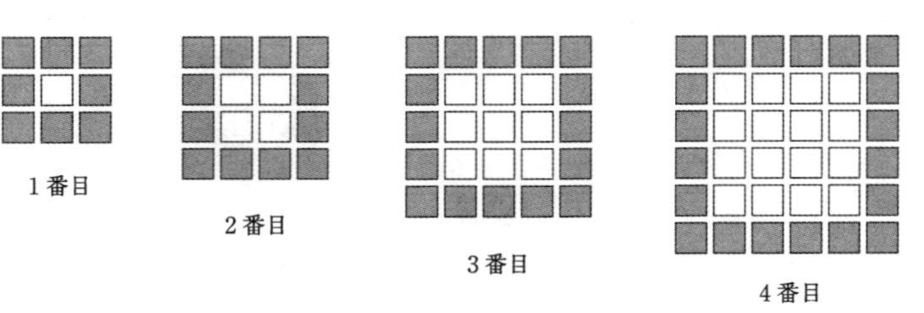

1　6番目の図形において，黒い正方形の個数を求めよ。

2　n 番目の図形において，黒い正方形の個数を，n を使った式で表せ。

3　白い正方形の個数が，黒い正方形の個数より 113 個多いのは，何番目の図形か求めよ。

Ⅱ　右の図の四角形 ABCD は，1辺の長さが 8cm の正方形である。辺 AB，BC，CD，DA 上にそれぞれ点 E，F，G，H を，AE＝AH＝CF＝CG＝$x$cm となるようにとる。

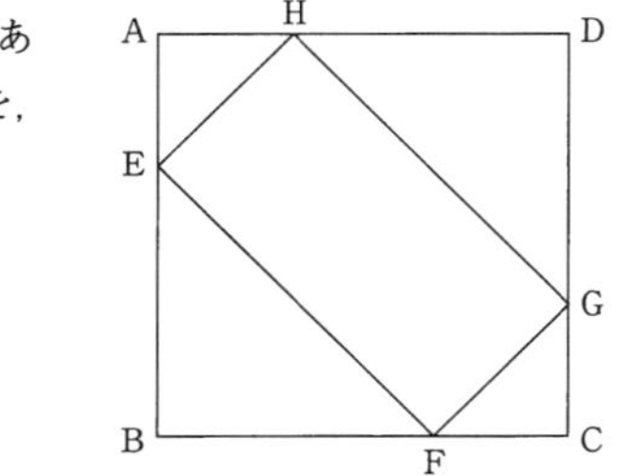

1　$x=2$ のとき，四角形 EFGH の面積を求めよ。

2　四角形 EFGH の面積が 30cm^2 となるような x の値をすべて求めよ。

5　下の図のように，関数 $y=ax^2$…①と関数 $y=2x$…②のグラフが2点O，Aで交わっていて，点Aの x 座標は6である。また，①のグラフ上に点Bがあり，点Bの x 座標は -3 である。点Bを通り，②のグラフと平行な直線を③とし，③のグラフと y 軸との交点をCとする。次の 1～4 の問いに答えなさい。

1　a の値を求めよ。

2　直線③の式を求めよ。

3　四角形 OACB の面積を求めよ。

4　線分 OA 上に点 D をとる。直線 CD が，四角形 OACB の面積を2等分するとき，直線 CD の傾きを求めよ。

令和５年度　鹿屋中央高校入試問題　英　語　（解答…227Ｐ）

1　**聞き取りテスト**　放送の指示に従って，次の１～７の問いに答えなさい。英語は１から４は１回だけ放送します。５以降は２回ずつ放送します。メモをとってもかまいません。

1　これから，Jack と Maho の対話を放送します。昨日 Maho がしたスポーツとして最も適当なものを下のア～エの中から一つ選び，その記号を書きなさい。

ア 
イ 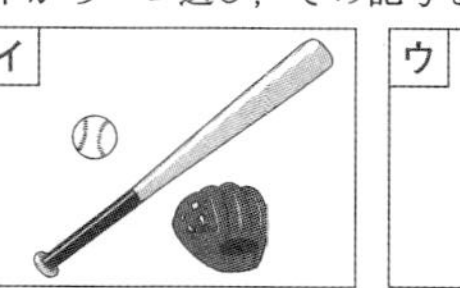
ウ 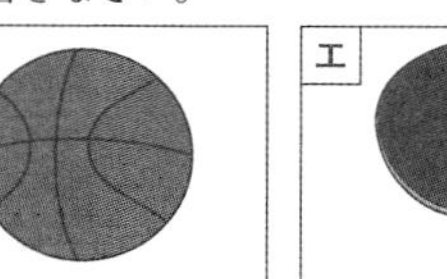
エ

2　これから，Nick と店員との対話を放送します。Nick が支払った金額として最も適当なものを下のア～エの中から一つ選び，その記号を書きなさい。

ア　880 円　　イ　980 円　　ウ　1,200 円　　エ　2,000 円

3　これから，Yuki と Bob との対話を放送します。下はその対話の後で，Yuki が友人の Emma と電話で話した内容です。放送を聞いて，(　　　) に適切な英語１語を書きなさい。

Yuki　: Hi, Emma. Would you like to go to see Bob's (　　　) game with me next Saturday?
Emma　: Yes, I'd love to go with you. I'm free all day.

4　あなたは留学先のオーストラリアの学校で先生の話を聞こうとしています。下のア～ウを先生の話の順に並べかえ，その記号を書きなさい。

ア 
イ 
ウ 

5　あなたは夏休みに行われる英語プログラムに参加するための会合で，先生の説明を聞こうとしています。先生の説明にないものとして最も適当なものを下のア～エの中から一つ選び，その記号を書きなさい。

ア　参加人数　　イ　滞在期間　　ウ　持ち物　　エ　滞在中の予定

6　あなたは英語の授業で Misaki のスピーチを聞こうとしています。スピーチの後に，その内容について英語で二つの質問をします。

(1)　質問を聞いて，その答えを英語で書きなさい。ただし，主語と動詞を含んだ文で，数字などもすべて英語のつづりで書くこと。

(2)　質問を聞いて，その答えとして最も適当なものを下のア～ウの中から一つ選び，その記号を書きなさい。

ア　Young people should talk with old people more.
イ　Learning English makes old people happy.
ウ　Keeping on learning makes people young.

7　これから，中学生の Miyu とカナダにいる Ben がオンラインで行った対話を放送します。その中で，Ben が Miyu に質問をしています。Miyu に代わって，その答えを英文で書きなさい。２文以上になってもかまいません。書く時間は１分間です。

2　次の１～４の問いに答えなさい。

1　Makoto と留学生の Jenny が日本文化について話している。下の①，②の表現が入る最も適当な場所を対話文中の〈 ア 〉～〈 エ 〉の中からそれぞれ一つ選び，その記号を書け。

①　Where did you learn it?	②　Are you interested in that?

Makoto : Jenny, your paper crane looks beautiful!
Jenny : Thank you, Makoto. I love *origami*. 〈 ア 〉
Makoto : Nice. 〈 イ 〉
Jenny : In my country. When I was little, I often went to the Cultural Center. Volunteers from different countries taught us some interesting things from their culture. I learned *origami* from a Japanese volunteer. 〈 ウ 〉
Makoto : Sounds interesting! We have a cultural center in this town, too. You can learn Japanese culture there. 〈 エ 〉
Jenny : Yes, very much. Where is it?
Makoto : It's next to the city library. If you have time today, I can take you there.
Jenny : Really? I'm excited!

2　次は，Sena と留学生の John との対話である。(①) ～ (③) に，下の［説明］内の［説明］が示す英語１語をそれぞれ書け。ただし，文頭に来る語は，最初の文字を大文字にすること。

Sena : Hi, John. You look happy. What's up?
John : (①) was my birthday. My parents took me to the most popular (②) in our town. Everything was delicious!
Sena : Wow, that's nice! Here is a (③) for you. I know you like to travel by bicycle. This will help you during your trip.
John : Wow! Thank you. What's in it? Can I open it now?
Sena : Sure. I hope you like it.

［説明］
① the day before today
② a place to enjoy a meal
③ something that you give to someone

3　次は，Yuto と留学生の Judy との対話である。①～③について［例］を参考にしながら，(　　　) 内の語に必要な２語を加えて，英文を完成させよ。ただし，(　　　) 内の語は必要に応じて形を変えてもよい。また，文頭に来る語は，最初の文字を大文字にすること。

［例］　A : What were you doing when I called you last night?
　　　B : (study) in my room.　　　（答）　I was studying

Yuto : Hi, Judy. How was your weekend?
Judy : It was fun. I visited Kirishima-jingu Shrine with my host family on Saturday.
Yuto : Oh, that was nice! ① (be) there before. How did you like it?
Judy : ② (like) so much. It was very beautiful.
Yuto : I agree. What else did you do on the weekend?
Judy : I helped my host mother and sister when ③ (cook). My host mother, Mrs. Iwata taught me how to cook *satsuma-sumoji*.
Yuto : Oh, really? Did you like the traditional dish?
Judy : Yes! It was delicious. I want to cook it for my family when I go back to my country.
Yuto : That's a good idea!

4　留学生の Kate があなたに SNS 上で相談している。添付された表を参考に，あなたが Kate にすすめたい方を○で囲み，その理由を二つ，合わせて 25 ～ 35 語の英語で書け。英文は２文以上になってもかまわない。

Kate
Hi!　I want to learn calligraphy. I found two classes near our school. Which is better for me, Asahi or Fuji?

	朝日書道教室	富士書道教室
学校からの行き方	バス 10 分	徒歩５分
月謝	4,000 円	5,400 円
レッスン回数	月４回（１回 80 分）	月３回（１回 60 分）
特徴	グループレッスン（４人）	個人レッスン
	毛筆のみ	硬筆と毛筆

3

次のⅠ～Ⅲの問いに答えなさい。

Ⅰ　次の英文は，中学生の Ayumi が，奄美諸島の伝統的工芸品である大島紬（Oshima pongee）について英語の授業で行った発表である。英文を読み，あとの問いに答えよ。

Oshima pongee is a textile* made in the Amami Islands. People started to make it about 1,300 years ago. It [　　　　] history and tradition*. It is beautiful in colors, and the *kimono* is light and comfortable to wear. In February 1975, it became one of the Traditional Japan Crafts*. But it is in danger*. This graph shows the number of people who worked for making Oshima pongee in 2016. There were 748 workers, and most of them were over 60 years old. There were no teenagers and less than 100 workers were under 60 years old. And the number is decreasing* year by year. In 1972, about 300,000 bolts of cloth* were made, but in 2021 the number decreased to only 3,290. However, some young people in Amami-Oshima Island have been trying to preserve* this tradition with the help of people around the world. I think it is important for everyone to help each other to keep the tradition.

注　textile　織物　　tradition　伝統　　the Traditional Japan Craft　伝統的工芸品
in danger　危機に直面して　　decrease　減る　　bolt of cloth　一反の織物
preserve　守る

1　下線部 This graph として最も適当なものを下のア～エの中から一つ選び，その記号を書け。

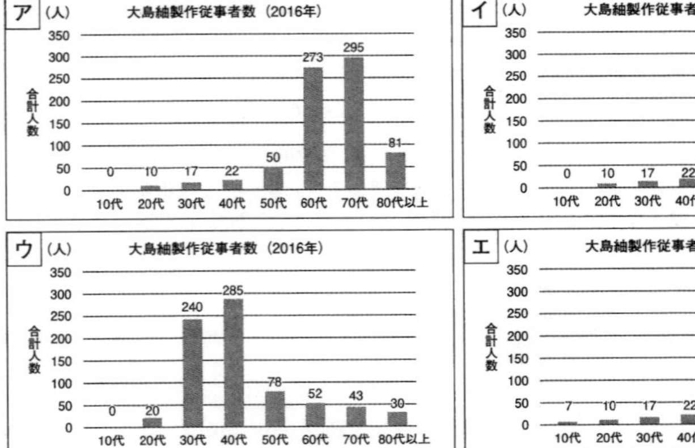

2　本文の内容に合うように [　　　　] に適切な英語を補って英文を完成させよ。

Ⅱ　中学校に留学中の Dave は，週末に訪れる予定のサツマ映画祭（Satsuma Cinema Festival）のちらしを見ながら，同じクラスの Toru と話をしている。次の対話文を読み，あとの問いに答えよ。

Satsuma Cinema Festival

Hours：9:00 a.m. - 4:30 p.m.

How much?

	Ticket for a movie	One-day ticket
65 years old and over	300 yen	800 yen
16 - 64 years old	400 yen	1,000 yen
6 - 15 years old	200 yen	500 yen

★ You can get one-day tickets online. You cannot get them on site*.

What time?

Title* of the movie	Times
My Friend	10:15-11:15　12:40-13:40
Mr. Morgan	10:30-11:45　13:15-14:30
Shining Stars	11:30-12:40
Uncle Mono	10:00-11:30　14:45-16:15
Nicky Nick	9:10-10:00　14:00-14:50

Dave：Hi, Toru! I'm excited to go to the Cinema Festival this weekend. I want to see all these five movies.
Toru：Me, too. We should get a one-day ticket because it's much cheaper if we watch five movies. We are 14 years old so we can get one for（ ① ）yen.
Dave：Nice! But we must be careful. One-day tickets are sold only online.
Toru：OK. First, check our plan and then get our tickets online.
Dave：All right. I want to be there all day. Can we get there before 9 o'clock?
Toru：Yes. We'll get there at 8:50. Let's start with "Nicky Nick" and finish with（ ② ）.
Dave：That's a good idea! After the first movie, how about（ ③ ）?
Toru：Let's see .... We have 15 minutes, so we can make* it. We must watch（ ④ ）before lunch, because it will be shown only once.
Dave：You're right! We can watch two movies if we finish lunch in about half an hour.
Toru：Right! That means we can watch all these five movies!
Dave：Perfect! Now let's get our tickets right here.

注　on site　現地で　　title　題名　　make　間に合う

1　（ ① ）に入る最も適当なものを下のア～エの中から一つ選び，その記号を書け。
ア　200　　イ　500　　ウ　800　　エ　1,000

2　（ ② ）～（ ④ ）に入る最も適当なものを下のア～エの中からそれぞれ一つずつ選び，その記号を書け。
ア　My Friend　　イ　Mr. Morgan　　ウ　Shining Stars　　エ　Uncle Mono

Ⅲ　次は，中学生の Rina が授業中に読んだスピーチと，そのスピーチを読んだ直後の Rina と Brown 先生との対話である。英文と対話文を読み，（　　）内に入る最も適当なものを**ア**～**エ**の中から一つ選び，その記号を書け。

We have learned a lot about SDGs* at school. Now, we know there are many problems around us and each of us must do something to make this world a better place to live in. Today, I would like to tell you about an interesting effort from a *shochu* company* which has been working on the energy problem.

Kagoshima and Miyazaki are famous for their sweet potatoes*. Do you know that many of them are used to make "*imo-jyochu*"? However, when people are making it, many parts of the sweet potatoes become waste*.

A famous *shochu* company in Miyazaki thought that they should turn this waste into something valuable*. They tried hard to turn it into renewable* energy and they succeeded*. Now, they are making "*imo-jyochu*" and renewable energy at the same time. This example shows that waste is no more* waste if we can change our way of thinking.

The natural resources* of the earth are limited*. They will disappear soon if we use them too much. Let's change our mind and change our world.

注　SDGs　持続可能な開発目標　　company　会社　　sweet potato　サツマイモ
waste　廃棄物　　valuable　価値のある　　renewable　再生可能な
succeed　成功する　　no more ～　もう～でない　　resource　資源　　limited　限られた

Mr. Brown	: What is the most important point you want to tell?
Rina	: (　　　　　　　　　　)
Mr. Brown	: I agree. I believe that's the main point.

ア　We must not use renewable energy too much.
イ　We should learn about SDGs to keep living on the earth.
ウ　We should grow more sweet potatoes to make more renewable energy.
エ　We can make something valuable when we change our mind.

問題は次のページに続きます。

4 次の英文を読み，**1**～**6**の問いに答えなさい。

Sam is a junior high school student. He has a grandfather named Bob. Bob is over 80 years old and he lives alone in the country*. Sam's parents were so busy with work that Sam stayed at his grandfather's house every year during his summer vacation. For the last two years, Sam could not visit him but he was able to see him online. Sam's mother often called Bob, her father, when she had time. She always said to him, "Dad, do you eat well? Don't forget to take medicine." He said, "You don't have to worry too much. I'm well." She was worried about him very much because three years ago, he got sick and stayed in hospital for about half a year. So, Sam's mother wanted him to live with her family in the city. Soon after he left the hospital, she said to him, "Let's live together in the city," but he just said no. He said, "I have the land to protect. I cannot leave my place."

This summer, Sam visited Bob and spent two months with him in the country during the summer vacation. The day before Sam left for the country, his mother said, "Sam, tell Grandpa to come here and live together with us, please. He's old and weak and it's becoming hard for him to live alone." Sam was the only grandchild* and Bob loved him so much. Bob always listened to him and he never said no to him. "Grandpa will listen to me when I ask him for something," Sam thought. He was looking forward to living with Bob in the city.

Bob got up very early in the morning and worked in the fields* before it got hot. During the day, he spent hours with Sam and taught him everything that Sam could not learn in the city. When Sam asked him something, Bob had an answer to any question. Sam respected him so much.

One night, Sam said to Bob, "Come to the city and live with me, Grandpa." Sam wanted to live with him and learn more from him. Bob always looked happy when he was with Sam. So, ① <u>Sam was sure that Bob would say yes</u>. But when Bob heard this, he looked sad and said, "I'm sorry, but I can't." Sam felt sad to hear that. Bob said "no" to him for the first time.

Bob said, "Sam, thank you for worrying about me. I've lived here for over 80 years. I love this place. Most of my friends here are gone and your grandmother is not here anymore* but I can feel everyone when I'm here. This place brings back a lot of good memories. This is my home. No other* place is better than home. You will understand it someday." When Sam heard this, ② <u>he was sorry for Bob</u> because he thought only of himself. Sam just said, "I'm sorry, Grandpa. I understand how you feel."

That night Sam called his mother. When she heard Sam's voice, she said, "You don't sound very good. What's up?" "Mom, Grandpa said no to me for the first time. I don't think living in the city can make him happy because this is his home. If you want him to live with us, we should move here. I love Grandpa and the life in the country, too," he said. After thinking for a while, she said, "Thank you very much for thinking of Grandpa. ③ <u>I'll think about it</u>."

Summer was over and Sam's city life was back. Early this fall, Sam's family made a big decision*. They will move to the country this winter. Sam wrote ④ <u>a letter to Bob to tell him how he was feeling about it</u>.

注 the country 田舎　grandchild 孫　field 畑　not ～ anymore もはや～ない
no other ～ ～なものはほかにない　decision 決断

1 次の**ア**～**ウ**の絵は，本文のある場面を表している。<u>本文の内容に合わないもの</u>を一つ選び，その記号を書け。

ア

イ

ウ

2 下線部①に関して，次の質問に対する答えを本文の内容に合うように英語で書け。
Why was Sam sure that Bob would come to the city to live with him?

3 下線部②の理由として最も適当なものを下の**ア**～**エ**の中から一つ選び，その記号を書け。
ア　ボブが，田舎で孤独に過ごしていることを知ったから。
イ　サムは若すぎて，ボブが言ったことが今はまだ理解できなかったから。
ウ　サムはボブの気持ちを考えずに，自分のことばかり考えていたことに気づいたから。
エ　ボブがふるさとを離れて悲しんでいることにようやく気がついたから。

4 下線部③に関して，Sam のお母さんが考えると言ったことを本文の内容に合うように 40 字程度の日本語で書け。

5 下線部④の手紙となるように，Sam に代わって下の［　　　］内に 15 語程度の英文を書け。2文以上になってもかまわない。

Dear Grandpa,
［　　　　　　　　　　　　　　］
Sam

6 本文の内容に合っているものを，下の**ア**～**オ**の中から二つ選び，その記号を書け。
ア　Bob often visited the city to take care of Sam during the summer vacation.
イ　Sam's mother told her father to live with her after he got sick.
ウ　Bob did not want to leave the country because he did not like the life in the city.
エ　Sam respected Bob so much because he knew a lot of things.
オ　Sam's mother was very glad to hear that her father would live with her in the city.

令和５年度　鹿屋中央高校入試問題　社　会　（解答…229Ｐ）

1　次のⅠ～Ⅲの問いに答えよ。答えを選ぶ問いについては一つ選び，その記号を書け。

Ⅰ　次の略地図を見て，１～６の問いに答えよ。

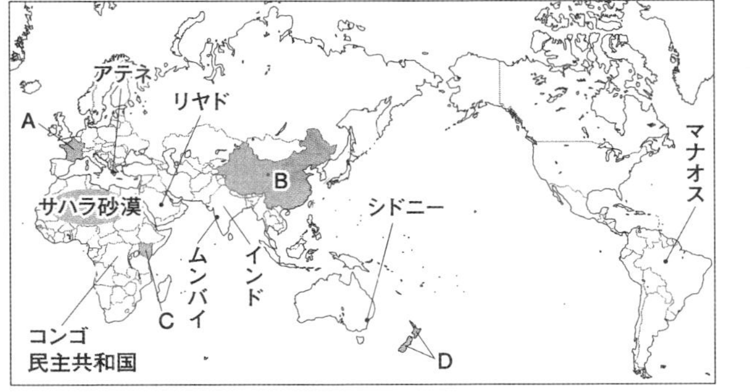

１　略地図中のＡ～Ｄ国のうち，2023年１月１日午前０時を最初にむかえた国はどれか。

２　略地図中のＡ～Ｄ国のようすについて述べた文として最も適当なものはどれか。

ア　Ａ国では，おもにラテン系の言語が使われ，キリスト教のうちカトリック教徒が多い。

イ　Ｂ国には，この国の人口以上に羊がいるといわれ，気候は日本と同じ温帯である。

ウ　Ｃ国では，沿海部と内陸部の格差が増大していていることが社会問題となっている。

エ　Ｄ国では，内陸の標高の高いところで茶が栽培され，おもに外国に輸出されている。

３　略地図中のサハラ砂漠のような乾燥したところにある，地下水がわき出るところを何というか。

４　略地図中のコンゴ民主共和国では，コバルトの産出量が多い。コバルトのような，埋蔵量が非常に少なく，純粋なものを取り出すことが技術的・経済的に難しい金属を何というか，カタカナで書け。

５　**資料１**は地図中の，アテネ，リヤド，シドニー，マナオスの１月と８月の平均降水量と平均気温を示したものである。シドニーはどれか，**資料１**中から記号で選べ。

資料１

	１月		８月	
	平均降水量（mm）	平均気温（℃）	平均降水量（mm）	平均気温（℃）
ア	52.2	10.1	2.6	29.0
イ	15.1	14.6	0.4	37.0
ウ	306.6	26.8	56.2	28.3
エ	79.3	23.5	63.9	14.1

（理科年表 2022 年版から作成）

６　略地図中のインドでは，ムンバイなどで多くのアメリカの企業がコールセンターを設置している。その理由を，**資料２**，**資料３**から読み取れることをもとにして書け。

資料２　シリコンバレーとムンバイの標準時子午線

アメリカ シリコンバレー	インド ムンバイ
西経 120 度	東経 82.5 度

資料３　インドの紙幣

アッサム語
ベンガル語
グジャラート語
カンナダ語
カシミール語
コンカニ語
マラヤーラム語
マラーティー語
ネパール語
オリヤー語
パンジャーブ語
サンスクリット語
タミル語
テルグ語
ウルドゥー語
ヒンディー語
英語

Ⅱ　次の略地図を見て，１～６の問いに答えよ。

北緯40度
A
B
C
D
①
②
③
④
あ
い
う
え
お
か
き
山梨県

１　略地図中の北緯40度の緯線が通る県のうち，太平洋側の県名を漢字で書け。

２　略地図中の山梨県には，内陸にあって山に囲まれた平らな地形がある。この地形を何というか。

３　**資料１**は，略地図中の山梨県で生産が盛んなある果実（2020年産）の都道府県別生産割合を示したものである。**資料１**中の□にあてはまる県は，略地図中の①～④のうちのどれか。

４　**資料２**は，略地図中の**あ**～**え**のいずれかの県の基本データ（2019年）を示したものである。**資料２**中の**エ**にあてはまるのは，略地図中の**あ**～**え**のうちのどれか。

資料１

山梨県 30.7%
□ 23.1%
長野県 10.4%
山形県 8.6%
和歌山県 6.7%
その他 20.5%

（データでみる県勢 2022 年版から作成）

資料２

	農業産出額（億円）		製造品出荷額（億円）
	野菜	果実	
ア	333	71	178,722
イ	144	740	26,754
ウ	1,010	190	481,864
エ	607	234	172,749

（データでみる県勢 2022 年版から作成）

５　略地図中のＡ～Ｄの地域について述べた次の文のうち，Ｃについて述べた文として最も適当なものはどれか。

ア　大都市向けの野菜や生花が一年を通して生産されている。

イ　レタスやキャベツといった高原野菜の輸送園芸農業が行われている。

ウ　重要無形民俗文化財に指定されている「なまはげ」の行事が残っている。

エ　濃霧が発生するため，夏でも晴天の日が少なく，気温が低い。

６　次のＸ～Ｚは，略地図中の**お**～**き**のいずれかの位置の月別平均気温と月別降水量を示したものである。Ｘが示す都市は**お**～**き**のうちどれか。

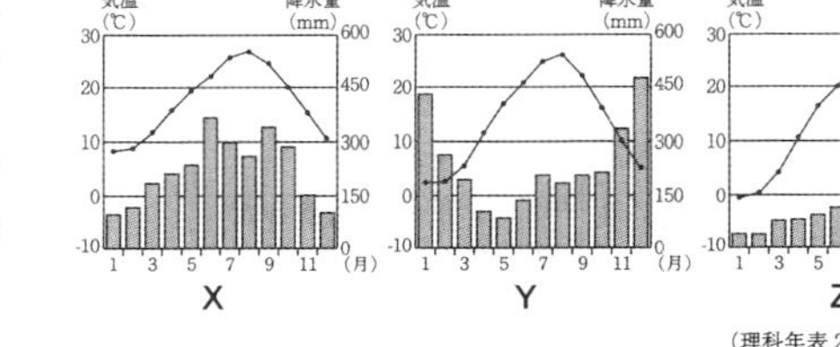

（理科年表 2022 年版から作成）

Ⅲ　**資料**のア，イの円グラフは，福岡県と鹿児島県の全耕地面積に占める田と畑の割合を示したものである。鹿児島県に該当するものは**ア**，**イ**どちらか。また，そのように判断した理由を鹿児島県の地理的な特徴をふまえて書け。

資料

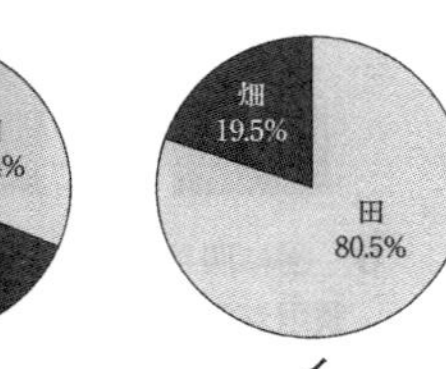

（データでみる県勢 2022 年版から作成）

2 次のⅠ～Ⅲの問いに答えよ。答えを選ぶ問いについては一つ選び，その記号を書け。

Ⅰ　次は，世界遺産について調べ学習をした中学生と先生の会話の一部である。**1**～**6**の問いに答えよ。

生徒：鹿児島県の奄美大島，徳之島が世界遺産に登録されたニュースを見て，世界遺産に興味をもったので，調べたことを次のようにまとめました。

法隆寺	厳島神社	石見銀山遺跡	富士山
ⓐ聖徳太子が造ったとされる世界最古の木造建築である。	ⓑ平氏が航海の安全を祈るため，たびたび参詣した。	ⓒ戦国大名が保護を与えた商人によって開発された。	ⓓ葛飾北斎が富嶽三十六景で描いた。

先生：よく調べましたね。この中で一番関心があるのは，どの世界遺産ですか。
生徒：厳島神社です。以前に旅行で行ったのですが，瀬戸内海の島を背景にして，その入り江の海の中にあって，とても神秘的でした。
先生：そうですね。この神社は海に建つ木造建造物として過酷な環境にありますが，歴代政権に保護されて，古い様式を今日に伝えています。平清盛は中国の［　　］との貿易により莫大な利益を得て，航海の安全を守るためにこの神社を保護しました。
生徒：外国との関係は重要ですね。今度はⓔ日本の外交の歴史について調べたいと思います。

1　［　　］にあてはまる中国の王朝名を書け。

2　ⓐに関して，次の(1)，(2)の問いに答えよ。

(1)　ⓐは仏教を厚く保護した。日本に仏教を伝えた国を，**資料1**中の**ア**～**エ**から選べ。

(2)　次の文は，ⓐが定めた十七条の憲法の一部である。［　　］にあてはまる最も適当なことばを書け。

> 二に曰く，あつく［　　］を敬え。

資料1　**7世紀初めのアジア**

ア　イ　ウ　エ　倭（日本）

3　ⓑに関して，**資料2**は平氏の政権と摂関政治を比較したものである。平氏の政権と摂関政治にはどのような共通点があるか書け。

資料2

藤原氏　道長　彰子　一条天皇　後一条天皇

平氏　清盛　徳子　高倉天皇　安徳天皇

4　ⓒに関して，戦国大名が活躍した時代の世界のようすについて述べた文として最も適当なものはどれか。

ア　教皇の呼びかけにより，王や貴族が十字軍を組織した。
イ　スペインが「日のしずむことのない帝国」と呼ばれるほど栄えた。
ウ　ムハンマドがイスラム教を始めた。
エ　イギリスでピューリタン革命が始まった。

5　ⓓに関して，葛飾北斎が活躍した時代のものとして最も適当なものはどれか。

ア　**イ**　**ウ**　**エ**

6　ⓔに関して，江戸時代には幕府による禁教，貿易統制，外交独占の鎖国体制が行われていた。鎖国が完成する1641年までにおきた次のできごとを，年代の古い順に並べよ。

ア　朱印船貿易を停止する。　**イ**　全国にキリスト教禁止令を出す。
ウ　島原・天草一揆がおこる。　**エ**　ポルトガル船の来航を禁止する。

Ⅱ　次の年表を見て，**1**～**5**の問いに答えよ。

年	できごと
1861	ⓐ南北戦争が始まった
1869	版籍奉還が行われた ――― **A**
1911	［①］外相によって関税自主権を完全に回復した ――― **B**
1917	［②］がおこり，ソ連が成立した
1939	ⓑ第二次世界大戦が始まった
2001	ⓒアメリカ同時多発テロがおこった

1　［①］，［②］にあてはまる最も適当な人名とことばを書け。

2　ⓐに関して述べた次の文の［X］，［Y］に適する人名とことばを補い，これを完成させよ。ただし，［Y］には「東」，「西」，「南」，「北」のいずれかのことばを入れること。

> 奴隷の解放を目指した［X］大統領の指導の下，1865年に［Y］部がこの内戦に勝利しました。

3　**A**と**B**の間におこったできごとを，年代の古い順に並べよ。

ア　伊藤博文が立憲政友会の結成に乗り出し，立憲政友会がこれ以降の政党の中心となった。
イ　徴兵制が出され，満20歳になった男子は，士族と平民の区別なく兵役の義務を負った。
ウ　韓国の外交権をうばって保護国とし，伊藤博文を統監とする韓国統監府を置いた。
エ　北海道の開拓使の施設や財産を関係者に安く売りわたそうとする事件がおこった。

4　ⓑに関して，1940年に日本，ドイツ，イタリアの間でむすばれた同盟を何というか。

5　ⓒに関して述べた次の文の［X］，［Y］にあてはまる国名の組み合わせとして最も適当なものはどれか。

> アメリカは2001年におきたアメリカ同時多発テロの容疑者をかくまっているとして［X］を攻撃しました。その後，2003年には［Y］を攻撃し，政権を崩壊させました。

ア（**X**　パレスチナ　**Y**　イラク）　**イ**（**X**　パレスチナ　**Y**　イラン）
ウ（**X**　アフガニスタン　**Y**　イラク）　**エ**（**X**　アフガニスタン　**Y**　イラン）

Ⅲ　**資料1**は，1973年の第四次中東戦争をきっかけとしておきた石油危機のため，トイレットペーパー売り場に殺到する人々の写真，**資料2**は原油価格の推移，**資料3**は日本の国民総生産（GNP）と経済成長率の変化を示したものである。石油危機はどのような現象で，また，この石油危機により日本経済にどのような影響をもたらしたか。**資料2**，**資料3**から読み取れる内容をもとにして書け。

資料1

資料2

ドル／バレル　30　20　10　0
1972 75　80　85　90　95　2000年
アラビアンライト原油　ドバイ原油　1バレルは約159L
（データブック　オブ・ザ・ワールド2022から作成）

資料3

兆円　500　400　300　200　100　0　国民総生産
%　16　12　8　4　0　−4　経済成長率
国民総生産　経済成長率
1955 60 65 70 75 80 85 90 95 2000年
（内閣府資料から作成）

3 次のⅠ～Ⅲの問いに答えよ。答えを選ぶ問いについては一つ選び，その記号を書け。

Ⅰ　次は，ある中学生が公民分野について調べたことをまとめたレポートの一部である。**1**～**6**の問いに答えよ。

これは，衆議院本会議の写真です。日本のⓐ国会は，多様な意見を反映し，慎重な審議を行えるように二院制をとっており，定員や任期，選挙制度が異なるⓑ衆議院と参議院の2つの議院から構成されます。

これは，ⓒ最高裁判所大法廷の写真で，［ X ］人の裁判官が並んでいます。日本の裁判所は，最高裁判所と下級裁判所に分かれます。だれもが司法サービスを受けられるように，日本司法支援センター（通称［ Y ］）が2006年に設立されました。

これは，国連総会の写真です。国連はⓓ軍縮などの世界平和のための取り組みを進めており，世界平和に関して強い権限をもっているのが安全保障理事会です。加盟国は総会の決定には従う義務はありませんが，ⓔ安全保障理事会の決定には従う義務があります。

1　ⓐに関して，次は日本国憲法の一部である。［　　］にあてはまることばを書け。

第41条　国会は，［　　］の最高機関であつて，国の唯一の立法機関である。

2　ⓑに関して，衆議院と参議院の議決が一致しないとき，両院協議会を開く必要がないものはどれか。

ア　予算の議決　**イ**　条約の承認　**ウ**　法律案の議決　**エ**　内閣総理大臣の指名

3　レポート中の［ X ］，［ Y ］にあてはまる最も適当な数字とことばを書け。

4　ⓒに関して，次の文は，最高裁判所の違憲判断の例についてまとめたものである。［　　］にあてはまることばを6字で書け。

親などの殺害を一般の殺害より重く罰するとしていた旧刑法第200条は，憲法第14条が保障する［　　］に違反しており，無効である。（1973年尊属殺人重罰規定違憲判決）

5　ⓓに関して，一番新しく採択され，2021年に発効した条約はどれか。

ア　部分的核実験停止条約　**イ**　核兵器禁止条約

ウ　包括的核実験禁止条約　**エ**　核拡散防止条約

6　ⓔに関して，**資料**は2022年2月26日の安全保障理事会で否決された「ウクライナに侵攻したロシアを批判し，ロシア軍の即時撤退を求める決議案」に対する採決の結果である。安全保障理事会を構成する15の理事国のうち多数の11か国が賛成しているにも関わらず，この決議案が否決されたのはなぜか，安全保障理事会のしくみにふれて，説明せよ。

資料

	国名
賛成	アイルランド，アメリカ，アルバニア，イギリス，ガーナ，ガボン，ケニア，ノルウェー，ブラジル，フランス，メキシコ
反対	ロシア
棄権	アラブ首長国連邦，インド，中国

（外務省ホームページなどから作成）

Ⅱ　次は，ある中学生が公民科の学習を振り返って書いたレポートの一部である。**1**～**5**の問いに答えよ。

私は，日本にはたくさんの課題があることに気づきました。まず，ⓐ社会保障を充実させることです。社会保障を充実させるためには，歳入・ⓑ歳出を見直しⓒ財政を改善することが必要です。一方で，外国との連携も進める必要があります。日本は経済関係を強化する環太平洋経済連携協定（［ ① ］11）に参加していますが，さらに貿易の自由化を進める必要があると思います。

また，日本は貧困撲滅のために貢献する必要があります。現在では発展途上国の間でも格差が広がっており，この問題は［ ② ］問題とよばれています。私もⓓ自分でできることを行い，［ ③ ］な開発目標（ＳＤＧｓ）の一つ，「貧困をなくそう」を実現したいと思います。

1　レポート中の［ ① ］，［ ② ］，［ ③ ］にあてはまる最も適当なことばを書け。

2　ⓐに関して，**資料1**に最も関係が深い制度として，最も適切なものはどれか。

ア　公的扶助　**イ**　社会保険

ウ　社会福祉　**エ**　公衆衛生

資料1

3　ⓑに関して，**資料2**は2022年度の国の歳出（当初予算）とその割合を示したものである。**資料2**中の**あ**にあてはまるものとして，最も適切なものはどれか。

ア　国債費　**イ**　社会保障関係費

ウ　地方交付税交付金　**エ**　公共事業関係費

資料2

あ	い	う	え	その他
33.7%	22.6%	14.6%	5.6%	23.5%

（日本国勢図会2022/23から作成）

4　ⓒに関して，次の［ X ］，［ Y ］にあてはまることばの組み合わせとして最も適切なものはどれか。

好景気のときには公共事業を［ X ］。また，［ Y ］を行うことにより，企業や家庭の消費を減らそうとする。

ア（X　減らす　Y　増税）　**イ**（X　減らす　Y　減税）

ウ（X　増やす　Y　増税）　**エ**（X　増やす　Y　減税）

5　ⓓに関して，途上国の人々が生産した農産物や製品を，その労働に見合う公正な対価で貿易し，先進国の人々が購入することで，途上国の人々の生活を支えることを何というか。

Ⅲ　**資料1**は1990年と2018年の世界の二酸化炭素排出量の割合，**資料2**は京都議定書とパリ協定の比較である。パリ協定はどのような意義があり，どのような効果が期待できると考えられるか。**資料1**，**資料2**から読み取れることをもとにして書け。

資料1　1990年と2018年の世界の二酸化炭素排出量の割合

	中国	アメリカ	EU28か国	インド	ロシア	日本	その他
1990 205億t	10.2%	23.4	19.6	2.6	10.5	5.1	28.6
2018 335億t	28.4%	14.7	9.4	6.9	4.7	3.2	32.7

（世界国勢図会2021/22から作成）

資料2　京都議定書とパリ協定の比較

項目	京都議定書	パリ協定
採択年	1997年	2015年
対象国・地域	38か国・地域	196か国・地域
内容	・先進国に排出制限の義務あり。 ・発展途上国の排出削減義務なし。	・削減目標を各国が自ら決定。 ・全ての国に目標の策定，報告，見直しを義務付け。

令和５年度　鹿屋中央高校入試問題　理　科　（解答…231Ｐ）

1 次の各問いに答えなさい。答えを選ぶ問いについては記号で答えなさい。

1　ホウセンカの花粉から花粉管がのびるようすを観察した。**図１**は，このとき染色した花粉を顕微鏡で観察してかいたスケッチで，Ｘは生殖細胞の１つである。Ｘの生殖細胞の名称を書け。

図１

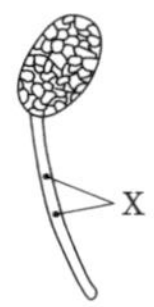

2　海に近い地域の昼に，陸上と海上の温度差によってふく風について正しく述べたものはどれか。

ア　陸上の気温が海上より高くなると，陸から海へ陸風がふく。
イ　陸上の気温が海上より高くなると，海から陸へ海風がふく。
ウ　海上の気温が陸上より高くなると，陸から海へ海風がふく。
エ　海上の気温が陸上より高くなると，海から陸へ陸風がふく。

3　**図２**のように，ＡさんとＢさんが競技用のピストルを持って離れた位置に向き合って立った。Ａさんはピストルを鳴らすのと同時にストップウォッチを押し，ＢさんはＡさんのピストルの音が聞こえたのと同時に自分のピストルを鳴らした。Ａさんが，Ｂさんのピストルの音が聞こえた瞬間にストップウォッチを止めると，3.2秒を示していた。

次に，ＢさんがＡさんの方に69m近づいた位置に移動して同様の実験を行ったところ，ストップウォッチは2.8秒を示した。このときの音の速さは何m/sか。

図２

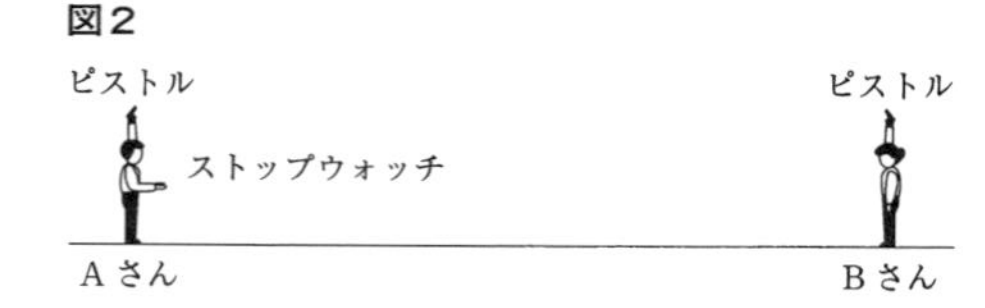

4　鉄粉と活性炭の混合物に食塩水をたらしてかき混ぜ，反応させると，反応後の温度は反応前より上がる。このような，周囲に熱を出す化学変化を何反応というか。

5　**図３**のような装置をつくり，コイルのまわりにできる磁界について調べた。コイルに矢印の向きに電流を流したとき，４つの方位磁針が指す向きを正しく示したものはどれか。ただし，**ア**～**エ**は**図３**の装置を真上から見てかいたものである。また，地球による磁界の影響は無視できるものとする。

図３

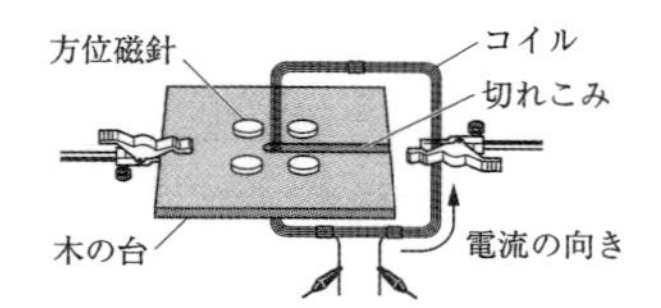

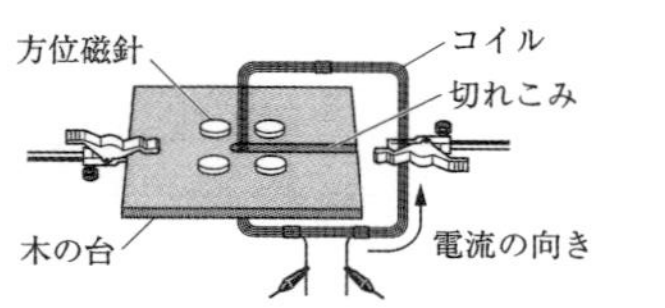

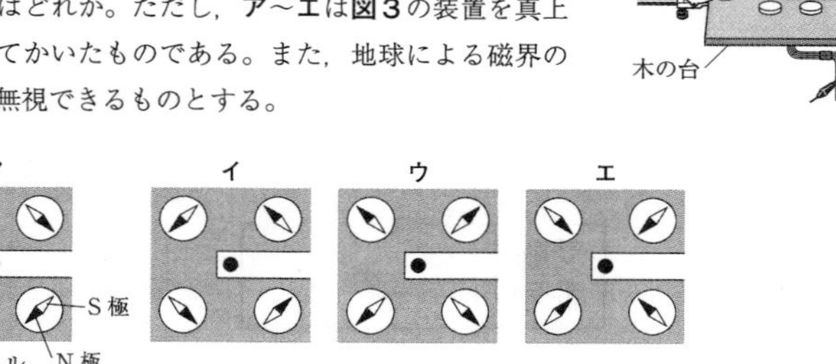

6　ヒトのじん臓のはたらきについて正しく述べたものはどれか。

ア　血液中から不要な物質をとり除く。
イ　アンモニアを無害な尿素に変える。
ウ　尿を一時的にためておく。
エ　有害な物質と無害な物質の交換をする。

7　**図４**は，傾斜がゆるやかな火山を模式的に表したもので，伊豆大島火山などがこのような形をしている。**図４**のような火山の特徴を正しく組み合わせたものはどれか。

図４

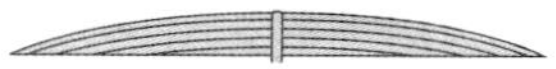

	噴火のようす	溶岩の色	マグマのねばりけ
ア	おだやか	白っぽい	弱い
イ	おだやか	黒っぽい	強い
ウ	おだやか	黒っぽい	弱い
エ	激しい	白っぽい	強い
オ	激しい	白っぽい	弱い
カ	激しい	黒っぽい	強い

8　**図５**のように，固体のパルミチン酸を試験管に入れ，ビーカーの水につけて加熱すると液体に変化した。**図６**は，このときの温度変化をまとめたグラフで，63℃のとき，しばらく温度が一定になった。ガスバーナーの火を止めた後，パルミチン酸をそのまま置いておくと，温度が下がって固体にもどった。これについて述べた次の文中の［ a ］，［ b ］にあてはまることばの組み合わせとして，正しいものはどれか。

図５

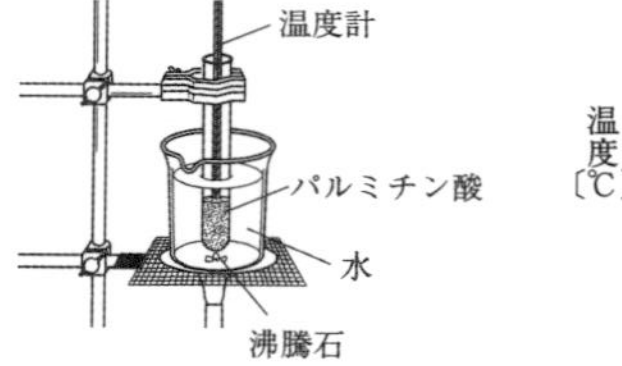

図６

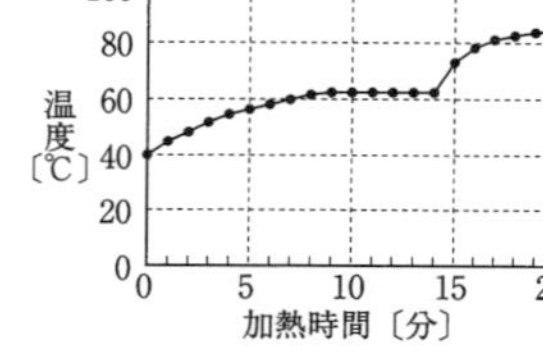

液体のパルミチン酸がすべて固体に変化するのは，［ a ］のときであった。また，パルミチン酸が液体から固体に状態変化したとき，質量は変化せずに体積が［ b ］なったために，密度は大きくなったと考えられる。

	a	b
ア	63℃より高い温度	大きく
イ	63℃より高い温度	小さく
ウ	63℃より低い温度	大きく
エ	63℃より低い温度	小さく
オ	63℃	大きく
カ	63℃	小さく

2 次のⅠ，Ⅱの各問いに答えなさい。答えを選ぶ問いについては記号で答えなさい。

Ⅰ　金属のイオンへのなりやすさと電池について調べるために，次の実験を行った。

実験１　４本の試験管Ａ～Ｄのうち，ＡとＢにはうすい硫酸銅水溶液を，ＣとＤにはうすい硫酸亜鉛水溶液を入れた。**図１**のように，それぞれの水溶液に銅片と亜鉛片を加え，変化を観察した。

表１は，この結果をまとめたものである。

図１

表１

試験管	A	B	C	D
水溶液	硫酸銅水溶液	硫酸銅水溶液	硫酸亜鉛水溶液	硫酸亜鉛水溶液
金属片	銅	亜鉛	銅	亜鉛
反応	なし	あり	なし	なし

実験２　**図２**のように，うすい塩酸に銅板と亜鉛板を電極として入れて電池をつくり，光電池用モーターをつなぐとモーターが回った。

図２

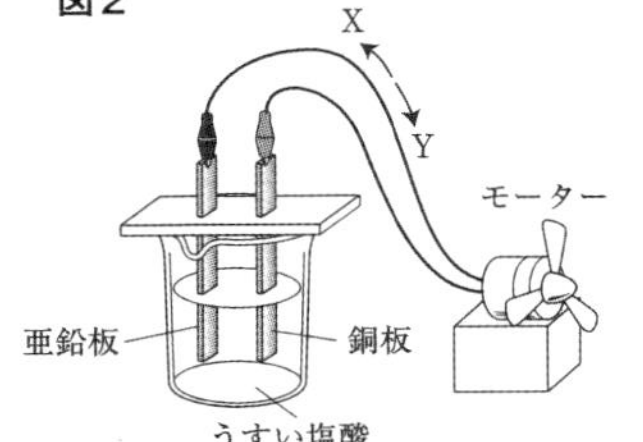

１　**実験１**の試験管Ｂでは，亜鉛片に銅が付着した。このときの銅の変化を次のように式で表すとき，□にあてはまる銅イオンの化学式と電子の記号（e^-）を書け。

□ ＋ □ → Cu

２　**実験１**について考察した次の文中の，①～③にあてはまるものはどれか。

> イオンに①｛**ア**　なりやすい　　**イ**　なりにくい｝金属の単体と，イオンに②｛**ア**　なりやすい　　**イ**　なりにくい｝金属のイオンをふくむ水溶液の場合に反応が起こる。**実験１**では，③｛**ア**　銅　　**イ**　亜鉛｝の方がイオンになりやすいとわかる。

３　**図２**で，陽極にあたる金属と電流の向きを正しく組み合わせたものはどれか。

ア　陽極－銅　　電流の向き－Ｘ　　　**イ**　陽極－銅　　電流の向き－Ｙ
ウ　陽極－亜鉛　電流の向き－Ｘ　　　**エ**　陽極－亜鉛　電流の向き－Ｙ

４　**実験２**で，うすい塩酸のかわりに砂糖水を使うとモーターは回らない。電流が流れないのは，砂糖水がどのような水溶液だからか，簡潔に書け。

５　**図３**はダニエル電池を模式的にかいたもので，ダニエル電池は**実験２**の電池と異なり，気体が発生せず，電圧を長い時間保つことができる。**図３**のＰに使えるものとして適当なものはどれか。

ア　ガラス板　　　　**イ**　マグネシウム板
ウ　セロハン膜　　　**エ**　石灰石の板

図３

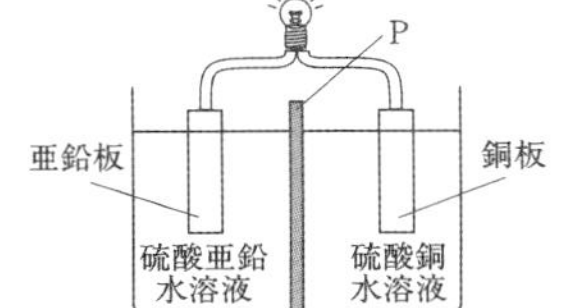

Ⅱ　４種類の物質Ａ～Ｄを区別するために，次の実験を行った。

実験１　**図４**のように，物質Ａ～Ｄを燃焼さじに少量のせ，ガスバーナーで加熱した。Ａ，Ｄは炎を出して燃え，Ｂ，Ｃは燃えなかった。

燃えているＡ，Ｄをそれぞれ石灰水の入った集気びんに入れると，どちらも石灰水が白くにごった。

図４

実験２　物質Ａ～Ｄを20 gはかりとり，それぞれ20℃の水100 gが入ったビーカーに加えてかき混ぜた。Ａ，Ｃはとけて透明になり，Ｂは少しとけたがとけ残りができた。Ｄはとけずに水が白くにごった。

表２は，**実験１**と**実験２**の結果をまとめたものである。

表２

物質	A	B	C	D
実験１	燃えた	燃えなかった	燃えなかった	燃えた
実験２	すべてとけた	少しとけた	すべてとけた	とけなかった

１　４種類の物質は，砂糖，食塩（塩化ナトリウム），デンプン，ミョウバンのいずれかである。また，**図５**は，食塩とミョウバンの溶解度曲線である。これらのことから，物質Ａ～Ｄが区別できる。物質ＡとＢはどれか。

ア　Ａ－食塩　　　　Ｂ－ミョウバン
イ　Ａ－食塩　　　　Ｂ－砂糖
ウ　Ａ－砂糖　　　　Ｂ－食塩
エ　Ａ－砂糖　　　　Ｂ－ミョウバン
オ　Ａ－ミョウバン　Ｂ－食塩
カ　Ａ－ミョウバン　Ｂ－デンプン

図５

２　次の文は，**実験１**の結果を考察したものである。文中の **a** ， **b** にあてはまる物質名を書け。

> 石灰水が白くにごったことから，物質Ａ，Ｄが燃えて **a** が発生したとわかる。これは，２つの物質が有機物で， **b** をふくむためである。

３　**実験２**について，水100 gに物質Ｃが20 gすべてとけているとき，その水溶液の質量パーセント濃度は何％か。小数第１位を四捨五入して整数で答えよ。

４　**実験２**を60℃の水100 gで行うと，物質Ｂはすべてとけた。このとき，水温が何℃まで下がると物質Ｂのとけ残りが出始めるか。

ア　約20℃　　**イ**　約28℃　　**ウ**　約32℃　　**エ**　約36℃

3 次のⅠ，Ⅱの各問いに答えなさい。答えを選ぶ問いについては記号で答えなさい。

Ⅰ　植物の細胞について調べるために，次の観察を行った。

観察　光を十分に当てたオオカナダモの葉を２枚とり，それぞれをスライドガラスにのせて，１つには酢酸カーミンをたらし，もう１つには水をたらしてプレパラートを作った。

顕微鏡で２つのプレパラートを観察して，それぞれをスケッチした。

図１は，そのときのスケッチで，Ａは染色された部分，Ｂは細胞の外側を囲む細胞壁，Ｃは緑色の粒を示している。

図１

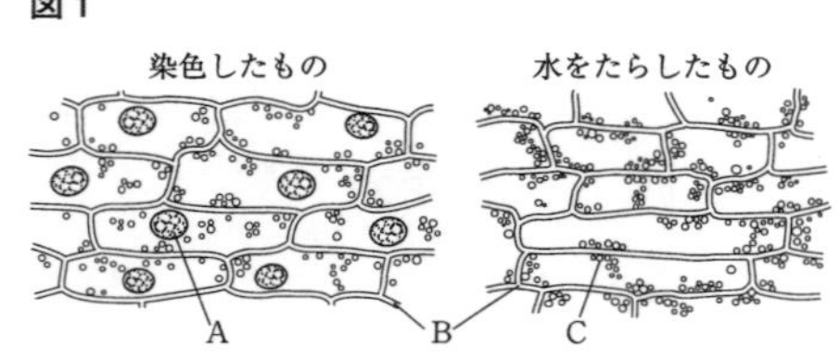

１　**図２**は，この観察で用いた顕微鏡の接眼レンズと対物レンズである。最も高倍率で観察する場合，どのレンズとどのレンズを組み合わせればよいか。

図２

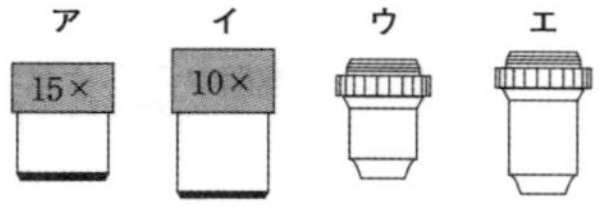

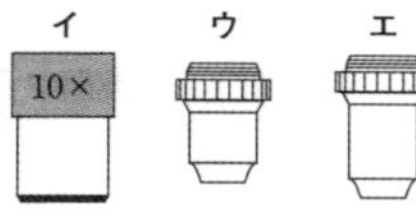

２　**図１**の染色したプレパラートのスケッチで，Ａの染色された丸い部分を何というか。

３　ヒトのほおの内側の細胞をとって，染色液をたらしてからプレパラートを作って観察した。その結果を，**図１**のＡ，Ｂの部分と比べた文として適切なものはどれか。

ア　Ａと同じような染色された部分が現れ，Ｂの部分も見られる。
イ　Ａと同じような染色された部分が現れるが，Ｂの部分は見られない。
ウ　Ａと同じような染色された部分は現れないが，Ｂの部分は見られる。
エ　Ａと同じような染色された部分は現れず，Ｂの部分も見られない。

４　次の図は，オオカナダモのような多細胞生物のからだのでき方を模式的に表したもので，細胞が集まって**a**をつくり，**a**が集まって特定のはたらきをする**b**をつくり，いくつかの**b**が集まって個体がつくられていることを表している。**a**，**b**にあてはまることばの組み合わせとして，正しいものはどれか。

細胞 → a → b → 個体

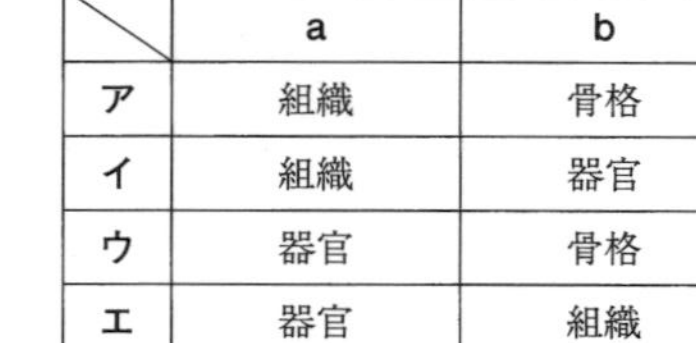

	a	b
ア	組織	骨格
イ	組織	器官
ウ	器官	骨格
エ	器官	組織

５　次の水中の生物のうち，単細胞生物はどれか。２つ選べ。

ア　ウニ　　**イ**　ミジンコ　　**ウ**　ミドリムシ　　**エ**　アメーバ　　**オ**　クラゲ

Ⅱ　植物について，次の実習と観察を行った。

実習　アブラナ，チューリップ，マツを，２つの特徴によってＡ～Ｃの３グループに分類した。

図３は，このときの流れを表したものである。

図３

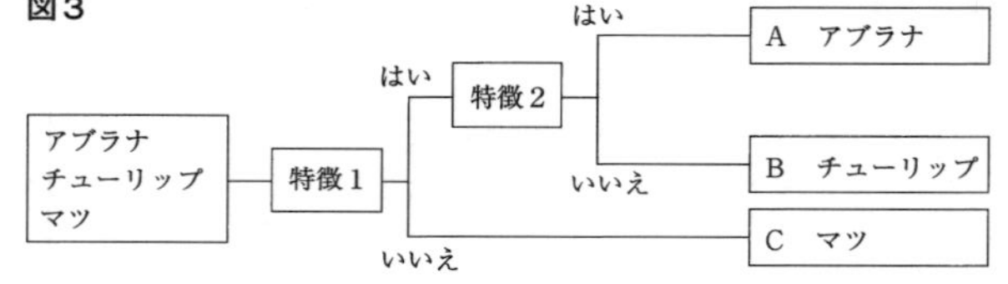

観察　イヌワラビを根ごとほり出してからだのつくりを観察し，**図４**のようにスケッチした。次に，葉の裏にある胞子のうをピンセットでとり，<u>胞子のうがはじけるようすを双眼実体顕微鏡で観察した。</u>

図４

１　**図３**の特徴１と特徴２にあてはまるものは，それぞれどれか。

ア　胚珠があるか。　　**イ**　子房があるか。
ウ　葉脈が網目状か。　　**エ**　維管束があるか。
オ　ひげ根をもつか。　　**カ**　花粉をつくるか。

２　**図３**のように分類したとき，Ａのグループを何類というか。

３　次の**ア**～**ウ**の３つの植物を**図３**にしたがって分類すると，Ａ～Ｃにはそれぞれどの植物が入るか。

ア　イチョウ　　**イ**　トウモロコシ　　**ウ**　エンドウ

４　**観察**の下線部で，胞子のうをはじけさせるためにどのような操作を行ったか。次の文は，この操作について説明したものである。文中の，□にあてはまることばを書け。

電球で胞子のうを加熱して□させることで，胞子のうをはじけさせる。

５　次の文は，イヌワラビについて調べたことをまとめたものである。文中の，①にあてはまることばを書け。また，②，③にあてはまるものはどれか。

イヌワラビは種子をつくらない植物で，ゼンマイ，スギナなどと同じ，①植物のなかまに入る。①植物は，ゼニゴケなどのコケ植物と②｛**ア**　同様に　**イ**　異なり｝，根，茎，葉の区別が③｛**ア**　ある　**イ**　ない｝。

4 次のⅠ，Ⅱの各問いに答えなさい。答えを選ぶ問いについては記号で答えなさい。

Ⅰ **図1**は，ある地域で発生した地震について，３つの観測地点における地震計の記録をまとめたもので，各観測地点の震源からの距離と，各観測地点で初期微動と主要動が始まった時刻を示してある。

図1

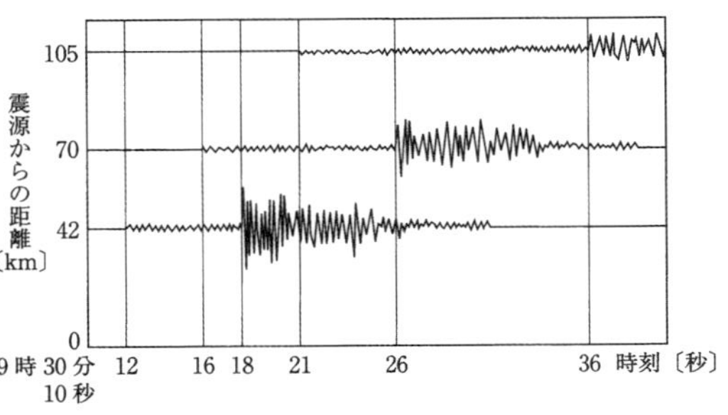

1 この地震のＰ波の速さは何 km/s か。

2 **図1**をもとにして，この地震の震源からの距離と初期微動継続時間の関係を表すグラフを解答欄にかけ。

3 **図2**は，地震計のつくりを模式的に表したものである。地面がゆれても，記録紙に地震の波を記録することができるのはなぜか。**図2**に示された語句を用い，「地面がゆれても，」に続けて簡潔に書け。ただし，図中の語句をすべて使わなくてもよい。

図2

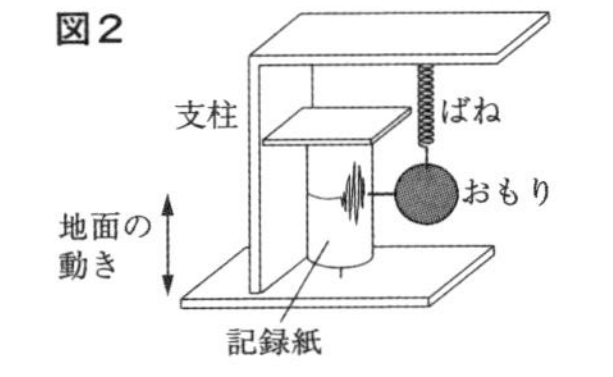

4 各観測地点では震度計を用いて震度を測定した。震度は観測地点ごとに異なるのに対して，地震の規模はそのエネルギーの大きさによって１つにきまる。地震の規模の大きさを表す値を何というか。

5 次の文は，日本付近で発生するプレートの動きが原因で起こる地震の震源の位置について述べたものである。文中の，①，②にあてはまるものはどれか。

> 日本付近の地震の震源は，太平洋側から日本列島の下にいくほど①｛**ア** 浅く　**イ** 深く｝なっていく。これは，日本付近で②｛**ア** 大陸プレートが海洋プレート　**イ** 海洋プレートが大陸プレート｝の下にもぐりこんでいるために起こる現象である。

Ⅱ 星の動きについて調べるために，次の観察を行った。

観察1 県内のある場所で，固定したカメラのシャッターを開放状態にして，いろいろな方位の星の動きを撮影した。**図3**は，このときの北の空の記録である。

図3

観察2 ある日に北の空を観察したところ，**図4**の位置にカシオペヤ座の星Ｐが見えた。

観察3 別の日の午後９時に南の空を観察し，**図5**のようにオリオン座の位置を記録した。オリオン座のうちのベテルギウスは，真東に近い位置から昇り，真西に近い位置に沈む星で，**図5**のとき，ベテルギウスは南東の位置付近に見えた。

図4　**図5**

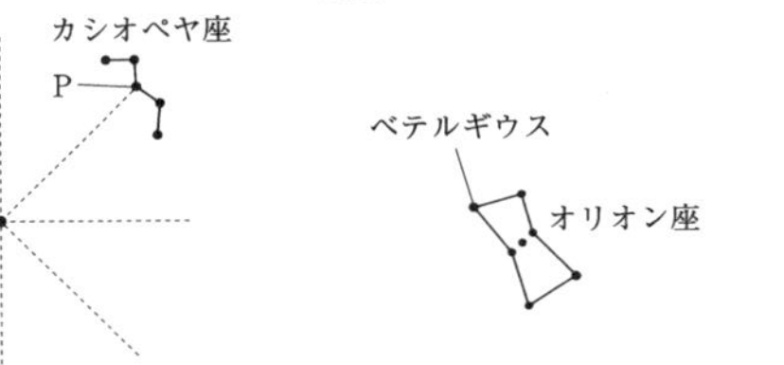

1 **観察1**で撮影した，地上から見た天頂付近の星の動きと方位を正しく組み合わせたものはどれか。

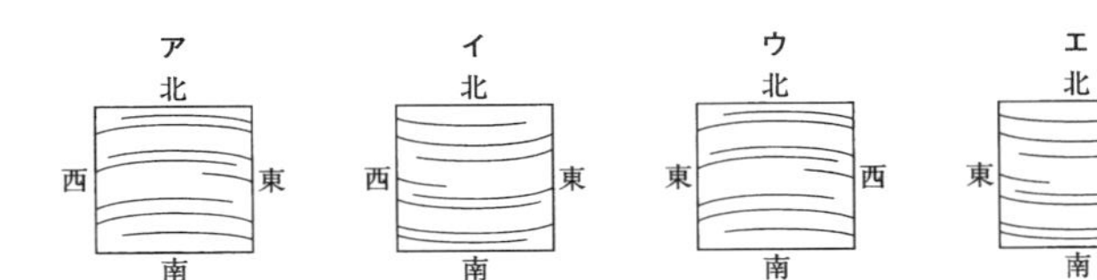

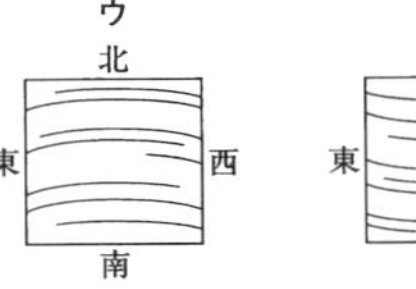
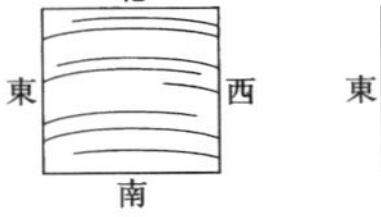

2 **図4**のあと，カシオペヤ座の星Ｐが最初にＱの位置に見られるのは何時間後か。ただし，図の点線は北極星を中心に北の空を８等分したものである。

3 **図4**で，カシオペヤ座の星ＰがＱの位置まで移動する間観察し続けても，北極星はほとんど位置を変えなかった。その理由を「地軸」という語を用いて簡潔に書け。

4 **図5**の前後で，ベテルギウスが午後９時に南中する日にちとして最も適切なものはどれか。

ア **図5**の約ひと月半前　**イ** **図5**の約３か月前
ウ **図5**の約ひと月半後　**エ** **図5**の約３か月後

5 次のⅠ，Ⅱの各問いに答えなさい。答えを選ぶ問いについては記号で答えなさい。

Ⅰ　回路に流れる電流について調べるために，次の実験を行った。ただし，電熱線以外の抵抗は考えないものとする。

実験１　**図１**のように，電流計と電圧計を用いて，電熱線の両端に加わる電圧と，電熱線を流れる電流を測定する回路をつくった。ただし，**図１**では導線の一部はかかれていない。**図２**は，この実験で用いた電熱線A，Bの結果をまとめたものである。

実験２　**図３**のような，電熱線AとBを直列につないだ回路をつくり，電源装置の電圧を変化させて回路を流れる電流の大きさを調べた。

図４のような，電熱線AとBを並列につないだ回路をつくり，直列回路と同様に電圧と電流の関係を調べた。

ただし，**図３**と**図４**では，回路図中に測定器は示していない。

図１

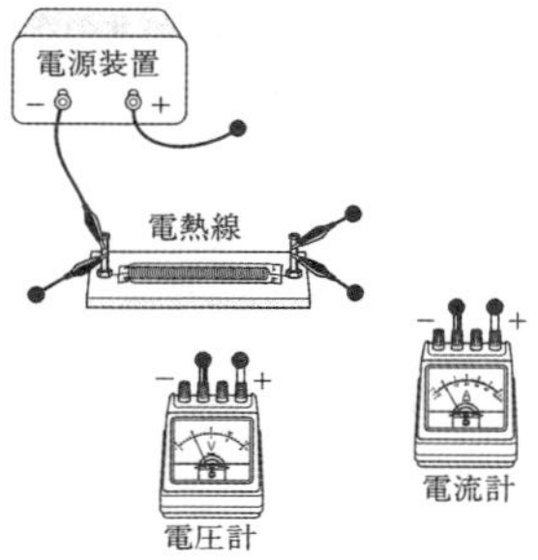

電源装置　－　＋　電熱線　電圧計　電流計

図２

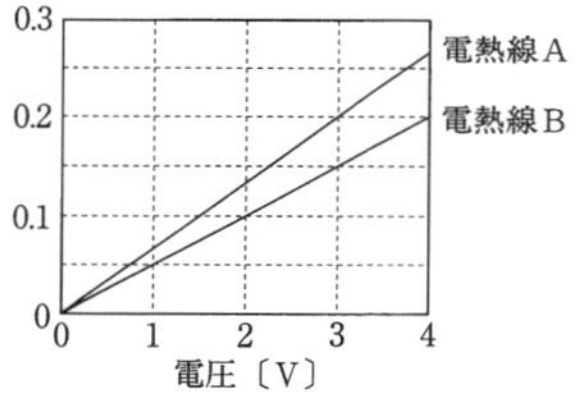

電流〔A〕　電圧〔V〕　電熱線A　電熱線B

図３

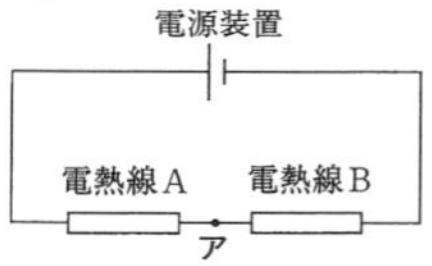

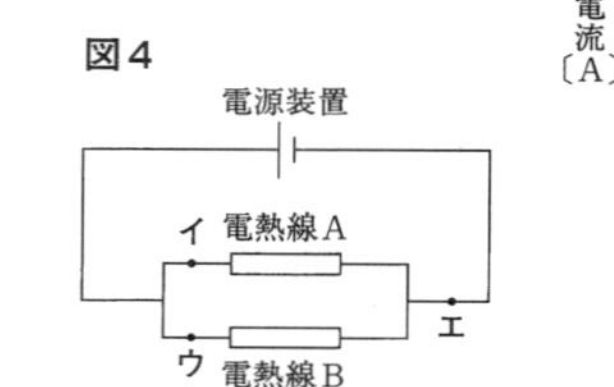

図４

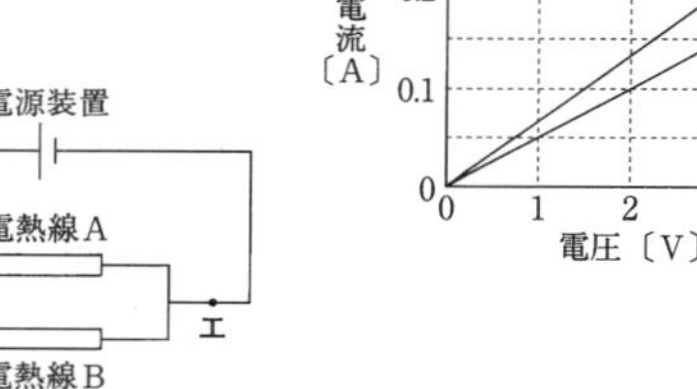

1　**図１**に必要な導線を表す線をかき加えて，正しく電圧と電流が測定できるように回路を完成させよ。ただし，導線を表す線は●どうしを結び，交差しないようにかくこと。

2　電熱線Aの抵抗の大きさは何Ωか。

3　**図３**と**図４**で，電源装置の電圧が同じ大きさのとき，回路の**ア**～**エ**の点のうち最も小さい電流が流れる点はどれか。

4　**図３**と**図４**で，電源装置の電圧が同じ大きさのとき，**図３**の電熱線Bの両端に加わる電圧の大きさは，**図４**の電熱線Bの両端に加わる電圧の大きさの何倍か。

Ⅱ　仕事とエネルギーについて調べるために，次の実験を行った。ただし，滑車の質量や糸の体積や質量は考えないものとし，摩擦や空気の抵抗も考えないものとする。また，100 gの物体にはたらく重力の大きさを１Nとする。

実験１　**図５**のように，定滑車を使って，ばねばかりにつないだ質量300 gのおもりPをゆっくりと真上に20cm持ち上げた。

実験２　**図６**のように，動滑車を使って，質量300 gのおもりPをゆっくりと真上に20cm持ち上げた。

実験３　**図７**のように，動滑車につないだ直方体の形をしたおもりQを，ゆっくりと水の中に沈めていき，おもりの下面と水面との距離をhとして，hとばねばかりが示す値の関係を記録した。**図８**は，その結果をまとめたグラフである。ただし，おもりQの下面は常に水平であったものとする。

図５

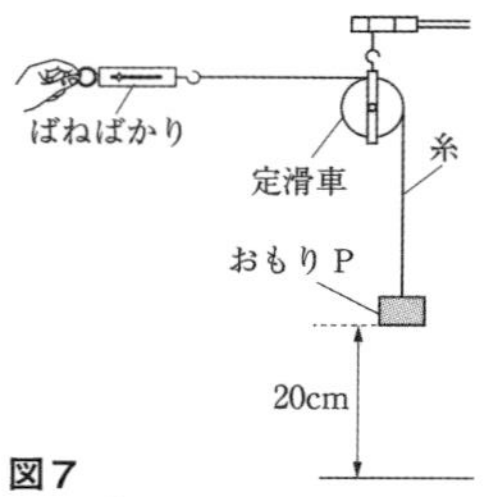

ばねばかり　定滑車　糸　おもりP　20cm

図６

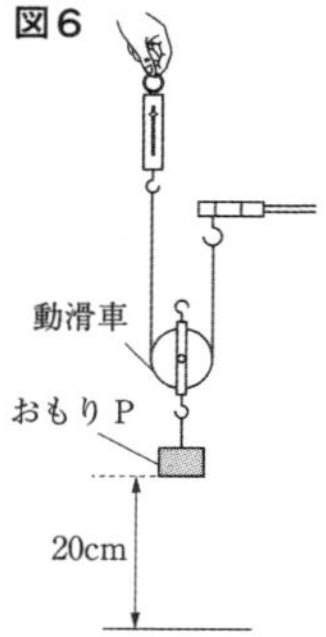

動滑車　おもりP　20cm

図７

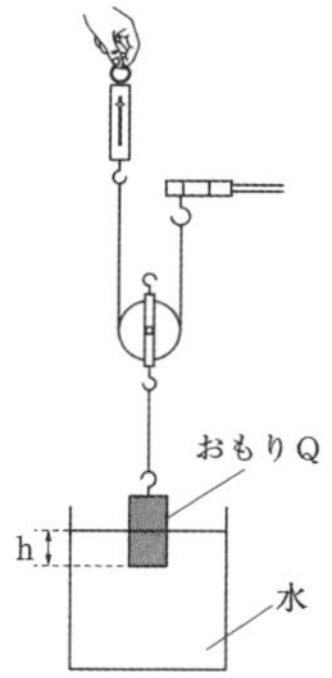

おもりQ　h　水

図８

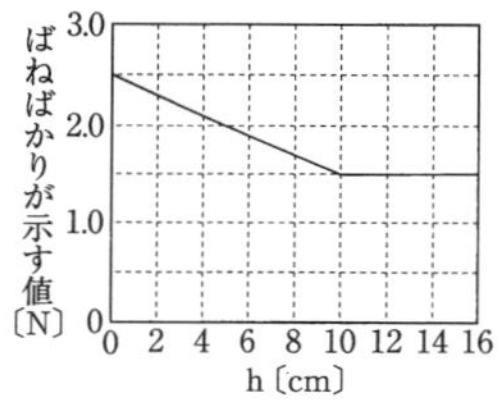

ばねばかりが示す値〔N〕　h〔cm〕

1　**実験１**で，おもりPを持ち上げるために手がした仕事の大きさは何Jか。

2　次の文は，**実験１**と**実験２**の結果から考察したものである。文中の，①，②にあてはまるものはどれか。

> **実験２**では，おもりPを20cm持ち上げるまでに糸を引く長さは，**実験１**の①｛**ア**　$\frac{1}{2}$　**イ**　2倍｝であり，ばねばかりは**実験１**の②｛**ア**　$\frac{1}{2}$　**イ**　2倍｝の値を示した。このように，異なる道具を使っても同じ状態になるまでの仕事の大きさが変わらないことを仕事の原理という。

3　おもりPを20cm持ち上げるのに，**実験１**は４秒，**実験２**は５秒かかった。**実験１**と**実験２**で仕事率が大きいのはどちらか。また，大きい方の仕事率は何Wか。

4　**実験３**で，おもりQの半分が水に沈んでいるとき，おもりQにはたらく浮力は何Nか。

5　**実験３**で，おもりQを下ろしていく前は，おもりQは空中で静止していた。このとき，おもりQには同じ大きさの２つの力が逆向きにはたらいているが，おもりQが静止するためには，この２力に関してもう１つ条件が必要である。その条件を「２力が」という書き出しに続けて，簡潔に書け。

鹿児島工業高等専門学校

所　在　地
〒899-5193　鹿児島県霧島市隼人町真孝1460番地１
TEL（0995）４２－９０１４
（学生課・教務係）

交　通

ＪＲ日豊本線	隼人駅より２km徒歩25分
鹿児島交通バス	鹿児島高専への直接乗り入れあり (隼人駅↔鹿児島高専) 隼人中前より徒歩３分 浜之市本町より徒歩８分

高度なエンジニアを育成する高専

高専は大学と同じく高等教育機関の一つで，創造性豊かなエンジニアを育成する国立の学校です。

中学校卒業後の５年間，高校から大学へと進むための受験勉強にわずらわされることなく，一貫した専門教育を受けることができます。

勉強にスポーツに充実した
５年間をクリアしたら

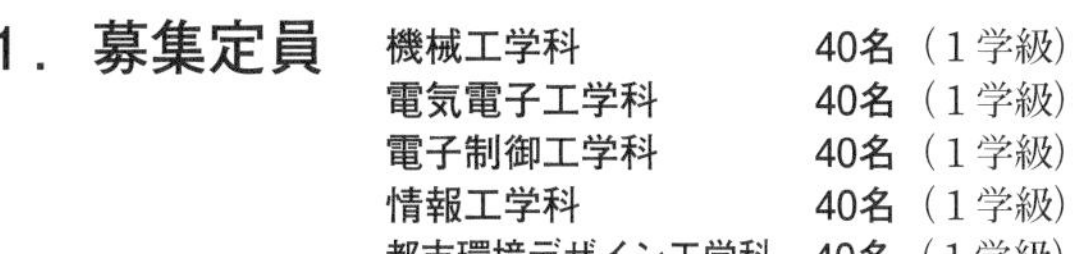

就　職

毎年，１クラスに対し全国から400～600社の採用があり，卒業生は専門技術者として一流企業等へ就職しています。就職率ほぼ100％は当たり前，質･量ともに充実しています。

進　学

クラスの約４割が進学希望で，ほぼ全員が国公立大・有名私立大の３年次へ編入学あるいは高専「専攻科」へ進学しています。編入学の６割が推薦であり，大学から高く評価されています。

1．募集定員

機械工学科	40名（１学級）
電気電子工学科	40名（１学級）
電子制御工学科	40名（１学級）
情報工学科	40名（１学級）
都市環境デザイン工学科	40名（１学級）

2．選抜の方法

入学者の選抜は，学力検査によるものと，中学校長の推薦によるものとがあります。

①学力検査による選抜

学力検査，調査書及び面接等により総合的に判断します。
学力検査科目は，理科・英語・数学・国語の４科目です。
　学力検査　　令和６年２月11日（日）

②推薦による選抜

人物，学力ともに優れ，本校の定める推薦入学の条件を満たす者で，中学校長が推薦する者につき，学力検査を免除して調査書及び面接等により総合的に判定します。
　面接　令和６年１月13日（土）

もっと知りたい人は　☎0995-42-9014　教務係まで

入学志願者の推移

年度	区分／学科	募集人員	志願者数（内 推薦志願者）		入学者数	倍率
4	機　械	各学科40名募集人員は推薦によるもの（各学科20名程度）を含む	50	(12)	42	1.3
	電気電子		41	(16)	41	1.0
	電子制御		38	(24)	42	1.0
	情　報		83	(49)	42	2.1
	都市環境デザイン		43	(23)	40	1.1
	計	200	255	(124)	207	1.3
5	機　械	各学科40名募集人員は推薦によるもの（各学科20名程度）を含む	61	(22)	42	1.5
	電気電子		52	(26)	42	1.3
	電子制御		69	(26)	42	1.7
	情　報		72	(49)	41	1.8
	都市環境デザイン		51	(20)	41	1.3
	計	200	305	(143)	208	1.5

学　費

入学時の諸経費（令和５年度入学者）

項　目	金　額	備　考
入 学 料	84,600円	入学料免除・徴収猶予制度があります。
授 業 料 （前学期6ヶ月分）	117,300円 （１ヶ月当り 19,550円）	後学期117,300円（10月納入） 本科１～３年生（入学後36ヶ月間）は，就学支援金の支給対象となります。 ※一般世帯の場合 就学支援金 9,900円/月（年額118,800円） 授業料納付額 9,650円/月（年額115,800円）
教科書･実習服他	約90,000円	学科によって多少異なる場合があります。
＊寄 宿 料	700円	月額（複数人部屋）
＊寮 費 等	44,500円	前学期額（寮管理費，空調費ほか）
＊食　費	約33,000円	月額。１日（３食）：1,098円
計	約370,100円	

※就学支援金は，市町村民税の課税標準額によって異なります。
※4･5年生，専攻科生は高等教育の修学支援新制度対象校となっており，一定の条件を満たす者は，授業料免除や給付奨学金を受けることができます。
上記以外の経費は学生会費・後援会費・後援会入会金・同窓会入会金等約70,000円となっています。
＊印は寮生のみ該当します。

もっと知りたい人は☎0995-42-9015　学生係まで

高専では，勉学と課外活動の両立を目指しながら，約８割の学生が運動や文化活動に励んでいます。

硬式野球部	水泳部	英語部
バスケットボール部（男･女）	ソフトテニス部	軽音楽部
バレーボール部（男）	テニス部	エコラン部
剣道部	バドミントン部	メカトロニクス研究部
空手道部	ハンドボール部	将棋・囲碁部
柔道部	極真空手部	環境創造物理研究部
卓球部	ラグビーフットボール部	航空技術研究部
陸上競技部	電子・情報・システム研究部	創造設計部
弓道部	写真部	
サッカー部	吹奏楽部	

バギーの分解・組立実習（工作実習）
（機械工学科）

創造実習における製作物プレゼンテーション風景
（電気電子工学科）

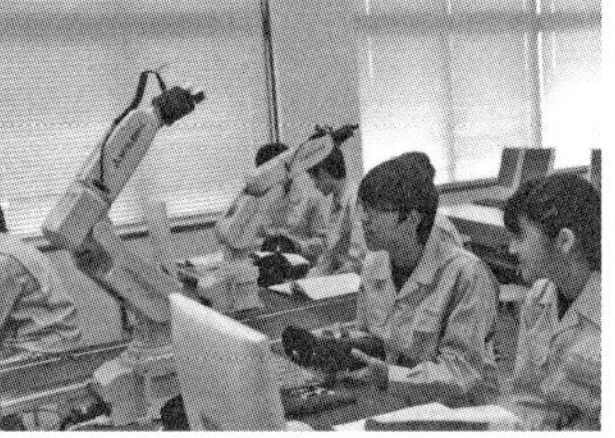
産業用ロボットを用いた実習
（電子制御工学科）

学内プログラミングコンテスト風景
（情報工学科）

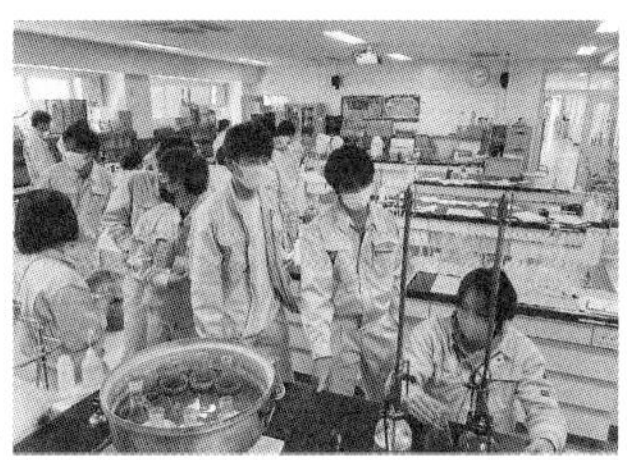
環境工学実験（ＣＯＤ測定）
（都市環境デザイン工学科）

高専ロボットコンテスト
九州沖縄地区大会

令和五年度　鹿児島工業高等専門学校入試問題　国　語　（解答…233P）

1　次の文章を読んで、後の問いに答えよ。

ふつうは見逃されてしまうようなことでも、そこにある良さも悪さも見抜いてしまうのが道の人である。兼好(注1)が興味を持っていたもののひとつが馬乗りである。『徒然草』第一八五段には「城陸奥守泰盛は、双なき馬乗りなりけり。馬を引き出させけるに、足を揃へて、閾(注2)をゆらりと越ゆるを見ては『これは勇める馬なり。』とて、鞍(注3)を置き換へさせけり。」という。執権北条貞時の外祖父（母方の祖父）であった安達泰盛は、並ぶ者(1)のない馬乗りといわれ、馬が敷居をまたぐの(a)を見るだけで「これは気の立っている馬だ。」と他の(c)馬に替えさせた。逆に、足を伸ばしたまま敷居にぶつけるような馬は鈍い馬だとして乗らなかったという。「道を知らざらん人、かばかり恐れなんや（道を知らないような人は、これほど用心するだろうか）。」とあり、道について深く知っているからこそ、これほどまでに用心するの(d)だということである。第一八六段には「吉田と申す馬乗り」がその道の秘訣を述べる。

吉田と申す馬乗りの申し侍りしは「馬毎にこはきものなり。人の力、争ふべからずと知るべし。乗るべき馬をば、先づよく見て、強き所弱き所を知るべし。次に、轡(注4)・鞍の具に、危ふき事やあると見て、心にかかる事あらば、その馬を馳すべからず。この用意を忘れざるを馬乗りとは申すなり。これ秘蔵の事なり。」と申しき。

馬はどれでも①ゴウ情なものであり、人の力はこれと争うことができないと知らねばならない。乗ることになっている馬を、何よりもよく観察して強いところ弱いところを知るのがよい。次に、轡・鞍など道具に危ない所はないか点検し、気になるところがあればその馬を走らせてはならないという。けっして難しいことをいっているのではなく、ごく当たり前のこと、誰にでもできることを弁え、自然に行動に移せるかどうかというのが、(2)「馬乗り」の馬乗りたるところであり、それがほんとうの道を知ることなのである。

このようにして馬をよく見、その特徴をとらえるということができないで、不用意に馬に乗る者は落馬する。本人はわかっていなくとも、その道に心得のある人は予めその不運を見抜いてしまう。第一四五段では、

御随身秦重躬、北面の下野入道信願を、「落馬の相ある人なり。よくよく慎み給へ。」といひけるを、いと真しからず思ひけるに、信願馬より落ちて死ににけり。道に長じぬる一言、神の如しと人思へり。さて、「いかなる相ぞ。」と人の問ひければ、「極めて桃尻にして、沛艾の馬を好みしかば、此相を負ほせ侍りき。いつかは申し誤りたる。」とぞ言ひける。

道に長じた者の的確な見極めを人々は不思議だ「神の如し」だと思ったが、「落馬の相」を読み取ったのは単なる見込みでもなければ当て推量でもない。(3)きわめて合理的な判断に基づいている。それは、「桃尻」、馬の鞍に尻の据わりの悪い人と、「沛艾の馬」、気の荒い馬という両者のもともとの不適合が、落馬という当然の成り行きになることを体験的に知っていたからである。どういうときに人間は過ちを犯すかということを、道の名人といわれる人は見抜く目をもっている。

第一〇九段では「高名の木のぼり」と世間でいわれていた男が、人に指図して高い木にのぼらせて木の枝を切らせたときに、非常に危なそうに見える間は何もいわないで、家の軒先の高さまで降りてきたときになってやっと、「過ちすな。心して降りよ。」とことばをかけた。そういわれた人が「かばかりになりては、飛び降るとも降りなん。如何にかく言ふぞ。」、これくらいになったからには、飛び降りても降りられるだろう、どうしてそんなことをいうのか、と尋ねると、「その事に候ふ。目くるめき、枝危ふきほどは、己れが恐れ侍れば、申さず。過ちは、安き所になりて、必ず仕る事に候ふ。」と答えた。眼が回るような高い所、枝が今にも折れそうな所は本人が自ずと恐れ注意を払っているからいう必要がない。しかし過ちは安全と思われるところになって必ずしでかしてしまうものであるという。兼好は、こういう名人、達人とされる人のことばは、その身分は低くとも(4)聖人の戒めに適っていると共感している。道の名人は何を見ているのか、そこに見える真実とは、失敗は油断から生まれるという当たり前のことを、まさに当たり前のこととして受けとめ、自然とそれが行動となってあらわれる、無理のないあり方であるともいえる。

いずれにせよ、道の真実を知っているがゆえに敬われる人たちのことばは、計り知れぬ深さがその背後には感じられる。専門家は、その道の本質をつかんでいるが故に、かえってダイナミックなものの見方ができる。そこに合理性もあり、力動性もある。それはどの道においてもいえる。第一一〇段では、双六(注5)の上手といわれる人に、その方法を聞いたところ、その答えは、「勝たんと打つべからず。負けじと打つべきなり。いづれの手か疾く負けぬべきと案じて、その手を使はずして、一目なりとも、おそく負くべき手につくべし。」勝とうと思って打ってはいけない。負けまいと思って打つのがよい。どの手がきっと早く負けるだろうかと考えて、その手を使わないで、たとい一目でも遅く負けると推測される手に従うべきだという。勝とう勝とうと気持ちが前へ出るときすでに欲に捕らわれている。負けまいと思えるのは余裕があるからである。むしろ、勝ち負けに強くこだわるために自らを失うということがない冷静さを身につけよといっているように思われる。このように慎重にことを運ぶことは、生き方としては消極的に見えるかもしれない。しかし、ここで兼好が考えようとしているのは、(5)このあえてしないということのうちに積極性があるということである。

無為とは何もしないということではない。仮に何もしないようなかたちを取ることがあったとしても、必ずそこに積極性が生まれている。道の人はそのことを知っている。天地自然のはたらきに②カン髪を入れずぴったり即して生きることは、③世ゾク世界に「無用」であり続けることが、同時にそのはたらきのきまり、すじみちに通暁(注6)することに通じる。第一二六段では、

博打(注7)の負け極まりて、残りなく打ち入れんとせんにあひては、打つべからず。立ち返り、続けて勝つべき時の至れるとしるべし。その時を知るを、よき博打といふなり。

ということばを挙げている。博打打ちもまた道を知れる者であって、多年の経験から運命の定めるところを知っている。無為のところに引き絞られた力は必ず④攻セイへと転ずる時を待っている。そのことがわかるかどうかは、外形に捕らわれないで本質を見抜く目を持っているかどうかで決まる。そ

れに気づくためには、謙虚さがなければならない。

その⁽⁶⁾「一道に携はる人」の心得を説いたのが第一六七段である。

我が智を取り出でて、人に争ふは、角ある物の角を傾け、牙あるものの牙をかみ出だす類なり。人としては善に誇らず、物と争はざるを徳とす。他にまさることのあるは大いなる失なり。

という。自分の智恵を持ち出して自分がすぐれていることを自慢する気持ちで争うのはよくない。家柄の高さにせよ才芸の優秀さにせよ、自分が勝っていると思って相手を見下すその内心のありようが、すでに「とが」つまり欠点となっている。

をこにも見え、人にもいひ消たれ、禍を招くは、ただこの慢心なり。一道にもまことに長じぬる人は、みづから明らかにその非を知る故に、志常に満たずして、終に物に誇る事なし。

本人がどんなにすぐれていると思っていても他人から見ると馬鹿らしく見え、わざわいを招くのはまさにこの慢心であるという。道の人はそれを知っており、けっして自分が完全であるなどとは思わない。むしろ、自らを持たざる者として位置づけ、その人なりのあえて何もしない「無為」を貫くのである。それは意識してできることではなく、道の追究において身につくものであり、それは、現世にいながら現世を超える自在さとなるだろう。兼好はそこに人間観としての無為の積極性を見いだしているように思われる。

（藤本成男『徒然草のつれづれと無為』（大学教育出版刊）による）

（注1）兼好＝鎌倉末期の歌人、随筆家で『徒然草』の著者。　（注2）閾＝門の内外を区切る境の木。敷居。

（注3）鞍＝人が乗りやすいように馬などの背につける道具。　（注4）轡＝手綱をつけるために、馬の口にかませる金具。

（注5）双六＝盤と二個のサイコロ、黒白の駒を使って二人で行う遊戯。賭け事にも用いた。

（注6）通暁する＝あることについて詳しく知っている。　（注7）博打（を打つ）＝賭け事（をする）。「博打打ち」は博打で生計を立てる人。

問1　本文中の、①ゴウ情、②カン髪を入れず、③世ゾク、④攻セイ　のカタカナ部分の漢字表記として適当なものを、それぞれアからエまでの中から一つ選べ。

①ゴウ情　ア 業　イ 豪　ウ 合　エ 強　　②カン髪を入れず　ア 巻　イ 感　ウ 間　エ 完

③世ゾク　ア 族　イ 俗　ウ 続　エ 属　　④攻セイ　ア 制　イ 成　ウ 正　エ 勢

問2　本文中の、⁽¹⁾並ぶ者のない　と同じ意味用法の「の」を、本文中のaからdまでの中から一つ選べ。

a　またぐのを見る　　b　気の立っている　　c　他の馬に　　d　用心するのだ

問3　本文中に、⁽²⁾「馬乗り」の馬乗りたるところ　とあるが、「吉田と申す馬乗り」が述べている馬乗りの心得の説明として最も適当なものを、次のアからエまでの中から一つ選べ。

ア　自分が乗ろうとしている馬をよく見てその気性を把握したり、馬具などで気にかかる点があれば馬を走らせないようにしたりするなど、当然のことをよく理解し自然に行動できる。

イ　人の力は馬の力には到底及ばないと知ったうえで、自分が乗ることになっている馬を観察しながらよい部分を見極め、その馬の能力のすべてを引き出せるよう自然に行動できる。

ウ　轡や鞍などを装着したときの反応によってそれぞれの馬の気性を知ることができるので、馬具の状態をよく確認することを通じて、馬のよしあしを自然に見抜けるようになる。

エ　人は馬の真の力に勝つことができないということをよく知り、自分が乗る馬の強いところ弱いところの両面を十分見極めることによって、馬のよしあしを自然に見抜けるようになる。

問4　本文中に、⁽³⁾きわめて合理的な判断　とあるが、どういうことか。その説明として最も適当なものを、次のアからエまでの中から一つ選べ。

ア　馬の体格に自分の性格を合わせられない人は落馬するということを、体験的に知ったうえで下す判断。

イ　人の体つきと馬の気性の組み合わせが悪いと落馬するということを、体験的に知ったうえで下す判断。

ウ　その日の馬の状態を正確に把握できない人は落馬するということを、体験的に知ったうえで下す判断。

エ　どんなに有能な人でも気性が荒い馬に乗ると落馬するということを、体験的に知ったうえで下す判断。

問5　本文中に、⁽⁴⁾聖人の戒めに適っている　とあるが、どういうことか。その説明として最も適当なものを、次のアからエまでの中から一つ選べ。

ア　低いところまで降りてきた弟子に声をかけた「高名の木のぼり」の言動は、屋外では予想外の出来事が起きるという当たり前のことを当たり前のこととして受けとめ、それが自然に行動に移されたもので、聖人の教えをよく理解したものである。

イ　油断しそうな弟子の性格を見抜き適切に声をかけた「高名の木のぼり」の言動は、才能のないものは失敗するという当たり前のことを当たり前のこととして受けとめ、それが自然に行動に移されたもので、聖人の教えと異なるものである。

ウ　安全な高さまで弟子が降りてきたところで声をかけた「高名の木のぼり」の言動は、失敗は油断から生まれるという当たり前のことを当たり前のこととして受けとめ、それが自然に行動に移されたもので、聖人の教えに通じるものである。

エ　弟子が安全な高さまで降りたときに声をかけた「高名の木のぼり」の言動は、常に細心の注意を払って行動するという当たり前のことを当たり前のこととして受けとめ、それが自然に行動に移されたもので、聖人の教えを踏まえたものである。

鹿児島工業高等専門学校

問6　本文中に、(5)あえてしないということのうちに積極性がある　とあるが、どういうことか。その説明として最も適当なものを、次のアからエまでの中から一つ選べ。

ア　あえて慎重に振る舞い、一見行動していないように見えても、実際は適切な折をとらえてうまくことを運べる機会が来るのを待っている。

イ　あえて勝ち負けを無視し、一見勝敗を気にしないように見えても、実際は自然の法則を分析しつつ勝負に出る機会が来るのを待っている。

ウ　あえて大胆な行動を控え、一見我慢しているように見えても、実際は成功に強くこだわり競争相手に打ち勝つ機会が来るのを待っている。

エ　あえて合理的に考え、一見冷徹に計算しているように見えても、実際は心の余裕を保つことで最後に成功する機会が来るのを待っている。

問7　本文中に、(6)「一道に携はる人」の心得　とあるが、どのようなものか。その説明として最も適当なものを、次のアからエまでの中から一つ選べ。

ア　自分が他人より優れていると思うことがかえって自分の弱点を見抜かれたり他人に陥れられたりする要因になることを重く受けとめ、どんなときも自分が冷静でいられる道を追究すること。

イ　自分が他人より優れていると思うことが他人から攻撃されたり嫉妬されたりする原因になることをよく知っていて、他人の言動をよく見極め、他人と争うことを避けつつ道を追究すること。

ウ　自分が他人より優れていると思うことがわざわいを招くもととなることをよく知っていて、どのようなときも慎み深く振る舞うとともに、今の自分に満足することなく道を追究すること。

エ　自分が他人より優れていると思うことがわざわいを招くもととなることを経験的に理解しており、どのようなときも他人を尊重するよう心がけて、すべての人と調和する道を追究すること。

2　次の文章を読んで、後の問いに答えよ。

数十年周期での大きな気候変動が起きたときに、しばしば大きな飢饉(ききん)や社会の騒乱が起きるが、その背景にはどのようなメカニズムがあるのであろうか。ここでは簡単な概念図を示して一つの思考実験をしてみたい。

図1は、(注1)前近代の農業社会を念頭に置いて、農業生産に影響を与えるような数十年周期の大きな気候変動が起きたときに社会に何が起こるかを想像したものである。どのような社会もそうであるが、その社会を構成する人々の人口や平均的な生活水準は、その社会を取り巻く環境の収容力、具体的には(1)その地域の農業生産量などが許容する範囲内に収まっている必要がある。現在の地球環境問題では、地球の人々の総人口や平均的な生活水準が地球の(注2)環境収容力の限界を超えていること、①、このままの生活を続けていたら持続可能性がないことが問題なのだが、過去の世界であれば、その空間スケールは人間の行動や流通の範囲を反映してもっと狭く、弥生時代であれば一つのムラ、江戸時代であれば一つの藩といったスケールで起きている現象をこの図は想定している。

Aあるとき数十年周期の気候変動が起きて農業生産力が増大したとする。この豊作が一年か二年で直(す)ぐに元に戻るのであれば、人々は(a)束(つか)の間の豊作を神様に感謝して穀物の備蓄に励むだけだろうが、B数十年周期の変動の場合は豊作の期間は一〇年や二〇年も続くので、その間に人々は豊作に慣れて、人口を増やしたり（出生率をあげたり）、生活水準を向上させたりしたものと思われる。しかし、これは数十年周期の変動なので、やがて農業生産力は元に戻ってしまう。そのときには、豊作期の豊かな時代に育った若者をはじめとして、人々には自主的に生活水準を下げたり人口を減らしたりすることは難しく、結果的にC飢饉の発生や難民の流出によって半強制的に人口が減らざるを得なかった、と考えられる。

数年周期の変動であれば、凶作年にはあらかじめ備蓄しておいた穀物で食いつなげるし、何より豊作の年に人口が急に増えたりはしない。逆に数百年周期の変動であれば徐々に生産力が変化するので、人々には対応の時間的余裕があり、農業技術を革新したり農地面積を拡大したりすることもできただろうし、生産力の上昇期には出生率の増大、低下期には出生率の減少を通じて、大きな痛みを伴うことなく、ゆっくりと気候変動に適応できた可能性もある。②、数十年周期の変動の場合は、短期間での

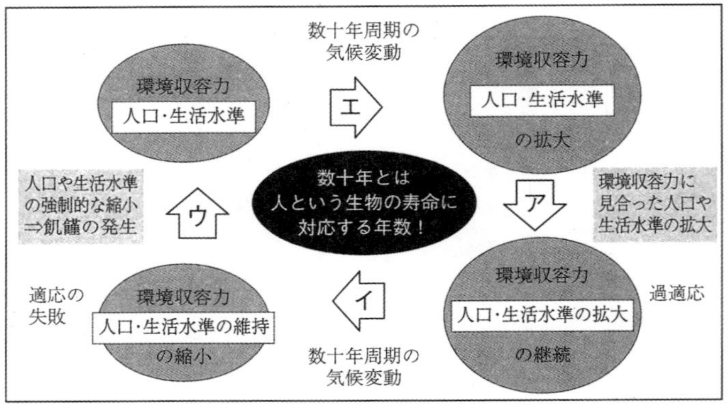

数十年周期の気候変動
環境収容力　人口・生活水準
エ
環境収容力　人口・生活水準の拡大
ア
環境収容力に見合った人口や生活水準の拡大
過適応
数十年とは人という生物の寿命に対応する年数！
人口や生活水準の強制的な縮小⇒飢饉の発生
ウ
環境収容力　人口・生活水準の拡大の継続
イ
適応の失敗
環境収容力　人口・生活水準の維持の縮小
数十年周期の気候変動

図1

技術や農地の変革は難しく、穀物備蓄もすぐに底を尽き、出生率の調整では時間的に間に合わず、多くの人々が飢饉に直面したことが想像できる。つまり(2)数十年周期の変動は、予測も対応も難しい時間スケールなのである。出生率を(b)介した人口調整との関係でいえば、数十年とはちょうど人間の寿命に相当する時間スケールであり、それゆえにこそ効果的な対応ができなかったことが予想できる。

このような話を歴史研究者の皆さんを相手にしていると、「数十年周期の変動が重要なのは何となくわかったけど、具体的に何に着目したらよいかわからない。」という感想を頂くことが多い。それは、気候・環境変動や自然災害に対する社会の復元力（レジリアンス）を研究しておられる方々から特に多く聞かれる。そういう方々の多くは、気候災害などが起きた「後」の社会の対応に注目しておられる場合が多い。もちろん、災害復興過程の研究では、災害後の社会の状況を観察することは不可欠だが、実際には、「気候がよい時代や災害がない時代に、いかに(3)その状態に過適応してしまっていたか」が重要である。過適応がなければ、つまり人口や生活水準を野放図(注3)に拡大しなければ、次に起きる気候の悪化や災害に対処できた可能性がある。

③ 人々は「気候変動や自然災害に適応するため」だけに生きている訳ではないので、農業生産力の高い時代には、それを最大限生かした生業(注4)や政策を展開することが、中世(注5)であれば他国との闘いに、近世(注6)であれば市場での競争に打ち勝っていくために、必要不可欠なことだったと思われる。しかし生産力の拡大期の論理に適応し過ぎれば、生産力が縮小に転じた時期にブレーキが利かなくなる。切り替えがうまい為政者(注7)がいれば、両時期に的確に対応できる可能性もあるが、通常はその両者に適応できる人間は少ないし、もとより為政者だけが(4)そのことを理解していても社会の構成員の多くが理解していなければ、対応が難しいことは同じであろう。歴史上の気候変動と人間社会の関係の背後には、そのような構図があるものと思われる。

つまり気候のよい時期・豊作の時期における社会のあり方や人々の考えを知ることが、気候適応史研究の一つの焦点になるべきである、と私は考えている。このことは、気候変動だけでなく、地震・津波・火山噴火などの地殻災害、あるいは新型コロナをはじめとする感染症の蔓延(注8)、さらに経済循環などの人間社会に内在する変動にまで、あらゆることにも当てはまるものと思われる。昨今の例でいえば、感染症のパンデミックがなかった時代にパンデミックが起きたときのことを何も想定せず、保健所の機能を単に合理化縮小してしまったこと、津波が来ない時期が何十年も続くうちに沿岸域の危険な場所に住居を広げてしまったことなどなど、あらゆることが**図1**の構図に当てはまる。すべて、気候・環境が悪化して災害が起きてからではなく、その前の(5)平時における環境悪化・災害発生への備え・適応力が問われているのである。そのことを、まさに研究の対象にしなければならない。考えてみればあたり前のことが、歴史の研究はもとより、日常生活一般、さらにいえば国会の審議のなかでも、必ずしも意識されていないことが問題であるといえよう。

（中塚武『気候適応の日本史　人新世をのりこえる視点』による）

（注１）前近代＝明治維新より前の、科学や技術の進歩による資本主義経済がまだ発達していない時代。
（注２）環境収容力＝ある環境下において、持続的に維持できる生物の最大個体数、または生物群集の大きさ。
（注３）野放図＝際限がないこと。しまりがないこと。
（注４）生業＝生活していくための仕事。
（注５）中世＝鎌倉時代および室町時代。
（注６）近世＝安土桃山時代および江戸時代。
（注７）為政者＝政治を行う者。
（注８）蔓延＝はびこりひろがること。

問１　空欄 ① 、 ② 、 ③ に入る語として適当なものを、それぞれ次の**ア**から**エ**までの中から選べ。**ただし、同じ記号は二回使わない。**

ア　もちろん　　**イ**　つまり　　**ウ**　しかし　　**エ**　やがて

問２　本文中の、(a)束の間の、(b)介した の意味として適当なものを、それぞれ次の**ア**から**エ**までの中から選べ。

(a)　**ア**　継続的な　　**イ**　少しの間の　　**ウ**　定期的な　　**エ**　久しぶりの

(b)　**ア**　重視した　　**イ**　付け加えた　　**ウ**　兼ね備えた　　**エ**　仲立ちとした

問３　本文中に、(1)その地域の農業生産量などが許容する範囲 とあるが、どういうことか。その説明として最も適当なものを、次の**ア**から**エ**までの中から一つ選べ。

ア　その地域で生産される農作物の総量などが、その地域の人口や生活水準をどの程度満たせるかという範囲。

イ　その地域の人々が、農作物などを最大限生産し続ける状態をどれくらいの期間継続できるかという範囲。

ウ　その地域で生産される農作物の量などが、その地域の人口や生活水準を持続的に維持できる範囲。

エ　その地域の人々が、自然環境に悪影響を与えずに農作物などを持続的に生産できる農地面積の範囲。

問４　本文の破線部**A**・**B**・**C**の内容に対応する矢印を、それぞれ**図１**の**ア**から**エ**までの中から選べ。**ただし、同じ記号は二回使わない。**

A　あるとき数十年周期の気候変動が起きて農業生産力が増大した

B　数十年周期の変動の場合は豊作の期間は一〇年や二〇年も続くので、その間に人々は豊作に慣れて、人口を増やしたり（出生率をあげたり）、生活水準を向上させたりした

C　飢饉の発生や難民の流出によって半強制的に人口が減らざるを得なかった

問5　本文中に、(2)数十年周期の変動は、予測も対応も難しい時間スケールなのである。とあるが、なぜか。「対応が難しい」理由の説明として最も適当なものを、次の**ア**から**エ**までの中から一つ選べ。

ア　住民の人口が増加を始めたときには、既に気候変動で生産力が減少しているが、その時点から計画的に農業の技術革新を進めて生産力を高めようとしても、計画の実現には人間の寿命と同じ数十年単位の時間が必要となり、対応が間に合わないから。

イ　生産力の減少期には、それまでに増大した全人口が生存可能なだけの食糧を確保できなくなるが、生まれる子供の数をその時点で減らし始めたとしても、人口が十分減るまでには人間の寿命と同じ数十年の時間がかかり、対応が間に合わないから。

ウ　住民の人口が増加を始めると人々の生活水準も上がっていくが、その時点で住民は既にぜいたくに慣れてしまってより多くの食糧を求めるようになり、その人々の寿命である数十年の間は同じ状況が続いてしまい、結果的に対応が間に合わないから。

エ　生産力の減少期を迎えたときには、気候は再び増産可能な方向で安定し始めているが、その時点で既に人間の寿命である数十年単位の人口減少が続いているため、農産物の増産を可能にするだけの労働力を確保できなくなり、対応が間に合わないから。

問6　本文中に、(3)その状態に過適応してしまっていた　とあるが、どういうことか。その説明として最も適当なものを、次の**ア**から**エ**までの中から一つ選べ。

ア　災害がなく気候もよい状態を当然のように受け入れて、人口を増やしますます豊かな生活をおくる一方で、生産力が減少するかもしれない事態への備えを怠っていた。

イ　災害がなく気候もよい状態を普通だと考えて、従来通りの方法だけで農業生産力を維持できると思い込み、豊作を継続させるための技術革新や農地拡大を怠っていた。

ウ　災害がなく気候もよい状態が続くことを当然であると信じて、農業技術の革新により、市場での競争に打ち勝っていく一方で、穀物を備蓄する量も増やし続けていた。

エ　災害がなく気候もよい状態が生存には最適だと判断して、生産力の拡大を続ける一方で、他国との闘いを繰り返し、より温暖で災害の少ない地域に進出し続けていた。

問7　本文中に、(4)そのこと　とあるが、どういうことか。その説明として最も適当なものを、次の**ア**から**エ**までの中から一つ選べ。

ア　農業生産力が高い時期と、縮小に転じた時期とでは必要な対処が異なるため、それぞれの時期に応じた適切な対応が必要だということ。

イ　他国と闘う中世と、市場での競争が求められる近世とでは必要な対策が異なるため、それぞれの時期に応じた政策が必要だということ。

ウ　気候変動と人間社会との間には、長年続いた複雑な関係があるため、気候変動への適切な対応には歴史的知識が必要であるということ。

エ　社会の為政者と構成員とでは、状況に応じて取るべき対処がそれぞれ異なるため、日頃から両者の密接な連携が必要であるということ。

問8　本文中に、(5)平時における環境悪化・災害発生への備え・適応力が問われている　とあるが、それはなぜか。その理由として最も適当なものを、次の**ア**から**エ**までの中から一つ選べ。

ア　日常生活の中で人々がどんな心理に陥りやすいか想定しておくことで、緊急時に取るべき対策を決める手がかりを得ることができ、社会の復元力を高めることができるから。

イ　災害が起きた後に社会はどう対応したかではなく、災害が起きる前に社会は災害にどう備えていたかを問題点とすることが、気候適応史研究を特徴づけている視点であるから。

ウ　日頃から自然災害や気候の変動を正確に観測し、大規模な被害につながるすべての可能性を想定しておくことで、被害が起きた後早急に復興をはかることが可能となるから。

エ　気候の悪化や自然災害に伴って起きる大規模な社会の混乱を防ぐには、自然災害や環境変動が起きた後の対策だけでは十分でないことが、これまでの歴史で明らかであるから。

3　次の文章を読んで、後の問いに答えよ。

母子家庭に育った大学生の「僕」は、気象学が専門の藤巻（ふじまき）先生の研究室に入った。先生の依頼で先生の息子和也（かずや）の家庭教師になったが、和也は研究熱心な父には似ず、勉強が嫌いで集中できない。ある日藤巻家の夕食会に招かれた僕は、和也の勉強を見た後和也と和室に向かうが、縁側に座り一心に空を見上げる先生は、和也の呼びかけに応えない。先生は食事中も時折外へ目をやるなどして、あまり熱心には会話に加わろうとしなかった。

「ねえ、お父さんたちは天気の研究をしてるんでしょ。」

和也が箸をおき、父親と僕を見比べた。

「被害が出ないように防げないわけ？」

「それは難しい。」
藤巻先生は即座に答えた。
「気象は人間の力ではコントロールできない。雨や風を弱めることはできないし、雷も竜巻もとめられない。」
「じゃあ、なんのために研究してるの？」
和也がいぶかしげに眉根を寄せた。
「知りたいからだよ。気象のしくみを。」
「知っても、どうにもできないのに？」
「どうにもできなくても、知りたい。」
「もちろん、まったく役に立たないわけじゃないですしね。」
僕は見かねて口を挟んだ。
「天気を正確に予測できれば、前もって手を打てるから。家の窓や屋根を補強するように呼びかけたり、住民を避難させたり。」
「だけど、家は流されちゃうんだよね？」
「まあでも、命が助かるのが一番じゃないの。」
奥さんもとりなしてくれたが、和也はまだ釈然としない様子で首をすくめている。
「やっぱり、おれにはよくわかんないや。」
「わからないことだらけだよ、この世界は。」
先生がひとりごとのように言った。
「だからこそ、おもしろい。」

一時はどうなることかとはらはらしたけれど、それ以降は和也が父親につっかかることもなく、食事は和やかに進んだ。鰻（うなぎ）をたいらげた後、デザートには西瓜（すいか）が出た。
話していたのは主に、奥さんと和也だった。僕の学生生活についていくつか質問を受け、和也が幼かった時分の思い出話も聞いた。
中でも印象的だったのは、絵の話である。

朝起きたらまず空を観察するというのが、藤巻先生の長年の日課だという。晴れていれば庭に出て、雨の日には窓越しに、とっくりと眺める。そんな父親の姿に、幼い和也はおおいに好奇心をくすぐられたらしい。よちよち歩きで追いかけていっては、並んで空を見上げていたそうだ。熱視線の先に、なにかとてつもなくおもしろいものが浮かんでいるはずだと思ったのだろう。
「お父さんのまねをして、こう腰に手をあてて、あごをそらしてね。今にも後ろにひっくり返りそうで、見ているわたしはひやひやしちゃって。」
奥さんは身ぶりをまじえて説明した。本人は覚えていないようで、首をかしげている。
「それで、後で空の絵を描くんですよ。お父さんに見せるんだ、って言って。親ばかかもしれないですけど、けっこうな力作で……そうだ、先生にも見ていただいたら？」
「親ばかだって。子どもの落書きだもん。」
照れくさげに首を振った和也の横から、藤巻先生も口添えした。
「いや、わたしもひさしぶりに見たいね。あれはなかなかたいしたものだよ。」
「へえ、お父さんがほめてくれるなんて、珍しいこともあるもんだね。」
冗談めかしてまぜ返しつつ、和也はまんざらでもなさそうに立ちあがった。
「あれ、どこにしまったっけ？」
「あなたの部屋じゃない？（注1）納戸（なんど）か、書斎の押し入れかもね。」
奥さんも後ろからついていき、僕は先生とふたりで和室に残された。
「先週貸していただいた本、もうじき読み終わりそうです。週明けにでもお返しします。」
なにげなく切り出したところ、(1)先生は目を輝かせた。
「あの超音波風速温度計は、実に画期的な発明だね。」
超音波風速温度計のもたらした貢献について、活用事例について、今後検討すべき改良点について、堰（せき）を切ったように語り出す。
お絵描き帳が見あたらなかったのか、和也たちはなかなか帰ってこなかった。その間に、先生の話は加速度をつけて盛りあがった。ようやく戻ってきたふたりが和室の入口で顔を見あわせているのを、僕は視界の端にとらえた。自分から水を向けた手前、(a)話の腰を折るのもためらわれ、どうしたものかと弱っていると、スケッチブックを小脇に抱えた和也がこちらへずんずん近づいてきた。
「お父さん。」

うん、と先生はおざなりな生返事をしたきり、見向きもしない。

「例の、南西諸島の海上観測でも役に立ったらしい。船体の揺れによる影響をどこまで補正できるかが課題だな。」

「ねえ、あなた。」

奥さんも困惑顔で呼びかけた。

と、先生がはっとしたように口をつぐんだ。僕は胸をなでおろした。たぶん奥さんも、それに和也も。

「ああ、スミ。[注2]悪いが、紙と鉛筆を持ってきてくれるかい。」

先生は言った。和也が踵(きびす)を返し、無言で部屋を出ていった。

おろおろしている奥さんにかわって、自室にひっこんでしまった和也を呼びにいく役目を僕が引き受けたのは、少なからず責任を感じたからだ。

父親に絵をほめられたときに和也が浮かべた表情を、僕は見逃していなかった。雲間から一条の光が差すような、笑顔だった。いつだって陽気で快活で、いっそ軽薄な感じさえする子だけれど、あんな笑みははじめて見た。

「花火をしよう。」

ドアを開けた和也に、僕は言った。

「おれはいい。先生がつきあってあげれば？　そのほうが親父も喜ぶんじゃない？」

和也はけだるげに首を振った。険しい目つきも、ふてくされたような皮肉っぽい口ぶりも、ふだんの和也らしくない。僕は部屋に入り、後ろ手にドアを閉めた。

「まあ、そうかっかするなよ。」

藤巻先生に悪気はない。話に夢中になって、他のことをつかのま忘れてしまっていただけで、息子を傷つけるつもりはさらさらなかったに違いない。

「様子を見てきます。」と僕が席を立ったときも、なにが起きたのか(b)腑(ふ)に落ちない様子できょとんとしていた。

「別にしてない。」

和也はなげやりに言い捨てる。

「昔から知ってるもの。あのひとは、おれのことなんか興味がない。」

(2)腕組みして壁にもたれ、暗い目つきで僕を見据えた。

「でも、おれも先生みたいに頭がよかったら、違ったのかな。」

「え？」

「親父があんなに楽しそうにしてるの、はじめて見たよ。いつも家ではたいくつなんだろうね。おれたちじゃ話し相手になれないもんね。」

うつむいた和也を、僕はまじまじと見た。(3)妙に落ち着かない気分になっていた。胸の内側をひっかかれたような。むずがゆいような、ちりちりと痛むような。

唐突に、思い出す。

状況はまったく違うが、僕もかつて打ちのめされたのだった。自分の親が、これまで見せたこともない顔をしているのを目のあたりにして。母に恋人を紹介されたとき、僕は和也と同じ十五歳だった。こんなに幸せそうな母をはじめて見た、と思った。

「どうせ、おればかだから。親父にはついていけないよ。さっきの話じゃないけど、なにを考えてるんだか、おれにはちっともわかんない。」

僕は小さく息を吸って、口を開いた。

「僕にもわからないよ。きみのお父さんが、なにを考えているのか。」

和也が探るように目をすがめた。僕は机に放り出されたスケッチブックを手にとった。

「僕が家庭教師を頼まれたとき、なんて言われたと思う？」

和也は答えない。身じろぎもしない。

「学校の成績をそう気にすることもないんじゃないか、ってお父さんはおっしゃった。得意なことを好きにやらせるほうが、本人のためになるだろうってね。」

色あせた表紙をめくってみる。ページ全体が青いクレヨンで丹念に塗りつぶされている。白いさざ波のような模様は、[注3]巻積雲(けんせきうん)だろう。

「よく覚えてるよ。意外だったから。」

次のページも、そのまた次も、空の絵だった。一枚ごとに、空の色も雲のかたちも違う。確かに力作ぞろいだ。

「藤巻先生はとても熱心な研究者だ。もしも僕だったら、息子も自分と同じように、学問の道に進ませようとするだろうね。本人が望もうが、望むまいが。」

僕は手をとめた。開いたページには、今の季節におなじみのもくもくと不穏にふくらんだ[注4]積雲が、繊細な陰翳(いんえい)までつけて描かれている。

(4)「わからないひとだよ、きみのお父さんは。」

わからないことだらけだよ、この世界は——まさに先生自身が口にした言葉を、僕は思い返していた。

だからこそ、おもしろい。

僕と和也が和室に戻ると、先生は庭に下りていた。どこからかホースをひっぱってきて、足もとのバケツに水をためている。

奥さんが玄関から靴を持ってきてくれて、僕たち三人も庭に出た。

縁側に、手持ち花火が数十本も、ずらりと横一列に並べてある。長いものから短いものへときれいに背の順になっていて、誰がやったか一目瞭然だ。色とりどりの花火に、目移りしてしまう。

どれにしようか迷っていたら、先生が横からすいと腕を伸ばした。向かって左端の、最も長い四本をすばやくつかみ、皆に一本ずつ手渡す。

「花火奉行（ぶぎょう）なんだ。」

和也が僕に耳打ちした。

花火を配り終えた先生はいそいそと庭の真ん中まで歩いていって、手もとに残った一本に火をつけた。先端から、青い炎が勢いよく噴き出す。和也も父親を追って隣に並んだ。ぱちぱちと燃えさかる花火の先に、慎重な手つきで自分の花火を近づける。火が移り、光と音が倍になる。

僕と奥さんも火をもらった。四本の花火で、真っ暗だった庭がほのかに明るんでいる。昼間はあんなに暑かったのに、夜風はめっきり涼しい。虫がさかんに鳴いている。

ゆるやかな放物線を描いて、火花が地面に降り注ぐ。(5)軽やかにはじける光を神妙に見つめる父と息子の横顔は、よく似ている。

（瀧羽麻子（たきわあさこ）『博士の長靴』（ポプラ社刊）による）

（注1）納戸＝普段使わない家具や食器などをしまっておく物置用の部屋。　（注2）スミ＝藤巻先生の奥さんの名前。

（注3）巻積雲＝うろこ状、またはさざ波のように広がる雲。いわし雲。　（注4）積雲＝晴れた日によく見られる、白いわたのような雲。綿雲。

問1　本文中の、(a)話の腰を折る、(b)腑に落ちないの意味として最も適当なものを、次のアからエまでの中から一つずつ選べ。

(a)　ア　話の途中でその場から離れる　　イ　話の途中を省略して結論を急ぐ

　　ウ　話の途中で急に口を閉ざす　　エ　話の途中で言葉を挟んで妨げる

(b)　ア　想像できない　　イ　納得いかない　　ウ　信じられない　　エ　気に留めない

問2　本文中に、(1)先生は目を輝かせた。とあるが、それはなぜか。その理由として最も適当なものを、次のアからエまでの中から一つ選べ。

ア　貸していた本を返してもらえるのがうれしかったから。　　イ　今関心を寄せている学問の話ができると期待したから。

ウ　ふたりになったところで急に話しかけられ驚いたから。　　エ　退屈だったのが自分だけでないとわかり安心したから。

問3　本文中の破線部の場面について話し合っている次の会話文の［I］に当てはまるものを、次のアからエまでの中から一つ選べ。

生徒1　「先生はおざなりな生返事をしたきり、見向きもしない。」とあるけれど、どうしてだろう。先生は和也の絵をひさしぶりに見たい、と言っていたのに。

生徒2　僕と本の話をしているうちに、和也の絵の話は忘れてしまったんじゃないかな。超音波風速温度計の話を続けようとしているもの。

生徒3　こんなふうに自分の世界に入り込んでしまうと周りはついていけないよね。「奥さんも困惑顔で呼びかけた。」とあるよ。

生徒1　でも、「先生がはっとしたように口をつぐんだ。」とあるから、さすがの先生もすぐに事態に気づいたようだね。

生徒2　そうだね。周りもほっとしただろうね。「僕は胸をなでおろした。たぶん奥さんも、それに和也も。」とも書かれているよ。

生徒3　ちょっと待って。先生は「ああ、スミ。悪いが、紙と鉛筆を持ってきてくれるかい。」って言っているんだから、先生がはっとしたように口をつぐんだのは、［I］

生徒1　そうか。それで和也は「踵を返し、無言で部屋を出ていった。」わけか。この親子の関係は、あまりうまくいっていないみたいだね。

ア　僕のために雲の絵を解説してあげたいという気持ちがあって、それには紙と鉛筆が必要だと思ったからじゃないかな。

イ　奥さんの声を聞いて、今自分がいるのは大学の研究室じゃなくて自宅の和室だってことに気づいたからじゃないかな。

ウ　学問についてふと頭に思い浮かんだことがあって、忘れないうちにそれをメモしておこうと思ったからじゃないかな。

エ　和也の絵に雲の名前を書いていないところがあって、書き足そうと思っていたのを急に思い出したからじゃないかな。

問4　本文中に、(2)腕組みして壁にもたれ、暗い目つきで僕を見据えた。とあるが、このときの和也の気持ちの説明として最も適当なものを、次のアからエまでの中から一つ選べ。

ア　父親の求めで絵を探しに行ったのに結局は無視されて、いつも周囲を振り回す父親の身勝手さを改めて思い知らされ、嫌気がさしている。

イ　せっかく父親が自分の絵に関心を向けてくれたのにわざと学問の話を始め、父親の関心を奪っていった僕に対し、強い反感を抱いている。

ウ　息子の絵のことなど忘れ、僕を相手に夢中で学問の話をする父親の姿に、やはり父親は自分に関心を向けてくれないと感じ落胆している。

エ　家庭教師の僕がもう少し熱心に教えてくれれば成績が上がり、父親の関心が自分に向くようになるはずなのにと思い、僕を非難している。

鹿児島工業高等専門学校

問5　本文中に、(3)妙に落ち着かない気分になっていた。とあるが、なぜか。その理由として最も適当なものを、次の**ア**から**エ**までの中から一つ選べ。

ア　父親との親子関係をなかなかうまく築けない不満と焦りでいらだつ和也を見て、その原因の一端が自分の存在にあるのではないかと疑い始めているから。

イ　今まで見たこともないほど楽しそうにしている父親の姿に傷つく和也を見て、自分がかつて親に対して抱いた思いが呼び覚まされそうになっているから。

ウ　学校の成績に劣等感を抱いて落ち込む和也を見て、家庭教師の自分が勉強を十分に見てはこなかった結果だと思って打ちのめされそうになっているから。

エ　楽しそうな父親の姿に驚いている和也を見て、学問の話題が二人を隔てていることに気づき、先生と和也の仲を取り持たなくてはと思い始めているから。

問6　本文中の、「(4)わからないひとだよ、きみのお父さんは。」という僕の発言の意図として最も適当なものを、次の**ア**から**エ**までの中から一つ選べ。

ア　先生は不器用ながらも先生なりに息子のことを考えていると、和也にそれとなく気づかせようとすると同時に、物事も人もわからないからこそおもしろく、向き合う価値もあるのだと伝えようとしている。

イ　わからないからこそ世界はおもしろいのだと考え、役に立ちそうもない気象の研究に一心に打ち込む父親を見習って、役には立たないかもしれないが和也には絵の道に進んでほしいと伝えようとしている。

ウ　熱心な研究者であるなら息子にも学問をさせたいと考えるのが普通なはずなのに、息子には得意なことを好きにやらせたいと考える先生が僕にもわからず、自分も和也と同感であると伝えようとしている。

エ　僕自身も先生がどういう人なのか今でもよくわからないが、それでも学問の師として尊敬しており、たとえ父親のことがわからなくても息子として和也も父親を敬うべきではないかと伝えようとしている。

問7　本文中に、(5)軽やかにはじける光を神妙に見つめる父と息子の横顔は、よく似ている。とあるが、この一文の表現効果の説明として、最も適当なものを、次の**ア**から**エ**までの中から一つ選べ。

ア　共通の趣味である花火を、父と協力して楽しむ和也の横顔が父親と似ていると言及することで、今の先生と和也は似た者同士であるからこそ仲が悪いが、近いうちに何らかのきっかけで仲直りするだろうということを暗示する効果。

イ　隣に並んで花火をしてはいるが、場を取り仕切る父親に嫌悪感を抱く和也の横顔が父親と似ていると言及することで、先生と似ているからこそ和也の反発は根深く、簡単に打ち解けることなどできないということを暗示する効果。

ウ　父親と一緒に花火に夢中になって、日頃の対立を解消した和也の横顔が父親と似ていると言及することで、和也は父親に反抗するあまり勉強から逃げていたが、将来父親と同じく学問に夢中になるはずだということを暗示する効果。

エ　父に火をもらい、一緒に花火をしている和也の横顔が父親と似ていると言及することで、先生と和也の親子関係が現状では必ずしもうまくいってはいないとしても、親子としてのきずなで結ばれているということを暗示する効果。

令和５年度　鹿児島工業高等専門学校入試問題　数　学　　（解答…234Ｐ）

[1] 次の各問いに答えなさい。

(1) $-3+2\times\left\{\left(3-\frac{1}{2}\right)^2-\frac{1}{4}\right\}$ を計算すると [ア] である。

(2) 2次方程式 $x^2-6x+2=0$ を解くと $x=$ [イ] $\pm\sqrt{\boxed{ウ}}$ である。

(3) $a<0$ とする。関数 $y=ax+b$ について，x の変域が $-4\leqq x\leqq 2$ のとき，y の変域は $4\leqq y\leqq 7$ である。このとき，$a=-\frac{\boxed{エ}}{\boxed{オ}}$，$b=$ [カ] である。

(4) 2つの関数 $y=ax^2$，$y=-\frac{3}{x}$ について，x の値が1から3まで増加するときの変化の割合が等しいとき，$a=\frac{\boxed{キ}}{\boxed{ク}}$ である。

(5) 袋の中に赤玉2個と白玉3個が入っている。いま，袋の中から玉を1個取り出して色を調べてから戻し，また玉を1個取り出すとき，2回とも同じ色である確率は $\frac{\boxed{ケコ}}{\boxed{サシ}}$ である。ただし，どの玉が取り出されることも同様に確からしいものとする。

(6) 下の資料は，中学生10人の握力を測定した記録である。このデータの中央値（メジアン）は [スセ] kgであり，範囲は [ソタ] kgである。

25，12，30，24，16，40，29，33，17，35　(kg)

(7) 下の図で，点Aと点Bは円Oの周上にあり，直線BCは円Oに接している。
$\angle$OAC = 37°，$\angle$BCA = 15°のとき，$\angle$OAB = [チツ]° である。

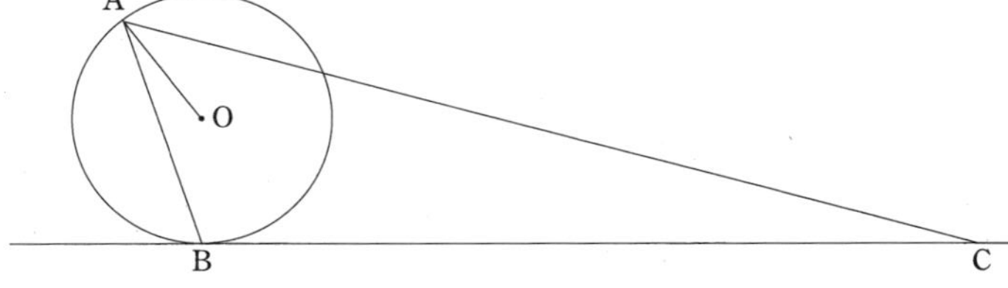

(8) 下の図で，$\angle$ABC = $\angle$ACD = 90°，AB = 3，BC = $\sqrt{3}$，CD = 2 である。
このとき，AD = [テ]，BD = $\sqrt{[トナ]}$ である。

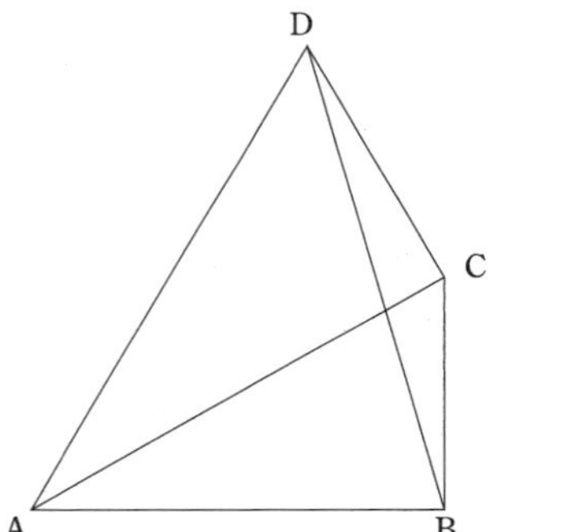

[2] 図1のように，関数 $y = ax^2$ のグラフ上に2点A，Bがある。点Aの座標は（−5，10），点Bの x 座標は $\frac{5}{2}$ である。

図1

このとき，次の各問いに答えなさい。

(1) a の値は $\frac{[ア]}{[イ]}$ であり，点Bの y 座標は $\frac{[ウ]}{[エ]}$ である。

(2) 直線ABの傾きは [オカ]，切片は [キ] である。

(3) 図２のように，y 軸上を動く点 P $(0, t)$ $(t > 0)$ がある。

図２

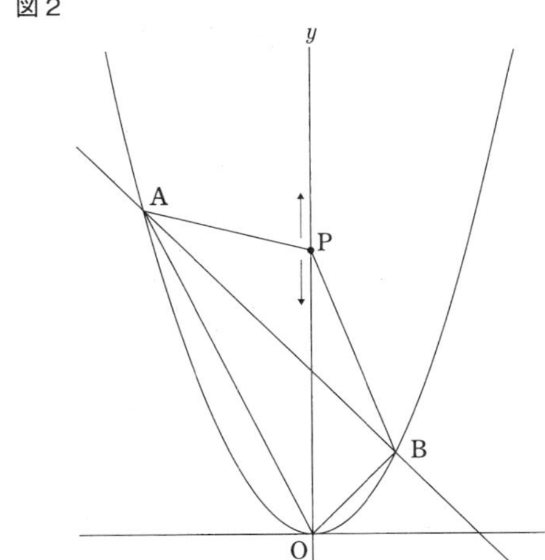

このとき，次の (i)，(ii) に答えなさい。

(i) 四角形 OAPB の面積が 45 となるとき，$t =$ [クケ] である。

(ii) ∠ PAB ＝∠ OAB となるとき，$t = \frac{[コサ]}{[シ]}$ である。

3 野菜や果物の皮などの捨てる部分を廃棄部といい，廃棄部を除いた食べられる部分を可食部という。廃棄部に含まれる食物繊維の割合は高く，エネルギーの割合は低い。そのため，可食部に含まれる食物繊維の割合は低く，エネルギーの割合は高い。

ある野菜 A の廃棄部と可食部それぞれの食物繊維の含有量とエネルギーを調べる。このとき，次の各問いに答えなさい。

(1) 廃棄部 40 g あたりの食物繊維の含有量を調べたところ，3.08 g であった。廃棄部における食物繊維の含有量の割合は [ア].[イ] %である。

(2) 下の表は，野菜 A と可食部それぞれの 100 g あたりの食物繊維の含有量とエネルギーを示したものである。

	食物繊維	エネルギー
野菜 A 100 g	3.6 g	45 kcal
可食部 100 g	2.7 g	54 kcal

この表と(1)の結果を用いると，野菜 A 200 g における可食部の重さは [ウエオ] g，廃棄部の重さは [カキ] g である。また，廃棄部 100 g あたりのエネルギーは [ク] kcal である。

4 図1のように，1辺の長さが2cmの立方体ABCD-EFGHがある。辺AD，AB上にそれぞれ点I，Jがあり，AI = AJ = 1cmである。3点G，I，Jを通る平面でこの立体を切ると，切り口は五角形IJKGLになる。

図1

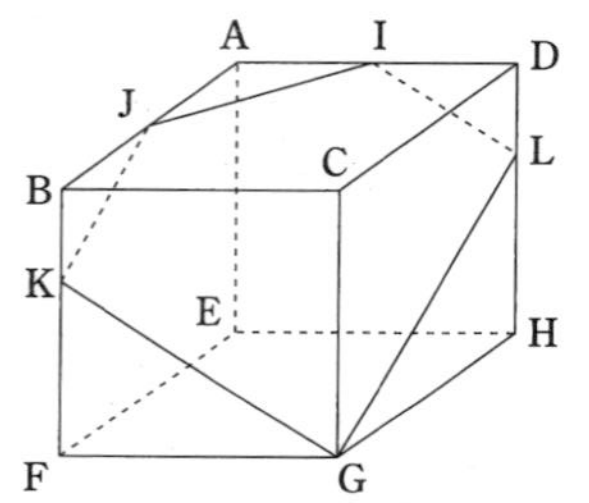

このとき，次の各問いに答えなさい。

(1) 図2はこの立方体の展開図の一部である。図2において，3点J，K，Gは一直線上にあるため，BK = $\frac{\boxed{ア}}{\boxed{イ}}$ cmである。

図2

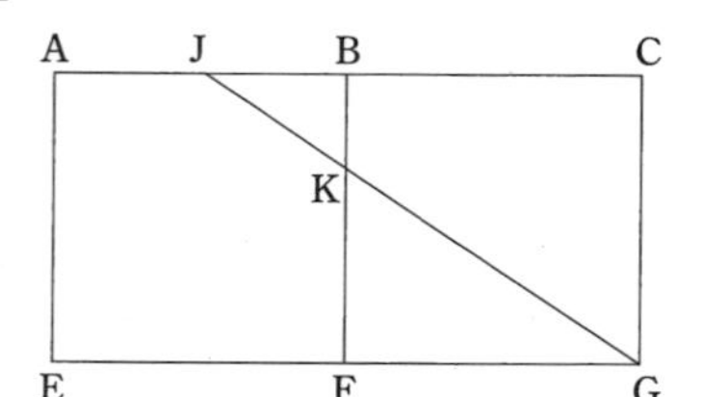

(2) 図3のように，図1の立方体の面ABFEと面AEHDをそれぞれ共有している2つの直方体を考える。ただし，4点M，J，I，Nは一直線上にあるとする。

図3

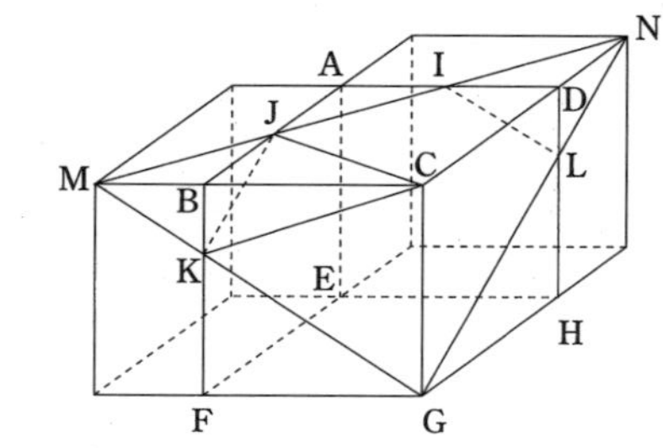

このとき，三角錐G-CMNの体積は $\boxed{ウ}$ cm^3 であり，三角錐C-BJKの体積は $\frac{\boxed{エ}}{\boxed{オ}}$ cm^3 である。

(3) 図4のように，図1の五角形IJKGLを底面とする五角錐C-IJKGLを考える。五角錐C-IJKGLの体積は $\frac{\boxed{カ}}{\boxed{キ}}$ cm^3 である。

図4

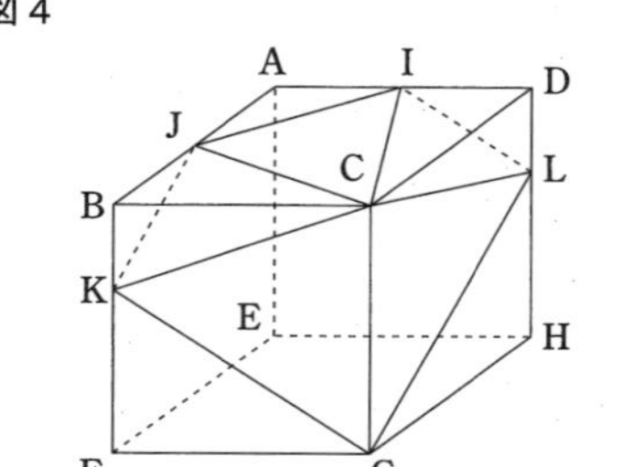

(4) 五角形IJKGLの面積は $\frac{\boxed{ク}\sqrt{\boxed{ケコ}}}{\boxed{サ}}$ cm^2 である。

令和５年度　鹿児島工業高等専門学校入試問題　英　語　　（解答…236Ｐ）

1 次の各組の英文がほぼ同じ内容となるような（　A　）と（　B　）に入る語（句）の最も適切な組み合わせを，それぞれア～エの中から一つずつ選びなさい。

1．This is a very difficult question. （　A　） can answer it.
We don't know （　B　） can answer this very difficult question.

ア (A) We (B) who　イ (A) Everyone (B) which　ウ (A) Nobody (B) who　エ (A) Who (B) how

2．My brother is （　A　） in playing the guitar.
My brother's （　B　） is playing the guitar.

ア (A) interesting (B) hobby　イ (A) interested (B) liked　ウ (A) interest (B) like　エ (A) interested (B) hobby

3．I have （　A　） been to New York before.
This is my （　B　） visit to New York.

ア (A) not (B) next　イ (A) never (B) first　ウ (A) never (B) last　エ (A) not (B) best

4．Hiromi （　A　） me how to use the new computer.
It is （　B　） for Hiromi to teach me how to use the new computer.

ア (A) can't show (B) impossible　イ (A) won't call (B) expensive　ウ (A) speaks to (B) cheap　エ (A) talks to (B) impossible

5．I can't talk with Mary because I （　A　） speak Spanish.
I want to talk with Mary. I wish I （　B　） speak Spanish.

ア (A) could not (B) can　イ (A) could not (B) could　ウ (A) cannot (B) can　エ (A) cannot (B) could

2 次の１～５の会話文について，場面や状況を考え，（　　）に入る最も適切なものを，それぞれア～エの中から一つずつ選びなさい。

1. A：John, I couldn't go to school yesterday. Do we have any homework?
B：Yes, I think that we have some English homework.
A：OK. What is it?
B：(　　　　　　　　)

ア Let me check my notebook.　イ Of course, I have no problem.
ウ It was until last week.　エ You haven't finished it yet.

2. A：Hmm. You look different today, Satoshi. Are those new shoes?
B：Yes. I just bought them yesterday. They are still clean. What do you think?
A：(　　　　　　　　) I really like the color.

ア I like my new ones very much.　イ They are really old.
ウ They look really nice on you.　エ They are very tired.

3. A：Do you have any plans this weekend?
B：No. I'll just stay at home.
A：Do you often spend your weekends at home?
B：(　　　　　　　　) I don't like to go outside.

ア Yes, I can find the bus to take.　イ I'll go to play tennis.
ウ You're often sick in bed.　エ I usually do so.

4. A：What did you do during the winter vacation?
B：I went to Sydney. It was beautiful. Have you ever been to Australia?
A：No, but (　　　　　　　　) I want to see koalas in nature.

ア I was in the country for three years.　イ I hope I can go there.
ウ I have been to the country twice.　エ I will not go there again.

5. A：How did you like the zoo, Tomoko?
B：It was great. I love pandas. Thanks for taking me today.
A：You're welcome. (　　　　　　　　)
B：That's a good idea. There's too much to see in just one day.

ア How about going again next month?　イ Is the zoo crowded on weekends?
ウ How about going to the zoo today?　エ Why do we visit the zoo today?

3 次の英文を良く読み，後の問題に答えなさい。

Video games are played by people of all ages. Most people use games consoles when they play video games now. These consoles can be (1) in many houses around the ア world and are used almost every day.

In the (2), consoles were very イ simple machines. They could only be used to play games. However, the games industry has changed, and consoles are now like home entertainment centers. You can use them (3) watch ウ movies, use the Internet, and look at photos.

There are several companies making consoles now. Some companies focus on power and performance when they make a games console. Players love the fast action and high quality of the games for these consoles. The games look very real. Recently, more and more people like to play their エ favorite games on the Internet (4) other players. For that reason, we can play most new games online, and some new types of games have become very popular.

Other companies focus on creating new consoles and fun games to encourage players to exercise or move to play. These consoles are not so powerful. They are also オ different because they can be taken outside when you go to your friend's house or on the カ train. Players can (5) games anywhere because of the design.

Millions of consoles are sold every year, and many interesting games are made. Online games have become an important way to connect with friends. New games get better and better, and have (6) features and ideas.

(注) games consoles, consoles ゲーム機　games industry ゲーム業界
entertainment centers 娯楽の中心機器　focus on 焦点を合わせる
performance 性能　quality 品質　online オンラインで，オンラインの
exercise 運動する　design デザイン　millions of 非常にたくさんの

問1　本文中の（1）～（6）に入る最も適切な語（句）を，ア～エの中から一つずつ選びなさい。

（1）ア heard　イ found　ウ said　エ told
（2）ア future　イ little　ウ past　エ while
（3）ア at　イ for　ウ in　エ to
（4）ア against　イ across　ウ along　エ until
（5）ア enjoy　イ enjoyed　ウ enjoying　エ to enjoy
（6）ア low　イ poor　ウ original　エ weak

問2　次の（1）と（2）につき，それぞれと同じような意味で使われている語を本文中の下線部ア～カから一つずつ選びなさい。

（1）moving pictures and sound that tell a story
（2）not the same

4 次の1～5の会話について，場面や状況を考えて（　）内の語（句）を最も適切な順に並べ替え，（　）内において**3番目**と**5番目**にくるものの記号を選びなさい。なお，文頭にくるべき語の最初の文字も小文字で書かれています。

1. A：Where were you this afternoon?
B：Oh, I forgot to tell you. I was at Paul's Cafeteria.
A：Do (ア mean　イ new restaurant　ウ opened　エ the　オ you　カ which) last weekend? I heard it's good.
B：It sure is.

2. A：What are you reading?
B：It's a book about kindness and friendship.
A：Is it interesting? You've (ア been　イ finished　ウ it　エ reading　オ since　カ we) lunch.
B：Actually, it has a lot of useful information.

3. A：What are you going to do this evening?
B：I am going to do my homework. Why do you ask?
A：Well, I washed the clothes and hung them in the garden. Will you (ア before　イ house　ウ into　エ take　オ the　カ them) it gets dark?
B：No problem.

4. A：What time are we going to meet at the station today?
B：How about three o'clock in the afternoon?
A：OK, but I have something to do after lunch. (ア don't　イ for　ウ if　エ I'm　オ me　カ wait) late.
B：Sure. I understand.

5. A：Did you understand the story that he told us now?
B：No, I didn't. What should we do?
A：I think (ア him　イ have　ウ to　エ to ask　オ tell us　カ we) again.

5 次の英文は，家族の夜の外食行動（eating out behavior）に関する調査について述べたものである。英文と表を良く読み，あとの問題に答えなさい。なお，計算等を行う場合は，この問題のページの余白で行うこと。

Kakeru and his friend Judy go to a university in Japan. They decided to work together to do some research about people's eating out behavior at night. They sent several questions to 300 families with children in elementary or junior high school. They asked what day of the week the families eat out at night the most and what their primary reason for eating out is. The results are shown in the tables below.

Table 1 shows the days of eating out at night. According to the results of the survey, Monday is the lowest percent of all. Only one percent of the families eat out on Monday. The percent of families who eat out on Thursday is half of the percent of Wednesday. On Sunday, ten percent of families eat out.

The rate of families choosing Friday or Saturday night for eating out is more than 70 percent, and Friday is higher than Saturday. Why do more families choose Friday and not Saturday for eating out? Many adults and children are on a five-day week, and Saturdays and Sundays are their days off. So, they eat out on Friday night as a reward for finishing the week's work or school.

In Table 2, we can see various reasons for eating out at night, but more than 60 percent of the answers are related only to parents. Parents usually make meals for the family, and other members sometimes help to cook. As a result, when parents cannot make dinner, the family eats out. The percent of "For a change" is about half of "All family members come home too late."

The research also shows that most children want to eat out more often, but about 50 percent of parents think they eat out too much. They worry about the cost of eating at restaurants.

Table 1 Days of eating out

Day	Percent (%)
Monday	1
Tuesday	2
Wednesday	8
Thursday	(A)
Friday	(B)
Saturday	(C)
Sunday	10
Total amount	100

Table 2 Reasons to eat out

Reason	Percent (%)
Parents come home too late	36
(P)	27
(Q)	15
(R)	11
For a change	7
Others	4
Total amount	100

（注）primary 第一位の　table 表　rate 割合
on a five-day week 週５日勤務の　day off 休暇　reward ごほうび
be related to ～ ～と関係がある　for a change 気分転換に　late 遅くに
cost 経費　total amount 合計

問１　本文と表等から考えて，次の（1）～（3）の英文の（　　）に入る最も適切なものをア～エの中からそれぞれ一つずつ選びなさい。

（1）The number in (A) is (　　).
ア 2　イ 3　ウ 4　エ 5

（2）The percent of Friday (B) must be (　　).
ア 15　イ 25　ウ 35　エ 45

（3）(　　) is the percent for Saturday (C).
ア 25　イ 30　ウ 35　エ 40

問２　表２の（ P ），（ Q ），（ R ）に対応する組み合わせとして正しい配列のものをア～エの中から一つ選びなさい。

	ア	イ	ウ	エ
(P)	Parents are too tired	Parents are too tired	Children's birthdays	Children's birthdays
(Q)	Children's birthdays	All family members come home too late	All family members come home too late	Parents are too tired
(R)	All family members come home too late	Children's birthdays	Parents are too tired	All family members come home too late

問３　次の英文は，この調査を行った Judy によるまとめと感想です。（　　）に入る最も適切なものをア～エの中から一つ選びなさい。

The research says that more than 60 percent of the families who answered the questions eat out when parents come home too late or are too tired. The result also shows that parents worry about the cost of eating at restaurants. If that is true, (　　　　).

ア other members of the family should cook dinner more often
イ only children should be in good health
ウ families should eat out more often
エ families should be in good health

6 次の文章は，英語を母国語としない海外の中学生が英語学習と自分の将来について書いたものです。この英文を読んで，後の問題に答えなさい。

Today, English is used in many fields all over the world. To communicate with people in various countries, for example in business, learning English has become more and more important. However, some of my friends are good at listening and reading English but are not good at speaking or writing. For my future, I want to speak and write it correctly.

I think an effective way of improving my English is to use it everywhere. In school, [1] and I don't think that is enough. For that reason, after school I always try to use English to communicate with my teachers and speak with my friends.

Reading is another way of improving my English. [2]. It's fun to learn new ideas and new expressions. It is valuable to read published materials because I believe they have no mistakes. Through reading, I also have learned how to use English correctly in [3].

Television, the radio, websites, and social media are other good ways to improve my English. I want to speak English as naturally as <u>they</u> speak it on TV and on the radio. [4]. Through these media, we can also link with many new people, and learn about their cultures and their countries.

[5], my mother and grandmother came to this country about 30 years ago. My mother met my father in this town. I want to support my family by buying and selling a lot of things overseas in the future. I study English hard because by using it correctly, I will not make mistakes in business.

My teacher says, "English is a gate to the life, culture, and history of foreign countries." I think that the things I'm learning now will be useful in business, too. So, I will try to do my best to improve my English to be successful in business and to help my family.

I learn English by taking lessons at school, talking to my friends, reading books, and so on. My teacher also says the joy of learning English is everywhere. As for me, I enjoy using "correct" English. I hope we all have fun when we use English.

（注）correctly 正確に　　published materials 出版物
social media ネットで交流できる通信サービス　　naturally 自然に
media 情報を送受信する媒体　　link つながる　　～ and so on ～など
as for me 私に関しては　　correct 正確な

問１　本文中の空所 [1] に入る最も適切なものを次のア～ウの中から一つ選びなさい。
ア　English is used only when we have English lessons
イ　I cannot speak it faster than other students in English lessons
ウ　we don't know how to use a computer in English lessons

問２　本文中の空所 [2] に入る最も適切なものを次のア～ウの中から一つ選びなさい。
ア　I don't want to go to the library after school
イ　I have read many English books at home and in the library
ウ　The book shop near my school is usually closed at eight o'clock

問３　本文中の空所 [3] に入る最も適切なものを次のア～ウの中から一つ選びなさい。
ア　listening and watching
イ　watching and writing
ウ　speaking and writing

問４　本文中の空所 [4] に入る最も適切なものを次のア～ウの中から一つ選びなさい。
ア　The Internet is not a good way to research new words
イ　The Internet is not a way to make friends or communicate in "natural" English
ウ　Websites and social media are really good ways to learn "natural" written English

問５　本文中の空所 [5] に入る最も適切なものを次のア～ウの中から一つ選びなさい。
ア　By the way
イ　In a few years
ウ　These days

問６　本文中の下線部 <u>they</u> の内容を次のア～ウの中から一つ選びなさい。
ア　the writer's teachers and friends
イ　people speaking English on TV and radio programs
ウ　the writer's mother and grandmother

問７　次のア～ウは本文を読んだ生徒たちが述べた意見ですが，<u>最も適切に内容を理解して述べられたもの</u>を一つ選びなさい。
ア　I don't agree with the writer. You should use correct English when you are in business with foreign countries.
イ　According to the writer's opinion, learning English is not only for understanding foreign cultures but also for doing business with foreign countries. I think so, too.
ウ　That's interesting. The writer says that TV and radio are not as important as websites and social media when you learn English.

令和５年度　鹿児島工業高等専門学校入試問題　理　科　　（解答…238Ｐ）

1 次の問１から問８に答えよ。

問１　観測者が雷の光を見てから音を聞くまで６秒かかったとき，雷の光が発生した場所は観測者から何 km 離れていると考えられるか。ただし，音が空気中を伝わる速さは 340 m/s とする。

［ア］．［イ］km

問２　直方体の水槽に水を入れ，図のように，ストローを手前の面Ａとの平行を保ったまま，水面の中央部分に斜めに差し入れた。水槽の面Ａを，面Ａに対して垂直に見るとき，水の中のストローの見え方として，最も適当なものを以下のアからエの中から選べ。

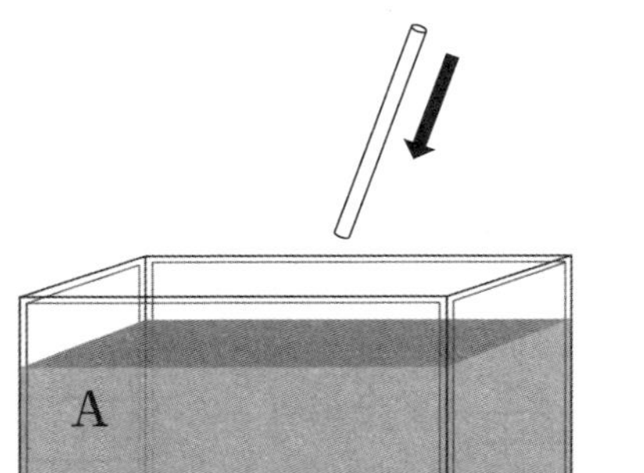

図

ア　イ　ウ　エ

水面

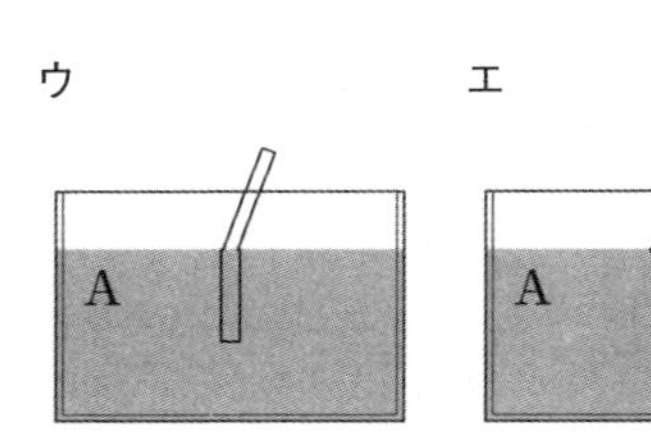

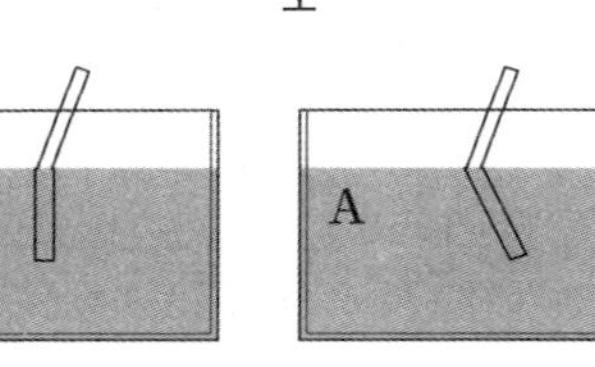

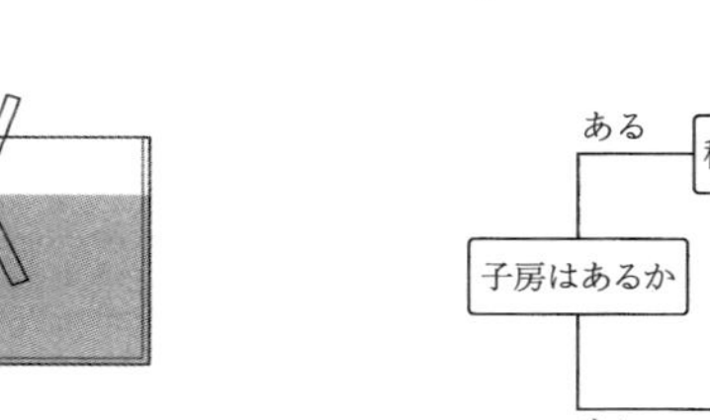

問３　うすい塩酸を電気分解したとき，陽極側に発生する気体の性質について書かれた記述で正しいものを次のアからエの中から二つ選べ。

ア　水にとけにくい　　イ　水にとけやすい
ウ　無色で空気より軽い　　エ　刺激臭がある

問４　次のアからエに示した現象はいずれも，ひらがなで書くと「とけた」という言葉を使用している。化学変化であるものを次のアからエの中から選べ。

ア　春になると氷がとけた
イ　酸性の水溶液がかかり，金属の一部がとけた
ウ　砂糖を水に入れると，よくとけた
エ　金属を高温にするととけた

問５　ユリ，ツツジ，イヌワラビ，マツを植物の特徴にもとづいて分類した。分類結果を示したものとして最も適当なものを，次のアからエの中から選べ。

ア
種子をつくるか
つくる
子葉は何枚か
1枚
ユリ
2枚
ツツジ
つくらない
子房はあるか
ある
イヌワラビ
ない
マツ

イ

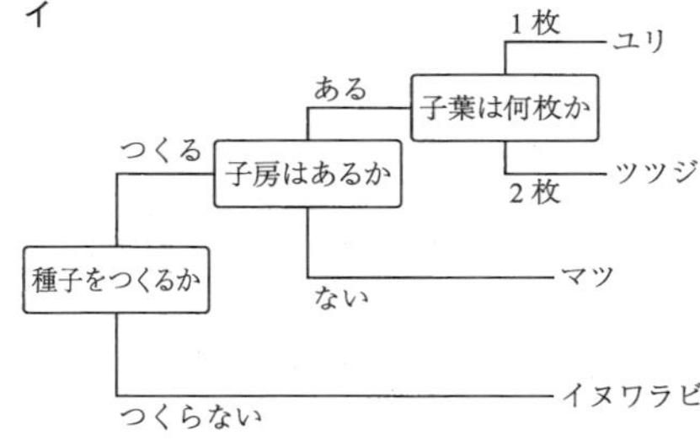

ウ

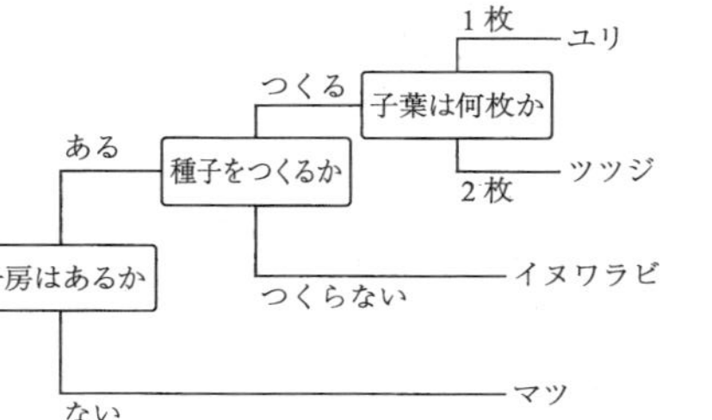

エ

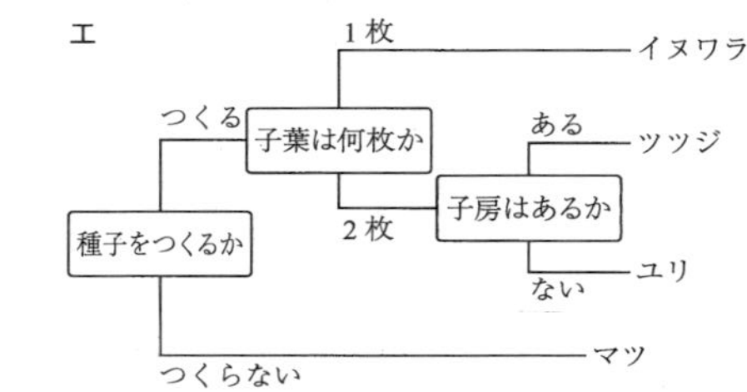

問６　**図１**は植物の体細胞分裂の様子をスケッチしたものである。**図１**のＡの時期の染色体の様子を**図２**のように表すとき，**図１**のＢの時期の染色体の様子はどのように表すことができるか。最も適当なものを以下の**ア**から**エ**の中から選べ。

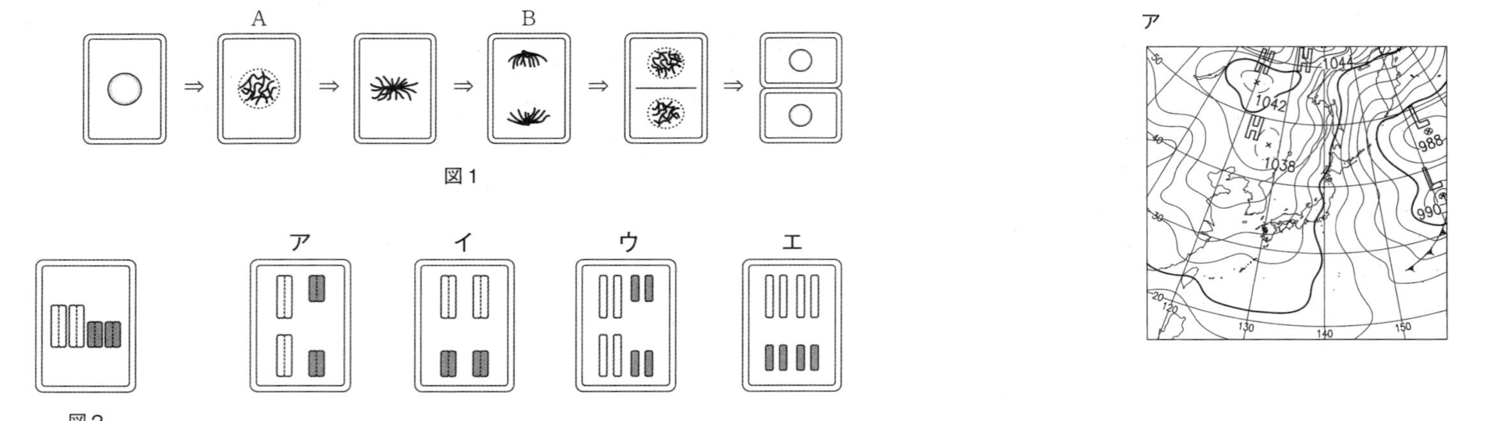

図１

図２

問７　気象庁が「冬型の気圧配置が続き，西～北日本で雪」と発表した日の気圧配置を示しているものはどれか。最も適当なものを，次の**ア**から**エ**の中から選べ。ただし，天気図中の白抜き文字「H」は高気圧を，「L」は低気圧を示している。

ア

イ

ウ

エ

（気象庁ホームページ「日々の天気図」より作成）
https://www.data.jma.go.jp/fcd/yoho/hibiten/index.html

問８　次の文章は，地震についての説明文である。文章中の空欄①，②に当てはまるものを，以下のアからクの中からそれぞれ選べ。

（　①　）を震源という。また，地震の規模を表すものは（　②　）である。

①の選択肢
ア　地震の発生場所
イ　最も揺れの大きかった地上の地点
ウ　地震の発生した場所の真上の場所
エ　地震波が最も早く到達した地上の地点

②の選択肢
オ　震度
カ　主要動
キ　マグニチュード
ク　震源からの距離

2　植物のはたらきについて，次の問１から問４に答えよ。

問１　葉のはたらきと，気孔から取り入れる物質の組み合わせとして，最も適当なものを次のアからカの中から二つ選べ。

ア　光合成・CO_2　　イ　光合成・H_2O　　ウ　呼吸・O_2　　エ　呼吸・CO_2
オ　蒸散・H_2O　　カ　蒸散・O_2

問２　蒸散について調べるために次の［実験］を行った。枝Ａ，Ｂ，Ｃの水の減少量をそれぞれ a，b，c とすると，葉からの蒸散量はどのように表すことができるか。最も適当なものを以下のアからカの中から選べ。ただし，水の減少量と植物の蒸散量は同じであり，蒸散は葉以外の茎などからも行われるものとする。

［実験］
同じ大きさの試験管を３本用意し，水を入れた。葉の大きさや数がほぼ等しい植物の枝Ａ，Ｂ，Ｃを図１のようにし，明るく風通しのよいところに置いた。数時間後，それぞれの試験管の水の減少量を調べた。

Ａ　何もぬらない
Ｂ　葉の表側にワセリン※をぬる
Ｃ　葉の裏側にワセリンをぬる
※ワセリンは油の一種で蒸散を防ぐ

図１

ア　a　　イ　$b+c$　　ウ　$(b+c)-a$　　エ　$a-(b+c)$
オ　$2a-(b+c)$　　カ　$2(b+c)-a$

問３　図２は，ある晴れた日に野外の植物の葉の蒸散量とその茎を流れる水の流量を調べたものである。グラフからいえることとして最も適当なものを，次のアからエの中から選べ。

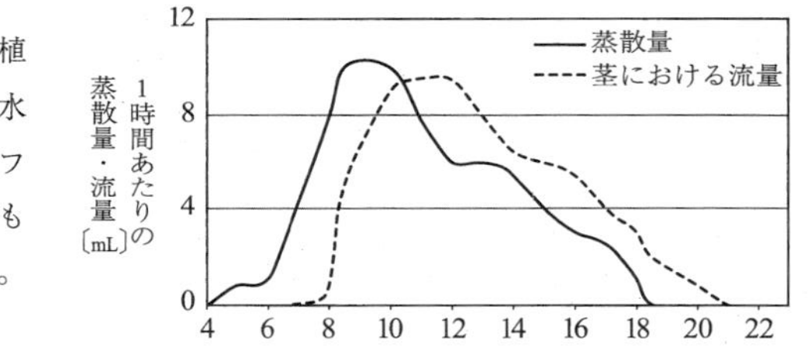

図２

ア　根からの吸水が盛んになると，蒸散が盛んになる
イ　蒸散が盛んになると，根からの吸水が盛んになる
ウ　茎における水の流量が減少すると，蒸散が抑えられる
エ　蒸散量が減少すると，茎における水の流量が増加する

鹿児島工業高等専門学校

問４　植物をビニルハウス内で栽培するときには，植物がきちんと光合成や蒸散ができるようにビニルハウス内の環境を調節している。ある植物をビニルハウス内で栽培しているときに，換気と水やりを忘れてしまった日があった。**図３**はこの日のビニルハウス内の環境を記録したものである。この記録からいえることを以下の文章にまとめた。文中の空欄①から③に当てはまる最も適当な組み合わせを，以下の**ア**から**ク**の中から選べ。

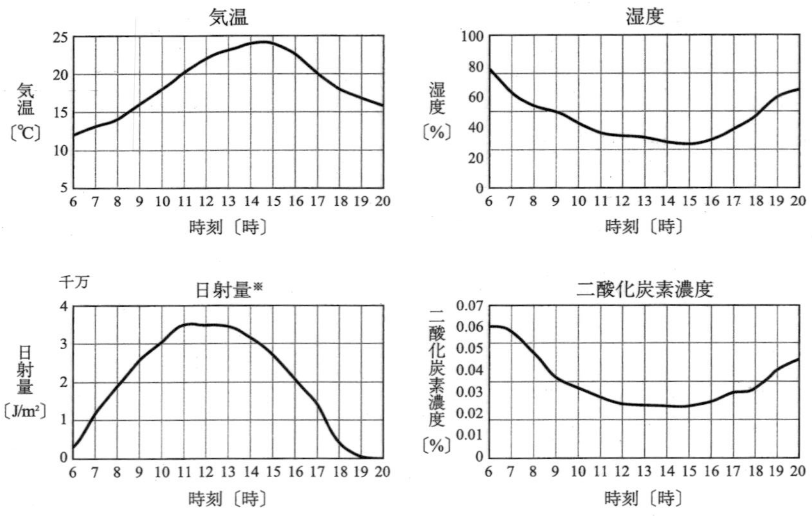

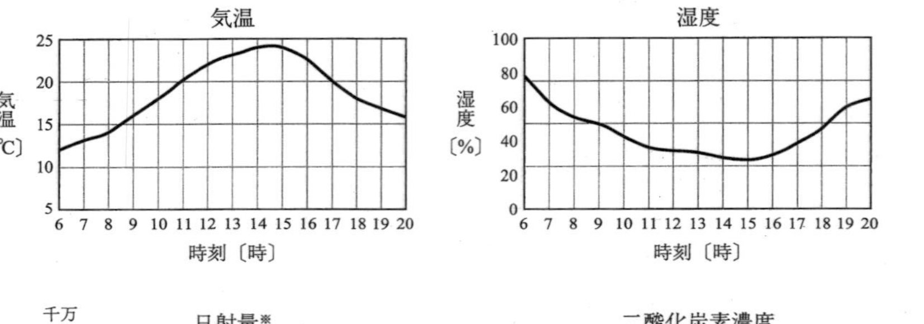

※日射量は1 m²あたりに太陽から降り注ぐ光のエネルギーの量

図３

図３より，８時から12時頃までは光合成が（　①　）ことがわかる。また，12時頃に葉の表面の様子を調べると，ほとんどの気孔が閉じていた。これは気温の上昇とともに（　②　）ためと考えられる。これによって，12時以降は蒸散も光合成も（　③　）ことがわかる。
このことから，ビニルハウス内の換気と水やりを適切に調節することで，蒸散や光合成を調節することができる。

	①	②	③
ア	行われなくなった	日射量が増えた	盛んに行われた
イ	行われなくなった	日射量が増えた	ほとんど行われなくなった
ウ	行われなくなった	湿度が下がった	盛んに行われた
エ	行われなくなった	湿度が下がった	ほとんど行われなくなった
オ	盛んに行われた	日射量が増えた	盛んに行われた
カ	盛んに行われた	日射量が増えた	ほとんど行われなくなった
キ	盛んに行われた	湿度が下がった	盛んに行われた
ク	盛んに行われた	湿度が下がった	ほとんど行われなくなった

3　図１のように斜面AB上の点Pから，小さな物体を斜面にそって力をあたえずに静かにすべらせた。この物体は水平面BCを移動して斜面CDをある高さまで上がった後，斜面CDを下りはじめた。いずれの斜面も十分に長く，斜面ABは水平面と30°，斜面CDは45°の角度をなしている。以下の問１から問６に答えよ。ただし，物体の大きさや摩擦，抵抗は考えないこととし，斜面と水平面との接続点BとCにおいても物体はなめらかに運動したものとする。また，計算結果において平方根がでた場合は，$\sqrt{2}=1.41$，$\sqrt{3}=1.73$として答えること。

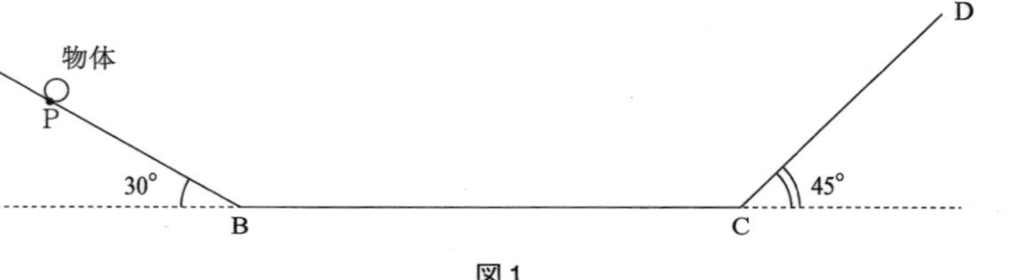

図１

問１　**表**は，物体が点Pから斜面ABを下りはじめて0.2 sごとの点Pからの移動距離を示したものである。0.2 sから0.6 sの間の平均の速さはいくらか。

［アイウ］cm/s

表

時間〔s〕	0	0.2	0.4	0.6	0.8
移動距離〔cm〕	0	10	40	90	160

問２　物体が斜面ABを下っているとき，物体にはたらいている力の合力の向きはどれか。最も適当なものを**図２**の**ア**から**ク**の中から選べ。物体にはたらいている力がつり合っている場合は，**ケ**を選ぶこと。

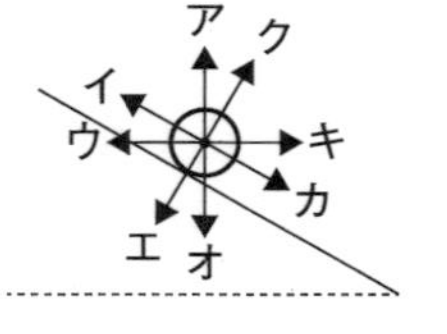

図２

問3　物体が水平面BCを移動しているとき，物体にはたらいている力の合力の向きはどれか。最も適当なものを図3のアからクの中から選べ。物体にはたらいている力がつり合っている場合は，ケを選ぶこと。

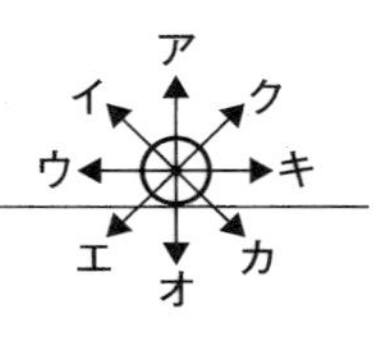

図3

問4　物体が斜面CDを上がっているとき，物体にはたらいている力の合力の向きはどれか。最も適当なものを図4のアからクの中から選べ。物体にはたらいている力がつり合っている場合は，ケを選ぶこと。

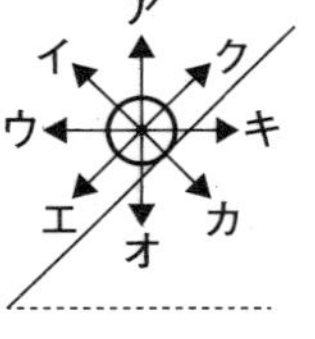

図4

問5　斜面CDを上がっている物体は，その斜面上のある位置（点Q）で運動の向きを変え，斜面を下りはじめる。点Cから点Qまでの距離は，点Pから点Bまでの距離の何倍か。

［ア］.［イウ］倍

問6　物体が点Qから斜面CDを下りはじめて0.2 sおきに点Qから移動した距離を調べた。最も適当な距離の変化を表したものを次のアからエの中から選べ。

ア	6 cm	23 cm	60 cm	126 cm
イ	10 cm	40 cm	90 cm	160 cm
ウ	14 cm	57 cm	127 cm	226 cm
エ	14 cm	74 cm	134 cm	194 cm

4　月と金星について，次の問1から問3に答えよ。

問1　次の文章は，月について説明したものである。文中の空欄①，②に当てはまる語句を，次のアからキの中からそれぞれ選べ。

月は地球の周りを公転する（　①　）で，満ち欠けの周期は約29.5日である。また，月食は（　②　）の順番で一直線に並んだときに起きる。

ア　地球型惑星　　イ　木星型惑星　　ウ　衛星　　エ　小惑星
オ　地球・太陽・月　　カ　太陽・地球・月　　キ　太陽・月・地球

問2　図1は，ある年の1月1日の地球と月の位置を，地球の北極の上空から見たものである。以下の1と2に答えよ。

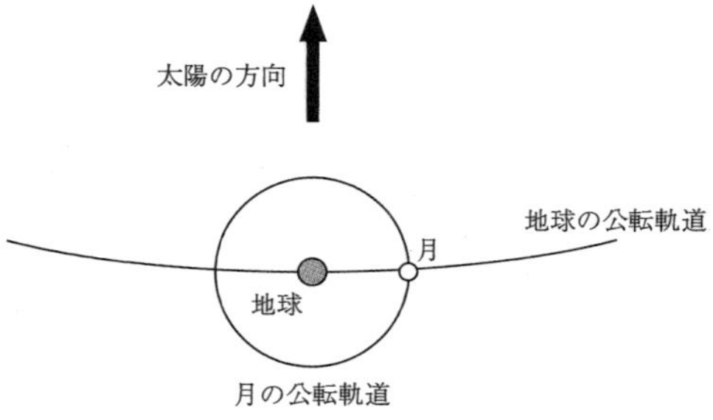

太陽の方向
地球の公転軌道
月
地球
月の公転軌道

図1

1　1月1日から1ヶ月以内に，日食が起きるとすると，いつ起きると考えられるか。最も適当なものを，次のアからエの中から選べ。

ア　6日後　　イ　13日後　　ウ　20日後　　エ　27日後

2　1月1日の月を肉眼で観測したとき，月は南に見えた。このとき，「観測される時間帯」，「月の形」について，最も適当なものを，次のアからカの中からそれぞれ選べ。

「観測される時間帯」
ア　午前0時ごろ　　イ　午前6時ごろ　　ウ　午後6時ごろ

「月の形」
エ　満月　　オ　向かって右側が明るい半月（上弦の月）
カ　向かって左側が明るい半月（下弦の月）

問3　図２は，地球・金星・太陽の位置関係を，地球の北極の上空から見たものである。ある年の１月１日には，地球と金星はそれぞれ X の位置にあり，30 日後の１月 31 日には Y の位置まで移動した。以下の問いに答えよ。

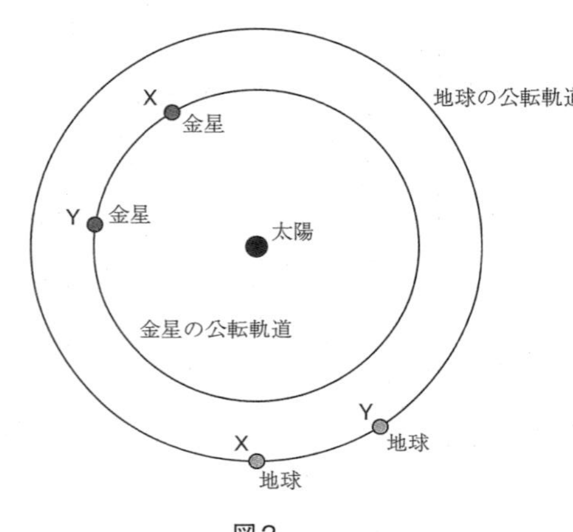

図２

1月1日から1月31日まで，望遠鏡を使って金星を毎日観測した。この間の金星の満ち欠けの変化の様子を表す図と文として，最も適当なものを次のアからエの中から選べ。ただし，金星の明るい部分は，実線で表すものとする。

ア　→　→　地球から金星が観測できない日がある

イ　→　→　満月のように，満ちた姿の金星が観測できる日がある

ウ　→　→　三日月のような細長い金星が観測でき，満ち欠けの変化はほとんどない

エ　→　→　端だけが少し欠けた金星が観測でき，満ち欠けの変化はほとんどない

5　次の図は 100 g の水にとける硝酸カリウム，ミョウバン，塩化ナトリウムの質量と温度の関係を表したものである。加熱に伴う水の蒸発は考えないものとする。以下の問１から問４に答えよ。

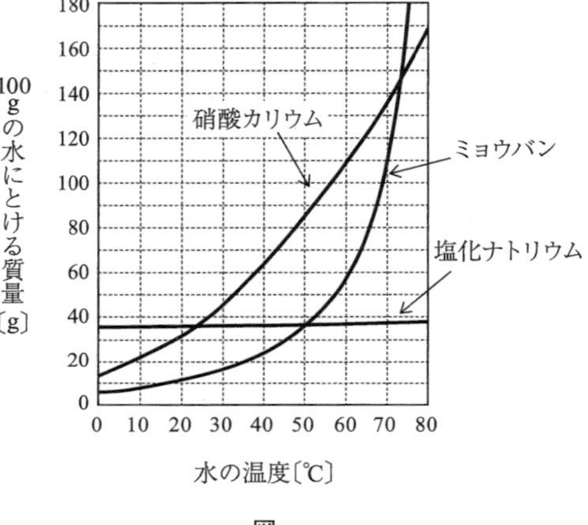

図

問1　60 ℃の硝酸カリウムの飽和水溶液の質量パーセント濃度はいくらか。最も適当なものを次のアからオの中から選べ。

ア　25%　　イ　37%　　ウ　47%　　エ　52%　　オ　100%

問2　硝酸カリウム 26 g を 60 ℃の水 80 g にとかした溶液がある。この溶液をおよそ何℃まで冷やせば，とけきれなくなった硝酸カリウムが結晶として現れ始めるか。最も適当なものを次のアからオの中から選べ。

ア　10 ℃　　イ　20 ℃　　ウ　30 ℃　　エ　40 ℃　　オ　50 ℃

問3　ミョウバン 49 g と塩化ナトリウム 1 g が混ざった粉末 50 g がある。この粉末から，純粋なミョウバンの結晶を取り出そうと，次のような［実験］を行った。あとの１と２に答えよ。

［実験］

ビーカーに水 100 g を入れ，この粉末 50 g を加えた。ビーカーをガスバーナーで 60 ℃まで加熱し，粉末試料がすべて水にとけたことを確認した。その後 20 ℃まで温度を下げると白い結晶が現れたので，ろ過によって結晶とろ液に分けた。

1　このように温度による溶解度の差を利用して，純粋な物質を取り出す操作を何というか。適切なものを次のアからオの中から選べ。

ア　ろ過　　イ　再結晶　　ウ　蒸留　　エ　中和　　オ　還元

2　ろ液に含まれるミョウバンと塩化ナトリウムの質量比として最も適当なものを次のアからオの中から選べ。

ア　1：0　　イ　1：4　　ウ　4：1　　エ　11：1　　オ　49：1

問4　ミョウバン 40 g を 20 ℃ の水 100 g に加え 80 ℃まで加熱した。ミョウバン水溶液の濃度変化を模式的に表したグラフとして最も適当なものを次のアからオの中から選べ。

ア

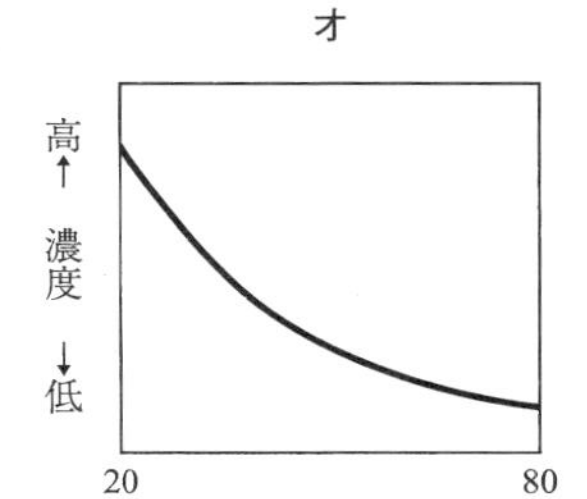

イ

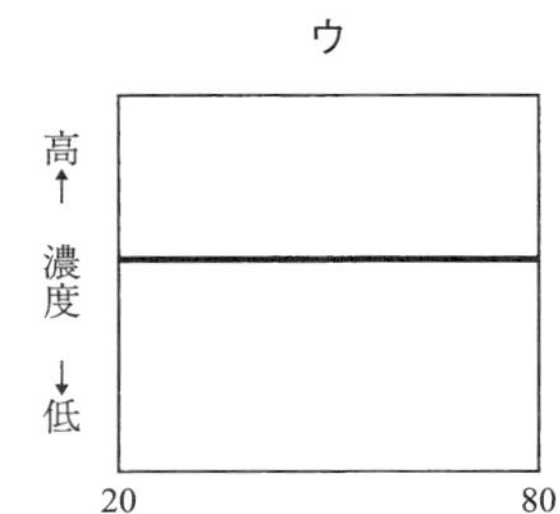

ウ

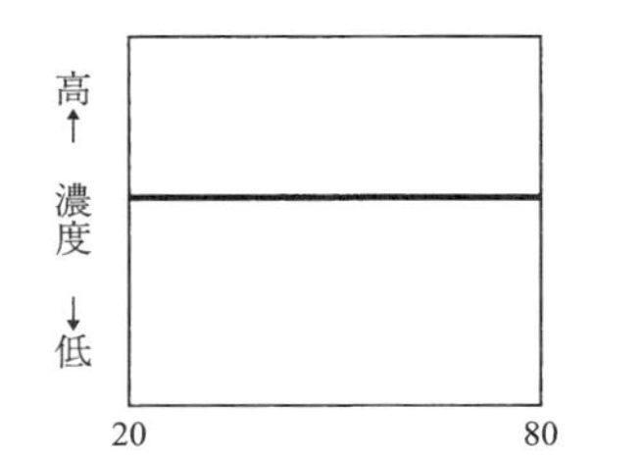

エ

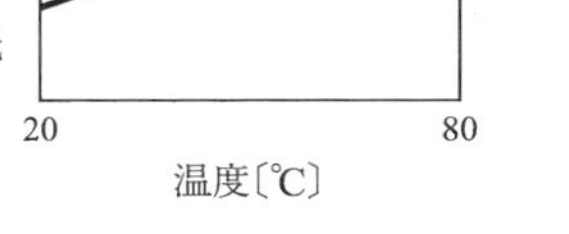

オ

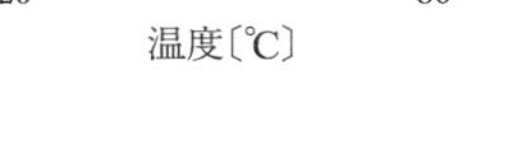

6　花子さんは自分のクラスの教室に，図1のような「二酸化炭素濃度測定器」という装置が置いてあることに気づいた。どのような装置なのか，興味を持った花子さんは先生に質問をした。次の文は，そのときの会話の一部である。会話を読んで，以下の問1から問6に答えよ。

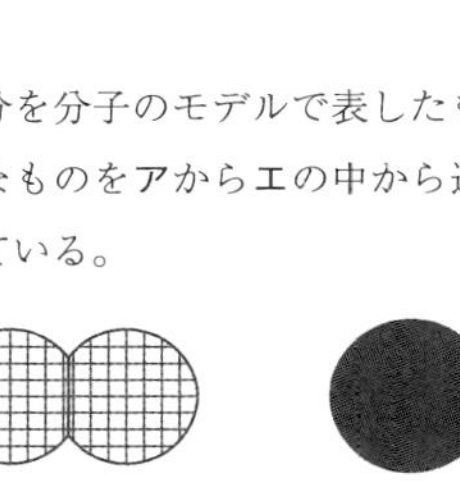

図1

花子「先生，教室に二酸化炭素濃度測定器という装置が置いてありますね。どんな装置なんですか？」
先生「まずは，花子さんは二酸化炭素という物質は知っていますよね。」
花子「はい。分子のモデルについても，理科で学びました。」
先生「人間の呼気にも含まれていますよね。この装置の置いてある空間の空気に二酸化炭素がどれくらい含まれているか，内部にある二酸化炭素濃度センサーを用いて調べる道具なんです。」
花子「表示されている 525 ppm というのはどういう意味なんですか。」
先生「例えば，1.0 m^3 の空気のうち，ある気体が 0.2 m^3 分占めているとすれば，占めている分の体積比として，その気体は 20% 含まれているといえますよね。ppm というのはもっと少ない割合の気体が占められているときによく使う単位で，1.0 m^3 の空気のうち，ある気体が 1.0 cm^3 分だけ占めているとき，1 ppm というのです。」
花子「普段の空気での二酸化炭素は何 ppm なんですか。」
先生「普段の空気というのは，大気ということですね。現在はおよそ 400 ppm とされています。」
花子「においもなく目にも見えない気体の存在がほんの少しであってもわかるなんて，センサーってすごいですね。センサーを勉強して，自分で装置を作ってみたくなりました！」
先生「それはいいですね。他にもいろいろなセンサーがありますから，いろいろ作ってみてください。」

問1　次のアからエはヒトの呼気に含まれるおもな成分を分子のモデルで表したものである。ヒトの呼気に最も多く含まれるものはどれか。適切なものをアからエの中から選べ。なお，同じ模様であれば，それらは同じ種類の原子を表している。

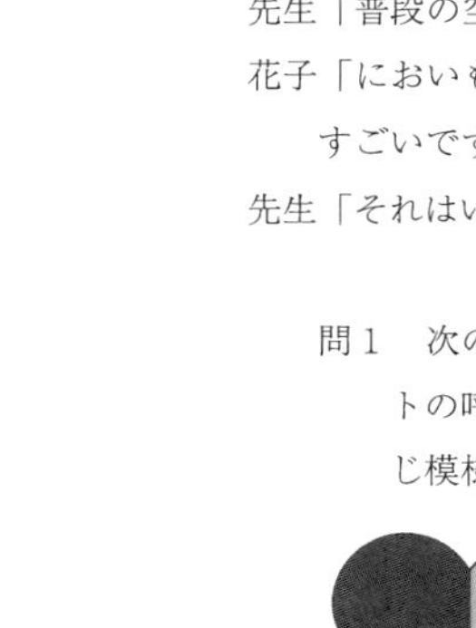

問2　ヒトの吸気中の酸素は，肺胞で血液に取り込まれる。細胞は血液中から酸素を取り込み，細胞呼吸により生じた二酸化炭素は血液中にとけ込み，やはり肺胞を通して排出される。二酸化炭素を多く含んだ血液が流れる血管として適当なものを，次のアからエの中から<u>二つ</u>選べ。

ア　肺動脈　　イ　肺静脈　　ウ　大動脈　　エ　大静脈

問3　ヒトの呼気1Lに含まれる二酸化炭素は，占められている分の体積でいうとおよそ40 mLであることが知られている。これは，大気中の二酸化炭素の体積の割合と比べて，およそ何倍だといえるか。最も適当なものを次のアからクの中から選べ。

ア　0.1　　イ　1　　ウ　10　　エ　100　　オ　1000
カ　10000　　キ　100000　　ク　1000000

問4　花子さんは，先生が「"現在は"およそ400 ppm」と言っていたことが少し気にかかり，昔の大気がどれくらいの二酸化炭素濃度であったのか，調べてみた。すると，中生代では現在の数倍高い数値であったらしいと記されていた。また，二酸化炭素が，長い時間の中で形を変えながら，大気，海，陸などを移動していることもわかった。これに関連した物質である炭酸カルシウムを多く含む岩石として適切なものを，次のアからエの中から選べ。

ア　花こう岩　　イ　玄武岩（げんぶ）　　ウ　石灰岩　　エ　チャート

問5　センサーに興味を持った花子さんは，マイコン（制御装置）と二酸化炭素濃度センサーを用いて，装置の自作に挑戦した。センサーの値が1000 ppmを超えた場合，警告灯として赤色のLED（発光ダイオード）が光るようにしたいと考えた。このマイコンから出力される電圧は3.3 Vであるため，そのままLEDだけを接続すると，LEDに加わる電圧値が適正な値を超えてしまう。そこで，LEDの電流と電圧の関係のグラフ（図2）を参考にしながら，図3のように抵抗をつないで，LEDに加わる電圧が2.1 Vとなるようにした。つないだ抵抗の抵抗値を答えよ。

［アイ］Ω

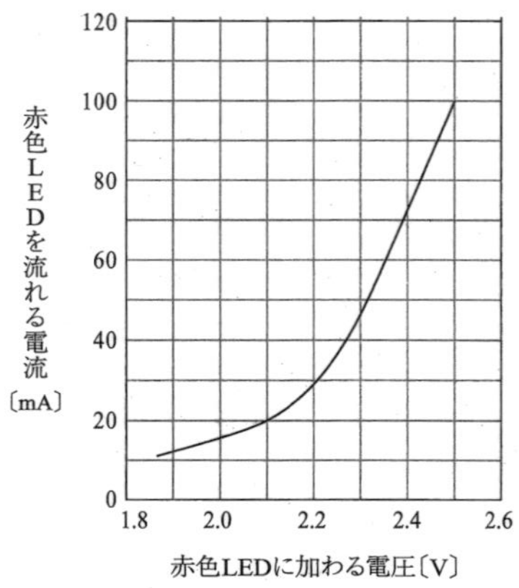

図2

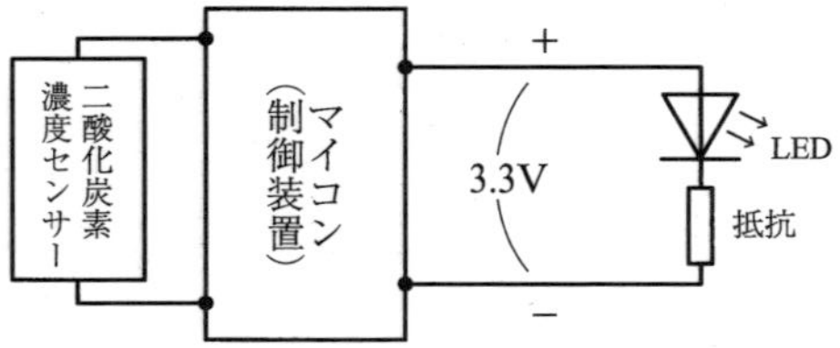

図3

問6　花子さんは，自作した問5の装置を用いて，午前8時15分から一定時間，自分の教室の二酸化炭素濃度がどのように変化するか，測定した。図4は，そのときのデータをグラフにしたものである。この時間における抵抗で発生するおよその熱量を表したい。最も近い値と，適当な単位はそれぞれどれか。数値はアからキの中から，単位はクからシの中から，それぞれ選べ。

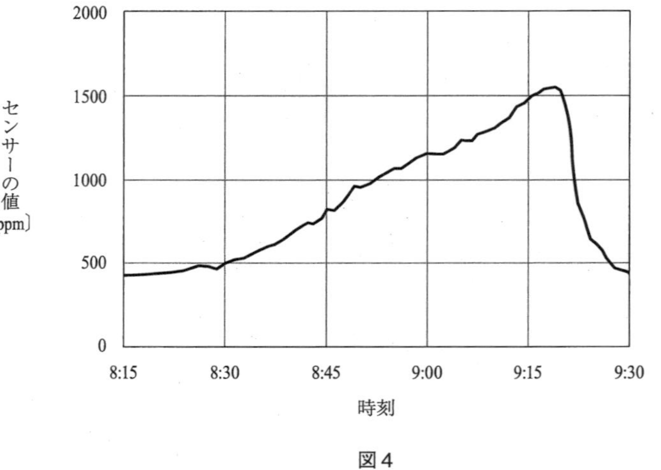

図4

数値
ア　0.01　　イ　0.03　　ウ　0.7　　エ　2　　オ　40
カ　100　　キ　300

単位
ク　J　　ケ　W　　コ　N　　サ　Hz　　シ　℃

学校法人　日章学園
鹿児島育英館高等学校

理事長　後藤洋一
学校長　宮元一頼
所在地　〒899-2505　日置市伊集院町猪鹿倉 550
電話　(099) 273-1407
FAX　(099) 273-2343
ホームページ　https://ikueikan.ed.jp/
交通　ＪＲ鹿児島中央駅から…車で約 25 分
ＪＲ鹿児島中央駅－伊集院駅間 …約 18 分
ＪＲ伊集院駅から … 徒歩で約 15 分

ホームページ

入試問題はこちら

令和６年度　募集要項

	学科	コース	定員	入試科目	出願期間	入試日	合格発表
推薦入試	普通科	特別進学コース	40 名	作文 面接	令和６年１月５日(金) ～ 令和６年１月10日(水)	令和６年１月15日(月)	令和６年１月17日(水)
		進学コース					
一般入試		特別進学コース		国数英理社 面接	令和６年１月５日(金) ～ 令和６年１月11日(木)	令和６年１月22日(月)	令和６年１月29日(月)
		進学コース					

学校納付金関係（令和５年３月現在　※詳しくは令和６年度入試要項を参照してください）

受験料：10,000 円
入学金：100,000 円
授業料：49,600 円／月

●学業・部活動等奨学生制度

種類	入学金	奨学金支給額／月
A 奨学生	全額支給	49,600 円から就学支援金を引いた全額支給
英検２級以上（条件あり）	全額支給	49,600 円から就学支援金を引いた全額支給
B 奨学生	50,000 円支給	49,600 円から就学支援金を引いた 3/4 支給
C 奨学生	50,000 円支給	49,600 円から就学支援金を引いた 1/2 支給
D 奨学生	50,000 円支給	49,600 円から就学支援金を引いた 1/4 支給
E 奨学生	全額支給	支給なし

●英検特典

英検・漢検・数検いずれか１つ３級以上取得者は受験料 10,000円が免除。

英検２級以上取得者で、推薦もしくは専願受験者は、入学金及び授業料が全額支給。

※出願時に２次試験まで合格していることが条件になります。

●その他特典

体験入学参加者は受験料 10,000円が免除。

推薦入試受験者および専願受験者は入学金 100,000円が全額支給。

併願受験者で専願の入学手続き締切日までに入学手続きをした場合、入学金 100,000円が全額支給。

進路実績

過去３年間の大学合格実績（Ｒ２～Ｒ４ 一部抜粋）

《国公立大学》
静岡大学１名　和歌山大学１名　鹿児島大学７名　琉球大学１名
京都府立大学１名　福知山公立大学１名　名桜大学１名

《私立大学》
上智大学１名　法政大学１名　立命館大学１名　西南学院大学２名

学校紹介

●普通科

◎特別進学コース

７時間授業（月～金）を行い、一般入試を見据えた難関大学進学を目的とするコースです。高校２年次以降は、文系・理系に分かれて授業を行います。高校３年次には、ＡＯ入試・推薦入試・一般入試と幅広い進路選択ができます。また、土曜日に行われる土曜錬成講座や夏季補習、高校３年次には８時間目補習も組まれます。バドミントン部の生徒も所属できます。

◎進学コース

週 35 時間の授業の中に５時間分のバドミントン部活動の時間を組み込んでいるコースです。バドミントン部に所属している生徒のみが選択できます。部活動の成績を通して、ＡＯ入試や推薦入試でのスポーツ選抜入学試験を受験し大学進学を目指します。高校１年次より文系に所属し、授業が行われます。

☆英語力向上の取り組み

本校では常勤の外国人講師によるオールイングリッシュの授業があります。また高校１・２年生の希望者を対象にした海外語学研修におよそ２週間行きます。在学中に留学を経験する生徒や、卒業後に直接海外の大学へ進学する生徒もいます。その他、英語の部活動もあり、ディベート大会にも積極的に参加しています。

☆バドミントン部

バドミントン部は、令和２年度に鹿児島育英館中学校に作られました。令和５年度より高等学校にも創設されます。すでに、県中学校での大会では優勝、全国大会にも出場をしています。高等学校では、全国レベルの選手を育成するのはもちろんのこと、大学進学を視野に幅広い進路指導を通して、生徒の将来を見据えた教育を行います。

☆習熟度別学習

国・数・英においては、習熟度別にクラスを２つに分けて授業を行っています。理・社は選択制になります。

☆土曜錬成講座

第２土曜以外の午前中に４時間の講座を行っています。１科目 50 分の講座が２コマ連続で行われるため、模試の対策なども行えます。

☆夜間講座

平日の夜間 20:30 ～ 22:00 まで、職員が輪番で夜間講座を行います。寮生は原則全員参加で、通学生も申し込めば参加可能です。

外国人によるオールイングリッシュ授業

全国大会出場！バドミントン部(男･女)

研修旅行は例年北海道です！

伝統の応援団！右の二次元コードから。

応援団動画

鹿児島育英館高校

大口明光学園高等学校

理事長　中野　裕明
学校長　宮原　景信
所在地　〒895-2511　伊佐市大口里1830
電話　0995－22－0609
FAX　0995－22－0642
ホームページ　https://www.okuchimeiko.ac.jp/
メール　e-mail@okuchimeiko.ac.jp
交通　九州自動車道栗野ＩＣより車で20分

本校の特色

01. 教育方針

カトリック精神に基づき，あらゆる教育活動を通して，人格の陶冶に努めるとともに知的，道徳的，社会的に調和のとれた全人的な人間の育成を目指します。

02. 校風沿革

カノッサ修道女会の教育事業のもと1961年に設立。2022年度から，広く開かれた男女共学校としてスタート。

03. 進学・進路状況

埼玉大学／防衛大学校／金沢大学／島根大学／広島大学／佐賀大学／熊本大学／大分大学／鹿児島大学／広島市立大学／北九州市立大学／熊本県立大学／大分県立看護科学大学／名桜大学／青山学院大学／明治大学／駒澤大学／上智大学／聖心女子大学／法政大学／津田塾大学／南山大学／同志社大学／立命館大学／関西外国語大学／西南学院大学／福岡大学／鹿児島国際大学／鹿児島純心女子大学　他多数

募集要項

01. 募集定員
普通科100名（進学クラス・難関大クラス）

02. 出願期間
令和6年1月5日（金）～1月16日（火）
17：00必着

03. 出願書類
入学願書・調査書（鹿児島県私立高等学校統一調査書）
出身中学校を経由して提出してください。

04. 検定料　10,000円

05. 試験日　令和6年1月22日（月）

06. 試験会場　本校・鹿児島

07. 試験教科
国語・英語（Lisあり）・数学・社会・理科・面接

08. 合格発表　令和6年1月29日（月）

09. 入学時校納金　105,000円（入学金＋後援会費）

10. 毎月の校納金　20,800～53,800円
＊保護者所得，学園奨学生の有無により異なります。

大きく伸ばして卒業させます

01. スタディサプリの活用

朝自習の時間にスタディサプリを活用。昼休みや放課後などにも学校の共有タブレットを活用することもできます。

02. 個別指導・添削指導

各教科で個人添削ノート指導を行なっています。生徒一人ひとりに合わせた課題に，自主的に取り組むことができます。

03. メイクル～明光で素敵な未来がきっとＫＵＲＵ～

希望者を対象に大学入試共通テストに特化した講座を開講。

2024年受験用

鹿児島県高校入試問題集

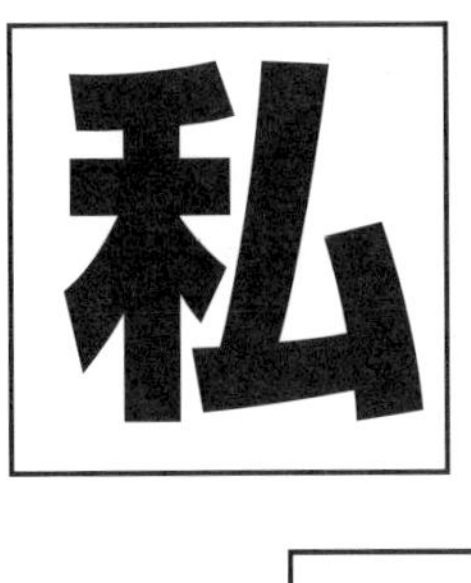

正答例と解説

令和５年度　鳳凰高校入試問題　国　語

正答例

1　問１　a　**興味**　b　**偏差値**　c　**げんみつ**
問２　**ただ一方的に知識をつめ込まれるだけ**
問３　**上級学校**
問４　**上級学校で学んでも，卒業後に高い収入が得られる保証があると決まっているわけではないから。**
問５　**違う（異なる・そうでない）**
問６　**ア**
問７　**歪み**

2　問１　a　**機嫌**　b　**うむ**　c　**臨時**
問２　**思春期**　問３　**イ**
問４　**学校便り**
問５　**Y　イ　Z　エ**
問６　**母親に頼らず，自分から父親に革靴を貸してほしいと申し出た点。**
問７　**エ**
問８　**無理に踏み込まない形で，息子を支えてやりたいと思ったから。**

3　問１　**あらいて**　問２　**イ**
問３　**十二（月）**
問４　最初　**上の衣**　最後　**てけり**
問５　**あてなる男**
問６　**イ**　問７　**エ**

4　問１　①　**イ**　②　**ア**　③　**イ**
④　**ウ**　⑤　**イ**
問２　①　**エ**　②　**オ**　③　**ウ**
④　**ア**　⑤　**イ**

配　点

1	問１　2点×3　他　4点×6	計30点
2	問１　2点×3　他　3点×8	計30点
3	問１　2点　他　3点×6	計20点
4	2点×10	計20点

解　説

1　**<論説文>**

問２　指示語の内容はその前にあることが多い。「学校というものは昔からそういうもの」とあるので，「どういうもの」なのかを具体的に説明している部分を傍線部①の前から探す。「日本の学校」がどういうものなのかについては，第一段落で説明されている。

問３　「中学」や「高校」に「進学する者」は「二〇％か三〇％」であり，それだけの人数しか進学しないため「誇らしい」のである。よって，「中学」や「高校」の言い換えは「上級学校」であると読み取れる。

問４　「昔」は「高学歴と低学歴とでは社会に出てからの収入がまるで違っていた」ため，進学した者は進学したことを誇り，「つめ込みの授業」にもやる気を持って取り組むことができた。しかし，誰でも「高校」や「大学」に行ける時代になると，ただ進学するだけでは誇らしさを感じられず，「卒業してから高い収入が保証されるときまっているわけでもない」ため，「つめ込みの授業」では「退屈」で「がまんできない」と思う者がふえるのだと筆者は考えている。

問５　それぞれどのように「思いこんでいる」のかを探すとよい。二重傍線部Xの対象は直前の「学校というところは～いけないものだ」。二重傍線部Yの対象は直前の「そう」が指す内容。「そう」は一文前の「入学試験で～できない」のことを指す。したがって，対象となっている内容は別々のものであると言える。

問６　**止むを得ない**＝他にどうすることもできないこと。

問７　傍線部⑤は，直前の一文の言い換えになっている。「学校で教えることの内容」が「学生や生徒が学校で教わること」であり，「歪み」は「点数で容易に～つけようがないこととがある」状態のことである。

2　**<小説文>**

問２　弘樹が「よそよそしくなり～目も合わせなくなった」ことに着目する。このような態度は，「**思春期**ならではの父親への気詰まり」と表現されている。

問３　「やぶへび」は「**藪をつついて蛇を出す**」の略。しなくてもよいことをしたために災いを被るたとえ。「**急がば回れ**」は着実な方法を取った方が結局は得策であるというたとえ。「**寝た子を起こす**」はおさまっている問題をわざわざとりあげて波風をたてること。「**出る杭は打たれる**」は優秀な者やさし出たことをする者は人から憎まれたり非難されたりするということ。「**君子危うきに近寄らず**」は徳のある人は自分の身を大切にしてむやみに危険をおかさないということ。

問４　芳男は「**学校便り**は毎週欠かさず目を通し」，「**学校便り**」を通じて弘樹の成長に思いをはせている。

問５Y　「**眉をひそめる**」は，心配なことがあったり，他人の嫌な行為に不快を感じたりして顔をしかめること。

問６　傍線部③の直前で芳男は「俺には～貸してくれって」と弘樹の「良い点」を指摘したが，美佐江に「あれは，私が言わせたのよ」と言われている。この部分から，それまで芳男は弘樹が誰にも頼らず自ら靴を貸してほしいと言ったと思っていたと考えられる。

問７　美佐江の「パパってなんにもわかってないのね。」という台詞から，美佐江から見た芳男の普段の様子が分かる。また，靴を貸してほしいと頼んできたのは美佐江に叱られたからだと知り「叱られた弘樹がどんな言葉を返したのか聞きたかった」と芳男は思っているが，美佐江はそれを知っている。よって，美佐江は自分の方が息子のことをよく知っていると思い，「優位」を感じて「薄い笑み」を浮かべたと読み取ることができる。

問８　傍線部⑤の前の部分で，芳男は「親」について考えている。「木の上に立って見守る，そんな格好のいいもの」ではないが，部屋に堂々と入ったり，ドア越しに声をかけたりして弘樹に踏み込んでいくのではなく，「木の下から**支えてやりたい**」と思っている。

③ <古文>

(口語訳) 昔，二人の姉妹がいた。一人は身分の低い男で貧しい人を，もう一人は①身分が高い男を（夫に）持っていた。身分の低い男を（夫に）持っていた（女が），②十二月の末の頃に（夫の）上衣を洗って，自分で干した。注意して一生懸命にやったのだが，そのようないやしい仕事には慣れていなかったので，上衣の肩のところを干しながら破ってしまった。（女は）途方に暮れて③ただもう泣くばかりであった。このことを，例の身分の高い男が聞いて，たいへん④気の毒に思ったので，たいそうきれいな緑色の上衣を見つけ出し，（その女に）贈る時に，（次の歌を詠んだ）

紫草が色濃く咲いている時は，目の届く限り遥かにその他の野の草木も区別なく大切に思えるのです（そのように，私は妻を深く愛するので，妻と姉妹であるあなたを同じようにいとしく思うのです）

問１　語頭以外の**ハ行**は**ワ行**に直す。

問２　直前の「いやしき男の貧しき」と対応関係にあることを踏まえて考える。

問３　一月＝睦月(むつき)，二月＝如月(きさらぎ)，三月＝弥生(やよい)，四月＝卯月(うづき)，五月＝皐月(さつき)，六月＝水無月(みなづき)，七月＝文月(ふみづき)，八月＝葉月(はづき)，九月＝長月(ながつき)，十月＝神無月(かんなづき)，十一月＝霜月(しもつき)，十二月＝師走(しわす)

問４　女は自分の行いの結果途方に暮れて泣いているので，傍線部③の前に着目する。女の行動は一文前の「上の衣の肩を張り破りてけり」である。

問５　「聞きて，いと心苦し」と思ったのは「あてなる男」である。

問６　「『紫』草」は愛する妻の例えであり，妻を愛しているからこそ「その他の『草木』」，すなわち妻と姉妹である「歌を贈られた女性」のことも大切に思えると歌っているので，その内容と合致するイが適当。

問７　**『伊勢物語』『竹取物語』**は平安時代に成立したと言われており，作者は不詳。**『徒然草』**は兼好法師による鎌倉時代の随筆。**『おくのほそ道』**は松尾芭蕉による江戸時代の俳諧紀行文。**『羅生門』**は芥川龍之介による大正時代の小説。

④ <四字熟語・外来語>

問１①　「**異口同音**」は，多くの人がみな，口をそろえて同じことを言うこと。

②　「**絶体絶命**」は，追いつめられ，どう考えてものがれようのない立場・状況にあること。

③　「**危機一髪**」は，髪の毛一本ほどの違いで安危がわかれるような極めて危険な状態のこと。

④　「**温故知新**」は，昔のことを研究して新しい知識や道理を知ること。

⑤　「**五里霧中**」は，（五里四方もある深い霧の中に立って方角を見失う意から）何の手がかりもなくどうしてよいか見当のつかないこと。

令和５年度　鳳凰高校入試問題　数　学

正答例

① (1) $\mathbf{0}$　(2) $\mathbf{5}$　(3) $\dfrac{2a-b}{6}$
(4) $-18a^5b^4$　(5) $4-2\sqrt{3}$

② (1) $x=-12,\ 1$　(2) **360**(円)
(3) $\dfrac{3}{8}$　(4) **72**(度)　(5) **4 : 9**

③ (1) **1450**(円)
(2)①ア　$x+y$　イ　$350x+250y$
②ハンバーガー　**20**(個)　ポテト　**16**(個)
(3) 曜日　**土**(曜日)　セット数　**17**(セット)
残金　**20**(円)

④ (1) $a=2$　(2) $2\sqrt{3}$　(3) **3**　(4) $a=2$

⑤ (1) **5.5**(点)　(2) $a=5$　$b=7$
(3) **ア**　(4) **14**(人)

⑥ (1)① $4\sqrt{2}$ (cm)　② **60**(度)
(2)① **18**(cm^2)　② $\dfrac{20\sqrt{3}}{11}$ (cm)

配　点

① 4点×5	計20点	② 4点×5　計20点
③ 3点×5（(2)②，(3)はそれぞれ完答）	計15点	
④(1) 3点　他　4点×3	計15点	
⑤ 3点×5	計15点	
⑥(1)① 3点　他　4点×3	計15点	

解　説

① <計算問題>

(1) 与式$=8-8=0$

(2) 与式$=\dfrac{5}{9}\times3\times3=5$

(3) 与式$=\dfrac{2(4a-5b)-3(2a-3b)}{6}$
$=\dfrac{8a-10b-6a+9b}{6}=\dfrac{2a-b}{6}$

(4) 与式$=9a^4b^2\times(-2ab^2)=-18a^5b^4$

(5) 与式$=(\sqrt{3})^2-2\times1\times\sqrt{3}+(-1)^2$
$=3-2\sqrt{3}+1=4-2\sqrt{3}$

② <小問集合>

(1) 和が11，積が-12となる２数の組み合わせは，12と-1より，$x^2+11x-12=0$
$(x+12)(x-1)=0$，$x=-12,\ 1$

(2) 商品の代金は，$800\times(1-0.2)=640$(円)
よって，おつりは，$1000-640=360$(円)

(3) 樹形図をかくと右の通り。すべての場合は８通りで，表が２回，裏が１回出るのは○をつけた３通り。よって，確率は，$\dfrac{3}{8}$

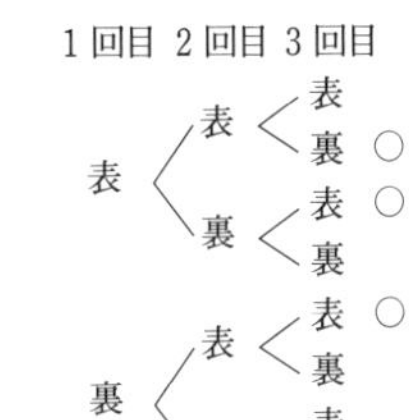

(4) **多角形の外角の和は360°**だから，正五角形の１つの外角の大きさは，$\dfrac{360°}{5}=72$(度)

(5) 表面はいずれも相似な正方形で，相似比は２：３
相似な図形の面積比は相似比の２乗だから，ＡとＢの表面積の比は，$2^2:3^2=4:9$

③ <連立方程式>

(1) $350\times3+200\times2=1050+400=1450$(円)

(2)①ア　売上個数の合計より，$x+y=36$
イ　売り上げの合計金額より，$350x+250y=11000$

② $x+y=36$…①，$350x+250y=11000$…②
②÷50−①×5より，$2x=40$，$x=20$…③
③を①に代入し，$20+y=36$，$y=16$
よって，ハンバーガーは20個，ポテトは16個。

(3) それぞれの曜日で用意できる最大数を求める。
土曜日…10000÷670＝14あまり620より，14セット購入でき，9300÷100×2＝186，186÷50＝3あまり36より，ハンバーガーとポテトの3セットと交換できる。また，620÷200＝3あまり20より，ドリンクを3本購入できるので，合計14＋3＝<u>17(セット)</u>用意でき，残金は20円となる。
日曜日…800×0.8＝640，10000÷640＝15あまり400より，15セット購入でき，9600÷100÷50＝1あまり46より，ハンバーガーとポテトの1セットと交換できる。また，残金の400円でドリンクを1本購入し，15＋1＝<u>16(セット)</u>用意でき，残金は200円となる。
よって，土曜日の方が多く用意できる。

4 <関数>

(1) $y=ax^2$に$x=2$，$y=8$を代入し，
$8=a\times 2^2$，$8=4a$，$a=2$

(2) $AB=1-(-1)=2$
また，y軸と直線②は垂直に交わるから，**三平方の定理**より，$AH^2=AB^2+BH^2$，$4^2=2^2+BH^2$
$BH^2=12$，$BH=\pm 2\sqrt{3}$
$BH>0$より，$BH=2\sqrt{3}$

(3) 点Dから②のグラフに下ろした垂線と②のグラフとの交点をEとするとき，△HAB∽△HDEが成り立つ。HA＝ADより，相似比は1：2
AB＝2より，DE＝2AB＝4　Eのy座標は−1だから，4−1＝3より，点Dのy座標は3

(4) 半径がBE(BH)の円を底面とする，高さが4の円柱から，円柱と半径の長さが等しい円を底面とする，高さが2の円すいをのぞいた立体の体積を求めればよい。BE＝tとすると，
右図より，

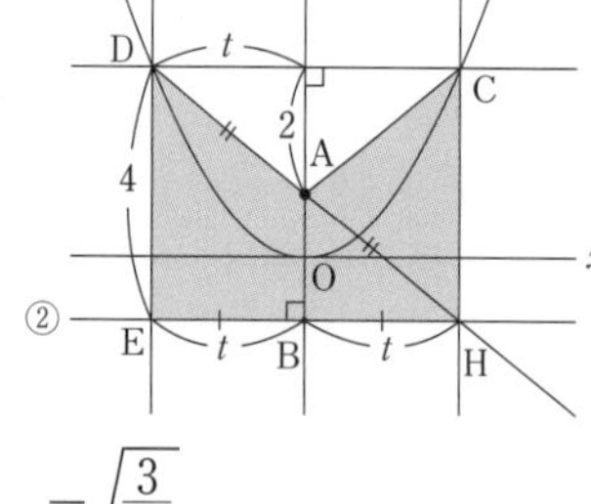

$4\pi t^2-\frac{1}{3}\times\pi t^2\times 2$
$=\frac{10}{3}\pi t^2$
これが5πとなるから，
$\frac{10}{3}\pi t^2=5\pi$
$t^2=\frac{3}{2}$，$t=\pm\sqrt{\frac{3}{2}}$
点Eのx座標は負だから，$-\sqrt{\frac{3}{2}}$
(3)より，点Dの座標は$\left(-\sqrt{\frac{3}{2}},\ 3\right)$
点Dの座標を$y=ax^2$に代入し，
$3=\left(-\sqrt{\frac{3}{2}}\right)^2\times a$，$3=\frac{3}{2}a$，$a=2$

5 <データの活用>

(1) データの個数が40なので，値を小さい順に並べたとき20，21人目の点数の平均値が中央値となる。
3＋2＋3＋6＋4＋2＝20より，20人目は5点，21人目は6点だから，中央値は，$\frac{5+6}{2}=5.5$(点)

(2) 度数の和から，$a+b=12$…①
40人の総得点と平均値から，$7a+9b=98$…②
②−①×7より，$2b=14$，$b=7$…③
③を①に代入し，$a+7=12$，$a=5$

(3) 40人の総得点から，平均値は，$\frac{316}{40}=7.9$(点)
データを値の小さい方から数えて20，21人目はいずれも8点だから，中央値は8(点)
最も度数の多い階級は9点だから，最頻値は9(点)
(平均値)＜(中央値)＜(最頻値)より，**ア**が正しい。

(4) 20人の総得点は，5.9×20＝118点。少なくとも1人は最低点の3点だから，118−3＝115より，残りの19人の総得点が115点となり，かつ，7点を取った生徒が最も多くなる場合を考える。
115÷7＝16あまり3より，16人から考えると，
・16人のとき，残りの<u>3人の得点の合計が3点</u>となり，最低点の3点を下回る生徒がでるので不適。
・15人のとき，115−15×7＝115−105＝10
残りの<u>4人の得点の合計が10点</u>となり，最低点の3点を下回る生徒がいることになるので不適。
・14人のとき，115−14×7＝115−98＝17
このとき，残りの5人が全員3点であっても5×3＝15と2点不足するため，条件を満たす。
よって，7点を取った生徒は最大14人となる。

6 <空間図形>

(1)① △GFHはGF＝GHの**直角二等辺三角形**だから，
FH：GF＝$\sqrt{2}$：1，FH＝$4\sqrt{2}$(cm)

② △BAF，△DAHも△GFHと合同な**直角二等辺三角形**であるから，AF＝AH＝FH
3辺が等しいことより，△AFHは正三角形だから，∠AFH＝60°

(2)① 右図において，三角すいO−AIJと三角すいO−EFHは相似であり，
OA＝AEより，
相似比は1：2
切り口の図形は，
台形IFHJとなり，
高さは，
$\sqrt{(2\sqrt{5})^2-(\sqrt{2})^2}$
$=\sqrt{20-2}=3\sqrt{2}$(cm)
$\frac{1}{2}\times(2\sqrt{2}+4\sqrt{2})\times 3\sqrt{2}=18$(cm²)

② 5点O，A，E，G，Cを通る平面で考えると，左下図より，△SCT∽△SEU
相似比は，2.5：3＝5：6
△CEGにおいて，**三平方の定理**より，
$CE=4\sqrt{3}$(cm)
$CS=4\sqrt{3}\times\frac{5}{11}=\frac{20\sqrt{3}}{11}$(cm)

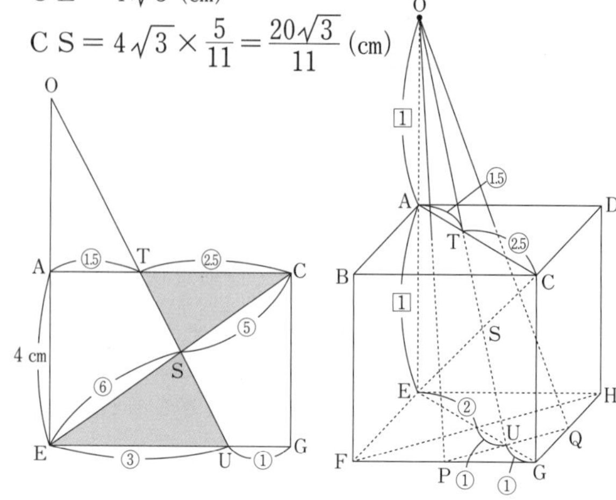

令和５年度　鳳凰高校入試問題　英　語

正答例

1　1 ウ　2 ア　3 ウ
2　ア，エ　(順不同)
3　1 ウ　2 ウ　3 ウ　4 イ　5 ウ
4　1 There　2 made　3 speaking
　4 fastest　5 too
5　1 ア，エ　2 イ，エ　3 イ，ア
　4 ウ，ア　5 ウ，ア　(各完答)
6　1 ウ　2 カ　3 ア　4 オ　5 エ
7　問1　1 **平和**　2 **8月（八月）**
　問2　イ
　問3　In (**July**) and (**December**)
　問4　ウ
　問5　1 ×　2 ○　3 ×　4 ○
8　問1　1 **包装 / パッケージ**
　　　2 (ガラス) びん
　問2　1 **掃除**　2 **クローゼット**　3 **15**
　問3　ウ
　問4　1 **暮らし / 生活**　2 **シンプル**
　問5　エ
　問6　1 ×　2 ○　3 ×
　　　4 ○　5 ○　6 ×

配　点

1～8　2点×50　計100点

解　説

3　＜適語選択＞
1　受け身「be動詞＋過去分詞」：～される
2　依頼「Will (Can) you ～？」：～してくれませんか？
※ 許可を求める場合，「May (Can) I ～？」を使う。
3　感嘆文「How ＋形容詞 (副詞) ～！」
※「What a(an) ＋形容詞＋名詞 ～！」でも同じ意味になる。
→「What a tall tree this is！」
4　「because」に続く部分が言動の理由を表す。
5　「to ＋動詞の原形」：～するために
「take a walk」：散歩をする

4　＜適語補充＞
1　元の文から「一週間は7日ある」ことがわかるので「there is(are) ～：～がある」を使う。
2　元の文から「知らせを聞いて彼女がうれしかった」ことがわかるので，主語が「The news」の場合は「知らせが彼女をうれしくした」ことになる。
「make ＋人＋形容詞」：人を～ (な状態) にする
3　元の文から「彼女がとても上手に英語を話す」ことがわかるので，「be good at ～ ing：～することが得意」を使う。
4　元の文から「ケンがクラスの誰よりも速く走れる」ことがわかるので，「the ＋形容詞の最上級」を使って「ケンはこのクラスで一番速いランナーだ」という文に直す。
4　元の文から「紅茶がとても熱いので飲めない」ことがわかるので，「too ＋形容詞＋(for ＋人) ＋ to ～：～するには…すぎる」を使う。

5　＜並べかえ＞
1　I know that she has a lot of magazines.
「that (省略可) に続く内容を知っている」という意味になる。
2　This is the watch which I bought yesterday.
「時計」が「どのような時計なのか」を説明するために関係代名詞「which」を使う。
3　His mother told him to eat more vegetables.
※ tell 人 to ～：人に～するよう言う
4　The girl listening to music near the window is my friend.
※ 名詞＋現在分詞 (～ ing)：～している…
5　I wish I knew my dog's feelings.
現在の事実と異なる願望を表すために，「主語①＋ wish ＋主語②＋動詞の過去形：～であればいいのに」という仮定法の表現を使う。

6　＜対話文読解＞
M：おはよう，ジョン。　J：おはよう，メアリー。おお，君は松葉づえをしているね！　何があったの？　M：私は右脚を骨折したの。　J：それはお気の毒に。1 **どうやって脚を骨折したの？**　M：私は土曜日にバスケットボールをしているときに，倒れたの。　J：2 **治るのにどのくらいかかるの？**　M：約1か月かかるわ。　J：なるほど。ところで，僕たちには1限目が始めるまでたったの5分しかないよ。3 **1限目はなんだっけ？**　M：音楽よ。教室は2階よ。私は階段を上るのが少し心配だわ。　J：心配しないで。4 **手伝うよ**。　M：ありがとう。　J：5 **どういたしまして**。

7　＜英文読解＞
6月6日
親愛なるバトラー夫妻
こんにちは！　私の名前は葉月のどかです。のどかと呼んでください。お招きいただき本当にありがとうございます。私の名前であるのどかは「平和」という意味で，名字の葉月は「8月」という意味です。
まず，自己紹介をさせてください。私は16歳です。誕生日は8月16日なので，サンフランシスコに滞在している間に17歳になります。サンフランシスコは私たちの英語の先生の故郷なので，私たちはそれについてよく耳にします。私は鹿児島に住んでいます。鹿児島には桜島という大きな火山があります。私たちはそれが噴火しているのをよく見かけるので，① **それがそんなに怖くありません**。私の高校は鹿児島市の中心部にあります。私は自転車で通学します。

約30分かかります。毎朝自転車で坂道を上るのはとても大変です。しかし，私はそれが良い運動だと思っています。

次に，私の家族について話します。私には父と母，そして２人の姉がいます。父は仕事で大阪に住んでいます。そこは鹿児島から遠く，飛行機で１時間です。そのため，彼は年に７月と12月の２回だけ家に帰ってきます。私の母は看護師です。姉の一人は大学生です。もう一人の姉は小学校の教師で，２歳の娘がいます。彼女はとてもかわいいです！

ところで，お二人は風鈴をご存知ですか？　それは日本で夏に軒下につるされる小さな鈴のようなものです。それは金属やガラスでできています。それは風が吹くと鳴ります。その音は暑い夏に少し涼しく感じさせてくれます。私はそれをプレゼントとしてあなたたちに持って行きます。きっと気に入ると思います。

私の英語の先生が私にサンフランシスコの気候や服装について教えてくれました。もし私が来る前にもっと知っておくべきことがあれば，②**教えて**ください。

あなたたちにお会いできるのを楽しみにしています。

真心を込めて

葉月　のどか

問１　本文訳波線部参照。

問２　本文訳二重傍線部参照。

※「～, so」の～の部分が「so」以降の理由を表している。

問４　**ア**　私にプレゼントを買って

イ　私の英語を確認して

エ　風鈴を作って

8　**＜英文読解＞**

あなたは一日にどれくらいのごみを出していますか？　先週，ベア・ジョンソンの講演に参加した後，このことを考え始めました。彼女はゼロ・ウェイスト生活を提唱している人です。彼女の家族４人(彼女自身と夫，２人の息子)はごみをほとんど出さないので，①**１年分の家庭ごみがガラスびん１本に収まります**。彼らはいくつかの方法でこれを実行しています。まず，彼らは包装されたものを買わず，食材を自分たちのガラスびんや袋に入れます。②**また彼らは同じものをさまざまな方法で使い回します**。例えば，ジョンソンは酢と重曹を使って掃除をします。また，彼女のクローゼットには服が15着しかありません。「ゼロ・ウェイストの生活スタイルはあなたから何かを取り上げるのではありません」と彼女は言います。「③**それ**はあなたの時間や資源を大切なことに向けるものであり，あなたは自分がより健康になるだけでなく，時間とお金も節約できることにも気づくでしょう。」

カリフォルニア在住のフランス人であるジョンソンは，ごみを減らし生活をシンプルにするためのガイドである彼女の著書『④Zero Waste Home』でこれらすべてとそれ以上のことを説明しています。私は数年前にこの本を読み，彼女の言うRefuse(断る), Reduce(減らす), Reuse(再利用する), Recycle(再生利用する)，Rot(腐らせる)の５Rを実践してみました。しかし,私のモチベーションは続きませんでした。数週間後，私は以前の包装された商品を買う習慣に戻りました。ポテトチップスや文房具を買うのをやめるのは，私にとってとても大変でした。私は家族や友人からの贈り物を断るのも大変だとわかりました。唯一できたことは，レジ袋を断ることと，外食するときに自分のスプーンとフォークを使うことです。しかし，私が出すごみの量は理想をはるかに超えています。

ジョンソンの話を聞き，私はもう一度ゼロ・ウェイスト生活を始めようと決心しました。私は彼女のようにごみを減らすことに成功できるかどうかはわかりませんが，もっとがんばれると信じています。

ジョンソンは，小さなことから始めて，その変化が持続可能であることを確認することが重要であると言いました。彼女は１日で生活スタイルを変えることは不可能だとも強く言いました。私はすぐにできることについて考えました。私はテイクアウトの食品を買うとき，自分のガラスびんや袋を使うことができました。私はスーパーマーケットでの買い物を減らし，新鮮な食材を包装なしで買うことができる⑤**ウェットマーケット**で買い物を増やすことができました。また，ウェットマーケットはより新鮮な食材をより安く提供し，親切な店主が買った野菜と一緒に唐辛子やニンニクのようなものをよく無料でくれます。

私はベア・ジョンソンがやったようにごみを劇的に減らすことに成功するでしょうか？　答えるにはまだ早すぎるかもしれませんが，きっとやってみようと思います。

問１　本文訳波線部参照。

問２　本文訳二重傍線部参照。

※ 具体例を挙げるので，下線部②直後の「For example」がヒントになる。

問４　本文訳破線部参照。

※ 同格のコンマを使って，下線部④直後の「a guide to ～」が『Zero Waste Home』を説明している。

問５　本文訳点線部参照。

問６　１　筆者が誰と参加したのか本文からはわからないため，×。

２　本文２～３行目より，○。

３　本文10行目より，彼女はフランス人であるため，×。

４　本文14行目より，○。

５　本文20行目より，○。

６　本文25～26行目より，筆者はもう一度挑戦しようとしているため，×。

令和５年度　鳳凰高校入試問題　社　会

正答例

1　問１(A)　**地中海**　(B)　**ナイル川**
(C)　**サハラ砂漠**
問２(1)　**本初子午線**　(2)　**２月15日 午前９時**
問３ア　**オリーブ**　イ　**なつめやし**
ウ　**カカオ豆**
問４(1)　■　**イ**　▲　**ウ**
(2)　**モノカルチャー経済**
問５　**ウ**
問６　**植民地にして支配したヨーロッパ人たちが，経度や緯度をもとに国境を決めたから。**
問７　**琵琶湖**　問８　**ウ**　問９　**ア**
問10　**イ**　問11（日本）**イ**　（エチオピア）**ウ**

2　問１　**邪馬台国**　問２　**親魏倭王**
問３　**縄文土器**　問４　**竪穴住居**　問５　**ア**
問６(1)　**ウ**　(2)　**ユーフラテス川，チグリス川**
(3)　**インダス文明**　（順不同・完答）
(4)　(i)　**儒教**　(ii)　**イ→ウ→ア→エ**
問７　**イスラム教**　問８　**ウ**
問９　**平清盛**　問10　**天平文化**　問11　**ア**
問12　**エ**　問13　**ウ**

3　問１　**朝鮮戦争**　問２　**沖縄**
問３　**常任理事国が拒否権を行使したから。／常任理事国が反対しているから。／五大国一致の原則があるから。**
問４Ｘ　**実力**　Ｙ　**戦力**
問５　**公開市場操作**　問６　**イ→ウ→ア**
問７１　○　２　×　３　○
問８　**イ**　問９　**セクシュアルハラスメント**
問10Ｘ　**25,000**　Ｙ　**減少**　問11　**ウ**
問12Ｘ　**高くなる**　Ｙ　**累進課税制度**
Ｚ　**地方分権**

配点例

1	問３，問11　１点×５　他　２点×14	計33点
2	２点×17	計34点
3	問７　１点×３　他　２点×15	計33点

解　説

1　**＜地理総合＞**

問２(1)　経度０度の経線で，旧グリニッジ天文台を通る。
(2)　経度15度ごとに１時間の時差が生じる。ニューヨークは西経75度なので，ロンドンとニューヨークの時差は75÷15＝５時間。よって，ニューヨークはロンドンより５時間遅れているので，ニューヨークの日時は２月15日午前９時。

問３　ア－スペイン・イタリア・モロッコなど地中海沿岸の国が上位であり，夏の暑く乾燥した気候に適したオリーブ，イ－エジプト・サウジアラビア・イランなど乾燥帯に属する国が上位であり，水が少なくても育つなつめやし，ウ－コートジボワール・ガーナが上位であり，熱帯の植物であるカカオ豆。

問４(1)　■は，ギニア湾岸やアフリカ大陸北部，中東のペルシャ湾周辺に分布していることから原油。▲は，南アフリカ共和国などに分布していることからダイヤモンド。
(2)　天候や世界的な経済の状況によって価格が大きく変動するため，特定の輸出品では，毎年安定した収入を得られないことが課題になっている。

問５　ア－スペイン語ではなくアラビア語，イ－南アメリカ州の内容，エ－2000年代も起こっている。

問８　ウ－１年を通して降水量の少ない**瀬戸内の気候**に属する大阪，ア－温暖で夏の降水量が多い**太平洋側の気候**に属する串本，イ－冬に雨や雪などで降水量の多い**日本海側の気候**に属する舞鶴。

問９　ア－金属の占める割合が一番高いので阪神工業地帯，イ－機械の占める割合が二番目に高く，化学工業も盛んな京浜工業地帯，ウ－機械が占める割合が一番高いので，自動車生産の盛んな中京工業地帯。

問10　イ－2021年の４月の関西への入国者の合計は2,341人であるのに対して，入国者が最も多い2019年４月は769,014人なので，半数程度にも満たない。

問11　日本は，出生率と死亡率がともに下がり，少子高齢化が進んでいるイのつぼ型。エチオピアは，出生率と死亡率がともに高いウの富士山型で発展途上国に多く見られる。ア－中国，エ－アルゼンチン。

2　**＜歴史総合＞**

問５　ア－弥生時代，イ－縄文時代（鹿児島県），ウ－弥生時代（静岡県），エ－縄文時代（青森県）の遺跡。

問６　Ａ－ナイル川流域の**エジプト文明**，Ｂ－チグリス川とユーフラテス川流域の**メソポタミア文明**，Ｃ－インダス川流域の**インダス文明**，Ｄ－黄河と長江流域の**中国文明**が発展した地域。
(1)　ア－Ｂのメソポタミア文明，イ－Ｄの中国文明であり，漢字のもとになった文字は**甲骨文字**，エ－モヘンジョ・ダロであり，Ｃのインダス文明。
(4)　(i)　孔子は，思いやりの心「仁」で行いを正し，日常の生活や政治に取り組むことにより，国はよく治まると説いた。
(ii)　紀元前16世紀ごろになると，黄河の流域に殷という国がおこったが，紀元前11世紀に周によってほろぼされた。紀元前３世紀には，秦の王が中国を統一する帝国を造り上げ，初めて「皇帝」と名乗った（**始皇帝**）。秦に代わって中国を統一した漢は，紀元前２世紀には，朝鮮半島に楽浪郡などを設け，中央アジアも支配下に入れた大帝国となった。

問８　ア－遣隋使として中国に渡った，イ－遣唐使として中国に渡った，エ－「**枕草子**」を執筆した人物。

問10　天平文化は，遣唐使が伝えた唐の文化の影響を強く受けており，唐は，遠く西アジアやインドとの交流が盛んだったため，国際色豊かなものとなった。

問11　年表中の矢印の前後は平安時代後期から室町時代までのできごとで，矢印の時期は，アの平安時代後期のできごと（1175年）。イ－江戸時代（1837年），ウ－江戸時代（1612年），エ－平安時代前期（9世紀後半から11世紀前半）。

問12　エ－1789年に出され，世界各国の人権規定の模範とされた。ア－**独立戦争**が起こった1775年の翌年に発表された，イ－1861年に起こった**南北戦争**の最中に**リンカン**によって行われた，ウ－1688年に起こった**名誉革命**のときに制定された。

問13　ア－1938年に**国家総動員法**を定めた，イ－1941年に首相になると，御前会議で開戦を決定し，太平洋戦争が始まった，エ－2001年に首相になり，道路公団民営化，郵政民営化などを行った。

3　＜公民総合＞

問1　朝鮮戦争が起こったときに，国内の治安維持のために警察予備隊が作られ，1954年に**自衛隊**になった。

問4　日本国憲法第9条は，**平和主義**について書かれており，**国民主権**，**基本的人権の尊重**とともに日本国憲法の三つの基本原理の一つである。

問5　逆に好況のときは，日本銀行が国債などを売ることで，市中銀行の資金量は減り，貸し出しに慎重になって金利を上げる。企業はお金を借りにくくなり，生産が縮小され，景気は後退する。

問6　イ－1951年にアメリカと結んだ**日米安全保障条約**→ウ－1996年→ア－2014年。

問7　2　第一次産業ではなく，第二次産業。

3　この頃，熊本県や新潟県などで発生した水俣病，富山県のイタイイタイ病，三重県の四日市ぜんそくは四大公害病とよばれた。

問8　この場合の国内総生産は，農家の売り上げ（15億円）＋製粉所の売り上げ（20億円－15億円）＋パン屋の売り上げ（45億円－20億円）＝45億円。

問10　1ドル＝200円のとき，アメリカでの自動車1台は，500万÷200＝25,000ドル。1ドル＝100円のとき，500万÷100＝50,000ドル。1ドル＝200円が100円になるように，外国通貨に対する円の価値が高まることを**円高**，逆を**円安**という。円高は輸出に不利だが，輸入は有利となり，円安は逆になる。

問11　裁判員制度は，国民が裁判員として**刑事裁判**に参加し，裁判官とともに被告人が有罪か無罪か，有罪の場合は刑罰の内容を決める制度。

問12 Y　累進課税制度は，所得税や相続税などの**直接税**で採られている。一方，消費税などの**間接税**は，収入（所得）に関係なく，全ての国民が同じ金額の商品の購入に対して同じ金額を負担しなければならない。この場合，所得が低い人ほど，所得に占める税金の割合が高くなるという逆進性がある。

令和5年度　鳳凰高校入試問題　理　科

正答例

1　問1　**接眼レンズ**
　理由　**鏡筒から対物レンズにゴミが入らないようにするため。**
問2　3番目　**オ**　　5番目　**ア**(完答)
問3　**ア**
問4　名称　**葉緑体**　　はたらき　**光合成**
問5　(1)　**ア**　　(2)　**カ**

2　問1　A　**裸子**(植物)　　B　**シダ**(植物)
　C　**単子葉**(類)　　D　**離弁花**(類)
問2　p　**胚珠**　　q　**維管束**
問3　右図
問4　①　**オ**　　②　**ウ**
　③　**イ**　　④　**ア**

3　問1　**周波数**　　問2　**6**(A)
問3　①　**並**　　②　**17**　　③　**4**　　④　**2**
問4　**10**(Ω)　　問5　**2.5**(倍)

4　問1　**実像**　　問2　**イ**
問3　①　**ア**　　②　**ア**　　問4　**イ**

5　問1　物質名　**硫化鉄**　　色　**黒色**
問2　**反応したときに熱が発生し，その熱で反応が進むため。**
問3　**A**　　問4　**A，C**(順不同・完答)

6　問1　**80**(g)
問2　二酸化炭素　**44**(g)　　水　**36**(g)
問3　①　$x+\frac{y}{4}$　　②　x　　③　$\frac{y}{2}$
問4　$x:y=1:2$
問5　C_2H_4，C_3H_6(順不同・完答)

7　問1　**内惑星**　　問2　**ウ**
問3　**E**　　問4　**B**
問5　**A，B，C，D，E，F，G**(順不同・完答)
問6　**イ**　　問7　**E**

配点例

2　問4　1点×4

他2点×48　　合計100点

解　説

1　＜生物のからだのつくりとはたらき＞

問2　正しい手順は，エ，イ，オ，ウ，アになる。

問3　顕微鏡で観察したいものを動かしたいときは，プレパラートを動かしたい方向の逆に動かせばよい。

問5(1)　対物レンズを低倍率のものから高倍率のものに変えると，視野はせまくなり，プレパラートとの距離も近くなる。

(2)　対物レンズの倍率を10倍から40倍に変更すると，10倍のときに観察したものの長さが縦横に4倍ずつに拡大されて，面積は16倍の大きさに見えるので，見える面積は$\frac{1}{16}$倍になる。対物レンズを40倍にしたとき，細胞が32個観察されたので，対物レンズが10倍のときには32×16＝512〔個〕の細胞が観察できると考えられる。

2 ＜いろいろな生物とその共通点＞

問2　胚珠が子房で包まれている植物を被子植物，胚珠がむき出しになっている植物を裸子植物という。また，シダ植物には維管束があり，根・茎・葉の区別もあるが，コケ植物には維管束はなく，根・茎・葉の区別もない。

問3　単子葉類の葉脈は平行に通っているが，双子葉類の葉脈は網目状に通っている。

3 ＜電気の世界＞

問1　音の振動数にも同じ単位が用いられる。

問2　**電力〔W〕＝電圧〔V〕×電流〔A〕**

このドライヤーは100 Vの電源で600 Wの電力を消費するので，そのときの電流の大きさは，

$\frac{600}{100}=6$〔A〕

問3①　直列回路では，スイッチを1つ切ると回路全体に電流が流れなくなる。

②　ドライヤーは並列回路なので，全体の抵抗の大きさをR〔Ω〕とすると，

$\frac{1}{R}=\frac{1}{25}+\frac{1}{50}$　$R=\frac{50}{3}=16.6\cdots$　よって，17Ω

③④　**電流〔A〕＝$\frac{\text{電圧〔V〕}}{\text{抵抗〔Ω〕}}$**

並列回路の各抵抗に加わる電圧の大きさは全て等しいので，電熱線を流れる電流の大きさは，

$\frac{100}{25}=4$〔A〕，ファンを流れる電流の大きさは，

$\frac{100}{50}=2$〔A〕

問4　1200Wのドライヤーには$\frac{1200}{100}=12$〔A〕の電流が流れている。並列回路の全体に流れる電流の大きさは，各抵抗に流れる電流の大きさの和なので，ファンに流れる電流の大きさは$\frac{100}{50}=2$〔A〕　よって，電熱線に流れる電流の大きさは12－2＝10〔A〕　したがって，抵抗の大きさは$\frac{100}{10}=10$〔Ω〕

問5　問4より，1200Wのドライヤーの電熱線で消費する電力は，100×10＝1000〔W〕，600 Wのドライヤーの電熱線で消費する電力は，100×4＝400〔W〕　よって，1200Wのドライヤーの電熱線で消費する電力は600 Wのドライヤーの電熱線で消費する電力の

$\frac{1000}{400}=2.5$〔倍〕

4 ＜身のまわりの現象＞

問2　光源とスクリーンがどちらも焦点距離の2倍の位置にあるとき，スクリーンには光源と同じ大きさの実像ができる。**表**より，凸レンズから光源までの距離と凸レンズからスクリーンまでの距離がともに25㎝のときに光源と同じ大きさの実像が見られるので，この凸レンズの焦点距離は，$\frac{25}{2}=12.5$〔㎝〕

問4　凸レンズを通る光は，凸レンズで屈折して焦点に集まる。凸レンズが厚くなるほど，光は大きく屈折するので焦点距離は短くなる。

5 ＜化学変化と原子・分子＞

問2　このような反応を発熱反応という。

問3　鉄と硫黄の化学反応によってできる硫化鉄は，鉄でも硫黄でもない物質で，鉄の原子と硫黄の原子が1：1で結びついた物質である。そのため，磁石についたり，電気を通したりという鉄の性質はもっていない。

問4　試験管**A**では水素が，試験管**C**では硫化水素が発生する。

6 ＜化学変化と原子・分子＞

問1　質量保存の法則より，化学反応の前後で物質の総量は変化しないので，二酸化炭素と水の質量の合計は16＋64＝80〔g〕

問2　化学反応式の左辺から，この反応にはCが1個，Hが4個，Oが4個使われることがわかる。右辺のCO_2にはCが1個とOが2個使われているので，

$16\times\frac{75}{100}+64\times\frac{2}{4}=44$〔g〕，このとき生成する水の質量は，問1より，80－44＝36〔g〕

問3　化学反応式の左辺と右辺では，原子の個数は等しいので，C_xH_yがすべて反応したときに生成するCO_2はx〔個〕，H_2Oは$\frac{y}{2}$〔個〕。また，このとき右辺のO原子の個数は$2x+\frac{y}{2}$〔個〕なので，必要なO_2は$x+\frac{y}{4}$〔個〕である。

問4　$x:\frac{y}{2}=1:1$なので，$x=1$，$\frac{y}{2}=1$

$y=2$となる。よって$x:y=1:2$

問5　問4より，$x:y=1:2$のときに生成する二酸化炭素と水の分子の数の比が1：1になるので，C_2H_4，C_3H_6が条件にあてはまる。

7 ＜地球と宇宙＞

問1，2　地球よりも内側を公転している惑星を内惑星，地球よりも外側を公転している惑星を外惑星という。太陽系の惑星のうち，水星，金星が内惑星。火星，木星，土星，天王星，海王星が外惑星である。

問3，4　金星は，地球に近いほど大きく細く見え，地球から離れるほど小さく丸く見える。ただし，太陽と地球の間の位置にあるとき，地球から金星は見えない。

問5　**図**より，内惑星である金星は常に地球から見て太陽と同じ方角にあるため，真夜中の地球から見ることはできない。

問6　太陽－金星－地球のなす角が約90度のとき，金星は半月型に光って見える。金星が**G**の位置にあるとき，金星の左側に太陽の光が当たっているので，肉眼では左半分が光っているように見える。天体望遠鏡で観察すると上下左右が逆に見えるので，右半分が光っている半月型の**イ**が適当。

問7　金星の公転周期は0.6年なので，12×0.6＝7.2〔か月〕で太陽のまわりを1周している。金星が2か月で公転軌道上を移動する角度をx〔°〕とすると，

$\frac{2}{7.2}=\frac{x}{360}$　$x=100$　公転軌道上を100°移動することがわかる。よって，2か月後の金星の位置は，**図**の**G**の位置から反時計回りに100°移動した**E**が適当。

令和５年度　鹿児島城西高校入試問題　国　語

正答例

一　問一　A　**機関**　B　**さいふ**　C　**型紙**
　　D　**特段**　E　**がくめん**　F　**ゆる**
問二　**ウ**
問三　Ⅱ　**問題**　Ⅲ　**知識**
問四　**問題解決に使える知識について深く考えること。**
問五　**硬貨や紙幣**
問六　**問題を次々とスムーズに解決できればよいから。**
問七　**一般的・通常**
問八　**イ・エ**

二　問一　①　**つたえ**　⑤　**あやう**
問二　**ア**
問三　**庵**　問四　**ウ**
問五　**家のある場所が河原に近いから。**
問六　a　**イ**　b　**エ**

三　問一　①　**エ**　②　**ア**　③　**ケ**
　　④　**カ**　⑤　**オ**　⑥　**イ**
問二　**六**　問三　**連体形**
問四　**受信**　問五　**子**

四　省略

配点例

一　問一　2点×6　問二　3点　問四，問六　5点×2
他　4点×5（問七，問八は完答）　計45点
二　問一，問六　2点×4　問五　4点
他　3点×3　計21点
三　問一　2点×6　他　3点×4　計24点
四　計10点

解　説

一　**＜論説文＞**

問二　空欄の前後は「日常の行動は問題解決の連続」であることの具体例のため，**添加の接続詞**が適当。

問三Ⅱ　日常生活の中で問題解決するときに「問題」がなければいいという文脈であることを踏まえる。

Ⅲ　第三段落に，「問題解決に使える知識」は「特段の問題を生じることがなければ」使うとある。

問四　「解決の過程で～いちいち点検」すると「スムーズな流れ」にならないとあることから，――線部①は「**知識**」について「**深く考えること**」だと言える。

問五　「**硬貨や紙幣**」は金額が大事なので，「細かいつくりやデザイン」まで気にすることは通常ないとある。

問六　「問題を次々とスムーズに解決」することができれば，「ラフ」な知識でも十分だと筆者は述べている。

問八　第二段落に「次々と問題を～なりにくい」とあること，本文中で「日常の行動は問題解決の連続」だと述べられていることから，イとエは適当。アは「正確な地図を持っていなければ」，ウは「正確な構造を知っていなければならない」がそれぞれ不適。

二　**＜古文＞**

（**口語訳**）私は，父方の祖母の家屋敷を①受け継いで，長い間その場所に②住んでいた。その後，生活のつてを失い，私自身は落ちぶれ，思い出の多い住居であったが，とうとうそこに止まり住むことができなかった。三十歳余りにして，改めて，自分の思いとして，一つの庵を作った。③これを，以前の住居と比較してみると，十分の一である。ただ居宅を組み立てただけで，④ちゃんとした家を造ろうとしたが造れなかった。やっと土塀を築いたとはいうものの，門を建てる手立てはなかった。竹を柱として（車庫を作り），車を入れた。雪が降ったり，風が吹いたりするたびに，⑤危険でないわけでもない。場所が，（賀茂川の）河原に近いので，⑥水難も深刻で，盗賊の恐れも不穏である。

問一　語頭以外の**ハ行**は**ワ行**に直す。

問二　――線部②を含む一文は「わが身」の状況について話している。

問三　指示語の内容はその前にあることが多い。「ありし住居」と比べていることから，――線部③は住居，すなわち「庵」を指すと分かる。

問四　「居家ばかりを構へて」，「わづかに築地を築けりといへども，門を建つるたづき」もないとある。

問五　その庵は「**河原近ければ**」，水の難が深いとある。

問六ａｂ　『**方丈記**』は，**鴨長明**による鎌倉時代の随筆。**紫式部**は『**源氏物語**』（平安時代），**兼好法師**は『**徒然草**』（鎌倉時代），**清少納言**は『**枕草子**』（平安時代）などが代表作として挙げられる。

三　**＜文法・対義語・部首＞**

問一①　**名詞**＝自立語で活用がなく，主語になる。
②　**動詞**＝自立語で活用があり，言い切りの形がウ段になる。
③　**助動詞**＝付属語で活用がある。
④　**連体詞**＝自立語で活用がなく，体言だけを修飾する。
⑤　**副詞**＝自立語で活用がなく，用言（動詞・形容詞・形容動詞）を修飾する。
⑥　**形容詞**＝自立語で活用があり，言い切りの形が「い」で終わる。

問二　文節とは文を発音や意味が不自然でない程度に短く区切ったもので，一文節中に自立語（助詞・助動詞以外の，単独で文節を作れる単語）は一つ。「キャッチ」は名詞，「できる」は動詞なので，――線部アを文節で区切ると「相手が／キャッチ／できるように／ボールを／投げなければ／なりません」となる。

問三　活用形は，**未然形・連用形・終止形・連体形・仮定形・命令形**の六種類。――線部イの後には「こと」という**体言**が続くため**連体形**となる。

問四　「発信」の対義語としては「受信」「着信」のどちらも当てはまるが，「ＳＮＳ」での「発信」について述べていることから「**受信**」が適当。「送信」は「発信」の類義語。「返信」の対義語は「往信」。

鹿児島城西高校

令和５年度　鹿児島城西高校入試問題　数　学

正答例

1　1　-3　2　8　3　$\frac{2}{3}$
4　$\frac{-a+b}{4}$　5　$7a-5b$
6　$4-2\sqrt{3}$　7　$-4a$

2　1　0　2　$x=2$　3　$(x-3)(x+2)$
4　360(円)　5　$\frac{2}{5}$　6　7.5(時間)
7　60(個)　8　$\frac{1}{2}$

3　1　2　2　(4, 8)　3　(2, 2)

4　1　4(本)
2(1)　$\frac{4\sqrt{6}}{3}$ (cm)　(2)　$\frac{64\sqrt{2}}{3}\pi$ (cm^3)

5　1　$6\sqrt{2}$ (cm)　2　$2\sqrt{5}$ (cm)
3　$\frac{4\sqrt{5}}{5}$ (cm)　4　$\frac{24}{5}$ (cm^2)

配点例

1～5　4点×25　計100点

解　説

1　＜計算問題＞

1　答えの符号間違いに気をつける。

2　$5-7\div\left(-\frac{7}{3}\right)=5+7\times\frac{3}{7}=5+3=8$

3　$-3^2\times\frac{2}{27}+\frac{4}{3}=-9\times\frac{2}{27}+\frac{4}{3}=-\frac{2}{3}+\frac{4}{3}=\frac{2}{3}$

4　$\frac{3a-b}{4}-\frac{2a-b}{2}=\frac{3a-b-2(2a-b)}{4}$
$=\frac{3a-b-4a+2b}{4}=\frac{-a+b}{4}$

5　$8\left(\frac{3}{4}a-\frac{1}{2}b\right)+(a-b)=6a-4b+a-b=7a-5b$

6　$(\sqrt{3}-1)^2=(\sqrt{3})^2-2\times\sqrt{3}\times1+1^2$
$=3-2\sqrt{3}+1=4-2\sqrt{3}$

7　$32a^2b\div(-8a^3b)\times a^2=-\frac{32a^2b\times a^2}{8a^3b}=-\frac{32a^4b}{8a^3b}=-4a$

2　＜小問集合＞

1　$ab+a-2b-2$
これに$a=2$，$b=3$を代入し，
$2\times3+2-2\times3-2=6+2-6-2=0$

2　$x=2(x-1)$，$x=2x-2$，$x=2$

3　$(x-6)(x+1)+4x=x^2-5x-6+4x=x^2-x-6$
和が-1，積が-6となる２数は，-3と2
よって，$x^2-x-6=(x-3)(x+2)$

4　300×1.2=360(円)

5　２枚のカードの引き方は，全部で，
-3と-2，-3と-1，-3と0，<u>-3と1</u>，<u>-3と2</u>，
-2と-1，-2と0，<u>-2と1</u>，<u>-2と2</u>，-1と0，
<u>-1と1</u>，<u>-1と2</u>，0と1，0と2，1と2の15通り。
２枚のカードに書かれた数字の積が負の数になるのは下線をひいた６通り。よって，求める確率は，$\frac{6}{15}=\frac{2}{5}$

6　**中央値…データを値の大きさの順に並べたとき，真ん中にくる値。また，データの数が偶数のときは真ん中の２つの値の平均値。**
データを値の小さい方から順に並べると，
5，6，6，<u>7</u>，<u>8</u>，8，8，10(時間)
よって，平均睡眠時間の中央値は，$\frac{7+8}{2}=7.5$(時間)

7　60個のうち，白玉が12個取り出されたから，白玉が出てくる割合は，$\frac{12}{60}=\frac{1}{5}$
よって，袋の中に白玉と赤玉が300個入っているとき，出てくると考えられる白玉は，$300\times\frac{1}{5}=60$(個)

8　$1+\frac{3}{2}=\frac{2}{2}+\frac{3}{2}=\frac{5}{2}$，$\frac{3}{2}+\frac{5}{2}=\frac{8}{2}=4$より，前２つの数の和が次の数になる。
よって，$\frac{1}{2}+\square=1$より，$\square=1-\frac{1}{2}=\frac{2}{2}-\frac{1}{2}=\frac{1}{2}$

3　＜関数＞

1　$y=\frac{1}{2}x^2$に点Aのx座標-2を代入し，
$y=\frac{1}{2}\times(-2)^2=\frac{1}{2}\times4=2$

2　直線ℓとy軸との交点がC(0, 4)より，直線ℓの切片は4である。直線ℓの式を$y=mx+4$とおき，点Aの座標を代入すると，$2=-2m+4$，$2m=2$，$m=1$
直線ℓの式は，$y=x+4$
点Bは直線ℓと関数①の交点だから，
$\frac{1}{2}x^2=x+4$が成り立つ。これを解くと，
$x^2=2x+8$，$x^2-2x-8=0$
$(x-4)(x+2)=0$，$x=4$，-2
点Bのx座標は正だから4
直線ℓの式に$x=4$を代入し，$y=4+4=8$
よって，B(4, 8)

3　２点O，Pを通る直線をmとすると，
平行線と面積の関係より，
$\ell /\!/ m$のとき，△AOB＝△APBとなる。
このとき，直線mは原点Oを通るから，比例のグラフであり，直線mと傾きが等しい。つまり，直線mの式は，$y=x$となる。
点Pは関数①と直線mの交点だから，
$\frac{1}{2}x^2=x$が成り立つ。これを解くと，
$x^2=2x$，$x^2-2x=0$
$x(x-2)=0$，$x=0$，2
点Pのx座標は正だから2
直線mの式に$x=2$を代入し，$y=2$
よって，P(2, 2)

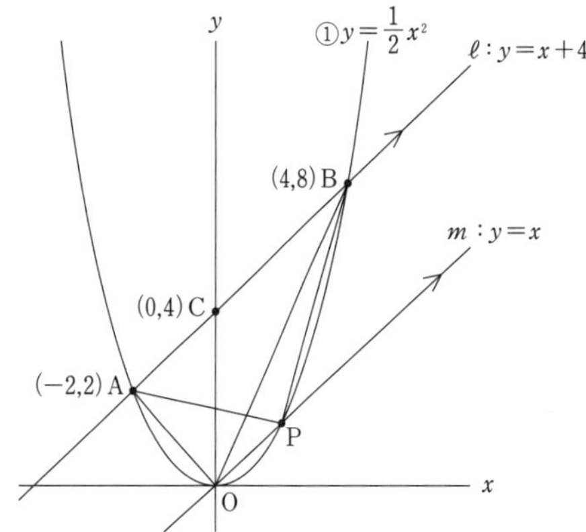

4　＜空間図形＞

1　**ねじれの位置…空間内の２直線が，平行でなく，交わらない２直線の位置関係**
よって，辺BC，CD，FG，GHの４本。

2(1)　△ABGは∠ABG＝90°の直角三角形
△BFGと△EFGは合同な**直角二等辺三角形**より，
BG＝EG＝$4\sqrt{2}$ (cm)
△AEGにおいて，
三平方の定理より，
AG
$=\sqrt{AE^2+EG^2}$
$=\sqrt{4^2+(4\sqrt{2})^2}=\sqrt{16+32}=\sqrt{48}=4\sqrt{3}$ (cm)

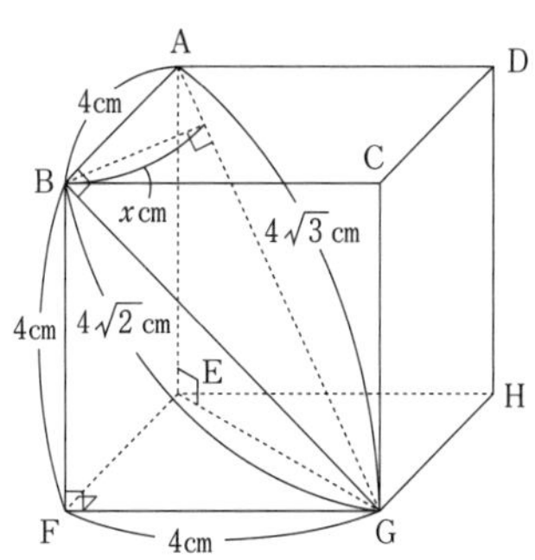

辺AGを底辺としたときの△ABGの高さを$x$cmとすると，
△ABGの面積について，
$\frac{1}{2}\times4\times4\sqrt{2}=\frac{1}{2}\times4\sqrt{3}\times x$が成り立つ。
これを解くと，$8\sqrt{2}=2\sqrt{3}x$，$x=\frac{8\sqrt{2}}{2\sqrt{3}}$

鹿児島城西高校

$x=\dfrac{4\sqrt{2}}{\sqrt{3}}$， $x=\dfrac{4\sqrt{2}\times\sqrt{3}}{\sqrt{3}\times\sqrt{3}}$， $x=\dfrac{4\sqrt{6}}{3}$

よって，求める高さは，$\dfrac{4\sqrt{6}}{3}$ cm

(2) 辺ＢＧを軸として，△ＡＢＧを１回転してできる立体は，底面の半径がＡＢ，高さがＢＧの円すいである。

ＡＢ＝4 (cm)，ＢＧ＝$4\sqrt{2}$ (cm)より，

(円すいの体積)＝$\dfrac{1}{3}$×(底面積)×(高さ)

$\dfrac{1}{3}\times 4^2\pi\times 4\sqrt{2}=\dfrac{1}{3}\times 16\pi\times 4\sqrt{2}=\dfrac{64\sqrt{2}}{3}\pi$ (cm³)

5 ＜平面図形＞

1 △ＡＢＣは**直角二等辺三角形**より，

ＡＣ＝$\sqrt{2}$ ＡＢ＝6×$\sqrt{2}$＝$6\sqrt{2}$ (cm)

2 △ＢＣＥにおいて，**三平方の定理**より，

ＢＥ＝$\sqrt{BC^2+CE^2}=\sqrt{6^2+3^2}=\sqrt{45}=3\sqrt{5}$(cm)

△ＡＢＧと△ＣＥＧにおいて，

ＡＢ∥ＥＣより，**平行線の錯角は等しい**から，

∠ＡＢＧ＝∠ＣＥＧ…①，∠ＧＡＢ＝∠ＧＣＥ…②

①，②より，２組の角がそれぞれ等しいから，

△ＡＢＧ∽△ＣＥＧ

相似な図形の対応する辺の比は等しいから，

ＢＧ：ＥＧ＝ＡＢ：ＣＥ＝6：3＝2：1

ＢＧ＝$\dfrac{2}{3}$ＢＥ＝$\dfrac{2}{3}\times 3\sqrt{5}=2\sqrt{5}$ (cm)

3 △ＡＢＨと△ＢＥＣにおいて，

∠ＡＨＢ＝∠ＢＣＥ＝90° …①

ＡＢ∥ＤＣより，**平行線の錯角は等しい**から，

∠ＡＢＨ＝∠ＢＥＣ…②

①，②より，２組の角がそれぞれ等しいから，

△ＡＢＨ∽△ＢＥＣ

ＡＢ：ＢＥ＝ＢＨ：ＥＣ

6：$3\sqrt{5}$＝ＢＨ：3

$3\sqrt{5}$ ＢＨ＝18

ＢＨ

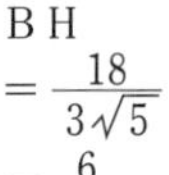

$=\dfrac{18}{3\sqrt{5}}$

$=\dfrac{6}{\sqrt{5}}$

$=\dfrac{6\times\sqrt{5}}{\sqrt{5}\times\sqrt{5}}$

$=\dfrac{6\sqrt{5}}{5}$(cm)

ＧＨ

＝ＢＧ－ＢＨ

$=2\sqrt{5}-\dfrac{6\sqrt{5}}{5}$

$=\dfrac{10\sqrt{5}}{5}-\dfrac{6\sqrt{5}}{5}$

$=\dfrac{4\sqrt{5}}{5}$ (cm)

4 △ＡＧＨにおいて，**三平方の定理**より，

ＡＨ

$=\sqrt{AG^2-GH^2}$

$=\sqrt{(4\sqrt{2})^2-\left(\dfrac{4\sqrt{5}}{5}\right)^2}$

$=\sqrt{32-\dfrac{16}{5}}$

$=\sqrt{\dfrac{160}{5}-\dfrac{16}{5}}$

$=\sqrt{\dfrac{144}{5}}=\dfrac{12}{\sqrt{5}}$

$=\dfrac{12\times\sqrt{5}}{\sqrt{5}\times\sqrt{5}}$

$=\dfrac{12\sqrt{5}}{5}$(cm)

△ＡＧＨ＝$\dfrac{1}{2}$×ＧＨ×ＡＨ＝$\dfrac{1}{2}\times\dfrac{4\sqrt{5}}{5}\times\dfrac{12\sqrt{5}}{5}=\dfrac{24}{5}$ (cm²)

令和５年度　鹿児島城西高校入試問題　英　語

正答例

1　1 ウ　2 エ　3 イ　4 ア　5 イ

2　1 (1) ウ　(2) ウ　(3) エ　(4) ア　(5) エ

2 (ア) Is　(イ) going　(ウ) to　(エ) made　(オ) Bob　(カ) have　(キ) played　(ク) so　(ケ) able　(コ) talking

3 (1) ウ　(2) ア　(3) イ　(4) ウ　(5) ア

3　1 (例１) Do you know why greetings are important?

(例２) Why are greetings important?

2 ア ㈬　イ ㈡　ウ ㈧

3 You're welcome. / Good luck!

4 No, she didn't.

5 ウ

4　1 先生がいる教室

2 掃除の時間は生徒たちにとってすばらしい習慣だ。

3 ア 9月　イ 掃除　ウ 給食　エ 食堂

4 they are able to have lunch anywhere

5 おたがいの文化を比較すること。

6 (1) ×　(2) ×　(3) ○　(4) ×　(5) ○

配点例

1	2点×5	計10点
2	2点×20	計40点
3	5　2点　他　3点×6	計20点
4	3，6　2点×9　他　3点×4	計30点

解　説

2 ＜文法＞

1 (1) along ～：～に沿って

(3) the ＋最大級＋ of(in) ～：～の中で最も…だ

※ 最大級に変化できない「exciting」のような形容詞には前に「most」を付けて「the most exciting」となる。

(4) look ＋形容詞：～に見える

(5) 動詞に「三単現の s」が付いているので，主語が単数になる「one of ～」を使う。

2 (1) 彼女は来週鹿児島を離れる<u>つもりですか？</u>

※「will ～≒ be going to ～」：～するつもりだ

(2) その映画は<u>ボブをとても悲しくした</u>。

※「make ＋人＋形容詞」：人を～な状態にする

(3) 私は２時間ピアノ<u>を弾いています</u>。

※「have ＋過去分詞」：今までずっと～している

→ 現在まで継続していることを表す現在完了形の継続用法。

(4) その店が閉まっていた<u>ので</u>，私は DVD を買うこと

がでぎなかった。
※「be able to ～≒ can ～」：～できる
(5) トムと話している少年は彼の兄（弟）です。
※「名詞＋現在分詞（～ ing）」：～している名詞
3 (1) **Mike was talked to by a woman at a restaurant.**
※「be 動詞＋過去分詞」：～される
(2) **Taro has been interested in baseball since he was a child.**
※「have ＋過去分詞」：今までずっと～だ（継続）
→ その状態が現在まで続いていることを表す現在完了形（継続）。
(3) **The cake which my sister made yesterday was very good.**
※ 関係代名詞「which」以下が「The cake」を補足し，「妹が昨日作ったケーキ」となる。「which」「that」は物に，「who」は人に使う。
(4) **I have a cookbook written in easy French.**
※「名詞＋過去分詞」：～された名詞
(5) **Who is the best soccer player in the world?**

3 ＜対話文読解＞
H：先生は挨拶がとても大切だと言うの。でも，私はなぜそれがそんなに大切なのか理解できないわ。　T：僕の親もそう言うよ。彼らは先生や友達，そして基本的に知っている人みんなに挨拶するよう，僕が子どもの頃から僕に言っていたよ。　H：①**挨拶がなぜ大切かわかる？**　T：僕の両親いわく，それは毎日のコミュニケーションで，ア**挨拶**を通して良い人間関係を築くことができるからだよ。　H：んー，それをすると私は引っ込みがちになってしまうの。しかも，もし相手が私に挨拶を返してくれなかったら，残念よ。　T：なるほど。僕は君がなぜそう思うのか理解できるよ。でも，君が考え方を変えれば，みんなともっと良い関係を築けるはずだよ。僕は機嫌が悪くないかぎり，「こんにちは」と言われて嫌な気持ちになる人はいないと思うよ。挨拶を返さないのは，その人自身の問題のせいだと思うよ。挨拶は本来，人を幸せイ**にする**ことになっているんだ。　H：あなたはそれと共に育ったから，そんなことができるのよ。それは私には難しいわ。　T：それなら，僕がそのやり方を教えるよ。まず，先生に挨拶するとき，もし歩いていたら立ち止まって，それから彼らに向かって体を約45度傾けて，「おはようございます」か「こんにちは」と言うんだ。そして，体を起こして先生の顔や目を見るんだ。これだけだよ。そして，友達に挨拶したいときは，友達の方を見て「おはよう」と言うんだ。君は普段は朝彼らに挨拶しているんだよね？　H：わかったわ。こんな感じ？　そして私は「おはようございます」って言うわ。　T：ほらね。簡単でしょ？　H：ありがとう。でも練習が必要ね。　T：②**がんばれ！**きっとすぐに慣れるよ。
1 直後に太郎が彼の両親が挨拶を重んじる理由を述べていることがヒントになる。
3 考えを改め挨拶をできるようになろうとしている花子に対してかける言葉を考える。
4 質問：花子は以前，挨拶をすることが好きでしたか？
答え：**いいえ，彼女が好きではありませんでした。**
※ 対話の中で直接的に嫌いとは言っていないが，挨拶の大切さがわからなかったり，挨拶が恥ずかしかったりする様子から，好きではないことがわかる。
5 ア 花子は自然に挨拶することができる。
イ 太郎は人に「おはよう」というのが難しいと思っている。
ウ **最終的に，花子と太郎は二人とも挨拶は大切だということで合意した。**

4 ＜長文読解＞
日本の学校とアメリカの学校の違いを知っていますか？テレビでアメリカの学校風景を見たことはありますか？いくつか注目すべきおもしろい点があります。
日本では4月に学校が始まります。アメリカでは9月に学校が始まります。アメリカの生徒には始業式や入学式がありません。日本では先生が各教室に行って教科を教えます。アメリカの先生は各教室におり，生徒が①**そこに**移動します。生徒の休み時間は非常に短いので，彼らは素早く移動する必要があります。アメリカの生徒は自分の勉強したい科目を選べるので，自分の時間割があります。
アメリカの生徒は教室や廊下，靴だな，トイレを掃除する必要がありません。生徒の代わりに，清掃員が放課後に掃除をします。もちろん，日本の生徒はそれが一つの日課になっているので，毎日教室を掃除しなければなりません。ほとんどの生徒が一生懸命に掃除をします。そうすることで，掃除の仕方を学び，自分が勉強する場所がとても大切だと感じることができます。最近では，②**掃除の時間は生徒たちにとってすばらしい習慣であり，世界の良い手本だと考える外国人もいます**。
日本では給食が提供されます。生徒が昼食を持って来る必要はありません。日本の給食はとても健康的で安いです。一方，アメリカの生徒には給食がありません。彼らはサンドイッチや果物，お菓子などの昼食を持って行くか，食堂で昼食を買います。あなたは自分の教室で昼食をとりますよね？　しかし，③**彼らはベンチや校庭でもどこでも昼食をとることができます**。
他国との違いを知ったら，私たちはそれぞれの良い点に注意を払うべきです。文化を比較することはお互いを知り，理解するための第一歩です。
文化を比較することは，お互いを知り合い，理解するための第一歩です。④**それ**がきっと平和につながるでしょう。
3 (1) 本文訳波線部参照。
(2) 本文訳二重傍線部参照。
(3) 本文訳破線部参照。
6 (1) 日本の学校は9月に始まる。
(2) アメリカの生徒は自分の教室を掃除しなければならない，なぜならそれが一つの日課だから。
(3) **掃除の時間が生徒にとって良い習慣だと理解している外国人もいる。**
(4) アメリカの生徒には給食があるので，彼らは昼食を持って来る必要がない。
(5) **私たちは他国との違いを認識し，お互いの良い点に注意を払うべきである。**

鹿児島城西高校

令和５年度　神村学園高等部入試問題　国　語

正答例

1　A群　①　**模写**　②　**延**　③　**除**
　B群　①　**握手**　②　**選抜**　③　**未然**
　C群　①　**聴取**　②　**縦横**　③　**犠牲**

2　文章Ⅰ　1　イ　2　ア　3　ウ
　4　かげろう日記　5　ア
　文章Ⅱ　1　百人一首　2　ウ　3　イ
　4　ア　5　中の姫に恋文をよこす男
　6　イ
　文章Ⅲ　1　④　2　ウ　3　ア
　文章Ⅳ　1　ウ　2　ウ　3　ウ

3　省略

配点例

1　３点×９　計27点
2　Ⅱ２～６，Ⅲ３　４点×６
　Ⅳ　５点×３　他　３点×８　計63点
3　10点

解　説

2　＜発表・批評文＞

Ⅰ１　「男性」が「わざわざ女性のようなふり」をして「仮名文字」で書いた日記文学は，**紀貫之**による「**土佐日記**」。アの「**菅笠日記**（すががさのにっき）」は，**本居宣長**が吉野，飛鳥を旅した時のことを書き記した江戸時代の紀行文。ウの「**十六夜日記**（いざよいにっき）」は，藤原為家の側室・**阿仏尼**が書いた鎌倉時代の紀行文。

２　**取捨選択**＝良いものを取り悪いものを捨てること。直前の「**書くべきことと捨てること**」もヒントになる。

切磋琢磨＝知徳をねりみがくこと。また，互いに競い合い励まし合って，ともに向上すること。

二者択一＝二つの事柄の内どちらか一つを選ぶこと。

３　「**たすきをつなぐ**」は，途中の状態である物事を次の人へ受け渡すという意味の慣用句。

４　語頭以外の**ハ行**は**ワ行**に直す。

５　**リクローズ**＝一度開封したものを，再び開封していない状態に戻すこと。「リクローズ包装」などの言葉がある。

Ⅱ１　藤原定家は鎌倉時代初期の歌人。彼が選んだ歌で構成されているのは「小倉百人一首」であり，通常「**百人一首**」といえばこれのことを指す。

２　「道綱母」は「器用」で「かわいらしい袋物を縫い上げたりする」ことも上手であったことから，［　B　］には非常に短い時間に事の行われるさまを表す副詞「**たちまち**」が当てはまる。［　C　］は，「中の姫に恋文をよこす男は一人や二人では」なかったが，中の姫は「見向きも」しなかったとあり，空欄前から予想される結果とは逆の結果が空欄後に続くため**逆接の接続詞**が当てはまる。よって，**ウ**が適当。

３　**運針**＝裁縫の針の運び方のこと。

４　**気位**＝自分を高く位置づけて，その品位を保とうとする気の持ち方のこと。

５　「崇拝」とは心から尊び敬うことであり，――線部③は「中の姫」を慕っている人のことを指す。この内容を言い換えた部分は，――線部③の直前の「**中の姫に恋文をよこす男**」である。

６　「右大臣」は位の高い人物であり，兼家はその息子とあるため，**イ**の「御曹司（＝名門の家の子息）」が適当。**ア**の「青二才」は，あざけりや謙遜の気持ちを込めて，経験が浅く年若い男性のことをいう言葉。**ウ**の「殿下」は天皇とその妻以外の皇族（皇太子，皇太子妃，皇女，皇孫など）の敬称。

Ⅲ１　使役の助動詞「せる・させる」は，他の人（物）に強制して何かをさせる意味を表す。――線部④は「ありあわせ」という名詞の一部である。

２　**自画自賛**＝自分で自分や自分の行為をほめること。
容姿端麗＝顔だちや姿が整っていて美しいこと。

３　「あやしき」は「あやし」の連体形。「あやし」には「神秘的だ，異常だ，不審だ，気がかりだ（奇し・異し・怪し）」と，「見苦しい，粗末だ，身分が低い（賤し）」の二つの意味がある。本文中に「小路に住む」とあるため，**ア**が適当。

Ⅳ１　「道綱母」は「どんな裏切りを繰り返されても，兼家一人にしか心は動かない」とあるため，たまにしか訪ねてこない兼家に対して「ひとり寝る夜」の嘆きを詠んだ**ウ**が適当。**ア**は「何となくあなたが待っているような気がして，秋の花が咲き乱れるのに出てみたら，月が夜空に浮かんでいた」という歌で，与謝野晶子作。**イ**は「恋をしているという私の評判は早くも立ってしまった。人知れず心ひそかに恋をしはじめたばかりだったのに」という歌で，壬生忠見作。

２　「道綱母」は「自分が純粋で～多情さが許せない」が，「たまには訪ねたり～役目も果たして」いる兼家への愛を「どうしても断ち切れない」と筆者は述べている。この内容と合致する**ウ**が適当。**ア**は「元来愛情を表現することが苦手であった」が不適。**イ**は「道綱母」の才能の発揮については筆者が述べていることで，「道綱母」の思いではないため不適。**エ**は「互いに意思疎通ができない状態」までは至っていないため不適。

３　三宅さんは『かげろふ日記』，木村さんは『かげろうふ日記』の作者「道綱母」，清水さんは「道綱母」の夫「藤原兼家」について調べて順を追って発表し，最後に三人の意見と比較するために「道綱母と兼家を別の角度で見た文章」を引用している。よって，**ウ**が適当。**ア**は後半部分，**イ**は「三宅さんがリーダーとなり」，**エ**は「論拠として」がそれぞれ不適。

神村学園高等部

令和５年度　神村学園高等部入試問題　数　学

正答例

1 1 (1) **52**　(2) $\mathbf{-\frac{9}{10}}$　(3) $\mathbf{2\sqrt{6}}$
(4) $\mathbf{-15b}$　(5) $\mathbf{y=-\frac{1}{36}}$
2 **4**(個)　3 $\mathbf{x=-1,\ y=-3}$
4 $\mathbf{x=\frac{2\pm\sqrt{10}}{2}}$　5 **180**(°)

2 1 **イ，エ，オ**(順不同・完答)
2 $\mathbf{n^2}$(個)　3 $\mathbf{x=6}$，**∠A＝60**(°)
4 $\mathbf{6t^2-48t+192}$

3 1 **75**(回)　2 **34**(回)
3 **ウ，エ**(順不同・完答)

4 1 **A(－1，2)**　2 $\mathbf{y=\frac{5}{2}x+3}$　3 $\mathbf{\frac{21}{5}}$
4 **点Dから直線 $y=2$ に垂線DHをひく。**
求める立体の体積は，△DEHを直線 $y=2$ のまわりに1回転させてできる立体から，△DBHを直線 $y=2$ のまわりに1回転させてできる立体をひいたものである。よって，
$\frac{1}{3}\times6\times6\times\pi\times\frac{12}{5}-\frac{1}{3}\times6\times6\times\pi\times1$
$=\frac{144}{5}\pi-12\pi$
$=\frac{84}{5}\pi$　　答 $\frac{84}{5}\pi$

5 1 ア **円周角**　イ **対頂角**　ウ **∽**
2 **△PACと△PDBにおいて**
共通の角より，
∠APC＝∠DPB　…①
弧ADに対する円周角より，
∠ACP＝∠DBP　…②
①，②より，2組の角がそれぞれ等しいから，
△PAC∽△PDB
よって，PA：PD＝PC：PB
PA×PB＝PD×PC
3 **PA×PB＝PD×PCより，**
PA×(PA＋5)＝4×6
$\mathbf{PA^2+5PA-24=0}$
(PA＋8)(PA－3)＝0
PA＝－8，3
PA＞0より，PA＝3
△PBCは直角三角形であるから三平方の定理より， $\mathbf{PC^2+BC^2=PB^2}$
$\mathbf{6^2+BC^2=8^2}$
$\mathbf{BC^2=64-36}$
$\mathbf{BC^2=28}$
BC＞0より， $\mathbf{BC=2\sqrt{7}}$　　答 $2\sqrt{7}$ cm

配点例

1 1　3点×5	他　4点×4	計31点
2 3　3点×2	他　5点×3	計21点
3　5点×3		計15点
4 4　5点	他　4点×3	計17点
5 1　2点×3	他　5点×2	計16点

解　説

1 ＜計算問題・小問集合＞

1 (1) $(5+8)\times4=13\times4=52$

(2) 与式 $=\frac{6}{10}+\frac{4}{10}\times\left(-\frac{15}{4}\right)=\frac{6}{10}-\frac{15}{10}=-\frac{9}{10}$

(3) 与式 $=3\sqrt{2}\times2\sqrt{3}-\frac{24\times\sqrt{6}}{\sqrt{6}\times\sqrt{6}}=6\sqrt{6}-4\sqrt{6}=2\sqrt{6}$

(4) 与式 $=6ab^2\times\frac{1}{4a^2b^4}\times(-10ab^3)=-\frac{60a^2b^5}{4a^2b^4}=-15b$

(5) 比例だから，$y=ax$（a は比例定数）が成り立つ。
$\frac{1}{2}=-6a$，$a=-\frac{1}{12}$
$y=-\frac{1}{12}x$ に $x=\frac{1}{3}$ を代入し，$y=-\frac{1}{12}\times\frac{1}{3}=-\frac{1}{36}$

2 $5=\sqrt{5^2}=\sqrt{25}$，$9=\sqrt{9^2}=\sqrt{81}$
また，25÷12＝2.08…，81÷12＝6.75より，条件を満たす n の値は，3，4，5，6の4個。

3 $y=4x+1$ を，$-2x+5y=-13$ に代入し，
$-2x+5(4x+1)=-13$，$18x=-18$，$x=-1$
$y=4x+1$ に $x=-1$ を代入し，
$y=4\times(-1)+1$，$y=-3$

4 **解の公式** $\left(x=\frac{-b\pm\sqrt{b^2-4ac}}{2a}\right)$ より，
$x=\frac{-(-4)\pm\sqrt{(-4)^2-4\times2\times(-3)}}{2\times2}$
$x=\frac{4\pm\sqrt{16+24}}{4}=\frac{4\pm2\sqrt{10}}{4}=\frac{2\pm\sqrt{10}}{2}$

5 右図のように，**三角形の外角は，それととなり合わない2つの内角の和と等しい**ことより，5つの角の和は，三角形の内角の和と等しくなる。よって，
$\angle a+\angle b+\angle c+\angle d+\angle e=180^\circ$

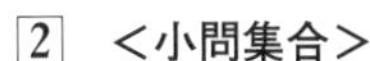

2 ＜小問集合＞

1 (ア) ±3，±2，±1，0の7個ある。
(イ) 同符号の2数の積はいずれも正の数になる。
(ウ) $\sqrt{(-5)^2}=\sqrt{25}=5$
(オ) 右の表より，すべての場合は36通り。条件を満たすのは○をつけた32通り。
よって，確率は $\frac{32}{36}=\frac{8}{9}$

小＼大	1	2	3	4	5	6
1			○	○	○	○
2			○	○	○	○
3	○	○	○	○	○	○
4	○	○	○	○	○	○
5	○	○	○	○	○	○
6	○	○	○	○	○	○

2 1番目は1個，2番目は4個，3番目は9個，4番目は16個…より，n 番目は n^2 個となる。

3 $\frac{BC}{AC}=\sqrt{3}$ に $AC=2\sqrt{3}$，$BC=x$ を代入すると，
$\frac{x}{2\sqrt{3}}=\sqrt{3}$，$x=\sqrt{3}\times2\sqrt{3}=6$
また，**三平方の定理**より，$AB=4\sqrt{3}$
△ABCは辺の比が，**2：1：$\sqrt{3}$ の直角三角形**だから，
∠A＝60°

4 △PQR
＝長方形ABCD
－台形APRD
－△PBQ
－△RQC

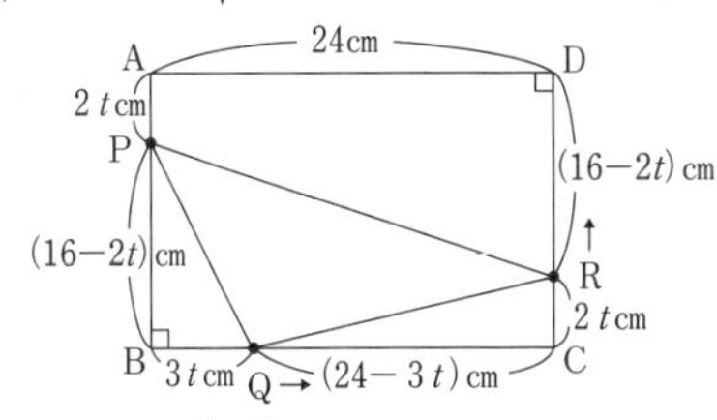

長方形ABCD＝16×24＝384(cm²)
台形APRD $=\frac{1}{2}\times(2t+16-2t)\times24=192$ (cm²)
△PBQ $=\frac{1}{2}\times3t\times(16-2t)=24t-3t^2$ (cm²)
△RQC $=\frac{1}{2}\times(24-3t)\times2t=24t-3t^2$ (cm²)
よって，$384-192-(24t-3t^2)\times2$
$=6t^2-48t+192$ (cm²)

3 ＜データの活用＞

1 $\frac{60+90}{2}=\frac{150}{2}=75$ (回)

2 **平均値＝$\frac{データの値の合計}{データの総数}$**
$\frac{15\times31+45\times9+75\times4+105\times2+135\times2}{48}$
$=\frac{465+405+300+210+270}{48}$
$=\frac{1650}{48}=34.375$ より，34回

3 (ア)　中央値の含まれる階級は，値の小さい方から24，25番目の含まれる0以上30未満の階級なので×

(イ)　各階級の度数の比較より×

(ウ)　2と，(ア)で示した通り平均値の方が高いので○

(エ)　すべての階級で，30回未満の噴火が最も多いので，多いといえる。

(オ)　この表からは，年別の噴火回数はわからない。

(カ)，(キ)　**(範囲)＝(最大値)－(最小値)**

(四分位範囲)＝(第3四分位数)－(第1四分位数)

いずれも度数分布表からは判断できない。

4　＜2次関数＞

1　点Aの y 座標は2で，$y=2x^2$ のグラフ上の点だから，$y=2x^2$ に $y=2$ を代入し，$2=2x^2$，$x^2=1$，$x=\pm1$

点Aの x 座標は負なので，$x=-1$　A$(-1,\ 2)$

2　点Dは $y=2x^2$ のグラフ上の点だから，$y=2x^2$ に $y=8$ を代入し，$8=2x^2$，$x^2=4$，$x=\pm2$

点Dの x 座標は正なので，$x=2$　　D$(2,\ 8)$

求める直線の式を $y=mx+3$ とおき，点Dの座標を代入すると，$8=2m+3$，$2m=5$，$m=\frac{5}{2}$

直線CDの式は，$y=\frac{5}{2}x+3$

3　直線CDと直線 $y=2$ との交点がEだから，2より，

$2=\frac{5}{2}x+3$ が成り立つ。これを解くと，

$\frac{5}{2}x=-1$，$x=-\frac{2}{5}$

点Bは点Aと y 軸に対して対称な点だから，

1より，B$(1,\ 2)$

△BDEの底辺をBEとすると，

$BE=1-\left(-\frac{2}{5}\right)=\frac{7}{5}$

高さは，点Dの y 座標と

直線 $y=2$ より，

$8-2=6$

$\triangle BDE=\frac{1}{2}\times\frac{7}{5}\times6=\frac{21}{5}$

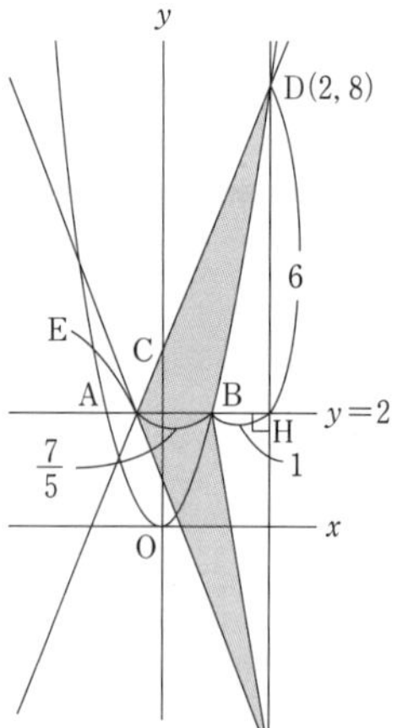

4　右図のように，

半径が6，高さが $\frac{12}{5}$ の円すいから，半径が6，高さが1の円すいを除いた部分の体積を求める。

5　＜平面図形＞

1　会話文にしたがって図に記号をかいていくと，右図の通り。相似な図形の辺の比から，PA×PC＝PB×PDを証明すればよい。

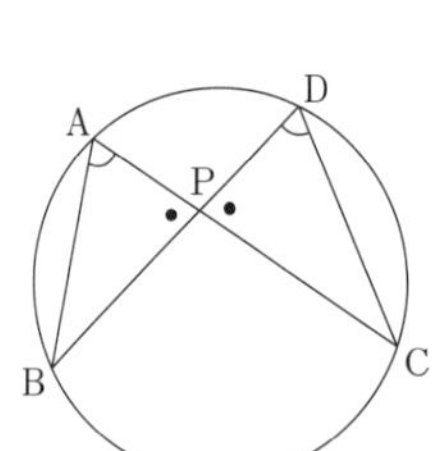

2　1をヒントに考えると，

PA×PB＝PD×PC，

PA：PD＝PC：PB

つまり，△PAC∽△PDBであることを証明すればよい。

3　2で証明した式に辺の長さを代入していくと，

PB＝PA＋AB＝PA＋5(cm)

と表せるので，PAの長さについての二次方程式ができる。

また，線分BDが直径となることから，∠BCD＝90°となるので，**三平方の定理**を用いて，BCの長さを求める。

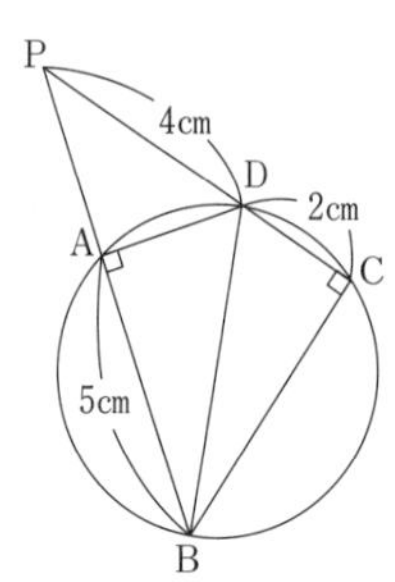

令和5年度　神村学園高等部入試問題　英　語

正答例

1　1 ウ　2 エ　3 ア　4 Ⅳ

2　① open　② cost　③ zoo　④ hundred　⑤ animal　⑥ seeing　⑦ before / by

3　1　**4月に新しい図書館が鹿児島にオープンしたということ。**

2　(A) ウ　(B) イ　(C) ア

3　to the library is convenient because there are many shops in

4　ア

5　**もし私たちが紙の本を買うなら，私たちは家族や友人にそれを貸すことができます。**

6　(a) E　(b) P　(c) P　(d) E　(e) P

7　(a) ○　(b) ×　(c) ×

4　1　ウ

2　(賛成例)　I agree with this opinion because it is important to save the earth (environment).　(13語)

(反対例)　I disagree with this opinion because we will have to think about garbage all the time.　(16語)

5　1　It means Sustainable Development Goals.

2　(A) ウ　(B) イ　(C) ア

3　drinking

4　㋐ テレビ　㋑ 未来（将来）　㋒ 17　㋓ プラスチック　㋔ 紙(の)　㋕ 学ぶ　㋖ インターネット

5　**私たちにとって，お店にエコバックを持って行くことは，難しいとは思いません。**

6　(a) ×　(b) ○　(c) ×

7　ウ

6　(A) Which do you like better　(5語)

(B) turn right at the first　(5語)

配点例

1，2	2点×11	計22点
3	3，5　3点×2　他　2点×13	計32点
4	1　2点　2　4点	計 6点
5	1，5　3点×2　他　2点×15	計36点
6	2点×2	計 4点

解　説

1　＜適文補充＞

1　A：おはよう，恵子。　B：こんにちは，シンディ。私はあなたの帽子が好きよ。あなたに似合っているわ。　A：ありがとう。

ア　あなたはすぐにそれを手に入れるはずよ

イ　あなたは新しい帽子を手に入れるべきよ

エ　おもしろそうね

2　A：ボブは卓球がすごく得意なんだ。　B：彼は君より上手いの？　A：うん。僕たちが一緒に卓球をすると，いつも彼が勝つんだ。

ア　僕たちは遅れている　　イ　彼はそこにいない

ウ　僕は彼に会うことができる

3　(家で)

A：明日ショッピングモールに行こう。　B：いいよ。

何を買う必要があるの？　A：**僕はＴシャツを探したいんだ**。

イ　僕は電車で行きたいんだ

ウ　９時に出発しよう

エ　机の上にバッグがあるよ

４　（店で）

A：何かお困りですか？　B：ええ。①**私はこれを試着したいです**。　A：②**試着室は向こうです**。　B：③**ありがとうございます**。

2　**＜資料・対話文読解＞**

Y：それは朝何時に①**開く**の？　L：午前９時だよ。君は８時50分に来られる？　Y：ええ，来られるわよ。③**動物園**に入園するのにいくら②**かかる**の？　L：僕たちは中学生だから，それぞれ④**100**円払わないといけないよ。　Y：わかったわ。お母さんが私にお金をくれるわ。　L：君はどの⑤**動物**を一番見たいんだい？　Y：私はコアラが大好きよ。私はそれらを⑥**見るの**が楽しみなの。　L：それらの中には早く寝付くものもいるから，僕たちは午後４時⑦**前に**はそれらすべてを見るべきだよ。　Y：ええ，じゃあ私たちは時間に気をつける必要があるわね。　L：僕はとてもわくわくしているよ。きっととても楽しいだろうね。

3　**＜長文読解＞**

私は４月に新しい図書館が鹿児島にオープンしたという①**知らせ**を聞きました。それは天文館図書館と呼ばれています。それは鹿児島市の中心部に位置しています。そのため，②**同じ建物内にたくさんの店があるので，その図書館に行くことは便利です**。その図書館は，そこを訪れた人の「考えを広げる」ために建てられました。

ところで，あなたは「e-book」を読んだことがありますか。e-bookは電子書籍を意味しています。私たちはウェブサイトからスマートフォンやタブレットに本をダウンロードすることができます。③**その利点は持ち運びが簡単で，私たちがいつでもどこでも本を読めることです**。これらの理由から，より多くの人々が電子書籍を選んでいます。これらの人によれば，彼らは本を買ったり借りたりするために本屋や図書館に行く必要がありません。彼らは家で簡単にダウンロードできます。もし私たちが図書館に行く時間がなければ，私たちにとって電子書籍はとても便利です。実際，読書が嫌いな人が電子書籍のおかげで読書が好きになりました。それは本を読む人を増やす上で良い傾向です。

今後，紙の本を読むのをやめる人が増えると思いますか？紙の本にも利点があるので，私は「はい」とは言えません。まず，私たちはスマートフォンやタブレットなしで紙の本を読むことができるので，私たちは充電が切れることを心配する必要がありません。２つ目に，④**もし私たちが紙の本を買えば，それを家族や友人に貸し**，その本についての考えを彼らと共有することができます。本は子どもへのとてもすてきな誕生日プレゼントです。３つ目に，私たちは長時間本を読むことによっての目の問題が少なくなります。最後に，私たちは電子書籍よりも紙の本を使った方が何かをより記憶することができると言われています。

電子書籍と紙の本の両方に利点があります。そのため，私たちはそれらの違いを知り，どちらのタイプが私たちにとってより良いのかを考えなければなりません。私はもしあなたが週刊誌を読むなら，電子書籍を選ぶべきだと思います。もしあなたが本をずっと持っておくつもりなら，本屋でそれを買うべきです。古い本や貴重な本もあります。私たちは図書館でそのような本に出会うことができます。また，実際の本を手に取って，ページや匂いを感じるのが好きな人もいます。そのため，紙の本は長い間私たちと一緒にあるでしょう。

私の好きな漫画が毎週出版され，私はそれを買いに店に行く時間がないので，今は電子書籍をよく読みます。しかし，私は「考えを広げる」ために新しい図書館に行くつもりです。

１　本文訳波線部参照。

※ that（接続詞）以降が下線部①の内容を示している。

２　(A)　関係代名詞「who」以下が「the people」を補足し，「そこを訪れる人々」という意味になる。

(B)　stop ～ ing：～するのをやめる

stop to ～：～立ち止まって～する

７　(a)　**４月に新しい図書館が鹿児島市の中心部に作られた。**

(b)　著者は今後紙の本を読む人は減るだろうと思っている。

(c)　電子書籍と紙の本には違いはない。

4　**＜英文読解＞**

私たちは私たちがごみを捨てる量が増えているため，ゴミ処理の有料化を始める都市が増えたと聞いています。それは私たちの都市で大きな問題です。鹿児島市では，私たちの家から出るごみは年間15万トンもあります。鹿児島市に住む人々は，より良い未来のためにごみの総量を減らさなければならないでしょう。まず，**鹿児島市は「市民が１日100グラムのごみを減らすべきだ」という計画を始めました**。それはおにぎり１個分とほとんど同じです。もし私たちが気に留めておけば，それは難しくありません。もし私たちがごみ用のビニール袋にお金を払いたくなければ，私たちは自分たちでそれを減らす努力をするべきです。資源ごみと非資源ごみとの分別から始めましょう。

１　ア　鹿児島市はごみ処理の有料化を始めるつもりです。

イ　鹿児島市はごみ処理の有料化を始めました。

ウ　鹿児島市はごみの量を減らす計画を始めました。

エ　鹿児島市はより多くのごみを捨てる計画を始めました。

２　あなたはこの意見に賛成ですか，そしてそれはなぜですか？

（賛成例の訳）　**私はこの意見に賛成です，なぜなら地球（環境）を守ることは大切だからです。**

（反対例の訳）　**私はこの意見に反対です，なぜなら私たちはずっとごみのことを考えないといけなくなってしまうからです。**

5　**＜対話文読解＞**

A：君はSDGsを聞いたことがあるかい？　M：ええ。最近，私はテレビでよくそれを耳にするわ。私はそれが私たちにとって大切なことだというのはわかるけれど，その意味はよくわからないわ。あなたはそれが何を意味するのか知っている？　A：もちろんだよ！　それは持続可能な開発目標という意味だよ。より良い未来のために，僕たち一人ひとりがそれらを達成するために何かできるはずだ。17の目標があるよ。多くの企業がSDGsのためにさまざまな取り組みをしているんだ。　M：私はよく理解できないわ。もう少し説明してもらえない？　A：**例えば**，目標12は *つくる責任　つかう責任* なんだ。僕たちはプラスチックのストローの使用をやめることができる。コーヒー店で紙のストローを使っている人を見たことはないかい？　M：ええ，先週私がお気に入りのコーヒー店に行ったとき，プラスチックのストローの代わりに紙のストローをもらったわ。それは柔らかすぎたから，違和感があったわ。私が飲み終わるまでそれが長持ちするか心配だったわ。さらに，プラスチックのストローを要求している人を見たわ。　A：本当に？それは二酸化炭素の削減を助けることができるんだ。現在，多くの企業がそれに取り組んでいる。だから，地球を守るために，私たちは彼らを助けるべきだと思わない？　M：**ええ，思うわ**。私は紙のストローを使うし，より多くの人が地球のために同じことをするべきね。SGDsのために私たちができることは他にある？　A：そうだなあ…。まず，君はごみを減らすことができるね。例えば，君が買い物に行くとき，自分のエコバッグを持って行くことができる。そうすれば，君はビニール袋を買う必要がないね。　M：そうね。**私は私たちにとって，お店にエコバッグを持って行くことは，難しいとは思わないわ**。　A：最近はかわいいエコバッグがたくさんあるよね。　M：私は私たちみんながSDGsについてもっと学んで，たくさんの人にその大切さを伝えなければいけないと思うわ。A：SDGsについてインターネットで調べてみようか？　M：**そうしよう**。

3　finish ～ing：～し終える

※「finish to ～」は同じ意味にならないので注意。

6　(a)　アレックスがSDGsについてマナに聞いたとき，彼女はそれについて知っていた。

(b)　**マナは彼女のお気に入りのコーヒー店でプラスチックのストローを要求する人を見た。**

(c)　マナは紙のストローを使うのが好きではないので，今後それらを使うつもりはない。

7　ア　地球について知る方法

イ　買い物袋が必要なとき

ウ　SDGsのために私たちができること

エ　SDGsを得る方法

6　＜英作文＞

S：こんにちは，ABC博物館へようこそ。　F：こんにちは。僕は初めてここに来ました。　S：ここの一番人気のエリアは恐竜と昆虫です。**あなたは恐竜か昆虫のどちらが好きですか？**　F：僕は恐竜より昆虫の方が好きです。　S：これは昆虫についてのパンフレットです。　F：ありがとうございます。　S：自分でエリアを見つけることができますか？　F：ええと…わかりません。　S：この地図を見てください。私たちはここです。真っすぐ進んで，**最初の角で右に曲がってください**。　F：わかりました。どうもありがとうございます。

令和５年度　神村学園高等部入試問題　社　会

正答例

1 I　1　1月30日午後6時

2　標高が高くなるにつれて，気温が低くなるため。

3　イ　4　アルプス山脈　5　タイガ

6　ア　7(1)　エ　(2)　イ

II　1　フォッサマグナ　2　イ

3　シリコンアイランド　4　ア

5　都市部の洪水を防ぐため。

6　冬に大量の雪が降り，農業ができないため。

7　イ

2 I　1①　6　②　聖徳太子　③　徳川家光

2　ア　3　イ　4　銀閣

5　江戸での費用が歳出の半分を占めており，経済的負担が大きくなった。

6　C→A→B→D

II　1①　浦賀　②　ポツダム

2　ウ　3　学制　4　ウ

5　ウ→ア→イ→エ

6　石油危機/オイル・ショック

III　20歳以上の女性と男性に参政権が認められたため。

3 I　1①　イ　②　エ　③　ウ

2　検閲　3　黙秘権　4　ウ

5④　ノーマライゼーション

⑤　バリアフリー

⑥　ユニバーサルデザイン

II　1(1)　エ　(2)　ストライキ

2　ウ　3　パワーハラスメント

4(1)　製造物責任法

(2)　クーリング・オフ制度

(3)　消費者基本法

III　気候条件によって左右される（13字）

配点例

1	I 2　II 6　3点×2	他　2点×13	計32点
2	III　3点	他　2点×15	計33点
3	III　3点	他　2点×16	計35点

解　説

1　＜地理総合＞

I　Ⓐ－コートジボワール，Ⓑ－イタリア，Ⓒ－ロシア，Ⓓ－インドネシア。

1　東京（日本）の標準時は東経135度，バンクーバーは西経120度なので，東京とバンクーバーの時差は(135＋120)度÷15＝17時間。よって，バンクーバーは東京より17時間遅れているので，バンクーバーの日時は1月30日午後6時。

2　キトとマナオスは，どちらも赤道直下に位置するので，気温は年間を通して一定だが，キトはアンデス山脈の中腹に位置しているので標高が高く，**高山気候**に属している。よって気温はマナオスより低い。

3　カカオ豆は，ギニア湾岸のコートジボワールやガーナが，世界有数の生産国である。

6　**ア**－東南アジア諸国連合の略称，**イ**－ブラジル(Brazil)，ロシア（Russia)，インド（India)，中国(China)，南アフリカ共和国（South Africa）の５か国を指し，急速に経済成長した国々のこと。**ウ**－新興工業経済地域の略称で，1970年代以降，急速に工業化した国や地域のこと。**エ**－石油輸出国機構の略称で，西アジアや南アメリカなどの国々が加盟している。

7⑴　国民総所得÷人口で一人当たりの国民総所得が求められる。

⑵　**表**から，**イ**と**ウ**は人口が１億人を超えているので，Ⓒのロシアか Ⓓのインドネシア。国民総所得から，**イ**がロシア，**ウ**がインドネシア。残りの**ア**，**エ**のうち，国民総所得の高い**エ**がⒷのイタリア，**ア**はⒶのコートジボワール。

Ⅱ　Ⓐ－熊本県，Ⓑ－和歌山県，Ⓒ－埼玉県，Ⓓ－秋田県，Ⓔ－北海道。

2　**図**の排他的経済水域内の水産資源や鉱産資源は沿岸国が管理できる。日本の排他的経済水域は，沖ノ鳥島，南鳥島のような離島があることで，領土の面積の10倍以上になっている。

3　九州の集積回路工場の多くは，交通の便の良い高速道路や空港の近くに立地している。

4　果実の割合が最も多い**ア**は，みかんや梅の生産が盛んなⒷの和歌山県，米の割合が最も多い**イ**は，日本有数の米作地帯であるⒹの秋田県，野菜の割合が最も多い**ウ**は，**近郊農業**が盛んなⒸの埼玉県，残る**エ**がⒺの北海道。

6　冬は，大陸から吹いてくる北西の**季節風**が，暖流の**対馬海流**が流れる日本海で大量に水蒸気を含み，雲となって日本の山地にぶつかって大量の雪が降る。

7　農業産出額や海面漁業産出額が最も多い**イ**は，大規模な稲作・畑作・酪農などが行われ，豊富な水産資源に恵まれているⒺの北海道。人口と工業出荷額が最も多く，海面漁業産出額がない**エ**は，海に面していない内陸に位置し，東京都のベッドタウンで**京浜工業地帯**に属しているⒸの埼玉県，残りの**ア**，**ウ**のうち，工業出荷額の高い**ア**は，**阪神工業地帯**に隣接しているⒷの和歌山県，**ウ**はⒹの秋田県。

2　＜歴史総合＞

Ⅰ１①　**班田収授（法）**は，６歳以上の人々に与えられた口分田を，その人が死亡したときに国に返させるしくみ。

②　**聖徳太子**は，現存する世界最古の木造建築物といわれる**法隆寺**を建てた。このときに日本で最初の仏教文化である**飛鳥文化**がおこった。

2　この時代の農民には，**租**の他に，布や特産物を納める**調**・**庸**などの税や，土木工事などを行う労役，兵士となる兵役などが課された。兵士となった人の中には，唐や新羅から日本を守るための**防人**に選ばれ，九州北部に送られる者もいた。

3　**イ**－**元寇**であり，御家人たちは恩賞を期待して元軍に立ち向かったが，防衛戦であったため，幕府は恩賞の領地を十分に与えることができなかった。また，武士の領地は分割して相続されるため，次第に小さくなり，御家人の中には生活が苦しくなる者が出てきた。

4　室町幕府８代将軍**足利義政**によって，禅宗の影響を受けた質素で気品のある**銀閣**が建てられ，畳を敷いて床の間を設けた**書院造**が取り入れられた。また，禅僧の**雪舟**は日本の水墨画を確立させた。このころの文化を**東山文化**という。

6　C－飛鳥時代→A－奈良時代→B－鎌倉時代→D－江戸時代。

Ⅱ１①　ペリーが浦賀に来た翌年の1854年に，幕府とペリーは**日米和親条約**を結び，下田（静岡県）と函館（北海道）の２港を開いた。

②　日本は，1945年７月に出されたポツダム宣言をすぐには受け入れなかったので，アメリカは８月６日に広島，９日に長崎に**原子爆弾**（**原爆**）を投下した。ようやく日本は，８月14日にポツダム宣言を受け入れて降伏することを決め，15日に昭和天皇がラジオ放送（玉音放送）で国民に知らせた。

2　**ウ**－1911年。**ア**－開国し，欧米諸国との貿易が始まった1854年以降，**イ**－1863年であり，この結果，攘夷が困難であることをさとった薩摩藩は長州藩と薩長同盟を結び，倒幕に向かっていく。**エ**－1854年。

3　明治新政府の三大改革について，**学制**は1872年に公布され，満６歳になった男女を小学校に全て通わせることが義務となった。**徴兵令**は1873年に出され，満20歳以上の男子は，士族と平民の区別なく兵役の義務を負った。**地租改正**は1873年から実施され，土地の所有者は地価の３％を現金で納めることが定められた。

4　下関条約が結ばれた直後に，ロシアはドイツやフランスとともに，日本が獲得した遼東半島を清に返還するよう勧告してきた（**三国干渉**）。対抗できる力のなかった日本はこれを受け入れた。

5　1915年→1918年→1933年→1940年。

6　石油危機によって，先進工業国の経済は深刻な不況におちいり，日本でも**高度経済成長**が終わった。

Ⅲ　1890年に行われた最初の衆議院議員選挙では，直接国税を15円以上納める満25歳以上の男子にのみ選挙権が与えられた。1925年に**普通選挙法**が成立したが，満25歳以上の男子にのみ選挙権を与えるというものだった。

神村学園高等部

③ <公民総合>

Ⅰ１　アー幸福追求権とは，日本国憲法第13条に規定される「生命，自由及び幸福追求に対する国民の権利」であり，新しい人権を保障する根拠とされている。

３　生命・身体の自由では，他に，裁判官が出す令状のない逮捕や住居の捜索を禁止することや，拷問の禁止・自白の強要の禁止などが定められている。

４　ア・イ・エー精神活動の自由に関する内容。財産権には，著作権や特許権などの知的財産権も含まれる。しかしながら，共に暮らす人々の生活環境を考えて，**公共の福祉**により，土地や建物などの規制が，国や自治体によって行われる場合もある。

５　身体的，精神的，社会的な障壁を取り除こうというバリアフリーの考えで，ユニバーサルデザインは，あらかじめだれでも使えるように工夫したデザインのことであり，互いに補い合う関係にある。

Ⅱ１(1)　ア〜ウー労働基準法に関する内容。**労働三法**について，**労働基準法**は労働時間，休日，賃金などの労働条件の最低基準を定めた法律。**労働組合法**は**労働基本権（団結権・団体交渉権・団体行動権）**の保障を目的に制定され，労働者が労働組合を結成することや，労働組合が争議行為を行うことなどが保障されている。**労働関係調整法**は労働関係の公正な調整をはかり，労働争議を予防したり，速やかに解決したりすることを目的とする法律。

(2)　労働基本権のうちの団体行動権の内容。

２　**ワイマール憲法**は，労働者など弱い立場の人の権利を守る**社会権**の考え方を世界で初めて取り入れた憲法。社会権では，**生存権**や**教育を受ける権利**，**勤労の権利**などを保障している。

３　企業には，パワーハラスメントや，性別を理由に嫌がらせをするセクシャルハラスメントなどへの対策を重視し，従業員が働きやすい職場環境を整備するなどの**企業の社会的責任（CSR）**を果たすことが求められている。企業が果たすべき社会的責任には，他に，消費者の保護や環境にやさしい商品や生産方法の開発，地域文化や環境保全への貢献などがある。

４　消費者の安全と権利を守るために，1962年，アメリカのケネディ大統領が，**消費者の四つの権利**（「安全を求める権利」，「知らされる権利」，「選ぶ権利」，「意見を聞いてもらう権利」）を宣言した。問題文中のクーリング・オフ制度や製造物責任法などの他に，消費者支援制度として，2001年に**消費者契約法**が施行され，業者側の不当な勧誘で消費者が契約したりした場合に，１年以内なら契約を取り消せるようになった。また，2009年には**消費者庁**が発足した。

Ⅲ　太陽光や風力などの再生可能エネルギーの課題として，気候変動に左右されることの他に，電力設備の設置が，一般的な発電施設よりも高額な費用がかかり，電力生産のコストが高いこともあげられる。

令和５年度　神村学園高等部入試問題　理　科

正答例

① Ⅰ１　**a，b**（順不同・完答）　２　**胞子のう**
３　X　**仮根**　Y　**からだを地面に固定する**
４　**単子葉類**
５　**タンポポやアサガオは，花弁が１つにくっついているが，エンドウやアブラナは花弁が１枚１枚離れている。**
６　**胚珠が子房に包まれているか，いない（むき出しになっている）か。**
Ⅱ１(1)　**赤血球**　(2)　**白血球**　(3)　**血しょう**
２(1)　**動脈血**　(2)　**肺静脈**
３A　**右心室**　B　**体**　C　**肺**

② Ⅰ１　**9.1**(％)　２　**15**(g)　３　**5**(g)
４A　**22**　B　**12**
Ⅱ１(1)　**陽イオン**　(2)　**電子**　(3)　$\mathbf{H_2}$
２(1)　**X**　(2)　**D**
３(1)　**0.85**(V)　(2)　**2.10**(V)　４　**ア**

③ Ⅰ１　右図 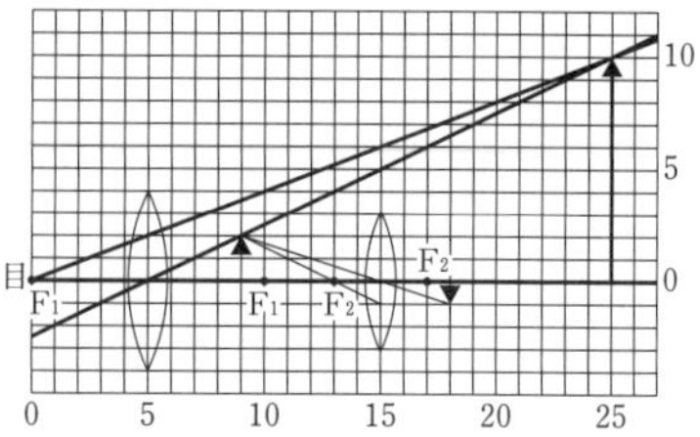
２　**エ**
Ⅱ１　**陰極線（電子線）**
２　**カ**
３　**ア**
Ⅲ１　**12.5**(cm)　２　**24**(cm)
３A　**仕事**　B　**エネルギー**

④ Ⅰ１　**イ**　２　**イ**　３　**R**　４　**10段階**
５ⓐ　**ウ**　ⓑ　**ア**　ⓒ　**イ**　ⓓ　**エ**
６　**ア**　７　**緊急地震速報**
Ⅱ１(1)　**B**
(2)　右図 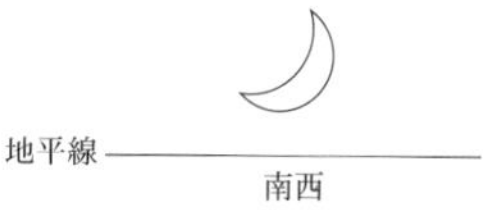
２　**G**　３　**天王星**

配点例

① Ⅰ１，２，３X，４　２点×４　Ⅰ３Y，５，６　３点×３
Ⅱ　１点×８　計25点
② Ⅱ１(1)　１点　他　２点×12　計25点
③ Ⅲ３　２点×２　他　３点×７　計25点
④ Ⅰ５　１点×４　Ⅱ１(2)　３点　他　２点×９　計25点

解　説

① <植物の分類・血液の循環>

Ⅰ１　cは茎（地下茎），dは根である。

４　被子植物の双子葉類と単子葉類は，下のような特徴で分類される。

	子葉の数	葉脈のようす	茎の維管束	根のつくり
双子葉類	 2枚	 網目状	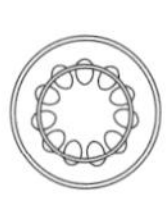 輪状に並ぶ	 側根　主根 主根・側根がある
単子葉類	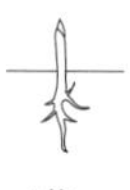 1枚	 平行	 散らばっている	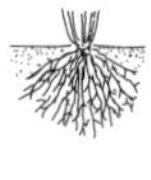 ひげ根

6　観点2は，「根・茎・葉の区別，もしくは維管束があるか，ないか。」，観点4は，「葉脈が網状脈か，平行脈か。」など，観点5は，「花弁がくっついているか，離れているか。」が入る。

Ⅱ1　血小板は出血した血液を固めるはたらきがある。

3　心臓から肺以外の全身を通って心臓にもどる血液の流れを体循環といい，心臓から肺，肺から心臓という血液の流れを肺循環という。

2　**＜身のまわりの物質・化学変化とイオン＞**

Ⅰ1　**質量パーセント濃度〔%〕＝$\frac{\text{溶質の質量〔g〕}}{\text{溶質の質量〔g〕＋溶媒の質量〔g〕}}$×100**

$\frac{10}{10+100}\times 100 = 9.09\cdots$　よって，9.1％

3　**図1**より，水の温度が20℃のときのホウ酸の溶解度は5ｇなので，10－5＝5〔ｇ〕

4　**図1**より，水溶液の温度が20℃で，水溶液の質量が105ｇのとき，ホウ酸は5ｇとけることがわかる。水溶液の質量が462ｇのとき，とけるホウ酸の質量をxｇとおくと，105：5＝462：x　x＝22　よって，ホウ酸の水溶液500ｇには，38＋22＝60〔ｇ〕のホウ酸がとけていたことがわかる。

したがって，$\frac{60}{500}\times 100 = 12$〔%〕

Ⅱ　陽イオンへのなりやすさは大きい順に，マグネシウム，亜鉛，鉄，銅である。

1　金属にうすい塩酸を加えたとき，金属の陽イオンへのなりやすさが大きいほど水素が発生する。原子が電子を失って，＋の電気を帯びたものを陽イオン，電子を受けとって，－の電気を帯びたものを陰イオンという。

2　**実験1**より，金属Aは金属Dより陽イオンへのなりやすさが大きいと考えられるので，金属Aが電子を放出して，金属Dが電子を受けとる。よって，電子は金属Aから金属Dに流れ，電流の向きは電子の流れる向きとは反対なので，金属Dが＋極となる。

3　**表1**は，下図のようにまとめられる。

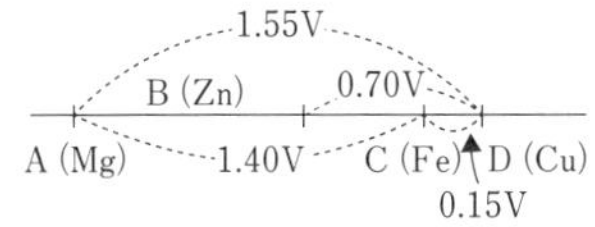

⑴　1.55－0.70＝0.85〔V〕

⑵　**図4**は直列回路であり，回路全体に加わる電圧の大きさは各ビーカーで発生する電圧の大きさの和となる。右側のビーカーで発生する電圧の大きさは，0.70－0.15＝0.55〔V〕

よって，1.55＋0.55＝2.10〔V〕

3　**＜物理総合＞**

Ⅰ1　対物レンズによってできる像は，接眼レンズの焦点より内側にあるので虚像ができる。

Ⅱ2　陰極線は－極(陰極)から＋極(陽極)に向かって出るので，電極Aは－極，電極Bは＋極だとわかる。また，陰極線は－の電気を帯びた電子の流れなので，＋極に引きつけられる。陰極線は上に曲がっているので，電極Cは＋極，電極Dは－極だとわかる。よって，**カ**が適当。

3　電流の向きは電子の流れる向きとは反対なので，電流は**図3**の電極Bから電極Aに向かって流れている。下図は，真空放電管を電極Aの方向から見たようすであり，電流による磁界の向きと磁石による磁界の向きは下図のようになる。陰極線の下側が磁界が強められ，上側は弱められるため，陰極線は上に曲がる。よって，**ア**が適当。

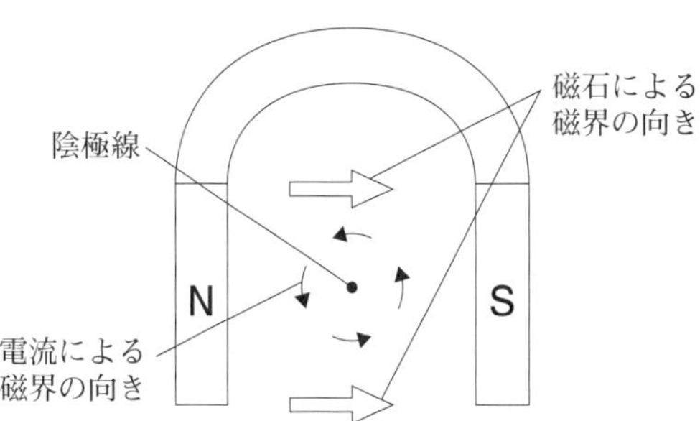

Ⅲ1　**図4**より，木片の移動距離は，小球の質量と高さに比例すると考えられる。質量20ｇの小球を10㎝の高さから転がすと，木片の移動距離が5㎝であることから，質量50ｇの小球を10㎝の高さから転がすと，$5\times\frac{50}{20} = 12.5$〔㎝〕

2　**1**より，質量25ｇの小球を10㎝の高さから転がすと，$12.5\times\frac{25}{50} = 6.25$〔㎝〕　この小球を転がしたときの木片の移動距離が15㎝のときの小球の高さをx㎝とおくと，6.25：10＝15：x

x＝24　よって，24㎝

4　**＜大地の変化・地球と宇宙＞**

Ⅰ2　大陸プレートと海洋プレートが接する境界では，大陸プレートの下に海洋プレートがしずみこんでいる。よって，**イ**が適当。

3　Pは兵庫県南部地震（阪神淡路大震災），Qは熊本地震の震央である。よって，Rが適当。

6　震源が大陸プレート内にある場合も，大陸プレートの上にある海水がもち上げられ津波がおこることもあるので**イ**は不適。ハザードマップは災害の予測をまとめたものであり，今後の地震発生の推定日時は示されていないので**ウ**は不適。地盤がやわらかい場所は，かたい場所にくらべて，震度は大きくなるので**エ**は不適。よって，**ア**が適当。

Ⅱ1⑴　日没直後に南西の地平線付近の空に月が観察できるのでBが適当。

⑵　地球からBの位置にある月を見たとき，月の光っている部分はほとんど見えず，右の部分が少し光る三日月の形に見える。

2　月食は，太陽，地球，月の順に並んだときに起こる。よって，Gが適当。

令和５年度　れいめい高校入試問題　国　語

正答例

一 問一　a　**晩秋**　b　**出征**　c　**葉書**
　　　　d　**簡潔**　e　**全知全能**
問二　(1)　**兵士が国家のために美しく戦場で死ぬという意味**
　　(2)　**ア**
問三　**太宰は四通目の文章やことばの素晴らしさに感動を覚えると同時に，そこに完全に表現された大切なことを見出し，是非とも読者にも読んでもらいたかったから。**
問四　**詩**
問五　**戦時下では様々な統制が入り，表現できないことが多いが，そういった状況や周囲に対して，文学のために命を捧げる覚悟で表現をしようという「戦い」。**
問六　**イ，エ**
問七　省略

二 問一　a　**ア**
　　　　b　**真木信彦が死亡したという知らせ**
　　　　c　**イ**
問二　A　**ウ**　B　**イ**　C　**イ**
問三　**圭子が涙をこらえていることを察したうえに，屈強なラグビー選手だった信彦が，か細く弱っていることを聞かされたから。**
問四　**鉄人ラガーマン**
問五　**チューブをつながれ喋れない真木信彦が圭子を見て安心したような顔をした様子**
問六　**死んだ真木信彦がシーツのようなものにくるまれて物を扱うように事務的に運ばれていったということ。**
問七　(1)　**エ**
　　(2)　**口ぶりから圭子の気持ちが恋敵だった真木信彦にあるように感じ，嫉妬している。**

三 問一　**イ**　問二　**かよう**
問三　**夏も，まして秋冬など**
　　　知らぬ昔・今・行く先
問四　**落ち着かない心もおさまり**
問五　**場所も時間も平等に照らし，心を落ち着かせたり，情けない姿を忘れさせてくれたりするもの。**

配点例

一 問二(1)，問六　3点×2（問六は完答）　問三，問五　6点×2
　問七　10点　他　2点×7　計42点
二 問一，問二　2点×6　問四，問七(1)　3点×2
　他　5点×4　計38点
三 問二　2点　問四　4点　問五　5点
　他　3点×3　計20点

解　説

一 **<論説文>**

問二(1)　「『三田君』は～北の孤島で戦死した」という内容から，「玉砕」という言葉は，国家のために「戦場」へ行き「美しく」死ぬという意味で使われていると考えられる。

(2)　設問中の「国によって～押しつけられた」がヒント。本文中に「ずば抜けて美しく」「見事に」とあるように，「戦時下」では「散華」「玉砕」ということばに美しいイメージが「押しつけられ」ていたことが分かる。こういったことばによって「国」は「ただ単に戦争で死ぬ」という事実をごまかそうとしていると考えられるため，アが適当。イは「戦争で～隠す」，エは「『文学』的なことば」がそれぞれ不適。ウは全体的に不適。

問三　太宰は「『四通目』のことば」を「見事だ」と感じ，その手紙の中に「**大切なこと**はすべて」「**完全な形**で」書かれていると思ったからこそ，それを「読者に，ぼくたちみんなに**読んでもらいたくて**」「散華」という小説を書いたと筆者は述べている。

問四　「三田君」の手紙の形式と，「簡潔な，七行のことばの連なり」とあることから，「詩」が当てはまると考えられる。「一通目」の手紙の「当分，『詩』は，頭の中に，うごきませんようです。」もヒントになる。

問五　「散華」が発表された昭和十九年は未だ厳しい言論統制下にあり「書けないことが多」かったうえに，周囲も書くことに対して「難しい」「不可能だ」と思っていた。しかし，太宰は「不可能だからこそ書」こうとしたと筆者は述べている。太宰は，「書くことはなにより危険であると知りながら」，「四通目」の手紙にあるように「大いなる**文学のために**」死んでも構わないという覚悟で表現をするという「戦い」を繰り広げたのだと考えられる。

問六　「**蜘蛛の糸**」は芥川龍之介，「**春と修羅**」は宮沢賢治，「**吾輩は猫である**」は夏目漱石の作。

二 **<小説文>**

問一 a　**感傷**＝物に感じて，心をいためること。
　「胸を抉られたような痛さ」を感じていることを踏まえる。

b　**訃報**＝死亡したという知らせ。
　前の部分に「真木信彦が死んだ」ことは「石野圭子が知らせてくれた」とあることから考える。

c　**嗚咽**＝声を詰まらせてむせび泣くこと。
　「咽（むせ）ぶ」とは涙で息も詰まるほど泣くこと。

問二A　二回目の「私，まいっちゃって」の後に「彼女の方が～暗い話し方をした」とあるのを踏まえる。

B　「圭子」が「真木信彦」の死に動揺していることから，「お葬式」には一緒に行ってほしいと「ぼく」に心から頼んでいる状況だと考えられる。

C　「怒った」とあることから，「圭子」の声色を推測する。

問三　「圭子」が「涙ぐ」むほど「真木信彦」の容態は悪いのだと「ぼく」は察し，「コヨリみたい」になった「真木信彦」の様子を想像している。「肉弾を誇った」や「紙を縒ったようになっている」といった抽

れいめい高校

象的な内容を分かりやすく具体的に言い換える。

問四　「ぼく」が見舞いに行けなかったのは，「あの真木信彦がぼくより早く死ぬということが，どうにも本気に出来なかった」からである。なぜ「本気に出来なかった」かというと，「ぼく」にとって「真木信彦」は「肉弾を誇ったラガーマン」だったからであり，これを指定字数で言い換えた部分を探すと「**鉄人ラガーマン**」という言葉が当てはまる。

問五　傍線部③の直後に「圭子」から見た「真木信彦」のくわしい様子が描かれている。「鼻から口からチューブだらけ」で話せるはずがないが「**真木信彦**」は「目」で「**圭子**」を「確認して**安心したような顔をした**」ため，「圭子」は傍線部③のように考えたのだ。

問六　傍線部④の直後で，「圭子」は「物になっちゃう」について補足している。「シーツみたいなもの」にくるまれ，「物」のように「軽そうに運ばれちゃった」とある。

問七⑴　「ぼく」は元妻である「圭子」のことを今でも気にかけているが，彼女が本当に愛していたのは「真木信彦」だったのではないかと思い「息苦し」さを感じている。したがって，自分の愛する者の心が他に向くのを恨み憎む感情であるエが適当。

⑵　「友人だと言い張ってた」という「圭子」の言葉から，「ぼく」は「圭子」が「真木信彦」に対して特別な思いを抱いていたのではないかと感じて嫉妬している。

三　<古文>

(口語訳) 花や紅葉の風情を味わったり，月や雪の情趣を賞美したりするにつけても，この世は捨てがたいものです。風情がない人もある人も嫌わず，①風流を理解する心がない人もとるに足りない人も区別しないのは，②このような方面のことばかりでしょう。

それにしても，夕方の月のほのかなものをはじめ明け方の月の心細い感じのものまで，③折も嫌わず場所も区別しないのは，月の光が第一でしょう。夏も，ましてや秋や冬など，月の明るい夜は，(何ということもなく，)④落ち着かない心もおさまり，みっともない姿も忘れられて知らない過去・現在・未来も，まだ見たこともない高麗・唐土も，あますところなくはるかに思いやられるのは，ただこの月に向かい合った時だけですね。

問一　注釈より，「心なき」は風流を理解する心がないという意味だと分かる。風流を理解するのは「人」なので，省略されているのは「人」だと考えられる。

問二　「**ア段＋う**」は「**オ段＋う**」に直す。

問三　「月の光」は時間も場所も区別しないとあるので，その内の「折」，つまり時間について記した部分を探す。傍線部③の後に「**夏も，まして秋冬など**」「**知らぬ昔・今・行く先**」とあるがこういった季節や時の違いを嫌ったり区別したりすることがないのである。

問五　「月の光」は「折も嫌はず所も分かぬもの」であり，「月明かき夜」は「**そぞろなる心も澄み，情けなき姿も忘られ**」る状態になるとある。この部分を，空欄後の言葉に繋がるように現代語訳する。

令和５年度　れいめい高校入試問題　数　学

正答例

1　(1) **5**　(2) **−34**　(3) **0**
(4) $4x+8$　(5) $9-6\sqrt{2}$

2　(1) **4**(個)　(2) $x=-2,\ 6$
(3) $y=18$　(4) **24**(人)　(5) $\dfrac{7}{18}$

3　(1) 75π (cm²)　(2) $\angle x=70°$
(3) **50**(cm)　(4) $4\sqrt{2}$ (cm²)
(5) △OPTと△OPHにおいて，
円の半径より，
OT＝OH　…①
POは共通　…②
T，Hは接点だから，
∠OTP＝∠OHP＝90°　…③
①，②，③より，直角三角形の斜辺と他の1辺がそれぞれ等しいから，
△OPT≡△OPH　よって　PT＝PH

4　(1) $a=\dfrac{3}{2}$
(2) $OB=2\sqrt{10}$
(3) B $(1+3\sqrt{3},\ 3-\sqrt{3})$
(4) $\dfrac{7\sqrt{3}}{3}-\dfrac{1}{2}$

5　(1) 右図
(2)① $PD=\dfrac{5}{3}$
② $QE=\dfrac{4}{5}x$
$QF=3-\dfrac{3}{5}x$
③ $AQ=\dfrac{25}{13}$

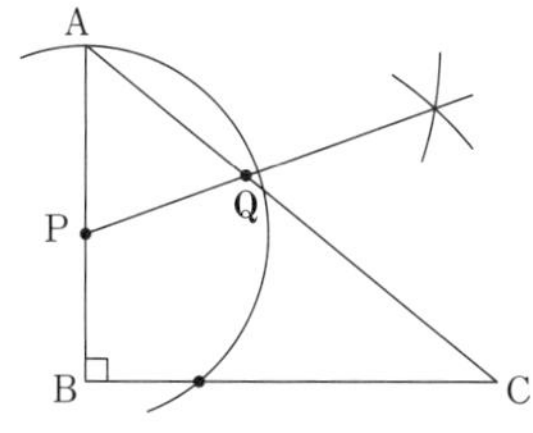

配点例

1，2，3　4点×15　計60点
4，5　5点×8　(5⑵②は一方のみ2点)　計40点

解　説

1　<計算問題>

(1) 与式$=(-1+2)+(-3+4)+(-5+6)+(-7+8)+(-9+10)=1+1+1+1+1=5$

(2) 与式$=11-45=-34$

(3) 与式$=2023+289\times(-7)=2023-2023=0$

(4) 与式$=\dfrac{2(6x+3)-(4x-10)}{2}$
$=\dfrac{12x+6-4x+10}{2}=\dfrac{8x+16}{2}=4x+8$

(5) 与式$=(\sqrt{6})^2+2\times\sqrt{6}\times\left(-\dfrac{3}{\sqrt{3}}\right)+\left(-\dfrac{3}{\sqrt{3}}\right)^2$
$=6-6\sqrt{2}+3=9-6\sqrt{2}$

2　<小問集合>

(1) $2=\sqrt{4}$，$3=\sqrt{9}$より，$\sqrt{4}<\sqrt{x}<\sqrt{9}$
よって，5，6，7，8の4個

(2) $x(x-1)=3(x+4)$，$x^2-x=3x+12$
$x^2-4x-12=0$，$(x+2)(x-6)=0$
$x=-2,\ 6$

(3) 反比例より，$xy=$一定が成り立つ。よって，
$3\times(-6)=-1\times y$，$-18=-y$，$y=18$

(4) $120\times0.2=24$(人)

(5) 右図より，大小2個のさいころを同時に投げるとき，目の出方は全部で36通り。このうち，小さいさいころの目が大きいさいころの目の約数となるのは○をつけた14通り。よって，その確率は，$\dfrac{14}{36}=\dfrac{7}{18}$

大＼小	1	2	3	4	5	6
1	○					
2	○	○				
3	○		○			
4	○	○		○		
5	○				○	
6	○	○	○			○

れいめい高校

3 ＜平面図形・空間図形＞

(1) 側面となるおうぎ形の弧の長さは，底面となる円の円周の長さと等しいから，$2\pi\times5=10\pi$ (cm)
側面のおうぎ形の中心角は，$360^\circ\times\dfrac{10\pi}{20\pi}=180^\circ$
$5^2\pi+10^2\pi\times\dfrac{180}{360}=25\pi+50\pi=75\pi$ (cm²)

(2) 右図において，**平行線の錯角は等しい**ことより，
$\angle x$
$=180^\circ-(130^\circ-20^\circ)$
$=70^\circ$

(3) 下図の△ACBと△ADEにおいて，∠CAB＝∠DAE，
AB：AE＝AC：AD＝2：1より，
2組の辺の比とその間の角がそれぞれ等しいから，
△ACB∽△ADE
相似比は2：1だから，
$x=2\text{DE}=2\times25=50$

(4) 正四面体の各面は**正三角形**で，CMは辺ABの垂線となるから，△BCMは**30°，60°，90°の直角三角形**である。
$\text{CM}=\sqrt{3}\,\text{BM}=2\sqrt{3}$ cm，△MCDについて，辺の長さや辺CDを底辺としたときの高さを求めると，下図のようになる。
よって面積は，$\dfrac{1}{2}\times4\times2\sqrt{2}=4\sqrt{2}$ (cm²)

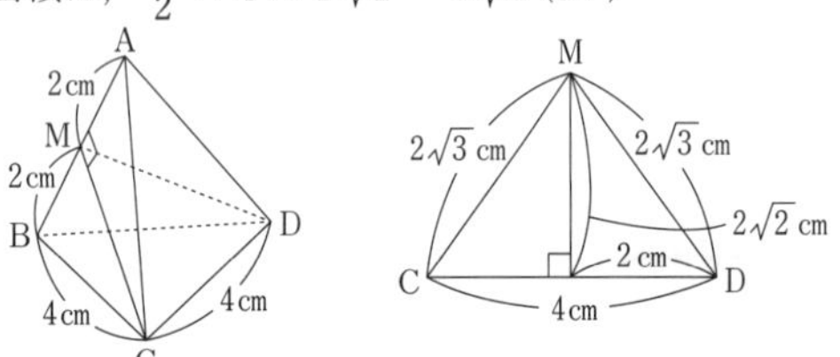

(5) 解答欄の書き出しにあわせて，△OPT≡△OPHであることを証明する。

4 ＜2次関数＞

(1) 関数$y=ax^2$に点A(2，6)の座標を代入し，
$6=a\times2^2$，$4a=6$，$a=\dfrac{3}{2}$

(2) **2点間の距離**より，$\text{OA}=\sqrt{6^2+2^2}=\sqrt{40}=2\sqrt{10}$
正三角形の3辺の長さは等しいから，$\text{OB}=\text{OA}=2\sqrt{10}$

(3) 点Bの座標を$(m,\ n)$とする。
$\text{OB}^2=\text{OH}^2+\text{BH}^2$，$40=m^2+n^2$
また，点Aを通りx軸に平行な直線と，直線BHの交点をIとする(下図)と，$\text{IA}=(m-2)$，$\text{IB}=(6-n)$
△ABIにおいて，**三平方の定理**より，
$\text{AB}^2=\text{IA}^2+\text{IB}^2$
$=(m-2)^2+(6-n)^2$
$=m^2-4m+4+36-12n+n^2$
$=m^2+n^2-4m-12n+40$
ここで，OB＝ABより，OB²＝AB²だから，
$m^2+n^2=m^2+n^2-4m-12n+40$
$4m+12n=40$，$m+3n=10$，$3n=10-m$
$n=\dfrac{10-m}{3}$　これを$40=m^2+n^2$に代入すると，
$40=m^2+\left(\dfrac{10-m}{3}\right)^2$
これを整理して，
$m^2-2m-26=0$
解の公式より，
$m=\dfrac{2\pm6\sqrt{3}}{2}$
$=1\pm3\sqrt{3}$
mは正の数だから，
$m=1+3\sqrt{3}$

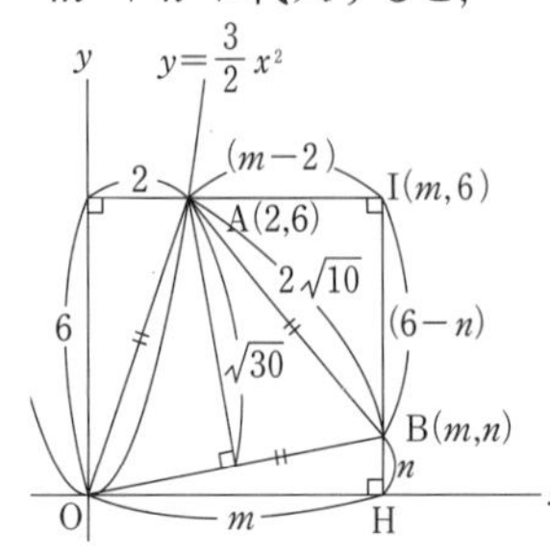

これを$n=\dfrac{10-m}{3}$に代入し，
$n=\dfrac{10-1-3\sqrt{3}}{3}=\dfrac{9-3\sqrt{3}}{3}=3-\sqrt{3}$
よって，$\text{B}(1+3\sqrt{3},\ 3-\sqrt{3})$

(4) 四角形OHBA
＝△OAB＋△OHB
$=\dfrac{1}{2}\times2\sqrt{10}\times\sqrt{30}+\dfrac{1}{2}(1+3\sqrt{3})(3-\sqrt{3})$
$=\sqrt{300}+\dfrac{1}{2}(3-\sqrt{3}+9\sqrt{3}-9)$
$=10\sqrt{3}+4\sqrt{3}-3=14\sqrt{3}-3$
面積を2等分する直線とx軸との交点をTとし，Tのx座標をtとすると，
△OAT
$=\dfrac{1}{2}$四角形OHBA
$=\dfrac{1}{2}(14\sqrt{3}-3)$
$=7\sqrt{3}-\dfrac{3}{2}$
$\triangle\text{OAT}=\dfrac{1}{2}\times t\times6=3t$より，
$3t=7\sqrt{3}-\dfrac{3}{2}$，$t=\dfrac{7\sqrt{3}}{3}-\dfrac{1}{2}$

5 ＜平面図形＞

(1) 線分PQを折り目として，頂点Aが移った点をDとすると，PA＝PDである。また，線分PQは線分ADの垂直二等分線である。よって，作図方法は，
① 点Pを中心とし，半径がPAである円と辺BCとの交点をDとする。
② 2点A，Dをそれぞれ中心とする，半径の等しい円が2つ交点(1つは点P)をもつようにかく。
③ ②でとった2つの交点を通る直線をひき，辺ACとの交点をQとする。

(2)① PA＝PDだから，PD＝tとおくと，PB＝$(3-t)$
△PBDにおいて，**三平方の定理**より，
$\text{PD}^2=\text{PB}^2+\text{BD}^2$
$t^2=(3-t)^2+1^2$，$t^2=9-6t+t^2+1$
$6t=10$，$t=\dfrac{5}{3}$　　よって，$\text{PD}=\dfrac{5}{3}$

② △ABC∽△AEQ，△ABCにおいて，**三平方の定理**より，AC＝5
AB：BC：CA＝3：4：5より，
QE：AQ＝4：5，$5\text{QE}=4x$，$\text{QE}=\dfrac{4}{5}x$
同様に，△ABC∽△QFC
$\text{CQ}=\text{AC}-\text{AQ}=(5-x)$
QF：QC＝3：5　$5\text{QF}=3(5-x)$
$5\text{QF}=15-3x$，$\text{QF}=3-\dfrac{3}{5}x$

③ FB＝QE，$\text{FD}=\text{FB}-\text{BD}=\dfrac{4}{5}x-1$
また，(1)より，垂直二等分線の性質から，AQ＝QD
△DFQにおいて，**三平方の定理**より，
$\text{QD}^2=\text{FD}^2+\text{QF}^2$
$x^2=\left(\dfrac{4}{5}x-1\right)^2+\left(3-\dfrac{3}{5}x\right)^2$
$x^2=\dfrac{16}{25}x^2-\dfrac{8}{5}x+1+9-\dfrac{18}{5}x+\dfrac{9}{25}x^2$
$\dfrac{26}{5}x=10$，$x=\dfrac{50}{26}$，$x=\dfrac{25}{13}$　よって，$\text{AQ}=\dfrac{25}{13}$

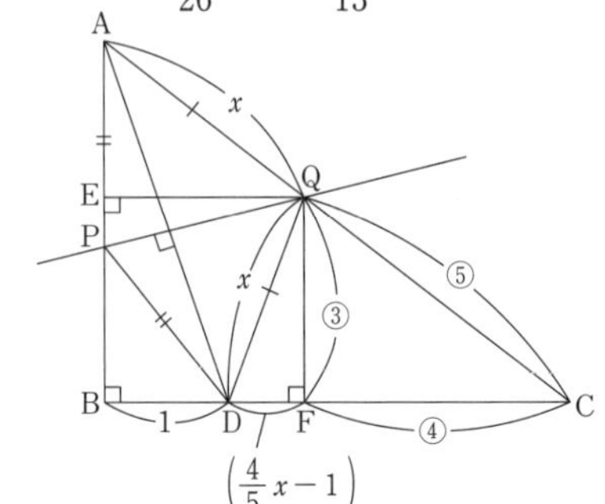

令和５年度　れいめい高校入試問題　英　語

正答例

リスニング　No.1　エ　No.2　エ　No.3　イ
No.4　イ　No.5　ウ　No.6　エ
No.7　エ　No.8　ア　No.9　ア
No.10　イ

1　1　(1)　ア　(2)　エ　2　ア
3　水族館への入場料を調べる必要があるから。／入場料を知らないから。
4　3,500 円

2　1　(1)　Monday　(2)　1,500
2　ア　×　イ　×　ウ　○　エ　×

3　1　Are there many trees around Imuta pond?
2　John gave Sakura some comic books.
3　I went to the post office to send a letter.
4　How did you feel when you climbed Kaimondake?

4　1　yours / Ken's　2　Does / teach
3　Shall we　4　better than
5　be eaten　(各完答)

5　1　ウ
2　彼女は Chiharu ができないことをできた。
3　エ
4　一人の時よりも他の人がいる時の方がダンスは良く見え，上手なダンサーが２人いるとすばらしく見える。
5　イ，オ　(順不同)

6　1　生徒それぞれが違う時間割を持っているため。
2　math
3　・授業の間の休み時間が５分しかない。
・昼食時間が短い。　(順不同)
4　・生徒たちが自分たちの教室をそうじする。
・給食がある。　(順不同)
5　I like Japanese because I like to read books.

配点例

リスニング	2点×10	計20点
1	1，2　2点×3　他　3点×2	計12点
2	1　3点×2　2　1点×4	計10点
3，4	3点×9	計27点
5	2，4　3点×2　他　2点×4	計14点
6	1，2，5　3点×3　他　2点×4	計17点

解　説

リスニング　＜聞き取りテスト＞

No.1　*Man :* How much are the apples?　*Woman :* They are one dollar each.　*Man :* How about the oranges?　*Woman :* They are two dollars each.　*Man :* Can I have two apples and one orange?
Question：How much will the man pay?
M：リンゴはいくらですか？　W：１つ１ドルです。　M：オレンジはどうですか？　W：１つ２ドルです。　M：リンゴを２つとオレンジを１ついただけますか？
質問：男性はいくら支払いますか？

No.2　*Man :* Let's go to the movies tomorrow.　*Woman :* I'm sorry, I can't.　I'm busy on Tuesdays.　*Man :* How about the day after tomorrow?　*Woman :* Great.　What do you want to see?
Question：When will they go to the movies?
M：明日映画に行こう。　W：ごめん，行けないわ。私は火曜日は忙しいの。　M：明後日はどう？　W：いいわね。あなたは何を見たいの？
質問：彼らはいつ映画に行きますか？

No.3　*Woman :* Are those new shoes?　*Man :* Yes.　My uncle gave them to me as a birthday present.　*Woman :* They are nice.　Are they for running?　*Man :* Yes.　I wore them and ran last night.
Question：Who gave the boy the shoes?
W：それは新しい靴？　M：うん。おじが誕生日プレゼントとしてくれたんだ。　W：すてきね。それはランニング用？　M：うん。昨晩これを履いて走ったよ。
質問：誰が少年に靴をあげましたか？

No.4　*Woman :* Can I help you?　*Man :* Yes, I'm looking for a book by Stephen Mills.　*Woman :* You can find it on the second floor.　*Man :* When do I have to return it?　*Woman :* You can borrow it for two weeks.
Question : Where are they talking?
W：手伝いましょうか？　M：ええ，私はステファン・ミルズの書いた本を探しています。　W：それは２階で見つかるはずです。　M：私はそれをいつ返却しなければなりませんか？　W：あなたはそれを２週間借りることができます。
質問：彼らはどこで話していますか？

No.5　*Woman :* How many friends are coming to your party?　*Man :* I asked eight friends.　*Woman :* Are they all coming?　*Man :* No. Ted and Nancy said that they can't come.
Question：How many friends are coming to the party?
W：あなたのパーティーに何人の友人が来るの？　M：僕は８人を招待したよ。　W：彼ら全員が来るの？　M：いいや。テッドとナンシーは来られないって言っていたよ。
質問：パーティーには何人の友人が来ますか？

No.6　*Man :* How was the beach?　*Woman :* Oh, it was too hot, so I didn't go.　*Man :* So, what did you do last Sunday?　*Woman :* I went to a friend's house and watched a movie.
Question：What did the woman do last Sunday?
M：海はどうだった？　W：ああ，暑すぎたから行かなかったわ。　M：じゃあ，先週の日曜日は何をしたの？　W：私は友人の家に行って映画を見たわ。
質問：女性は先週の日曜日に何をしましたか？

No.7　*Man :* Wow!　That was a long movie.　*Woman :* Yeah.　It was three hours long.　*Man :* Movies are usually 90 minutes or two hours long, aren't they?　*Woman :* I know.
Question：How long was the movie?
M：わあ！　長い映画だったね。　W：ええ。3時間あったわ。　M：映画はたいてい 90 分か２時間だよね？　W：そうよね。
質問：映画はどのくらいの長さでしたか？

No.8　*Man :* Do you get off at the next station?　*Woman :* Yes. Where do you get off?　*Man :* I get off at the end of the line.　I'll see you tomorrow.　*Woman :* Bye.
Question：Where are they talking?
M：君は次の駅で降りる？　W：ええ。あなたはどこで降りるの？　M：僕は終点で降りるよ。また明日。　W：またね。
質問：彼らはどこで話していますか？

No.9　*Woman :* Have you finished your homework?　*Man :* No, not yet. It is too difficult.　I have to call my friends for help.　*Woman :* You have to finish it by tomorrow, don't you?　*Man :* Yes.　I need a lot of help.
Question：What will the boy do next?
W：宿題は終わっている？　M：いいや，まだだよ。難しすぎるよ。僕は助けを求めて友達に電話しないといけないよ。　W：あなたはそれを明日までに終わらせないといけないのよね？　M：うん。たくさんの助けが必要だよ。
質問：少年は次に何をしますか？

No.10　*Man :* You look happy today.　*Woman :* My mother is coming back from China tonight.　*Man :* Did she go sightseeing?　*Woman :* No, she went there on business.
Question：Why is the girl happy?
M：君は今日幸せそうだね。　W：今夜母が中国から帰ってくるの。　M：彼女は観光に行ったの？　W：いいえ，彼女は仕事でそこに行ったわ。
質問：なぜ少女は幸せですか？

1　＜対話文読解＞
J：すみません。私は妻と５歳の息子を水族館に連れて行きたいです。[1]私たちはどうやってそこに着くことができますか？　R：水族館ですか？　ええと，ここからは少し遠いので，あなたはバスに乗るべきです。これはこのホテル周辺の地図です。ここがホテルです。バス停に着くには，このホテルから２ブロック直進して左に曲がってください。それから，２ブロック歩いてください。右手にバス停が見えるはずです。 J：わかりました。水族館に入るのにいくらかかりますか？ R：ええと，**少々お待ちください**。わからないので，コンピュータで調べなければなりません。大人１人は1,500円，子ども１人は500円です。 J：ありがとうございます。 R：どういたしまして。**良い一日を！**

1 イ 私たちはあなたの客です。
ウ お手伝いしましょうか？
2 本文訳波線部参照。
4 本文訳二重傍線部参照。
※ ジョンと彼の妻は大人なので，1,500円×２＝3,000円。彼の息子は子どもなので，500円。合計3,500円になる。

2 ＜資料読解＞

みどり博物館
みどり博物館が今年の４月にれいめい市にオープンします。あなたはこの町に住む植物や動物を見ることができるでしょう。動物はすべてロボットです。それらは動き，音を出すでしょう！ 植物は本物です！ もしあなたが自然が好きなら，この博物館に来てください。

開館時間 月曜日 ：午後１時～午後５時
火曜日～土曜日：午前10時～午後５時
日曜日 ：午前10時～午後７時
入館料 大人 ：2,000円
７～18歳の学生 ：1,000円
６歳以下の子ども：無料
※ 博物館内で食べ物を食べることはできません。
※ 開館記念のため，４月中は入館料が半額になります。
詳しくは，ウェブサイト(www.midorimuseum.com)まで

2 ア みどり博物館は日本の文化を学ぶのに適した場所です。
イ 私たちは博物館内で昼食をとることができる。
ウ 私の３歳の妹は入館料を支払わなくてもよい。
エ 私たちは博物館に行くためにそのウェブサイトを訪れなければならない。

3 ＜並べかえ＞

1 there is(are) ～：～がある／いる
※ 疑問文にする場合は，「Is(Are) there ～?」。
2 give＋人＋物＝give＋物＋to人

4 ＜英文の書き換え＞

1 それはあなたの昼食ですか，それともケンの昼食ですか？
2 佐々木先生は音楽の先生ですか？
3 今度の日曜日に博物館に行きましょう。
※ Shall we ～？：～しませんか？ ／ Shall I ～？：～しましょうか？
4 アンはジョンほど上手にサッカーができません。
※ as 形容詞(副詞)の原級 as …：…と同じくらい～
not as 形容詞(副詞)の原級 as …：…ほど～ではない
5 猿はすぐにこれらのバナナを食べるでしょう。

5 ＜長文読解＞

絵美は中学生だった。毎日，放課後はダンススタジオに通い，ヒップホップダンスの練習をしていた。ある日，ダンススタジオのインストラクターが絵美にチームのリーダーになってほしいと頼んだ。絵美はチームで一番上手なダンサーではなかったので，彼女はリーダー**になりたくなかった**。インストラクターは「リーダーが一番上手なダンサーである必要はないのよ，絵美。みんなあなたが好きで，あなたが一番一生懸命に練習していることを知っているわ。夏に大会があって，私はあなたのチームに優勝してほしいの」と言った。絵美はリーダーになることを引き受けた。

絵美のチームは大会に向けて新しいダンスをすることにした。チームで新しい曲を選び，新しいダンスを作った。そして，彼女たちはチームのセンターで踊る人を決めなければならなかった。絵美よりダンスが上手な子が２人いた。加奈と千春だった。加奈は千春ができないことができたので，**彼女は千春より上手なダンサーだった**。しかし，千春は元気いっぱいだったので，彼女が踊るとみんな彼女に注目した。絵美のチームには11人のダンサーがおり，彼女たちは多数決をとって加奈と千春のどちらかを選ぶことになった。加奈と千春は投票しなかった。５人が千春に，４人が加奈に投票した。絵美はセンターは千春だとチームに伝えると，全員が拍手をした。絵美は加奈を見た。彼女は笑っていなかった。

次の日，彼女たちは大会に向けて練習を始めた。加奈は来なかった。絵美は加奈に電話し，**なぜ彼女が練習にいないのか**を聞いた。加奈は体調が悪いと言った。加奈はその次の日も練習に来なかった。３日目も加奈が練習に来なかったので，練習の後，絵美は加奈の家に行った。

絵美が到着すると，加奈の母親は彼女を加奈の部屋に連れて行った。絵美がドアをノックすると，加奈はドアを開けた。絵美は「みんなあなたのことを心配してるよ，加奈。元気？」と言った。加奈は「元気よ。でも，どうしてみんなが私を選ばなかったのかわからないの。センターで踊れないなら，私は踊りたくないわ」と答えた。

絵美は加奈にインターネットで２つの動画を見るよう言った。「一緒に見て，あなたがどう思ったか聞きたいわ。」 加奈の部屋にはパソコンがあった。彼女たちは２人で見た。最初のビデオでは，プロのヒップホップダンサーが一人で踊っていた。彼女はとても上手だった。２つ目のビデオでは，同じダンサーがセンターで他のダンサーと踊っていた。センターと同じくらい上手なダンサーがおり，そのダンサーが一人で踊っているときよりもはるかに上手に見えた。「どう思う，加奈？」と絵美は聞いた。加奈は「他のダンサーがいる方がダンスがより上手に見えると思うわ。そして，チームに上手なダンサーが２人いるとき，それはすばらしく見えるわね」と答えた。絵美は加奈に「私たちが優勝するためにはあなたが必要なの，加奈。私たちはあなたがいないと勝てないわ」と言った。

次の日，絵美がダンススタジオに着くと，加奈は千春と踊っていた。千春は加奈に新しいダンスを見せていた。彼女たちは幸せそうだった。インストラクターは恵美に「加奈はとても明るいわね。彼女が戻ってくれてうれしいわ。あなたが何かしたの？」と言った。絵美は「私は私たちには加奈が必要だと彼女に伝えました」と笑った。インストラクターは絵美の手をとり「あなたにリーダーをお願いして本当によかったわ」と言った。

1 本文訳波線部参照。
※ 前後の内容から，説得されて最終的に承諾したことがわかる。
3 ア なぜ彼女が千春のことを嫌いなのか
イ なぜ彼女がヒップホップダンスを好きなのか
ウ なぜ彼女がダンスをしたかったのか
4 本文訳二重傍線部参照。
5 ア 絵美が一番上手なダンサーだったので，インストラクターか彼女にリーダーになることを頼んだ。
イ 千春は絵美よりダンスが上手だが，加奈ほどではなかった。
ウ 加奈が初日の練習に来なかったとき，絵美は彼女を訪ねた。
エ 千春は加奈より上手なダンサーだったので，彼女は加奈にダンスのやり方を見せた。
オ インストラクターは絵美が加奈が練習に戻るのを助けたのでうれしかった。

6 ＜対話文読解＞

M：これはアメリカの中学校の時間割だよ。 K：**なぜ生徒の名前が書いてあるのですか？** M：それは各生徒が違う時間割を持っているからだよ。 K：本当ですか？ もっと教えてください。 M：日本では，生徒はたいてい教室にいて，先生が教室にやってきてさまざまな教科を教えるよね？ K：はい。アメリカではどうですか？ M：先生はそれぞれ自分の教室を持っているんだ。例えば，英語の先生は英語の教室，数学の先生は**数学**の教室を持っているよ。彼らは自分の教室を飾ることもできるんだ。例えば，歴史の先生は歴史上の人物や出来事の写真を教室の壁に貼ることができる。 K：だから生徒は自分の時間割にしたがって教室に行くのですね。 M：その通り。君は時間割の**他の違い**がわかるかい？ K：授業間に５分しかありませんね。日本では10分あります。昼休みも短いですね。 M：その通り。アメリカの生徒は５分で別の教室に移動しないといけないんだ。でも彼らは日本の生徒よりも早く家に帰れるんだ。彼らは学校でお菓子を食べることもできる。学校にはお菓子を売る自動販売機があるんだ。 K：本当ですか？ 学校にお菓子が？ それはいいですね！ 僕は将来アメリカの学校に行きたいです。あなたは日本の中学校についてどう思いますか？ M：私はすばらしいと思うよ。生徒が自分たちの教室を掃除しているね。アメリカでは，生徒はそんなことをしないよ。私は給食も大好きだよ。アメリカの生徒は学校の食堂で昼食を買うんだ。 K：それはおもしろいですね。

4 本文訳波線部参照。
5 「あなたは何の教科が好きですか？」という質問に理由も含めて答える。
(正答例の訳)
私は読書が好きなので，国語が好きです。

れいめい高校

令和５年度　れいめい高校入試問題　社　会

正答例

1　1　**東アジア**
　2（X）**モンゴル国**　　（Y）**チベット高原**
　　（Z）**南シナ海**
　3（A）**朝鮮民主主義人民共和国**
　　（B）**大韓民国**
　4（北京）ⓐ　（同じ緯度にない国）**ウ**
　5　**イ**　　6　**インド**　　7　**エ**

2［Ⅰ］1（範囲）**領域**　　（領空）**ウ**
　　2　**割合が高い**　　3　**ア**
　［Ⅱ］1　**日本の河川は，海外の河川に比べて，傾斜が急であり，河口からの距離も短い。**
　　2（X）**23日6時**　　（Y）**22日18時**
　［Ⅲ］1　**縮尺**　　2　**イ**　　3　**ウ**　　4　**イ**

3　1(1)　**イ**　　(2)　**エ**　　2　**ア**
　3(1)　**摂政**　　(2)　**ウ**
　4(1)　**弘安の役**　　(2)　**高麗**
　5(1)　**ポルトガル**　　(2)　**イ**
　6　**ア**　　7(1)　**井伊直弼**　　(2)　**エ**
　8(1)　**エ**　　(2)　**B**

4　1　あ　**群馬**　　い　**メーデー**
　　う　**勤労**　　え　**日米安全保障**条約
　2　**エ**　　3　**ウ**
　4　**イ⇒ウ⇒ア**　　5　**吉田茂**

5［Ⅰ］1　**三権分立**　　2　**エ**　　3　**ア**
　　4　**弾劾**裁判所　　5　憲法の**番人**
　　6　**大統領**制
　　7　**総辞職をするか，もしくは衆議院の解散のどちらかを選ばなければならない。**
　［Ⅱ］1　**ア**　　2　**リンカーン**　　3　**イ**
　　4　核兵器を，**もたず，つくらず，もちこませず**
　　5　**ノーマライゼーション**　　6　**エ**
　　7　**ワイマール憲法**　　8　**イ**
　　9　**持続可能**な開発目標

配点例

1	2，3　1点×5　　他　2点×6	計17点
2	［Ⅰ］1，［Ⅲ］1点×6　　他　2点×5	計16点
3	1　1点×2　　他　2点×12	計26点
4	1，2　1点×5　　他　2点×3	計11点
5	［Ⅰ］1，2　1点×2　　他　2点×14	計30点

解　説

1　**＜世界地理＞**

1　アジア州の地域区分について，東アジアの他に，イラン高原やアラビア半島などで砂漠が見られる西アジア，インドシナ半島と多数の島々からなる東南アジア，インドを中心とした南アジア，カザフスタンなど大陸の内陸部の中央アジアがある。

2（X）**乾燥帯**の**ステップ気候**に属し，草や水を求めて移動し，家畜を飼育する**遊牧**が行われている。

4　ⓑ－青島，ⓒ－洛陽，ⓓ－上海。北京は北緯40度に位置する。ブエノスアイレスは南半球に位置し，およそ南緯35度。

5　1970年代以降，急速に工業化した国や地域を**NIES**（**新興工業経済地域**）といい，ホンコン，韓国，台湾，シンガポールを**アジアNIES**とよぶ。

6　資料から，日本の将来人口は減少していることがわかる。日本は現在，**少子高齢化**が進んでおり，**少子化**の背景には，働くことと子育ての両立の難しさや，結婚年齢の高まりなどによる**合計特殊出生率**の減少などがある。

7　原子力の割合が最も高いイはフランス，水力の割合が最も高いアはカナダ。残るウとエのうち，総発電量が最も多く，火力発電の割合も最も高いエが中国。残るウがアメリカ。

2　**＜日本地理＞**

［Ⅰ］1　図の領土の沿岸から12海里以内の範囲を**領海**といい，領海をのぞく，沿岸から200海里以内の範囲を**排他的経済水域**という。排他的経済水域にある水産資源や鉱産資源は，沿岸国が管理できる。

　2　日本の排他的経済水域は，沖ノ鳥島，南鳥島のような離島があることで，領土の面積の10倍以上にもなっている。

　3　日本の領土の最北端は**択捉島**であり，現在ロシアに不法占拠されている北方領土のうちの一つ。最南端は沖ノ鳥島であり，排他的経済水域を守るために護岸工事が行われた。最東端は南鳥島。

［Ⅱ］2（X）東京とカイロの時差は（135－30）度÷15＝7時間。よって，カイロは東京より7時間遅れているので，カイロの日時は23日6時。

　（Y）東京とホノルルの時差は（135＋150）度÷15＝19時間。よって，ホノルルは東京より19時間遅れているので，ホノルルの日時は22日18時。

［Ⅲ］3　5万分の1の地形図上での1cmの長さは，実際にはその5万倍の50,000cm＝500m。2万5千分の1の地形図上での1cmの長さは，実際は25,000cm＝250m。4cmの場合には，250×4＝1,000m＝1km。よって4cm四方の面積は，1km²。

3　**＜歴史総合（江戸時代まで）＞**

①－古墳，②－飛鳥，③－平安，④－鎌倉，⑤－戦国，⑥，⑦－江戸時代のできごと。

1(1)　文中の「縄目の文様がつけられた土器」から，縄文土器とわかる。

(2)　①の倭王武を含む**大和政権**の王たちの名は，中国の歴史書「宋書」倭国伝に記されており，彼らは，たびたび中国の南朝に朝貢し，国内での地位をより確かなものにするとともに，朝鮮半島の国々に対しても有利な立場に立とうとした。ア－中国の歴史書「三国志」のうち，魏の国に関する史実を記した部分であり，その中に倭人についての記述がある（魏志倭人伝）。それには，**邪馬台国**の**卑弥呼**が女王になって，倭の30ほどの国々をまとめていたこと，卑弥呼が魏に朝貢して，皇帝から「親魏倭王」という称号と金印を授けられたほか，銅鏡100枚をおくられたことなどが書かれている。

れいめい高校

2　ア－645年，**中大兄皇子**（後の天智天皇）と**中臣鎌足**によって行われた**大化の改新**であり，663年に起きた白村江の戦い以前のできごと。イ－672年に起きた**壬申の乱**，ウ･エ－白村江の戦い以降，天智天皇が行ったこと。

3(2)　ウ－藤原氏最盛期の政治・社会・儀式などを記述。ア－奈良時代に全国の自然・地理・産物や伝説などをまとめたもの，イ－藤原道長が記した日記，エ－平安時代に紀貫之が記した日記文学。

4(1)　１回目の元軍の襲来を文永の役，２回目を弘安の役といい，２回に渡った元軍の襲来を**元寇**という。

5(1)　1543年，ポルトガル人を乗せた中国船が，暴風雨にあって種子島に流れ着いた。このときに鉄砲が伝えられ，堺（大阪府）などで盛んにつくられるようになった。

(2)　1575年，**織田信長**は長篠の戦い（愛知県）で，足軽鉄砲隊を使った集団戦法で甲斐（山梨県）の武田氏の騎馬隊を破った。

6　1612年，**徳川家康**は全国にキリスト教禁止令（禁教令）を出した（イ）。さらに幕府は禁教を徹底し，1624年にスペイン船の来航を禁止した（エ）。禁教が進むなか，1637年に島原・天草一揆が起きたが（ア），幕府はこれをしずめ，1639年にポルトガル船の来航も禁止した（ウ）。

7(1)　日米修好通商条約によって，函館･神奈川（横浜）･長崎・新潟・兵庫（神戸）の５港が開かれたが，**関税自主権**がなく，**領事裁判権**を認めるなどの不平等な側面もあった。

(2)　自由貿易が始まると，毛織物や武器，機械生産による安価な綿織物や綿糸が輸入され，国内の生産地は大きな打撃を受けた。日本からは生糸が大量に輸出されたため，国内で生糸の品不足が起こり，各地の絹織物産業が圧迫されたほか，物価が上がった。

8(2)　ルネサンスとは，人間の個性や自由を表現しようとする新しい文化であり，14世紀から16世紀頃。表の④の元寇は1274年・1281年であり，⑤は1543年なので，Bの時期が適切。

4　**＜歴史総合（明治時代以降）＞**

1あ　政府は，群馬県に富岡製糸場などの官営模範工場をつくり，新技術の開発と普及にあたった。これを**殖産興業**という。

う　太平洋戦争によって空襲が激しくなると，都市の小学生は，農村に集団で**疎開**した。

え　日米安全保障条約を結ぶことによって，日本の安全と東アジアの平和を守るという理由から，占領が終わった後もアメリカ軍基地が日本国内に残されることになった。

2　1964年に東京オリンピック・パラリンピックが開かれ，それに合わせて各地に高速道路が造られ，東海道新幹線も開通した。ア－1953年，イ－1970年，ウ－1972年のできごと。

3　ウ－満20歳以上の男女ではなく，満25歳以上の男子。戦後の民主化による選挙法の改正によって，満20歳以上の男女に選挙権が与えられた。

4　日本は1941年４月に日ソ中立条約を結び（イ），北方の安全を確保したうえで，フランス領インドシナの南部へ軍を進めた。日本が南進を行う中で，日米関係は悪化していった。1941年12月に，日本軍はアメリカ軍基地があるハワイの真珠湾を奇襲攻撃する（ウ）とともに，イギリス領のマレー半島に上陸し，太平洋戦争が始まった。日本軍は，短期間のうちに，東南アジアから南太平洋にかけての広大な地域を占領したが，1942年６月のミッドウェー海戦の敗北（ア）によって，日本軍の攻勢は止まり，太平洋戦争は長期戦に入った。

5　**＜公民総合＞**

［Ⅰ］1　三権が互いに行きすぎを抑制し合い，均衡を保つことによって，国の権力が一つの機関に集中することを防ぎ，国民の人権を守っている。

2Ｃ　国民審査は，最高裁判所の裁判官が適任かどうかを国民の直接投票で審査すること。

3　ア－内閣総理大臣の指名は国会が行い，任命は天皇が行う。これは天皇の**国事行為**の一つであり，天皇が国事行為を行うときは，内閣の助言と承認が必要。

6　日本は**議院内閣制**を採っており，内閣は，国権の最高機関である国会が選んだ首相を中心に組織され，国会に対して連帯して責任を負う。

［Ⅱ］1　ア－1640年～60年に起こり，議会側がクロムウェルの指導で国王に勝利し，国王を処刑して，共和政を始めた。イ－1688年～89年に起こり，議会を尊重する王が新たに選ばれ，「**権利章典**」が定められた。ウ－1775年～83年に起こり，植民地側は1776年に**独立宣言**を発表し，イギリスに勝利した。また，初代大統領にワシントンを選んだ。エ－1789年に起こり，この革命によって，市民を中心とした，自由で平等な新しい社会への道を開いた。また，国民議会によって**人権宣言**が発表された。

2　1861年に起こった**南北戦争**中に行った演説であり，北部がリンカン大統領の下にこの内戦に勝利し，奴隷も解放した。

3　ウ－日本国憲法が施行された日。

5　ノーマライゼーションを実現するために，生活に不便な障壁をなくすことを**バリアフリー**，最初からどんな人にも使いやすいデザインを**ユニバーサルデザイン**という。

6　エ－社会権にある**労働基本権**のうちの**団結権**。自由権のうち，アは精神の自由，イは身体の自由，ウは経済活動の自由。

7　経済活動の自由が強調された近代は，結果として貧富の差の拡大を招き，これに対して，人間らしい豊かな生活を送る社会権の考え方が生まれた。

8　ウ－勤労は，国民の義務であると同時に，**勤労の権利**として社会権の中に定められている。

9　国際連合は，2015年に定めた持続可能な開発目標（SDGs）で，2030年までに達成すべき17の目標を示し，貧困や飢餓をなくしたり，教育を普及させたりする取り組みを進めている。

令和５年度　れいめい高校入試問題　理　科

正答例

1　問１　**エ**　問２　**３**(倍)
問３　**非電解質**　問４　**露点**

2　Ⅰ問１　**焦点**　問２　**虚像**　問３　**ア**
問４　**イ**
問５　ア　**カメラ**　イ　**観察したいもの**
ウ　**太陽**(完答)
Ⅱ問１　**小さくなる**
問２　右図 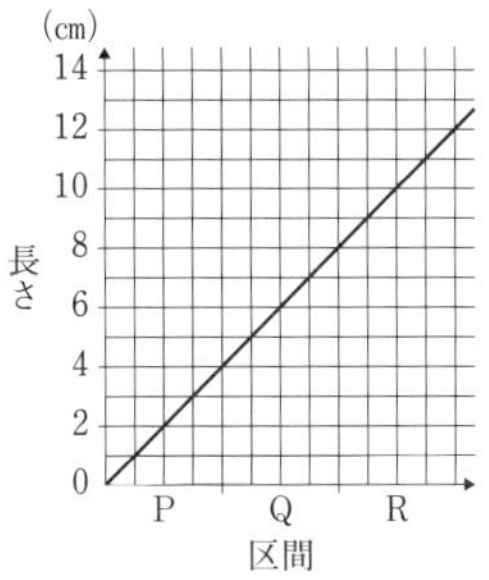
問３　**60**(cm/s)
問４　**慣性の法則**
問５　(1)　**ウ**　(2)　**ア**
問６　**台車の下り始めの高さと同じ高さまで坂を上がる。**

3　Ⅰ問１　**エ**　問２　**エ**
問３　W　**ウ**　X　**エ**
Y　**ア**　Z　**イ**(完答)
問４　(1)　**エ**
(2)　**動脈血と静脈血が心室で混ざり合う**
(3)　**イ，キ**(順不同・完答)
Ⅱ問１　(1)　**発生**　(2)　**分化**
問２　**メンデル**
問３　ⅰ　**短い**　ⅱ　**多い**(完答)
問４　**分離の法則**
問５　**遺伝子は染色体に存在する。**

4　Ⅰ問１　**オ**　問２　**反応後の固体**
問３　**スチールウールを構成している物質と酸素が反応したことで質量が増加したから。**
問４　$\mathbf{2Mg + O_2 \rightarrow 2MgO}$
問５　マグネシウム：酸素＝**３：２**
問６　**2.2**(g)
Ⅱ問１　**有機物**　問２　**C**　問３　$\mathbf{CO_2}$
問４　B　**砂糖**　D　**食塩**(完答)
問５　物質名　**デンプン**
方法　**混合物G，Hに水を加えてよく混ぜ，ろ過する。そのろ液を燃焼さじにとって加熱し，白い結晶ができれば食塩であり，黒くこげれば砂糖である。**

5　Ⅰ問１　**水を加えて指の腹で押しながら洗う**
問２　**ねばりけが強いほど激しい噴火となる。(ねばりけが弱いほど溶岩がながれだすように噴火する。)**
問３　(1)　ア　**火山岩**　イ　**深成岩**(完答)
(2)　**ア**
(3)　C　**斑晶**　D　**石基**(完答)
問４　(1)　**イ**　(2)　**ア**
(3)　**ウ→イ→ア→エ**
Ⅱ問１　1　**コロナ**　2　**プロミネンス**(完答)
問２　①　**太陽(月)**　②　**月(太陽)**
③　**400**($\frac{1}{400}$)(完答)
問３　**太陽，月，地球の順で一直線に並び，月が太陽の一部，または全体を隠す現象。**
問４　**ア**

配点例

1	２点×４			計８点
2	Ⅰ問１　１点	他	２点×11	計23点
3	Ⅰ問１　１点	他	２点×11	計23点
4	Ⅰ問２　１点	他	２点×11	計23点
5	Ⅰ問３(2)　１点	他	２点×11	計23点

解　説

1　**＜小問集合＞**

問２　植物は，常に呼吸を行って二酸化炭素を放出している。植物に光が当たっているとき，二酸化炭素の量は光合成によって吸収された分だけ減り，呼吸によって放出された分だけ増える。つまり，実際に植物が光合成のために吸収した二酸化炭素の質量は，強い光を当てた場合14＋４＝18〔mg〕，弱い光を当てた場合，２＋４＝６〔mg〕　よって，強い光のときの光合成の大きさは弱い光を当てたときの$\frac{18}{6}$＝３〔倍〕

2　**＜身のまわりの現象・運動とエネルギー＞**

Ⅰ問３　スクリーンにうつる実像は，上下左右が逆になる。

問４　スクリーン上に物体と同じ大きさの実像ができるのは，物体から凸レンズまでの距離と，凸レンズからスクリーンまでの距離がともに焦点距離の２倍の場合である。この状態から，物体を凸レンズから遠ざけ，スクリーンを凸レンズに近づけると，物体よりも小さい実像ができ，物体を凸レンズに近づけ，スクリーンを凸レンズから遠ざけると，物体よりも大きい実像ができる。

Ⅱ問１　物体を自由落下させるとき，物体にはたらく重力はすべて物体を動かす向きにはたらくが，斜面に置いた場合，物体にはたらく重力のうち，物体が動く向きにはたらくのは斜面に平行な分力のみとなるため，速さの変化の割合は小さくなる。

問３　$\frac{6.0}{0.1}$＝60〔cm/s〕

問５　台車の位置エネルギーは，A地点にあるときに最も高く，B地点で０になる。また，運動エネルギーは，A地点にあるときは０だが，B地点に向かうにつれて大きくなり，B地点で最大となる，B地点以降は，高さが変化せず，等速直線運動を行っているため位置エネルギーも運動エネルギーも変化しない。

問６　力学的エネルギー保存の法則より，位置エネルギーと運動エネルギーの和は変わらないので，斜面の傾きに関わらず，台車の運動エネルギーが０になるとき，台車はA地点と同じ高さまで移動する。

れいめい高校

3 <生物総合>

Ⅰ問1 小腸で吸収された栄養は，一旦肝臓に運ばれてアミノ酸の一部はタンパク質に変えられる。ブドウ糖の一部はグリコーゲンに変えられて一時的にたくわえられ，必要なときにブドウ糖に分解されて，血管を通って全身の細胞に運ばれる。細胞で養分や酸素を使って生命活動を行って発生したアンモニアは肝臓に運ばれて無害な尿素に変えられる。尿素をふくむ血液はじん臓へ運ばれて血液中から不要な物質をとり除かれる。

Ⅱ問1 受精卵は，細胞の数をふやして胚になった後，さらに細胞の数をふやしながら，形やはたらきのちがう細胞になり，組織や器官をつくって個体の形が出来上がっていく。

4 <化学変化と原子・分子・身のまわりの物質>

Ⅰ問1 質量保存の法則より，ピンチコックを外していない質量Aと質量Bは変わらない。また，反応によって，丸底フラスコの中の酸素はスチールウールと結びついているため，ピンチコックを外すと空気が丸底フラスコの中に入るため質量Cは質量A，Bよりも重くなる。

問5 表1の結果から，マグネシウム1.92 gと結びつく酸素の質量は，3.20－1.92＝1.28〔g〕 よって，マグネシウムの質量と結びつく酸素の質量の比は 1.92：1.28＝3：2

問6 混合物のマグネシウムと結びついた酸素の質量は，5.2－4.0＝1.2〔g〕 1.2 gの酸素と結びつくマグネシウムの質量をx〔g〕とおくと，
3：2＝x：1.2 x＝1.8 よって混合物4.0 gにふくまれる酸化マグネシウムの質量は，
4.0－1.8＝2.2〔g〕

Ⅱ 実験3の結果から物質Aは石灰石，実験4の結果から，物質Cはデンプン，実験1の結果から物質Bは砂糖，実験2の結果から物質Dは食塩であることがわかる。また，実験2′の結果から，混合物Eは「食塩と砂糖」，混合物Ｉは「デンプンと石灰石」，実験3′の結果から，混合物Fは「砂糖と石灰石」であることがわかる。また，実験4′の結果から混合物Gと混合物Hにはデンプンがふくまれていること，実験2′の結果から食塩または砂糖のいずれかが入っていることがわかる。

5 <大地の変化・地球と宇宙>

Ⅰ問4⑵ 流れる水のはたらきで平野や海まで運搬された土砂は，粒の大きいものほど海岸に近いところに堆積し，沖に向かうほど粒の小さいものが堆積する。Fの部分では，古い地層になるほど粒が小さくなっているので，海底から海岸に近づいていったことがわかる。

Ⅱ問3，問4 日食は，月が太陽と地球の間にあるため，新月となる。

令和5年度 出水中央高校入試問題 国 語

正答例

一 問一 a 余地 b こきゃく c ようち
d 赤面 e 勧
問二 A 無効 B 安全
問三 「第三者」の視点に立てる自分
（別解）独りよがりにならない自分
問四 書いているときには気がつかなかった多くのことに気がつく
問五 イ
問六 ア，エ

二 問一 a 気管 b 厳密 c 雑談
d らしんばん e いっけん
問二 イ 問三 A エ C イ
問四 懐しさ
問五 昔はすばらしい（ごちそうだ・物がある）と思っていたが，実際は大したものではなかったということ。
問六 エ

三 問一 a えもいわず b いみじゅう
問二 ウ 問三 きのつらゆき
問四 エ 問五 ア
問六 (Ⅰ) 七八ばかりの子 (Ⅱ) エ

四 問一 ① オ→ウ→ア→エ→イ
② ウ→オ→イ→ア→エ
③ ウ→オ→エ→イ→ア
問二 ① ○ ② ○ ③ × ④ ×

配点例

一 問一 2点×5 問二，問五 3点×3
他 4点×3（問六は完答） 計31点

二 問一 2点×5 問三 3点×2
問五 8点 他 4点×3 計36点

三 問五，問六 3点×3 他 2点×5 計19点

四 2点×7 計14点

解 説

一 <論説文>

問三 本文中で述べられている「もう一人の自分」とは，物事を誰かに伝える際に，「書いた自分」とは別の「『第三者』の視点に立」って，「独りよがりにならない」ようにする自分のことである。

問四 「見直すこと」で，「誤字や脱字」「表現の不適切さ，幼稚さ，難解さ」「論理展開が未熟なこと」など**「書いているときには気がつかなかった多くのことに気がつく」**とある。

問五 **念を入れる**＝よく気をつけて注意すること。
「万全を期す」は完全で少しも手落ちのないことを表すため，イの「念を入れる」が適当。「重要な報告書や提案書」などはしっかり「見直し」をして誤字脱字や表現などを直した方が良いと述べられてい

ることもヒントになる。**ア**の「**念を押す**」は重ねて確かめること。

問六　「物事を誰かに伝える」時には，「独りよがりにならないようにする」ために「『もう一人の自分』を持って，それを育てていくとよい」とあるため**エ**が適当。また，パソコンで書いた文章を画面上で見直すのでは「見直す作業としては不十分」であり，「プリントアウトをして，印字した紙」を読むことで気づくこともあると述べられているため，**ア**が適当で**ウ**は不適。**イ**は，会議で発表している時は自分の間違いではなく周囲の反応に気をつけるようにとあるため不適。**オ**は本文中で述べられていないため不適。

二　<随筆文>

問二　子供の「私」は死を覚悟するほど苦しかったのに，母は「話のつづきで少し笑い声を立て」，心配している様子ではなかったことから，「私」は母に対して血のつながりがない「継母」なのではないかと疑ったのである。**ア**，**ウ**は全体的に不適。**エ**は，「大人からみれば，大した事件ではな」く，実際は「死にそう」ではなかったため不適。

問三A　空欄の前で「カレーの匂い」について述べられているが，空欄の後ではさらに「私の場合」がつけ加えられているため，**添加の接続詞「しかも」**が適当。

C　空欄の前までは「私」の幼少期からの「ライスカレー」に関する思い出が描かれている。しかし，空欄の後からは「外国の船乗り」の話や「思い出」そのものに関する話に変わっている。よって**転換の接続詞「ところで」**が適当。

問四　「そそる」とは興味・関心などを強く引き起こさせること。「私」は「カレーの匂い」によって昔のことを思い出し，「**懐しさ**」を感じるのである。

問五　「**隙間**」は，傍線部②の前にある「外国の船乗り」の話に出てくる。「少年」だった「船乗り」は故郷の町の八百屋と魚屋の間にあった「一軒の小さな店」を「一日遊」ぶほどすばらしいものだと思っていたが，実際は「ただ子供が一人腰をおろせるだけの小さい隙間」にすぎなかったという。つまり，昔はすばらしいと思っていたものが，改めて見てみたら実際にはそれほどまでのものではなかったということである。この内容を，解答の形に注意して書く。

問六　「思い出はあまりムキになって確かめないほうがいい」「何十年もかかって～勿体ないのではないか」とあることから，筆者は子供の頃食べた「ライスカレー」を再び食べることは望んでいないと読み取れるため，**エ**が適当。

三　<古文>

(口語訳) 今となってはもう昔のことだが，①貫之が②土佐守になって，(土佐に) 下っていたが，任期満了の年の事，七つか八つの年頃の子で，a言いようもなく愛らしいのを，このうえもなく可愛がっていたが，その子がしばらく患って亡くなったので，それで泣き悲しんで，③病気になるほど思い続けているうちに，幾月か経ってしまったので，「こうしてばかりもいられまい，都に上ろう。」と思うにつけて，「子供が，ここでこのようにしていたなぁ」などと思い出されて，b大変悲しかったので，柱に書きつけた，

※　都へ帰らなくてはと思うたびに悲しくなるのは自分と共に帰らぬ人がいるからだ

と書きつけた歌が，最近まで残っていたという。

問一 a　語頭以外の**ハ行**は**ワ行**に直す。

b　「**イ段＋う**」は「**イ段＋ゅう**」に直す。

問二　文末が「ける」と連体形になっていることから，空欄に当てはまる係助詞は**ウ**の「なむ」か**エ**の「か」であると考えられる。ここでは，疑問や反語ではなく強調の意味で用いられているため**ウ**が適当。**係り結び（の法則）**では，「**ぞ・なむ・や・か**」があると文末を**連体形**，「**こそ**」があると**已然形**で結ぶ。

問五　傍線部③の直前で，その理由が述べられている。「七八ばかりの子」を「限りなく愛しうしける」が，その子が「とかく煩ひて失せ」てしまったので，貫之は「泣き惑ひて，病づくばかり思ひこが」れているのである。

問六(I)　作者の子である「七八ばかりの子」のことを思って詠まれた歌であることをおさえる。

(II)　作者は「土左の守」の「任果ての年」に「七八ばかりの子」を亡くして悲しんでいる。都へ帰ろうと思っても子との記憶が思い出されて悲しみは尽きない。この気持ちが書かれている**エ**が適当。

四　<文章・同音異義語>

問一　文の順番を考えるときは，「しかし」といった**接続詞**や**論理の流れ**，「その」といった**指示語**に着目する。

問二②　**努める**＝一心に行う。努力する。

勤める＝官庁・会社に就職して勤務する。

務める＝役目を受けもつ。

③　正しい使い方は以下の通り。

a　固く辞退する　　b　合格は堅い

堅い＝中が充実していて壊れにくい。しっかりしていて確実である。

固い＝強くしっかりしていて形が変わらない。かたくなである。

硬い＝材質が密で形が変わらない。緊張してぎこちない様子である。

④　正しい使い方は以下の通り。

a　危険を冒す　　b　国境を侵す

侵す＝立ち入ってはならない場所に無理に入り込んだり，他人の権利や利益をそこなったりする。侵略・侵害する。

冒す＝やみくもに目的を達しようとする，してはいけないことをあえてする。

犯す＝法律・規則・道徳などのきまりを破る。

令和５年度　出水中央高校入試問題　数　学

正答例

1 (1) **28**　(2) $\frac{4}{3}$　(3) $\frac{x+11y}{4}$　(4) **6**

2 (1) **187**(人)
(2) $x=2,\ 9$
(3) $x=-4$
(4) **2**
(5) $16\sqrt{3}$ (cm^3)
(6) $\frac{38}{51}$
(7)

3 (1) **15**(枚)　(2) **9**(枚)
(3)(ア) $(n+1)^2$　または，(n^2+2n+1)
(イ) $n+1$
(ウ) $\frac{n^2+3n+2}{2}$
または，$\frac{(n+1)(n+2)}{2}$
(エ) **210**　(オ) **14**

4 (1) A$(12,\ 6)$　B$\left(-\frac{6}{7},\ \frac{12}{7}\right)$
(2) $\frac{90}{7}$ (cm^2)　(3) $y=\frac{1}{3}x-2$

5 (1) **1：3**　(2) **12**(倍)　(3) $\frac{9}{4}$(倍)

配点例

4点×25　計100点

解　説

1 ＜計算問題＞

(1) $23-(-5)=23+5=28$

(2) $-6^2\div(-3)^3=-36\div(-27)=\frac{36}{27}=\frac{4}{3}$

(3) $\frac{5x-y}{4}-x+3y$
$=\frac{5x-y+4(-x+3y)}{4}$
$=\frac{5x-y-4x+12y}{4}=\frac{x+11y}{4}$

(4) $(\sqrt{5}-1)^2+\frac{10}{\sqrt{5}}$
$=5-2\sqrt{5}+1+\frac{10\times\sqrt{5}}{\sqrt{5}\times\sqrt{5}}=6-2\sqrt{5}+2\sqrt{5}=6$

2 ＜小問集合＞

(1) $550\times0.4\times0.85=187$(人)

(2) $x^2-11x+24-6=0,\ x^2-11x+18=0$
$(x-2)(x-9)=0,\ x=2,\ 9$

(3) 反比例だから，$xy=$一定が成り立つ。
$2\times8=x\times(-4)$
$-4x=16,\ x=-4$

(4) 平均値$=\frac{\text{データの値の合計}}{\text{データの総数}}$
$\frac{3.6+2.65-0.75+4.8-0.3}{5}=\frac{10}{5}=2$

(5) 右図のようになる。
$\frac{1}{2}\times4\times2\sqrt{3}\times4=16\sqrt{3}$ (cm^3)

(6) 50から100までの間に4の倍数は，52，56，60，64，68，72，76，80，84，88，92，96，100の13個ある。
全てのカードの枚数は51枚で，その中の13枚は4の倍数が書かれたカードであり，4の倍数でないカードは，51−13＝38(枚)ある。よって，確率は，$\frac{38}{51}$

(7) ① 線分ＡＢの垂直二等分線を作図し，線分ＡＢの中点をとる。
② ①でとった中点と点Ｐを結ぶ線分の垂直二等分線を作図し，これと線分ＡＢの垂直二等分線との交点をＯとする。

3 ＜文字と式＞

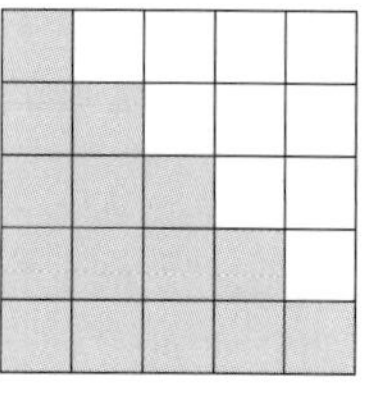

(1) 3，6，10と，2回目は3枚，
3回目は4枚増えているから，
4回目は$10+5=15$(枚)

(2) 1回目は2枚，2回目は3枚，
3回目は4枚…より，
8回目は9枚の差となる。

(3) (ア)… 2^2枚，3^2枚，4^2枚…より，$(n+1)^2$枚
(イ)…(2)より，$n+1$(枚)
(ウ)… $\frac{n^2+2n+1-(n+1)}{2}+n+1$
$=\frac{n^2+3n+2}{2}$
(エ)…(ウ)の式に$n=19$を代入し，
$\frac{19^2+3\times19+2}{2}=\frac{420}{2}=210$
(オ)… $\{\boxed{(ア)}-\boxed{(イ)}\}\div2=\frac{n^2+n}{2}$より，
$\frac{n^2+n}{2}=105$が成り立つ。
これを解いて，
$n^2+n=210,\ n^2+n-210=0$
$(n+15)(n-14)=0,\ n=-15,\ 14$
条件より，nは自然数だから，$n=14$

4 ＜関数＞

(1) 点Ａは直線①，③のグラフの交点だから，
$\frac{1}{2}x=\frac{1}{3}x+2,\ \frac{1}{2}x-\frac{1}{3}x=2$
$\frac{3}{6}x-\frac{2}{6}x=2,\ \frac{1}{6}x=2,\ x=12$
$x=12$を直線①の式に代入し，
$y=\frac{1}{2}\times12=6$　A$(12,\ 6)$
点Ｂは直線②，③のグラフの交点だから，
$-2x=\frac{1}{3}x+2,\ -\frac{7}{3}x=2,\ x=-\frac{6}{7}$
$x=-\frac{6}{7}$を直線②の式に代入し，
$y=-2\times\left(-\frac{6}{7}\right)=\frac{12}{7}$　B$\left(-\frac{6}{7},\ \frac{12}{7}\right)$

(2) 直線③のグラフとy軸との交点をＰとすると，
△ＯＡＢ＝△ＢＯＰ＋△ＰＯＡ
(1)より，$\frac{1}{2}\times2\times\frac{6}{7}+\frac{1}{2}\times2\times12=\frac{6}{7}+12=\frac{90}{7}$(cm^2)

(3) 原点Ｏに対して２点Ａ，Ｂと対称な点をＣ，Ｄとするとき，△ＯＡＢと△ＯＣＤにおいて，三辺の長さが等しくなることより，△ＯＡＢ≡△ＯＣＤとなる。
点Ａと対称な点Ｃの座標は$(-12,\ -6)$
点Ｂと対称な点Ｄの座標は$\left(\frac{6}{7},\ -\frac{12}{7}\right)$
∠ＣＤＯ＝∠ＡＢＯより，錯角が等しいので，直線③と直線ＣＤは平行。平行だから，傾きは等しい。
求める直線の式を$y=\frac{1}{3}x+b$とおき，点Ｃの座標を代入し，$-6=\frac{1}{3}\times(-12)+b,\ -6=-4+b$，
$b=-2$
よって，$y=\frac{1}{3}x-2$

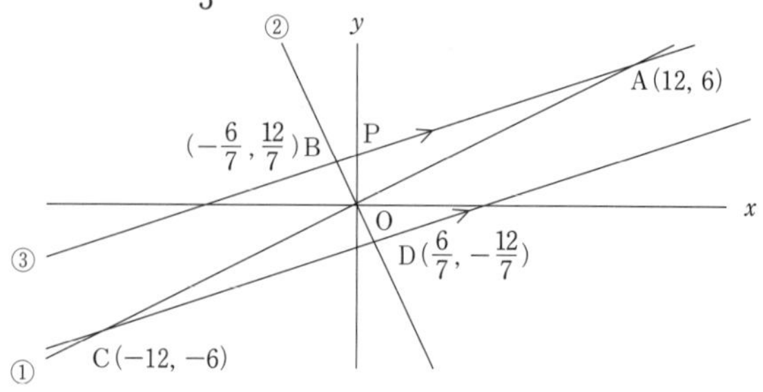

5 ＜平面図形＞

(1) 平行四辺形の性質より，ＡＤ＝ＢＣ
ＡＦ：ＦＤ＝１：２よりＡＦ：ＡＤ＝１：３だから，
ＡＦ：ＢＣ＝１：３

(2) △ＥＡＦと△ＣＤＦにおいて，
対頂角は等しいから，∠ＡＦＥ＝∠ＤＦＣ…①
ＡＥ//ＣＤより，平行線の錯角は等しいから，
∠ＡＥＦ＝∠ＤＣＦ…②
①，②より，２組の角がそれぞれ等しいから，
△ＥＡＦ∽△ＣＤＦ
相似比はＡＦ：ＤＦ＝１：２より，１：２
相似な図形の面積比は，相似比の２乗に等しいから，
面積比は$1^2:2^2=1:4$
△ＥＡＦと△ＥＢＣにおいて，
ＡＤ//ＢＣより，平行線の同位角は等しいから，
∠ＥＡＦ＝∠ＥＢＣ…①
また，∠ＦＥＡ＝∠ＣＥＢ…②
①，②より，２組の角がそれぞれ等しいから，
△ＥＡＦ∽△ＥＢＣ
(1)より，相似比は１：３
相似な図形の面積比は，相似比の２乗に等しいから，
面積比は，$1^2:3^2=1:9$
△ＥＡＦの面積をaとすると，△ＣＤＦ＝$4a$
四角形ＡＢＣＦ
＝△ＥＢＣ－△ＥＡＦ
＝$9a-a=8a$
平行四辺形ＡＢＣＤ
＝$8a+4a=12a$より，
△ＥＡＦの面積の12倍となる。

(3) △ＥＢＧと△ＤＣＧにおいて，
ＡＢ//ＣＤより，平行線の同位角は等しいから，
∠ＧＥＢ＝∠ＧＤＣ，∠ＧＢＥ＝∠ＧＣＤ，
２組の角がそれぞれ等しいから，△ＥＢＧ∽△ＤＣＧ
相似比は，ＥＢ：ＣＤ＝３：２
相似な図形の面積比は，相似比の２乗に等しいから，
面積比は，$3^2:2^2=9:4$より，
四角形ＥＢＣＤ：△ＥＢＧ＝５：９
四角形ＥＢＣＤ＝△ＥＡＤ＋平行四辺形ＡＢＣＤ
ここで，(2)と同様に，△ＥＡＦ＝aとすると，
高さが等しい三角形の面積比は底辺の長さの比に等しいから，ＡＦ：ＦＤ＝１：２より，△ＥＦＤ＝$2a$
△ＥＡＤ＝△ＥＡＦ＋△ＥＦＤ＝$a+2a=3a$
平行四辺形ＡＢＣＤ＝$12a$
四角形ＥＢＣＤ＝$3a+12a=15a$
$15a$：△ＥＢＧ＝５：９，５△ＥＢＧ＝$135a$
△ＥＢＧ＝$27a$
$\frac{27a}{12a}=\frac{9}{4}$より，△ＥＢＧの面積は平行四辺形ＡＢＣＤの面積の$\frac{9}{4}$倍。

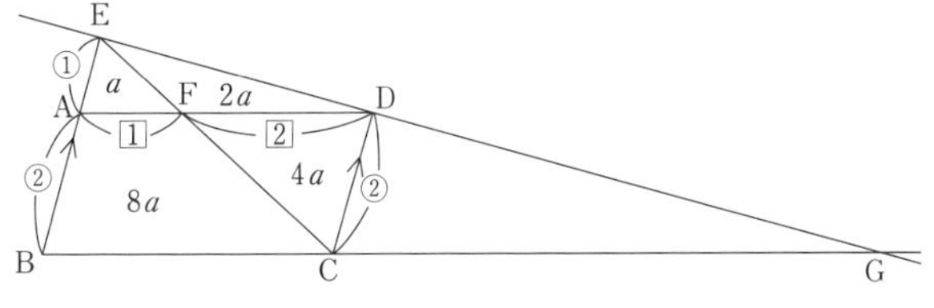

令和５年度　出水中央高校入試問題　英　語

正答例

1 (1) イ　(2) ア　(3) イ
2 (1) Nice to　(2) How fast
(3) you to　(各完答)
3 (1) student　(2) Fall　(3) leave
4 (1) イ，オ　(2) オ，ウ　(3) オ，イ (各完答)
5 問１ ［Ａ］ カ　［Ｂ］ ア
［Ｃ］ オ　［Ｄ］ ウ
問２ ケンジ／金曜日の午後
問３ イ，ウ　(順不同)
6 問１ タブレットの充電／ほぼすべての活動
問２ エ
問３ ウ，エ　(順不同)
7 問１ イ→ウ→ア
問２ swallows
問３ ウ
問４ that
問５ ア
問６ ウ，エ　(順不同)
問７ we must not give up things so easily

配点例

1～6	３点×25	計75点
7	問７　４点　他　３点×７	計25点

解　説

1 ＜適語選択＞
(2) the ＋最上級＋ in ～：～の中で最も…
※「in」の後ろには場所や集団が来るが，数字や「all students」のような複数名詞が来る場合は，「in」の代わりに「of」を使う。

2 ＜適語補充＞
(2) How ＋形容詞(副詞) ～！：なんて～なんだ！
(3) want ＋人＋ to ～：人に～してほしい

4 ＜並べかえ＞
(1) He **will** be able to speak **Japanese** soon.
※ be able to ～：～できる(する能力がある)
(2) How **many bicycles** are **there** in **this** bicycle parking space?
※ how many ～：いくつの～
→時間「how long」，距離「how far」，回数「how many times」，頻度「how often」，量「how much」など「how」を使ってさまざまな単位を表せる。
(3) I'm going to **wait for** my girlfriend **in** front **of** the station.
※ in front of ～：～の前で

5 ＜対話文読解＞
Ｍ：もしもし。　Ｋ：もしもし，マイク。僕だよ！　Ｍ：すみません。[A]どちら様ですか？　Ｋ：おお！　健二だよ。久しぶりだね！　Ｍ：おお，健二！　最近どう？　Ｋ：[B]結構いいよ。僕は東京での新生活に満足しているよ。　Ｍ：それを聞いてうれしいよ。君は今大学で勉強しているんだよ

ね？ K：うん，でも７月中旬に大学の前期が終わったんだ。今，もう夏休みが始まっているんだ。休みは２か月あるんだ。僕はしばらく出水で過ごそうと思っているよ。 M：なるほどね。C いつ出水に出発するつもりなの？ K：今週の金曜日だよ。僕は金曜日の午後に飛行機で帰るつもりだよ。 M：それなら… 次の日に会わない？ その日，僕はトム，サラ，春香と脇本海水浴場に行くつもりなんだ。僕たちは泳いだりサーフィンをしたり釣りをしたりして楽しむよ。一緒に来ない？ K：D いいね！ うん，行くよ。僕は３か月くらい彼ら全員に会っていないんだ。彼らはみんな僕の良い友達だよ。 M：わかったよ。今週末君が帰ってきて僕たちと一緒に行くことを彼らに伝えておくよ。彼らは① それを聞いて絶対喜ぶよ。 K：本当にありがとう。君たちに会うのが楽しみだ。

問１　イ　最悪だ。
　　　エ　君は出水に帰ってくるつもりなの？

問２　本文訳波線部参照。

問３　ア　マイクが電話を受けたとき，彼は健二からだとわかっていた。
　　　イ　**健二は東京での新生活を楽しんでいる。**
　　　ウ　**健二は出水に飛行機で帰るつもりだ。**
　　　エ　マイクと健二は今週の金曜日に友人たちと海に行くつもりだ。
　　　オ　健二は泳いだりサーフィンをしたりしに行きたかったので，マイクに電話した。

6 ＜英文読解＞

今日はひどい一日だった！

今朝，私は６時に起きた。私はダイニングルームに下りて行き，母に「おはよう，お母さん」と言った。私はパンをさっとつかんで食べ，牛乳を一杯飲んだ。私は朝食を食べながら，タブレットでウェブニュースを読んだ。家での朝は普段通りに過ぎていった。

１時間目，私のタブレットが突然作動しなくなった。私はタブレットが壊れたと思った。しかし，私はすぐに昨晩それを充電しなかったことを思い出した。それが作動していなかったので，私は授業のほとんどすべての活動に参加できなかった。① **これ**が最悪の一日の始まりだった。

３時間目は体育だった。私たちはバスケットボールをした。私たちは小規模なトーナメントをした。全チームが試合に勝つために一生懸命プレーした。しかし，試合で私は真矢にとても強くぶつかった。彼女は怪我をした。私は彼女に「ごめん」と言い，彼女は「問題ないわ。大丈夫。」と言った。しかし，私は試合で興奮しすぎていたので，とても申し訳なく感じた。私はもっと気をつけるべきだったのに。

午後，社会の授業があった。私は明治時代について他の生徒の前で発表しなければならなかった。私の順番の直前になって，私は発表の資料を見つけられなかった。私は昨日それを準備し，かばんに入れて今朝学校に持って来たと思っていた。しかし，それはかばんの中にはなかった。「家の机の上にあるに違いない」と私は思った。私はがっかりした。私は良い発表ができるようかなり一生懸命がんばっていた。

帰り道で別の悪いことが私に起こった。私は雨に降られた。私は傘を持っていなかった。今朝，天気予報によれば今日は雨は降らないだろうとのことで，私は学校に傘を持って行かなかった。雨が激しく降り始めたとき，私は雨から身を守る手段がなかった。② **私はずぶぬれになった**。

最後はまた私の発表資料に関することだった。家に帰ったあと，私は机の上ではなくかばんの中で資料を見つけた，学校に持って行ったかばんだ！ それらはかばんの中で私が普段使わない場所にあった。つまり，今日の社会の授業が始まったとき，それらはずっと私のすぐそばにあったことになる。

問１　本文訳波線部参照。

問２　本文訳二重傍線部参照。
　　※ 雨から身を守る手段がなかったことから，雨に濡れたことがわかる。

問３　ア　ケイトが学校の準備をしているとき，彼女に悪いことが起こった。
　　　イ　ケイトは朝食を食べた後，今日の新聞を読んだ。
　　　ウ　**ケイトはタブレットが壊れたと思ったが，そうではないと気づいた。**
　　　エ　**発表資料は家に忘れられてはいなかった。**
　　　オ　ケイトは家でも発表資料を見つけられなかった。

7 ＜長文読解＞

直斗は鹿児島県の出水市に住む中学生だった。６月中旬のある日，学校の掃除時間に彼は同級生の秋子と校舎の外で掃除していた。そのとき，彼は多くのツバメが空を飛んでいるのを見た。「僕は以前にこんなにたくさんの① **それら**を見たことがないよ」と直斗は秋子に言った。「私もないわ。それらは暑くなる前に来るらしいわよ」と秋子は返した。「それなら，それらの訪れは，A **すぐに夏が来る**ことを僕たちに知らせているんだね」と直斗は言った。

数日後の掃除時間，秋子が直斗に「見て，あの上に何かいるわ！」と言った。「どこ？」と直斗は尋ねた。「あの上よ。それは巣だと思うわ」と彼女は叫んだ。直斗はついに巣が３階の窓の近くの屋根の下にあるのを見つけ，「おお！それらはあんなところに巣を作っているんだ！」と言った。直斗と秋子はとてもわくわくして，巣について担任の山田先生に伝えることにした。彼はその話を聞いてうれしかった。

しかしすぐに，巣のことで直斗と秋子に問題が起こった。ある日，彼らは巣の下の地面がたくさんの糞でいっぱいになっていることがわかりショックを受けた。それはたくさんの雛ツバメが生まれ，それらが毎日糞を落とすからだった。そこで，彼らは山田先生に助言を求めた。彼は「それに対して私たちができることはありません。あなたたちは毎日掃除時間に一生懸命に掃除しなければいけないですよ」と言った。直斗と秋子はそれを聞いてがっかりした。「それにはもっともな理由があります。例えば，もしあなたが巣の下を歩いて乾いた糞を吸い込んだら，病気になるかもしれません」と彼は付け加えた。助言をもらった後，直斗と秋子は巣の下の地面を一生懸命に掃除した。

７月のある日，直斗と秋子は雛ツバメが地面に横たわっているのを見つけた。直斗はその鳥を手で持ち上げ，「それは全く動かないよ。死んでる！　それは巣から落ちたんだと思う」と言った。「かわいそうに！　私たちはすべてのひな鳥が成長し飛び立ってほしいけれど，②**実際にはそうなる鳥もいればそうならない鳥もいるわ**。それを庭に埋めましょう」と秋子は言った。彼らは死んだ鳥を庭の隅に埋め，しばらくそれのために祈った。

8月，雛ツバメたちは大きくなり，1羽ずつ巣を離れ始めていた。そしてついに巣には1羽しか残っていなかった。直斗と秋子は最後のツバメが巣立つのを毎日待っていた。

8月中旬のある日，彼らが校舎の外でベンチに座り話しているとき，ついにその時が来た。「見て，直斗！　最後の1羽が今にも飛び立ちそうよ」と秋子が叫んだ。最後のツバメが羽を大きく広げ空に飛んで行った。直斗は秋子に「僕たちにとって毎日糞を掃除するのは大変だったけれど，僕たちはこの経験から大切な教訓を学んだと思うんだ。それらは子どもを一生懸命に育てようとし，子どもたちは一生懸命に飛べるようになろうとしていたね。僕たちは簡単に物事をあきらめてはいけないね。そう思わない？」と言った。「同感だわ。それらが来年またこの学校に戻ってくるといいわね」と秋子は言った。そして彼らは立ち上がってその鳥に手を振った。鳥は大きな円を描き，はるか遠い空へと飛んで行った。

問1　イ　本文7～8行目
　　ウ　本文18行目
　　ア　本文32～33行目

問3　ア　今年の秋は暑くなるだろう
　　イ　今年の冬は寒くなるだろう
　　エ　夏は終わった
　※ 直前の本文訳波線部の内容から推測できる。

問4　so ＋形容詞(副詞) ＋ that ～：とても…なので～だ

問6　ア　直斗と秋子は昼食時間にツバメに作られた巣を見つけた。
　　イ　彼らの担任の先生は鳥が嫌いなので，巣について聞いてうれしくなかった。
　　ウ　**直斗と秋子は彼らの担任の先生が彼らに毎日地面を掃除するよう言ったとき，うれしくなかった。**
　　エ　**直斗と秋子が地面に横たわっているのを見つけた鳥は，彼らが見つけたときすでに死んでいた。**
　　オ　巣にいる最後の鳥は空へ飛び立つことができなかったので，直斗と秋子はそれを飼うことを決めた。

問7　A：あなたは巣と鳥を覚えている，直斗？　N：うん。あの経験は良い思い出で，僕の人生を変えたよ。　A：あなたの人生を変えた？　どんな風に？　N：ええと，僕は以前部でサッカーをするのをやめるつもりだったんだ。練習は僕にとってかなりきつかった。でも，その経験の後，僕はプレーを続けることにしたんだ。あの鳥たちはすべてに一生懸命だった。彼らは僕にたとえ多くの困難があっても，**僕たちはそんなに簡単に物事をあきらめてはいけない**ということを教えてくれた。　A：なるほどね。私は彼らがあなたに続けるやる気をくれたと思うわ。

令和5年度　龍桜高校入試問題　国　語

正答例

【一】　問一　ア　**かえりぎわ**　　イ　**しっそう**
　　　　ウ　**いれる**　　エ　**ひそやか**
　　　　オ　**つつしみ**　　カ　**ゆだね**
　　　　キ　**ひたる**　　ク　**さほう**
　　　　ケ　**へだたった**　　コ　**ただよって**
　問二　**わたしの眼はタイのひとびとの手もとに釘づけになった**
　問三　**ウ**
　問四　(1)　**ア**　(2)　**空白**
　問五　**魅せられた，心ひかれた**など
　問六　**ア**
　問七　**いただきます（ごちそうさま）**
　問八　**おのれの抑制**
　問九　**ア，ウ，カ**

【二】　問一　(1)　**ウ**　(2)　**ア**　(3)　**エ**
　問二　(1)　**支配し**　(2)　**優秀な武士**
　問三　**剛の者**
　問四　③　**たとい**　⑤　**あわせて**
　問五　⑥　**イ**　⑦　**ア**
　問六　**ウ**

【三】　問一　①　**故障**　②　**預金**　③　**観覧**
　　　　④　**展示**　⑤　**誠意**　⑥　**臨時**
　問二　①　**月は**　②　**本が**
　　　　③　**風も**　④　**星が**
　問三　①　**イ**　②　**ウ**　③　**ア**　④　**ア**
　問四　①　**エ**　②　**ウ**

配点例

【一】　問一　1点×10　問五，問八　4点×2
　　問九　2点×3　他　3点×6　計42点
【二】　問二　3点×2　問六　4点
　　他　2点×8　計26点
【三】　2点×16　計32点

解　説

【一】　＜論説文＞

問二　「前の旅で～なのか」は筆者の前置きで，「癖」の内容はその直後で具体的に述べられている。

問三　「出国管理」の場面であることを踏まえると，出国者である筆者を警戒して「眉間に皺をよせていた」と考えられるため，ウが適当。

問四(1)　**直喩法**は「まるで」「ようだ」などの言葉を使ってたとえる方法。**隠喩法**は「まるで」「ようだ」などの言葉を使わずにたとえる方法。**擬人法**は人間でないものを人間にたとえて表す方法。**倒置法**は普通の言い方と，言葉の順序を入れ替える方法。

(2)　「まるで～静かな一隅」と同じような内容を探すと，第五段落に「密やかな**空白**」とある。「エア」には空気という意味があることからも連想できる。

問五　**眼が吸い寄せられる**＝魅力的なものに関心が向く。

問八　第七段落に「**節度というか控えめなたたずまい**」，第九段落に「**節度，つまりおのれの抑制**」とあり，「**おのれの抑制**」が傍線部⑦の言い換えと分かる。

問九　筆者がタイで感じたのは「『敬虔』な心持ち」，すなわち「自己を軸にしない態度」であり，「敬虔」は「自己決定の自由」や「安楽の自由」から「うんと隔たった心持ち」であるためア，カは不適。「物にふれるときの～正反対のものである」よりウは不適。

【二】　＜古文＞

（口語訳）①ここに高知県出身で，安芸郷を支配していた安芸大領実康の子に，安芸太郎実光という，三十人分の力を持った優秀な武士がいた。自分に少しも劣らない家来が一人と，弟の次郎も普通よりはすぐれた②強力な者である。安芸太郎が，能登殿（平教経）を拝見して申したことは，「いかに勇猛でいらっしゃっても，我ら三人が組みかかると，③たとえ身長十丈の鬼であっても，④どうして服従させられないことがあるだろうか。いや，服従させられるだろう」といって，主従三人で小船に乗って，能登殿の船に押し付けて並べ，「えい」といって乗り移り，甲の錣を傾け，太刀を抜いて一斉に討ってかかる。能登殿は少しもお騒ぎにならずに，真っ先に進んで来た安芸太郎の家来を，裾が⑤合うほど引き寄せて，海へどんと蹴入れなさる。続いて寄る安芸太郎を，⑥左手の脇に組んで挟み，弟の次郎を⑦右手の脇に挟み込み，一締めしめあげて，「さあお前たち，それではお前たちが死出の山を越える旅の供をせよ」といって，年齢二十六で海へさっと入水される。

問一(1)(2)　「**平家物語**」は平家一門の栄枯盛衰を描いた軍記物語。作者未詳，鎌倉時代前期に成立した。

(3)　アは清少納言「**枕草子**」（平安時代），イは鴨長明「**方丈記**」（鎌倉時代），ウは松尾芭蕉「**おくのほそ道**」（江戸時代）の冒頭。

問三　安芸太郎は「大力の剛の者」であり，「郎等」も「われにちっともおとら」ず，「おととの次郎も普通にはすぐれたる」と続くことから，傍線部②は「剛の者」とほぼ同じ内容を指すと考えられる。

問四　語頭以外の**ハ行**は**ワ行**に直す。

問五　「弓手」は弓を持つ方の手で，左の手のこと。「馬手」は馬上で手綱を取る方の手で，右の手のこと。

問六　「卅人が力もったる大力の剛の者」である安芸太郎と，その家来と弟が三人で組みかかれば，「たけ十丈の鬼」であろうと服従させることができるという意味のため，ウが適当。「などか」は，多く下に打消の語を伴って疑問の意か反語の意を表す副詞。

【三】　＜漢字・文法・敬語＞

問二　主語を見つける上で，述語と，「～は」「～が」「～も」の付く言葉に着目し，意味がつながるかどうかで判別するとよい。

問三　**丁寧語**は話し手が聞き手に対し敬意を表して，丁寧に言う言い方。**尊敬語**は話し手が聞き手や話題の主の動作や状態などを高めて言い表すもの。**謙譲語**は話し手が自分または自分の側にあると判断されるものに関して，へりくだった表現をすることにより，相手や話中の人に対して敬意を表すもの。

令和５年度　龍桜高校入試問題　数　学

正答例

1　(1)　**13**　(2)　**1.15**　(3)　**3.468**
(4)　$-\frac{7}{12}$　(5)　$\frac{7}{2}$　(6)　**0.8**
(7)　$9a+5b$　(8)　$\frac{x-9y+3}{6}$
(9)　$128a^6b^7$　(10)　$2x^2+12x+8$

2　(1)　$a^2+3ab+2b^2$　(2)　$x^2+x+\frac{1}{4}$
(3)　$-2x^2+50$　(4)　$2ab^2(3b-2)$
(5)　$(x+2)(x-18)$
(6)　$3(3x+1)(3x-1)$

3　(1)　±12　(2)　$\sqrt{3}-\sqrt{2}$　(3)　$\sqrt{10}$　(4)　$4\sqrt{6}$

4　(1)　$x=7$　(2)　$x=-3$
(3)　$x=2$，$y=0$　(4)　$x=9$
(5)　$x=4$，-7　(6)　$x=-3\pm\sqrt{13}$

5　(1)　**正九角形**　(2)　$\frac{3}{8}$　(3)　**16**
(4)　$2>\sqrt{3}>\frac{2}{3}>\frac{3}{5}$
(5)　**6**
(6)　**50**(g)

6　(1)　３秒後　**9**(cm²)
６秒後　**24**(cm²)
(2)　$y=x^2$
(3)　右図

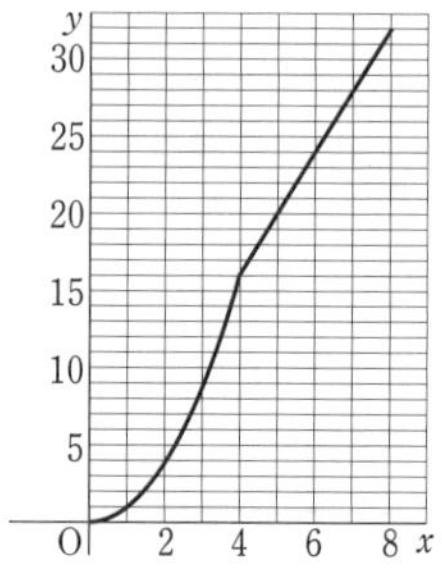

7　(1)　合っているか　×
理由　**∠CAB＝30°ではないのに，比を1：2：$\sqrt{3}$とおいて考えているから。**
正しい答え　$2\sqrt{3}$
(2)①　**3**　②　**DH：HG：GE＝2：2：3**

配点例

1，2，3	３点×20	計60点
4，5，6	２点×16	計32点
7	２点×４（(1)は理由，正しい答え各２点）	計８点

解　説

1　**＜計算問題＞**

(6)　与式$=-4\times25\times(-0.008)=100\times0.008=0.8$

(7)　与式$=3a-3b+6a+8b=9a+5b$

(8)　与式$=\frac{2(2x-3y)-3(x+y-1)}{6}$
$=\frac{4x-6y-3x-3y+3}{6}=\frac{x-9y+3}{6}$

(9)　与式$=16a^2b^6\times2a^3b^2\times\frac{4a}{b}=128a^6b^7$

2　**＜展開・因数分解＞**

(3)　与式$=-2(x^2-25)=-2x^2+50$

(6)　与式$=3(9x^2-1)=3(3x+1)(3x-1)$

3　**＜根号を含む計算＞**

(3)　与式$=\sqrt{\frac{7}{100}}\times\sqrt{\frac{100}{7}}\times\sqrt{10}=1\times\sqrt{10}=\sqrt{10}$

(4)　与式$=3\sqrt{6}-\frac{6\sqrt{3}}{\sqrt{18}}+2\sqrt{6}$
$=3\sqrt{6}-\frac{6}{\sqrt{6}}+2\sqrt{6}=3\sqrt{6}-\sqrt{6}+2\sqrt{6}=4\sqrt{6}$

4　**＜方程式・連立方程式＞**

(1)　$-6x+27=-15$，$6x=42$，$x=7$

(2)　両辺を12倍し，$4x=3x-3$，$x=-3$

(3)　$0.2x+0.1y=0.4$…①
また，$\frac{1}{5}x-\frac{1}{10}y=\frac{2}{5}$を小数で表すと，
$0.2x-0.1y=0.4$…②
①＋②より，$0.4x=0.8$，$x=2$…③
③を①に代入し，$0.4+0.1y=0.4$，$0.1y=0$，$y=0$

(4)　$x(x-18)=-81$，$x^2-18x=-81$，$x^2-18x+81=0$
$(x-9)^2=0$，$x-9=0$，$x=9$

(5)　両辺を３でわると，$x^2+3x-28=0$
$(x-4)(x+7)=0$，$x=4$，-7

(6) 解の公式 $\left(x=\dfrac{-b\pm\sqrt{b^2-4ac}}{2a}\right)$ より，

$x=\dfrac{-6\pm\sqrt{6^2-4\times1\times(-4)}}{2}=\dfrac{-6\pm\sqrt{52}}{2}$

$=\dfrac{-6\pm2\sqrt{13}}{2}=-3\pm\sqrt{13}$

5 ＜小問集合＞

(1) 正n角形の１つの外角の大きさは $\dfrac{360}{n}$ 度

$\dfrac{360}{n}=40$，$40n=360$

$n=9$ より，正九角形。

(2) 右の樹形図の通り。全部で８通りあり，２回だけ表が出る場合は，○をつけた３通り。よって，確率は，$\dfrac{3}{8}$

表 ─ 表 ─ 表
表 ─ 表 ─ 裏○
表 ─ 裏 ─ 表○
表 ─ 裏 ─ 裏
裏 ─ 表 ─ 表○
裏 ─ 表 ─ 裏
裏 ─ 裏 ─ 表
裏 ─ 裏 ─ 裏

(3) ９個のデータを値の小さい方から順に並べ替えると，

11，14，18，20，20，23，25，26，30

第１四分位数は，データを中央値で分けたときの前半の値の中央にくる値。前半のデータの中央の値は，２番目と３番目の値の平均値となるから，$\dfrac{14+18}{2}=16$

(4) $\sqrt{3}$ は1.732…　$\dfrac{2}{3}$ は0.666…，$\dfrac{3}{5}=0.6$

(5) ある数を x とおくと，$3x-15=\dfrac{x}{2}$ が成り立つ。

両辺を２倍し，$6x-30=x$，$5x=30$，$x=6$

(6) ５％の食塩水200gに含まれる食塩の量は，$200\times0.05=10$ (g)

加える食塩の量を x gとすると，含まれる食塩の量について，

$10+x=\dfrac{24}{100}(200+x)$ が成り立つから，

$1000+100x=24(200+x)$，$76x=3800$，$x=50$

よって，加えた食塩の量は50 g

6 ＜図形と関数＞

(1) ３秒後，$1\times3=3$ (cm)，$2\times3=6$ (cm) より，いずれも正方形の１辺より短いので，点Ｐは辺ＡＢ上，点Ｑは辺ＡＤ上にある。

よって，$\triangle APQ=\dfrac{1}{2}\times3\times6=9$ (cm²)

６秒後，$1\times6=6$ (cm)，$2\times6=12$ (cm) より，点Ｐは辺ＡＢ上，点Ｑは辺ＣＤ上にある。このとき，線分ＡＰを底辺とするときの高さはＡＢ∥ＣＤより，８cmで一定。

よって，$\triangle APQ=\dfrac{1}{2}\times6\times8=24$ (cm²)

(2) $2\times4=8$ より，点Ｐが辺ＡＢ上，点Ｑが辺ＡＤ上にあるときを考える。$AP=x$ cm，$AQ=2x$ cmより，

$y=\dfrac{1}{2}\times x\times2x=x^2$

(3) $4\leqq x\leqq8$ のとき，点Ｐは辺ＡＢ上，点Ｑは辺ＣＤ上にある。(1)より，△ＡＰＱにおいて辺ＡＰを底辺とするとき，高さは一定で８cmだから，

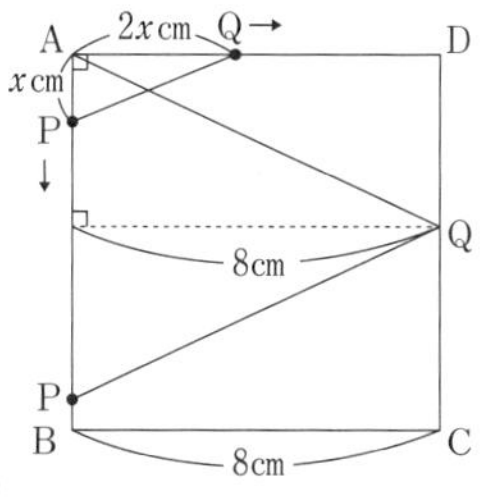

$y=\dfrac{1}{2}\times x\times8=4x$

よって，$0\leqq x\leqq4$ のとき $y=x^2$

$4\leqq x\leqq8$ のとき $y=4x$ のグラフをかけばよい。

7 ＜平面図形＞

(1) 辺の比が $1:2:\sqrt{3}$ となるのは，**30°，60°，90°の直角三角形**。

三平方の定理より，$AC^2=AB^2+BC^2$

$6^2=(2\sqrt{6})^2+BC^2$，$36=24+BC^2$

$BC^2=12$，$BC=\pm2\sqrt{3}$

条件より，$BC>0$ だから，$BC=2\sqrt{3}$

(2)① $\angle ABE=180^\circ-90^\circ-30^\circ=60^\circ$ より，

△ＡＢＥは，**30°，60°，90°の三角形**で，$BE:AB:AE=1:2:\sqrt{3}$ だから，$BE=\dfrac{1}{2}AB=\dfrac{6}{2}=3$

② $AD:FH=2:1$ より，$FH=6$

△ＧＤＡ∽△ＧＥＣ，

$EC=12-3=9$

$DG:GE=12:9$

$=4:3$

△ＧＨＦ∽△ＧＤＡ，

相似比は１：２より，

$DH:HG=1:1=2:2$

$DG=DH+HG$ より，$DH:GE=2:3$

$DH:HG:GE=2:2:3$

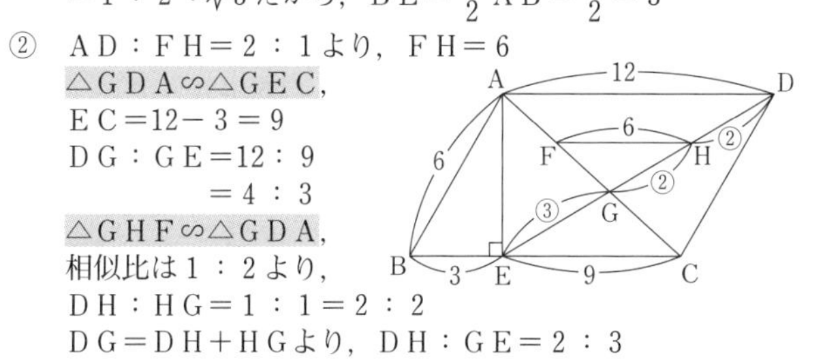

令和５年度　龍桜高校入試問題　英　語

正答例

1
1 ウ
2 I'll (return the books I have read) and … .
3 (A) イ　(B) ウ
4 (1) F　(2) F　(3) F　(4) T

2
1 イ　2 ウ　3 ア　4 ウ
5 ア　6 エ　7 ウ

3
1 ウ　2 イ　3 ア　4 イ
5 イ　6 ウ　7 エ

4
1 I learned how to use a smartphone.
2 What language do you speak?
3 Show me your new shoes, please.
4 It is not easy to draw pictures.
5 I am sure that they will be happy.
6 There are two hospitals near my house.
7 What a long river!

5
1 ① 彼女はいつも山に登っています。
③ あなたは速く歩く必要はありません。
2 イ
3 ウ
4 ① 10　② ジョギング　③ ネパール
④ 口内　⑤ 夜　⑥ 歩く

6
1 Does her mother love movies very much?
2 The concert has not started yet.
3 *1Q84* was written by Murakami Haruki.
4 Were you free yesterday?
5 How many CDs does your father have?

7
1 ① サ　② カ　③ イ　④ ウ
⑤ オ　⑥ キ　⑦ コ　⑧ ク
⑨ ア
2 (例) It's October twenty-second.

配点例

1～6 2点×44	計88点
7 1 1点×9　2 3点	計12点

解　説

1 ＜対話文読解＞

Ｒ：ザック，あなたは今度の土曜日に何をするつもり？　Ｚ：僕はまだ決めていないけれど，(①)土曜日はよく友達とバスケットボールをしたりテレビを見たりするよ。君は何をするつもりなんだい，理恵？　Ｒ：私は図書館に行くつもりよ。私は読み終えた本を返し(②)て，何冊か他の本を借りる予定よ。あなたは図書館から５冊の本を２週間借りることができるわ。私は毎週２，３冊借りているわ。　Ｚ：いいね。僕も読書が好きだよ。でも，僕はテレビを見るのも好きなんだ。僕はテレビをつけると，よく長時間見てしまうよ。　Ｒ：私もよ(A)。テレビを見るのは楽しいわ。私たちは長時間テレビを見ていると，読書の時間がなくなることがあるわよね。だから，私の家族には「テレビ禁止時間」があるのよ。　Ｚ：「テレビ禁止時間」？(B)それは何だい？　Ｒ：私のお母さんが私に「私たちは夕食後の２時間はテレビを見るべきではないわ。その２時間は読書をしよう」と言ったの。それが「テレビ禁止時間」よ。私は以前は「テレビ禁止時間」が嫌いだったわ。読書をして，本について家族と話すことはおもしろいから，今は「テレビ禁止時間」を設けることはいいと思っているわ。　Ｚ：なるほど。それはいい考えだね。　Ｒ：図書館にはおもしろい本がたくさんあるわ。読書はとても楽しいわ。一緒に図書館に行こう。　Ｚ：いいよ。

3 ア　どういたしまして　　エ　またね

2 ＜適語選択＞

1 私の父はいつも朝川沿いを歩きます。

2 私の祖母は私にいくつかサンドウィッチを作ってくれました。

※ make＋人（代名詞の場合は目的格）＋物：人に物を作る
＝ make＋物＋ for 人（代名詞の場合は目的格）：人に物を作る
3 彼の姉（妹）は彼の父親と**同じくらい**背が高いです。
※ as 形容詞（副詞）の原級 as …：…と同じくらい～
not as 形容詞（副詞）の原級 as …：…ほど～ではない
4 私はバスを**待っている**男性を知っています。
※ 名詞＋現在分詞（～ ing）：～している名詞
この英文の場合，「waiting for a bus」という男性の状態を後ろから修飾している。
5 恵子は宿題を終わらせているので，彼女は明日暇**でしょう**。
※ will＋動詞の原形：～だろう
「I will try harder.」のように意志を伴う場合は，「もっとがんばろう。」のような意味になる。
6 今たくさんの少年が公園でサッカーを**しています**。
7 あの少年は隆史ですか，**それとも**悟ですか？
※ A or B：A か（あるいは）B
3つある場合は，「A, B or C」となる

③ ＜適語選択＞
1 明日：今日の後に来る日
2 冬：秋と春の間の一年で最も寒い季節
3 台所：食材が保管され調理される部屋
4 病院：病気や負傷した人が治療や助けを求めていく場所
5 オレンジ：だいだい色の皮がある丸い果物。中は甘くて水分が多い。
6 牛乳：雌牛や雌のヤギが生産し，人が飲むために採られる白い液体
7 飛行機：空を飛び，１つかそれ以上のエンジンを積んでいる乗り物

④ ＜並べかえ＞
1 how to ～：～する方法
3 show＋人＋物：人に物を見せる
6 there is（are） ～：～がある（いる）
7 What＋a（an）＋形容詞＋名詞！：なんて～な…なのだろう！
※ How＋形容詞！：なんて～なのだろう！

⑤ ＜英文読解＞
1975 年，田部井さんは世界の頂上に立った。
①**彼女はいつも山に登っている**。彼女が 10 歳のとき，彼女はクラスメイトや先生と茶臼岳に登った。そのとき，彼女は登山が大好きだと悟った。
その後，彼女は友人や家族とたくさんの山に登った。1971 年，彼女は大きな登山を計画しているグループに参加した。毎晩，彼女はジョギングをして登山に備えた。
そして，これはほんの始まりにすぎなかった。
1975年の初め，田部井さんと彼女のグループはネパールに行った。登山中，彼らにはたくさんの問題が発生した。彼らは酸素欠乏で息を切らしていた。日光が彼らの口の中を焼いた。夜の気温は氷点下 30 度だった。標高 7,000 メートル以上では，彼らは一日に 300 メートルしか登れなかった。
ときどき，彼女はあきらめたくなった。しかし，彼女は登り続け，ついに世界最高峰のエベレストの頂上に立った。
田部井さんはエベレストに登った。彼女は各大陸の最高峰にも登った。彼女は女性で初めてこの両方を達成した。
なぜ彼女は登山を愛しているのか？
その一番の答えは，彼女自身の言葉にある。
「一歩一歩歩けば，どんな山の頂上にもたどり着ける。③**速く歩く必要はない**。歩き続ければいい。近道はないし，あきらめることもない。」
2 「which」は人でないものを説明するときに使う関係代名詞である。「who」は人について，「whose」は所有の意味を説明するときに使う。

⑦ ＜英語表現＞
2 Y：あなたの誕生日はいつなの？ K：**10 月 22 日だよ**。

令和５年度 鹿児島第一高校入試問題 国 語

正答例

□一 問一 ア **くうそ** イ **到来** ウ **事柄** エ **けいこう** オ **操作**
問二 Ⅰ **エ** Ⅱ **イ**
問三 A **ウ** B **ア** C **エ**
問四 **ウ** 問五 **人生とは何か**
問六 **あれこれ外に求めて知り得る「情報」**
問七 **真理は自分の心の中にあるから。**
問八 a **情報** b **真理** c **機能**

□二 問一 ア **郊外** イ **隠** ウ **じゅっかい** エ **権威** オ **くちょう**
問二 A **エ** B **ウ** C **ア** D **イ**
問三 **ア** 問四 **エ** 問五 **ウ**
問六 **虚構を，現実に先行させること**
問七 **急に死んでしまった夫に，今でも話を聞いてほしいと思ってしまうこと。**
問八 **カワバタの～りこんだ。**

□三 問一 **心に思わんよう**
問二 A **ウ** B **イ** C **ウ**
問三 a **ア** b **イ**
問四 **ウ** 問五 Ⅰ **イ** Ⅱ **ウ**
問六 **イ** 問七 **秋が過ぎていくこと。**
問八 **自分が素晴らしいと思っていた歌を普段から持ち歩いていたこと。**

配点例

□一 問五，問六 3点×2 問七 4点 他 2点×14 計38点
□二 問五，問八 3点×2 問六，問七 4点×2 他 2点×11 計36点
□三 問七，問八 3点×2 他 2点×10 計26点

解 説

□一 ＜論説文＞
問三A 空欄の前後で同じ「空疎」という言葉が使われている。「自分自身の中身の空疎」は「することのない時間の空疎」の言い換えと考えられるため，**言い換えの接続詞「すなわち」**が適当。
B 人は「便利さ」によって使える時間が増えた結果，「空疎」に耐えられず「ビジネス」へと走って忙しくなり，「さらなる便利さ」を求めている。この結果「人は，いったい何のために何をしていることになるのか」と筆者は述べているので，前の事柄が原因・理由となり後の事柄が結果・結論となることを示す**順接の接続詞「すると」**が適当。
C 人生を豊かにするために「便利さ」を求めるはずなのに，人生における重大な問いに答えられないまま「お手軽，便利」を極めても「何ゆえの便利な人生なのか」と筆者は述べている。予想される結果とは逆の結果が書かれているため，**逆接の接続詞「しかし」**が適当。

問四　「本末転倒」とは，根元の大切なことと，末端のつまらないこととを取り違えること。「時間」を生み出すために「便利さ」を求めているのに，それによって忙しくなり「さらなる便利さ」を求めることになるということが「本末転倒」だと筆者は述べているため，ウが適当。ア，エは後半部分がそれぞれ不適。イは「忙しさに生き甲斐を感じていた人」が不適。

問五　傍線部②の直前の「こういった」が示すのはその前の「『死』とは何か～どういうことなのか」である。これを端的に述べた箇所を指定字数で探す。

問六　傍線部③とは，「自ら考えて得るしかない『知識』」とは反対のもので，**「あれこれ外に求めて知り得る『情報』」**のことである。

問七　傍線部④を含む段落がヒントになる。「人間がほんとうに知らなければならない」「真実の知識すなわち『真理』」は「たったひとつ」であり，それは「**自分の心の中**」にあるため，それ以外の情報は「ガラクタのような」ものだということである。

二　＜随筆文＞

問二A　筆者の夫の死が「急なことだった」ことを踏まえると，「**非常に**」という意味の副詞「**あまり**」が当てはまる。

B　空欄の後に「周囲の森にむかっていいきかせる**ように**」という直喩があることから，何かをたとえるときに用いる副詞「**まるで**」が当てはまる。

C　空欄の前の部分では，筆者は「自分でものを書」いたことはなかったが，空欄後では書くようになっている。よって，「**そのうちに**」という意味の副詞「**やがて**」が当てはまる。

D　かつて文学は「ひとつの国，ひとつの国の言葉にとどま」っていたが，「若い作家」の言葉から，そうではなくなったのだと筆者は感じている。よって，「**今となっては**」という意味の副詞「**もはや**」が当てはまる。

問三　空欄の前の部分に「**針金に似たつよい茎にしっかり**支えられているように」とあることに着目する。これは「予期しない～支えられている」と同じ内容を表しているため，アの「強靭な」が当てはまる。

問四　第二～三段落で描かれている川端の様子から，二重傍線部で用いられている「虫」は「一つのことに熱中する人」という意味だと推測することができる。したがって，エが適当。

虫のいい＝自分勝手な態度のこと。

虫の知らせ＝良くないことが起こる予感がすること。

虫の居所が悪い＝機嫌が悪く，わずかの物事でも気に障って怒ること。

問五　「食事がすんでも，まわりの自然がうつくしすぎてすぐに立つ気もせず」とあることから，「レストランの周囲はすでに暗くなっていて森の様子はよく見えなかった」とあるウが不適。

問六　第六段落で，川端の『葬式の名人』という作品について言及されている。この作品の主人公の述懐が「**虚構**＝死者の世界**を**，**現実**＝生者の世界**に先行させる**川端文学の**出発点**」と筆者は述べている。

問七　「そのとき」とは，筆者が「川端夫妻」と夕食に行ったときのこと。筆者の夫のことに話がおよび，「あのことも～いまも思って」と筆者は話している。

問八　「ぼく」とは「若い作家」のこと。「ぼく」が主語になっているのが「若い作家」が話している部分。

三　＜古文＞

（口語訳）ある時，後京極摂政（藤原良経）が宮内卿（藤原家隆）を[A]お招きになって，「この世に歌人として多く聞こえる中で，どの歌人が一番すぐれているか。心に思うように，ありのままに[a]おっしゃいなさい」とお尋ねになったところ，(宮内卿は)「どの方にも優劣のつけようがございません」と[b]申し上げて，悩んでいたのを，「どうか，どうか」と，[I]ひたすらにご質問なさったので，懐から畳紙を[B]落として，そのまま退出し申し上げてしまったのを，(後京極摂政が)[C]ご覧になったところ，

この十五夜の夜が明けたら，また今年の[①]秋も半ばが過ぎてしまうであろう。[②]傾く月ばかりが惜しいのではない。秋が半ばを過ぎてしまうのも惜しいのだ。

と書かれていた。

これは民部卿（藤原定家）の歌である。前もって，このようなご質問があるだろうとは，[II]どうして知るだろうか（いや，知るはずがない）。以前から素晴らしいと思って，書いてお持ちになっていたのだろう。

[③]これらは気配りが十分な例である。

問一　語頭以外の**ハ行**は**ワ行**に直す。「**む**」は「**ん**」に，「**ア段＋う**」は「**オ段＋う**」に直す。

問二A　「後京極摂政，宮内卿を召して」とあるため，主語は後京極摂政と判断できる。

B　「やがて罷り出でける」とあるが，「罷る」は「退く，去る」の謙譲語。また，後京極摂政に呼ばれたのは宮内卿なので，「畳紙」を落としたのは宮内卿と判断できる。

C　「御覧ぜらる」は「見る」の尊敬語なので，主語は後京極摂政。

問三a　「のたまふ」は，現代語で「おっしゃる」という意味の尊敬語。後京極摂政が宮内卿に対して尋ねている言葉であることからも判断できる。

b　「申す」は，現代語と同様に「言う」の謙譲語。

問四　**係り結び（の法則）**では，「**ぞ・なむ・や・か**」があると文末を**連体形**，「**こそ**」があると**已然形**で結ぶ。

問六　陰暦では，**春**は**一～三月**，**夏**は**四～六月**，**秋**は**七～九月**，**冬**は**十～十二月**である。

問七　夜が明けたら，「月」が「かたぶく」，つまり月が沈んでしまうだけではなく，「秋」も一日過ぎてしまう。そのことが「惜し」いという気持ちを詠んだ歌であることを踏まえる。

問八　「これら」とあるので，その前の部分に着目すると，「**もとよりおもしろくて，書きて持たれたりけるなめり**」とある。この部分を現代語訳すればよい。

令和５年度　鹿児島第一高校入試問題　数　学

正答例

1
(1) **31**　(2) $\dfrac{x-5y}{6}$
(3) $4a^2$
(4) $3(x-3)(x-1)$
(5) $3\sqrt{3}$
(6) $x=\dfrac{-3\pm\sqrt{37}}{2}$
(7) **5**
(8) $\dfrac{7}{8}$
(9) **15**
(10) 右図

2
(1) **4000y(円)**　(2) $x+5y=500$
(3) $800x+4500y=437500$　(4) **300(人)**

3
(1) **正方形**　(2) $y=x$
(3) $(2,\ 4)$　(4) $T:U:V=3:4:2$

4
(1) ＡＢ＝$3\sqrt{3}$(cm)　ＢＣ＝3(cm)
(2) **線分ＡＣの中点**
(3) ＯＤ＝3(cm)　ＢＤ＝$3\sqrt{2}$(cm)
(4) $\dfrac{9}{2}\sqrt{3}+\dfrac{9}{2}$(cm^2)

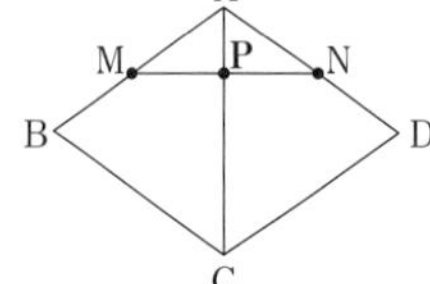

5
(1) ＭＮ＝6(cm)
(2) 右図
(3) $9\sqrt{2}$(cm^2)
(4) $108\sqrt{2}$(cm^3)

配点例

1　4点×10	計40点	2　3点×4　計12点
3　4点×4		計16点
4(1), (3)　2点×4　他　4点×2		計16点
5　4点×4		計16点

解　説

1　＜小問集合＞

(1) 与式＝$7-(-8)\times3=7-(-24)=7+24=31$

(2) 与式＝$\dfrac{2(2x-4y)-3(x-y)}{6}$
$=\dfrac{4x-8y-3x+3y}{6}=\dfrac{x-5y}{6}$

(3) 与式＝$\dfrac{36a^2b^2}{9b^2}=4a^2$

(4) 3でくくると，$3x^2-12x+9=3(x^2-4x+3)$
和が－4，積が3となる2数の組み合わせは－3と－1より，$3(x^2-4x+3)=3(x-3)(x-1)$

(5) 与式＝$5\sqrt{3}-4\sqrt{3}+2\sqrt{3}=3\sqrt{3}$

(6) **解の公式より，**
$x=\dfrac{-3\pm\sqrt{3^2-4\times1\times(-7)}}{2}=\dfrac{-3\pm\sqrt{37}}{2}$

(7) データを値の小さい順に並べ替えると，
4，5，6，7，8，9，9
第１四分位数はデータを半分に分けたときの前半のデータの中央値。前半のデータは4，5，6だから，第１四分位数は5

(8) 「少なくとも１回は裏が出る」の余事象は，「３回とも表が出る」。すべての場合は8通りあり，３回とも表が出る場合は1通り。つまり少なくとも１回は裏が出るのは7通りあり，その確率は，$\dfrac{7}{8}$

(9) **弧ＡＢに対する円周角より，**$\angle$ＢＣＡ＝$\angle$ＢＤＡ＝x°
三角形の外角は，これととなり合わない２つの内角の和に等しいから，
$\angle$ＣＡＤ＝$x^\circ+28^\circ$
$\angle$ＣＥＤ
＝$\angle$ＣＡＤ＋$\angle$ＡＤＢより，
$x^\circ+28^\circ+x^\circ=58^\circ$
$2x^\circ=30^\circ$
$x^\circ=15^\circ$

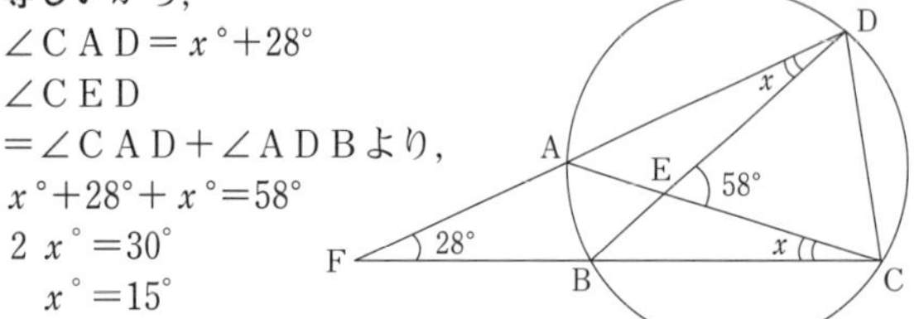

(10) 点Ｃから辺ＡＢに対する垂線を作図し，その交点をＤとする。
※△ＢＣＤと△ＣＡＤにおいて，
$\angle$ＣＤＢ＝$\angle$ＡＤＣ＝90°…①
$\angle$ＢＣＤ＝$90^\circ-\angle$ＤＣＡ
三角形の内角の和から，
$\angle$ＣＡＤ＝$180^\circ-90^\circ-\angle$ＤＣＡ
＝$90^\circ-\angle$ＤＣＡ
よって，$\angle$ＢＣＤ＝$\angle$ＣＡＤ…②
①，②より，２組の角がそれぞれ等しいから，
△ＢＣＤ∽△ＣＡＤ

2　＜方程式＞

(1) $1000\times4y=4000y$(円)

(2) (1)より，$4y+x+y=500$，$x+5y=500$

(3) $4000y+800x+500y=437500$
$800x+4500y=437500$

(4) (2)，(3)より，$800x+4500y=437500$の両辺を100でわると，
$8x+45y=4375$…①，$x+5y=500$…②
①－②×8より，$5y=375$，$y=75$
$x+5\times75=500$，$x=500-375=125$
大人の入館者数は$4y$人より，$4\times75=300$(人)

3　＜２次関数＞

(1) 点Ｂのx座標をtとすると，y座標もtだから，$t=t^2$が成り立つ。これを解くと，$t(t-1)=0$，$t=0$，1
点Ｂは原点Ｏではないから，$t=1$　Ｂ$(1,\ 1)$
点Ａのy座標も1となり，$y=x^2$上の点だから，$1=x^2$，
$x=\pm1$
点Ｂと異なる点だから，$x=-1$　Ａ$(-1,\ 1)$
これより，ＡＢ＝ＯＣ＝2
つまり，対角線が互いの中点で垂直に交わり，長さが等しくなり，正方形の対角線の性質をすべて満たすから，四角形ＡＯＢＣは正方形である。

(2) 直線ＯＢの式を$y=ax$とおく。
(1)より，Ｂ$(1,\ 1)$を通るから，その座標を代入し，
$a=1$　よって，直線ＯＢの式は$y=x$

(3) Ｃはy軸上の点で，ＯＣ＝2だから，Ｃ$(0,\ 2)$
また，ＡＣ//ＯＢより，直線ＡＣの傾きはＯＢと等しいので，直線ＡＣの式は$y=x+2$と表せる。
ここで，点Ｄは直線ＡＣと放物線の交点だから，
$x^2=x+2$が成り立つ。これを解くと，
$x^2-x-2=0$，$(x-2)(x+1)=0$，$x=2$，-1
$x=-1$は点Ａのx座標より，$x=2$
$x=2$を$y=x^2$に代入し，$y=2^2=4$　Ｄ$(2,\ 4)$

(4) 線分ＣＤの長さは**２点間の距離**より，$\sqrt{2^2+2^2}=2\sqrt{2}$
正方形ＡＯＢＣの１辺も同様に，$\sqrt{1^2+1^2}=\sqrt{2}$
$T=(\sqrt{2})^2\pi\times\sqrt{2}=2\sqrt{2}\pi=\dfrac{6}{3}\sqrt{2}\pi$
$U=\dfrac{1}{3}\times(2\sqrt{2})^2\pi\times\sqrt{2}=\dfrac{8}{3}\sqrt{2}\pi$
$V=\dfrac{1}{3}\times(\sqrt{2})^2\pi\times2\sqrt{2}=\dfrac{4}{3}\sqrt{2}\pi$
$T:U:V$
$=\dfrac{6}{3}\sqrt{2}\pi:\dfrac{8}{3}\sqrt{2}\pi:\dfrac{4}{3}\sqrt{2}\pi=3:4:2$

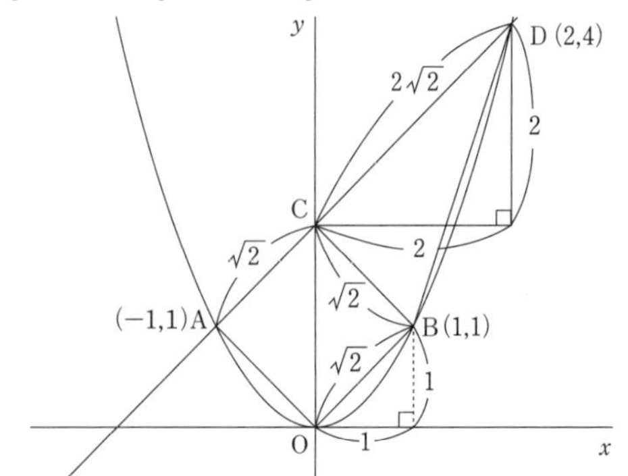

4 ＜平面図形＞

(1) △ABCは，30°，60°，90°の三角形だから，

$AB=\frac{\sqrt{3}}{2}AC=\frac{\sqrt{3}}{2}\times 6=3\sqrt{3}$ (cm)

$BC=\frac{1}{2}AC=\frac{1}{2}\times 6=3$ (cm)

(2) ∠ABC＝90°，∠ADC＝90°，
半円の弧に対する円周角の性質より，線分ACが円の直径となる。つまり，円の中心は，線分ACの中点である。

(3) $OD=OC=\frac{1}{2}AC=\frac{1}{2}\times 6=3$ (cm)

∠DAB＝15°＋30°＝45°，∠DOB＝2∠DAB＝90°
また，OD＝OBより，△OBDは**直角二等辺三角形**。

よって，$BD=\frac{\sqrt{2}}{1}OD=3\sqrt{2}$ (cm)

(4) 四角形ABCD＝△ABC＋△ADC

△ABC

$=\frac{1}{2}\times 3\times 3\sqrt{3}$

$=\frac{9\sqrt{3}}{2}$ (cm²)

また，点Dから辺ACに垂線をひき，その交点をHとすると，
∠DOC＝2∠DAC＝30°より，
△ODHは**30°，60°，90°の三角形**。

$DH=\frac{1}{2}OD=\frac{3}{2}$ (cm)

$△ADC=\frac{1}{2}\times 6\times\frac{3}{2}=\frac{9}{2}$ (cm²)

四角形ABCD＝$\frac{9}{2}\sqrt{3}+\frac{9}{2}$ (cm²)

5 ＜空間図形＞

(1) **中点連結定理**より，$MN=\frac{1}{2}BD=\frac{1}{2}\times 12=6$ (cm)

(2) MP＋PNが最短であることから，
点Pは線分MNと辺ACの交点となる。

(3) 右図において，
$BD=6\sqrt{3}+6\sqrt{3}$
$=12\sqrt{3}$ (cm)

中点連結定理より，

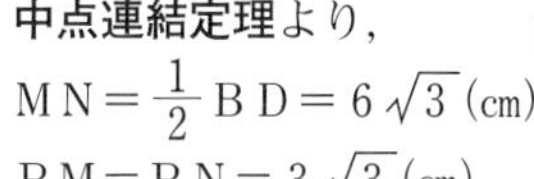

$MN=\frac{1}{2}BD=6\sqrt{3}$ (cm)

$PM=PN=3\sqrt{3}$ (cm)

［図1］において，△PMNは，PM＝PNの二等辺三角形だから，
MNを底辺とするときの高さは，
三平方の定理より，

$\sqrt{(3\sqrt{3})^2-3^2}=\sqrt{18}=3\sqrt{2}$ (cm)

［図1］において，(1)より，

$MN=\frac{1}{2}BD=6$ (cm)だから，

$\frac{1}{2}\times 6\times 3\sqrt{2}=9\sqrt{2}$ (cm²)

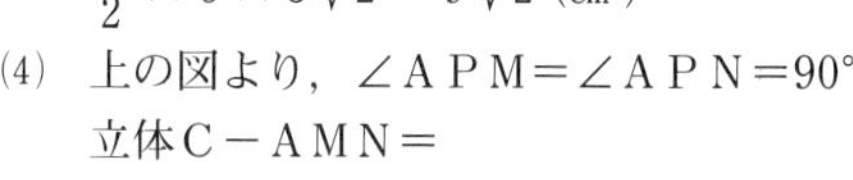

(4) 上の図より，∠APM＝∠APN＝90°
立体C－AMN＝
三角すいA－PMN＋三角すいC－PMN

(3)より，$\frac{1}{3}\times 9\sqrt{2}\times AP+\frac{1}{3}\times 9\sqrt{2}\times CP$

$=\frac{1}{3}\times 9\sqrt{2}\times(AP+CP)=\frac{1}{3}\times 9\sqrt{2}\times 12$

$=36\sqrt{2}$ (cm³)

一方，△AMN∽△ABD，面積比は$1^2:2^2=1:4$より，
△AMN：四角形MBDN＝1：3となり，
四角すいC－MBDNは，三角すいC－AMNと高さが等しく，底面積が3倍だから，
四角すいC－MBDN＝$3\times 36\sqrt{2}=108\sqrt{2}$ (cm³)

令和５年度　鹿児島第一高校入試問題　英　語

正答例

1 (A) 1 ア　2 イ
(B) エ，オ，ケ　(順不同・完答)

2 1 until　2 either　3 little　4 Both

3 1 to do　2 at dancing
3 made us　(各完答)

4 1 The book my father bought me is very interesting.
2 He is looking forward to going to America with his friend.
3 This book was too difficult for me to read.

5 1 My brother stopped watching TV to study English.
2 Shall I lend you the magazine?

6 (例) [A] There are a lot of good musicians in Japan. Among them, I especially like “Mr. Children.” They are a rock band and have been active for over thirty years. I think they are so great because they are still popular. They have not only cool songs but also warm songs. Please listen to their songs. (６文)

[B] My hobby is the study of fossils. When I was a child, there was a museum near my house. I went there every weekend to see dinosaur fossils. Since then, I have been interested in them. Now, I go to the library every Saturday to learn about dinosaur and watch YouTube about fossils every day. (５文)

7 問1 Will you tell us how to get to our seats?
問2 A イ　B ア
問3 ミュージカルはすぐに始まります。
問4 1 It starts at 4.
2 They paid 8,800 yen.

8 問1 1 オ　2 ア　3 イ
4 ウ　5 エ
問2 目の見えない人。
問3 12個の点字の点でフランス語の音を表したもの。
問4 1 フランス
2 パリ / 目が見えない人の
3 アルファベット　4 6つ
5 亡くなった

配点例

1，2	2点×7	計 14点
3，4	3点×6	計 18点
5	4点×2	計 8点
6	7点	計 7点
7	問2　2点×2　他　3点×4	計 16点
8	問3　4点　他　3点×11	計 37点

解説

[2] <適語補充>

1 私は2時**まで**勉強しました。
ーわあ，あなたは眠いでしょうね。

2 私はカレーライスが嫌いです。
ー本当ですか？ 実は私**も**それが嫌いです。

3 あなたには時間が**ほとんどありません**。タクシーに乗りましょう。

4 彼には2人の弟がいます。彼らの**両方**が高校生です。

[5] <指定英作文>

1 stop ～ ing：～するのをやめる
stop to ～：～するために立ち止まる
※ 同じ「stop」でも続く動詞の形で意味が全く異なる。

2 Shall I ～？：～しましょうか？【提案】
Shall we ～？：～しませんか？【勧誘】

[6] <自由英作文>

［A］ 日本の有名なミュージシャン
(正答例の訳)
日本にはすばらしいミュージシャンがたくさんいます。彼らの中でも，私は特に「Mr. Children」が好きです。彼らはロックバンドで，30年以上活動しています。彼らはいまだに人気なので，私は彼らがとてもすごいと思います。彼らはかっこいい曲だけでなく温かい曲も持っています。ぜひ彼らの曲を聴いてみてください。

［B］ 私の趣味
(正答例の訳)
私の趣味は化石の研究です。私が子どものとき，家の近くに博物館がありました。私は恐竜の化石を見るために，毎週末そこに通いました。それ以来，私はそれらに興味があります。今では，私は毎週土曜日に恐竜について学ぶために図書館に行き，化石に関するYouTubeを毎日見ます。

[7] <資料・対話文読解>

Ka：さあ，みんな！ 急いで！ 今3時45分よ。ミュージカルがもうすぐ始まるわ。私はずっとそれを見たかったの。遅れないようにしよう！ A：心配しないで。まだ15分あるから。ところで，A**私たちの席はどこ？** Ki：ケイトと明子はG9とG10だよ。ダイアンと私はH2とH3よ。あそこの案内人に聞いてみよう ... すみません，私たちはG9とG10，H2とH3の席を持っています。①**席への行き方を教えていただけませんか？** U：もちろんです。G9とG10は真っすぐ行って1番のドアから，H2とH3は2階に上がって2番のドアから入ってください。急いでください。②**ミュージカルはもうすぐ始まります**。 A：ありがとうございます，急ぎます。B**ミュージカルはどのくらい続きますか？** U：3時間のミュージカルで，途中で20分間の休憩あります。 D：わかりました。ありがとうございました。

～ケイトと明子は席に行った～

D：キム，僕はプログラムを買いたいんだ。 Ki：あとで買えるでしょう？ D：いいや，僕は俳優が誰なのか知りたいんだ。キム，僕のチケットをくれない？ すぐ合流するから。 Ki：わかったわ，遅れないでよ！ ダイアン，私にステッカーを4枚買ってくれない？ あとでお金を渡すから。 D：わかった！ すぐ戻るよ。

問1 状況から何かをお願いしていることがわかるので，「Will you ～？：～してくれませんか？」を使う。
※ how to ～：～する方法

問2 (ウ) ミュージカルはいつ始まりますか？

問4 1 ミュージカルは何時に始まりますか？
(正答例の訳) **それは4時に始まります。**
※ 会話の時点で午後3時45分なので，あと15分で始まるということは午後4時の公演を見ることがわかる。

2 ダイアンとキムはミュージカル劇場で合計いくら支払いましたか？
(正答例の訳) **彼らは8,800円支払いました。**
※ 2人は午後4時の公演をHの席で見るので，チケット代が2人で7,000円。ダイアンは1,000円のプログラムを1つ，キムは200円のステッカーを4つ買うので，グッズ代が2人で1,800円。したがって，合計8,800円支払ったことになる。

[8] <長文読解>

目が見えない人を意味する①**盲人**の多くは，点字の点を触ることで読み取る。このシステムがフランスの15歳の少年によって作られたことをご存じだろうか？ 彼の名前はルイ・ブライユだ。世界中の多くの国で，1**点字を使ったこのシステムは簡単に「ブライユ」と呼ばれている**。これは彼の物語だ。

ルイ・ブライユは1809年にフランスの小さな村に生まれた。2**彼が3歳のときの事故の後，目が見えなくなった**。1800年代当時，目の見えない子どもたちはたいてい学校に通えなかった。しかしブライユは家族の助けで，学校に行くことができた。彼が10歳の時，彼はパリの盲学校に入学した。この学校で，彼は点字を使って読み取るシステムについて学んだ。

②**このシステム**は，はじめはシャルル・バルビエという男性によって開発された。それはフランス語の音を12の点を使って表現していた。3**バルビエは目の見えない人の読み書きを助けたかった**。そして1821年，彼はブライユの学校に自分のシステムを使うよう頼んだ。当時，盲学校の生徒はアルファベットの盛り上がった文字を触って読み取っていた。学校はバルビエのシステムを使わないことにしたが，それはブライユにあるアイデアを与えた。彼は「このシステムは盛り上がった文字で読むより良いが，まだ時間がかかりすぎる。僕がもっと簡単にできるかもしれない」と思った。

15歳のとき，ブライユはたった6個の点を使ったシステムを作った。卒業後，ブライユはその学校の先生になった。1829年，彼は6個の点からなるシステムを「ブライユ式」と名付け，その仕組みを説明する本を書いた。悲しいことに，4**それはブライユ式では出版されなかった**。

しかし，ブライユは生徒に自分のシステムを生徒に教え続け，ついに1837年，自分の本をブライユ式で出版することができた。しかし学校では，生徒がブライユ式を好んでいたにも関わらず，それでも盛り上がった文字を使い続けた。ブライユは，1852年に亡くなるまでその学校で働いていた。2年後，5**学校がついにブライユ式を使うことを決めた**。そこから，それは徐々にフランス全土に広がり，そしてヨーロッパに，さらに世界のその他の国に広がった。

ルイ・ブライユは，彼が世界中の盲人に与えた大きな影響を見るまで生きることはなかった。しかし，彼のわずか15歳での発明は目の見えない人に読み書きの能力を与えた。フランスにある彼の幼少期の家にある看板には，「彼は目の見えないすべての人の知識の扉を開いた」と書いてある。彼は真の英雄だった。

問3 本文訳波線部参照。

令和５年度　鹿児島第一高校入試問題　社　会

正答例

1 問１　ウ
問２　（記号）オ　（農作物）オリーブ
問３　イ　　問４　**酪農**　　問５　ウ
問６　ア　　問７　エ　　問８　**メキシコ**
問９　**ヒスパニック**
問10　①　㋐　**富山県／岐阜県**　　㋑　**群馬県**
②　エ　　③　**やませ**
④　Ⅰ　**四国**
Ⅱ　**季節風／モンスーン**
⑤　ア

2 問１　１　**ラクスマン**　　２　**北海道**
３　1904　　４　**ポツダム宣言**
問２　イ　　問３　Ａ
問４　**屯田兵**　　問５　ウ
問６　①　**ポーツマス**
②　**国民に多額の戦費負担や従軍などを強いたにもかかわらず，賠償金を得ることができなかったから。**
問７　ア　　問８　**関東大震災**　　問９　**ヤルタ**

3 問１　１　**推古天皇**　　２　**親鸞**　　３　**吉宗**
問２　**冠位十二階**　　問３　イ
問４　**調**　　問５　Ｄ

4 問１　１　**景気変動**　　２　**インフレーション**
３　**デフレーション**　　４　**為替レート**
問２　Ⅰ　エ　　Ⅱ　イ
問３　①　イ　　②　**市場価格／均衡価格**
③　Ａ　イ　　Ｂ　ア
Ｃ　エ　　Ｄ　ウ
問４　**公開市場操作**　　問５　イ　　問６　イ

5 問１　１　**学校**　　２　**住民税**
３　**地方交付税交付金**　　４　**国庫支出金**
問２　ａ　**住民自治**　　ｂ　**団体自治**
問３　イ　　問４　イ／エ

配点例

1	問10②～⑤	1点×5	他　2点×12	計29点
2	問１	1点×4	他　2点×9	計22点
3	問１	1点×3	他　2点×4	計11点
4	問１	1点×4	他　2点×11	計26点
5	問１	1点×4	他　2点×4	計12点

解　説

1 ＜地理総合＞

問１　ウ－国連教育科学文化機関，ア－国際通貨基金，イ－世界保健機関，エ－国連児童基金，オ－国連貿易開発会議の略称。

問２　ア－さとうきび，イ－カカオ，ウ－バナナ，エ－てんさい。

問３　イ－夏に気温が高く，冬に降水量が多い**地中海性気候**に属するローマ，ア－一年を通じて平均して降水量がある**西岸海洋性気候**に属するパリ，ウ－年間を通して気温が高く，降水量も多い**熱帯雨林気候**に属するシンガポール，エ－気温が高く雨がほとんど降らない**砂漠気候**に属するカイロ，オ－冬は年平均気温０度を下回り，冬の寒さが厳しい**冷帯気候**に属するモスクワの雨温図。

問５　ヨーロッパの主な言語に関して，ヨーロッパ北西部では英語やドイツ語などのゲルマン系言語，南部ではフランス語やイタリア語，スペイン語などのラテン系言語，東部ではロシア語などのスラブ系言語が使われている。

問６　ア－ヒンドゥー教ではなく，仏教。

問７　インドは技術力の高い労働者が豊富であり，イギリスの植民地だったので英語を話す労働者が多く，賃金水準も低いなど，ICT 産業に適した条件がそろっている。

問８　文章中の「銀の産出は世界１位」「マヤ文明やアステカ文明が栄えた国」などに着目する。

問９　ヒスパニックは，メキシコや西インド諸島などの国々から，仕事と高い賃金を求めてアメリカに移住している。

問10③　やませが長く続くと，日照不足と低温から稲の生育が遅れて**冷害**が起こりやすくなる。

⑤　イ－日本最東端，ウ－日本最西端の島。日本最北端は択捉島。エ－島根県の隠岐諸島の北西に位置する日本固有の領土だが，韓国に不法に占拠されている，オ－北海道東方に位置する**北方領土**の一部だが，ロシアに不法に占拠されている。

2 ＜歴史総合（明治時代以降）＞

問２　鎖国下の日本では，長崎・対馬藩（長崎県）・薩摩藩（鹿児島県）・松前藩（北海道）の４か所を窓口として，オランダ・中国・朝鮮・琉球（沖縄県）・蝦夷地（北海道）とつながっていた。

問３　Ａ－樺太（サハリン）。

問４　蝦夷地を北海道に改称し，開拓使という役所を置いて，農地の開墾，鉄道や道路の建設などを，屯田兵が中心となって進めていった。

問５　ア－イギリスではなくドイツ，イ－イギリスではなくロシア，エ－フランスではなくロシアであり，日本が返還した遼東半島の旅順と大連を租借した。

問６①　日本は日露戦争に勝利し，翌年の 1905 年にアメリカの仲介によって日本とロシアとの間で講和会議が開かれ，**ポーツマス条約**が結ばれた。

問７　日本では，シベリア出兵を見こんだ米の買い占めなどで米価が大幅に上がり，1918 年の夏に米の安売りなどを求めて民衆が米屋や精米会社を襲う**米騒動**が起こり，全国各地に広がった。

3 ＜歴史総合（江戸時代まで）＞

問１１　摂政は，天皇が女性や幼少のときに政治を代わりに行う地位のこと。

2　鎌倉時代の仏教について，親鸞の他に，**法然**は**浄土宗**，**道元**は**曹洞宗**，**栄西**は**臨済宗**，**日蓮**は**日蓮宗**，**一遍**は**時宗**を開いた。

問３　**ア**－朝廷の勢力を回復しようとした後鳥羽上皇と鎌倉幕府軍との戦いであり，鎌倉幕府軍が勝利した，**ウ**－後白河天皇に味方した平清盛と源義朝が勝利した，**エ**－室町幕府第８代将軍**足利義政**のあとつぎ問題をめぐって有力な守護大名の細川氏と山名氏が対立し，約11年間続いた。

問４　奈良時代の税について，調の他に，**租**は稲の収穫の約３％を，**庸**は麻の布を納めるもの。

問５　**B**（飛鳥時代）→**E**（奈良時代）→**D**（平安時代）→**C**（鎌倉時代）→**A**（江戸時代の新井白石の正徳の治）→**F**（江戸時代の徳川吉宗の享保の改革）。

4　**＜公民総合（経済）＞**

問１３　物価の下落と企業利益の減少が，連続しておこる状況を，デフレスパイラルという。

問３①　**ア**－需要曲線，**イ**－供給曲線。

②　需要量と供給量が一致したときの価格。

問４　公開市場操作について，不景気のとき，日本銀行は，一般の銀行から国債などを買い取り，代金を支払う。一般の銀行は貸し出せるお金が増え，積極的に貸し出そうと，貸し出すときの金利を下げる。すると，企業はお金が借りやすくなり，生産が活発になって，景気は回復する。好景気のときは逆に，日本銀行が一般の銀行に国債などを売ることで，一般の銀行が貸し出せるお金は減り，貸し出しに慎重になって金利を上げる。企業はお金を借りにくくなり，生産が縮小されて，景気は後退する。

問６　**間接金融**とは，金融機関がお金を借りる側と貸す側との間に入り，貸す側から集めたお金を借りる側に融通すること。**直接金融**とは，社債などの借り入れの証明書を購入してもらう形で，直接借りること。直接金融の取り引きでは，証券会社が貸す側と借りる側の間に入り，株式などの売買を仲介することが一般的である。**ア**・**ウ**－直接金融の主な商品，**オ**－群衆（crowd）と資金調達（funding）を組み合わせた造語で，プロジェクトを立ち上げた人や法人に対し，不特定多数の人が，購入・寄付・金融といった形態で資金を供与するしくみのこと。

5　**＜公民総合（地方自治）＞**

問２　1999年に地方分権一括法が作られ，これ以降，国の仕事の多くが地方公共団体の仕事になり，現在でも，仕事や財源を国から地方公共団体に移す**地方分権**が進められている。

問３　**ア**，**ウ**，**エ**－被選挙権は25歳以上。

問４　**ア**－条例の制定・改廃の請求先は，選挙管理委員会ではなく，首長，**ウ**－首長の解職請求には，住民投票を行い，有効投票の３分の２以上ではなく，過半数の同意があれば解職される。

令和５年度　鹿児島第一高校入試問題　理　科

正答例

1　A　問１　①　**B**　②　**D**　問２　**イ**

問３　①　**a，d**（順不同・完答）

②　**b，d**（順不同・完答）　③　**c**

問４　X　**胚**（漢字指定）　Y　**体**（漢字指定）

問５　①　**E**　②　**ア**　③　**e**

B　問６　**DNA**　問７　**減数**（漢字２文字）

問８　①　**精子**（漢字２文字）

②　**胚珠**（漢字２文字）　③　**8**（本）

問９　①　**赤**　②　**オ**

問10　**有性生殖**

2　A　問１　A　CO_2　B　H_2O

問２　**イ**　問３　**塩化コバルト**

問４　**炭酸ナトリウム**　問５　**エ**

問６　**ア**　問７　**二酸化炭素**

問８

気体の質量〔g〕（0，1.0，2.0，3.0，4.0，5.0）
炭酸水素ナトリウムの質量〔g〕（0，2.0，4.0，6.0，8.0，10）

問９　**2.5**（g）　問10　**NaCl**

B　問11　$BaSO_4$　問12　**イ**

問13　**イ，オ**（順不同・完答）

3　A　問１　**イ**

問２　あ　**4**（分間）　い　**3**（分後）

問３　X　**月**　Y　**太陽**

Z　**地球**（完答）

問４　**6**（等星）　問５　**ウ**　問６　**エ**

B　問７　あ　**3500**（万km^3）　い　**0.4**（％）

問８　**0.01**　問９　①　**露点**（漢字２文字）

②　**100**（％）　③　**積乱雲**　問10　**イ**

4　A　問１　**ア**

問２　①　**15**（mA）　②　**30**（mA）

③　**2**（倍）　④　**0.25**（W）

問３　**100**（Ω）　問４　**30**（mA）

問５　**6**（V）　問６　（図）**3**

B　問７　**5**（N）　問８　**15**（cm）

問９　**4.5**（J）　問10　**35**（N）

問11　**7**（J）　問12　**20**（N）

問13　**320**（cm）

配点例

1	問１，問２，問８②，③，問９②　２点×6	他　１点×13	計25点
2	問１，問10　１点×３	他　２点×11	計25点
3	問４，問９①，問10　１点×３	他　２点×11	計25点
4	問１，問２，問７，問８　１点×７	他　２点×９	計25点

解　説

1　**＜生物のからだのつくりとはたらき・生命の連続性＞**

A問１　A：右心房，B：左心房，C：右心室，D：左心室である。左心室は，からだ全体に血液を送り出すためその筋肉のかべが最も厚くなっている。

問3① 動脈は血管のかべが厚く，心臓から送り出される血液の圧力にたえられるようになっている。

③ 静脈には，血液の逆流を防ぐ弁がついている。

B問8③ 生殖細胞は，体細胞から減数分裂によってつくられるため，染色体の数は半分になる。

問9 赤い花をつける遺伝子をA，白い花をつける遺伝子をａとすると，それぞれの純系を交雑させてできた種子の遺伝子の組み合わせはＡａとなる。このＡａの種子を自家受粉させると，その子の遺伝子の組み合わせの割合は，ＡＡ：Ａａ：ａａ＝１：２：１となる。Aは顕性形質なので，赤い花は子全体のおよそ75％になる。

2 ＜化学変化と原子・分子・化学変化とイオン＞

A問9 実験の結果から，炭酸水素ナトリウムを2.0ｇ加えると，1.0ｇの気体が発生していることわかる。また，うすい塩酸30ｇには6.0ｇの炭酸水素ナトリウムが反応することもわかるので，5.0ｇの炭酸水素ナトリウムを加えたときに発生する気体の質量をx〔g〕とおくと，

$2.0 : 1.0 = 5.0 : x \quad x = 2.5$

よって，2.5ｇ

B問12 グラフより，うすい硫酸を50 cm^3 加えると水酸化バリウム水溶液と完全に中和することがわかる。中和が終わるまでの間，硫酸イオンは全て硫酸バリウムになり，バリウムイオンもその分減少していく。また，水素イオンは加えられた硫酸の分増加していくが，中和が終わるまでは水酸化物イオンの方が多い。

問13 うすい硫酸を60 cm^3 加えると，水酸化バリウム水溶液は全て中和されうすい塩酸が10 cm^3 残るため，酸性の水溶液となる。ア：水溶液は酸性になるのでｐＨは７より小さくなる。ウ：酸性の水溶液どうしでは中和反応は起きない。エ：水酸化バリウムを加えると，未反応の硫酸と反応するため硫酸バリウムの沈殿が生じる。

3 ＜地球と宇宙・天気とその変化＞

A問2 月が１度移動するのにかかる時間をx〔分〕とおくと，24時間は24×60＝1440〔分〕なので，

$360 : 1440 = 1 : x \quad x = 4$ よって，４分間に１度ずつ移動する。また，図のように望遠鏡の視野の中心に月が来るように観察する場合，望遠鏡の視野の半径は月の直径と等しいので，月が完全に望遠鏡の視野から出るためには，月1.5個分移動する必要がある。このときの時間をy〔分〕とおくと，$4 : 2 = y : 1.5 \quad y = 3$ よって３分。

B問7 地球上に存在する淡水の量は，14億km^3の2.5％なので，14億×$\frac{2.5}{100}$＝3500万〔km^3〕

このうち，14万km^3が河川や湖沼の水としているのでその割合は，$\frac{14万}{3500万}\times 100 = 0.4$〔％〕

問8 $\frac{14万}{14億}\times 100 = 0.01$〔％〕

4 ＜電気の世界・運動とエネルギー＞

A問2④ **電力〔W〕＝電圧〔V〕×電流〔A〕**

グラフより，抵抗Ｘに5.0 Vの電圧を加えたときに流れる電流の大きさは50mA，よって，

$5.0 \times 0.05 = 0.25$〔W〕

問3 **抵抗〔Ω〕＝$\frac{電圧〔V〕}{電流〔A〕}$** $\frac{2}{0.02} = 100$〔Ω〕

問4 直列回路では，すべての抵抗器に流れる電流の大きさは，回路全体の電流の大きさと同じになる。

問5 抵抗A，Bに加わる電圧の大きさは，

$100 \times 0.03 = 3$〔V〕 直列回路では，それぞれの抵抗器に加わる電圧の大きさの和が全体の電圧の大きさと同じになるので，$3 + 3 = 6$〔V〕

問6 オームの法則より**電流〔A〕＝$\frac{電圧〔V〕}{抵抗〔Ω〕}$**なので，電力〔W〕＝電圧〔V〕×$\frac{電圧〔V〕}{抵抗〔Ω〕}$と表すことができる。よって，回路の電圧の大きさが等しい場合，回路全体の抵抗が小さいほど消費電力が大きくなる。並列回路の全体の抵抗の大きさをR〔Ω〕とおくと，$\frac{1}{R} = \frac{1}{100} + \frac{1}{100}$ R＝50 図１の全体の抵抗は100 Ω，図２の全体の抵抗は200 Ωなので，図３の消費電力が最も大きくなる。

B問7～9 **仕事〔J〕＝物体に加えた力〔N〕×力の向きに移動させた距離〔m〕**

動滑車では，物体を持ち上げるために必要な力が$\frac{1}{2}$になり，ひもを引く長さが２倍になる。ひもを引く力が15Ｎなので，このとき動滑車と物体は15×２＝30〔N〕の力で引き上げられている。荷物の重さは25Ｎなので，動滑車の重さは

30−25＝５〔N〕 また，荷物は30×$\frac{1}{2}$＝15〔cm〕上昇する。よって，ひもを引く力がした仕事は，

$15 \times 0.3 = 4.5$〔J〕

問10 動滑車と荷物を上向きに引き上げる力Ｆは，下図のようにF_1，F_2に分解できる。ひもを引く力はF_1と等しいので35Ｎになる。

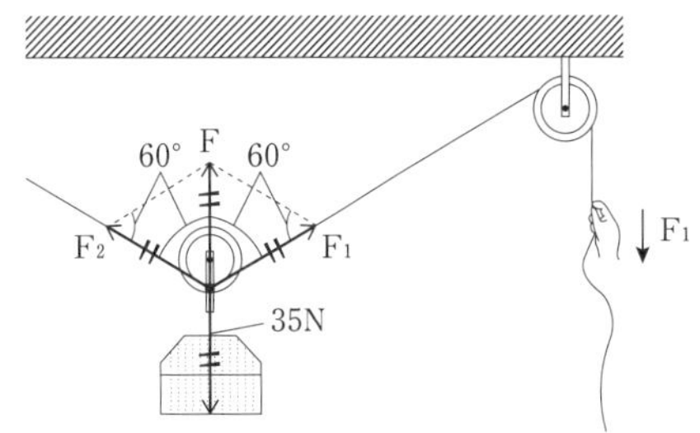

問11 仕事の原理より，動滑車と荷物が上に20cm移動するときの仕事と同じなので，35× 0.2＝７〔J〕

問12，13 定滑車のひもを15Ｎの力で引くと，動滑車１つにつき上向きに30Ｎの力が加わるので，４連動滑車と荷物には30×４＝120〔N〕の力が加わる。荷物の重さは100 Ｎなので，４連動滑車の重さは120 − 100 ＝20〔N〕 また，荷物を40cm持ち上げるためには，動滑車１つにつき40×２＝80〔cm〕ひもを引く必要があるので，全体では

80×４＝320〔cm〕になる。

令和５年度　尚志館高校入試問題　国　語

尚志館高校

正答例

一　問一　㋐　**たたみ**　㋑　**とうしゅう**
　　㋒　**おこた**　㋓　**慌**　㋔　**察知**
　　㋕　**扱**　㋖　**触**

問二　**ア**　問三　②　**ア**　⑤　**オ**

問四　**六画目**

問五　**挨拶をしようと思う気持ちが相手に伝わり挨拶が成立すること。**

問六　⑴　**頭を下げるときだけでなく，上げるときも同時でなくてはならない。**

⑵　**挨拶は相手に敬意を表し，相手の気持ちを十分に推し量りながらするものである。**

問七　**お互いに相手のことを考えながらしている行動が，自然に相手が欲することと一致している情景。**

問八　**オ**　問九　**ウ**　問十　**【 Ⅲ 】**

問十一　**ア**　問十二　省略

二　問一　**日常茶飯事**　問二　**エ**

問三　**彼らが自分の視界に失望すること。**

問四　**ウ**　問五　**ア**　問六　**イ**

問七　**本来の門村さんの内面が彼自身の演奏に表れているということ。**

問八　**三井さんとの演奏を通して思い出した，音楽に夢中になって生きていたときの思いを，二度となくさないようにしようと考えている。**

問九　**以前は視野の喪失や音楽と向き合うことへの恐怖を抱いていたが，三井さんのもと音楽と再び向き合ったことで，立ち直りつつあることを表している。**

問十　**ウ**

三　問一　①　**なまじい**　⑤　**なずま**

問二　Ⅰ　**エ**　Ⅱ　**こそ**

問三　③　**ア**　⑥　**イ**　問四　**エ**

問五　**比べるものがないほどの名声（評判）を得るのである。**

問六　**上手**　問七　**ウ**

配点例

一　問四，問八～問十　２点×４　問五，問十一　３点×２
問六，問七　４点×３　問十二　10点
他　１点×10　計46点

二　問一，問二，問六　２点×３　問七　４点
問八，問九　５点×２　他　３点×４　計32点

三　問一　１点×２　問五　４点　問六，問七　３点×２
他　２点×５　計22点

解　説

一　**<論説文>**

問二　**自立語**で**活用**がなく，**用言**を修飾するのが副詞。したがって，アが適当。イ，ウ，エはそれぞれ「荷物」「夜」「所」という体言を修飾している。

問三　**一朝一夕**＝わずかな時間，短い時日。
以心伝心＝黙っていても気持ちが相手に通じること。

問五　自分は挨拶をしたつもりでも，「相手の心」と「自分の心」が合わなければ「相手としては挨拶が成立していないと思う」とある。挨拶をしようという自分の「心」が相手に伝わらなければならないということである。

問六　傍線部④直後の「**すなわち**」は**言い換えの接続詞**なので，その後の内容が傍線部④の具体的な中身になる。

問七　指示語の内容はその前にあることが多い。傍線部⑥の前の「それ」が指す内容は，「お互いに相手のことを～自然に察知しているのである」である。

問八　「挨拶ひとつがきちんとできるようになるにも，一朝一夕では無理」であり，「自分の息をきちんと整え」ながら「ほかの人と息を合わせる」という芸当も「一日にして成らず」だと筆者は述べている。よって，「**いうまでもなく**」という意味の副詞「**もちろん**」が当てはまる。

問十　□の中の文章はお互いに「タイミングを上手に図」ることの重要性について述べたものなので，「両者の息が合うことの重要性」を述べた後である**【 Ⅲ 】**が適当。

問十一　「仲のいい夫婦」について述べている部分より，アが適当。イは「日頃からよく見ておくべきだ」，ウは「ほかの習い事よりも茶道に入門して」がそれぞれ不適。エは，本文中で「仲のいい夫婦」は相手が考えていることを自然に察知できるとあるが，相手の考えをお互いに察知できる夫婦が「仲のいい夫婦」とは述べられていないため不適。

二　**<小説文>**

問二　「門村さん」は「ゆっくりと」ピアノの前へ歩いていき椅子に座った後，ピアノの蓋を開けて「鍵盤を撫でた」という描写から，「**ゆっくり静かに**」という意味を表す「**おもむろに**」が当てはまると考えられる。

問三　自分の「視野」を失うことが，「彼ら」を「苛む」，つまり苦しめていることを表す言葉を抜き出す。

問四　「僕」は自分の「仕事」への向き合い方を話すことで，「門村さん」も「**自分にとって一番価値があると思えること**」＝「**音楽**」に「向き合い続け」れば何か変えられることがあるのではないかと伝えようとしている。

問五　傍線部③の後に「私の方が鳴らしてみたくなりました」とある。また，「三井さん」は「二十数年ぶり」に演奏し「自分の一部が戻ってきたような気がし」たと昔を懐かしんでいる。これらの内容に当てはまるアが適当。

問七　「迷いなくピアノに向か」う「門村さん」こそが「**本当の彼なのだろう**」とある。「僕」は，「門村さん」のピアノの演奏を通してその内面に気づいたのである。

問八　「三井さん」との演奏を終えた「門村さん」は，「視線をあげ」て「私も自分が**夢中になって生きていたときのことを思い出しました**」と話している。「心の内側に押し込むように」という表現からは，音楽に対する思いをしっかり覚えておこうとする心情が読み取れる。

問九　それまでの「門村さん」は，視界の「虹」を「**怖くて冷たいもの**」だと感じており，音楽と向き合おうとすると「身体が硬直」するような状態だった。しかし，「三井さん」との演奏を通して「押さえつけられていたなに

かが解き放たれ」，恐怖の対象であった「虹」が「暖かい色に見え」ると言えるまでになっている。

問十　「魂と同じくらい」頬を膨らませて演奏する「三井さん」の一生懸命な様子から，ウが適当。アは「門村さんに対する三井さんの深い失望」，イは「悲壮な決意」，エは「途切れることなく激しい旋律」がそれぞれ不適。

三　**＜古文＞**

（口語訳）芸能を身につけようとする人が，「うまくできないうちは，①うかつに人に知られないようにしよう。②内内でよく練習して（うまくなってから）人前に出るというのが，たいそう奥ゆかしいだろう」と，常に言うようだが，このように言う人は，一芸も身につくことはない。いまだ芸が未熟なうちから，うまい（人の）中に交じって，けなされ笑われるにも恥じず，③平然とした素振りで稽古に励む人が，生まれつき，④才能はなくても，その道に⑤停滞せず，⑥勝手気ままにせずに，年を送れば，上手な人で稽古をしない者よりは，最終的に名人の境地に至り，長所も伸び，人に認められて，⑦比べるものがないほどの名声を得るのである。

天下の物の上手といっても，始めは，下手な人という評判もあり，ひどい不名誉もあった。しかし，その人が，その道の規則・規律を正しく，これを大切にしていい加減にしなければ，いつしか世間から認められる権威となって，万人の師となることは，どんな道でも変わるはずはない。

問一①　語頭以外の**ハ行**は**ワ行**に直す。

⑤　「**ぢ・づ**」は「**じ・ず**」に直す。

問二　**係り結び（の法則）**では，「**ぞ・なむ・や・か**」という**係助詞**があれば文末を**連体形**，「**こそ**」という**係助詞**があれば**已然形**で結ぶ。傍線部②は「さし出たらん**こそ**」とあるので，推量の助動詞「**む**」の**已然形**で結ぶ。

問三③　「上手」になる人は，芸が未熟なうちからうまい人の中に交ざって，笑われても恥ずかしがらずに稽古をするという意味のため，アが適当。

⑥　第二段落は第一段落のまとめである。傍線部⑥を含む「**道になづまず，みだりにせずして**」という部分は，第二段落の「**道のおきて正しく，これを重くして放埒せざれば**」とほぼ同じ内容。したがって，イが適当。

問四　生まれつき備わっていなくても「芸能」を身につけたという内容から，「骨（こつ）」は芸能の奥義のこと。よって，物事を形づくる主要な部分を意味する「**骨子**」が適当。「**反骨**」は時勢や権力などに反抗する気持ち。「**気骨**（きこつ）」は信念を通し，なかなか屈しない強い気性のこと。

問五　「名」の意味は，直前の「終に上手の位に至り，徳たけ，人に許されて」がヒント。「いまだ堅固かたほなる～嗜む人」が稽古を重ねていけば「堪能の嗜まざる」より「上手の位」になり，「上手」になれば名声を手に入れることができる。このことを踏まえて現代語訳する。

問六　第二段落では，最初は「不堪の聞え」や「無下の瑕瑾」もあるが，「道のおきて正しく，これを重くして放埒」しなければ，どのような道でも「万人の師」となると述べられている。これは，第一段落で述べられている「上手の位」に至る人物の特徴と合致する。したがって，空欄には「上手」が当てはまると考えられる。

問七　生まれつき才能がなくても，「道になづまず，みだりにせずして」いれば「終に上手の位に至り，徳たけ，人に許され」るとある。よって，全体的に本文の内容に即していないウが不適。

令和５年度　尚志館高校入試問題　数　学

正答例

1　(1)　**1403**　(2)　$\frac{2}{3}$　(3)　$-\frac{3}{4}b$
(4)　$-12b$　(5)　$-2\sqrt{2}$　(6)　**36**

2　(1)　**10**　(2)　**4045**　(3)　**3**
(4)　**35**　(5)　**68°**　(6)　**24**
(7)　1)　**第１四分位数…7　第２四分位数…12　第３四分位数…16**　2)　**9**
(8)　$\frac{1}{3}$

3　(1)　$\frac{1}{3}$　(2)　$(2\sqrt{3},\ 4)$
(3)　$18\sqrt{3}$　(4)　$y=\frac{\sqrt{3}}{7}x+\frac{22}{7}$

4　(1)ア　**垂直二等分線**
(2)イ　**AP**　ウ　**OAP**
エ　**OAB**　カ　**ABQ**
(3)　**円周角の定理の逆**
(4)　**△OAQと△OQRにおいて，**
∠AOQ＝∠QOR（共通）　…①
OAは線分PQの垂直二等分線だから，
$\angle AOQ=\frac{1}{2}\angle POQ$
中心角は同じ弧に対する円周角の２倍の大きさだから，$\angle ABQ=\frac{1}{2}\angle POQ$
∠AOQ＝∠ABQ
円周角の定理の逆より，４点O，Q，A，Bは同一円周上にある。
弧BOに対する円周角より，
∠BAO＝∠BQO
また，∠PAO＝∠OAQより，
∠OAQ＝∠OQR　…②
①，②より，２組の角がそれぞれ等しいから，
△OAQ∽△OQR

5　(1)ア　**6**　イ　**8**
(2)ウ　**ピタゴラスの定理**　(3)エ　**42**
(4)　**△ABH，△ACH，△ADHにおいて，**
仮定より，AHは共通　…①
∠AHB＝∠AHC＝∠AHD＝90°　…②
AB＝AC＝AD　…③
①，②，③より，直角三角形の斜辺とその他の１辺が等しいから，△ABH，△ACH，△ADHは合同である。
(5)オ　**90**　カ　$5\sqrt{2}$
キ　$5\sqrt{7}$　ク　$70\sqrt{7}$

配点例

1	3点×6	計18点
2	(7)の1)　4点（完答）　他　3点×8	計28点
3	4点×4	計16点
4	(4)　5点　他　2点×6	計17点
5	(4)　5点　他　2点×8	計21点

解　説

1　**＜計算問題＞**

(1)　与式＝2023－620＝1403

(2)　与式$=\frac{2}{6}+\frac{5}{6}-\frac{3}{6}=\frac{4}{6}=\frac{2}{3}$

(3)　与式$=\frac{2a-b-2(a+b)}{4}$
$=\frac{2a-b-2a-2b}{4}=-\frac{3}{4}b$

(4)　与式$=-\frac{4a^2\times 9b^5}{3a^2b^4}=-\frac{36a^2b^5}{3a^2b^4}=-12b$

(5)　与式$=6\sqrt{2}-4\sqrt{2}-4\sqrt{2}=6\sqrt{2}-8\sqrt{2}=-2\sqrt{2}$

(6)　与式$=x^2+8x+16-(x^2+8x-20)=36$

2　**＜小問集合＞**

(1)　$5=\sqrt{25}$，$6=\sqrt{36}$，$\sqrt{25}<\sqrt{x}<\sqrt{36}$より，$x$にあてはまる自然数は，26から35までの10個。

(2) $x^2-y^2=(x+y)(x-y)=4045\times1=4045$

(3) 9と15の公倍数のうち，45，90はそれぞれで割ると割り切れるので，4余る数は49，94。また，4は9と15のいずれで割っても0余り4となるので，4，49，94の3個となる。

(4) $5:13=x:91$，$13x=455$，$x=35$

(5) 右図において，△ＯＡＢ，△ＯＡＣ，△ＯＢＣはいずれも二等辺三角形である。
また，**三角形の内角の和は180°**だから，
$2\angle x+2\angle y+2\times22^\circ=180^\circ$
$\angle x+\angle y=68^\circ$
よって，$\angle ABC=68^\circ$

(6) 男子生徒の数をx人とすると，女子生徒の数は，$40-x$（人）　クラスの平均点について，
$\dfrac{160x+150(40-x)}{40}=156$が成り立つから，
$160x+6000-150x=6240$，$10x=240$，$x=24$
よって，このクラスの男子生徒の数は24人。

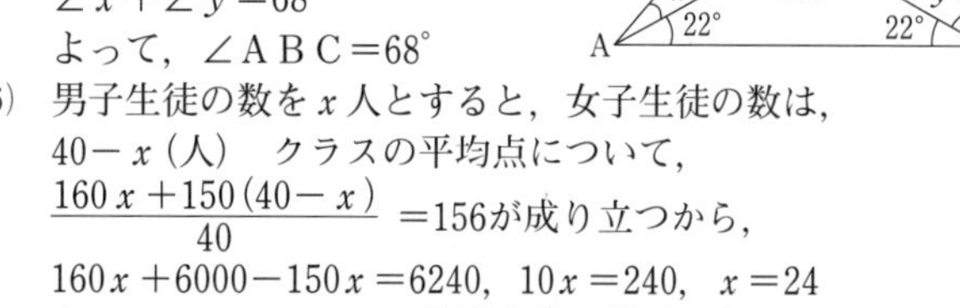

(7) 第2四分位数はデータの中央値，第1四分位数，第3四分位数は，中央値で分けたデータのそれぞれ前後半の真ん中の値となる。(2，6，6，8，9，11，) 12，(13，14，16，16，16，20)
第1四分位数は，$\dfrac{6+8}{2}=\dfrac{14}{2}=7$
第3四分位数は，$\dfrac{16+16}{2}=\dfrac{32}{2}=16$
四分位範囲は，$16-7=9$

(8) あいこになるのは，全員が同じ場合か，全員が異なる場合のいずれかである。すべての場合は27通りあり，全員が同じ場合は，グー，チョキ，パーの3通り，全員が異なる場合は，(A，B，C)とするとき，
(グー，チョキ，パー)(グー，パー，チョキ)
(チョキ，グー，パー)(チョキ，パー，グー)
(パー，チョキ，グー)(パー，グー，チョキ)の6通りで，
合計9通り。よって，確率は，$\dfrac{9}{27}=\dfrac{1}{3}$

3 ＜関数＞

点C，Fも$y=ax^2$のグラフ上にあることと，正六角形の性質から，正六角形ＡＢＣＤＥＦは，y軸に対して線対称になっている。

(1) $AB=2\sqrt{3}$より，2点A，Bのx座標はそれぞれ$-\sqrt{3}$，$\sqrt{3}$
点Bのy座標をtとすると，$A(-\sqrt{3},\ t)$，$B(\sqrt{3},\ t)$
右上の図のように，正六角形は一辺の長さが$2\sqrt{3}$，高さが3の正三角形6個に分けられることから，点Cの座標は$(2\sqrt{3},\ t+3)$と表せる。
$y=ax^2$に点A，Cの座標をそれぞれ代入し，
$t=3a$…①，$t+3=12a$…②
②に①を代入し，$3a+3=12a$，$9a=3$，$a=\dfrac{1}{3}$

(2) (1)より，$t=3\times\dfrac{1}{3}$，$t=1$
点Cのy座標は，$1+3=4$　$C(2\sqrt{3},\ 4)$

(3) 正六角形は一辺の長さが$2\sqrt{3}$，高さが3の正三角形6個からできていると考えると，$\dfrac{1}{2}\times2\sqrt{3}\times3\times6=18\sqrt{3}$

(4) 直線ℓと線分ＡＦの交点をＰとすると，次の図より，△ＰＣＦ$=3\sqrt{3}$となるとき，面積は3等分される。
$FC=4\sqrt{3}$，ＦＣを底辺とするときの△ＰＣＦの高さをhとすると，$\dfrac{1}{2}\times4\sqrt{3}\times h=3\sqrt{3}$
$2\sqrt{3}h=3\sqrt{3}$，$h=\dfrac{3}{2}$
$4-\dfrac{3}{2}=\dfrac{5}{2}$より，点Pの$y$座標は$\dfrac{5}{2}$
ここで，次の図において△ＡＰＱ∽△ＡＦＧ
相似比は$\dfrac{3}{2}:3=1:2$より，$PQ=\dfrac{\sqrt{3}}{2}$
よって，Pのx座標は，
$-\sqrt{3}+\left(-\dfrac{\sqrt{3}}{2}\right)=-\dfrac{3\sqrt{3}}{2}$　$P\left(-\dfrac{3\sqrt{3}}{2},\ \dfrac{5}{2}\right)$
ここで，2点C，Pを通る直線の式を$y=mx+n$とおき，2点C，Pの座標を代入すると，
$4=2\sqrt{3}m+n$…①，$\dfrac{5}{2}=-\dfrac{3\sqrt{3}}{2}m+n$…②
①－②より，$\dfrac{3}{2}=\dfrac{7\sqrt{3}}{2}m$，$m=\dfrac{\sqrt{3}}{7}$…③
③を①に代入し，$4=\dfrac{6}{7}+n$，$n=\dfrac{22}{7}$
よって，直線ℓの方程式は，$y=\dfrac{\sqrt{3}}{7}x+\dfrac{22}{7}$

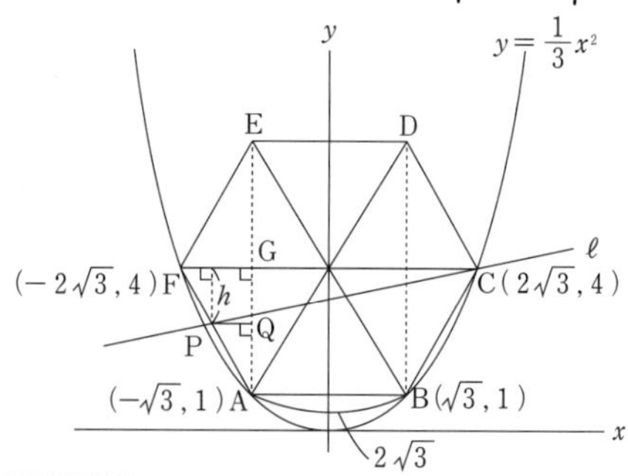

4 ＜平面図形＞

問題文で与えられた条件や会話文中のヒントを図の中に書き込む。
右図より，
△ＯＰＣ≡△ＯＱＣ（直角三角形の斜辺と他の一辺がそれぞれ等しい），また，同様にして△ＡＰＣ≡△ＡＱＣがいえる。
よって，線分ＯＡは二等辺三角形の底辺を垂直に二等分していることがわかり，∠ＯＡＱ＝∠ＯＡＰがいえる。

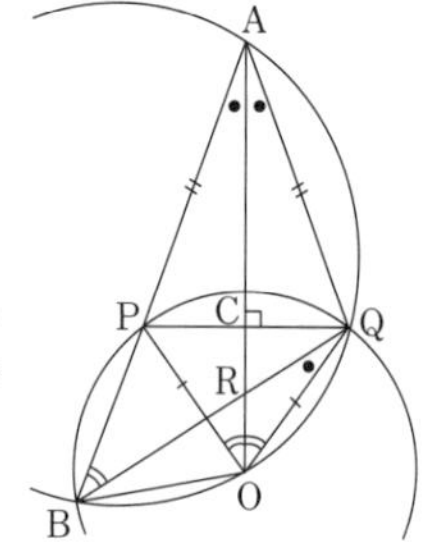

ここで，会話文から「4点Ｏ，Ｑ，Ａ，Ｂが同一円周上にある」とき，円周角の性質から，**同じ弧に対する円周角は等しい**ので，∠ＯＱＢ＝∠ＯＡＢがいえる。
これを証明するために，∠ＡＯＱ＝∠ＡＢＱがいえないかを考えると，最初に示したＯＡ⊥ＰＱの性質と円周角の性質から，∠ＡＯＱ，∠ＡＢＱがそれぞれ，∠ＰＯＱの大きさの$\dfrac{1}{2}$であることがいえる。

5 ＜空間図形＞

(1)ア 会話文中に「**△ＣＥＤは直角二等辺三角形**に見える」とあるので，
$CE:DE:CD=1:1:\sqrt{2}$
$CE=DE=\dfrac{1}{\sqrt{2}}CD=6$

イ $BE=BD-DE=14-6=8$

(2) $BE^2+CE^2=8^2+6^2=64+36=100=10^2=BC^2$より，**ピタゴラスの定理（三平方の定理）**が成り立つ。

(3) $\dfrac{1}{2}\times BD\times CE$
$=\dfrac{1}{2}\times14\times6=42$

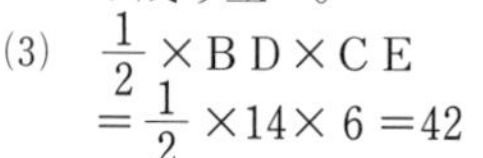

(4) 右図の通り。いずれも直角三角形で，斜辺と他の一辺が等しいから，3つの三角形は合同である。

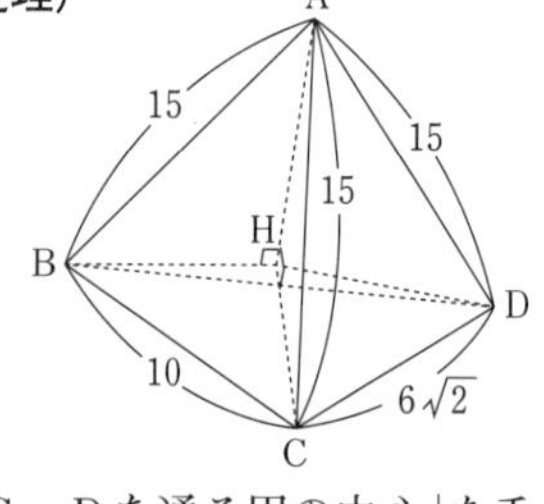

(5) 会話文中の「点Ｈは3点Ｂ，Ｃ，Ｄを通る円の中心」を手がかりとすると，点Ｈの位置は図のようになる。

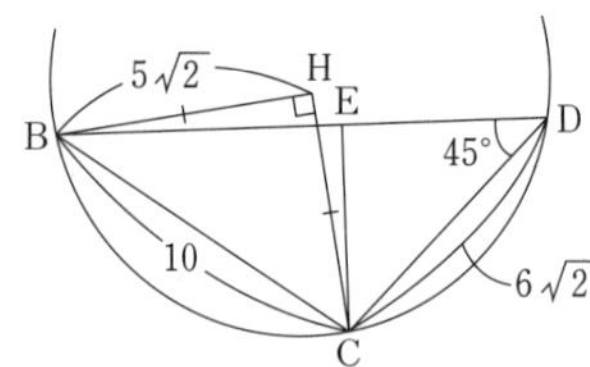

オ **中心角は同じ弧に対する円周角の2倍の大きさ**だから，
△ＣＥＤは**直角二等辺三角形**より，
$\angle BHC=2\angle BDC=2\times45^\circ=90^\circ$

カ △ＨＢＣは**直角二等辺三角形**だから，
$BH=\dfrac{1}{\sqrt{2}}BC=5\sqrt{2}$

キ **三平方の定理**より，
$AH=\sqrt{AB^2-BH^2}=\sqrt{15^2-(5\sqrt{2})^2}$
$=\sqrt{175}=5\sqrt{7}$

ク $\dfrac{1}{3}\times\triangle BCD\times AH=\dfrac{1}{3}\times42\times5\sqrt{7}=70\sqrt{7}$

令和５年度　尚志館高校入試問題　英　語

正答例

1 問１　doesn't
問２　**ポールがつかんでいたワイヤーは，電線ではなく電話線だったから。**
問３　**ア，イ**（順不同）
問４　Paul and his father **have been talking on the phone for a few minutes.**
問５　**ウ→エ→イ→ア**
問６　**イ，ウ**　（順不同・完答）
問７　**車を運転するときは常にシートベルトを締めるべきだということ。**

2 問１　**they tell us how to get to new places**
問２　**イ**
問３　**現在スマートフォンが１秒でできることをエニアックは１日中かかったこと。**
問４　**They were small, fast and cheap enough.**
問５　・**Eメールで世界中の人とコミュニケーションを取ることができること。**
・**小型のコンピュータで音楽を聴いたり，映画を見たりできること。**
問６　**computers**
問７　ア　○　　イ　○　　ウ　×　　エ　×
問８　（例）　**I use an app called LINE to communicate with other people. I can easily communicate with them anytime and anywhere by using my smartphone. It makes our life better.**　（29語）

3 (1)　**エ**　(2)　**ア**　(3)　**ウ**
(4)　**ア**　(5)　**ウ**

4 (1)　**ア**　(2)　**ウ**　(3)　**ア**　(4)　**エ**
(5)　**イ**　(6)　**ア**　(7)　**ウ**　(8)　**イ**

5 (a)　(1)　**ウ**　(2)　**ア**　(3)　**イ**　(4)　**エ**
(b)　(1)　**ウ**　(2)　**エ**　(3)　**ア**　(4)　**イ**

6 (1)　**to hear**　(2)　**lot / rain**　(3)　**for her**
(4)　**open**　(5)　**time**

7 (1)　**イ，ア**　(2)　**ウ，エ**　(3)　**ウ，オ**
(4)　**ア，エ**　(5)　**エ，ア**　（各完答）

配点例

1	問１，問３　２点×３　他　３点×５	計 21 点
2	問１，３，４　３点×３　問７　１点×４ 問８　４点　他　２点×４	計 25 点
3	２点×５	計 10 点
4	１点×８	計　８点
5～7	２点× 18	計 36 点

解　説

1 ＜英文読解＞

ポール・ジョンソンは 20 歳で，彼は小型車を運転する。ポールは自分の車を運転するのが大好きだ。(1)ときどき彼はシートベルトを締める。ときどき彼はシートベルト**を締めない**。

ある日，ポールは車を運転している。彼はシートベルトを締めていない。突然，別の車が彼の前に曲がってきて，ポールは他の車にぶつかる。ポールの車は１回，２回，３回，４回と横転する。彼の車が４回目に横転したとき，屋根が外れる。ポールは宙に浮く。彼は高く飛ぶ。

道路の上の方に何本かワイヤーがある。１本のワイヤーがポールの足にかかる。彼は別のワイヤーを手でつかむ。そしてポールは道路の上の方に高くぶら下がっている。彼はワイヤーにしがみついている。(2)**ポールは幸運だ**。ワイヤーは電線ではなく，電話線なのだ。

ポールはポケットに携帯電話を持っている。彼は 911 に電話する。それから，父親に電話する。「僕は事故にあったんだ」と彼は父親に伝える。「僕は道路の上の方の高いワイヤーにぶら下がっているんだ」(3)「**電話を切るな（つかまっていなさい），ポール**」と彼の父親は言う。それから，(4)**ポールと父親は数分間電話で話し続けている**。

30 分後，救助隊が彼を病院に連れて行く。その病院の医師は「あなたは元気です。切り傷もなく，骨折もありません。家に帰れますよ」とポールに伝える。

数週間後，ポールは新しい車を買う。彼は車を運転するのが大好きだ。彼はいつもシートベルトを締めている。

問１　現在形の否定文で主語は「he」なので,「doesn't」が入る。後ろの「wear his seat belt」が省略されている。
問２　本文訳波線部参照。
問３　状況から答えを導けるが,「hold ＝キープする」というニュアンスがあるため,「電話を続ける」「つかみ続ける」という内容が想定できる。
問４　※ have been ～ ing：今までずっと～している
→ 動作が現在まで続いていることを表す現在完了進行形。
問５　ウ　ポールがシートベルトを締めずに車を運転する。
エ　ポールの車が別の車に衝突する。
イ　ポールの父親が息子から電話をもらう。
ア　ポールが病院に行く。
問７　シートベルトを締めていなかったから車から投げ出されたこと。今ではいつもシートベルトを締めていることなどから読み取れる。

2 ＜英文読解＞

今日，コンピュータはどこにでもある。それらは私たちの車の中，家の中，手の中にもある。それらは私たちがお互いに話すのを助け，(1)**私たちに新しい場所への行き方を教え**，また音楽や映画を再生することができる。(2)**しかし**，少し前まで，コンピュータは今とかなり違っていた。

最初のコンピュータは約 80 年前に作られた。それはエニアックと呼ばれた。

エニアックは私たちの知る現代のコンピュータとはかなり違っていた。まず，それはとても大きな部屋くらい大きかった。次に，(3)**それはとても遅かった**。今のスマートフォンが１秒でできることにエニアックは１日かかった。また，エニアックは人の手で作られたので，毎日壊れ，修理が必要だった。エニアックは使う人にとってかなりストレスの多いコンピュータだった。

コンピュータが小さくなるにつれて，それらは速くなっていった。1980 年代までには，コンピュータは十分に小さく，速く，安価になった。1990 年代には，マイクロソフトが WINDOWS

という大ヒットコンピュータを作った。

WINDOWSは1995年に世界に発売された。(4)**人々は日常生活の中でそれを使いやすかった**。例えば，彼らは電子メールで世界中の人とコミュニケーションを取ったり，この小さなコンピュータで音楽を聴いたり，映画を見たりすること楽しむことができた。また，WINDOWSはエニアックよりもはるかに小さいので，人々はラップトップや電子手帳のような形でそれらを使うことができた。これらの理由から，人々はそれを買うようになった。そして今日，世界中の人が日常生活だけでなく，毎日の仕事でもそれらを使っている。

インターネットが発明されたとき，みんなのコンピュータに対する考え方が変わった。コンピュータ同士がやりとりできるようになったとき，人々は(5)**それ**の多くの使い方を発見した。そのおかげで，世界中のほとんどの人の生活が変わった。現在，私たちはコンピュータで話したり，聞いたり，学んだり，仕事をしたり，買い物をしたり，映画を見たり，遊んだりしている。

問1　※ tell＋人＋物：人に物を伝える（教える）
　※ how to ～：～する方法

問2　「今は～だが，昔は…だった」という内容なので，逆接の接続詞「However」が入る。

問3　下線部直後で内容を詳しく説明している。

問4　質問：1980年代までのコンピュータはどのようなものでしたか？
　答え：本文訳波線部参照。

問5　本文訳二重傍線部参照。
　※ 下線部直後の「For example, ～」以下で具体例が挙げられている。

問7　ア　**エニアックは最初のコンピュータとして1940年代に作られた**。→今から約80年前という情報がヒント
　イ　**エニアックは大きすぎて人々は小さな部屋では使えなかった**。
　ウ　人々はエニアックを使って他の人とコミュニケーションを取ることができた。
　エ　人々はスマートフォンでWINDOWSを使うことができるので，WINDOWSを買うようになった。

問8　（正答例の訳）**私はLINEというアプリを使って他の人とコミュニケーションを取ります。私はスマートフォンを使うことでいつでもどこでも簡単に彼らとコミュニケーションを取ることができます。それは私たちの生活をよい良くします。**

3 ＜適文選択＞

(1)　A：今日あなたの部屋を掃除しましょう。　B：**それはいい考えですね**。クローゼットから始めましょう。

(2)　A：ケン，私はリサが1年間アメリカに行くと聞きました。**彼女は将来何をするつもりですか？**　B：彼女は英語を勉強してニューヨークで働きたいです。

(3)　A：明日は外で夕食にしませんか？　B：明日ですか？**残念ながら，行けません**。やるべきことがたくさんあります。A：それは残念です。　B：おそらくまた別のときに外で夕食に行けます。

(4)　A：ランディー，あなたが職場のために焼いたチーズケーキはおいしかったです。　B：まあ，ありがとうございます，マイク。私は差し入れするのが好きです。　A：**僕がいくつか焼くのを手伝ってくれませんか？**　僕は息子のためにそれをしたいです。　B：いいですよ。

(5)　A：こんにちは，ニック。私はキャサリンのカフェでまた昼食をとるのが待ちきれないわ。　B：**僕たちはジョージのレストランに行くつもりじゃないの？**　A：いいえ，覚えてないの？　私たちは計画を変えたじゃない。　B：ああ，そうだ！　忘れていたよ。

4 ＜適語選択＞

(1)　A：ジョン，友達には親切に**しなさい**よ。　B：うん，そうするよ。

(2)　A：お母さん，今夜は加奈と結衣が夕食を食べにくるわ。B：まあ，**ということは**私たちにはテーブルにあと2つ椅子が必要ね。

(3)　茜は鹿児島出身ですが，今は東京に住んでいます。彼女は**いつか**故郷に戻りたいです。

(4)　私の母は明日買い物に行く**つもりではありません**。

(5)　トムは日本の文化に**興味があります**。

(6)　彼は**2つの**ケーキを食べました。

(7)　夏と冬の**どちら**が好きですか？

(8)　ケイトが友人の家に入ったとき，彼女は靴**を脱いだ**。

5 ＜適文選択＞

(a)　A：やあ！　来週は授業がないね！　(1)**君は何をするつもりなんだい？**　E：私は祖母を訪ねるつもりよ。　A：彼女はどこに住んでいるの？　E：彼女はニューヨークに住んでいるわ。　A：わあ！　遠いんだね。(2)**どうやってそこに行くつもりなんだい？**　E：飛行機で行くつもりよ。私は航空券を買ったところよ。　A：(3)**どのくらい滞在するつもりなんだい？**　E：6日間滞在するつもりで，もう少し長いかも。　A：(4)**それで，そこで何をするつもりなんだい？**　E：特別なことはないわ。

(b)　A：(1)**僕はジャンクフードを食べるのをやめることにしたよ**。K：それはいいわね！　これまでにジャンクフードを食べるのをやめようとしたことはあるの？　A：(2)**うん，何度もね**。でも，それを食べるのをやめているときはいつも，数日後にまたそれを食べ始めてしまうんだ。　K：ええと，(3)**今回は上手くいくことを願うわ**。　A：(4)**僕もそう願うよ**。　K：やっぱり，私は残りの人生のためにジャンクフードを食べ続けることはできないわ。

6 ＜適語補充＞

(1)　私はその知らせ**を聞いて**うれしいです。

(2)　日本では6月に**たくさんの雨**が降ります。

(3)　私は**彼女に**花を買うつもりです。

(4)　ドアを**開けた**ままにしなさい。

(5)　私は昨日パーティーで楽しい**時間**を過ごしました。

7 ＜並べかえ＞

(2)　※ be worried about ～：～を心配している

(3)　関係代名詞「that」以下の内容が先行詞「all of the data」を修飾している。

(4)　※ next to ～：～のとなりに
　※ 名詞＋現在分詞（～ing）：～している名詞

(5)　※ half as 形容詞 as ～：～の半分の…

尚志館高校

令和５年度　尚志館高校入試問題　社　会

正答例

1 (1) ア　**偏西風**　イ　**ロッキー山脈**
ウ　**メキシコ湾**
(2) **ア**
(3) ①　**サンベルト**　②　**う**
③　ア　**シリコンバレー**　イ　**イギリス**
ウ　**賃金**
(4) ア　**ハリケーン**　イ　**健康**　ウ　**供給**

2 (1) **ウラル山脈**　(2) **ツンドラ気候**
(3) ①　ア　**シエスタ**　イ　**ルーマニア**
ウ　**国際**
②　ア　**小麦**　イ　**樺太**　ウ　**天然ガス**
③　ア　**馬**　イ　**遊牧**
ウ　**家屋の窓は小さく，壁も石灰石で白く塗装することで熱を遮断**
エ　**チューニョ**

3 (1) **外輪山**
(2) ア　**冬**　イ　**家屋や農作物**　ウ　**火災**

4 (1) **ア**　(2) **エ，ク**（順不同）
(3) ア　**オスマン**　イ　**ムスリム**　ウ　**薩摩**
エ　**首里**　オ　**寛永**　カ　**朱子**

5 (1) A　**オーストリア**　B　**バルカン**
C　**ボスニア・ヘルツェゴビナ**
(2) (日本)　**朝鮮半島の利権を守るため。**
(イギリス)　**清（中国）における利権を守るため。**
(3) **A，B**（順不同・完答）
(4) **北大西洋条約機構**　(5) **ろ**
(6) ア　**日露**　イ　**パンと平和**　ウ　**女性**
エ　**青鞜社**　オ　**非暴力・不服従**

6 (1) **B**　(2) **ア，イ，ク**（順不同・完答）
(3) **エ**　(4) **緊急集会**　(5) **両院協議会**
(6) **持たず，作らず，持ちこませず**
(7) **議院内閣制**

7 (1) **マララ・ユスフザイ**　(2) **イ**
(3) **経済（活動）の自由**
(4) **裁判を受ける権利，国家賠償請求権，刑事補償請求権**（順不同）
(5) **プライバシーの権利**　(6) **バラク・オバマ**

配点例

1	(2)，(3)①，②　2点×3　他　1点×9	計15点
2	(1)，(2)，(3)③ウ　2点×3　他　1点×9	計15点
3	(1)　2点　他　1点×3	計 5点
4	(1)，(2)　2点×3　他　1点×6	計12点
5	(1)　1点×3　他　2点×10	計23点
6	2点×7	計14点
7	2点×8	計16点

解　説

1 **＜世界地理＞**

(1) アー偏西風は，ほぼ一年中，西から東へ吹いている風。季節風は，ほぼ半年ごとに吹く向きが大きく変わる風であり，夏に海洋から大陸へ，冬に大陸から海洋に向かって吹く傾向がある。イー北アメリカ大陸の西側にはけわしいロッキー山脈が，東側にはなだらかなアパラチア山脈が南北に走っている。

(2) 資料中のイの年降水量は最も少なく，(1)から，降水量が少ない西側に位置するカリフォルニア州であり，サンベルトに含まれることから先端技術産業が盛んで，州内総生産も多い。ウはアよりも人口密度と州内総生産が多いのでニューヨーク。残るアがフロリダ州。

(3)①　サンベルトの工業地帯では航空宇宙産業も盛んである。また，サンベルト南西部を中心に，メキシコなどからアメリカへ移住する**ヒスパニック**とよばれる，スペイン語を話す人々が増加している。

(4)ア　熱帯や温帯が広がるメキシコ湾に面した地域は，夏から秋にかけてハリケーンにたびたび襲われ，風雨や洪水による大きな被害を受けることがある。

2 **＜世界地理＞**

Aースペイン，Bーウクライナ，Cーモンゴル。

(2) 図中のY域の部分には，平均標高が4000mを超えるチベット高原が広がっており，頂上はツンドラ気候に属している。

(3)①イ　賃金が低く，製品を安く生産できる東ヨーロッパの国々に，ドイツやフランスの企業が工場を移転する動きも増えている。

ウ　航空機の生産では，フランス・イギリス・ドイツなどの企業が共同で企業を設立し，各国でつくられた航空機の部品を集めてトゥールーズ（フランス）などの工場で組み立てている。

③ウ　スペインなどの地中海に面した国々では，夏は雨が少なく乾燥し，冬に雨が多く降る**地中海性気候**に属している。

3 **＜日本地理＞**

(1) カルデラは，火山の噴火で火山灰や溶岩がふき出したあとにできた，大きなくぼ地。

(2)ウ　防災や減災のために，**防災マップ（ハザードマップ）**を作ることで，地域で予測される災害を理解し，対策を立てておくことも必要である。

4 **＜歴史総合（江戸時代まで）＞**

Aーエジプト文明，Bーインダス文明，Cー中国文明。

(1) イーガンジス川ではなくインダス川であり，ウルはメソポタミア文明の都市，ウーバビロンはメソポタミア文明の都市，エ，オー長江の下流域で稲を栽培する農耕文明が生まれ，黄河流域で殷という国がおこった。

(2) エーAのエジプト文明では**象形（神聖）文字**が使われた。くさび形文字はメソポタミア文明で使われた。クー国風文化が栄えたのは摂関政治期。執権は鎌倉時代の将軍を補佐する役職。

(3)②　**イスラム教はムハンマド，キリスト教はイエス，**

尚志館高校

仏教はシャカによって始められた。

④　江戸時代の東日本では金の貨幣が，西日本では銀の貨幣が使われていたため，上方とよばれた大阪や京都から江戸への取り引きでは，大量の金銀の交換が行われた。

⑤　朱子学は，君臣の主従関係や父子の上下関係を大切にする学問。

5　＜歴史総合（明治時代以降）＞

(1)アＢ　バルカン半島は，ロシアとオーストリア・ドイツの対立を背景に，民族の対立や領土をめぐって戦争が相次ぎ，不安定な国際情勢が続いたことから，「ヨーロッパの火薬庫」とよばれていた。

(2)　日本とイギリスは日英同盟を結び，ロシアに対抗した。

(3)　第一次世界大戦の終戦は1918年。Ａ－1872年公布の**学制**，Ｂ－1913年，Ｃ－1925年，Ｄ－1922年。

(5)　1939年，ドイツが，それまで対立していたソ連と**独ソ不可侵条約**を結んだことに対して，驚きをもって受け止められたため，平沼騏一郎首相は，資料１のような声明を発表した。

(6)イ　「パンと平和」を求める抗議運動が起こると，これがロシア革命につながり，ソ連が誕生した。

6　＜公民総合＞

(1)　通常国会の会期は150日間であり，2022年の通常国会は６月15日に終了した。

(2)　ウ・オ・カ・キ－内閣，エ－裁判所の権限。

(3)　飲酒・喫煙は20歳まで認められていない。

(4)　国会の種類について，毎年１月に召集される常会（通常国会），必要に応じて開かれる臨時会（臨時国会），衆議院議員総選挙が行われた後に開かれる特別会（特別国会）がある。

(5)　予算の議決・条約の承認・内閣総理大臣の指名について，参議院が，衆議院と異なった議決を行い，両院協議会でも一致しないときは，衆議院の議決が国会の議決となる（**衆議院の優越**）。

(7)　議院内閣制について，現状の内閣が信用できず，行政を任せられないと考えるときには，衆議院は**内閣不信任の決議**を行う。内閣不信任の決議が可決された場合は，内閣は10日以内に**衆議院の解散**を行うか，総辞職しなければならない。

7　＜公民総合＞

(3)　経済（活動）の自由には，自由に職業を選んで働く職業選択の自由や，お金や土地などの財産を持つ権利である財産権の保障，自由に住む場所を選ぶ居住・移転の自由などがある。

(5)　新しい人権について，プライバシーの権利の他に，住みやすい環境を求める**環境権**，自分の生き方や生活の仕方について自由に決定する権利である**自己決定権**，国や地方の役所などに集まっている情報を手に入れる権利である「**知る権利**」などがある。

令和５年度　尚志館高校入試問題　　理　科

正答例

1　Ⅰ１　a　**光**　b　**水**　c　**有機物**

２　ア　**生産**　イ　**消費**　ウ　**分解**

３　**脱炭素社会**

４菌類　**a，d，e**（順不同・完答）

細菌類　**b，c**（順不同・完答）

５　**②，⑥，⑦**（順不同・完答）

６　**c，e**（順不同・完答）

Ⅱ１(1)　ア　**じん臓**　イ　**肝臓**

ウ　**肝臓**　エ　**小腸**

(2)　**①，③**（順不同・完答）　(3)　**④**

(4)　ａ弁ア　**開く**　弁イ　**閉じる**（完答）

ｂ弁ア　**閉じる**　弁イ　**閉じる**（完答）

２(1)　**花粉管の伸長によって卵細胞まで運ばれる。**

(2)　**16**（通り）

３①　**ア**　②　**エ**　③　**ウ**　④　**イ**

2　Ⅰ１　**黄色**　２　**Ｄ，Ｅ**（順不同・完答）

３　**ア**

４　$\mathbf{HCl + NaOH \rightarrow NaCl + H_2O}$

５　**水酸化物イオンと水素イオンが反応して水が生成したから。**

６　**イ**　７　**30**（cm^3）

Ⅱ１固体　**炭酸ナトリウム**　液体　**水**

気体　**二酸化炭素**

２　**ア，ウ**（順不同・完答）

３　**炭酸ナトリウム**

４　名称　**塩化コバルト紙**

色の変化　**青色から桃色**

５　$\mathbf{2NaHCO_3 \rightarrow Na_2CO_3 + H_2O + CO_2}$

６　**イ，エ**（順不同・完答）　７　**４：１**

８　**発生した二酸化炭素が，ともに発生した水にとけたから。**

3　Ⅰ１　**風化**　２(1)　**イ**　(2)　**火山灰**

３(1)　**Ｃ**　(2)　**あたたかくて浅い海**

(3)　**石灰岩**

４(1)　**しゅう曲**　(2)　**断層**

(3)　**プレート運動による力**

Ⅱ１垂直　**ア**　水平　**エ**

２記号　**Ｂ**

理由　**低気圧付近では上昇気流のため雲が発生しやすいから。**

３季節　**冬**　気圧配置　**西高東低**

４(1)　Ａ　**寒冷前線**　Ｂ　**温暖前線**

(2)　**b，c**（順不同・完答）

(3)　Ａ　**積乱雲**　Ｂ　**乱層雲**

５(1)　**8.7**（g/m^3）　(2)　**9**（℃）

4　Ⅰ１(1)　**ニュートン**

(2)　小球①　**0.2**（N）　小球②　**0.3**（N）

２(1)　**ウ**　(2)　**イ**　３　**10**（cm）

4　**0.04**（J）

5位置エネルギー　最大　A，E（順不同・完答）
　　　　　　　　最小　B，C（順不同・完答）
運動エネルギー　最大　B，C（順不同・完答）
　　　　　　　　最小　A，E（順不同・完答）

6　**イ**

Ⅱ1P　**d**　Q　**b**　2　**オームの法則**

3　**20**（Ω）　4　**10**（Ω）

5　下図　6　**1.5**（倍）　7　**ウ**

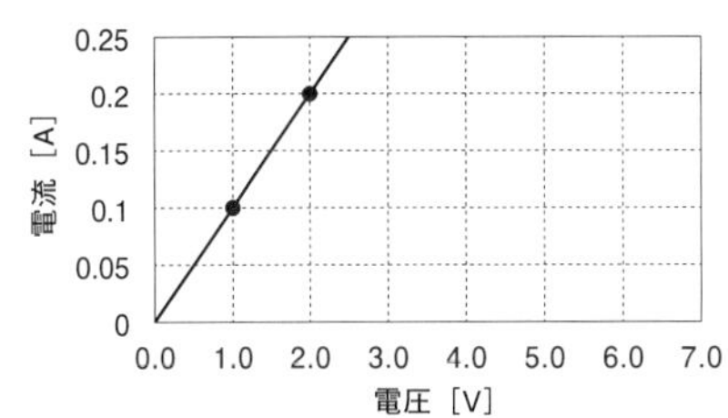

配点例

1	1点×25			計25点
2	Ⅰ4～7，Ⅱ5，7，8	2点×7	他1点×11	計25点
3	Ⅰ3(2)，4(3)，Ⅱ2理由	2点×3	他1点×19	計25点
4	Ⅰ3，4，Ⅱ5～7	2点×5	他1点×15	計25点

解　説

1　＜生物総合＞

Ⅰ6　細胞の呼吸では，有機物である養分と空気中からとりこんだ酸素を反応させてエネルギーをとり出し，二酸化炭素と水ができる。また，植物の呼吸は常に行われる。

Ⅱ1(2)　酸素を多くふくむ血液を動脈血，二酸化炭素を多くふくむ血液を静脈血という。静脈血は，心臓から肺に血液を送る肺動脈と，全身から心臓に血液を送る静脈を流れている。

2(2)　長い方の染色体の組み合わせが（A，E）（A，F）（B，E）（B，F）の4通り。短い方の染色体の組み合わせが（C，G）（C，H）（D，G）（D，H）の4通り。子の染色体は長い染色体と短い染色体の組み合わせなので，4×4＝16〔通り〕

2　＜化学変化とイオン・化学変化と原子・分子＞

Ⅰ6　水酸化バリウムと硫酸の中和で生じる塩である硫酸バリウムは，水にとけず，沈殿していくため，はじめはバリウムイオンと水酸化物イオンによって電気が流れて豆電球は明るくなるが，中和が進むと水中のイオンの総数は減少し，完全に中和すると，水溶液の中にはイオンが無くなるので電気が流れなくなる。うすい硫酸を滴下し続けると，水溶液中に硫酸イオンと水素イオンが存在するようになるので，再び電気が流れるようになる。

7　G液100cm³にふくまれる水酸化バリウムの量はF液20 cm³にふくまれる水酸化バリウムの量に等しいので，F液15 cm³を完全に中和するために必要な硫酸の体積をx〔cm³〕とおくと，

20：40＝15：x　x＝30　よって，30 cm³

Ⅱ7　表2より，0.40 gの炭酸水素ナトリウムを加熱すると0.15 g減少することがわかる。白い固体と炭酸水素ナトリウムの混合物2.50 gを加熱して減少した質量の大きさは2.50－1.75＝0.75〔g〕　混合物中の炭酸水素ナトリウムの質量をx〔g〕とおくと，

0.40：0.15＝x：0.75　x＝2.0　よって，炭酸水素ナトリウムと白い固体の質量の比は，

2.0：(2.50－2.0)＝4：1

8　質量保存の法則より，化学反応の前後では反応前の物質の質量と反応後の質量は同じになる。この問題では，炭酸水素ナトリウムの熱分解で発生する水の質量を測定していないことと，発生した二酸化炭素が水にとけることに注意する必要がある。

3　＜大地の変化・天気とその変化＞

Ⅰ2(1)　川の上流から平野に運ばれた土砂は，粒の大きいものほど河口付近に堆積し，粒の小さいものほど海岸から離れた海の深いところで堆積する。

Ⅱ5(1)　湿度〔%〕＝$\frac{1\,m^3の空気にふくまれる水蒸気の質量〔g/m^3〕}{その空気と同じ気温での飽和水蒸気量〔g/m^3〕}$×100

図8より，17℃のときの飽和水蒸気量は14.5 g /m³なので，このときの1 m³の空気にふくまれる水蒸気量は，14.5×$\frac{60}{100}$＝8.7〔g /m³〕

(2)　気温が下がり，その空気での露点に達すると霧が発生する。この空気の水蒸気量は，(1)より8.7 g /m³なので，図8より，最低気温は9℃以上であったと考えられる。

4　＜運動とエネルギー・電気の世界＞

Ⅰ1(2)　小球①は20÷100＝0.2〔N〕

小球②は30÷100＝0.3〔N〕

3　グラフより，小球②の位置エネルギーの大きさが小球①を20cmの高さに置いたときと等しくなるのは，木片の移動距離の等しい10cmのときである。

4　仕事〔J〕＝物体に加えた力〔N〕×力の向きに移動させた距離〔m〕

0.2×0.2＝0.04〔J〕

Ⅱ3　抵抗〔Ω〕＝$\frac{電圧〔V〕}{電流〔A〕}$

図5より，$\frac{4.0}{0.2}$＝20〔Ω〕

4　図5より，回路全体の抵抗は$\frac{6.0}{0.2}$＝30〔Ω〕　直列回路では，それぞれの抵抗の大きさの和が全体の抵抗の大きさに等しいので，3より，電熱線Bの抵抗の大きさは，30－20＝10〔Ω〕

6　電流〔A〕＝$\frac{電圧〔V〕}{抵抗〔Ω〕}$

電熱線の抵抗の大きさは，電熱線の長さが短くなるほど小さくなるので，半分の長さでは，抵抗の大きさも半分になる。よって，回路全体の抵抗の大きさは10＋10＝20〔Ω〕なので，同じ大きさの電圧を加えると，流れる電流の大きさは$\frac{30}{20}$＝1.5〔倍〕になる。

7　ア：直列回路の全体の抵抗はそれぞれの抵抗の和になるため，もとの抵抗の2倍になるので誤り。

イ：並列回路の全体の抵抗をRとすると，$\frac{1}{R}=\frac{1}{Ra}+\frac{1}{Rb}$という関係が成り立つので，もとの抵抗の$\frac{1}{2}$倍になるため誤り。エ：抵抗の小さい方に強い電流が流れるので誤り。

令和５年度　鹿屋中央高校入試問題　国　語

正答例

[1] １ (1) **故郷**　(2) **並**　(3) **輸送**
　(4) **あいまい**　(5) **なげ**　(6) **すいこう**

２ **十六画**

[2] １ **ア**

２ Ⅰ **埋もれている暗黙の知**
　Ⅱ **苦しく充実した**

３ **エ**

４ **ウ**

５ **相手が自分自身の経験を振り返り，微妙な心の感触を言葉にするのを促してつき添うことで，アイディアを生むのを助けてくれる**

[3] １ **ウ**　２ **ののしりあえり**　３ **イ**

４ Ⅰ **確かに見たと言う人も，うそだと言う人も**
　Ⅱ **一条室町**
　Ⅲ **院の御桟敷**

[4] １ **ウ**

２ Ⅰ **追い回し**
　Ⅱ **直接教わらず，先輩の仕事を見て盗め**

３ **イ**

４ **なんの夢もない琴葉と違い，天馬は，社長のように技術を身につけて自分の工場をもちたいという目標に向かってつきすすんでいるということ。**

５ **ウ・オ**

[5] 　**資料１から、電気冷蔵庫と照明器具の電気使用量の割合が特に多いことがわかる。**

　私は冷蔵庫に食べ物を詰め込みすぎないようにすること、使っていない部屋の照明器具の電気が付いたままになっていないかをこまめに確認することの二つに気を付けて、家庭内での節電に取り組みたい。

配点例

[1] １，２　２点×７　計14点
[2] １　２点　２，３，４　４点×４　５　８点　計26点
[3] １，２　３点×２　３，４　４点×４　計22点
[4] １，２Ⅰ　３点×２　２Ⅱ，５　５点×２（５は完答）
　３　４点　４　８点　計28点
[5] 10点

解　説

[2] **＜論説文＞**

１ａ　「自分自身と対話する関係」を対話中につくるためには「相手への意識」と「自分への意識」の二つが必要だが，空欄の前の部分では慣れないうちはその「二つを両立させること」は「難しい」とある。一方，空欄の後の部分では「練習期間を経る～できるようになる」とあるため**逆接の接続詞「しかし」**が適当。

ｂ　第六段落では「自分の感触にぴったりとした言葉を探」すという「精神の作業」について述べられている。空欄の前後ではその作業がうまくいかない場合を説明しているため**並立の接続詞「また」**が適当。

２Ⅰ　「自分の思考の中」にあり，「探りながら対話をするもの」とは何かに着目する。本文中の「自分の中に**埋もれている暗黙の知**を掘り起こ」すが一致する。

Ⅱ　第三段落に「精神的に労力を必要とする作業」とあることに着目する。これと同じことを指定字数で述べているのが，第四段落の「**苦しく充実した作業**」。

３　「対話を深めるための工夫」とは「自分自身と対話する～対話中にもつくる」ことで，自分の意識の「半分の五を自分自身への問いかけに使」うという内容が**エ**と一致する。**ア**は「自分の話を～努力すること」，**イ**は「自分の意識を相手に向けることよりも」，**ウ**は「自分自身の話をしっかりと記憶しながら」がそれぞれ不適。

４　――線部③を含む段落で「先に感触がある」とはどのようなことかが説明されている。何となく捉えた「自分の感触」，すなわち「言葉にしにくい『心の感触』」が先にあり，「その感触を手探りで言葉にしていく」ことから「ぴったりの言葉」が見つかるのだと読み取ることができる。

５　――線部④の直後にあるように，「より高いレベルの対話力」を持つ人は，「**相手が自分自身の～それにつき添う**」ことができるため，「自分自身に向き合う習慣のない人」も「自分の経験世界」に潜ることができ，「アイディアが生まれやすい」と筆者は考えている。

[3] **＜古文＞**

（口語訳） 応長の頃，伊勢の国から，女の鬼になったものをつれて都へ上ったという事件があって，そのころ二十日ばかりの間，毎日，京都や白川の人々が，その鬼見物にといってやたらと外を出歩いた。「昨日は西園寺に①伺ったんですってね」，「今日は上皇様の御所へ参るようです」，「ちょうど今は，どこそこに（いるらしい）」などと言い合っている。確実に見たと言う人もいないし，（まったくの）うそのうわさだと言う人もいない。貴賤上下の人たちはやたらに，鬼のことばかりうわさしてやまないのである。

その当時，東山から安居院のあたりへ②出かけましたが，四条通りより北の方の人が，みんな，北へ向かって走って行く。（そして，）「一条室町に鬼がいるぞ」と③一緒に騒ぎ立てている。（そこで，）今出川のあたりから見渡すと，院の御桟敷のあるあたりは，全く通ることができないほど混雑している。やはり根も葉もないことではないようだと思って，人を行かせて（様子を）見させたところ，少しも（鬼に）逢った人がいない。（しかも，）日の暮れまでそのように人々が立ち騒いで，しまいにはけんかが始まり，あきれかえったことがいろいろあった。

その頃，世間一般に，二，三日人々が病気にかかることがございましたので，「④あの鬼についての流言は，この（病気の流行する）前兆を示すものだったのだ」と言う人もございました。

１　人々がうわさをしているのは「鬼」のことなので，――線部①の主語は「鬼」。『徒然草』は随筆であり，「安居院辺」へ出かけて人々が「北をさして走る」様子を

見ていることから，――線部②の主語は「筆者」。

2　語頭以外のハ行はワ行に直す。

3　――線部④に「このしるし」とあるので，直前の部分に着目する。「この」が指す内容は，「二三日人のわづらふ事侍りし」である。

4 Ⅰ　先生が話している内容は第一段落の訳になっている。「まさしく見たりと言ふ人もなく，そらごとと言ふ人もなし」の部分が空欄にあてはまる。

Ⅱ Ⅲ　第二段落に着目する。「鬼が出た」ことについては，「一条室町に鬼あり」と騒がれている。またその時に混雑していた様子は「院の御桟敷のあたり，更に通り得べうもあらず立ちこみたり」とある。

4　<小説文>

1　ア，イ，エは五段活用，ウは下一段活用。

2 Ⅰ　天馬は自分について「オレはまだ，追い回しだから」と言っている。「追い回し……古くさい言い方だ」という琴葉の考えも手がかりになる。

Ⅱ　「直接教わったりせず，技術は見て盗め」が慣習の内容。この内容を，空欄の前後に繋がるように，指定語を使って指定字数内でまとめる。

3　天馬は仕事に対して「文句ひとついわない」上に，仕事が終わっても勉強をしている。琴葉は「たまには，息をぬけばいいのに」と思い「熱心すぎやしない？」と伝えるが，天馬に「毎日，新しい発見がある～もったいない」と言われて，それ以上かける言葉が見つけられないのである。アは「意地になって仕事をする」，エは「琴葉の言葉にうわのそら」がそれぞれ不適。ウは，天馬は本気なのだと琴葉が気づいたのは「天馬本人の指の汚れから」ではないため不適。

4　――線部③直前で，琴葉と天馬を比較した二文がある。「なんの夢もないあたし（琴葉）」に対して，天馬は「社長みたい」になって「自分の工場をもつ」という「目標にむかって，つきすす」んでいるのである。

5　琴葉は，会話の中で天馬の仕事に対する姿勢に触れ，「なんの夢もない」自分と目標にむかう天馬との距離がちぢまらないことを「なぜかさびしい」と思っている。そもそも琴葉が天馬に話しかけたのは，母親に帰りがおそくなったことをしかられないためであり，そのような自分を「余計に情けない」と感じている。よって，ウとオが適当。アは「母にしかられることを～感じ始める気持ち」，イは「天馬へのライバル心」，エは「本来のもくろみを忘れていたこと」がそれぞれ不適。

5　<作文>

第一段落では「世帯当たり電気使用量」，もしくは「家庭でできる節電のポイント」から読み取ったことを書き，それをふまえて第二段落では自分が家庭でどのように節電に取り組みたいかを書く問題。第一段落で読み取った内容に沿って，家庭での節電の取り組み方について，自分の考えを具体的に書けばよい。

令和５年度　鹿屋中央高校入試問題　数　学

正答例

1　1(1)　-19　(2)　$-\frac{7}{12}$　(3)　$\frac{3x+2y}{6}$

(4)　$n=7,\ 17,\ 23$

(5)　$b=\frac{a-3}{4}$

2　$a=-2$，$b=-1$

3　$(x+2)(x-12)$

4　$\frac{3}{10}$

5　$\angle x=117$（°）

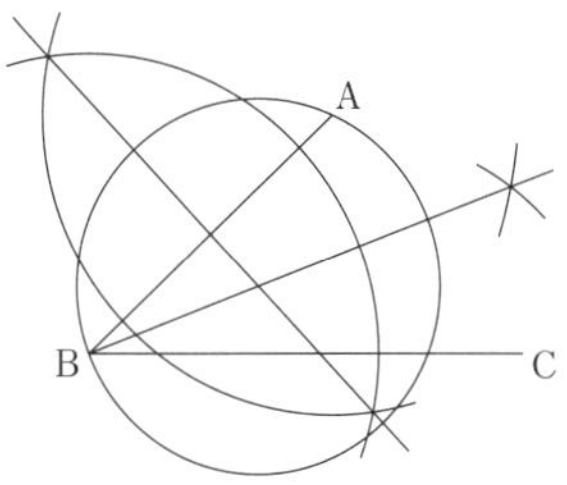

2　1　45π（cm^3）

2　右図

3　$\begin{cases} x+y=11 & \cdots① \\ 10y+x=10x+y+27 & \cdots② \end{cases}$

②より，$9x-9y=-27$

$x-y=-3$　…③

①＋③より，$2x=8$

$x=4$

$x=4$を①に代入して，$y=7$

よって，$A=10\times4+7=47$

自然数Ａの値　47

4(1)　△ＡＢＤと△ＥＣＤにおいて，

仮定より，∠ＤＥＣ＝90°　…①

ＢＤは円の直径だから，∠ＤＡＢ＝90°…②

①，②より，

∠ＤＡＢ＝∠ＤＥＣ　…③

また，弧ＡＤに対する円周角は等しいから，

∠ＡＢＤ＝∠ＥＣＤ　…④

③，④より，２組の角がそれぞれ等しいから，

△ＡＢＤ∽△ＥＣＤ

(2)　$\frac{54}{25}$（cm^2）

3　1　40（人）　2　85（点）

3　0.28　4　ア

4　Ⅰ 1　28（個）　2　$4n+4$（個）

3　13（番目）

Ⅱ 1　24（cm^2）　2　$x=3,\ 5$

5　1　$a=\frac{1}{3}$　2　$y=2x+9$

3　$\frac{81}{2}$　4　-4

配点例

1	1　3点×5　他　4点×4	計31点
2	4点×5	計20点
3	1　3点　他　4点×3	計15点
4	Ⅰ 1，Ⅱ 1　3点×2　他　4点×3	計18点
5	4点×4	計16点

解　説

1　<計算問題・小問集合>

1(1)　与式＝$-7-12=-19$

(2)　与式＝$\frac{1}{6}-\frac{2}{3}\times\frac{9}{8}=\frac{2}{12}-\frac{9}{12}=-\frac{7}{12}$

(3)　与式＝$\frac{2(2x-y)-(x-4y)}{6}$

$=\frac{4x-2y-x+4y}{6}=\frac{3x+2y}{6}$

(4)　$\sqrt{50-2n}=\sqrt{2(25-n)}$

根号内がある自然数の２乗となるとき自然数となる。

$25-n=2$のとき，$n=23$，$25-n=2\times2^2$のとき，$n=17$，$25-n=2\times3^2$のとき，$n=7$

$25-n=2\times4^2$のとき，$n=-7$となり，nが自然数ではなくなるから，あてはまる自然数nの値は，$n=7$，17，23の３つ。

(5)　$a=4b+3$が成り立つ。これをbについて解くと，

$4b=a-3$，$b=\frac{a-3}{4}$

2　変化の割合が負の数なので，xの値が最大のときyの値は最小値，xの値が最小のときyの値は最大値となる。関数$y=-\frac{1}{2}x+3$に，$x=a$，$y=4$を代入すると，

鹿屋中央高校

$4=-\frac{1}{2}a+3$，$\frac{1}{2}a=-1$，$a=-2$
また，$x=8$，$y=b$を代入すると，$b=-\frac{1}{2}\times 8+3$
$b=-4+3=-1$

3 和が−10，積が−24となる2数は2と−12
よって，$x^2-10x-24=(x+2)(x-12)$

4 男子3人をA，B，C，女子2人をD，Eとすると，全ての組み合わせは，AB，AC，AD，AE，BC，BD，BE，CD，CE，DEの10通りあり，2人とも男子となるのは，下線を引いた3通り。よって，2人とも男子が選ばれる確率は，$\frac{3}{10}$

5 右図のように補助線をひくと，**三角形の内角の和は180°**だから，
$54^\circ+(28^\circ+\angle a)+(35^\circ+\angle b)=180^\circ$
$\angle a+\angle b+117^\circ=180^\circ$，$\angle a+\angle b=63^\circ$
△DCAにおいて，
三角形の内角の和より，
$\angle x+\angle a+\angle b=180^\circ$
$\angle x=180^\circ-(\angle a+\angle b)$
$=180^\circ-63^\circ=117^\circ$

[2] ＜小問集合＞

1 投影図から，ある立体は，半径3cmの半球と，底面の半径が3cm，高さが3cmの円柱を組み合わせたもの。

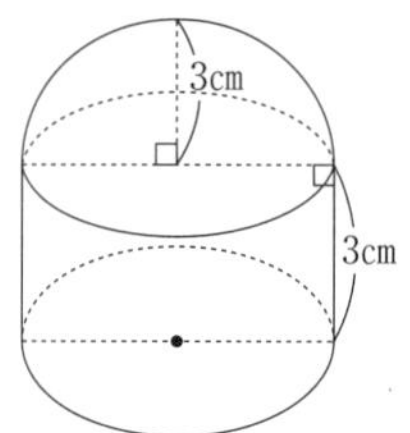

$\frac{4}{3}\pi\times 3^3\times\frac{1}{2}+3^2\pi\times 3$
$=18\pi+27\pi$
$=45\pi$ (cm³)

2 ① ∠ABCの二等分線を作図する。
② 線分ABの垂直二等分線を作図する。
③ ①，②の交点を中心として，円周上に2点A，Bがある円を作図する。

3 2けたの自然数は10×(十の位の数)＋(一の位の数)で表すことができる。

4(1) 仮定と，**半円の弧に対する円周角は90°になる**ことから∠DAB＝∠DEC，弧ADに対する円周角は等しいことから∠ABD＝∠ECDがいえるから，相似条件「2組の角がそれぞれ等しい」を用いればよい。

(2) △ABD$=\frac{1}{2}\times 6\times 8=24$(cm²)
(1)より，△ABD∽△ECD
相似比は，BD：CD＝10：3
相似な図形の面積比は相似比の2乗となるから，
$10^2:3^2=100:9$
24：△ECD＝100：9より，
100△ECD＝216
△ECD$=\frac{216}{100}=\frac{54}{25}$(cm²)

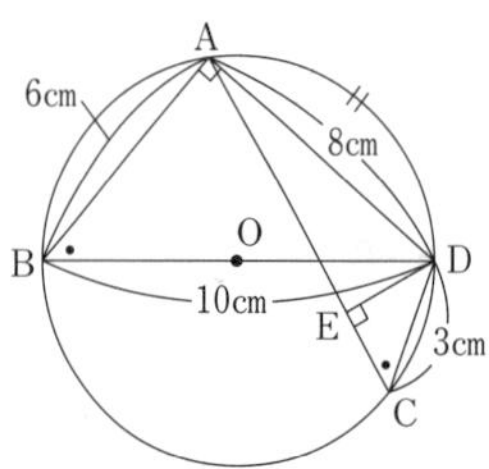

[3] ＜データの活用＞

1 $1+2+3+5+3+5+9+10+2=40$(人)

2 度数分布表では，最も度数の大きい階級の階級値が最頻値となる。最も度数の大きいのは80点～90点の階級で，階級値は$\frac{90+80}{2}=\frac{170}{2}=85$(点)より，最頻値は85点

3 度数が40人だから，第1四分位数は値が小さい方から10，11人目の値の平均値となる。ヒストグラムより，10，11人目は40点～50点の階級に含まれ，その階級の累積度数は，
$1+2+3+5=11$(人)
よって，累積相対度数は，$\frac{11}{40}=0.275$より，0.28

4 **3**より，第1四分位数は40点～50点の階級に含まれるから，**イ**は不適。また，第2四分位数(中央値)は値が小さい方から20，21人目の値の平均値で，20，21人目はいずれも70点～80点の階級に含まれる。よって，**ウ**，**エ**は不適。つまり**ア**が正しいことがわかる。(30，31人目は80点～90点の階級に含まれており，第3四分位数も**ア**の図と合致する。)

[4] ＜文字式・平面図形＞

Ⅰ 1 黒い正方形について，1番目の図形には，4すみの正方形の他に，各辺に1個，2番目の図形には，4すみと各辺に2個，3番目には4すみと各辺に3個…と増えているので，6番目の図形には，4すみと，各辺に6個の正方形が並んでいる。よって，$4\times 6+4=28$(個)

2 **1**より，n番目の図形には，4すみの4個の他に各辺にn個の黒い正方形が並ぶ。
よって，$4\times n+4=4n+4$(個)

3 白い正方形の個数は順に，$1^2=1$(個)，$2^2=4$(個)，$3^2=9$(個)，$4^2=16$(個)と増えているから，n番目の図形に白い正方形はn^2個ある。
2より，n番目の図形の黒い正方形は$4n+4$(個)であり，白い正方形は黒い正方形よりも113個多いから，$n^2=(4n+4)+113$の等式が成り立つ。これを解くと，
$n^2-4n-117=0$，$(n+9)(n-13)=0$
$n=-9$，13 nは自然数より，$n=13$
よって，13番目の図形。

Ⅱ 1 四角形EFGHの周りにできる4つの三角形は，いずれも直角二等辺三角形，四角形EFGHは長方形となる。
$x=2$のとき，EH$=2\sqrt{2}$(cm)
EB$=6$(cm)より，EF$=6\sqrt{2}$(cm)
四角形EFGHの面積は，$2\sqrt{2}\times 6\sqrt{2}=24$(cm²)

2 EH$=\sqrt{2}x$(cm)
EB$=8-x$(cm)より，
EF$=(8-x)\sqrt{2}$(cm)
四角形EFGH
$=\sqrt{2}x\times(8-x)\sqrt{2}$
$=16x-2x^2$(cm²)
$16x-2x^2=30$
が成り立つから，
$2x^2-16x+30=0$
$x^2-8x+15=0$
$(x-3)(x-5)=0$
$x=3$，5で，これは$0<x<8$を満たす。
よって，$x=3$，5

[5] ＜関数＞

1 関数$y=2x$に$x=6$を代入し，$y=12$ A(6，12)
点Aは関数$y=ax^2$のグラフ上の点でもあるから，この式に点Aの座標を代入し，
$12=a\times 6^2$，$12=36a$，$a=\frac{1}{3}$

2 $y=\frac{1}{3}x^2$に$x=-3$を代入し，
$y=\frac{1}{3}\times(-3)^2=3$ B(−3，3)
平行な2直線は変化の割合が等しいことから，求める直線の式を$y=2x+b$とおき，点Bの座標を代入すると，
$3=2\times(-3)+b$，$b=9$
よって，直線③の式は，$y=2x+9$

3 四角形OACB＝△COA＋△COB
$=\frac{1}{2}\times 9\times 6+\frac{1}{2}\times 9\times 3=\frac{54}{2}+\frac{27}{2}=\frac{81}{2}$

4 **3**より，四角形OACBの面積を2等分するとき，$\frac{81}{2}\div 2=\frac{81}{4}$である。つまり，線分OA上に点Dをとるとき，△BOC＋△COD$=\frac{81}{4}$が成り立てばよい。
点Dのx座標をpとすると，
△BOC＋△COD
$=\frac{27}{2}+\frac{1}{2}\times 9\times p$
$=\frac{27}{2}+\frac{9}{2}p$
$\frac{27}{2}+\frac{9}{2}p=\frac{81}{4}$
$\frac{9}{2}p=\frac{27}{4}$，$p=\frac{3}{2}$
点Dは関数$y=2x$のグラフ上の点だから，pの値をxに代入し，
$y=2\times\frac{3}{2}=3$
D$\left(\frac{3}{2}, 3\right)$

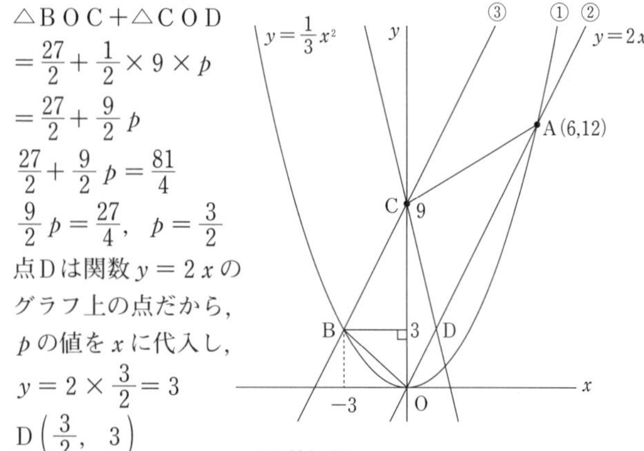

変化の割合(傾き)＝$\frac{\text{yの増加量}}{\text{xの増加量}}$
(yの増加量)$=3-9=-6$，(xの増加量)$=\frac{3}{2}-0=\frac{3}{2}$
$-6\div\frac{3}{2}=-4$

令和５年度　鹿屋中央高校入試問題　英　語

正答例

1
1 ウ　2 イ
3 baseball
4 ウ → ア → イ
5 ウ
6 (1) (例) She studies it for two hours.
(2) ウ
7 (例) I want to be a singer. I want people around the world to listen to my music.

2
1 ① イ　② エ
2 ① Yesterday
② restaurant
③ present (gift)
3 ① I have been
② I liked it
③ they were cooking
4 (例) I think (Asahi ・(Fuji)) is better for you because you can walk there from our school. You can also be good at writing because you can learn how to write well with a pencil.

3
Ⅰ 1 ア　2 has a (long)
Ⅱ 1 イ
2 ② エ　③ ア　④ ウ　(完答)
Ⅲ エ

4
1 ア
2 (例) Because Bob always looked happy when he was with Sam.
3 ウ
4 (例) おじいさんとの同居を望むのなら，自分がおじいさんの住む田舎に引っ越すこと。
5 (例) I'm happy to live with you in the country. I'm looking forward to it.
6 イ，エ　(順不同)

配点例

1	7　4点　　他　3点×7	計25点
2	4　8点　　他　3点×8	計32点
3	Ⅱ2，Ⅲ　4点×2　　他　3点×3	計17点
4	2，4　4点×2　　5　6点　　他　3点×4	計26点

解　説

1 <聞き取りテスト>

1 *Jack :* Maho, did you play tennis with Saki yesterday? *Maho :* No, I didn't. Her mother was sick, so she had to stay home to take care of her family. *Jack :* I see. Then what did you do? *Maho :* I played basketball with my brother.

J：真帆，君は昨日早希と一緒にテニスをしたかい？　M：いいえ，しなかったわ。彼女のお母さんが病気だったから，彼女は家族の世話をするために家にいないといけなかったの。　J：なるほど。それじゃあ，君は何をしたの？　M：私は兄（弟）とバスケットボールをしたわ。

2 *Nick :* Excuse me. That T-shirt looks cool. How much is it? *Staff :* It was 2,000 yen, but now it's only 980 yen. It's the last one. *Nick :* Really? How lucky! I'll take it. *Staff :* Thank you so much.

N：すみません。そのＴシャツはかっこいいですね。それはいくらですか？　S：それは2,000円でしたが，今はたったの980円です。それは最後の一つです。　N：本当ですか？　なんてラッキーなんだ。それにします。　S：どうもありがとうございます。

3 *Yuki :* Bob, you don't look well. Are you OK? *Bob :* Don't worry. The baseball practice today was really hard, so I'm tired. We have a game next Saturday. *Yuki :* I know. I heard it from Keita. Can I go to see it? *Bob :* Sure. I'll be glad if you can come.

Y：ボブ，あなたは体調が悪そうね。大丈夫？　B：心配しないで。今日の野球の練習が本当につらかったから，疲れているんだ。僕たちは次の土曜日に試合があるんだ。　Y：知っているわ。私はそれを啓太から聞いたの。それを見に行ってもいい？　B：もちろんだよ。もし君が来れたら，僕はうれしいよ。

4 Good morning, everyone. I have an important thing to tell you. The weather is nice in the morning, but it's going to be rainy in the afternoon. So we'll swim in the pool in the morning. After P.E. class, we'll have art class. We are going to draw a picture outside. Then after lunch, we'll practice the guitar together in the music room. I hope you'll have a good day.

おはようございます。みなさん。私にはあなたたちに伝えるべき大切なことがあります。午前中の天気は良いですが，午後には雨になるでしょう。だから，私たちは午前中にプールで泳ぎます。体育の授業の後，私たちは美術のクラスがあります。私たちは外で絵を描く予定です。それから昼食の後，私たちは音楽室で一緒にギターを練習する予定です。私はあなたたちが良い一日を過ごすことを願っています。

5 Hello, everyone. You are the students who are going to visit Australia this summer. There are 12 students. And look. We are the teachers who will go with you. You can see six teachers. We are happy to spend time with you.

We will leave Kagoshima on August 3rd and come back home on August 24th. So you will stay there for three weeks. You will stay with your host family and join an English program for two weeks. On the last five days, we will travel around the country together. I hope all of you can enjoy this summer program. Thank you.

こんにちは，みなさん。あなたたちは今年の夏にオーストラリアを訪れる予定の生徒です。ア12人の生徒がいます。そして見てください。私たちはあなたたちと一緒に行く先生です。あなたたちは６人の先生が見えるでしょう。私たちはあなたたちと一緒に過ごすことができてうれしいです。

私たちは８月３日に鹿児島を出発し，８月24日に家に帰る予定です。だから，あなたたちは３週間そこに滞在する予定です。エあなたたちは２週間ホストファミリーと過ごし，英語プログラムに参加します。最後の５日間，私たちは一緒に国中を旅します。私はあなたたち全員がこのサマープログラムを楽しめることを願っています。ありがとうございました。

※ 各記号の該当箇所は波線部参照

6 I'm going to talk about a woman that I met in the English-speaking club in my city. I joined it last month. On my first day, I was very nervous. Then, the old woman sitting next to me spoke to me. She said, "I'm Yoshiko. I'm 80 years old. I have traveled around the world since I was 65 years old. I wanted to speak English better. So, I started studying it. Every day I study it for two hours." I was surprised because she was older than my grandmother. She looked so young. She also said, "Through learning English, I can be friends with a lot of people from abroad and younger people who want to learn English like you. Let's have fun!" She looked happy. I learned from her that to keep on learning makes people young.

私は私が町の英会話クラブで出会った女性について話します。私は先月それに参加しました。初日，私はとても緊張していました。そのとき，私の隣に座っているおばあさんが私に話しかけてきました。彼女は「私は芳子よ。私は80歳よ。私は65歳になって以来，世界中を旅しているの。私は英語をもっと上手に話したかったの。だから，私はそれを勉強し始めたの。毎日２時間それを勉強しているわ」と言いました。彼女は私の祖母よりも年を取っていたので，私は驚きました。彼女はとても若く見えました。彼女は「英語学習を通して，私はたくさんの外国人やあなたのように英語を学びたいと思っている若者と友達になることができるわ。楽しみましょう！」とも言いました。彼女は幸せそうでした。私は彼女から学び続けることが人を若くするということを学びました。

Question (1) : How long does Yoshiko study English every day?
(芳子は毎日どれくらい英語を勉強しますか？)
(正答例の訳) **彼女はそれを２時間勉強します。**

Question (2) : What did Misaki learn from Yoshiko?
(美咲は芳子から何を学びましたか？)
(正答例の訳) **学び続けることが人を若くすること。**

7 *Miyu* : Hi, Ben. How was school today?
Ben : I enjoyed science class today. I like math and science so much. How about you?
Miyu : I like English and music.
Ben : I see. What do you want to be in the future?
Miyu : ( )

M：こんにちは，ベン。今日学校はどうだった？　B：僕は今日理科の授業を楽しんだよ。僕は数学と理科が大好きなんだ。君はどう？　M：私は英語と音楽が好きよ。　B：なるほど。君は将来何になりたいの？　M：(正答例の訳) **私は歌手になりたいわ。私は世界中の人に私の音楽を聴いてほしい。**

2 ＜英語表現＞

1 M：ジェニー，君の折り鶴は美しいね！　J：ありがとう，誠。私は折り紙が大好きなの。　M：いいね。①**君はどこでそれを習ったんだい？**　J：私の国よ。小さいとき，私はよく文化センターに行ったわ。いろんな国から来たボランティアがいくつか彼らの国のおもしろいことを私に教えてくれたの。私は日本人のボランティアから折り紙を教わったわ。　M：おもしろそうだね！　僕たちもこの町に文化センターがあるんだ。君はそこで日本の文化を学ぶことができるよ。②**君はそれに興味があるかい？**　J：ええ，とっても。それはどこなの？　M：それは市立図書館のとなりにあるよ。もし今日君に時間があれば，僕は君をそこに連れて行くことができるよ。　J：本当に？　わくわくするわ！

2 S：こんにちは，ジョン。あなたは幸せそうね。どうしたの？　J：①**昨日**は僕の誕生日だったんだ。僕の両親が僕をこの町で一番人気な②**レストラン**に連れて行ってくれたんだ。全部おいしかったよ！　S：まあ，いいわね！　これはあなたへの③**プレゼント**よ。私はあなたが自転車で旅をするのが好きだと知っているわ。これは旅の間にあなたを助けるはずよ。　J：わあ！　ありがとう。その中には何があるんだい？　今それを開けてもいいかい？　S：もちろんよ。あなたがそれを気に入ってくれるといいな。

［説明］ ①　今日の前の日
②　食事を楽しむ場所
③　あなたが誰かにあげるもの

3 Y：やあ，ジュディ。週末はどうだった？　J：楽しかったわ。私は土曜日にホストファミリーと霧島神宮を訪れたの。　Y：おお，良かったね！　①**僕は前にそこに行ったことがあるよ**。それはどうだった？　J：②**私はそれがとても好きだったわ**。それはとても美しかったわ。　Y：僕もそう思うよ。週末に他には何をしたんだい？　J：③**ホストマザーとホストシスターが料理をしている**とき，私は彼女たちを手伝ったわ。私のホストマザーの岩田さんが私に薩摩須文字の作り方を教えてくれたの。　Y：おお，本当に？　君は伝統料理が好きだったかい？　J：ええ！　おいしかったわ。私は国に帰ったとき，家族のためにそれを作りたいわ。　Y：それはいい考えだね！

4 (Kate の発言)　こんにちは！　私は書道を習いたいの。私は学校の近くに２つの教室を見つけたわ。私にとって朝日か富士のどっちの方がいいかしら？
(正答例の訳)　私はあなたにとって**富士**の方がいいと思います，なぜなら**あなたは学校からそこまで歩いて行くことができるからです。あなたは鉛筆を使った上手な書き方を学ぶことができるので，あなたは書くことも得意になることができます。**

3 ＜英文読解＞

Ⅰ　大島紬は奄美諸島で作られる織物です。人々は約1,300年前にそれを作り始めました。**それは（長い）歴史と伝統を有しています**。それは色が美しく，着物は軽くて着心地が良いです。1975年２月，それは伝統的工芸品の一つになりました。しかし，それは危機に直面しています。**このグラフ**は2016年に大島紬の製造に従事した人の数を示しています。労働者は748人であり，彼らのほとんどが60歳以上です。10代はおらず，60歳未満は100人より少なかったです。さらに，その数は年々減っています。1972年には約30万本の一反の布が作られましたが，その数は2021年にはたったの3,290本に減っています。しかし，奄美大島には世界中の人々の協力でこの伝統を守ろうとしている若者もいます。私はみんながおたがいを助け合い，伝統を守っていくことが大切だと思います。

1　本文訳波線部の内容から正しいグラフを選択できる。

Ⅱ　D：やあ，徹！　僕は今週末の映画祭に行くのが楽しみだよ。僕はこの５本の映画全部を見たいんだ。　T：僕もだよ。僕たちは１日券を買うべきだね，なぜならもし僕たちが映画を５本見ればかなり安くなるからね。僕たちは14歳だから，１枚①**500**円で買うことができるよ。　D：いいね！　でも僕たちは気をつけなきゃいけないんだ。１日券はオンラインでしか売られていないんだ。　T：わかったよ。まず，僕たちの計画を確認してオンラインでチケットを手に入れよう。　D：そうだね。僕は一日中そこにいたいんだ。僕たちは９時前にそこに着けるかな？　T：うん。僕たちは８時50分にそこに着くよ。『Nicky Nick』で始めて，②**『Uncle Mono』**で終わらせよう。　D：それはいい考えだね！　最初の映画の後は，③**『My Friend』**はどう？　T：そうだなあ…。僕たちには15分あるから，それに間に合うね。④**『Shining Stars』**は１回しか上映されないから，僕たちはそれを昼食前に見ないとね。　D：そうだね！　もし僕たちが30分以内に昼食を済ませることができれば，２本の映画を見ることができるね。　T：そうだね！　ということは，僕たちはこの５本の映画をすべて見ることができるんだね！　D：完璧だ！　じゃあ，今ここで僕たちの１日券を手に入れよう。

1　２人は14歳なので，表の「６～15歳（6-15 years old)」の料金から１日券（One-day ticket）の方を確認する。

Ⅲ　私たちは学校でSDGs（持続可能な開発目標）についてたくさん学んできました。現在，私たちは私たちの周りにはたくさんの問題があり，私たち一人ひとりがこの世界をより住みやすい場所にするために何かしなければならないことを知っています。今日，私はエネルギー問題に取り組んでいる焼酎会社のおもしろい取り組みをあなたたちに紹介したいと思います。

鹿児島と宮崎はサツマイモで有名です。その多くが「芋焼酎」を作るために使われていることを知っていますか？　しかし，人々がそれを作っているとき，サツマイモの多くの部分がゴミになってしまいます。

宮崎のある有名な焼酎メーカーは彼らがこのゴミを何か価値のあるものに変えるべきだと考えました。彼らはそれを再生可能なエネルギーに変えようと努力し，成功しました。今では，彼らは「芋焼酎」と再生可能エネルギーを同時に作っています。この例は，もし私たちが考え方を変えることができれば，ゴミはもうゴミではないことを示しています。

地球の天然資源は限られています。もし私たちがそれらを使いすぎれば，それらはすぐになくなってしまいます。発想を変えて，世界を変えましょう。

B：あなたが伝えたかった最も大切なことは何ですか？
R：**私たちが発想を変えたとき，何か価値のあるものを生み出すことができます。**
B：私もそう思います。私はそれが要点だと信じています。
ア　私たちは再生可能エネルギーを使いすぎてはいけない。
イ　私たちは地球で暮らし続けるために，SDGsについて学ぶべきだ。
ウ　私たちはより多くの再生可能エネルギーを生み出すために，より多くのサツマイモを育てるべきだ。

4 ＜長文読解＞

サムは中学生である。彼にはボブという名前の祖父がいる。ボブは80歳を超え，田舎に一人で住んでいる。サムの両親は仕事でとても忙しかったので，サムは毎年夏休みの間祖父の家に滞在していた。この２年間，サムは彼を訪ねることができなかったが，オンラインで彼に会うことができた。サムの母親は時間があるときによく彼女の父親であるボブに電話をした。彼女はいつも「お父さん，ちゃんと食べてる？　薬を飲むのを忘れないでね」と彼に言った。彼は「そんなに心配しなくていいよ。私は元気だよ」と言った。彼は３年前に病気になり約半年間入院していたので，彼女は彼をとても心配していた。だから，サムの母親は彼に都会で彼女の家族と一緒に暮らしてほしかった。彼が退院して間もなく，彼女は彼に「都会で一緒に暮らそう」と言ったが，彼はただ「いいや」と言った。彼は「私には守るべき土地がある。私は自分の場所を離れることはできない」と言った。

この夏，サムはボブを訪ね，夏休みの２か月間田舎で彼と一緒に過ごした。サムが田舎へ出発する前日，彼の母親が「サム，おじいちゃんにここに来て私たちと一緒に暮らすよう伝えてね。彼は高齢で弱っていて，彼が一人で暮らすのは難しくなっているの」と言った。サムは彼のたった一人の孫であり，ボブは彼をとても愛していた。ボブはいつも彼の言うことを聞き，決して嫌とは言わなかった。「僕がおじいちゃんに何かを頼んだとき，彼は僕の言うことを聞くだろう」とサムは思った。彼は都会でボブと一緒に暮らすことを楽しみにしていた。

ボブは朝とても早く起き，暑くなる前に畑で働いた。日中，彼はサムと過ごし，サムが都会では学べなかったことを何でも彼に教えた。サムが彼に何か尋ねると，ボブはどんな質問にも答えた。サムは彼をとても尊敬していた。

ある夜，サムはボブに「都会に来て僕と一緒に暮らそうよ，おじいちゃん」と言った。サムは彼と一緒に暮らし，彼からもっと学びたかった。ボブはサムと一緒にいるとき，いつも幸せそうだった。だから，①サムはボブが「うん」と言ってくれると確信していた。しかし，ボブはそれを聞き，悲しそうに「悪いけど，できないよ」と言った。サムはそれを聞いて悲しくなった。ボブは初めて彼に「いやだ」と言った。

ボブは「サム，私のことを心配してくれてありがとう。私はここに80年以上住んでいるんだ。私はこの場所が大好きなんだ。ここにいた友人はほとんどいなくなって，もはやお前のおばあちゃんもいないけれど，私はここにいるとみんなを感じることができるんだ。この場所はたくさんの良い思い出を蘇らせてくれる。ここは私の家だ。家より良い場所は他にない。お前はいつかそれを理解できるだろう。」サムはこれ聞き，彼は自分のことしか考えていなかったので②ボブに申し訳ないと思った。サムはただ「おじいちゃん，ごめんね。僕はあなたの気持ちがわかるよ」と言った。

その夜，サムは彼の母親に電話した。彼女はサムの声を聞いたとき，「とても元気なさそうね。どうしたの？」と言った。「お母さん，おじいちゃんが初めて僕に断ったんだ。ここは彼の家だから，僕は都会で暮らすことが彼を幸せにするとは思えないんだ。もしあなたが彼に僕たちと一緒に暮らしてほしいなら，僕たちがここを引っ越すべきだ。僕はおじいちゃんも田舎の生活も大好きだよ」と彼は言った。しばらく考えてから，彼女は「おじいちゃんのことを思ってくれて本当にありがとう。③それについて考えておくわ」と言った。

夏が終わり，サムの都会暮らしが戻ってきた。今年の秋口，サムの家族は大きな決断をした。彼らは今年の冬に田舎に引っ越すつもりだ。サムは④ボブにそれについての彼の気持ちを伝える手紙を書いた。

1　イ　本文３～４行目。　　ウ　本文17行目。

2　本文訳波線部参照。

※ 下線部①の直前の「So（接続詞）」がヒントになる。

3　本文訳二重傍線部参照。

※ 下線部②の直後の「because ～」の内容が理由になる。

4　本文訳破線部参照。

6　ア　ボブは夏休みの間，サムの世話をするためによく都会を訪れた。

イ　サムの母親の父親が病気になった後，彼女は彼女と一緒に暮らすよう彼に言った。

ウ　ボブは都会での生活が好きではなかったので，田舎を離れたくなかった。

エ　ボブはたくさんのことを知っていたので，サムは彼をとても尊敬していた。

オ　サムの母親は彼女の父親が都会で彼女と一緒に住むと聞いて，とてもうれしかった。

令和５年度　鹿屋中央高校入試問題　社　会

正答例

1 Ⅰ１　D　　２　ア　　３　オアシス

４　レアメタル　　５　エ

６　多言語が存在するため，共通語として英語ができる人が多く，また，アメリカと昼と夜が逆であり，アメリカ企業の電話をインドのコールセンターにつなぐことで簡単に24時間対応できるようになるため。

Ⅱ１　岩手県　　２　盆地　　３　④

４　い　　５　イ　　６　き

Ⅲ　（記号）ア

（理由）九州南部には，シラスとよばれる古い火山の噴出物が積み重なっていることから，水を通しやすく，水田に適さないから。

（完答）

2 Ⅰ１　宋

２(1)　ウ　　(2)　三宝

３　娘を天皇のきさきとし，その子を次の天皇に立てて実権を握っている点。

４　イ　　５　ア　　６　イ→ア→ウ→エ

Ⅱ１①　小村寿太郎　　②　ロシア革命

２X　リンカン　　Y　北

３　イ→エ→ア→ウ　　４　日独伊三国同盟

５　ウ

Ⅲ　原油（石油）価格が大幅に上昇したため，経済は深刻な不況におちいり，日本の高度経済成長が終わった。

3 Ⅰ１　国権　　２　ウ

３X　15　　Y　法テラス

４　法の下の平等　　５　イ

６　常任理事国であるロシアには拒否権が認められており，拒否権が行使されると決議案は否決されるから。

Ⅱ１①　TPP　　②　南南　　③　持続可能

２　ア　　３　イ　　４　ア

５　フェアトレード

Ⅲ　パリ協定は，今まで二酸化炭素排出削減の義務がなく，排出量が増加している発展途上国にも削減目標策定の義務を課しているので，世界全体としての削減が期待できる。

配　点

1　Ⅰ６　Ⅲ　４点×２　他　２点×11　計30点
2　Ⅰ３　Ⅲ　４点×２　Ⅰ６　Ⅱ３　３点×２　他　２点×11　計36点
3　Ⅰ６　Ⅲ　４点×２　他　２点×13　計34点

解　説

1　＜地理総合＞

Ⅰ　A－フランス，B－中国，C－ケニア，D－ニュー

鹿屋中央高校

ジーランド。

1　太平洋には経度180度を基準に**日付変更線**が引かれており，日付変更線の西側は，東側よりも日付が一日進んでいる。よって，日付変更線に最も近い西側の国である**D**のニュージーランド。

2　**イ**－**B**ではなく**D**のニュージーランド，**ウ**－**C**ではなく**B**の中国，**エ**－**D**ではなく**C**のケニアの内容。

4　近年，金属精錬の技術を使い，「都市鉱山」とよばれる電子機器などの廃棄物からレアメタルを取り出すリサイクルも行われるようになっている。

5　シドニーが位置している南半球は，北半球と季節が逆である。よって，8月よりも1月の気温が高い**エ**。**ウ**－降水量が多く，年間を通して気温が高いことから，熱帯に属するマナオス，**イ**－年間を通して降水量が少ないことから，乾燥帯に属するリヤド，**ア**－アテネ。

6　**資料3**から，インドは多言語なので英語を共通語としていること，**資料2**から，アメリカとインドは180度以上の経度差があり，時刻が12時間以上ずれていることを利用して，24時間アメリカもしくはインドで電話対応できることが読み取れる。

Ⅱ 1　北緯40度の緯線が通る県は，太平洋に面している岩手県と日本海に面している秋田県。

3　**資料1**から，山梨県・長野県・山形県などが上位であり，桃の生産割合を示している。よって，**資料1**中の［　　　］には，④の福島県があてはまる。①－青森県，②－宮城県，③－山形県。

4　製造品出荷額と野菜の農業産出額が最も高い**ウ**が**う**の愛知県，果実の農業産出額が最も高い**イ**がみかんや梅の生産が盛んな**え**の和歌山県。残る**ア**と**エ**のうち，農業産出額がどちらも高い**エ**が**い**の静岡県，製造品出荷額が二番目に高い**ア**が**あ**の神奈川県。

5　**イ**－**C**の群馬県嬬恋村周辺の山間部では，夏でも冷涼な気候を利用した高原野菜の生産が盛んである，**ア**－**D**の東京都周辺の県では，都市の消費者向けに新鮮な野菜や果物を生産する**近郊農業**が行われている，**ウ**－**B**の秋田県男鹿半島周辺で行われている，**エ**－**A**の北海道釧路市周辺では，夏に太平洋から吹き付ける南東の季節風が，寒流である**親潮**（**千島海流**）によって冷やされることで，濃霧が発生する。

6　**X**－夏に降水量が多いことから，**太平洋側の気候**に属する**き**の和歌山県串本，**Y**－冬に雪や雨が多いため降水量が多くなっていることから，**日本海側の気候**に属する**お**の新潟県上越市，**Z**－夏と冬の気温差が大きく，一年を通して降水量が少ないことから内陸（中央高地）の気候に属する**か**の長野県松本市。

Ⅲ　九州南部の鹿児島県などに広がる**シラス台地**では畑作や畜産が盛んである。比較的広い平野がある九州北部では稲作が盛んで，福岡県などに広がる筑紫平野は，九州を代表する稲作地帯である。

2　＜歴史総合＞

Ⅰ 2(1)　仏教は，6世紀半ばに**ウ**の百済から伝えられた。**ア**－隋，**イ**－高句麗，**エ**－新羅。

(2)　聖徳太子は，役人の心得を示した**十七条の憲法**の他に，家柄にとらわれず，才能や功績のある人物を役人に取り立てる**冠位十二階**の制度を定めた。

3　**資料2**から，道長の娘彰子と清盛の娘徳子がそれぞれ天皇と結婚し，その子が天皇になっている。

4　**イ**－15世紀から16世紀にかけて日本が戦国時代のとき，ヨーロッパは**大航海時代**であり，スペインは，アメリカ大陸やアジアに植民地を広げた。**ア**－11世紀で平安時代，**ウ**－7世紀で飛鳥時代，**エ**－17世紀で江戸時代。

5　**ア**－喜多川歌麿の美人画であり，葛飾北斎が活躍した江戸時代の**化政文化**を代表する作品。**イ**－菱川師宣の見返り美人図，**ウ**－俵屋宗達の風神雷神図屏風，**エ**－俵屋宗達のすずり箱であり，いずれも江戸時代の**元禄文化**を代表する作品。

6　1612年に全国に禁教令が出され（**イ**），これを徹底するために，1635年に朱印船貿易が停止された（**ア**）。キリスト教信者への迫害に苦しむ人々は1637年に天草四郎を大将にして島原・天草一揆をおこした（**ウ**）。これを鎮圧した幕府は，1639年にポルトガル船の来航を禁止した（**エ**）。

Ⅱ 1①　**日米修好通商条約**で結ばれた二つの不平等の内容は，**関税自主権**がないことと**領事裁判権**を認めたこと。関税自主権は，自国に輸出入される商品にかける関税を自由に定める権利。もう一つの領事裁判権は，外国人が事件を起こした場合に，自国ではなく外国の領事が裁判を行う権利であり，これは1894年に**陸奥宗光**によって撤廃された。

②　イギリス・フランス・アメリカ・日本などの政府は，社会主義の拡大をおそれてロシア革命への干渉戦争をおこし，シベリアに軍を送ったが（**シベリア出兵**），革命政府は干渉戦争に勝利し，世界初の社会主義国家であるソ連が成立した。

2　**リンカン**は，南北戦争中に奴隷解放宣言を発表し，激戦地だったゲティスバーグでの演説で「人民の，人民による，人民のための政治」を訴えた。

3　1873年→1881年→1900年→1905年。

4　日独伊三国同盟に続き，1941年に日本はソ連と**日ソ中立条約**を結び，北方の安全を確保したうえで，石油などの資源を求め，フランス領インドシナ南部へ軍を進めた。すると，アメリカは，日本への石油や鉄の輸出を制限し，イギリスやオランダも同調して日本を経済的に孤立させようとした（ABCD包囲網）。

Ⅲ　**資料2**から，1973年以降は原油価格が大幅に上昇していることが読み取れ，**資料3**から，1970年以降は経済成長率が大幅に下がっていることが読み取れる。

鹿屋中央高校

③ ＜公民総合＞

Ⅰ１ 国会は，主権を持つ国民が直接選んだ議員によって組織されるため，国権の最高機関であり，国会以外のどの機関も法律を定めること（立法）ができないので，唯一の立法機関である。

２ ア～エの議決では，衆議院が参議院より優先される**衆議院の優越**が認められている。ウ－法律案の議決について，衆議院と参議院の議決が一致せず，衆議院が出席議員の３分の２以上の多数で再可決したとき法律となる。ア・イ・エ－予算の議決，条約の承認，内閣総理大臣の指名については必ず，そのほかは必要に応じて両院協議会が開かれ，両院協議会でも意見が一致しないときは衆議院の議決が国会の議決となる。

４ 日本の裁判所には，国会が制定した法律や，内閣が作る命令，規則，処分が憲法に違反していないかを審査する**違憲審査制**（違憲（立法）審査権）が認められている。特に最高裁判所は，法律が合憲か違憲かについての最終決定権を持っており，「**憲法の番人**」とよばれている。

５ イ－2017年に採択された。ア－1963年に調印され，その年に発効，ウ－1996年に採択されたが，核保有国で参加しない国や国内事情で条約に参加しない国などがあり未発効，エ－1968年に調印され，1970年に発効。

６ 常任理事国５か国（アメリカ・ロシア・イギリス・フランス・中国）は**拒否権**を持ち，１か国でも反対すると決定できない。

Ⅱ１③ **SDGs**は，地球規模の課題を17の領域に分け，課題の解決に向けて，2030年までに達成することを目指した目標（ゴール）である。

２ ア～エは，日本の社会保障制度の４つの基本的な柱である。ア－収入が少なく，最低限度の生活を営めない人に,生活費などを給付する。イ－加入者や国・事業主が社会保険料を積み立てておき，必要なとき給付を受ける。ウ－高齢者や障がいのある人，子どもなど社会的に弱い立場の人々に対して，生活の保障や支援のサービスをする。エ－国民の健康増進を図り，感染症などの予防を目指す。

３ イ－高齢化社会の進展とともに，社会保障に関わる予算は，今後さらに増えることが予想される。い－ア，う－ウ，え－エ。

４ 政府は，不景気のときには公共事業を増やし，減税するという**財政政策**を行う。

Ⅲ **資料１**から，中国やインドなどの発展途上国の二酸化炭素の排出量の割合が増加していることが読み取れ，**資料２**から，パリ協定では対象国が拡大し，全ての国に二酸化炭素の削減目標を義務づけることが読み取れるので，パリ協定によって，発展途上国を含めた世界全体の二酸化炭素の排出量の削減が期待できる。

令和５年度　鹿屋中央高校入試問題　理　科

正答例

① １ **精細胞**　２ イ　３ **345**(m/s)
４ **発熱反応**　５ ア　６ ア
７ ウ　８ カ

② Ⅰ１ Cu^{2+} + $2e^{-}$ (→Cu) (完答)
２ ① ア　② イ　③ イ(完答)
３ ア
４ **水溶液中にイオンのない水溶液だから。**
５ ウ
Ⅱ１ エ　２ a **二酸化炭素**　b **炭素**
３ **17**(％)　４ エ

③ Ⅰ１ ア，エ(順不同・完答)　２ **核**
３ イ　４ イ　５ ウ，エ(順不同・完答)
Ⅱ１ 特徴１ イ　特徴２ ウ(完答)
２ **双子葉**(類)
３ A ウ　B イ　C ア(完答)
４ **乾燥**
５ ① **シダ**　② イ　③ ア(完答)

④ Ⅰ１ **7**(km/s)
２ 右図
３ (地面がゆれても，) **おもりはゆれないから。**
４ **マグニチュード**
５ ① イ
② イ(完答) 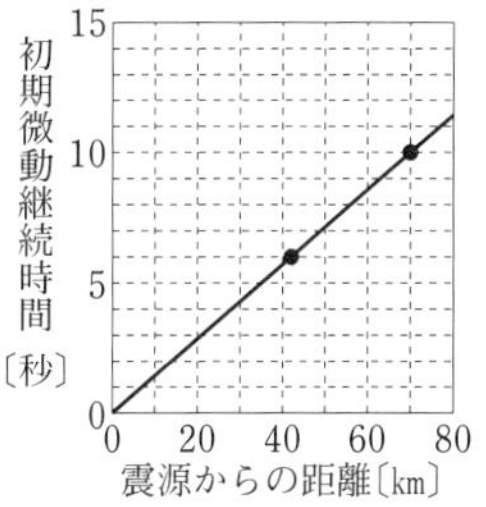
Ⅱ１ エ　２ **6**(時間後)
３ (北極星は)**地軸の延長上にあるから。**
４ ウ

⑤ Ⅰ１ 右図　２ **15**(Ω)
３ ア　４ $\frac{4}{7}$(倍)
Ⅱ１ **0.6**(J)
２ ① イ
② ア(完答)
３ 大きい方　(実験)**1**
仕事率　**0.15**(W)(完答)
４ **1.0**(N)　５ (２力が)**一直線上にある。**

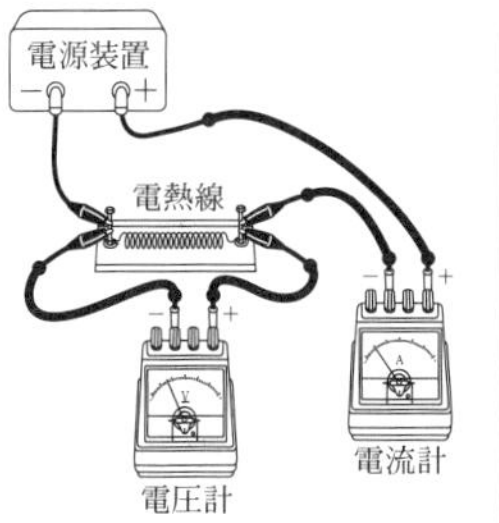

配点例

①	1，3，4，8　3点×4	他　2点×4	計20点
②	2点×10		計20点
③	2点×10		計20点
④	Ⅰ2，Ⅱ3　3点×2	他　2点×7	計20点
⑤	Ⅰ4，Ⅱ3　3点×2	他　2点×7	計20点

解　説

① ＜４分野総合＞

２ 大陸をつくる岩石は海洋をつくる水と比べてあたたまりやすく冷めやすいので，昼はあたたまりやすい陸上に上昇気流が発生して低気圧となり，海から陸に向かって海風がふく。

３ Bさんが A さんの方に69m近づくと，音が進む距離は69×２＝138〔m〕短くなる。これは，音が１回目と

鹿屋中央高校

2回目の時間の差の3.2－2.8＝0.4〔秒〕間に移動する距離に等しいので，音の速さをx〔m/s〕とおくと，

0.4×x＝138　x＝345　よって，音の速さは345 m/s

5　導線に流れる電流によってできる磁界には，「導線を中心として同心円状にできる」「電流の向きを右手の親指の向きとすると，残りの指を曲げたときの向きが磁界の向きになる」「導線に近いほど磁界は強くなる」という特徴がある。

6　**イ**は肝臓，**ウ**はぼうこうのはたらきである。

7　傾斜が急な火山は，噴火のようすが激しく，溶岩の色は白っぽくなり，マグマのねばりけが強い。

2　**＜化学変化とイオン・身のまわりの物質＞**

Ⅰ2　イオンになりやすい亜鉛原子は，電子を放出して陽イオンとなり水中にとけ，イオンになりにくい銅のイオンは，その電子を受けとって銅原子にもどる。

3　おもに電気分解において，電子の流れこむ電極を陽極という。**図2**の装置では，亜鉛が陽イオンになり電子を放出して，その電子は銅板に流れこむので，銅板が陽極にあたると考えられる。また，電流は電子が移動する向きと逆向きに流れるので，Xの向きに流れる。

5　セロハン膜は，２種類の水溶液がすぐに混ざらないようにするが，電流を流すために必要なイオンは通過させるという性質がある。

Ⅱ1　**実験1**より，物質AとDは有機物であることがわかる。**実験2**より，水にとけないので，物質Dはデンプンとわかるので，物質Aは砂糖である。また，**図5**より，20℃の水100 gにミョウバンはおよそ10 g，食塩はおよそ36 gとけるので，物質Bはミョウバン，物質Cは食塩である。

3　**質量パーセント濃度〔%〕＝$\dfrac{\text{溶質の質量〔g〕}}{\text{溶質の質量〔g〕＋溶媒の質量〔g〕}}$×100**

$\dfrac{20}{100+20}\times 100=16.6\cdots$　およそ17%

4　ミョウバンは36℃の水100 gに20 gとけることが読みとれるので，**エ**が適当。

3　**＜生物総合＞**

Ⅰ3　植物の細胞と動物の細胞に共通するつくりには，核，細胞質，細胞膜があり，植物の細胞に特有のつくりには葉緑体，液胞，細胞壁がある。

Ⅱ1　アブラナは被子植物の双子葉類，チューリップは被子植物の単子葉類，マツは裸子植物である。被子植物は胚珠が子房に包まれていて裸子植物は胚珠がむき出しになっているので，特徴1は**イ**が適当。双子葉類は葉脈が網目状で根が主根と側根。単子葉類は葉脈が平行で根がひげ根なので特徴2は**ウ**が適当。

4　**＜大地の変化・地球と宇宙＞**

Ⅰ1　**図1**より，70－42＝28〔km〕を16－12＝4〔秒〕で移動していることがわかるので，P波の速さは，

$\dfrac{28}{4}=7$〔km/s〕

3　地震計のおもりはばねによってつるされているので，地面がゆれても慣性によって同じ位置から動かない。そのため地震の波を記録することができる。

Ⅱ2　北の空の星は，地軸を中心に1時間に約15°ずつ反時計回りに回転しているように見える。PからQに反時計回りに移動すると，その角度は，

$\dfrac{360}{8}\times 2=90$〔°〕　よって最初にQの位置に見られるのは，$\dfrac{90}{15}=6$〔時間〕後である。

4　南の空の同じ時刻に見える星座の位置は日々東から西へ動き，1か月に約30°動く。ベテルギウスが午後9時に南中するためには約45°移動する必要があるので，ベテルギウスが午後9時に南中するのは45÷30＝1.5〔か月〕後になる。

5　**＜電気の世界・運動とエネルギー＞**

Ⅰ2　**抵抗〔Ω〕＝$\dfrac{\text{電圧〔V〕}}{\text{電流〔A〕}}$**

図2より，電熱線Aに3Vの電圧を加えると0.2Aの電流が流れるので，抵抗の大きさは，

$\dfrac{3}{0.2}=15$〔Ω〕

3　**図3**は直列回路で，各抵抗に加わる電圧の大きさの和は電源装置の電圧の大きさと等しくなり，流れる電流の大きさは，回路のどの点でも同じになる。**図2**より，電熱線Bの抵抗の大きさは，

$\dfrac{4}{0.2}=20$〔Ω〕　電源装置の電圧の大きさが3Vの場合，**図3**の回路全体の抵抗の大きさは，

15＋20＝35〔Ω〕なので，**ア**を流れる電流の大きさは$\dfrac{3}{35}$〔A〕　**図4**は並列回路で，各抵抗に加わる電圧の大きさは，電源装置の電圧の大きさと等しくなり，各抵抗を流れる電流の大きさの和が全体の電流の大きさと等しくなる。**図2**より，**イ**は0.2A，**ウ**は0.15A，**エ**は0.2＋0.15＝0.35〔A〕　よって，**ア**を流れる電流の大きさが最も小さい。

4　電源装置の電圧の大きさが3Vの場合，**図3**の電熱線Bの両端に加わる電圧の大きさは，

$20\times\dfrac{3}{35}=\dfrac{12}{7}$〔V〕　**図4**の電熱線Bの両端に加わる電圧の大きさは，電源の電圧に等しく3V。よって，**図3**の電熱線Bの両端に加わる電圧の大きさは，**図4**の電熱線Bの両端に加わる電圧の大きさの

$\dfrac{12}{7}\div 3=\dfrac{4}{7}$〔倍〕

Ⅱ1　**仕事〔J〕＝物体に加えた力〔N〕×力の向きに移動させた距離〔m〕**

3×0.2＝0.6〔J〕

3　**仕事率〔W〕＝$\dfrac{\text{仕事〔J〕}}{\text{時間〔s〕}}$**

実験1：$\dfrac{0.6}{4}=0.15$〔W〕

実験2：$\dfrac{0.6}{5}=0.12$〔W〕　よって，**実験1**の方が仕事率が大きい。

4　**図8**より，hが10cm以上になるとばねばかりが示す値が一定になることから，おもりQの高さは10cm，半分が水にしずんでいるのはhが5cmのときで，ばねばかりの示す値は2.0Nなので，

2.5－2.0＝0.5〔N〕　動滑車でおもりを持ち上げるとき，必要な力の大きさは$\dfrac{1}{2}$になるので，おもりQにはたらく浮力は，0.5×2＝1.0〔N〕

令和５年度　国立工業高専入試問題　国　語

正答例

問題番号配点	設問		正解	配点
1 30点	問１	①	エ	2
		②	ウ	2
		③	イ	2
		④	エ	2
	問２		b	2
	問３		ア	4
	問４		イ	4
	問５		ウ	4
	問６		ア	4
	問７		ウ	4
2 40点	問１	①	イ	2
		②	ウ	2
		③	ア	2
	問２	(a)	イ	2
		(b)	エ	2
	問３		ウ	4
	問４	A	エ	3
		B	ア	3
		C	ウ	3
	問５		イ	4
	問６		ア	4
	問７		ア	4
	問８		エ	5

問題番号配点	設問		正解	配点
3 30点	問１	(a)	エ	2
		(b)	イ	2
	問２		イ	4
	問３		ウ	5
	問４		ウ	4
	問５		イ	4
	問６		ア	4
	問７		エ	5

解　説

1 ＜古文を含む論説文＞

問２　傍線部(1)は，後の動作や状態の主語を表す**部分の主語**で，「**が**」に置き換えることができる。bも「気**が**立っている」と言い換えることができるので，**b**が適当。

問３　「吉田と申す馬乗り」が述べる「その道の秘訣」の内容は本文の七～九行目に書かれている。「乗るべき馬をば，先づよく見て，強き所弱き所を知」り「轡・鞍の具に，危ふき事やあると見て，心にかかる事あらば，その馬を馳すべからず」という「用意」を忘れない者を「馬乗りとは申すなり」とある。十～十二行目に書いてある現代語訳もヒントになる。

問４　「下野入道信願」は「桃尻」なのに「沛艾の馬」を好んでおり，「御随身秦重躬」はこの組み合わせだと「落馬という当然の成り行きになることを体験的に知っていた」とあるため，**イ**が適当。

問５　「**失敗は油断から生まれるという当たり前のことを，まさに当たり前のこととして受けとめ，自然とそれが行動となってあらわれる**」のが「道の名人」であり，これが「聖人の戒め」に適っていると筆者は述べているので，**ウ**が適当。

問６　「双六の上手といわれる人」の態度について，「勝とう勝とうと気持ちが～冷静さを身につけよといっている」ようだと筆者は思っている。また，次の段落では，「道を知れる者」である博打打ちは「多年の経験から運命の定めるところを知って」いるため，あえて何もしないことで「攻勢へと転ずる時を待っている」とある。これらの内容に合致する**ア**が適当。

問７　筆者は「第一六七段」が傍線部(6)の内容だと述べている。「第一六七段」には，「道の人」は自分が他人よりすぐれていると思う「**慢心**」が「**禍を招く**」と分かっており，「みづから明らかにその非を知」っているからこそ「**志常に満たずして，終に物に誇る事なし**」とある。「自らを持たざる者として位置づけ，その人なりのあえて何もしない『無為』を貫く」という態度は「意識してできることではなく，道の追究において身につくもの」だとあることも踏まえると，**ウ**が適当。

2 ＜論説文＞

問１①　空欄前の内容を空欄後で分かりやすく言い換えているため，**言い換えの「つまり」**が適当。

②　空欄前では「数年周期の変動」や「数百年周期の変動」であれば対応できた可能性もあると書いてある一方で，空欄後では「数十年周期の変動」は「予測も対応も難しい時間スケール」だとある。空欄の前後で「数年周期の変動」・「数百年周期の変動」と「数十年周期の変動」が対比されているので，**対比の接続詞「しかし」**が適当。

③　「人々は『気候変動や自然災害に適応するため』だけに生きている訳ではない」と，言うまでもなく明らかであることを筆者は述べている。よって，「言うまでもなく」という意味の「**もちろん**」が適当。

問３　「地球の人々の総人口や平均的な生活水準が地球の環境収容力の限界を超えている」ことが「現在の地球環境問題」であり，これは傍線部①の範囲内に収まっていない状況である。これが収まっていれば，「**持続可能性**」のある生活を送れるということを踏まえると，**ウ**が適当。

問４Ａ　「数十年周期の気候変動が起きて農業生産力が増大」すると「環境収容力」が拡大するので，**エ**の矢印が対応する。

Ｂ　一〇年も二〇年も続く「数十年周期の気候変動」の間に人々は「人口を増やしたり」「生活水準を向上させたり」するので，**ア**の矢印が対応する。

Ｃ　「数十年周期の気候変動」によって「農業生産力」が元に戻り，「自主的に生活水準を下げたり人口を減らしたりする」ことができないと「飢饉の発生」や「難民の流出」で「半強制的に人口が減」るので，**ウ**の矢印が対応する。

問５　傍線部(2)の前後に着目する。「数十年周期の変動」の場合，「短期間での技術や農地の変革は難し」いため「穀物備蓄もすぐに底を尽」いてしまう。また，「数十年」という時間は「**人間の寿命に相当する**時間スケール」なので，「出生率の調整では時間的に間に合わ」ないとあるため，**イ**が適当。

問６　「**過適応**してしまっていた」状態とは，「人口や生活水準を野放図に拡大」した状態のこと。「気候がよい時代や災害がない時代」に「過適応」しなければ

「気候の悪化や災害に対処できた可能性がある」，つまり実際はできていなかったということを筆者は述べているので，**ア**が適当。

問７　傍線部(4)の「その」は，傍線部(4)の前の部分にある「**農業生産力の高い時代**」には「それを最大限生かした生業や政策を展開する」ことが必要不可欠だが，「**生産力が縮小に転じた時期**」には切り替えなければならないという内容を指す。よって**ア**が適当。

問８　「気候がよい時代や災害がない時代に～次に起きる気候の悪化や災害に対処できた可能性がある」と筆者は考えており，過適応してきた歴史の例として，「感染症のパンデミックがなかった時代に～保健所の機能を単に合理化縮小してしまったこと」「津波が来ない時期が～住居を広げてしまったこと」を挙げている。これらの内容にあてはまる**エ**が適当。

3　**<小説文>**

問２　「知りたいからだよ。気象のしくみを。」「どうにもできなくても，知りたい。」という発言から，「先生」はとても熱心な研究者であることが読み取れる。「僕」は「先生」の研究室で「天気の研究」をしており，「先生」は先週貸した本について「僕」から切り出されたことで，今関心がある「超音波風速温度計」について話ができると期待して「目を輝かせた」と考えられるため，**イ**が適当。

問３　「和也」と「奥さん」が戻ってきたことにも気づかず「超音波風速温度計」の話を続けている状況から，「先生」は自分の「学問」のことに集中しており，周りの人や物事のことまで考えが及んでいない状態だと考えられる。よって，**ウ**が適当。

問４　「和也」は，自分の絵のことを忘れて話に夢中になっている父親を見て「自室にひっこんでしまった」。呼びにいった「僕」が話しかけても「なげやりに言い捨てる」ばかりで，「**あのひとは，おれのことなんか興味がない。**」と話す様子から，**ウ**が適当。

問５　「僕」が傍線部(3)のようになったのは，それまで見たこともなかったような「幸せそうな母」をみて「打ちのめされた」経験を思い出したからである。よって，**イ**が適当。

問６　「僕」は，「どうせ，おれはばかだから。」と自分を卑下する「和也」に，「学校の成績をそう気にすることもないんじゃないか」「得意なことを好きにやらせるほうが，本人のためになるだろう」という「先生」の「和也」への思いを伝えている。また，「僕」は「先生」の「わからないことだらけだよ，この世界は。」「だからこそ，おもしろい。」という言葉を思い返し，自分の言葉と重ねている。これらに合致する**ア**が適当。

問７　現状では，「先生」と「和也」の親子関係はうまくいっているとは言えないが，二人の「横顔」が「よく似ている」という表現によって，すれ違っていても二人は「親子としてのきずなで結ばれている」ということが示されている。よって，**エ**が適当。

令和５年度　国立工業高専入試問題　数　学

正答例

問題番号 配点	設問		正解	配点
1 40点	(1)	ア	9	5
	(2)	イ	3	5
		ウ	7	
	(3)	エ	1	3
		オ	2	
		カ	5	2
	(4)	キ	1	5
		ク	4	
	(5)	ケ	1	5
		コ	3	
		サ	2	
		シ	5	
	(6)	ス	2	3
		セ	7	
		ソ	2	2
		タ	8	
	(7)	チ	1	5
		ツ	9	
	(8)	テ	4	2
		ト	1	3
		ナ	3	
2 20点	(1)	ア	2	3
		イ	5	
		ウ	5	3
		エ	2	
	(2)	オ	−	3
		カ	1	
		キ	5	3
	(3)	ク	1	4
		ケ	2	
		コ	1	4
		サ	5	
		シ	2	
3 20点	(1)	ア	7	6
		イ	7	
	(2)	ウ	1	4
		エ	6	
		オ	4	
		カ	3	4
		キ	6	
		ク	4	6
4 20点	(1)	ア	2	4
		イ	3	
	(2)	ウ	3	4
		エ	2	4
		オ	9	
	(3)	カ	7	4
		キ	3	
	(4)	ク	7	4
		ケ	1	
		コ	7	
		サ	6	

解　説

1　**<計算問題・小問集合>**

(1)　$-3+2\times\left\{\left(3-\frac{1}{2}\right)^2-\frac{1}{4}\right\}$

$=-3+2\times\left(9-3+\frac{1}{4}-\frac{1}{4}\right)$

$=-3+2\times6=-3+12=9$

(2)　$x^2-6x+2=0$

解の公式より，

$x=\frac{-(-6)\pm\sqrt{(-6)^2-4\times1\times2}}{2\times1}$

$=\frac{6\pm\sqrt{28}}{2}=\frac{6\pm2\sqrt{7}}{2}=3\pm\sqrt{7}$

(3)　右図より，$a<0$ のとき，

$x=-4$ と $y=7$

$x=2$ と $y=4$

がそれぞれ対応する。

$y=ax+b$ に 2点$(-4,\ 7)$，$(2,\ 4)$ の座標をそれぞれ代入すると，

$7=-4a+b$…①，$4=2a+b$…②

①－②より，$3=-6a$，$a=-\frac{1}{2}$…③

③を②に代入し，$4=2\times\left(-\frac{1}{2}\right)+b$

$4=-1+b$，$b=5$

(4)　**変化の割合＝$\frac{\text{yの増加量}}{\text{xの増加量}}$**

$y=ax^2$ に $x=1$ を代入し，$y=a\times1^2=a$

$y=ax^2$ に $x=3$ を代入し，$y=a\times3^2=9a$

変化の割合は，$\frac{9a-a}{3-1}=\frac{8a}{2}=4a$

$y=-\dfrac{3}{x}$ に $x=1$ を代入し，$y=-\dfrac{3}{1}=-3$

$y=-\dfrac{3}{x}$ に $x=3$ を代入し，$y=-\dfrac{3}{3}=-1$

変化の割合は，$\dfrac{-1-(-3)}{3-1}=\dfrac{2}{2}=1$

2つの変化の割合が等しいから，$4a=1$，$a=\dfrac{1}{4}$

(5) 赤玉2個をA，B，白玉3個をC，D，Eとすると，玉の取り出し方(1回目，2回目)は，

(A，A)，(A，B)，(A，C)，(A，D)，(A，E)
(B，A)，(B，B)，(B，C)，(B，D)，(B，E)
(C，A)，(C，B)，(C，C)，(C，D)，(C，E)
(D，A)，(D，B)，(D，C)，(D，D)，(D，E)
(E，A)，(E，B)，(E，C)，(E，D)，(E，E)

の全部で25通り。2回とも同じ色である場合は，下線をひいた13通りだから，求める確率は，$\dfrac{13}{25}$

(6) 値を小さい方から順に並べると

12，16，17，24，25，29，30，33，35，40

中央値…データを値の大きさの順に並べたとき，真ん中にくる値。また，データの数が偶数のときは真ん中の2つの値の平均値。

データ数は10個だから，中央値は値の小さい方から5番目と6番目の平均値より，$\dfrac{25+29}{2}=27$(kg)

(範囲)＝(最大値)－(最小値)

よって，範囲は，$40-12=28$(kg)

(7) 下図において，**接線は接点を通る円の半径と垂直に交わる**から，$\angle OBC=90°$

△OABはOA＝OBの二等辺三角形だから，

△ABCについて，**三角形の内角の和は180°**より，

$\angle OAB=\angle OBA=\angle x$ とすると，

$\angle x+37°+\angle x+90°+15°=180°$

$2\angle x+142°=180°$，$2\angle x=38°$，$\angle x=19°$

よって，$\angle OAB=19°$

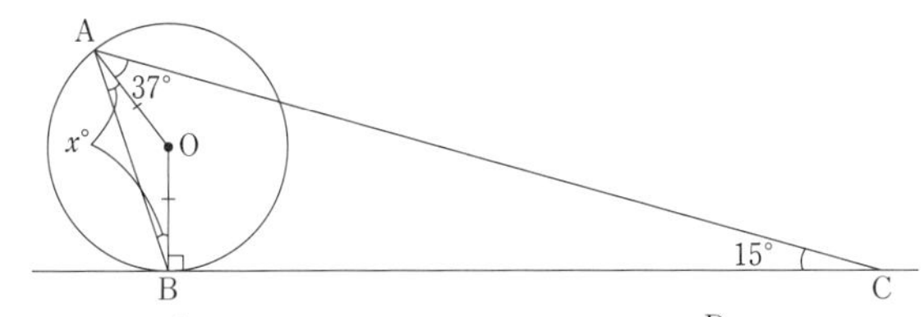

(8) △ABCにおいて，

三平方の定理より，

AC

$=\sqrt{AB^2+BC^2}$

$=\sqrt{3^2+(\sqrt{3})^2}$

$=\sqrt{12}=2\sqrt{3}$

△ACDにおいて，

三平方の定理より，

AD

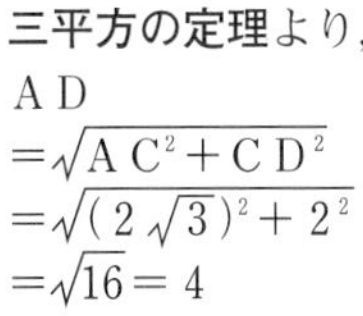

$=\sqrt{AC^2+CD^2}$

$=\sqrt{(2\sqrt{3})^2+2^2}$

$=\sqrt{16}=4$

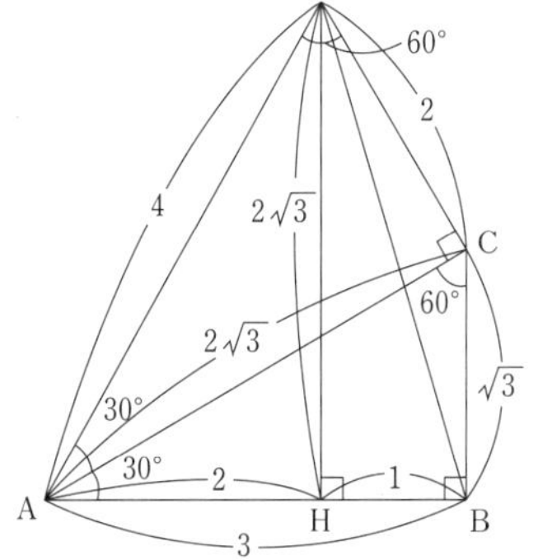

BC：CA：AB＝$\sqrt{3}$：$2\sqrt{3}$：3＝1：2：$\sqrt{3}$

CD：AD：AC＝2：4：$2\sqrt{3}$＝1：2：$\sqrt{3}$

だから，△ABC，△ACDは**30°，60°，90°の三角形**である。これより，$\angle DAB=30°+30°=60°$

頂点Dから辺ABに下ろした垂線との交点をHとすると，

△DAHは**30°，60°，90°の三角形**だから，

$AH=\dfrac{1}{2}AD=2$，$DH=\sqrt{3}AH=2\sqrt{3}$

$BH=AB-AH=1$

△DHBにおいて，**三平方の定理**より，

$BD=\sqrt{DH^2+HB^2}=\sqrt{(2\sqrt{3})^2+1^2}=\sqrt{13}$

2 ＜関数＞

(1) $y=ax^2$ に点Aの座標を代入し，

$10=a\times(-5)^2$，$25a=10$，$a=\dfrac{2}{5}$

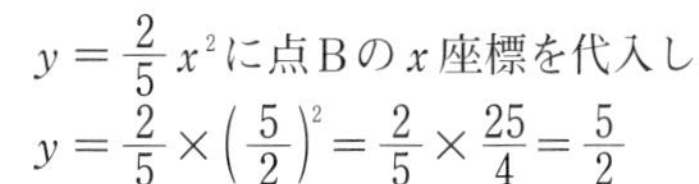

$y=\dfrac{2}{5}x^2$ に点Bの x 座標を代入し，

$y=\dfrac{2}{5}\times\left(\dfrac{5}{2}\right)^2=\dfrac{2}{5}\times\dfrac{25}{4}=\dfrac{5}{2}$

(2) 直線ABの式を $y=mx+n$ とおき，2点A，Bの座標をそれぞれ代入すると，

$10=-5m+n$…①，$\dfrac{5}{2}=\dfrac{5}{2}m+n$…②

②×2より，$5=5m+2n$…③

①＋③より，$15=3n$，$n=5$…④

④を①に代入し，$10=-5m+5$，$5m=-5$，$m=-1$

よって，直線ABの傾きは－1，切片は5

(3)(i) 四角形OAPB

＝△AOP＋△POB

$=\dfrac{1}{2}\times t\times 5+\dfrac{1}{2}\times t\times\dfrac{5}{2}$

$=\dfrac{5}{2}t+\dfrac{5}{4}t=\dfrac{10}{4}t+\dfrac{5}{4}t=\dfrac{15}{4}t$

$\dfrac{15}{4}t=45$，$t=12$

(ii) 右図において，直線ABと x 軸，y 軸との交点をそれぞれQ，Rとする。

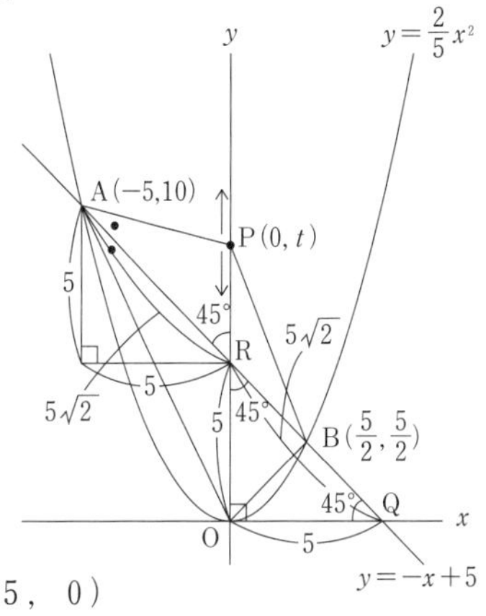

点Qの x 座標は，

$y=-x+5$

に $y=0$ を代入し，

$0=-x+5$

$x=5$ より，Q(5，0)

また，点Rは直線ABの式の切片だから，

R(0，5)

△OQRは**直角二等辺三角形**だから，

$RQ=\sqrt{2}OR=5\sqrt{2}$

2点間の距離より，

$AR=\sqrt{5^2+5^2}=\sqrt{50}=5\sqrt{2}$

△ARP∽△AQO（2組の角がそれぞれ等しい）より，

AR：AQ＝PR：OQ

$5\sqrt{2}$：$10\sqrt{2}$＝$(t-5)$：5

1：2＝$(t-5)$：5

$2(t-5)=5$，$2t-10=5$

$2t=15$，$t=\dfrac{15}{2}$

3 ＜数と式＞

(1) $\dfrac{3.08}{40}\times100=7.7$(%)

(2) 野菜A 200 gにおける可食部の重さを x g，廃棄部の重さを y gとすると，

野菜A 200 gの重さについて，$x+y=200$…①

野菜A 200 gに含まれる食物繊維の含有量について，

$\dfrac{2.7}{100}x+\dfrac{7.7}{100}y=3.6\times2$…②

$$\begin{array}{rrl} & 27x+77y=7200 & \cdots②\times1000 \\ -) & 27x+27y=5400 & \cdots①\times27 \\ \hline & 50y=1800 & \\ & y=36 & \cdots③ \end{array}$$

③を①に代入し，$x+36=200$，$x=164$

よって，野菜A 200 gにおける可食部の重さは164 g，廃棄部の重さは36 g

また，廃棄部100 gあたりのエネルギーを a kcalとすると，

野菜A 200 gにおけるエネルギーについて，

$\dfrac{a}{100}\times36+\dfrac{54}{100}\times164=\dfrac{45}{100}\times200$

$36a+8856=9000$，$36a=144$，$a=4$

よって，廃棄部100 gあたりのエネルギーは4 kcal

4 ＜空間図形＞

(1) 右図において，△ＪＫＢ∽△ＧＫＦで，

相似比は

ＢＪ：ＦＧ＝１：２

より，

ＢＫ：ＦＫ＝１：２

よって，

$BK=\frac{1}{3}BF$

$=\frac{1}{3}\times 2=\frac{2}{3}$ (cm)

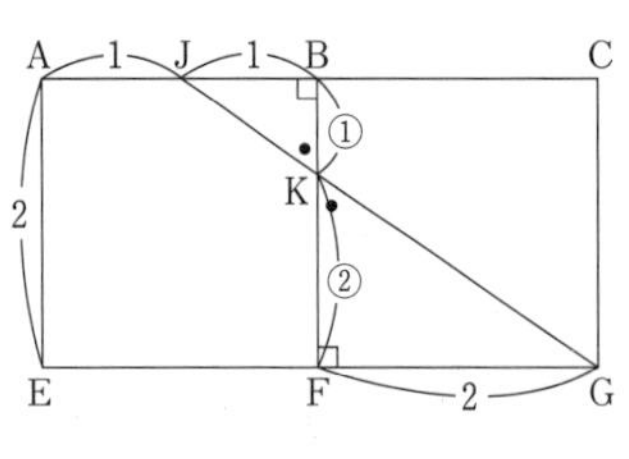

(2) △ＡＪＩはＡＩ＝ＡＪ＝１(cm)の**直角二等辺三角形**

△ＡＪＩと△ＢＪＭにおいて，

ＡＪ＝ＢＪ…①

∠ＩＡＪ＝∠ＭＢＪ＝90°…②

対頂角は等しいから，∠ＡＪＩ＝∠ＢＪＭ…③

①，②，③より，１組の辺とその両端の角がそれぞれ等しいから，△ＡＪＩ≡△ＢＪＭ

同様に，△ＡＪＩ≡△ＤＮＩ

右図より，

三角錐Ｇ－ＣＭＮ

$=\frac{1}{3}\times\frac{1}{2}\times 3\times 3\times 2$

$=3$ (cm³)

三角錐Ｃ－ＢＪＫ

$=\frac{1}{3}\times\frac{1}{2}\times 1\times\frac{2}{3}\times 2$

$=\frac{2}{9}$ (cm³)

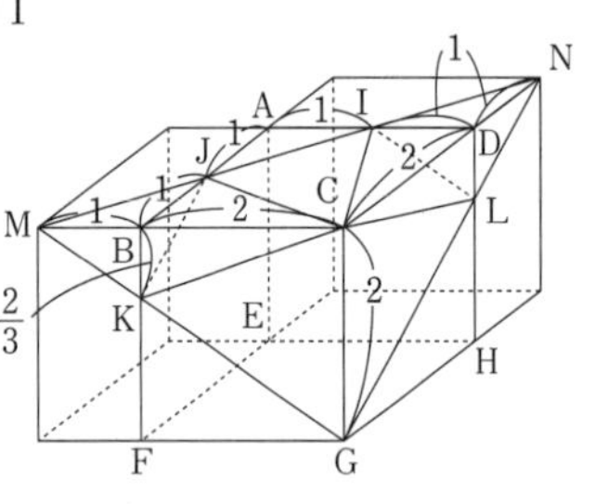

(3) 五角錐Ｃ－ＩＪＫＧＬの体積は，三角錐Ｇ－ＣＭＮの体積から，三角錐Ｊ－ＭＫＣの体積と三角錐Ｉ－ＣＬＮの体積をひけばよい。また，三角錐Ｊ－ＭＫＣと三角錐Ｉ－ＣＬＮは合同な立体である。

$3-\frac{1}{3}\times\frac{1}{2}\times(1+2)\times\frac{2}{3}\times 1\times 2$

$=3-\frac{2}{3}=\frac{9}{3}-\frac{2}{3}=\frac{7}{3}$ (cm³)

(4) 五角形ＩＪＫＧＬの面積は，△ＭＧＮの面積から，△ＭＫＪの面積と△ＩＬＮの面積をひけばよい。また，△ＭＫＪと△ＩＬＮは合同な図形である。

△ＭＧＣ，△ＮＧＣにおいて，**三平方の定理**より，

$MG=NG=\sqrt{3^2+2^2}=\sqrt{13}$ (cm)

(2)より，△ＡＪＩ，△ＢＪＭ，△ＤＮＩは**直角二等辺三角形**だから，斜辺の長さは$\sqrt{2}$ cm

右図において，二等辺三角形ＭＧＮの頂点Ｇから線分ＭＮに下ろした垂線との交点をＰとすると，△ＭＧＰにおいて，**三平方の定理**より，

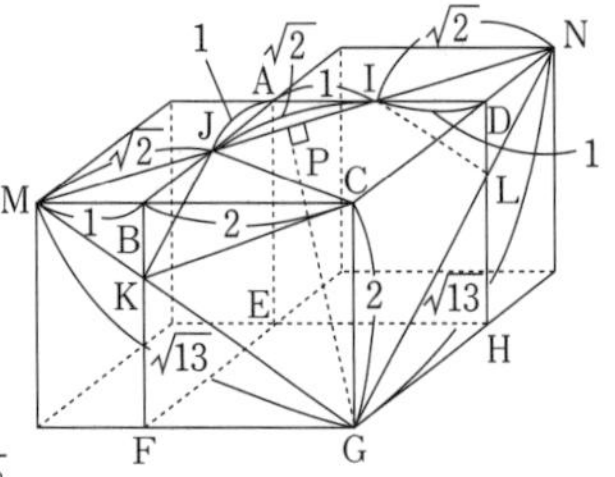

$GP=\sqrt{MG^2-MP^2}$

$=\sqrt{(\sqrt{13})^2-\left(\frac{3\sqrt{2}}{2}\right)^2}$

$=\sqrt{\frac{17}{2}}=\frac{\sqrt{34}}{2}$ (cm)

△ＭＫＪ(△ＩＬＮ)と△ＭＧＮは相似な図形で，相似比は$\sqrt{2}:3\sqrt{2}=1:3$より，**相似な図形の面積比は，相似比の２乗に等しい**から，面積比は$1^2:3^2=1:9$となる。

$\triangle MGN=\frac{1}{2}\times 3\sqrt{2}\times\frac{\sqrt{34}}{2}=\frac{3\sqrt{17}}{2}$ (cm²)

$\triangle MKJ=\triangle ILN=\frac{1}{9}\triangle MGN$

$=\frac{1}{9}\times\frac{3\sqrt{17}}{2}=\frac{\sqrt{17}}{6}$ (cm²)

よって，五角形ＩＪＫＧＬの面積は，

$\frac{3\sqrt{17}}{2}-\frac{\sqrt{17}}{6}\times 2$

$=\frac{3\sqrt{17}}{2}-\frac{\sqrt{17}}{3}=\frac{9\sqrt{17}}{6}-\frac{2\sqrt{17}}{6}=\frac{7\sqrt{17}}{6}$ (cm²)

令和５年度　国立工業高専入試問題　英　語

正答例

問題番号配点	設問		正解	配点
1 10点	1		ウ	2
	2		エ	2
	3		イ	2
	4		ア	2
	5		エ	2
2 15点	1		ア	3
	2		ウ	3
	3		エ	3
	4		イ	3
	5		ア	3
3 24点	問1	(1)	イ	3
		(2)	ウ	3
		(3)	エ	3
		(4)	ア	3
		(5)	ア	3
		(6)	ウ	3
	問2	(1)	ウ	3
		(2)	オ	3

問題番号配点	設問		正解	配点
4 15点	1	3番目	エ	3(完答)
		5番目	カ	
	2	3番目	ウ	3(完答)
		5番目	カ	
	3	3番目	ウ	3(完答)
		5番目	イ	
	4	3番目	イ	3(完答)
		5番目	ウ	
	5	3番目	エ	3(完答)
		5番目	ウ	
5 15点	問1	(1)	ウ	3
		(2)	エ	3
		(3)	イ	3
	問2		イ	3
	問3		ア	3
6 21点	問1		ア	3
	問2		イ	3
	問3		ウ	3
	問4		ウ	3
	問5		ア	3
	問6		イ	3
	問7		イ	3

解　説

1 ＜言いかえ＞

1　これはとても難しい質問だ。**誰も**それに答えることができ**ない**。
　私たちはこのとても難しい質問に答えられる**人**を知らない。

2　私の兄はギターを弾くことに**興味がある**。
　私の兄の**趣味**はギターを弾くことだ。

3　私はこれまでニューヨークに行ったことが**ない**。
　これは私の**初めての**ニューヨークへの訪問だ。

4　広美は新しいコンピュータの使い方を私に**教えられない**。
　広美が私に新しいコンピュータの使い方を教えることは**不可能**だ。

5　私はスペイン語を話**せない**ので，メアリーと話せない。
　私はメアリーと話したい。スペイン語を話**せ**たらいいのに。

2 ＜適文選択＞

1　A：ジョン，私は昨日学校に行けなかったの。宿題はある？　B：うん，英語の宿題があったと思うよ。　A：わかったわ。それは何？　B：**ノートを確認させて**。

2　A：んー。あなたは今日いつもと違うわね，智。それは新しい靴？　B：うん。僕はちょうど昨日それを買ったんだ。それはまだきれいだよ。君はどう思う？　A：**それはあなたに本当に似合っているわ**。私はその色が大好きよ。

3　A：君は今週末予定があるかい？　B：いいえ。私はただ家にいるつもりよ。　A：君は週末をよく家で過ごすの？　B：**たいていそうよ**。私は外に出るのが好きではないの。

4　A：あなたは冬休みに何をしたの？　B：僕はシドニーに行ったよ。美しかったよ。君はオーストラリアに行ったことがあるかい？　A：いいえ，でも**そこに行ける**

といいな。私は野生のコアラを見てみたいわ。

5　A：動物園はどうだった，智子？　B：すばらしかったわ。私はパンダが大好きよ。今日は私を連れて行ってくれてありがとう。　A：どういたしまして。来月もう一度行くのはどう？　B：それはいいね。多すぎてたった一日では見れないものね。

3　＜英文読解＞

ビデオゲームはあらゆる年齢層の人にプレーされている。現在，ほとんどの人はビデオゲームをするとき，ゲーム機を使う。これらのゲーム機は$_ア$世界中の多くの家に$_1$見られ，ほとんど毎日使われている。

$_2$昔は，ゲーム機はとても$_イ$単純な機械だった。それらはゲームをするためにしか使われなかった。しかし，ゲーム業界は変化し，ゲーム機は今では家庭の娯楽の中心機器のようになった。あなたは$_ウ$映画を見たり，インターネットを使ったり，写真を見たりする$_3$ために，それらを使うことができる。

現在，ゲーム機を作る企業はさまざまある。ゲーム機を作るとき，能力や性能に焦点を合わせる企業もある。プレイヤーはこれらのゲーム機向けのゲームの速い動作と高い品質が大好きだ。ゲームはとてもリアルに見える。近年，$_エ$お気に入りのゲームをインターネット上で他のプレイヤー$_4$に対抗してプレーする人が増えている。そのため，私たちはほとんどの新しいゲームをオンラインでプレーし，一部の新しいタイプのゲームはとても人気になっている。

プレーするために運動したり，移動するようプレイヤーを促すための新しいゲーム機やおもしろいゲームの開発に焦点を合わせている企業もある。これらのゲーム機はそれほど性能が高くない。また，それらはあなたが友人の家に行くときや，$_カ$電車に乗るときに，外に持って行くことができるので$_オ$異なる。そのデザインのおかげで，プレイヤーはどこでもゲーム$_5$を楽しむことができる。

毎年数百万台のゲーム機が販売され，おもしろいゲームがたくさん作られている。オンラインゲームは，友人とつながる大切な手段になっている。新しいゲームはどんどん良くなり，$_6$独特な特徴とアイデアを持っている。

問1　(5)　原則として，「can」のような助動詞の後には「動詞の原形」が来る。

問2　(1)　物語を伝える映像や音響

　　(2)　同じではない

4　＜並べかえ＞

1　A：今日の午後はどこにいたの？　B：ああ，君に伝えるのを忘れてたよ。僕はポールズ食堂にいたよ。　A：先週末にオープンした新しいレストランのことを言っている？　おいしいと聞いたよ。　B：本当にそうだよ。

Do **you mean** the **new restaurant** which **opened** last weekend?

2　A：何を読んでいるの？　B：優しさと友情についての本だよ。　A：それはおもしろい？　君は僕たちが昼食を食べ終えてからずっとそれを読んでいるね。　B：実は，それにはたくさんの役立つ情報が載っているんだ。

You've **been reading** it **since** we **finished** lunch.

※ have been ～ ing：(ある時点からずっと) ～している

3　A：今日の夕方何をするつもり？　B：宿題をするつもりだよ。なぜ聞くの？　A：ええと，私は服を洗ってそれらを庭にかけているの。暗くなる前に，それらを家の中に取り込んでくれない？　B：いいよ。

Will you **take them** into **the** house **before** it gets dark?

4　A：僕たちは今日何時に駅で会う？　B：午後３時はどう？　A：いいけれど，僕には昼食後にやることがあるんだ。もし僕が遅れたら待たないでね。　B：もちろん。わかったよ。

Don't wait for **me** if **I'm** late.

5　A：彼が僕たちに今伝えた話を君は理解した？　B：いや，できなかったよ。僕たちは何をすべきなんだい？　A：僕たちはもう一度彼に話すよう頼まないといけないと思うよ。

I think **we have** to ask **him** to **tell** us again.

※ ask 人 to ～：人に～するよう頼む

5　＜英文読解＞

カケルと彼の友人のジュディは日本の大学に通っている。彼らは人々の夜の外食行動に関する調査を行うために一緒に活動することにした。彼らは小中学生のいる 300 世帯にいくつかの質問を送った。彼らは最も家族が夜に外食するのは何曜日か，彼らが外食する一番の理由が何かを聞いた。その結果は以下の表の通りだ。

表１は夜の外食の曜日を示している。調査結果によると，月曜日が最も低い割合だ。月曜日に外食する家庭はわずか１％だ。木曜日に外食する家庭の割合は，水曜日の割合の半分だ。日曜日は，10％の家庭が外食する。

外食に金曜日と土曜日の夜を選ぶ家庭の割合は 70％以上で，金曜日が土曜日より高い。なぜ外食に土曜日ではなく金曜日を選ぶ家庭が多いのだろうか？　大人や子どもの多くが週に５日は外に出て，土日が休みの人が多い。そこで，彼らは一週間の仕事や学校を終えたご褒美として，金曜日の夜に外食する。

表２では，夜に外食する理由はさまざまだが，回答の 60％以上が親にだけ関係がある。親は普段，家族のために食事を作り，他の家族が料理を手伝う。その結果，親が夕食を作れないとき，その家族は外食をする。「気分転換に」の割合は，「家族全員の帰宅が遅すぎる」の約半分だ。

調査はほとんどの子どもがもっと頻繁に外食したいと思っていることも示しているが，約 50％の親は彼らが外食しすぎていると思っている。彼らはレストランでの食事の費用を心配しているのだ。

問３　調査によると，親の帰りが遅すぎたり疲れすぎたりしているとき，回答した家族の 60％が外食する。その結果は，親はレストランでの食事の費用を心配していることも示している。もしそれが事実なら，家族の他の人がもっと頻繁に夕食を作るべきだ。

イ　子どもだけが健康であるべきだ

ウ　家族はもっと頻繁に外食すべきだ

エ　家族は健康であるべきである

6 ＜長文読解＞

今日，英語は世界中の多くの分野で使われています。さまざまな国の人とコミュニケーションを取るために，例えばビジネスにおいても，英語を学ぶことはますます重要になっています。しかし，私の友人の中には，英語を聞いたり読んだりするのは得意でも，英語を話したり書いたりするのが苦手な人がいます。将来のために，私はそれを正確に話したり書いたりしたいです。

私は英語を上達させる効果的な方法は，どこでもそれを使うことだと思います。学校では，[1]**英語は英語の授業があるときにしか使われず**，それは十分ではないと思います。そのため，私は放課後に先生とコミュニケーションを取ったり，友人と話したりするために，いつも英語を使うようにしています。

読書も英語を上達させる方法の一つです。[2]**私は家や図書館で多くの英語の本を読んでいます**。新しいアイデアや表現を学ぶのは楽しいです。出版物には間違いがないと信じているので，それらを読むのは役立ちます。また，読書を通じて，[3]**話したり書いたりする**上での正しい英語の使い方も学びました。

テレビ，ラジオ，ウェブサイト，ソーシャルメディアも英語を上達させる良い方法です。私は**彼ら**がテレビやラジオで英語を話すくらい自然に，英語を話したいです。[4]**ウェブサイトやソーシャルメディアは「自然な」書き英語を学ぶためのとても良い方法です**。このような情報を送受信する媒体を通して，私たちは多くの新しい人々とつながり，彼らの文化や国について学ぶことができます。

[5]**ところで**，私の母と祖母は約30年前にこの国に来ました。私の母はこの町で父と出会いました。私は将来海外でたくさんのものを売り買いすることで，家族を支えたいです。英語を正確に使うことで，私はビジネスにおいて間違いをおかさないので，私は一生懸命勉強しています。

先生は，「英語は外国の生活や文化，歴史への門だ」と言います。私は，今学んでいることがビジネスでも役立つと思います。だから，私はビジネスで成功するため，家族を助けるために，英語を上達させられるよう最善を尽くすつもりです。

私は学校で授業を受けたり，友人と話したり，本を読んだりなどして英語を学んでいます。私の先生も，英語を学ぶ喜びはどこにでもあると言っています。私に関しては，「正確な」英語を使うことを楽しんでいます。英語を使うときは，みんなで楽しくやっていきたいです。

問7 ア 私は筆者に反対です。外国とビジネスをしているとき，あなたは正確な英語を使うべきです。

イ **筆者の意見によれば，英語を学ぶことは外国の文化を理解するためだけでなく，外国とビジネスをするためです。私もそう思います。**

ウ おもしろいですね。筆者いわく，英語を学ぶとき，テレビやラジオはウェブサイトやソーシャルメディアほど重要ではありません。

令和５年度 国立工業高専入試問題 理 科

正答例

問題番号・配点	設問		正解	配点
1 16点	問1	ア	2	2（完答）
		イ	0	
	問2		ア	2
	問3		イ	2（順不同・完答）
			エ	
	問4		イ	2
	問5		イ	2
	問6		ウ	2
	問7		ア	2
	問8	①	ア	2（完答）
		②	キ	
2 15点	問1		ア	各2（順不同）
			ウ	
	問2		オ	4
	問3		イ	3
	問4		ク	4
3 17点	問1	ア	2	3（完答）
		イ	0	
		ウ	0	
	問2		カ	2
	問3		ケ	2
	問4		エ	2
	問5	ア	0	4（完答）
		イ	7	
		ウ	1	
	問6		ウ	4

問題番号・配点	設問		正解	配点
4 15点	問1	①	ウ	3
		②	カ	3
	問2	1	ア	3
		2 時間帯	イ	3（完答）
		2 月の形	カ	
	問3		エ	3
5 17点	問1		エ	3
	問2		イ	3
	問3	1	イ	3
		2	エ	4
	問4		ア	4
6 20点	問1		ウ	3
	問2		ア	3（順不同・完答）
			エ	
	問3		エ	4
	問4		ウ	3
	問5	ア	6	3（完答）
		イ	0	
	問6	数値	オ	4（完答）
		単位	ク	

解 説

1 ＜４分野総合＞

問１ 340×6＝2040〔m〕 およそ 2.0 km

問２ ストローに反射した光は，水中から空気中に出るときに屈折して届くので，実際よりも水槽の面Aに近い位置にあるように見える。

問３ うすい塩酸は水中で以下のように電離する。

$HCl \rightarrow H^{+} + Cl^{-}$

電気分解装置に電流を流すと，陽極と陰極では次のような反応が起こる。

陽極：$2Cl^{-} \rightarrow Cl_2 + 2e^{-}$

陰極：$2H^{+} + 2e^{-} \rightarrow H_2$

問４ **アとエ**は状態変化，**ウ**は水への溶解である。

問５ **ア，エ**：マツは種子植物の裸子植物なので種子をつくるため不適，**ウ**：イヌワラビはシダ植物で子房がないため不適。

問６ Aの時期は，それぞれの染色体が複製されて同じものが２本ずつできており，Bの時期は，２本の染色体がさけるように分かれて，それぞれが細胞の両端に移動している。**アとイ**は２本の染色体がくっついたままなので不適，**エ**は同じ染色体どうしで端に移動しているため不適。

問７ 冬の天気図は，南北方向の等圧線がせまい間隔で並ぶ西高東低の気圧配置である。

問８ ①の**ウ**は震央の説明である。また震度は地震のゆれの大きさを10段階で表したものである。

2 ＜生物のからだのつくり＞

問１ 光合成は，光のエネルギーを使って水と二酸化炭素からデンプンと酸素をつくるはたらきで，このときに気孔からは二酸化炭素をとりこみ酸素を放出している。呼吸は，酸素を使って養分からエネルギーをとり出して二酸化炭素と水を出すはたらきで，このときに気孔からは酸素をとりこみ二酸化炭素を放出している。蒸散は，葉の気孔から水蒸気を放出するはたらきで，それを原動力として根から吸水する。

問2　ａは葉の表と裏と茎からの蒸散量，ｂは葉の裏と茎からの蒸散量，ｃは葉の表と茎からの蒸散量である。葉の表からの蒸散量はａ－ｂ，葉の裏からの蒸散量はａ－ｃで表すことができるので，葉（葉の表と裏）からの蒸散量は

（ａ－ｂ）＋（ａ－ｃ）＝２ａ－（ｂ＋ｃ）

問3　**ア**：蒸散量が増加してから茎における流量が増加しているため不適。**ウ**，**エ**：蒸散量が減少すると茎における流量が減少しているため不適。

③　**＜運動とエネルギー＞**

問1　0.2秒から0.6秒までの移動距離は，

90－10＝80〔cm〕よって，平均の速さは，

$\frac{80}{0.4}=200$〔cm/s〕

問2　斜面上の物体には水平面に垂直な向きに重力がはたらいている。このうち斜面に垂直な分力は斜面からの垂直抗力とつりあうので，物体にはたらく合力は重力の斜面に平行な分力のみとなる。

問5　点Ｐの水平面からの高さをｈとおく。力学的エネルギー保存の法則より，斜面の角度が変わっても，物体は同じ高さまで移動するので，点Ｐと点Ｑの高さは等しい。点Ｐから下ろした垂線が水平面と交わる点をＰ′とすると，斜面ＡＢの角度は30度なので，三角形ＢＰＰ′は，ＢＰを斜辺とする直角三角形となるので，ＰＢ＝２ｈ。同様に，点Ｑから下ろした垂線が水平面と交わる点をＱ′とすると，斜面ＣＤの角度は，45度なので，三角形ＣＱＱ′は，ＣＱを斜辺とする直角二等辺三角形となるので，

ＱＣ＝$\sqrt{2}$ｈになる。よって，点Ｃから点Ｑまでの距離は点Ｐから点Ｂまでの距離の

$\frac{\sqrt{2}h}{2h}=\frac{1.41}{2}=0.705$　およそ，0.71倍

問6　斜面ＣＤは，斜面ＡＢよりも角度が大きいので，速さのふえ方は大きくなるが，高さは同じなので，水平面に達した時点での速さは斜面ＡＢを移動した場合と同じになる。**ア**と**イ**は速さのふえ方が斜面ＡＢのときに比べて同じか小さいので不適。また，**表**より，ＰＢは160㎝以上あることがわかる。問５より，ＣＱはＰＢの0.71倍なので，

160×0.71＝113.6〔cm〕，**エ**は14㎝移動した後から等速直線移動をしていることが読みとれる。この物体は水平面上で等速直線運動を行うので不適。

④　**＜地球と宇宙＞**

問2　1　月は地球のまわりを反時計回りに公転している。日食は，太陽と地球の間を月が通過する現象であり，このときの月は新月となる。月は約29.5日で地球のまわりを一周するので，**図１**の地点から地球と太陽の間に移動するのは６日後が最も適当である。

2　地球から**図１**の月を南の空に見るときは朝６時頃，太陽の光は向かって左側（東側）から当たっているので，下弦の月である。

問3　地球が**図２**の**Ｘ**の位置と**Ｙ**の位置にあるとき，どちらも夕方，西の空に金星を観察できるので，金星は毎日観測できたと考えられるので**ア**は不適。また，同じ方向から太陽の光が当たっているため**イ**も不適。地球から見える金星は，地球に近くなるほど大きくなり，形は三日月形になる。逆に地球から遠いほど小さくなり，見える範囲が広くなるので**エ**が適当。

⑤　**＜身のまわりの物質＞**

問1　**質量パーセント濃度〔%〕＝$\frac{溶質の質量〔g〕}{溶液の質量〔g〕}$×100**

図より，60℃の硝酸カリウムの飽和水溶液には水100ｇに110ｇの硝酸カリウムがとけているので，

$\frac{110}{100+110}\times100=52.3\cdots$　およそ52％

問2　硝酸カリウムを水100ｇに同じ割合でとかしたときの質量をx〔g〕とおくと，80：26＝100：x

$x=32.5$　**図**より，硝酸カリウム32.5ｇがとけきれなくなるのはおよそ20℃である。

問3　2　**図**より，20℃の水100ｇにはミョウバンが約11ｇ，食塩が約35ｇとけることがわかる。よって，このときろ液にふくまれるミョウバンは約11ｇ，食塩は１ｇなので，質量比は11：1

問4　ミョウバン40ｇは，水の温度が50℃より低いときはとけきらないので溶質の値が小さくなり，濃度が低くなるが，50℃より高いときはすべてとけきるので濃度は一定になる。

⑥　**＜総合問題（生物・化学・物理）＞**

問3　1〔m^3〕＝1000000〔cm^3〕　大気中の二酸化炭素の割合は，$\frac{400}{1000000}$　呼気にふくまれる二酸化炭素の割合は，$\frac{40}{1000}$なので，大気にふくまれる二酸化炭素の

$\frac{40}{1000}\div\frac{400}{1000000}=100$〔倍〕である。

問5　**抵抗〔Ω〕＝$\frac{電圧〔V〕}{電流〔A〕}$**

直列回路では，回路の各点を流れる電流の大きさは，どこでも同じであり，各区間に加わる電圧の大きさの和は，全体に加わる電圧の大きさに等しいので，ＬＥＤに2.1Ｖの電圧が加わるとき，抵抗に加わる電圧は3.3－2.1＝1.2〔V〕　また，**図２**より，このときＬＥＤに流れる電流は20mAなので，つないだ抵抗の抵抗値は，$\frac{1.2}{0.02}=60$〔Ω〕

問6　**電力〔W〕＝電圧〔V〕×電流〔A〕**

熱量〔J〕＝電力〔W〕×時間〔s〕

問５より，抵抗の消費電力は，

1.2×0.02＝0.024〔W〕　抵抗に電流が流れるのは，センサーの値が1000ppmを超えた場合なので，**図４**より，およそ30分間と読みとれる。よって，発生する熱量は，0.024×30×60＝43.2〔J〕　およそ40Ｊ

県内最大規模の公開模試

高校受験の道標!!

のべ約※37,000人の中学生が挑戦

※令和４年度

統一模試は，県下350の会場で300を超える学習塾が参加する県内最大規模の公開模試です。鹿児島県の公立高校入試問題にもっとも近い内容と形式で出題していますので，本番の入試実践練習にピッタリの模試です。また，カラーの個人成績票やデジタル採点による個人学力分析表などの情報と，長年の蓄積された豊富なデータで志望校選択に必ずお役に立ちます。

〈個人成績票〉

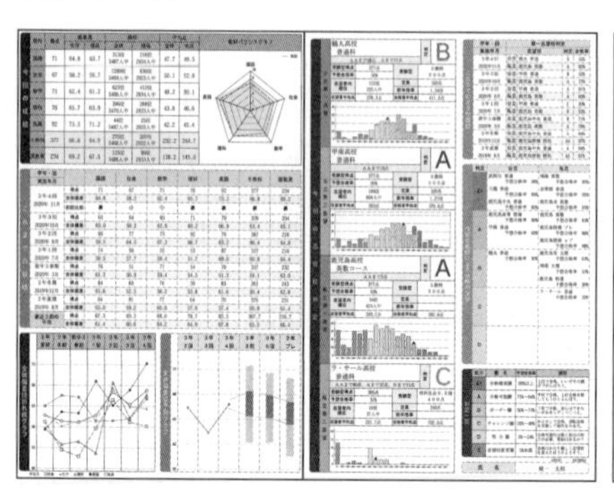

〈個人学力分析表〉

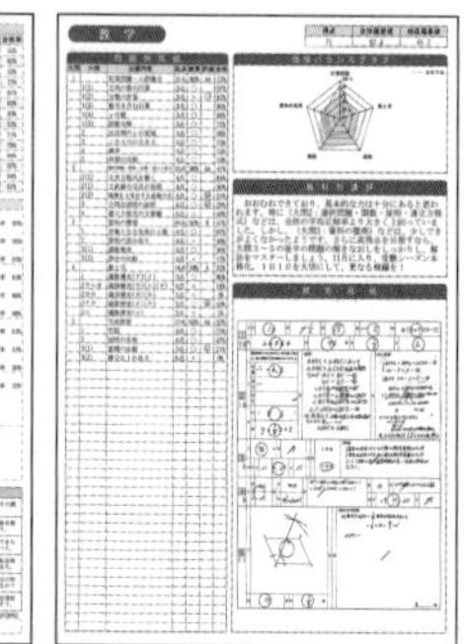

令和５年度年間計画

学年	回	テスト名	統一実施日
中学3年	1	中学３年　第１回	7月1日
	2	中学３年　第２回	8月19日
	3	中学３年　第３回	9月30日
	4	中学３年　第４回	11月4日
	5	中学３年　第５回	12月2日
	6	中学３年　第６回	1月6日
	7	入試プレテスト	2月3日
中学2年	1	中学２年夏期テスト	8月19日
	2	中学２年冬期テスト	12月15日～16日
	3	新中学３年春期テスト	3月15日～16日
中学1年	1	中学１年夏期テスト	8月19日
	2	中学１年冬期テスト	12月15日～16日
	3	新中学２年春期テスト	3月15日～16日
新中1		新中学１年春期テスト	3月15日～16日

★県内最大規模の受験者数
★公立高校入試に最も近い内容と形式
★豊富なデータに基づく信頼性の高い合格可能性判定

統一模試申し込み方法

①学習塾での受験
最寄りの統一模試ポスターのある学習塾へ受験料を添えて申し込んでください。

②当社指定の受験会場
電話かインターネットで申し込んでください。
◎３年生の各回で私立高校や公共施設など様々な特設会場で会場テストを行います。
※受験会場は，回によって異なります。詳しくはホームページをご覧ください。

③自宅受験（受験料は 4,300 円（税込）です）
お近くに会場がない場合に自宅受験ができます。当社まで電話かインターネットで申し込んでください。

好評発売中!

統一模試過去問（令和４年度）

テストに慣れたい人におススメ!!

※詳しくはホームページをご覧ください。

統一模試過去問の特徴

- ●形式・出題数・出題傾向とも，鹿児島県の高校入試に沿って編集。
- ●出題範囲は段階的になっているため，学校の進度に合わせてご利用いただけます。
- ●各教科の平均点・正答率の一覧や過去の追跡調査などをもとに出した精度の高い合格判定も掲載。　（公立高校Ａ判定のみ）

小学生模試は「小学生学力コンクール」!

小学５・６年生向けに実施されるテストです。
小学６年生は第１回～第５回（４月・７月・８月・12月・１月），小学５年生は第１回～第３回（４月・８月・１月）の日程で実施されます。なお，小学６年生の第２・４回は，「発展編」として，中学受験を予定する児童向けで，他の回より少しレベルの高い模試となります。また，小学６年生の第１・３・５回と小学５年生の「通常回」は英語を含めた５教科となります。（小学５年第１回を除く）。
【受験料／「通常回」（小学５年第１回を除く）は 3,300 円（税込），「発展編」および小学５年第１回は 3,100円（税込）】

主催／㈱鹿児島県教育振興会
後援／南日本新聞社
会場／特設会場および各学習塾の指定会場
受験料／ 3,600円（税込）

■内容を詳しく知りたい方は…

鹿児島県統一模試

ホームページ
www.kakyoushin.co.jp
Facebookも要チェック!!

2024年受験用

鹿児島県高校入試問題集　私立編Ⅱ＋高専

初版発行　2023年６月１日

編　　集　教育振興会高校入試問題集編集部

発 行 所　(株) 鹿児島県教育振興会

〒890－0056　鹿児島市下荒田１丁目14番15号
TEL (代表) 099 (252) 2621　FAX 099 (252) 2623
URL：https://www.kakyoushin.co.jp
Email：kyoushin@kakyoushin.co.jp

印 刷 所　株式会社　新生社印刷